dictionnaire technique

FRANÇAIS - ANGLAIS

GUY MALGORN

dictionnaire technique
FRANÇAIS - ANGLAIS

MACHINES-OUTILS, MINES, TRAVAUX PUBLICS,
MOTEURS A COMBUSTION INTERNE, AVIATION, ÉLECTRICITÉ,
T.S.F., CONSTRUCTIONS NAVALES, MÉTALLURGIE, COMMERCE.

NOUVEAU TIRAGE

gauthier-villars

© BORDAS Paris 1975
ISBN : 2-04-002947-8

"Toute représentation ou reproduction, intégrale ou partielle, faite sans le consentement de l'auteur, ou de ses ayants-droit, ou ayants-cause, est illicite (loi du 11 mars 1957, alinéa 1er de l'article 40). Cette représentation ou reproduction, par quelque procédé que ce soit, constituerait une contrefaçon sanctionnée par les articles 425 et suivants du Code pénal. La loi du 11 mars 1957 n'autorise, aux termes des alinéas 2 et 3 de l'article 41, que les copies ou reproductions strictement réservées à l'usage privé du copiste et non destinées à une utilisation collective d'une part, et, d'autre part, que les analyses et les courtes citations dans un but d'exemple et d'illustration".

MONNAIE DÉCIMALE ANGLAISE

La Grande-Bretagne a adopté le système décimal le 15 février 1971. A compter de cette date la monnaie « décimale » fondée sur les « new pence » a remplacé les shillings et les pence.

La livre sterling — £ — demeure ; elle comprend désormais 100 pence. (Voir tableau ci-dessous.)

Nouvelle monnaie décimale

Les pennies s'appellent désormais nouveaux pennies.

200 pièces d'un demi penny	(1/2 p)	= 1 £
100 pièces d'un penny	(1 p)	= 1 £
50 pièces de deux penny	(2 p)	= 1 £
20 pièces de cinq penny	(5 p)	= 1 £
10 pièces de dix penny	(10 p)	= 1 £
2 pièces de cinquante penny	(50 p)	= 1 £

Table de conversion bancaire et comptable entre les anciens shillings et les nouveaux pennies :

*A. s.	*N. p.	A. s.	N. p.	A. s.	N. p.	A. s.	N. p.	A. s.	N. p.	A. s.	N. p.	A. s.	N. p.	A. s.	N. p.	A. s.	N. p.	A. s.	N. p.
		2/–	10	4/–	20	6/–	30	8/–	40	10/–	50	12/–	60	14/–	70	16/–	80	18/–	90
1	–	2/1	10	4/1	20	6/1	30	8/1	40	10/1	50	12/1	60	14/1	70	16/1	80	18/1	90
2	1	2/2	11	4/2	21	6/2	31	8/2	41	10/2	51	12/2	61	14/2	71	16/2	81	18/2	91
3	1	2/3	11	4/3	21	6/3	31	8/3	41	10/3	51	12/3	61	14/3	71	16/3	81	18/3	91
4	2	2/4	12	4/4	22	6/4	32	8/4	42	10/4	52	12/4	62	14/4	72	16/4	82	18/4	92
5	2	2/5	12	4/5	22	6/5	32	8/5	42	10/5	52	12/5	62	14/5	72	16/5	82	18/5	92
6	3	2/6	13	4/6	23	6/6	33	8/6	43	10/6	53	12/6	63	14/6	73	16/6	83	18/6	93
7	3	2/7	13	4/7	23	6/7	33	8/7	43	10/7	53	12/7	63	14/7	73	16/7	83	18/7	93
8	3	2/8	13	4/8	23	6/8	33	8/8	43	10/8	53	12/8	63	14/8	73	16/8	83	18/8	93
9	4	2/9	14	4/9	24	6/9	34	8/9	44	10/9	54	12/9	64	14/9	74	16/9	84	18/9	94
10	4	2/10	14	4/10	24	6/10	34	8/10	44	10/10	54	12/10	64	14/10	74	16/10	84	18/10	94
11	5	2/11	15	4/11	25	6/11	35	8/11	45	10/11	55	12/11	65	14/11	75	16/11	85	18/11	95
1/–	5	3/–	15	5/–	25	7/–	35	9/–	45	11/–	55	13/–	65	15/–	75	17/–	85	19/–	95
1/1	5	3/1	15	5/1	25	7/1	35	9/1	45	11/1	55	13/1	65	15/1	75	17/1	85	19/1	95
1/2	6	3/2	16	5/2	26	7/2	36	9/2	46	11/2	56	13/2	66	15/2	76	17/2	86	19/2	96
1/3	6	3/3	16	5/3	26	7/3	36	9/3	46	11/3	56	13/3	66	15/3	76	17/3	86	19/3	96
1/4	7	3/4	17	5/4	27	7/4	37	9/4	47	11/4	57	13/4	67	15/4	77	17/4	87	19/4	97
1/5	7	3/5	17	5/5	27	7/5	37	9/5	47	11/5	57	13/5	67	15/5	77	17/5	87	19/5	97
1/6	7	3/6	17	5/6	27	7/6	37	9/6	47	11/6	57	13/6	67	15/6	77	17/6	87	19/6	97
1/7	8	3/7	18	5/7	28	7/7	38	9/7	48	11/7	58	13/7	68	15/7	78	17/7	88	19/7	98
1/8	8	3/8	18	5/8	28	7/8	38	9/8	48	11/8	58	13/8	68	15/8	78	17/8	88	19/8	98
1/9	9	3/9	19	5/9	29	7/9	39	9/9	49	11/9	59	13/9	69	15/9	79	17/9	89	19/9	99
1/10	9	3/10	19	5/10	29	7/10	39	9/10	49	11/10	59	13/10	69	15/10	79	17/10	89	19/10	99
1/11	10	3/11	20	5/11	30	7/11	40	9/11	50	11/11	60	13/11	70	15/11	80	17/11	90	19/11	£1

Compte tenu des fluctuations de change enregistrées lors de l'impression de cette nouvelle édition, il nous est impossible de faire figurer ici un tableau de la monnaie anglaise et de ses équivalents en monnaies étrangères.

*A. s. = Anciens shillings   *N. p. = Nouveaux pennies.

COMPARAISONS ENTRE LES UNITÉS DE MESURES ANGLAISES ET CELLES DU SYSTÈME MÉTRIQUE.

Longueurs.

1 centimètre (cm)............	0,3937 inch (pouce)
1 mètre (m).................	3,2808 feet (pieds)
1 mètre (m).................	1,0936 yard
1 kilomètre (km)............	0,6214 mile
1 inch (pouce)..............	2,54 cm
1 foot (pied)...............	0,3048 m
1 yard......................	0,9144 m
1 mile......................	1,6093 km
1 mile......................	1760 yards (yd)
1 yard......................	3 feet (ft)
1 foot......................	12 inches (in)

Surfaces.

1 centimètre carré (cm²)....	0,155 square inch (pouce carré)
1 mètre carré (m²)..........	10,7639 square feet (pieds carrés)
1 mètre carré (m²)..........	1,19 square yard
1 hectare (ha)..............	2,4710 acres
1 square mile...............	640 acres
1 acre......................	4840 square yards
1 square inch...............	6,4514 cm²
1 square foot...............	0,0929 m²
1 square yard...............	0,836 m²
1 acre......................	0,4047 ha
1 square yard (sq. yd)......	9 square feet
1 square foot (sq. ft)......	144 square inches (sq. in.

Volumes.

1 centimètre cube (cm³)....	0,0610 cubic inch
1 mètre cube (m³)..........	35,3146 cubic feet
1 mètre cube (m³)..........	1,308 cubic yard
1 cubic yard (cub. yd).....	27 cubic feet
1 cubic inch...............	16,387 cm³
1 cubic foot...............	0,02832 m³
1 cubic yard...............	0,76451 m³
1 cubic foot (cub. ft).....	1728 cubic inches

— VIII —

Capacités.

1 litre (l).....................	7,1 gill
1 pint........................	4 gill
1 quart.......................	2 pints
1 gallon (imperial gallon)...	4 quarts
1 peck........................	22 gallons
1 bushel......................	8 gallons
1 quarter.....................	8 bushels
1 litre.......................	0,2641 U. S. gallon (gallon américain)
1 gill........................	0,14198 l
1 pint........................	0,56793 l
1 quart.......................	1,13586 l
1 gallon (imperial gallon)...	4,5435 l
1 peck........................	9,087 l
1 bushel......................	36,348 l
1 quarter.....................	290,781 l
1 U. S. gallon................	3,7868 l

Poids.

1 gramme (g).................	15,432 grains (Troy)
1 gramme (g).................	0,0353 ounce (avoirdupois)
1 kilogramme (kg)............	2,2046 pounds (avoirdupois)
1 tonne (t)..................	0,964 ton (English long ton)
1 grain......................	0,0648 g
1 ounce......................	28,35 g
1 pound......................	0,45359 kg
1 ton........................	1,016 t
1 ton........................	2240 pounds (lbs)
1 pound......................	{ 16 ounces (oz) { 7000 grains
1 ounce......................	437,5 grains

Poids (Troy).

1 Troy ounce.................	{ 480 grains (avoirdupois) { 31,104 g
1 Pennyweight................	{ 24 grains { 1,555 g .

Pressions.

1 kg/cm².....................	14,2233 livres par pouce carré (lbs/sq. in)
1 kg/m²......................	0,2048 livres par pied carré (lbs/sq. ft)
1 lbs/sq. in.................	0,070307 kg/cm²
1 lbs/sq. ft.................	4,8824 kg/m²

RAPPORT DES DEGRÉS THERMOMÉTRIQUES.

Formule générale pour convertir un nombre de degrés centigrades en degrés Fahrenheit :
$$T_F = 1,8\, T_C + 32.$$

Formule générale pour convertir un nombre de degrés Fahrenheit en degrés centigrades :
$$T_C = \frac{T_F - 32}{1,8}.$$

ÉCHELLE KELVIN.

Échelle de températures en degrés absolus. Ajouter 273° à la température en degrés C ordinaires, pour avoir les degrés K.

Retrancher 273° aux degrés K pour avoir les degrés C.

PUISSANCE CALORIFIQUE

Pour convertir.	Multiplier par.
Calories par kilogramme en B. T. U. (British Thermal Units) per pound	1,8
Calories par mètre carré en B. T. U. per square foot	0,369

MESURES DE LONGUEURS ANGLAISES (évaluées en millimètres).

Pouces.	0.	1/16.	1/8.	3/16.	1/4.	5/16.	3/8.	7/16.
0	–	1,587	3,18	4,76	6,35	7,94	9,53	11,11
1	25,40	26,99	28,57	30,16	31,75	33,34	34,92	36,51
2	50,80	52,39	53,97	55,56	57,15	58,74	60,32	61,91
3	76,20	77,79	79,37	80,96	82,55	84,14	85,72	87,31
4	101,60	103,19	104,77	106,36	107,95	109,54	111,12	112,71
5	127,00	128,59	130,17	131,76	133,35	134,94	136,52	138,11
6	152,40	153,98	155,57	157,16	158,75	160,33	161,92	163,51
7	177,80	179,38	180,97	182,56	184,15	185,73	187,32	188,91
8	203,20	204,78	206,37	207,96	209,55	211,13	212,72	214,31
9	228,60	230,18	231,77	233,36	234,95	236,53	238,12	239,71
10	254,00	255,58	257,17	258,76	260,35	261,93	263,52	265,11
11	279,39	280,98	282,57	284,16	285,74	287,33	288,92	290,51
12	304,79	306,38	307,97	309,56	311,14	312,73	314,32	315,91
13	330,19	331,78	333,37	334,96	336,54	338,13	339,72	341,31
14	355,59	357,18	358,77	360,36	361,94	363,53	365,12	366,71
15	380,99	382,58	384,17	385,76	387,34	388,93	390,52	392,11
16	406,39	407,98	409,57	411,16	412,74	414,33	415,92	417,50
17	431,79	433,38	434,97	436,55	438,14	439,73	441,32	442,90
18	457,19	458,78	460,37	461,95	463,54	465,13	466,72	468,30
19	482,59	484,18	485,77	487,35	488,94	490,52	492,12	493,70
20	507,99	509,58	511,17	512,75	514,34	515,92	517,52	519,10
21	533,39	535,98	536,57	538,15	539,74	541,33	542,92	545,50
22	558,79	560,38	561,96	563,55	565,14	566,73	568,31	569,90
23	584,19	585,78	587,36	588,95	590,54	592,12	593,71	595,30
24	609,59	611,18	612,76	614,35	615,94	617,53	619,11	620,70
25	634,99	636,58	638,16	639,75	641,34	642,93	644,51	646,10
26	660,39	661,98	663,56	665,15	666,74	668,33	669,91	671,50
27	685,79	687,39	688,96	690,55	692,14	693,73	695,31	696,90
28	711,19	712,78	714,36	715,95	717,54	719,13	720,71	722,30
29	736,59	738,18	739,76	741,35	742,94	744,53	746,11	747,70
30	761,99	763,58	765,16	766,75	768,34	769,93	771,51	773,10
31	787,39	788,98	790,56	792,15	793,74	795,33	796,91	798,50
32	812,79	814,38	815,96	817,55	819,14	820,73	822,31	823,90
33	838,18	839,77	841,36	842,94	844,53	846,12	847,71	849,29
34	863,58	865,17	866,76	868,34	869,93	871,52	873,11	874,69
35	888,98	890,57	892,16	893,74	895,33	896,92	898,51	900,09

MESURES DE LONGUEURS ANGLAISES (évaluées en millimètres) (*suite*).

Pouces.	1/2.	9/16.	5/8.	11/16.	3/4.	13/16.	7/8.	15/16.
0.....	12,70	14,29	15,88	17,46	19,05	20,64	22,23	23,81
1.....	38,10	39,69	41,27	42,86	44,45	46,04	47,62	49,21
2.....	63,50	65,09	66,67	68,26	69,85	71,44	73,02	74,61
3.....	88,90	90,49	92,07	93,66	95,25	96,84	98,42	100,01
4.....	114,30	115,89	117,47	119,06	120,65	122,24	123,82	125,41
5.....	139,70	141,28	142,87	144,46	146,05	147,63	149,22	150,81
6.....	165,10	166,68	168,27	169,86	171,45	173,03	174,62	176,21
7.....	190,50	192,08	193,67	195,26	196,85	198,43	200,02	201,61
8.....	215,90	217,48	219,07	220,66	222,25	223,83	225,42	227,01
9.....	241,30	242,88	244,47	246,06	247,65	249,23	250,82	252,41
10.....	266,70	268,28	269,87	271,46	273,05	274,63	276,22	277,81
11.....	292,09	293,68	295,27	296,86	298,44	300,03	301,62	303,21
12.....	317,49	319,08	320,67	322,26	323,84	325,43	327,02	338,61
13.....	342,89	344,48	346,07	347,66	349,24	350,83	352,42	354,01
14.....	368,29	369,88	371,47	373,06	374,64	376,23	377,82	379,41
15.....	393,69	395,28	396,87	398,46	400,04	401,63	403,22	404,81
16.....	419,09	420,68	422,27	423,85	425,44	427,03	428,62	430,20
17.....	444,49	446,08	447,67	449,25	450,84	452,43	454,02	455,90
18.....	469,89	471,48	473,07	474,65	476,24	477,83	479,42	481,00
19.....	495,29	496,88	498,47	500,05	501,64	503,21	504,82	506,40
20.....	520,69	522,28	523,87	525,45	527,04	528,63	530,22	531,80
21.....	546,09	548,68	549,27	551,85	552,44	554,03	555,61	557,20
22.....	571,49	573,08	574,66	576,25	577,84	579,43	581,01	582,60
23.....	596,89	598,48	600,06	601,65	603,24	604,83	606,41	608,00
24.....	622,29	623,88	625,46	627,05	628,64	630,23	631,81	633,40
25.....	647,69	649,28	650,86	652,45	654,06	655,63	657,21	658,80
26.....	673,09	674,68	676,26	677,85	679,44	681,03	682,61	684,20
27.....	698,49	700,08	701,66	703,25	704,84	706,43	708,01	709,60
28.....	723,89	725,48	727,06	728,65	730,24	731,83	733,41	735,00
29.....	749,29	750,88	752,46	754,05	755,64	757,23	758,81	760,40
30.....	774,69	776,28	777,86	779,45	781,04	782,63	784,21	785,80
31.....	800,09	801,68	803,26	804,85	806,44	808,03	809,61	811,20
32.....	825,49	827,08	828,66	830,25	831,43	833,43	835,01	836,60
33.....	850,88	852,47	854,06	855,64	857,23	858,82	860,41	862,99
34.....	876,28	877,87	879,46	881,04	882,63	884,22	885,81	887,39
35.....	901,68	903,27	904,86	906,44	908,03	909,62	911,21	912,79

TABLE DE CONVERSION

(degrés centigrades en degrés Fahrenheit).

C.		F.	C.		F.	C.		F.	C.		F.
−17,8	0	32	−1,67	29	84,2	14,4	58	136,4	30,6	87	188,6
−17,2	1	33,8	−1,11	30	86,0	15,0	59	138,2	31,6	88	190,4
−16,7	2	35,6	−0,56	31	87,8	15,6	60	140,0	31,7	89	192,2
−16,1	3	37,4	0	32	89,6	16,1	61	141,8	32,2	90	194,0
−15,6	4	39,2	0,56	33	91,4	16,7	62	143,6	32,8	91	195,8
15,0	5	41,0	1,11	34	93,2	17,2	63	145,4	33,3	92	197,6
−14,4	6	42,8	1,67	35	95,0	17,8	64	147,2	33,9	93	199,4
−13,9	7	44,6	2,22	36	96,8	18,3	65	149,0	34,4	94	201,2
−13,3	8	46,4	2,78	37	98,6	18,9	66	150,8	35,0	95	203,0
−12,8	9	48,2	3,33	38	100,4	19,4	67	152,6	35,6	96	204,8
−12,2	10	50,0	3,89	39	102,2	20,0	68	154,4	36,1	97	206,6
−11,7	11	51,8	4,44	40	104,0	20,6	69	156,2	36,7	98	208,4
−11,1	12	53,6	5,00	41	105,8	21,1	70	158,0	37,2	99	210,2
−10,6	13	55,4	5,56	42	107,6	21,7	71	159,8	38	100	212
−10,0	14	57,2	6,11	43	109,4	22,2	72	161,6	43	110	230
−9,44	15	59,0	6,67	44	111,2	22,8	73	163,4	49	120	248
−8,89	16	61,8	7,22	45	113,0	23,3	74	165,2	54	130	266
−8,33	17	63,6	7,78	46	114,8	23,9	75	167,0	60	140	284
−7,78	18	65,4	8,33	47	116,6	24,4	76	168,8	66	150	302
−7,22	19	67,2	8,89	48	118,4	25,0	77	170,6	71	160	320
−6,67	20	68,0	9,44	49	120,2	25,6	78	172,4	77	170	338
−6,11	21	69,8	10,0	50	122,0	26,1	79	174,2	82	180	356
−5,56	22	71,6	10,6	51	123,8	26,7	80	176,0	88	190	374
−5,00	23	73,4	11,1	52	125,6	27,2	81	177,8	93	200	392
−4,44	24	75,2	11,7	53	127,4	27,8	82	179,6	99	210	410
−3,89	25	77,0	12,2	54	129,2	28,3	83	181,4	100	212	413
−3,33	26	78,8	12,8	55	131,0	28,9	84	183,2	104	220	428
−2,78	27	80,6	13,3	56	132,8	29,4	85	185,0	110	230	446
−2,22	28	82,4	13,9	57	134,6	30,0	86	186,8	116	240	464

Quelle est la température en degrés Fahrenheit correspondant à une température de 100 centigrades ? Prendre le chiffre gras 100 et lire dans la colonne de droite où l'on trouve 212° F.

Exemple. — Quelle est la température en degrés centigrades correspondant à une température de 100° Fahrenheit ? Prendre le chiffre gras 100 et lire dans la colonne de gauche la température centigrade, soit 38.

TABLE DE CONVERSION

(degrés centigrades en degrés Fahrenheit) (*suite*).

C.		F.	C.		F.	C.		F.	C.		F.
121	250	482	316	600	1112	510	950	1742	704	1300	2372
127	260	500	321	610	1130	516	960	1760	710	1310	2390
132	270	518	327	620	1148	521	970	1778	716	1320	2408
138	280	536	332	630	1166	527	980	1796	721	1330	2426
143	290	554	338	640	1184	532	990	1814	727	1340	2444
149	300	572	343	650	1202	538	1000	1832	732	1350	2480
154	310	590	349	660	1220	543	1010	1850	738	1360	1292
160	320	608	354	670	1238	549	1020	1868	743	1370	2498
166	330	626	360	680	1256	554	1030	1886	749	1380	2516
171	340	644	366	690	1274	560	1040	1904	754	1390	2534
177	350	662	371	700	1292	566	1050	1922	760	1400	2552
182	360	680	377	710	1310	571	1060	1940	766	1410	2570
188	370	698	382	720	1328	577	1070	1958	771	1420	2588
193	380	716	388	730	1346	582	1080	1976	777	1430	2606
199	390	734	393	740	1364	588	1090	1994	782	1440	2624
204	400	752	399	750	1382	593	1100	2012	788	1450	2642
210	410	770	404	760	1400	599	1110	2030	793	1460	2660
216	420	788	410	770	1418	604	1120	2048	799	1470	2678
221	430	806	416	780	1436	610	1130	2066	804	1480	2696
227	440	824	421	790	1454	616	1140	2084	810	1490	2714
232	450	842	427	800	1472	621	1150	2102	816	1500	2732
238	460	860	432	810	1490	627	1160	2120	821	1510	2750
243	470	878	438	820	1508	632	1170	2138	827	1520	2768
249	480	896	443	830	1526	638	1180	2156	832	1530	2786
254	490	914	449	840	1544	643	1190	2174	838	1540	2804
260	500	932	454	850	1562	649	1200	2192	843	1550	2822
266	510	950	460	860	1580	654	1210	2210	849	1560	2840
271	520	968	466	870	1598	660	1220	2228	854	1570	2858
277	530	986	471	880	1616	666	1230	2246	860	1580	2876
282	540	1004	477	890	1634	671	1240	2264	866	1590	2894
288	550	1022	482	900	1652	677	1250	2282	871	1600	2912
293	560	1040	488	910	1670	682	1260	2300	877	1610	2930
299	570	1058	493	920	1688	688	1270	2318	882	1620	2948
304	580	1076	499	930	1706	693	1280	2336	888	1630	2966
310	590	1094	504	940	1724	699	1290	2354	893	1640	2984

TABLE DE CONVERSION

(degrés centigrades en degrés Fahrenheit) (*suite et fin*).

C.		F.	C.		F.	C.		F.	C.		F.
899	**1650**	3002	1093	**2000**	3632	1288	**2350**	4262	1482	**2700**	4892
904	**1660**	3020	1099	**2010**	3650	1293	**2360**	4280	1488	**2710**	4910
910	**1670**	3038	1104	**2020**	3668	1299	**2370**	4298	1493	**2720**	4928
916	**1680**	3056	1110	**2030**	3686	1304	**2380**	4316	1499	**2730**	4946
921	**1690**	3074	1116	**2040**	3704	1310	**2390**	4334	1504	**2740**	4964
927	**1700**	3092	1121	**2050**	3722	1316	**2400**	4352	1510	**2750**	4982
931	**1710**	3110	1127	**2060**	3740	1321	**2410**	4370	1516	**2760**	5000
938	**1720**	3128	1132	**2070**	3758	1327	**2420**	4388	1521	**2770**	5018
943	**1730**	3146	1138	**2080**	3776	1332	**2430**	4406	1527	**2780**	5036
949	**1740**	3164	1143	**2090**	3794	1338	**2440**	4424	1532	**2790**	5054
954	**1750**	3182	1149	**2100**	3812	1343	**2450**	4442	1538	**2800**	5072
960	**1760**	3200	1154	**2110**	3830	1349	**2460**	4460	1543	**2810**	5090
966	**1770**	3218	1160	**2120**	3848	1354	**2470**	4478	1549	**2820**	5108
971	**1780**	3236	1166	**2130**	3866	1360	**2480**	4496	1554	**2830**	5126
977	**1790**	3254	1171	**2140**	3884	1366	**2490**	4514	1560	**2840**	5144
982	**1800**	3272	1177	**2150**	3902	1371	**2500**	4532	1566	**2850**	5162
988	**1810**	3290	1182	**2160**	3920	1377	**2510**	4550	1571	**2860**	5180
993	**1820**	3308	1188	**2170**	3938	1382	**2520**	4568	1577	**2870**	5198
999	**1830**	3326	1193	**2180**	3956	1388	**2530**	4586	1582	**2880**	5216
1004	**1840**	3344	1199	**2190**	3974	1393	**2540**	4604	1588	**2890**	5234
1010	**1850**	3362	1204	**2200**	3992	1399	**2550**	4622	1593	**2900**	5252
1016	**1860**	3380	1210	**2210**	4010	1404	**2560**	4640	1599	**2910**	5270
1021	**1870**	3398	1216	**2220**	4028	1410	**2570**	4658	1604	**2920**	5288
1027	**1880**	3416	1221	**2230**	4046	1416	**2580**	4676	1610	**2930**	5306
1032	**1890**	3434	1227	**2240**	4064	1421	**2590**	4694	1616	**2940**	5324
1038	**1900**	3452	1232	**2250**	4082	1427	**2600**	4712	1621	**2950**	5342
1043	**1910**	3470	1238	**2260**	4100	1432	**2610**	4730	1627	**2960**	5360
1049	**1920**	3488	1243	**2270**	4118	1438	**2620**	4748	1632	**2970**	5378
1054	**1930**	3506	1249	**2280**	4136	1443	**2630**	4766	1638	**2980**	5396
1060	**1940**	3524	1254	**2290**	4154	1449	**2640**	4684	1643	**2990**	5414
1066	**1950**	3542	1260	**2300**	4172	1454	**2650**	4802	1649	**3000**	5432
1071	**1960**	3560	1266	**2310**	4190	1460	**2660**	4820	1705	**3100**	5612
1077	**1970**	3578	1271	**2320**	4208	1466	**2670**	4838	1760	**3200**	5792
1082	**1980**	3596	1277	**2330**	4226	1471	**2680**	4856	1805	**3300**	5972
1088	**1990**	3614	1282	**2340**	4244	1477	**2690**	4874	1871	**3400**	6152

CONVERSION DES PRESSIONS
DU SYSTÈME ANGLAIS DANS LE SYSTÈME FRANÇAIS.

Livres par pouce carré.	Atmosph.	Kilos par centimètre carré.	Millimètres de mercure.	Livres par pouce carré.	Atmosph.	Kilos par centimètre carré.	Millimètres de mercure.
0.....	0,000	0,00000	0,00	26.....	1,772	1,83030	134,68
1.....	0,068	0,07040	5,18	27.....	1,840	1,90070	139,86
2.....	0,136	0,14079	10,36	28.....	1,908	1,97109	145,04
3.....	0,204	0,21119	15,54	29.....	1,976	2,04149	150,22
4.....	0,272	0,28158	20,72	30.....	2,044	2,11189	155,40
5.....	0,340	0,35198	25,90	31.....	2,113	2,18228	160,58
6.....	0,409	0,42238	31,08	32.....	2,181	2,25628	165,76
7.....	0,477	0,49277	36,36	33.....	2,249	2,32307	170,94
8.....	0,545	0,56317	41,44	34.....	2,317	2,39347	176,12
9.....	0,613	0,63357	46,62	35.....	2,385	2,46387	181,30
10.....	0,681	0,70396	51,80	36.....	2,453	2,53426	186,48
11.....	0,749	0,77436	56,98	37.....	2,522	2,60466	191,66
12.....	0,818	0,84475	62,16	38.....	2,590	2,67506	196,84
13.....	0,886	0,91515	67,34	39.....	2,658	2,74545	202,02
14.....	0,954	0,98555	72,52	40.....	2,726	2,81585	200,581
15.....	1,022	1,05594	77,70	41.....	2,794	2,88624	205,595
16.....	1,090	1,12634	82,88	42.....	2,862	2,95664	210,610
17.....	1,158	1,19674	88,06	43.....	2,931	3,02704	215,624
18.....	1,226	1,26713	93,24	44.....	2,999	3,09743	220,339
19.....	1,295	1,53753	98,42	45.....	3,067	3,16783	225,653
20.....	1,363	1,40792	103,60	46.....	3,135	3,23322	230,668
21.....	1,431	1,47832	108,78	47.....	3,203	3,30862	235,682
22.....	1,499	1,54872	113,96	48.....	3,271	3,37902	240,697
23.....	1,567	1,61911	119,14	49.....	3,339	3,44941	245,711
24.....	1,636	1,68951	124,32	50.....	3,408	3,51981	250,726
25.....	1,703	1,75990	129,50				

CONVERSION DES PRESSIONS
DU SYSTÈME ANGLAIS DANS LE SYSTÈME FRANÇAIS.

Livres par pouce carré.	Kilos par centimètre carré.	Livres par pouce carré.	Kilos par centimètre carré.	Livres par pouce carré.	Kilos par centimètre carré.
51	3,58	75	5,27	99	6,96
52	3,65	76	5,34	100	7,03
53	3,72	77	5,41		
54	3,80	78	5,48	110	7,734
55	3,87	79	5,55	120	8,437
56	3,94	80	5,62	130	9,140
57	4,00	81	5,69	140	9,843
58	4,08	82	5,76	150	10,546
59	4,15	83	5,83	160	11,249
60	4,22	84	5,90	170	11,953
61	4,29	85	5,97	180	12,656
62	4,36	86	6,04	190	13,359
63	4,45	87	6,11	200	14,062
64	4,50	88	6,18		
65	4,57	89	6,25	210	14,765
66	4,64			220	15,468
67	4,71	90	6,33	230	16,171
68	4,78	91	6,40	240	16,874
69	4,85	92	6,47	250	17,577
		93	6,54	260	18,280
70	4,92	94	6,61	270	18,984
71	4,99	95	6,68	280	19,687
72	5,06	96	6,75	290	20,390
73	5,13	97	6,82		
74	5,20	98	6,89	300	21,093

CONVERSION DES POUCES, PIEDS, YARDS, EN MESURES FRANÇAISES

	Inches en centimètres.	Feet en mètres.	Yards en mètres.
1	2,539954	0,304794	0,914383
2	5,079908	0,609589	1,828767
3	7,619862	0,914383	2,743150
4	10,159816	1,219178	3,657534
5	12,699770	1,523972	4,571917
6	15,239724	1,828767	5,486300
7	17,77968	2,133561	6,400684
8	20,31963	2,438360	7,315068
9	22,85959	2,743150	8,229451
10	25,39954	3,047949	9,143835
11	27,93949	3,352739	10,058218
12	30,47945	3,657534	10,972602

CONVERSION DES MESURES DE SUPERFICIE.

	Square inches en cent. carrés.	Square feet en mètres carrés.	Square yards en mètres carrés.
1	6,451366	0,0928997	0,836097
2	12,902732	0,1858	1,6722
3	19,354098	0,2787	2,5083
4	25,805464	0,3716	3,3443
5	32,256830	0,4645	4,1804
6	38,708196	0,5574	5,0165
7	45,159562	0,6503	5,8526
8	51,610928	0,7432	6,6887
9	58,062294	0,8361	7,5248
10	64,513660	0,9290	8,3609
11	70,965026	1,0219	9,1971
12	77,416392	1,1148	10,0336

CONVERSION DES MESURES DE VOLUME.

	Cubic inches en cent. cubes.	Cubic feet en mètres cubes.	Cubic yards en mètres cubes.
1	16,386176	0,0283154	0,76451328
2	32,772352	0,056630	1,52902
3	49,158528	0,84946	2,29353
4	65,544704	0,113261	3,05805
5	81,930880	0,141577	3,82256
6	98,317056	0,168892	4,58707
7	114,703232	0,198207	5,35159
8	131,082908	0,226523	6,11610
9	147,475584	0,254838	6,68061
10	163,861760	0,283154	7,64513
11	180,247936	0,311469	8,40964
12	196,634112	0,339784	9,17415

MESURES DE VOLUME.

Mesures françaises.	Valeur anglaise.
1 mètre cube	35,3165 cubic feet
	1,31 cubic yards

Mesures anglaises.	Valeur française.
1 cubic inch	16,386 centimètres cubes
1 cubic foot	0,028 mètre cube
1 cubic yard	0,764 mètre cube

MESURES DE SUPERFICIE.

Mesures françaises.	Valeur anglaise.
1 mètre carré	1,196 square yard
1 are	119,603 square yards; 0,024 acre
1 hectare	2,417 acres
1 square inch	6,4513 centimètres carrés
1 square foot	0,0928 mètre carré
1 square yard	0,8360 mètre carré
1 acre	40,4671 ares

CONVERSION DES POIDS.

Mesures françaises.		Valeur anglaise.
1 gramme	15,4323	grains troy
1 gramme	0,6430	pennyweight
1 gramme	0,032	ounce troy
1 kilogramme	2,205	pounds (avoirdupois)
1 quintal	220,5	» »
1 tonne	2205	» »

Mesures anglaises.	Valeur française.	
1 pennyweight	1,5551	gramme
1 ounce (troy)	31,1034	grammes
1 ounce (avoirdupois)	28,3495	»
1 pound (avoirdupois)	453,5926	»
1 stone (28 pounds)	6,350	kilos
1 quarter (28 pounds)	12,7	»
1 hundredweight (cwt)	50,802	»
1 ton (20 cwt)	1016,048	»

Nota. — Les mesures dites « Troy weight » ne sont utilisées que pour les métaux précieux et la pharmacie.

Les mesures dites « Avoirdupois » sont les mesures usuelles. Pour l'or et l'argent, on compte par onces (oz) de 31,103496 g, « deniers » (dwt) de 1,55 g et « grains » (grn) de 0,0647 g.

Le mercure est généralement évalué en bouteilles (« flasks », « bottles ») de 34,65 kg.

Outre la tonne de 1016 kg (2240 pounds), il existe une tonne de 907 kg (2000 pounds) dite « short ton », peu usitée en Angleterre, mais d'un emploi général aux États-Unis où elle sert pour exprimer des poids de charbon : pour les autres masses lourdes (locomotives, par exemple), les poids sont généralement exprimés en livres et non en tonnes.

CONVERSION DES UNITÉS DE TRAVAIL.

Mesures françaises.	Valeur anglaise.	
1 kilogrammètre	80,832	inch-pounds
1 kilogrammètre	7,236	foot-pounds
1 tonneau-mètre	38,762	inch-tons
1 tonneau-mètre	3,231	foot-tons

Mesures anglaises.	Valeur française.	
1 inch-pound	0,0115	kilogrammètre
1 inch-ton	25,707	kilogrammètres
1 foot-pound	0,138	kilogrammètre
1 foot-ton	309,564	kilogrammètres

MESURES BAROMÉTRIQUES (BAROMETRICAL MEASURES).

Inches.	Millimètres.	Inches.	Millimètres.	Inches.	Millimètres.	Inches.	Millimètres.
28,15	715	29,65	753	30,14	765,5	30,49	774,5
28,35	720	29,69	754	30,16	766	30,51	775
28,54	725	29,73	755	30,18	766,5	30,53	775,5
28,74	730	29,77	756	30,20	767	30,55	776
28,94	735	29,81	757	30,22	767,5	30,57	776,5
29,13	740	29,85	758	30,24	768	30,59	777
29,17	741	29,89	759	30,26	768,5	30,61	777,5
29,21	742	29,92	760	30,28	769	30,63	778
29,25	743	29,94	760,5	30,30	769,5	30,65	778,5
29,29	744	29,96	761	30,31	770	30,67	779
29,33	745	29,98	761,5	30,33	770,5	30,69	779,5
29,37	746	30,00	762	30,35	771	30,71	780
29,41	747	30,02	762,5	30,37	771,5	30,75	781
29,45	748	30,04	763	30,39	772	30,79	782
29,49	749	30,06	763,5	30,41	772,5	30,83	783
29,53	750	30,08	764	30,43	773	30,87	784
29,57	751	30,10	764,5	30,43	773,5	30,90	785
29,61	752	30,12	765	30,47	774	30,94	786

CONVERSION DES UNITÉS DE CAPACITÉ.

	Mesures françaises.	Valeur anglaise.
	1 litre..........................	1,7607 pint
	1 hectolitre.....................	176,0773 pints
	1 hectolitre.....................	22,0096 gallons

		Mesures anglaises.	Valeur française.
Pt.		1 pint (1/8 gallon)...............	0,5679 litre
t.		1 quart (2 pints)................	0,1358 litre
Gal.		1 gallon........................	4,5434 litres
Pck.		Peck (2 gallons).................	9,0869 »
Bu.		Bushel (4 pecks).................	36,3477 »
		Quarter (8 bushels)..............	290,7813 »
		Load (5 quarters)................	1453,9065 »
		1 hogshead (56 gallons)..........	245,34 »
		1 pipe (2 hogsheads).............	490,69 »
		1 tun (2 pipes)..................	981,38 »
Bière	{	1 firkin (9 gallons)..............	40,89 »
		1 kilderkin (18 gallons)..........	81,78 »
		1 barrel (36 gallons).............	163,56 »

Le pétrole est compté officiellement en Amérique par barils de 42 gallons (159 litres). Pratiquement, il arrive dans des barils de 50 à 52 gallons.

FILETAGE SYSTÈME " WHITWORTH " POUR BOULONS.

Diamètre extérieur du filet (pouces).	Diamètre extérieur du filet (mm).	Nombre de filets au pouce.	Diamètre du noyau (mm).	Diamètre extérieur du filet (pouces).	Diamètre extérieur du filet (mm).	Nombre de filets au pouce.	Diamètre du noyau (mm).
1/16	1,587	60	1,045	1 3/8	34,924	6	29,503
1/8	3,175	40	2,362	1 1/2	38,099	6	32,678
3/16	4,762	24	3,407	1 5/8	41,274	5	34,769
1/4	6,350	20	4,724	1 3/4	44,449	5	37,943
5/16	7,937	18	6,130	1 7/8	47,624	4 1/2	40,396
3/8	9,525	16	7,492	2	50,799	4 1/2	43,571
7/16	11,112	14	8,789	2 1/4	57,149	4	49,017
1/2	12,700	12	9,989	2 1/2	63,499	4	55,367
9/16	14,287	12	11,577	2 3/4	69,849	3 1/2	60,556
5/8	15,875	11	12,918	3	76,199	3 1/2	66,906
11/16	17,462	11	14,505	3 1/4	82,549	3 1/4	72,544
3/4	19,050	10	15,797	3 1/2	88,898	3 1/4	78,892
13/16	20,637	10	17,384	3 3/4	95,248	3	84,406
7/8	22,225	9	18,610	4	101,598	3	90,755
15/16	23,812	9	20,198	4 1/2	114,298	2 7/8	102,985
1	25,400	8	21,334	5	126,998	2 3/4	115,190
1 1/8	28,574	7	23,927	5 1/2	139,698	2 5/8	127,509
1 1/4	31,749	7	27,102	6	152,398	2 1/2	139,385

FILETAGE SYSTÈME "WHITWORTH" POUR TUBES.

Diamètre intérieur des tubes		Diamètre extérieur des tubes (mm).	Diamètre extérieur du filet (mm).	Diamètre du noyau (mm).	Nombre de filets au pouce.
nominal (pouces anglais).	effectif (mm).				
1/8	5	10	9,72	8,55	28
1/4	8	13	13,16	11,45	19
3/8	12	17	16,67	14,96	19
1/2	15	21	20,97	18,65	14
5/8	17	23	22,92	20,59	14
3/4	21	27	26,44	24,12	14
7/8	24	31	30,20	27,88	14
1	26	34	33,25	30,29	11
1 1/8	29	38	37,89	34,94	11
1 1/4	33	42	41,91	38,95	11
1 3/8	36	45	44,32	41,37	11
1 1/2	40	49	47,81	44,86	11
1 5/8	43	52	51,33	48,38	11
1 3/4	46	55	51,99	49,04	11
2	50	60	59,61	56,66	11
2 1/4	60	70	65,72	62,76	11
2 1/2	66	76	76,23	73,28	11
2 3/4	72	82	82,47	79,52	11
3	80	90	88,52	85,56	11
3 1/2	90	102	99,37	96,41	11
4	102	114	110,21	107,25	11

JAUGE DES FILS.

Numéro de la jauge.	S. W. G. (*)		B. et S. (**)		B. W. G. (***)	
	Diamètre (mm).	Section (mm²).	Diamètre (mm).	Section (mm²).	Diamètre (mm).	Section (mm²).
7/0..	12,70	126,6	–	–	–	–
6/0..	11,79	109,1	–	–	–	–
5/0..	10,97	94,57	–	–	–	–
4/0..	10,16	81,07	11,68	107,2	11,53	104,4
3/0..	9,449	70,12	10,40	85,03	10,80	91,54
1/0..	8,839	61,36	9,266	67,43	9,652	73,15
1/0..	8,230	53,19	8,251	53,48	8,636	58,57
1....	7,620	45,60	7,348	42,41	7,620	45,60
2....	7,010	38,60	6,544	33,63	7,214	40,87
3....	6,401	32,18	5,827	26,67	6,579	33,99
4....	5,893	27,27	5,189	21,15	6,045	28,70
5....	5,385	22,77	4,621	16,77	5,588	24,52
6....	4,877	18,68	4,115	13,30	5,156	20,88
7....	4,470	15,70	3,665	10,55	4,572	16,42
8....	4,064	12,97	3,264	8,366	4,191	13,79
9....	3,658	10,51	2,906	6,634	3,759	11,10
10....	3,251	8,302	2,588	5,261	3,404	9,096
11....	2,946	6,819	2,305	4,172	3,048	7,296
12....	2,642	5,480	2,053	3,309	2,769	6,019
13....	2,337	4,289	1,828	2,624	2,413	4,572
14....	2,032	3,243	1,628	2,081	2,108	3,491
15....	1,829	2,627	1,450	1,650	1,829	2,627
16....	1,626	2,075	1,291	1,309	1,651	2,140
17....	1,422	1,589	1,149	1,038	1,473	1,704
18....	1,219	1,168	1,024	0,823	1,245	1,217
19....	1,016	0,811	0,912	0,653	1,067	0,893
20....	0,914	0,657	0,812	0,518	0,889	0,621
21....	0,813	0,519	0,723	0,410	0,813	0,519
22....	0,711	0,397	0,644	0,325	0,711	0,397

(*) S. W. G. (Standard Wire Gauge) : Jauge normale Anglaise.
(**) B. et S. (Brown et Sharpe Gauge, ou " American Wire Gauge ") : Jauge Américaine.
(***) B. W. G. (Birmingham Wire Gauge) : Ancienne Jauge Anglo-Américaine courante dans l'Allemagne du Nord.

JAUGE DES FILS (*suite*).

Numéro de la jauge.	S. W. G. (*).		B. et S. (**).		B. W. G. (***).	
	Diamètre (mm).	Section (mm²).	Diamètre (mm).	Section (mm²).	Diamètre (mm).	Section (mm²).
23....	0,610	0,292	0,573	0,258	0,635	0,317
24....	0,559	0,245	0,511	0,205	0,559	0,245
25....	0,508	0,203	0,454	0,162	0,508	0,203
26....	0,457	0,164	0,405	0,129	0,457	0,164
27....	0,417	0,136	0,361	0,102	0,406	0,130
28....	0,376	0,111	0,321	0,0810	0,356	0,0993
29....	0,345	0,0937	0,286	0,0642	0,330	0,0856
30....	0,315	0,0779	0,255	0,0509	0,305	0,0730
31....	0,295	0,0682	0,227	0,0404	–	–
32....	0,274	0,0591	0,202	0,0320	–	–
33....	0,254	0,0507	0,180	0,0254	–	–
34....	0,234	0,0429	0,160	0,0201	–	–
35....	0,213	0,0358	0,143	0,0160	–	–
36....	0,193	0,0293	0,127	0,0127	–	–
37....	0,173	0,0234	0,113	0,0100	–	–
38....	0,152	0,0182	0,101	0,00797	–	–
39....	0,132	0,0137	0,0897	0,00632	–	–
40....	0,122	0,0117	0,0799	0,00501	–	–
41....	0,112	0,00981	–	–	–	–
42....	0,102	0,00811	–	–	–	–
43....	0,0914	0,00657	–	–	–	–
44....	0,0813	0,00519	–	–	–	–
45....	0,0711	0,00397	–	–	–	–
46....	0,0610	0,00292	–	–	–	–
47....	0,0508	0,00203	–	–	–	–
48....	0,0406	0,00130	–	–	–	–
49....	0,0305	0,000730	–	–	–	–
50....	0,0254	0,000507	–	–	–	–

(*) S. W. G. (Standard Wire Gauge) : Jauge normale Anglaise.
(**) B. et S. (Brown et Sharpe Gauge, ou " American Wire Gauge ") : Jauge Américaine.
(***) B. W. G. (Birmingham Wire Gauge) : Ancienne Jauge Anglo-Américaine courante dans l'Allemagne du Nord.

POIDS DE 100 BOULONS EN ACIER DOUX
Y COMPRIS TÊTES ET ÉCROUS 6 PANS (système international).

Longueur tête non comprise (mm).	Diamètres.							
	6.	7.	8.	9.	10.	11.	12.	14.
	kil.	kil.	kil.	kil.	kil.	kil.	kil.	kil.
10....	0,833	1,289	1,756	–	–	–	–	–
15....	0,943	1,539	1,952	2,806	3,670	4,828	6,337	–
20....	1,053	1,589	2,148	3,054	3,976	5,198	6,778	10,291
25....	1,163	1,739	2,344	3,302	4,282	5,568	7,188	10,891
30....	1,273	1,889	2,540	3,550	4,588	5,938	7,629	11,490
35....	1,383	2,039	2,736	3,798	4,894	6,308	8,069	12,090
40....	1,493	2,189	2,932	4,046	5,200	6,678	8,509	12,600
45....	1,603	2,339	3,128	4,294	5,506	7,048	8,950	13,289
50....	1,713	2,489	3,324	4,542	5,842	7,418	9,390	13,889
55....	1,823	2,639	3,530	4,790	6,118	7,788	9,831	14,448
60....	1,933	2,789	3,716	5,038	6,424	8,158	10,271	15,087
65....	2,043	2,939	3,912	5,286	6,730	8,258	10,712	15,687
70....	2,153	3,089	4,108	5,534	7,036	8,898	11,152	16,286
75....	2,263	3,239	4,304	5,782	7,342	9,268	11,593	16,886
80....	2,373	3,389	4,500	6,030	7,648	9,638	12,033	17,485
85....	2,483	3,539	4,696	6,278	7,954	10,008	12,474	18,085
90....	2,593	3,689	4,892	6,526	8,260	10,378	12,914	18,684
95....	2,703	3,839	5,088	6,774	8,566	10,748	13,335	19,284
100....	2,813	3,989	5,284	7,022	8,872	11,118	13,795	19,883
110....	–	4,289	5,676	7,518	9,484	11,858	14,676	21,082
120....	–	4,589	6,068	8,014	10,096	12,598	13,557	22,281
130....	–	4,889	6,460	8,510	10,708	13,338	16,438	23,480
140....	–	–	6,852	9,006	11,320	14,078	17,319	24,679
150....	–	–	7,244	9,502	11,932	14,818	18,200	25,878
160....	–	–	7,636	9,998	12,554	15,558	19,081	27,077
170....	–	–	–	10,494	13,156	16,298	19,962	28,276
180....	–	–	–	10,990	13,768	17,038	20,843	29,475
190....	–	–	–	11,486	14,380	17,778	21,724	30,674
200....	–	–	–	–	14,992	18,518	22,065	31,873

POIDS DE 100 BOULONS EN ACIER DOUX
Y COMPRIS TÊTES ET ÉCROUS 6 PANS (système international) (*suite*).

Longueur tête non comprise (mm).	\multicolumn{8}{c}{Diamètres.}							
	16.	18.	20.	22.	24.	27.	30.	33.
	kil.	kil.	kil.	kil.	kil.	kil.	kil.	kil.
20....	15,340	–	–	–	–	–	–	–
25....	16,123	22,120	30,152	–	–	–	–	–
30....	16,906	23,111	31,376	36,000	–	–	–	–
35....	17,689	24,102	32,600	37,400	47,300	63,500	–	–
40....	18,472	25,094	33,824	38,850	49,000	65,850	86,000	110,150
45....	19,255	26,086	35,048	40,300	50,800	68,100	88,750	113,500
50....	20,038	27,077	36,272	41,750	52,650	70,330	91,500	116,800
55....	20,821	28,068	37,496	43,200	54,400	72,530	94,250	120,120
60....	21,604	29,060	38,720	44,700	56,200	74,830	97,000	123,450
65....	22,387	30,051	39,944	46,200	58,000	77,000	99,750	127,000
70....	23,170	31,043	41,168	47,700	59,750	79,200	102,500	130,200
75....	23,953	32,034	42,392	49,200	61,500	81,410	105,250	133,400
80....	24,736	33,026	43,616	50,650	63,250	83,650	108,000	136,850
85....	25,519	34,017	44,840	52,100	65,000	85,900	110,750	140,100
90....	26,302	35,009	46,064	53,400	66,750	88,100	113,500	143,500
95....	27,085	36,000	47,288	54,900	68,500	90,300	116,250	146,820
100....	27,868	36,992	48,512	56,200	70,300	92,500	119,000	150,150
110....	29,434	38,975	50,960	59,000	73,830	97,000	124,500	156,800
120....	31,000	40,958	53,408	62,000	77,360	101,500	130,000	163,450
130....	32,566	42,941	55,856	64,800	80,900	106,000	135,500	170,100
140....	34,132	44,924	58,304	67,750	84,450	110,500	141,000	176,750
150....	35,698	46,907	60,752	70,650	88,000	115,000	146,500	183,500
160....	37,264	48,890	63,200	73,650	91,550	119,500	152,000	190,150
170....	38,830	50,873	65,648	76,750	94,060	124,000	157,500	196,800
180....	40,396	52,856	68,006	80,000	97,600	128,500	163,000	203,450
190....	41,962	54,839	70,544	83,500	101,200	133,000	168,500	210,100
200....	43,528	56,822	72,992	86,500	105,000	137,500	174,000	217,000

FILETAGE SYSTÈME INTERNATIONAL POUR BOULONS.

Diamètre du boulon.	Pas (mm).	Diamètre du cercle inscrit. Ouverture de clef (mm).	Hauteur de la tête du boulon (mm).	Hauteur de l'écrou (mm).	Diamètre du noyau (mm).	Section du noyau (mm²).
6	1	12	4,2	6	4,59	17,3
7	1	13	4,9	7	5,59	25,5
8	1,25	15	5,6	8	6,24	31,9
9	1,25	16	6,3	9	7,24	42,5
10	1,5	18	7	10	7,89	50,9
11	1,5	19	7,7	11	8,89	64,0
12	1,75	21	8,4	12	9,54	74,3
14	2	23	9,8	14	11,19	102
16	2	26	11,2	16	13,19	141
18	2,5	29	12,6	18	14,48	170
20	2,5	32	14	20	16,48	220
22	2,5	35	15,4	22	18,48	276
24	3	38	16,8	24	19,78	317
27	3	42	19,9	27	22,78	409
30	3,5	46	21	30	25,08	509
33	3,5	50	23,1	33	28,08	634
36	4	54	25,2	36	30,37	745
39	4	58	27,3	39	33,37	897
42	4,5	63	29,4	42	35,67	1026
45	4,5	67	31,5	45	38,67	1206
48	5	71	33,6	48	40,96	1353
52	5	77	36,4	52	44,96	1626
56	5,5	82	39,2	56	48,26	1874
60	5,5	88	42	60	52,26	2194
64	6	94	44,8	64	55,56	2481
68	6	100	47,6	68	59,56	2846
72	6,5	105	50,4	72	62,85	3172
76	6,5	110	53,2	76	66,85	3584
80	7	116	56	80	70,15	3948

FILETAGE SYSTÈME "ACMÉ" POUR VIS.

Nombre de filets au pouce.	Profondeur du filet (mm).	Largeur du filet au sommet du plat (mm).	Largeur du filet à la base (mm).	Écartement au sommet (mm).	Plat au fond du creux (mm).
1......	12,954	9,416	16,116	15,984	9,284
1 1/3...	9,779	7,061	12,121	11,989	6,929
2......	6,604	4,707	8,125	7,993	4,575
3......	4,488	3,137	5,464	5,329	3,005
4......	3,429	2,355	4,127	3,995	2,222
5......	2,794	1,882	3,330	3,198	1,750
6......	2,370	1,570	2,797	2,664	1,438
7......	2,067	1,344	2,416	2,283	1,214
8......	1,841	1,176	2,131	1,999	1,044
9......	1,664	1,049	1,908	1,775	0,916
10......	1,524	0,942	1,730	1,598	0,810

Pas en millimètres.	Profondeur du filet (mm).	Largeur du filet au sommet du plat (mm).	Largeur du filet à la base (mm).	Écartement au sommet (mm).	Plat au fond du creux (mm).
2......	1,25	0,741	1,388	1,259	0,612
2,5....	1,50	0,926	1,707	1,574	0,793
3......	1,75	1,111	2,017	1,888	0,982
4......	2,25	1,482	2,647	2,518	1,352
5......	2,75	1,852	3,277	3,147	1,727
6......	3,25	2,227	3,906	3,777	2,093
8......	4,25	2,961	5,164	5,039	2,835
10......	5,25	3,704	6,424	6,295	3,575
12......	6,25	4,447	7,683	7,554	4,316
16......	8,25	5,947	10,221	10,052	5,778
20......	10,25	7,410	12,719	12,590	7,280

MÉTHODES DE JAUGEAGE DES NAVIRES DE COMMERCE.

On appelle *tonnage* d'un navire de commerce, le volume des capacités intérieures susceptibles de recevoir des marchandises.

On appelle *jaugeage* l'opération par laquelle on détermine le tonnage.

Les principales nations maritimes ont adopté une méthode unique de jaugeage, la méthode Moorsom. L'unité de jauge est le *tonneau anglais* de 100 pieds cubes, soit 2,832 m³.

1 tonneau de jauge = 100 pieds cubes anglais = 2,832 m³,
1 m³ = 0,363 tonneau de jauge = 35,32 pieds cubes anglais,
1 pied cube anglais = 0,01 tonneau de jauge = 0,0283 m³.

VITESSE DES NAVIRES.

Le *nœud* est rattaché au mille marin (nautical mile. Int.) qui vaut 1852 mètres (définition sanctionnée par la Conférence Hydrographique Internationale de 1929, malgré opposition du Royaume-Uni et des États-Unis).

En Grande-Bretagne on emploie toujours le *nautic mile* (U. K.) qui vaut

$$6080 \text{ feet (U. K.)} = 1853,18 \text{ mètres}$$
$$= 1,00064 \text{ mile (Int.)}$$

Aux États-Unis on emploie le *nautic mile* (U. S.) qui vaut

$$6080,20 \text{ feet (U. S.)} = 1853,248 \text{ mètres}$$
$$= 1,00067 \text{ nautic mile (Int.)}.$$

FRANÇAIS-ANGLAIS

A

en A, A shaped; **montant —**, A shaped standard.

Abaca, Abaca; **filin en —**, abaca rope.

Abaissé, Lowered; **volets — s**, (Aviat.), lowered flaps.

Abaissement, Lowering, dip (horizon); **— d'un niveau**, draw down.

Abaisser, to Lower; **— une perpendiculaire**, to let fall a perpendicular.

Abaque, Abac, abacus, chart, alignment chart, graphic chart, nomograph, graph.

Abatage, Felling (of timber), cutting, cutting down, working, brushing (mines); leverage, heaving down (N), flanging; **coin pour l' —**, falling wedge; **mandrin d' —**, dolly, holding up hammer, stock for rivetting; **— en carène**, heaving down for careening; **— en carrière**, quarrying; **— à la poudre**, blasting.

Abatis, Cutting down, felling, felled wood.

Abattant, Falling board.

Abatteur, Coal cutter, brusher, clearer builder up.

Abattre, to Beat (min.), to brush (min.), to bring down, to hew down, to cut down; **— en carène**, to careen, to heave down; **— un chanfrein**, to bevel, to cut off an edge; **— du minerai à la voûte**, to dig upwards; **— un rivet**, to clinch a rivet.

Abattu, Brought down, cut down; **pan —**, chamfer edge; **—· en carène**, careened.

Abat-vent, Lower vindow.

Abbcite, Abbcite.

Abcisse (voir **Abscisse**).

nid d'Abeilles, Honeycomb; **radiateur —**, honey comb radiator; **en —**, honey-combed.

Abélien, Abelian; **groupes — s**, abelian groups.

Aberration, Aberration, error; **cercle d' —**, crown of aberration; **— chromatique**, chromatic aberration; **— du front d'onde**, wave front aberration; **— de largeur de fente**, slid width error; **— photogrammétrique**, photogrammetric aberration; **— de réfrangibilité**, Newtonian aberration; **— de sphéricité**, spherical aberration.

Abonné, Subscriber.

Abonnement, Subscription, contract.

Abord, Boundary; **bordage en — (e. n.)**, boundary ormargin plank.

About, Abutment, butt, butt end, junction joint; **can d'un —**, butt edge; **cheville d' — (c. n.)**, butt bolt; **décroisement des — s**, shift of butts; **rivetage des — s**,

ABS — 2 — **ACC**

butt riveting; **tenon en** —, end tenon.

Aboutement, Abutment, butt, scarfing, joining end to end.

Abouter, to Abut, to scarf, to join end to end.

Abrasif, Abrasive, abradant; **meule** — **ive**, abrasive wheel; **poudre** — **ive**, grinding powder; **substances** — **ves**, abrasives.

Abrasion, Abrasion; **résistance à l'** —, abrasion resistance.

Abri, Shelter, screen, shield, vault; **châssis d'** —, (mines), flake; **pont** — (N.), shelter deck; **à l'** — **des fausses manœuvres**, fool proof; **à l'** — **des poussières**, dust proof; **à l'** — **des projections d'eau**, splash proof.

Abscisse, Absciss, abscissa.

Abscisses, Abscisses, abscissæ.

Absolu, Absolute, actual; **alcoo** —, absolute alcohol; **effet** —, whole effect; **électromètre** —, absolute electrometer; **galvanomètre** —, absolute galvanometer; **humidité** — **e**, absolute humidity; **potentiel** —, absolute potential; **pression** — **e**, absolute pressure, actual pressure; **système d'unités** — **es**, absolute system; **température** — **e**, absolute temperature; **unité** — **e**, absolute unit; **unité** — **e de courant**, absolute ampère; **valeur** — **e**, absolute, value; **viscosité** — **e**, absolute viscosity; **zéro** —, absolute zero.

Absorbant, Absorbent, absorber, absorptive, sorptive, absorbing; **panneau** — (acoust.), absorbing pannel; **pouvoir** —, absorbing power; **terre** — **e**, absorbent earth.

Absorbé, Absorbed; **puissance** — **ée**, input power.

Absorber, to Absorb.

Absorbeur, Absorber; — **de neutrons**, neutron absorber; — **oscillant**, oscillating absorber.

Absorptif, Absorptive.

Absorptiomètre, Absorbtiometer.

Absorption, Absorption, taking up; **auto** —, self absorption; **bandes d'** —, absorption bands; **chambre d'** —, absorption chamber; **coefficient d'** —, absorption coefficient; **colonne d'** —, absorption tower; **courant d'** —, absorption current; **dynamomètre d'** —, absorption dynamometer; **éconètre à** —, absorption econometer; **essai d'** —, absorption test; **huile d'** —, absorption oil; **modulation par** —, absorption modulation; **ondemètre à** —, absorption wavemeter; **raie d'** —, absorption line; **réfrigération par** —, absorption refrigeration; **spectre d'** —, absorption spectrum; **spectre d'** — **de rotation**, rotational absorption spectrum; **tour d'** —, absorption tower; — **atmosphérique**, atmospheric absorption; — **chimique**, chemical absorption; — **diélectrique**, dielectric absorption; — **de rotation**, rotational absorption.

Absorptivité, Absorptiveness, absorptivity.

Abuter, to Abut, to scarf.

Acacia, Acacia, locust.

Acajou, Mahogany; **feuille d'** — **pour placage**, mahogany veneer.

Acanthite, Acanthite.

lisses d'Acastillage (c. n.), Rails of the upper works.

Accélérateur, Accelerator; **bouton d'** —, throttle button; **pédale d'** —, accelerator pedal, foot throttle, throttle pedal; — **d'échappement**, exhaust accelerator; — **électrostatique**, electrostatic accelerator; — **d'induction**, induction accelerator; — **linéaire**, linear accelerator; — **magnétique**, magnetic accelerator; — **à ondes stationnaires**, standing wave accelerator; — **de particules**, particle. accelerator; — **de protons**, proton accelerator.

Accélérateur (adj.), Accelerating, accelerative; **électrode — atrice**, accelerating electrode.

Accélération, Acceleration; **force d' —**, accelerating power; **— négative**, deacceleration; **— de la pesanteur**, acceleration due to gravity.

Accéléré, Accelerated; **mouvement —**, accelerated motion; **mouvement**; **uniformément —**, uniformly accelerated motion.

Accélérographe, Accelerograph.

Accéléromètre, Accelerometer.

Accès, Access; **porte d' —**, access door.

Accessibilité, Accessibility.

Accessoire, Accessory; **foyer —**, by hearth.

Accessoires, Accessories, mountings, fittings; **— d'automobile**, automotive accessories, motor-car accessories; **— de chaudière**, boiler mountings, boiler fittings; **— électriques**, electrical accessories; **— d'un fourneau**, furnace mountings; **— de machine**, engine fittings.

Accidentel, Adventitions.

Accomoder, to Accomodate.

Accorage, Shoring up (a vessel), shoring.

Accord, Tuning; **circuit d' —**, tuner.

Accorder, to Tune.

Accore, Shore, prop, stanchion.

Accorer, to Shore, to shore up, to prop, to jam.

Accotement, Kerb.

Accouplé, Coupled; **roues — es**, coupled wheels.

Accouplement, Coupling, clutch, drag, hook up; **bielle d' —**, drag link, parallel rod, side rod, coupling link, coupling rod; **boulon d' —**, drag bolt; **chappe d' —**, coupling fork; **coquille d' —**, coupling bush; **joint d' —**, coupling joint; **manchon d' —**, coupling box, dog clutch sleeve, clutch coupling box, claw coupling sleeve; **— amovible**, disengaging coupling; **— articulé**, jointed coupling; **— automatique**, automatic coupling; **— à broches**, needle coupling; **— à broche filetée**, vice coupling; **— à brosses**, brush coupling; **— à cliquet**, pawl coupling; **— par cône, à cône de friction**, cone coupling; **— à coquilles**, split coupling; **— à débrayage**, disengaging coupling, coupling with clutch; **— à douille**, sleeve coupling; **— élastique**, flexible coupling; **— électromagnétique**, electromagnetic coupling; **— fixe**, fast coupling; **— flexible**, flexible coupling; **— à friction**, overload coupling, friction clutch coupling; **— à griffes**, claw coupling, dog clutch; **— lâche**, loose coupling; **—à lames**, steel lamination coupling; **— à linguet**, pawl coupling; **— par manchon**, muff coupling, box coupling; **— à mouvement longitudinal**, expansion coupling; **— à plateaux**, disc coupling, plate coupling, flange coupling; **— à ruban**, band coupling; **— à tête articulée**, flexible head coupling; **— de tourteaux**, drag link; **— à trèfle**, wobbling coupling; **— à vis**, screw coupling.

Accoupler, to Couple.

Accréditer, to Bring into credit.

Accréditeur, Guarantor.

Accrochage, Latch, latching, hook engagement, coupling engagement, cramping; pulling into step (élec.); **recette d' —**, pit eye; **tête d' —**, head block; **— automatique**, automatic latch.

Accroche-tube, Tube grab.

Accrochement (voir **Accrochage**).

Accrocher, to Catch, to couple, to cramp, to lock; to pull into step (élec.); **s' —**, to lock in.

Accroissement subit de courant, Rush of current, current inrush.

Accumulateur, Accumulator, secondary battery; bin, bunker; **bac d'** —, accumulator case, accumulator container, accumulator jar; **batterie d'** — **s,** storage battery, accumulator battery; **caisse d'** — **s à glissières,** drawer accumulator; **charge des** —**s,** battery charge; **élément d'** —, battery cell, battery element; **essai des** — **s,** accumulator testing; **lampe à** —, accumulator lamp; **piston d'** —, accumulator plunger; **plaque d'** —, accumulator plate; **plaque d'** — **autogène, de formation autogène,** solid plate; **plaque d'** — **frittée,** sintered plate; **plaque-support d'** —, supporting plate; **tension d'** —, accumulator voltage; — **aéro-hydraulique,** air hydraulic accumulator; — **alcalin,** alkaline accumulator; — **à augets,** trough accumulator; — **cadmium-nickel,** cadmium nickel accumulator; — **pour le charbon,** coal bin, coal bunker; — **à contrepoids,** weight accumulator; — **à cuvette,** tray accumulator; — **en décharge,** working accumulator; — **électrique,** electric accumulator; — **fer-nickel,** iron nickel accumulator; — **hydraulique,** hydraulic accumulator; — **au plomb,** lead accumulator; — **de pression,** pressure accumulator; — **de pression indépendant,** self containing pressure accumulator; — **de traction,** traction accumulator; — **transportable,** portable accumulator; — **de vapeur,** steam accumulator; — **au zinc,** zinc accumulator.

Accumulation, Storage; — **thermique,** thermal storage.

Accumuler, to Accumulate.

Acerdèse, Acerdese.

Acéré, Sharp, picked,

Acétaldéhyde, Acetaldehyde.

Acétate, Acetate; — **de cellulose,** cellulose acetate; — **de plomb,** lead acetate, sugar of lead, salts of Saturn.

Acétique, Acetic; **acide** —, acetic acid; **hydrazide** —, acethydrazide.

Acétone, Acetone, pyrometic spirit.

Acétylation, Acetylation.

Acétyle, Acetyl; **peroxyde d'** —, acetyl peroxide.

Acétylène, Acetylene; **éclairage à** —, acetylene lighting; **générateur à** —, acetylene generator; **lampe à** —, acetylene lamp; **lanterne à** —, acetylene lamp; **noir d'** —, acetylene black; **soudure à l'** —, acetylene welding.

Acétylénique, Acetylenic; **chalumeau** —, acetylene blowpipe; **chalumeau oxy** —, oxyacetylene blowpipe; **flamme aéro** —, air, acetylene flame.

Achat, Purchase.

Achèvement, Completion, finishing; **en** — **à flot,** completing afloat; **en cours d'** —, in course of completion.

Achromatique, Achromatic, achromatized; **lentille** —, achromatic lens.

Achromatisme, Achromatism, achromaticity (rare); — **de sphéricité,** sphericity achromatism.

Aciculaire, Acicular, needle shaped; **fonte** —, acicular cast iron.

Aciculite, Aciculite.

Acide, Acid; **atmosphère** —, acid atmosphere; **attaque à l'** —, etching; **polissage par attaque à l'** —, etching polishing; **boues** — **s,** acid sludge; **convertisseur** —, acid converter; **corrosion par les** — **s,** acid corrosion; **ester** —, acid ester; **fermentation** —, acetous fermentation; **foyer à sole** —, acidophen hearth; **mélange d' — s**, conjugated acids; **pèse — s**, acid densimeter; **polissage par attaque à l' —**, etching polishing; **siphon à —**, acid syphon; **substituants — s**, acid substituents; **traitement à l' —**, acidizing, acid treatment; — **acétique**, acetic acid; **— s acylaminés**, acylaminoacids; — **azotique**, nitric acid; — **benzoïque**, benzoic acid, flowers of benzoin; — **borique**, boric acid; — **bromhydrique**, hydrogen bromide; — **cacodylique**, cacodylic acid; — **carbosylique**, carbosylic acid; — **chlorhydrique**, hydrochloric acid, muriatic acid; — **cyanhydrique**, prussic acid; — **dœglique**, doeglic acid; — **elaïdique**, elaidic acid; — **folinique**, folinic acid; — **lactique**, lactic acid; — **méthacrylique**, metacrylic acid; — **monochloracétique**, monochloracetic acid; — **monochlorique**, monochloric acid; — **naphténique**, naphtenic acid; — **néoabiétique**, neoabietic acid; — **oléique**, oleic acid; — acid; — **nicotinique**, nicotinic acid **organique**, organic acid; — **oxalacétique**, oxalacetic acid; — **oxalique**, oxalic acid; — **peptidique**, peptide acid; — **perchlorique**, perchloric acid; — **periodique**, oxygen of iodin; — **peroxycarbonique**, peroxycarbonic acid; — **perrhénique**, perrhenic acid; — **phénique**, carbolic acid; — **phtalique**, phtalic acid; — **picrique**, picric acid; — **propionique**, propionic acid; — **prussique**, prussic acid; — **pyrogallique**, pyrogallic acid; — **silicique**, silicicacid; — **sulfonique**, sulfonic acid; — **sulfureux**, sulphur dioxyde, sulphureous acid; — **sulfurique**, sulphuric acid; — **sulfurique absorbé par du kieselguhr**, dry sulphuric acid; — **sulfurique dilué, étendu**, dilute sulphuric acid; — **sulfurique fumant**, fuming sulphuric acid; — **throdiacétique**, throdiacetic acid; —

toluique, toluic acid; **attaquer à l' —**, to bite, to etch; **traiter à l' —**, to acidize.

Acidifiable, Acidifiable.

Acidification, Acidification.

Acidifié, Acidified.

Acidifier, to Acidify.

Acidité, Acidity; **indice d' —**, acidity number.

Acidulé, Acidulate, acidulated; **eau — e**, acidulated water.

Acier, Steel; **affinage de l' —**, shearing of steel; **aussière en —**, steel hawser; **bac en —**, steel tank; **bandage en —**, steel tyre; **barre d' —**, steel bar; **bâtiment en —**, steel building; **bille d' —**, steel ball; **— câble en —**, steel cable, steel rope; **coffrage en —**, steel casing; **copeaux d' —**, steel turnings; **cuve en —**, steel tank; **élaboration de l' —**, steel making; **feuillard d' —**, strip steel; **fil d' —**, steel wire; **fonderie d' —**, steel foundry; **fonte blanche pour —**, floss; **limaille d' —**, steel dust; **lingot d' — fondu**, steel blank; **lopin d' —**, steel bloom; **morceau d' —**, gad; **navire en —**, steel vessel; **potée d' —**, martial crocus; **poudre d' —**, steel powder; **poudres d' — alliées**, prealloyed steel powders; **ressort d' —**, steel spring; **ruban en —**, steel tape; **tôle d' —**, steel plate, **tôle mince en —**, steel sheet; **tout —**, all steel; **tube en —**, steel tube; **— adouci**, softened steel; **— affiné**, fined steel; **— allié**, alloy steel, alloyed steel; **— argenté**, silver steel; **— Bessemer**, Bessemer steel; **— au bore**, boron steel; **— boursouflé**, blistered steel; **— brut**, crude steel, raw steel; **— calmé**, killed steel; **— calorisé**, calorized steel; **— au carbone**, carbon steel; **— de cémentation**, case hardening steel, cementation steel, converted steel, cemented steel; —

au chrome, chrome steel; — au cobalt, cobalt steel; — de construction, constructional steel, structural steel; — corroyé, refined steel, sheared steel, welded steel; — au creuset, crucible steel; — fondu au creuset, crucible cast steel; — cru, rough steel; — damasquiné, damascus steel; — de décolletage, screw machine steel, free machining steel; — demi-calmé, semi-killed steel; — doux, mild steel; — extra-doux, dead soft steel; — mi-doux, half hard steel; — dur, hard steel; — mi-dur, half hard steel; — durci, chilled steel; — durci à la surface, case hardened steel; — effervescent, effervescent steel, plugged steel, rimmed steel, rimming steel; — à égriser, crushed steel; — électromagnétique, electromagnetic steel; — embouti, pressed steel; — étiré brillant, bright drawn steel; — étiré à chaud, hot drawn steel; — étiré à froid, cold drawn steel; — à faibles pertes, low loss steel; — fondu, cast steel; — de forge, forging steel; — forgé, wrought steel, forged steel; — à grains orientés, oriented steel; — à haute tension, high tensile steel; — indien, wootz steel; — indéformable, non distorsion steel; — inoxydable, stainless steel; — laminé, rolled steel; — magnétique, magnetic steel; — au manganèse, manganese steel; — mangano-siliceux, silico manganese steel; — marchand, merchant steel; — de marque, quality steel; — martensitique, martensitic steel; — Martin, Martin steel; — à matrices, die steel; — mi-doux, half mild steel; — mi-dur, medium steel, half hard steel; — meulé, ground steel; — au molybdène, molybdenum steel; — au nickel, nickel steel; — au nickel-chrome, chrome nickel steel; — à outils, tool steel; — à haute perméabilité, high permeability steel; — à faibles pertes, low loss steel; — magnétique, magnetic steel; — mousseux, rimmed steel, rimming steel; — perlitique, pearlitic steel; — plaqué, clad steel; — poli, bright steel; — poule, blistered steel; — puddlé, puddled steel; — de qualité, quality steel; — rapide, high speed steel (h. s. s.); rapid steel, quick cutting steel; — recuit, annealed steel; — réfractaire, heat steel; — reposé, killed steel; — résistant à la chaleur, heat resisting steel; — résistant à la corrosion, corrosion resisting steel; — à ressort, spring steel; — revenu, tempered steel; — en rubans, hoop steel; — soudable, weldable steel; — soudé, weld steel; — spécial, alloy steel, special steel; — stabilisé, stabilised steel; — de haute teneur, high class steel; — Thomas, Thomas steel; — non traité, untreated steel; — pour transformateurs, transformer steel; — trempant, hardenable steel; — peu trempant, shallow hardening steel; — trempé, hardened steel, tempered steel (rare); — au tungstène, tungsten steel; — au vanadium, vanadium steel; — en Z, Z steel.

Aciérage, Steeling; bain d' —, steel bath.

Aciération, Conversion of iron into steel, steeling.

Aciéré, Steeled, hardened; fonte — ée, semi-steel; — superficiellement, case hardened, face hardened.

Aciérer, to Steel, to convert iron into steel.

Aciérie, Steel works, steel mill, steel plant.

Aciériste, Steel maker.

Acompte, Instalment.

Acoustique, Acoustics.

Acoustique (adj.), Acoustic, acoustical; **amortisseur** —, acoustic clarifier; **électro** —, electro-acoustic; **filtre** —, acoustic filter; **impédance** —, acoustic impedance; **régénération** —, acoustic feedback.

Acquit, Receipt; — **à caution**, permit.

Acquittement des droits, Dues payment.

Acquitter, to Receipt.

Acridine, Acridine.

Acrobatie (aviat.), Stunt; **vol d'** —, stunt flight, acrobatic flight, stunt flying.

Acrobaties aériennes, Acrobatics, aerobatics.

Acrylate, Acrylate; — **d'éthyle**, ethyl acrylate; — **polybutylique**, polybutyl acrylate.

Acrylique, Acrylic; **chlorure** —s acrylyl chloride; — **matière; plastiques** — s, acrylic plastics. **résines** — s, acrylic resins,

Acryloïde, Acryloid; **polymère** —, acryloid polymer.

Acte, Deed, certificate; — **de francisation**, certificate of registry; — **sous seing privé**, private deed.

Actif (comm.), Assets.

Actif (adj.), Active; **azote** —, active nitrogen; **carbone** —, active carbon; **charbon** —, active coal; **couche** — **ve**, active layer; **masse** — **ve**, contact mass; **matière** — **ve**, active material; **matière** — **ve qui tombe** (accus), dropping active material; **pâte de matière** — **ve**, active paste; **puissance** — **ve**, active power.

Actinide, Actinide.

Actinique, Actinic; **arc** —, actinic arc; **rayons** — s, actinic rays.

Actinium, Actinium.

Actinolytique, Actinolitic.

Actinomètre, Actinometer; — **manométrique**, manometric actinometer.

Actinométrie, Actinometry.

Actinométrique, Actinometric.

Actinon, Actinon.

Actinote, Actinote.

Action, Action, share, (comm.) stock; **à** — **automatique**, self acting; **à** — **rapide**, quick acting, quick action; **relais à** — **rapide**, quick acting relay; **étage d'** —, impulse stage; **rayon d'** —, radius of action, range of action range, scope, cruising range; **à grand rayon d'** —, long range; **roue à** —, impulse wheel; **turbine à** —, impulse turbine; — **s d'apport**, initial shares; — **de couler les métaux**, casting; — **différées**, differed shares; — **d'empiler**, piling; — **entièrement libérées**, fully paid up shares; — **de faire de l'eau**, watering; — **s de garantie**, qualification shares; — **s de jouissance**, dividend shares; — **de lancer, de jeter**, pitching; — **s nominatives**, nominal or registered shares; — **de placer des tirants, des entretoises**, bracing; — **s privilégiées**, preference or preferred shares; — **s statutaires**, qualification shares; — **de surface** (élec.), surface action; — **de tempérer, d'adoucir** (verrerie), tempering.

Actionnaire, Shareholder, investor.

Actionné, Actuated, driven, operated, powered; — **par contacteur**, contactor controlled; — **à la main**, manually actuated, manually operated; — **par moteur**, motor driven; — **par ressort**, spring actuated; — **par turbine**, turbine powered.

Actionner, to Actuate, to drive, to operate, to engage.

Activation, Activation.

Activé, Activated; **alumine — e,** activated alumina; **bain —,** activated bath; **charbon —,** activated charcoal.

Activer, to Activate; **— la combustion,** to accelerate the combustion; **— les feux,** to stir, to urge the fires.

Activeur, Activator.

Actuaire, Actuary.

Acuité, Acuteness; **— auditive,** auditory acuteness; **— visuelle,** visual acuteness.

Acutangle, acutangulaire, Acutangular.

acides Acyclaminés, Acyclamino acids.

Acyclation, Acyclation.

Acyclique, Acyclic.

Acylcétène, Acil ketene.

Adamantin, Adamantine; **corindon —,** adamantine spur.

Adaptibilité, Flexibility.

Adaptateur, Adapter, converter; **cadre —** (photo), adjusting frame.

Adapter, to Adapt.

Adaptation, Adaptation; matching; **— d'impédance** (élec.), impedance matching; **— à l'obscurité,** dark adaptation.

Adapteur, Adapter, converter.

Addition, Addition, additament (chem.); **matériaux d' —,** fettling materials.

Additionnel, Additional; voltage —, additional tension.

Adduction d'eau, Water supply.

Adent, Dent, clamp, indent, indentation, notch, scarf, jag, cogging, joggle; **assemblage en — s,** scarf with indents; **assemblé à — s,** joggled, joined by jags; **joint à —,** joggle joint; **réunir en — s,** to joggle; **unir par des — s,** to join by coggings; **— d'embrayage,** engaging scarf.

Adénylique, Adenylic; **acide —,** adenylic acid.

Adhérence, Adherence, adhesion, adhesiveness; **locomotive à —,** adhesion engine; **qualités d' —,** rubbing qualities; **roue à —,** adhesion wheel.

Adhérent, Adherent, adhesive; **auto —,** self bonding; **pouvoir —,** adhesive power.

Adhésif, Adhesive; **poids —,** adhesive weight; **— au caoutchouc,** rubber adhesive.

Adhésion, Adhesiveness, adherence.

Adiabatique, Adiabatic; **courbe —,** adiabat, adiabatic curve; **détente —,** adiabatic expansion; **diagramme —,** adiabatic diagram; **ligne —,** adiabat; **oscillateur —,** adiabatic oscillator; **rendement —,** adiabatic efficiency; **saturation —,** adiabatic saturation; **transformation —,** adiabatic transformation.

Adiabatiquement, Adiabatically.

p-**Adique,** *p*-Adic.

Adjacence, Adjacence, adjacency.

Adjacent, Adjacent; **angles — s,** adjacent angles.

Adjoint, Deputy.

Adjudicataire, Contractor.

Adjudication, Sale by anction; **soumission pour une —,** tender; **— aux enchères,** competition tenders.

Admettre (la vapeur), to Turn on.

Administrateur, Director, trustee.

Administration, Administration; **conseil d' —,** board of directors, board of trustees.

Admis, Admitted, permitted; **hauteur — se** (mach. outil), admit in height.

Admissible, Admissible, permissible; **intensité de courant —,** carrying capacity.

Admission, Admission, admittance, induction, inlet, intake; **bride d'** —, inlet flange; **lumière d'** —, admission port; **manette d'** — **des gaz**, throttle lever, throttle handle; **orifice d'** —, inlet port, intake port; **période d'** —, admission period; **pleine** —, full boost; **pression d'** —, throttle pressure; **robinet d'** —, inlet tap; **soupape d'** —, induction valve, inlet valve, admission valve; **chapelle de soupape d'** —, inlet valve chest; **tige d'** —, admission gear rod; **tiroir d'** —, supply valve; **tubulure d'** —, inlet pipe; **tuyau d'** —, induction pipe, inlet pipe; **volume d'** —, admission space; — **effective**, real admission; — **en franchise**, free admittance; — **partielle**, partial admission; — **retardée**, later admission; — **subséquente**, after admission; — **de vapeur**, steam admission.

Adobe, Air brick, unbaked brick.

Adouci, Smoothed, softened, tempered; **acier** —, softened steel.

Adoucir, to Smooth, to flatten, to soften, to temper; **action d'** — (verrerie), cold stoking; — **le canon d'une arme à feu**, to fine bore.

Adoucissement, Smoothing, flattening, softening, tempering; — **de l'eau**, water softening; — **des glaces**, miror flattening; — **des métaux**, metal softening.

Adoucisseur, Softener.

Adsorbant, Adsorbent, adsorptive.

Adsorbat, Adsorbate.

Adsorber, to Adsorb.

Adsorbeur, Adsorber.

Adsorption, Adsorption; — **chromatographique**, chromatographic adsorption; — **de rotation**, rotational adsorption.

Aéolien, Aeolian; **rocs** — **s**, aeolian rocks.

Aérage, Airing, airiness; **buse d'** —, air channel; **conduit d'** —, air pipe, dumb drift (min.); **foyer d'** —, dumb furnace; **galerie d'** —, ventilating course; **porte d'** —, air door, air gate, trap door; **puits d'** —, air course, air pit, air shaft, staple; **sas d'** —, air lock; **surveillant d'** —, deputy; **tuyau d'** —, air pipe; **voie d'** —, air road, air way.

Aération, Aeration; **hublot d'** —, air scuttle; **ventilateur d'** —, ventilating blower.

Aérer, to Aerate, to air.

chalumeau Aérhydrique, Hydrogen gas blow pipe.

Aérien, Aerial, overhead; **acrobaties** — **nes**, aerobatics; **aiguillage** —, aerial frog; **câble** —, overhead cable; **chemin de fer** —, aerial railway; **conduit** —, exposed duct; **fret** —, aerofreight; **hélice** — **ne**, airscrew; **liaison** — **ne**, air liaison; **ligne** — **ne**, aerial or air line; overhead line; **mortier** —, air mortar; **navigation** — **ne**, marine navigation; **photogrammétrie** — **ne**, aerial photogrammetry, air photographic survey; **photographie** — **ne**, aerial photography; **pont roulant** —, overhead travelling crane; **poste** — **ne**, air mail; **reconnaissance** — **ne**, air reconnaissance; **réseau** —, overhead network; **sécurité** — **ne**, flight safety; **traffic** —, air traffic; **transport** — **par câble**, aerial ropeway; **transporteur** —, aerial transporter, aerial carrier; **voie** — **ne**, ropeway, overhead track; **pont roulant sur** —, traveller on overhead track; **vue** — **ne**, aerial view.

Aéro, Aero; — **balistique**, aero-ballistic; — **bique**, aerobic; — **drome**, airport, aerodrome; **phare d'** — **drome**, aerodrome beacon, airport location beacon; — **dynamique**, aerodynamics; — **dynamique** (adj.), streamlined, aerodynamic, aerodynamical; **balance — dynamique**, aerodynamic balance; **frein — dynamique**, air brake; **soufflerie — dynamique**, wind tunnel; **soufflerie — dynamique pour avions supersoniques**, supersonic wind tunnel; **tunnel — dynamique**, wind tunnel; **— dyne**, aerodyne; **— élastique**, aeroelastic; **— gare**, terminal station; **— générateur**, aerogenerator; **— graphie**, aerography; **— laire**, aerolar; **— lithe**, aerolite; **— logie**, aerology; **— mètre**, aerometer, **— moteur**, wind charger; **— nautique**, aeronautics; **— nautique (adj.)**, aeronautical; **— nef**, aircraft; **— plane (voir avion)**, aeroplane; **— plane à ailes surbaissées**, low wing aeroplane; **— plane à ailes surélevées**, high wing aeroplane; **— plane métallique**, all metal aeroplane; **— port**, airport; **— sol**, aerosol; **— stat**, aerostat; **— statique**, aerostatics, aerostatic (adj.); **— stier**, balloonist; **— triangulation**, aerotriangulation.

Affaiblissement, Fading (photo), attenuation, weakening, weakness.

Affaires, Business, concerns; **— immobilières**, real estate; **agent d' — immobilières**, real estate agent; **— publiques**, public concerns.

Affaissé, Sunk, settled.

Affaissement, Settlement, sinking; **charge d' —** collapsing load.

s'Affaisser, to Settle.

Affalage, Lowering; **pont à — rapide**, quick lowering travelling crane; **vitesse d' —**, lowering speed.

Affilé, Ground, sharpened, sharp edged.

Affiler, to Grind, to sharpen, to edge.

Affiloir, Whetstone.

Affinage, Fining, refining; **fonte d' —**, forge pig; **foyer d' —**, refining furnace; **foyer d' — du cuivre**, copper refining furnace; **scorie d' —**, iron slag, fining slag; **dernières scories d' —**, foxtail; **— électrolytique**, electrolytic refining; **— par soufflage**, converting.

Affiné, Fined, refined; **acier —**, fined steel; **fer —**, refined iron; **fonte — ée**, refined cast iron.

Affiner, to Fine, to refine, to clear (or ou argent).

Affinerie, Refinery, bloomery; **foyer d' —**, fining forge hearth.

Affines (math.), Affines; **colinéarités —**, collineations affines.

Affineur, Finer, refiner.

Affinité, Affinity; **— pour l'oxygène**, adustion.

Affleuré, Levelled; **rivet à tête —e**, flush head rivet.

Affleurement (d'une couche) (min.), Basset, blossom, blossoming, cap, crop, cropping, outcrop; **filon sans —**, blind lode; **— sans profondeur**, blow, flushing.

Affleurer, to Basset (mines), to crop (mines), to make even, to fay.

Afflux de courant, Inrush.

Affolé, Unsteady, disconnected.

Affolement, Dancing, racing (mach.); **— (de l'aiguille aimantée)**, unsteadiness.

Affouillement, Abrasion, honeycomb undermining; **— par l'eau**, blowing up.

Affouiller, to Abrade.

Affranchir, to Post.

Affranchissement, Postage.

Affrètement, Freight, charter; **compagnie d' —**, charter company; **vol d' —**, charter flying **— à temps**, time charter.

Affrété, Affreighted, freighted, chartered.

Affréter, to Affreight, to freight, to charter.

Affréteur, Affreighter, freighter, charterer.

Affût, Carriage, frame, mounting; **bêche d' —,** spade of a carriage; **crosse d' —,** trail of a carriage; **sellette d' —,** bolster of a carriage; **— de canon,** gun mounting.

Affûtage, Grinding, gumming, sharpening, whetting; **angle d' —,** sharpening angle; **meule pour l' — des scies,** saw sharpener; **pente d' —,** grinding slope; **— avec arrosage,** wet sharpening; **— à sec,** dry sharpening.

Affûter, to Grind, to sharpen, to set, to set an edge, to whet; **machine à —,** grinding machine-sharpening machine, tool grin, ding machine; **machine à — les alésoirs,** reamer grinding machine; **machine à — les forets,** drill grinding machine; **machine à — les fraises,** mill grinding machine; **machine à — les scies,** saw sharpening machine; **— des outils,** to set tools.

Affûteuse, Sharpener, sharpening machine, grinder, grinding machine; **— de lames,** saw blade grinder; **— à outils,** tool grinding machine; **— pour scies,** saw sharpener.

Agalmatolithe, Figure stone.

Agar-agar, Agar agar.

Agaric, Agaric; **— minéral,** mineral agaric, liquid chalk.

Agate, Agate; **quartz —,** eye stone.

Age, Age; **durcissement par l' —,** age hardening.

Agence, Office, agency; **— maritime,** shipping office.

Agencement, Arrangement.

Agent, Agent, salesman, representative; **— de brevet,** patent agent; **— de change,** broker, share broker, stock brocker; **— maritime,** shipping agent.

Agglomérant, Binder, bond; **à —,** bonded; **à — de résine,** resinoid bonded.

Agglomération, Agglomeration, binding, bonding, sintering; **bac d' —,** sintering tank; **four d' —** sintering furnace **—, des minerais,** ore sintering; **installation d' —,** sintering plant; **— des poussières de carneaux** nodulising.

Aggloméré, Agglomerate, concrete, sinter.

Aggloméré (adj.), Agglomerate; bonded; sintered; **carbure —,** sintered carbide; **outil au carbure —,** sintered carbide tool, **liège —,** agglomerated cork.

Agglomérer, to Agglomerate, to bond, to sinter, to ball (puddling); **machine à —,** roadster; **presse à —,** briquetting or briqueting press.

Agglomérés, Agglomerates, blocks.

Agglutinant, Agglutinating; **pouvoir —,** caking capacity; **— à briquettes,** briquette cement.

Agglutination, Agglutination, cementing; **— du charbon,** caking; **— du coke,** clinkering.

Agglutiné, Agglutinated.

Agglutiner, s'agglutiner, to Agglutinate, to clinker.

Agitateur, Agitator, beater, blade fan (savonnerie).

Agitateur, Stirrer.

Agitation, Agitation, stirring; **cuve d' —,** stirring tube; **— de la masse de fer à puddler,** bleeding.

Agiter, to Stir.

Agrafage, Fastening, retaining; tacking; **bague d' —,** retaining ring; **— de volant,** flywheel dowelling.

Agrafe, Clasp, brace, fastener, hook, fold clamp, glut, hasp, strap; — **de courroie,** belt, fastener; **joint à** — **s,** cramp joint.

Agrafer, to Fasten, to fold, to clamp, to clasp, to hook.

Agrandi, Magnified, enlarged.

Agrandir, to Enlarge, to magnify.

Agrandissement, Magnification, growth out, enlarging.

Agregat, Aggregate

Agrégation, Aggregation. **corps formé par** —, aggregate body.

Agréger, to Aggregate.

Agricole, Agricultural; **machines** — **s,** agricultural machinery.

Aigre (fer), Brittle, short, cold, short, eager; **fer** —, short iron.

Aigremore, Aigremore.

Aigu, Acute, keen, fine, sharp; **angle** —, acute angle; **à pointe** — **e,** keen edged.

Aiguillage, Switch, frog; **pince d'** —, eccentric clamp; **traverse d'** —, head block; — **aérien,** aerial frog.

Aiguille, Needle, switch, switch blade, sliding tongue, switch tongue, tongue; hand, index, pointer, point, auger; **affolement de l'** — **aimantée,** needle unsteadiness; **bascule à** —, dial balance; **brûit d'** —, needle scratch; **butée d'** — (ch. de fer), bearing stud, moveable rail; **garde** — **s,** edge rail; **grande** —, minute hand; **lime d'** — **s,** needle file; **rail à** —, sliding rail; **roulement à** — **s,** needle bearing; — **affolée,** perturbed or disturbed needle; — **aimantée,** magnetic needle; — **astatique,** astatic needle; — **du cadran,** dial pointer; — **du compas,** compass needle; — **à emballage,** packing needle; — **d'inclinaison,** dipper, dipping needle; — **d'injecteur,** injector needle; — **d'injection** (Diesel), fuel valve, injection valve; — **magnétique,** magnetic needle; — **mobile** (ch. de fer), tongue rail; — **d'une pendule,** hand of a clock; — **perforatrice,** drill; — **de phonographe,** phonograph needle; — **à pointer,** dotting needle; — **en rampe** (transbordeur), ramp for climbing.

dans le sens des Aiguilles d'une montre, Clockwise.

dans le sens inverse des Aiguilles d'une montre, Counter clockwise.

Aiguiller, to Switch.

Aiguilletage (mar.), Lashing.

Aiguilleter (mar.), to Lash.

Aiguilleur, Pointsman, switch man, switcher.

Aiguillon, Gad.

Aiguillot (de gouvernail). Pintle.

Aiguisage, Sharpening, edging, honing.

Aiguisé, Sharpened, ground.

Aiguiser, to Hone, to grind, to sharpen, to edge, to set, to set an edge; **moule à** —, grindstone; **pierre à** —, clearing stone, grinding stone, hone, whestone; — **des outils,** to set tools.

Aile, Blade (hélice); wing (avion); fender (auto); **à deux** — **s,** two bladed; **à** n — **s,** n bladed, n blade; **à plusieurs** — **s,** multiblade, multibladed; **à trois** — **s,** three bladed; **allongement d'une** —, aspect ratio of a wing; **attache d'** —, wing attachment; **bord de l'** —, wing edge; **bout d'** —, wing tip; **réservoir de bout d'** —, wing tip tank; **calage de l'** —, wing setting; **cellule centrale d'** —, wing canopy; **charge des** — **s,** wing loading; **contrôle d'** — banking control; **corde de l'** —, wing chord; **courbure de l'** —, wing camber; **emplanture d'** —, wing root, wing socket; **envergure de l'** —, wing span;

extrémité d' —, wing tip; fente d'extrémité d' —, wing tip slot; patin d'extrémité d' —, wing tip skid; flêche d'une —, wing sweep; flotteur de bout d' —, wing tip float; gauchissement de l' —, wing warping; haubanage des — s, wing bracing; incidence de l' —, wing incidence; mur en — wing wall; poutre à larges — s, wide flange beam; profil d' —, wing shape, wing camber, air foil section, wing curve, wing section; profondeur d'un profil d' —, length of chord; raccordement — fuselage, wing fillet; radiateur dans l' —, wing radiator; ravitaillement sous l' —, underwing fuelling; rendement de l' —, wing efficiency; réservoir d'une —, wing tank; réservoir de bout d' —, wing tip tank;, section de l' —, wing curve, wing shape, wing section; support d' —, wing support, wing mounting; surface d' —, wing area; volée de l' —, beam vane; — affilée, tapered wing; — arrière, rear wing; — avant, front wing; — battante, flapping wing; — coque, blended hull; — courbe, cambered wing; — en croissant, crescent wing; à — s en croissant, crescent winged; — en dièdre inversé, inverse taper wing; — effilée, tapered wing; — elliptique, elliptical wing; — épaisse, thick wing; — à fentes, slotted wing; — sans fentes, unslotted wing; — à doubles fentes, double slotted wing; — à fentes multiples, multislotted wing; — en flèche, swept back wing; — haubanée, strutted wing; — d'hélice, screw blade, propeller blade; — inférieure, lower or bottom wing; — à double longeron, two sparred wing; — à longeron unique, one sparred wing; — sans montants, unstrutted wing; — en porte à faux, cantilever wing; — d'une poutre, beam or girder flange; — rectangulaire, rectangular wing; — repliable, folding wing; — sans volets, unflapped wing; — supérieure, top or upper wing; —surbaissée, low wing; — surélevée, high wing; — triangulaire, delta wing; — tronquée, stub wing; — de ventilateur, fan blade; — volante, flying wing; — à volets, flapped wing; s'incliner sur l' —, to bank.

Aileron, Aileron, fin; wing flap; charnière d' —, aileron hinge; contrôle d' —, aileron control, banking control; guignol d' —, aileron lever; — compensé, balanced aileron; — à fentes, slotted aileron; — gauchi, warped aileron; — de portail, console.

Ailette (voir **Aube**), Blade, bucket, fin, vane, tooth; à — s, ribbed; cylindre à — s, ribbed cylinder; moteur à — s, flange cooled motor; moulinet régulateur à — s, fly; pompe à — s, vane pump; radiateur à — s, flanged radiator, gilled radiator; salade d' — s (turbine), blade stripping; tube à — s, fin tube; — de guidage, guide blade; — de refroidissement, cooling vane, cooling fin; — à surface gauche, vortex blade, warped blade; — de turbine, turbine blade; — de turbine à gaz, gas turbine blade; — de ventilateur, fan blade.

Aimant, Magnet; âme d'un —, magnet core; électro —, électromagnet, magnet; électro — boiteux, club foot electromagnet; électro — de champ, field electromagnet; électro — en fer à cheval, bifurcarte electromagnet; électro — de levage, lifting magnet; électro — à noyau noyé, plunger electromagnet; force portante d'un —, lifting power, carrying force of a magnet; pôles d'un —, poles of a magnet; — circulaire, circular magnet; — **correcteur,** correcting, controlling, compensating magnet; — **directeur,** compensating, directive magnet; — **en fer à cheval,** horsehoe magnet; — **feuilleté,** lamellar, laminated magnet; — **fritté,** sintered magnet; — **naturel,** loadstone or lodestone; — **permanent,** permanent magnet.

Aimantation, Magnetisation, magnetization; **bobine d' —,** magnetising coil; **coefficient d' —,** magnetisation coefficient; **contre —,** back magnetisation; — **par la double touche,** magnetisation by double touch; — **par touches séparées,** magnetisation by divided touch.

Aimanté, Magnetised, magnetized; **aiguille — e,** magnetic needle.

Aimanter, to Magnetise, to magnetize; — **à saturation,** to magnetise to saturation.

Air, Air; **bouchon d'évacuation d' —,** air plug; **canalisation d' —,** air line, air pipe; **chambre à —,** air tube, rubber tube, tube; **chasse d' —,** air blast; **chemise à circulation d' —,** air jacket; **clapet à —,** air valve; **clapet d' — additionnel,** auxiliary air valve; **clapet détendeur d' —,** air reducing valve; **compresseur d' —,** air compressor; **compresseur d' — à n phases,** n stage air compressor; **compteur d' —,** air meter; **condensateur à —,** air condenser, air capacitor; **conditionnement d' —,** air conditioning; **courant d' —,** air current, air draught, down cast (mines); **cylindre à —** (soufflante), blowing cylinder; **débit d' —,** air flow; **dessicateur d' —,** air dryer; **disjoncteur dans l' —,** air circuit breaker; **échappement d' —,** air escape; **échappement à l' — libre,** atmospheric exhaust; **éjecteur d' —,** air ejector; **entrée d' —,** air inlet, air intake; **à l'épreuve de l' —,** air proof; **évacuation d' —,** air release; **excès d' —,** air excess; **filet d' —,** stream line; **filtre à —,** air filter, air cleaner, air strainer; **fonte à l' — chaud,** hot blast pig iron; **fonte à l' — froid,** cold blast pig iron; **four à —,** air furnace; **frein à —,** air brake; **frottement d' —,** air friction; **fuite d' —,** air leak; **imperméable à l' —,** air tight; **installation de plein —,** outdoor plant; **interrupteur à l' —,** air break switch; **manche à —,** air sleeve, air scoop, streamer; **manette d' —,** air lever; **matelas d' —,** air bed, air cushion, air mattress, air space; **niveau à bulle d' —,** air level, spirit level; **noyau d' —,** air core; **orifice d' —,** air inlet; **parafoudre à —,** air arrester; **parafoudre à — raréfié,** vacuum air arrester; **en plein —,** out door; **poche d' —,** air lock, air trap, air pocket; **pompe à —,** air pump; **pompe à — sec,** dry air pump; **pompe à — humide,** wet air pump; **prélèvement d' —,** air bleed; **pression d' —,** air blast; **pressuration d' —,** air pressurization; **prise d' —,** air inlet, air intake, air hole, air scoop, air manifold; **puits de sortie d' —** (mines), return shaft; **purge d' —,** air escape, air drain; **purger d' —,** to de-aerate; **purgeur d' —,** air valve; **réaction de l' —,** air reaction; **réchauffeur d' —,** air heater; **redresseurs de filets d' —** (soufflerie) wind straighteners; **réfrigérant d' —,** air cooler; **à refroidissement par —,** air cooling; **à refroidissement par —,** air cooled; **régénérateur d' —,** air regenerator; **régulateur à —,** air chest, air regulator; **réservoir d' —,** air drum, air holder, air flask, air vessel, air chamber; **réservoir d' — d'aspiration,** vacuum chamber; **résistance de l' —,** air resistance; **sas à —,** air sluice;

séchage à l' —, air drying; **séparateur d'** —, air trap, air separator; **tour en l'** —, bar lathe, facing lathe, chuck lathe, pole lathe; **trempe à l'** —, air quenching; **trou d'** —, air pocket; **veine d'** —, air stream; — **additionnel**, auxiliary air, extra air; — **aspiré**, intake air; — **de balayage**, scavenger or scavenging air; — **comburant**, burning air; — **comprimé**, compressed air, supercharge air, blast air; **démarreur à** — **comprimé**, air starter; **tuyautage à** — **comprimé**, compressed air piping; — **dynamique**, ram air — **forcé**, blast air — **frais**, intake air (mines); — **d'insufflation**, blast air, injection air, spray air; **bouteille d'** — **d'insufflation**, spray air bottle; — **de lancement** (Diesel), starting air; **tuyautage d'** — **de lancement**, starting piping; — **en surpuissance**, ram air; — **vicié**, foul air, poor air, stale air.

Aire, Area, sole; — **d'atterrissage**, landing area; — **d'influence**, power area; — **de la section de fatigue**, stressed area; — **de fourneau**, furnace sole; — **de grillage**, ore roasting spot; — **s de vent**, points of a compass.

Aisselier, Brace, lengthened arm of a wheel.

Aissette, Cooper's adze.

Ajouré, Holed, drilled; **âme** — **e**, drilled web.

Ajustage, Adjusting, fitting, fit; **atelier d'** —, fitting shop; **aube d'** —, stop blade; **ébauche d'** —, rough planed; — **à dépouille**, clearance fit; — **à façon**, machining for the trade; — **à frottement dur**, exact fit, tight fit; — **par retrait**, exact fit, tight fit.

Ajusté, Adjusted, adapted, fitted, true; **boulon** —, fitted bolt, reamed bolt, template bolt; **cuve** — **ée** (transformateur), form fit tank; — **à frottement dur**, tight fitted; — **parre trait**, shrink fitted.

Ajuster, to Adapt, to adjust, to fit, to frame, to face, to make true; — **un coussinet**, to scrape a bearing; — **à recouvrement**, to lap; — **par retrait**, to shrink fit; — **serré**, to tight fit.

Ajusteur, Adjuster, filer, fitter, viceman, gauger; **trusquin d'** —, scribing block.

Ajutage, Nozzle.

Alaire, Wing; **charge** —, wing loading; **surface** —, wing surface, lifting surface.

Alambic, Alambic, retort, still; **chapelle d'** —, alambic cover; **charge d'un** —, batch of an alambic; **dôme d'** —, alambic cap.

Alarme, Alarm; **sifflet d'** —, alarm whistle; **signal d'** —, alarm signal, detector.

Albâtre, Alabaster; **ressemblant à l'** —, alabrastine.

Albite, Albite.

Alcali, Alkali; — **volatil**, volatile alkali.

Alcalin, Alkaline; **batterie** —, alkaline battery; **bromation** — **e**, alkaline bromination; **chlorure** —, alkali chloride; **métaux** — **s**, alkaline metals; **scission** — **e**, alkaline cleavage; **traitement** —, alkali treatment.

Alcalinité, Alkalinity.

chlorures Alcalino-terreux, Alkaline earth chlorides.

métaux Alcalino-terreux, Alkaline earth metals.

Alcaloïde, Alkaloid.

Alcannine, Alkannin.

Alcool, Alcohol, spirit; **à bas degré d'** —, low alcoholic; **à haut degré d'** —, high alcoholic; **lampe à souder à** —, alcohol torch; — **absolu**, anhydrous alcohol; — **allylique**, allyl alcohol; — **anhydre**, anhydrous alcohol; — **butylique**, butyl alcohol; — **dénaturé**, denatured alcohol, methylated spirits; — **éthylique**, ethyl alcohol; — **hexylique**, hexyl alcohol; — **inférieur**, lower alcohol; — **méthylique**, methyl alcohol; — **polyvinylique**, polyvinyl alcohol; — **propylique**, propyl alcohol; **transformer en** —, **rectifier l'** —, to alcoholize.

Alcoybenzènes, Alkylbenzenes.

Alcoolat ou Alcoylat, Alkylate.

Alcoylalcoolamide, Alkylol-amide.

Alcoylation, Alkylation.

Alcoyle, Alkyl; **disulfure d'** —, alkyl disulfide.

lactate n-**Alcoylé**, Lactate n-alkyl.

silanes **Alcoyléniques**, Alkenyl silanes.

éther **Alcoylique**, Alkyl ether.

Aldéhyde, Aldehyde; — **non saturé**, unsaturated aldehyde.

Aldimines, Aldimines; — **aliphatiques**, aliphatic aldimines.

acides **Aldoniques**, Aldonic acids.

Aldrine, Aldrine.

variables **Aléatoires** (math.), Random variables.

Alène, Awl.

Alésage, Bore, boring, reaming, broaching, caliber or calibre spindle hole; **banc d'** —, boring bench; **barre d'** —, boring spindle, cutter spindle, cutter bar; **calibre d'** —, limit gauge; **chariot d'** —, boring block, boring saddle; **noix d'** —, boring head; **vérificateur d'** —, bore gauger; — **de la broche**, spindle boring; — **d'un cylindre**, bore of a cylinder; — **du gicleur**, bore of a jet.

Alésé, Bored, reamed, **trou** —, bored hole; — **au diamant**, diamond bored.

Aléser, to Bore, to ream, to broach, to finish bore; **fraise à** —, boring cutter, hole boring cutter; **machine à** —, boring machine; **machine à** — **les cylindres**, cylinder boring machine; **machine à** — **à montant fixe**, floor type boring machine; **machine à** — **à montant mobile**, table type boring machine; **mèche à** —, centrebit; **outil à** —, boring tool; **tour à** —, boring lathe, boring mill; — **un cylindre**, to bore out a cylinder.

trépan **Aléseur**, Beamer.

Aléseuse, Boring machine; **fraise** —, internal milling cutter; — **à cylindres**, cylinder boring machine; — **équarrisseuse**, jig boring machine; — **fraiseuse**, boring and milling machine.

Alésoir, Borer, reamer, boring bit, finishing bit, polishing bit, reaming bit, broach, broche, tap, drill; **copeaux d'** —, bore chips; **fraise à tailler les** — **s**, cutter for fluting taps; **machine à affûter les** — **s**, reamer grinding machine; **porte-outils à forme d'** —, cutter block, cutter head, boring cutter block; **tour** —, vertical boring mill, boring and turning mill; — **cannelé**, burr; — **à cannelures**, fluted reamer; — **à cannelures droites**, straight fluted reamer; — **à cannelures en spirale**, spiral fluted reamer; — **conique**, taper reamer; — **expansible**, adjustable reamer; — **vertical**, upright or vertical boring mill.

Alfa, Esparto, esparto grass.

Algèbre, Algebra; — **s commutatives**, commutatives algebras.

Algébrique, Algebric; **engrenage à fonction** —, algebric gear; **exposants** — **s**, indices; **géométrie** —, algebric geometry; **somme** —, algebric sum.

Algébrisation, Algebraisation.

acide **Alginique**, Alginic acid.

Algorithmes, Algorithms.

Algues, Algae; **destructeur d'** —, algae eliminator.

Alhylique, Alhylic.

Alidade, Alidade, alhidade, index, index bar, radius bar, cross staff, sight bar; — **à lunette**, telescopic alidade; — **à pinnule**, open sight alidade; — **à réflexion**, pelorus.

Aligné, Alined, lined; **non** —, misalined.

Alignement, Alignment, line, lining; **en** —, in alignment, in line; **hors d'** —, out of alignment, out of line; **mauvais** —, misalignment; **retoucheur d'écarts d'** — (T. S. F.), trimmer.

Aligner, to Align, to line.

Alimentaire, Feeding; **bâche** —, feeding cistern; **boîte** —, feeding box; **câble** —, feeder cable; **colonne d'eau** —, stand pipe; **petit cheval** —, donkey pump; **pompe** —, feed or feeding pump; **régulateur** — **principal**, main feed valve; **réservoir** —, feed or feeding vessel.

Alimentation, Feed, feeding, input, supply; **appareil d'** —, feed apparatus; **circuit d'** —, feeding collector; **compresseur d'** —, feed compressor; **couloir d'** — (art.), ammunition feed; **eau d'** —, feed water; **réchauffeur d'eau d'** —, feed water heater; **regulateur d'eau d'** —, feed water regulator; **fréquence d'** —, supply frequency; **goulotte d'** —, feed snout, feed chute; **levier d'** —, feed arm; **pompe d'** —, feed pump; **régulateur d'** — boiler regulating valve; **robinet d'** —, feed cock; **soupape d'** —, feed valve; **soupape d'** — **principale**, main feed valve; **transformateur d'** —, feeding transformer, supply transformer; **tuyau d'** —, delivery pipe, feed pipe; — **en charge**, gravity feed; — **d'une chaudière**, boiler feeding; — **en courant**, power supply; — **par gravité**, gravity feed; — **sous pression**, force or forced feed, pressure feed; — **en retour** (T. S. F.), feed back; — **en surface**, splash feed.

Alimenter, to Feed; — **la chaudière**, to feed the boiler; — **le fourneau**, to feed the furnace.

Aliphatique, Aliphatic; **acide** —, aliphatic acid; **aldimines** — **s**, aliphatic aldimines; **cétones** — **s**, aliphatic ketones.

Alkylat, Alkilate.

Alkylation, Alkilation.

Allège, Barge, craft, lighter, tender; — **de fenêtre**, breast wall.

Allégé, Lightened; **âme** — **ée**, lightened web.

Allégement, Easing, lightening; **trou d'** —, lightening hole.

Alléger, to Lighten.

Aller et retour, Push and pull; **billet d'** —, return ticket.

Alliage, Alligation, alloy; blending; **constituants d'** —, alloying constituents; — **à base de cuivre**, copper base alloy; — **binaire**, binary alloy; — **pour caractères d'imprimerie**, type metal; — **pour coussinets**, bearing alloy; — **direct**, medial alloy; — **pour faux bijoux**, caracoli; — **inverse**, alternate alloy; — **léger**, light or light weight alloy; **tôle d'** — **léger**, light alloy sheet; — **s nickel-fer-molybdène**, hastalloys; — **quaternaire**, quaternary alloy; — **résistant à haute température**, high temperature alloy; — **ternaire**, ternary alloy.

Allié, Alloyed; **acier faiblement** —, low alloyed steel; **fonte** — **e**, alloy cast iron.

Allier, to Alloy, to combine.

Allonge, Adapter, bolt head, dolly, futtock, foot hook,

ALL — 18 — **ALT**

spindle, drive spindle; — **de laminoir**, mill spindle; — **pour pilots**, follower.

Allongement, Lengthening, elongation, extension, strain; aspect ratio (aviat.); **coefficient d' —**, modulus of elasticity for tension; **épreuve d' —**, elongation test; **genou d' —** (c. n.), foot hook; **limite des — s proportionnels**, yield point; — **d'une aile** (aviat.), aspect ratio of a wing; — **permanent**, permanent extension; — **de rupture**, breaking elongation; — **total**, elongation; — **spécifique ou unitaire**, elongation per unit of length; — **unitaire élastique**, elastic extension.

Allonger, to Lengthen, to stretch, to expand.

Allotropie, Allotropy.

Allotropique, Allotropic.

Alluchon, Cog, pin.

Allumage, Lighting, firing, ignition; **analyseur d' —**, ignition analyser; **appareil d' —**, igniter; **auto —**, self ignition, pre-ignition; **avance à l' —**, advanced ignition; **bobine d' —**, ignition coil; **bouton d' —**, ignition switch; **circuit d' —**, ignition circuit; **dispositif d' —**, contact maker, firing device; **double —**, dual ignition; **étincelle d' —**, ignition spark; **fil d' —**, ignition wire; **manette d' —**, ignition control lever; **potentiel d' —**, firing potential; **raté d' —**, misfire, spark failure; **retard à l' —** retarded ignition, retarding spark; **retour d' —**, back fire; **système d' —**, ignition system; **tige de commande d' —**, ignition command bar; — **à basse, à haute tension**, low, high tension ignition; — **par bougie**, spark ignition; — **par brûleur**, burner ignition; — **par magnéto**, magneto ignition; — **spontané**, self ignition, spontaneous ignition; **couper l' —**, to cut off, to switch off the ignition; **régler l' —**, to adjust the ignition.

Allumé, Lighted, fired; in blast, (h. f.), ignited, kindled.

Allumer, to Light, to fire, to ignite, to kindle; — **les feux**, to fire up the engine; — **un haut-fourneau**, to blow in the furnace.

Allumeur, Igniter, contact maker; **chariot —**, ignition car; **double —**, double igniter; **tête d' —**, distributor head.

Allumoir, Lighter; — **électrique**, electric lighter.

Allure, Rate, state, speed, working; — **chaude**, hot working; — **extra-chaude**, extra-hot working; — **froide**, cold working; — **normale**, regular or steady working; — **de régime**, normal speed; **ralentir l' — d'une machine**, to slack the engine.

Alluvial, Alluvial; **dépôt —**, alluvial deposit.

Alluvion, Alluvium; **terres d' —**, alluvia, dirts, estuarine deposits.

Alluvionnaire (voir **Alluvial**).

alcool Allylique, Allylic ethyl alcohol.

Aloès, Aloe; **bois d' —**, agallocum; **câble en —**, aloe rope.

noeud en tête d'Alouette, Lark's head knot.

Alpax, Alpax.

particules Alpha, Alpha particles.

Alphabet Morse, Morse code.

Alquifou, Alquifou.

Altération, Alteration, tampering; — **des couleurs**, fading.

Altéré, Weathered; **non —**, unweathered.

Alternance, Alternation, reversal; **valve à une —**, one way valve; — **s d'efforts**, stress reversals.

Alternateur, Alternator; **générateur à —,** alternator generator; **turbo —,** turboalternator; **— asynchrone,** asynchronous alternator; **— à fer tournant,** inductor alternator; **— à haute fréquence,** high or radio frequency alternator; **— hétéropolaire,** heteropolar alternator; **— homopolaire,** homopolar alternator; **— monophasé,** monophase alternator; **— à pôles saillants,** salient pole alternator; **— polyphasé,** polyphase or multiphase alternator; **— type parapluie,** umbrella type alternator.

Alternatif (élec.), Alternating; reciprocating; **champ —,** alternating field; **courant —,** alternating current (a. c.): **génératrice à courant —,** alternating current generator; **moteur à courant —,** alternating current motor; **relais à courant —,** alternating current relay; **traction à courant —,** alternating current traction; **voltmètre pour courant —,** alternating current voltmeter; **machine — ve,** reciprocating engine; **mouvement —,** reciprocating motion; **mouvement circulaire —,** rocking motion; **cylindre à mouvement —,** reversing roll; **pompe — ve,** reciprocating pump; **scie — ve,** hacksaw; **scierie — ve verticale,** jig saw, fret saw, gang saw mill.

Alternative (adj.) (voir **Alternatif**).

Alterné, Alternate, staggered; **efforts — s,** cyclic stresses; **à flux — s,** cyclic stresses; **joints — s,** staggered joints; **pôles — s,** staggered poles; **pôles à polarité — e,** alternate polarity poles.

Alternomoteur, Alternating current motor; **— à collecteur,** alternating current commutator motor.

Altimètre, Altimeter; **— barométrique,** barometric altimeter; **— électronique,** electronic altimeter; **— enregistreur,** recording altimeter; **— à réflexion,** reflexion altimeter; **— sonique,** sonic altimeter.

Altimétrie, Altimetry.

Altimétrique, Altimetric; **sondeur —,** radio altimeter.

Altitude, Altitude; **chambre d' —,** altitude chamber; **correcteur d' —,** altitude corrector, altitude control.

Alumine, Alumina; **— activée,** activated alumina; **— frittée,** sinter alumina.

Alumineux, Aluminous; **ciment —,** aluminous cement; **fondant —,** aluminous flux; **houille —se,** aluminous pit coal.

Aluminiage, Aluminium coating.

Aluminium, Aluminium, aluminum (U. S.); **câble en —,** aluminium cable; **conducteur en —,** aluminium conductor; **moulages d' —,** aluminium castings; **peinture à l' —,** aluminium paint; **sulfate d' —,** concentrated alum; **tube en —,** aluminium tube; **— en barres, en tôles, en fils,** aluminium rods, sheets, wires.

Aluminothermie, Aluminothermy; **soudure par —,** thermic welding.

Alun, Alum; **chaudière à —,** alum boiler; **pile d' —,** alum battery; **— ammoniacal,** ammonia alum; **— d'ammonium,** ammonium alum; **— capillaire,** feather alum; **— de chrome,** chrome or chromic alum; **— de fer,** iron alum; **— ordinaire,** potash alum; **— de roche,** rock alum.

Alunage, alunation, Aluming.

bain Aluné, Alum bath.

Alundum, Alundon; **— wheel,** meule en alundon.

Aluner, to Alum.

Alunier, Alum maker.

Alunière, Alum mine.

schiste Alunifère, Alum slate.

Alunite, Volcanic alum stone.

Amadou, Tinder.

Amagnétique, Non magnetic.

Amalgamation, Amalgamation; **chaudière d' —,** amalgamating pan; **tonneau d' —,** amalgamating barrel or tub.

Amalgame, Amalgam.

Amalgamé, Amalgamated; **plaque de zinc — e,** amalgamated zinc plate.

Amalgamer, to Amalgamate; **liquide à —,** amalgamating liquid; **machine à —,** amalgamator; **moulin à —,** amalgamating mill.

Amarrage, Anchoring, fastening, mooring, seizing; **ancre, crochet d' —,** mooring hook, mooring anchor; **dispositif d' —,** tethering rig; **droits d' —,** mooring dues; **fil d' —,** anchor wire; **isolateur de fil d' —,** anchor wire insulator; **mât d' —,** mooring mast; **poteau d' —,** bollard; **tour d' —,** mooring tower.

Amarre, Line, rope, mooring rope; **— en acier,** steel rope; **— en chanvre,** hemp rope; **— en double,** slip rope.

Amarrer, to Anchor, to fasten, to knot, to make fast, to tie.

Ambiant, Ambient; **température — e,** ambient temperature.

Ambre, Amber, electrum; **huile d' —,** amber oil; **minerai d' —,** mineral amber; **vernis à l' —,** amber varnish.

Ambroïne, Ambroin.

Ame, Bore, core, core bar, filling, web, heart; **plaque à —,** core plate; **poutre à — pleine,** web girder; **— d'un aimant,** magnet core; **— ajourée,** drilled web; **— allégée,** lightened web; **— de barrot (c. n.),** web; **— d'un câble,** cable core; **— de chanvre,** hemp core; **— en contreplaqué,** plywood web; **— d'un cordage,** filling; **— lisse,** smooth bore; **— de longeron,** spar web; **— de nervure,** web of a rib; **— de plomb,** lead core; **— d'une pompe,** pump bore, pump box; **— d'un rail,** centre rib; **— rayée,** rifled bore; **— du soufflet,** valve of a bellows.

Amélioration, Betterment, improvement.

Amenage, Feed, traverse feeding; **levier d' — rapide** (mach. outil), quick traverse lever; **poids d' — de la pièce,** feeding weight.

Aménagement, Fixture, equipment.

Amende, Fine, penalty.

Amender, to Amend.

canal d'Amenée, Inlet canal, head race, penstock.

mèche Américaine, Twist drill.

Americium, Americium.

Amerrir, to Alight, to come down.

Amérrissage, Alighting, coming down; **— forcé,** ditching.

Amiante, Asbestos, amianthus, earth flax, fossil paper; **bourrage d' —,** asbestos string; **carton d' —,** asbestos board; **corde d' —,** asbestos twine; **feutre d' —,** asbestos felt; **garniture en —,** asbestos steam packing; **roue à broyer l' —,** chaser; **rondelle d' —,** asbestos washer; **tresse d' —,** asbestos cord; **variété très légère d' —,** fossil cork; **— tissée,** woven asbestos.

Amidines, Amidines.

Amidon, Starch; **colle d' —,** starch paste.

Amidone, Amidone.

Amidrazones, Amidrazones.

Amidure, Amide; **— alcalin,** alkali amide.

Aminci, Thinned, bearded, edged off.

Amincir, to Thin, to edge off,

Amincissement, Thinning, edging off, taper.

Amines, Amines; — **acétyléniques,** acetylenic amines; — **diazotées,** diazotized amines; **nitro** —, nitramines.

acides **Aminés,** Aminoacids.

Aminoacides, Aminoacid.

Ammonal, Ammonal.

gaz **Ammoniac,** Ammonia.

sel **Ammoniac,** Ammonia salt.

Ammoniacal, Ammoniacal; **alun** —, ammonia alum; **carbonate de cuivre** — cupram; **citerne à eaux** — **es,** ammonia trough; **chlorhydrate cupro** —, ammonio muriatic copper; **liqueur cupro** — **e,** ammonuriet of liquid copper.

Ammoniacé, Ammoniated.

Ammoniaque, Ammonia; **carbonate d'** —, ammonia carbonate; **compresseur d'** —, ammonia compressor; **fonte pour** —, ammonia casting; **lessivage à l'** —, ammonia bleaching; **sulfate d'** —, ammonia sulphate; **sulfhydrate d'** —, hydrosulfure of ammonia; — **synthétique,** synthetic ammonia.

Ammonium, Ammonium; **alun d'** —, ammonium alum; **nitrate d'** —, ammonium nitrate; **sulfocyanure d'** —, ammonium sulfocyanide.

Ammoniure, Ammonite, ammite.

Amodiation, Leasing out.

Amollissement, Softening; **point d'** —, softening point.

Amont, Upstream, head; **bassin** —, head pond; **batardeau** —, upstream stop log; **bief d'** —, head bag; **canal** —, head race, head water canal; **eau en** —, head water; **porte d'** — (écluse), crown gate.

Amorçage, Flashover, priming, excitation (élec.), roughing; starting; — (d'une dynamo), excitation; — (d'une pompe), priming; **défaut d'** —, refusal of excitation; **pompe d'** —, priming pump; **tension d'** — (tube à vide), ignition voltage; — **automatique,** automatic priming; — **d'un arc,** flashover; — **à la presse,** press roughing.

Amorce, Priming, cap, exploder, primer; opening; scarf (forge); **charge** — (torpille), primer charge; **tube d'** —, priming tube; — **de galerie,** opening of a gallery; — **à percussion,** percussion priming; — **percutée,** fired cap.

Amorcer, to prime, to start, to fetch; **s'** — (arc), to breakdown; — (un gazogène), to draw up; — **la pompe,** to fetch the pump.

Amorçoir, Primer, entering tap, first bit.

Amorphe, Amorphous; **phosphate** —, amorphous phosphate.

Amorti, Quenched, damped; **étincelles** — **es,** quenched sparks; **oscillations** — **es,** quenched or damped oscillations; **signaux** — **s,** spark signals.

Amortir, to Damp, to deaden.

s'**Amortir,** to Die, to die away.

Amortissable, Redeemable.

Amortissement, Amortization, amortizment, damping, decay, quenching; **facteur d'** —, damping factor, decay coefficient; **frais d'** —, amortization charges; — **par cadre de cuivre,** copper damping; — **des étincelles,** spark damping; — **des oscillations,** damping of oscillations; — **du son,** deadening; — **visqueux,** viscous damping.

Amortisseur, Absorber, shock absorber, damper, dashpot, quencher; **marteau** —, dead stroke hammer; **palette d'** —, damper wing; **ressort** —, damping spring; — à air, air pot, air dashpot; — de commande, control damper; — à compression de liquide, liquid spring shock absorber; — hydraulique, hydraulic shock absorber; — hydropneumatique, air-oil shock absorber; — pneumatique, air dashpot, pneumatic shock absorber; — de pulsations, pulse damper; — de vibrations, vibration damper.

Amovible, Detachable, removable; **couvercle** —, removable top; **jante** —, detachable rim, removable rim; **plancher** —, blind bottom.

Amperage, Amperage.

Ampère, Ampere; — **heure**, amperehour; **capacité en** — **s heure**, ampere hour capacity; — **tour**, ampereturn; — **tour magnétisant**, magnetising ampereturn; **contre** — **tour**, back ampereturn.

Ampèremètre, Ammeter, amperemeter, amperometer; **commutateur d'** —, ammeter switch; **milli** —, milliammeter; — **apériodique**, dead beat ammeter; — **à arrêt de l'aiguille**, pointer stop ammeter; — **à cadre mobile**, moving coil ammeter; — **électrostatique**, electrostatic ammeter; — **enregistreur**, recording ammeter; — **à pinces**, clamp ammeter; — **de précision**, standard ammeter; — **à répulsion**, magnetic vane ammeter; — **à ressort amplificateur**, magnifying spring ammeter; — **à ressort antagoniste**, spring ammeter; — **thermique**, hot wire ammeter, thermal ammeter.

Ampérométrique, Amperometric; **titrage** —, amperometric titration.

Amphibie, Amphibious; **avion** —, amphibian, amphibic; **véhicule** —, amphibious vehicle.

électrolyte Amphotère, Amphoteric electrolyte.

Amplidyne, Amplidyne.

Amplificateur, Amplifier, magnifier, intensifier; **détecteur** —, amplifying detector; **dispositif** —, magnifying mechanism; **tube** —, amplifier tube; — **à basse fréquence**, low frequency amplifier, audio amplifier; — **en chaîne**, chain amplifier; — **à courant continu**, direct current amplifier; — **à cristal**, crystal amplifier; — **à décade**, decade amplifier; — **égalisateur**, equalizing amplifier; — **électronique**, electronic amplifier; — **à un étage**, one stage amplifier; — **à deux, trois, quatre étages**, two, three, four stage amplifier; — **à plusieurs étages**, polystage amplifier; — **à gain élevé**, high gain amplifier; — **à haute fréquence**, high frequency amplifier; — **à large bande**, wide band amplifier; — **magnétique**, magnetic amplifier; — **à réaction**, retroactive amplifier; — **tournant**, rotating amplifier.

Amplification, Amplification, magnification; **facteur d'** —, amplification factor; **rapport d'** —, magnification ratio; — **linéaire**, linear amplification.

Amplifier, to Amplify, to magnify.

Amplitude, Amplitude, maximum value; **distorsion d'** —, amplitude distorsion; **modulation en** —, amplitude modulation.

Ampoule, Bulb, blister, blotch, boss; **noircissement de l'** — bulb blackening; — **électrique**, globe, bulb; — **d'explosion** (chim), explosion bulb.

Ampoulé, Blistered; **cuivre** —, blistered copper, blister copper.

Amyle, Amyl; **acétate d'** —, amyl acetate.

alcool Amylique, Amyl alcohol.

Anaglyphes, Anaglyphs.

Anallagmatique, Anallagmatic.

Analogie, Analogy; **calculateur par** —, analogy computer; **machine électronique d'** —, electron analogy machine; **méthode par** —, analog method.

Analyse, Analyse, analysis, assay, essay, estimation; **électro** —, electroanalysis; **micro** —, microanalysis; **règle d'** —, analysing ruler; — **par conductibilité,** conductimetric analysis; — **dimensionnelle,** dimensional analysis; — **par distillation fractionnée,** analysis by boiling; — **élasticimétrique,** stress analysis; — **immédiate,** proximate analysis; — **magnétique,** magnetic analysis; — **matricielle,** matrix analysis; — **polarographique,** polarographic analysis; — **qualitative,** qualitative analysis; — **quantitative,** quantitative analysis; — **spectrale,** spectral essay, spectrum analysis; — **spectrochimique,** spectrochemical analysis; — **spectrographique,** spectrographic analysis; — **spectroscopique,** spectroscopic analysis; — **par voie humide,** analysis by wet process; — **par voie sèche,** analysis by dry process; — **volumétrique,** volumetric analysis.

Analyseur, Analyser, analyzer, signal tracer; **micro** —, microanalyser; — **d'allumage,** ignition analyser; — **de débit,** delivery rate or flow analyser; — **d'eau,** water analyser; — **électrostatique,** electrostatic analyser; — **de fréquence,** frequency analyseur; — **de gaz,** gas analyser; — **de gaz de combustion,** flue gas analyser; — **harmonique,** harmonic analyser; — **d'onde,** wave analyser; — **photographique de vol,** photographic flight analyser; — **à rayons infrarouges,** infrared analyser; — **de spectre,** spectrum analyser.

Analytique, Analytic, analytical; **chimie** —, analytical chemistry; **fonction** —, analytic function; **géométrie** —, analytic geometry; **micro** —, microanalytic; **prolongement** —, analytic continuation.

Anamorphose, Anamorphosis.

Anastigmate, Anastigmat.

Anastigmatisme, Anastigmatism.

Anatase, Anatase.

Anche, Reed pipe; — **de trompe,** horn reef.

Ancrage, Anchoring, fastening, bracing; **boulon d'** —, anchor bolt; **boulon** — **passant,** crab bolt; **patte d'** —, anchor bushing; **plaque d'** —, anchor plate; **poutre d'** —, buckstay; **saillie d'** —, boss for foundation bolt.

Ancre, Anchor, cramp iron; **bec d'** —, pea; **chaîne d'** — anchor cable; **cigale de l'** —, shackle of the anchor; **collet d'** —, throat of an anchor; **diamant de l'** —, crown of the anchor; **jas de l'** —, stick or stock of the anchor; **mouilleur de l'** —, tumbler of the anchor; **oreilles de l'** —, blades or palms of the anchor; **savate d'** —, shoe of an anchor; **verge de l'** —, shoe or shank of the anchor; — **d'amarrage,** mooring hook, mooring anchor; — **d'atterrissage à fusée,** rocket propellant anchor; — **de corps mort,** backing anchor; — **de dérive,** drag anchor; — **explosive,** explosive anchor; — **à jet,** kedge; — **marine,** sea anchor; — **d'un mur,** anchor plate of a wall; — **de voûte,** tie anchor.

Ancré, Anchored; **mine** — **e,** anchored mine.

Ancrer, to Anchor, to brace.

dos d'Ane, Cat's back.

Anélasticité, Anelasticity.

Anémographe, Anemograph.

Anémomètre, Anemometer, wind gauge; — **à coupe, à coquilles,** cup anemometer; — **enregistreur,** recording anemometer;

ANG — 24 — **ANG**

— **à fil chaud**, hot wire anemometer; — **à ionisation**, ionization anemometer; — **à moulinet**, windmill anemometer.

Anéroïde, Aneroid; **baromètre —**, aneroid barometer.

clef Anglaise, Monkey spanner, coach wrench, monkey wrench.

mèche Anglaise, Screw spanner, centre bit, shifting spanner.

métal Anglais, Brittania metal.

pas de vis Anglais, Box thread.

Angle, Angle, corner, quoin; **d' —**, angle way, bevel; **assemblage d' —**, edge joint; **aubage d' —** (d'un tunnel aerodynamique), turning vane; **engrenage d' —**, bevel gear; **équerre d' —**, corner plate; **fer d' —**, angle iron; **fissure d' —**, edge crack; **foret à —**, corner drill; **fraise d' —**, angle cutter, angular cutter; **grand —** (photo), wide angle; **joint à — s**, angle joint; **pièce d' —**, elbow; **pignon d' —**, bevel pinion; **quille d' —**, angle keel; **roue d' —**, angle wheel, bevel wheel, conical wheel, bevel gear wheel, mitre wheel; **soudure en —**, fillet weld; **transmission à —**, angle drive; **trisection de l' —**, angle trisection; **d' —**, bevel; **— s absidiaux**, apsidial angles; **— s adjacents**, continuous angle, adjacent angles; **— d'affûtage** sharpening angle, grinding angle; **— aigu**, acute angle; **— d'amplitude**, angle of displacement; **— d'arrivée**, angle of impact; **— d'attaque**, angle of attack, corner angle, angle of incidence, cutting edge angle; **— d'attaque d'un câble**, fleet angle; **— d'aube** (turbine), blade angle; **— d'avance**, angle of lead, lead angle; **— de braquage**, steering angle; **— de bride**, angle of flange; **— de calage du plan fixe**, tail setting angle; **— de calage du profil des pales**, angle tilt; **de chute**, angle of descent; — **de contingence**, angle of contact; **— de coupe**, cutting angle; **— de coupe de la lame** (cisaille), angle of backing off; **— critique**, critical angle; stalling angle (aviat.); **— de décalage des phases** (élec.), angle of lag; **— de dégagement**, rake angle; **— de dégagement négatif** (mach. outil), negative rake angle; **— de la dent**, tooth angle; **— d'une dent** (scie), angle of throat; **— de dépouille**, draft angle, clearance angle, relief angle; **— de dérapage**, angle of side slip; **— de dérive**, drifting angle; **— de déroulement** (courroie), angle of lapping; **— dièdre**, dihedral angle; **— de direction**, angle of lead; **— droit**, right angle; **— d'écartement** (régul. à boules), angle of deflection; **— électrique**, electric angle; **— d'émergence**, emergence angle; **— d'entaillage**, cutting angle; **— externe**, external angle; **— de fond**, roll angle, root angle; **— de frottement**, angle of friction; **— horaire**, hour angle; **— d'incidence**, angle of incidence; **— d'incidence des plans à la descente**, (aviat.), angle of inclination of planes; **— d'incidence des plans à la montée**, angle of elevation of planes; **— d'inclinaison**, tilt angle; **— interne**, internal angle; **— limite**, limit angle; **— mort**, dead corner; **— obtus**, obtuse angle; **à — obtus**, blunt edged; **— optique**, optical angle; **— de phase**, phase angle; **— de piqué**, angle of dive; **— plan**, plane angle; **— de plané**, gliding angle; **— de pliage**, angle of bend; **— de pointage** (négatif), angle of depression; **— de prise de vol**, ground angle; **— de projection**, angle of departure; **— de raccordement**, boundary angle; **— de résistance**, cutting angle; **— de roulis**, angle of roll; **— de site**, angle of sight; **— au sommet** (cristal), angle terminal; **— au sommet**

Anguiller (c. n.), Limber; **canal des — s**, limber passage; **chaîne des — s**, limber chain, limber rope.

Angulaire, Angular; **bride —**, angle flange; **décalage — de l'axe des pales d'une hélice**, angle sweep; **distance —**, angular distance; **ferrure —**, angular iron band; **fraise —**, side milling cutter, rose bit; **joint —**, edge joint; **lime —**, angular file; **mouvement —**, angular motion; **pierre —**, head stone, corner stone; **vitesse —**, angular velocity.

Anguleux, Edged.

Anhydre, Anhydrous; **ethanol —**, anhydrous ethanol.

Anhydride, Anhydrid, anhydride, pentoxyde, **— azoteux**, nitrous anhydride; **— osmique**, osmium tetroxyde; **— sulfureux**, sulphur dioxide; **— vanadique**, vanadium pentoxyde.

Aniline, Aniline; **noir bleuâtre d' —**, azurine; **queues d' —**, aniline tailings; **rouge d' —**, azaleine.

Animal, Animal; **graisses — es**, animal fats; **huile — e**, animal oil.

Anion, Anion.

Anionique, Anionic.

Aniotropique, Aniotropic; **transposition —**, aniotropic transposition.

Anisotropie, Anisotropy, directionality; **— paramagnétique**, paramagnetic anisotropy.

Anisotropique, Anisotropic; **alliage —**, anisotropic alloy.

Anneau, Annulus, eye, ring, link, cup; **enroulement en —**, ring or Gramme winding; **obturateur à —**, cup obturator; **— booléens** (math.), boolean rings; **— d'étanchéité**, wear or wearing ring; **— de fond**, collar step; **— graisseur**, oil ring; **— Gramme**, Gramme ring; **— de limage**, filing ring; **— tendeur de piston**, piston curl; **— d'usure**, wear or wearing ring; **— à vis**, eye screw.

Annexe (Nav.), Tender.

Annonce, Advertisement.

Annuaire, Directory, yearbook.

Annuité, Annuity.

Annulaire, Annular; **chambre de combustion type —**, annular type combustor; **clapet —**, annular valve; **crapaudine —**, collar step bearing; **enroulement —**, ring winding; **flotteur —**, annular float; **foret —**, ring auger bit; **formation —**, annular formation; **grain —**, collar step; **lentille —**, annular lens; **mèche —**, core borer; **oscillateur —**, ring oscillator; **scie —**, crown saw; **transformateur —**, ring transformer; **— brisé**, split ring; **— compensateur**, equilibrium ring; **— équipotentiel**, equalizing ring; **— Gramme**, Gramme ring; **— s de Newton**, Newton's rings.

Annulation, Cancellation.

Annulé, Cancellated.

Annuler, to Cancel.

Anode; Anode; **poche pour —**, anode bag, **— d'excitation**, excitation anode; **— fendue**, split anode; **— refroidie**, cooled anode; **tube à — refroidie**, cooled anode tube.

Anodique, Anodic; **dissolution —,** anodic dissolution; **mono —,** monoanode, single anode; **oxydation —,** anodic oxidation; **points — s,** anode spots; **poly —,** polyanode; **procédé —,** anodizing process; **redresseur poly —,** polyanode rectifier.

Anodisation, Anodization; **bac d' —,** anodizing tank.

Anodisé, Anodized.

Anodiser, to Anodize.

Anodiseur, Anodizer.

Anolyte, Anolyte.

Antagoniste, Counter, opposing; **couple —,** opposing torque, counter torque; **force —,** controlling force; **force élastique —,** elastic counter stress; **ressort —,** opposing spring, antagonistic spring.

Antenne, Aerial, aerial wire, antenna (Etats-Unis), horn; **accord d' —,** aerial tuning; **capacité d' —,** aerial capacity; **circuit d' —,** aerial circuit; **commutateur d' —,** aerial switch; **contrepoids d' —,** aerial weight, aerial drogue; **descente d' —,** down lead; **diagramme de rayonnement d' —,** antenna pattern; **faisceau d' — s,** aerial extension; **fausse —,** artificial or mute antenna; **poids d' —,** aerial weight; **réseau d' — s,** aerial network; **résistance d' —,** antenna resistance; **rouet d' —,** aerial drum, aerial reel; **self d' —,** aerial tuning inductance (A. T. I.), lengthening coil; **système d' — s couplées,** antenna array; **variomètre d' —,** aerial variometer; **— apériodique,** aperiodic antenna; **— bicône,** biconical antenna; **— en cage,** cage aerial; **— chargée,** loaded aerial; **— co-axial,** co-axial antenna; **— coudée,** bent aerial; **— en demi longueur d'onde,** half wave antenna; **— directionnelle,** Adcock antenna, beam antenna, directional antenna; **— directive,** directive aerial; **— d'émission,** transmitting aerial, sending aerial; **— à fente,** flush mounted aerial, slot aerial; **— à grille,** grid aerial; **— en harpe,** harp aerial; **— en hélice,** helical aerial; **— horizontale,** flat top aerial; **— en L inversé,** inverted aerial; **— de mine,** mine firing pin, mine horn; **— multiple,** multiple antenna; **— parabolique,** parabolic aerial; **— en parapluie,** umbrella aerial; **— pendante,** trailing aerial; **— prismatique,** prismatic aerial; **— de radar,** radar antenna; **— de réception,** réceptrice, receiving aerial; **— remorquée,** trailing aerial; **— rhombique,** rhombic aerial; **— en rideau,** fan shaped antenna; **— suspendue,** trailing aerial; **— en T,** T aerial; **— de télévision,** television antenna; **— de torpille,** horn.

Anthracène, Anthracene.

Anthracite, Anthracite; blind coal, glance coal, stone coal; **— à grain très fin,** flax seed coal.

charbon Anthraciteux, Anthracite coal.

Anthraquinone, Anthraquinone.

Anti, Anti; **— aérien,** antiaircraft; **artillerie — aérienne,** antiaircraft gunnery; **canon — aérien,** antiaircraft gun; **— biotique,** antibiotic; **— cathode** target; **— char,** antitank; **canon — char,** antitank gun; **— clinal,** anticline; **— corrosif,** antifouling; **— déflagrant,** explosion proof; **— dérapant,** antiskid, non skid, non slipping; **chaîne — dérapante,** antiskid chain; **chevron — dérapant,** anti-skid bead; **— détonant,** antiknock; **— ferromagnétisme,** antiferromagnetism; **— gaz,** antigas; **— gel,** antifreeze; **mélange — gel,** antifreezing mixture; **— givre,** anti-icing; **— givreur,** anticer; **— lueur,** antiflash; **— magnétique,** antimagnetic; **— résonance,** antiresonance; — résonant, antiresonant; — retour de flamme, flame arrester; — rouille, rust preventive, antirust; huile — rouille, slushing oil; — roulis, antirolling; citerne — roulis, antirolling tank; — sous-marin, antisubmarine, antisub; — vibration, antivibration.

Antifriction, Antifriction, antiattrition; métal —, white metal, babbit or babbitt metal; tourillon à —, antifriction pivot.

Antifrictionné, Babbitted or babbited; palier —, babbitted bearing.

Antifrictionner, to Babbitt.

Antimoine, Antimony; fluorure d' —, antimony fluoride; huile d' —, oil of antimony; oxysulfure d' —, sulfoxide antimony; vermillon d' —, red antimony; safran d' —, crocus of antimony; — gris, antimony glance; — sulfuré, antimony glance.

Antimonié, Antimonial; plomb —, antimonial lead, hard lead.

Antimonieux, Antimonial; plomb —, antimonial lead, reguline lead.

Antimoniure, Antimonide.

Apériodique, Aperiodic; dead beat; antenne —, aperiodic antenna; galvanomètre —, aperiodic or dead beat galvanometer; voltmètre —, dead beat voltmeter.

Aplanétique, Aplanetic.

Aplanétisme, Aplanetism.

Aplanir, to Flatten, to make even, to plain.

Aplanissoir, Flattener; — à deux mains, darby.

Aplatir, to Flatten.

Aplomb, Perpendicularity, plumb; d' —, on end; à l' — de, up and down with; hors d'aplomb, out of plumb; mettre d' —, to plumb.

Apôtre (c. n.), Knight head.

Apparaux, Gear, machinery; — de levage, hoisting machinery, lifting appliances; — de torpille, torpedo gear.

Appareil, Apparatus, appliance, device, equipment, gear, fixture, kit, instrument, set up, set; camera (photo); — d'alimentation (chaud.), feed apparatus; — d'alimentation, feeder; — d'allumage, igniter; — d'arrosage en douche, sprinkler; — Asdic, Asdic equipment; — automatique, automatic or self acting apparatus; — en boutisses, header work; — de chauffage, heating equipment; — de chauffage mécanique, mechanical stoker; — à chauffer le vent, hot blast stove; — cinématographique, motion picture apparatus; — à cintrer les rails, rail bender; — de commande, driving gear; — de commutation, switch apparatus; — contrôleur de rupture de fil, wire breakage lock; — à couper en biais, mitre cutting machine; — de débrayage, de déclenchement, disengaging gear; — démouleur, stripper; — de désinfection, disinfecting apparatus; — à dessiccation, drying apparatus; — de distillation circulatoire, circulatory distilor; — à distiller, distillating apparatus, distilor; — à donner de la voie, saw set apparatus; — pour le dosage volumétrique du fluor, fluormeter — à dudgeonner, tube expander; — d'échantillonage, sampler; — d'éclairage, lighting apparatus, électrique, electric apparatus; — électrique de publicité, electric display apparatus; — électromédical, electromedical apparatus; — émetteur (T. S. F.), sending or transmitting apparatus; — à enfoncer les pieux, pile driver; — à enclenchement (ch. de fer), interlocking gear; — enregistreur, recording apparatus; — d'entraînement, trainer; — d'es-

APP — 28 — **APP**

sai, test apparatus, test setup; — **en épi**, herringbone work; — **évaporatoire**, evaporating apparatus; — **extincteur d'incendie**, fire extinguishing apparatus; — **de fermeture à boulet**, ball lock; — **à fileter**, threading device; — **de fixation**, fastener; — **frigorifique**, refrigerator, refrigerating machine; — **fumivore**, smoke consuming apparatus; — **à gaz**, gas apparatus; — **à gouverner**, steering gear; — **de guidage**, homer, homing device; — **gyroscopique**, gyro instrument; — **de halage**, haulage plant; — **de hissage**, hoisting gear; — **de lancement**, launcher, launching apparatus; — **de lavage** (mines), sluice; — s **de levage**, lifting apparatus, hoisting gear, lifting appliances; — **de manœuvre**, manœuvring gear; — **de mesure**, metering apparatus, meter, measuring apparatus; — **de mesure à distance**, telemetering apparatus, telemeter; — **à mesurer le carbone**, carbometer; — **de mise de feu**, firing apparatus, firing device; — **à molette**, ink writer, inker; — **de nettoyage des conduites** (pétr.), go devil; — **pour le nettoyage des égouts**, flusher; — **percuteur** (torpilles), pistol; — **à plaques** (photo.), plate camera; — **de pointage en hauteur**, elevating gear; — **pour la pose des câbles**, cable laying machinery; — **de postcombustion**, post burner, after burner; — **de prise de vues**, camera pod; — **de prise de vues automatique**, automatic camera; — **de prise de vues à main**, hand camera; — **de projection**, projector; — **protecteur**, guard; — **protecteur de scie**, saw guard; — **de protection**, safety device; — **de publicité lumineuse**, electric display apparatus; — **de réception**, receiving apparatus; — **de rectification**, rectifier, rectifying apparatus; — **pour rectifier les meules d'émeri**, emery wheel truer, grindstone dresser; — **redresseur**, rectifier, rectifying apparatus; — **de réduction au zéro**, return to zero gear, device of return to zero; — **réfrigérant**, cooling gear, cooling machinery; — **respiratoire**, breathing apparatus; — **pour retirer les morceaux de sonde** (forage), bore extractor; — **à retomber dans le pas** (machine à fileter), equipment for picking up thread; — **de sauvetage**, rescue apparatus; — **de sondage par le son**, sonic depth finder; — **stabilisateur**, stabiliser gear; — **de substitution**, change over mechanism; — **de suspension**, suspending device; — **de télévision**, television set; — **toutes ondes**, all wave set; — **à tronçonner les tuyaux**, pipe cutter; — **de T. S. F.**, wireless apparatus; — **à ultrasons**, ultrasonic gear; — **de mesure d'usure sous vide**, vacuum wear machine; — **vaporisateur**, spraying machine; — **à vent chaud**, hot blast stove; — **pour vérifier l'isolement**, insulation set; — **à vis**, screw gear; — **de vissage**, screwing tackle; — **de visée**, sight, sighting apparatus.

Appareillage, Equipment, fixtures, switch gear.

Apparent, Apparent; **diamètre** —, apparent diameter; **puissance** — **e**, apparent power; **résistance** — **e**, apparent resistance.

Apparenté, Related; **composés** — **s**, related compounds.

Appel, Call, demand; **batterie d'** —, call battery; **bouton d'** —, call button, bell pull; **commutateur d'** —, call switch; **fiche d'** —, calling plug; **fil d'** —, calling wire; **fourneau d'** —, draft or draught stove; **indicatif d'** —, call letter; **poussoir d'** — **d'essence** (auto), tickler; **signal d'** —, call signal; —

d'air, draught, draft; **— de courant**, inrush current; **— de vapeur**, steam demand.

Appeler en garantie, to Vouch.

Appendice, Appendix.

Appentis, Shed; **toit en —**, shed roof.

Applicateur, Applicator.

Application, Application, mapping (math.); **point d' —**, point of application, working point; **point d' — du levier**, bearance; **— s monotones** (math.), monotone mapping; **— s techniques**, engineering applications.

Applique, Setting, bracket, wall bracket; **grue d' —**, wall crane.

Appoint, Make up; **eau d' —**, make up water, make up.

Appointements, Salary.

Appontage, Deck landing, decking; **frein d' —**, decking brake.

Appontement, Landing stage, staith, straith, wharf.

Apponter, to Deck.

Apport, Addition, filler; **métal d' —**, filler metal; **produit d' —**, filler, filler material; **terres d' —**, earth works.

Apprenti, Apprentice, prentice.

Apprentissage, Apprenticeship, prenticeship.

Apprêt, Dressing, finishing, stiffening; **couleur d' —**, priming colour; **— pour courroies**, belt dressing.

Apprêteuse, Cloth finishing machine.

Approche, Approach (aviat.). **couloir-repère d' —**, approach portal; **course d' —**, approach travel; **feux d' —**, approach lights; **vitesse d' —**, approach speed; **zone d' —**, approach area; **— aux instruments**, instrument approach; **— lumineuse**, approach lighting; **— synthétique**, synthetic approach.

Approfondir, to Deepen.

Approprier, to Dress.

Approvisionnement, Supply, feed; **— automatique**, automatic feed.

Approvisionnements, Stores, stocks.

Approvisionner, to Supply, to provide with; to stock, to store.

Approximation, Approximation; **méthode des — s successives**, method of approaches; **— s successives**, successive approximations.

Appui, Bearing, basis, hip, propping prop; **barre d' —**, handrail, pricker bar; **contrefiche d' —** (ch. de fer), thrust block; **point d' —**, basis, fulcrum; **surface d' —**, bearing face, seat; **— à pendule**, swing bearing; **— à ressort**, bearer spring; **— à rotule**, tilting or swivel bearing; **— tête**, head rest.

Après, After; **— livraison**, after delivery.

Aptitude, Aptitude; **— à la trempe**, hardenability.

Aptitudes, Fitness.

Aquatique, Aquatic; **chêne —**, water oak.

chaudière Aquatubulaire, Watertube boiler.

Aqueduc, Water duct, conduit.

Aqueux, Aqueous; **solution — euse**, aqueous solution.

huile d'Arachide, Arachid oil, peanut oil.

Aragonite, Needle spar.

Araignée, Spider, back plate.

pattes d'Araignée, Abrids, araneous paws, grease channels, cruciform grooves, oil grooves, oil tackles, oil tracks.

Arasement, Levelling.

Araser, to Make even, to level; **scie à —**, tenon saw.

Arbitrage, Arbitrage, arbitration.

analyse Arbitrale, Arbitration analysis.

Arbitre, Arbitrator.

Arbre (méc.), Arbor, shaft, axle, beam, spindle; **accouplement des — s**, coupling of the shafts; **bride d' —**, shaft disc; **collet d'un —**, neck of a shaft; **contre —** (tour), back gear; **effet de vibration d'un — dans un palier trop graissé**, oil whip; **ligne d' — s**, shafting, line of shafts; **palier d' —**, shaft carrier, shaft bearing; **puissance sur l' —**, shaft horse power; **souche d' —**, stump; **chaise support d' — porte hélice**, propeller strut, stern bracket; **tourbillon de l' —**, axle end; **tourteaux de jonction des — s**, couplers of shafts; **tunnel de l' —**, shaft tunnel; **— d'alésage**, cutter bar; **— à bride**, flanged shaft; **— à cames**, cam shaft, half time or half speed shaft; **— à cames creux**, hollow cam shaft; **pignon de commande de l' — à cames**, cam shaft pinion; **— cannelé, à cannelures**, fluted shaft, grooved shaft, castellated shaft, spline shaft; **— de cardan**, cardan shaft; **— à chaîne**, chain axle; **— de changement de marche**, reversing shaft; **— de chariotage** (tour), feed shaft; **— de commande**, drive shaft, driving shaft; **— de couche**, driving shaft, engine shaft; **— coudé**, crank shaft, curved axle; **— creux**, hollow shaft; **— de débrayage**, disengaging shaft; **— de différentiel**, driving axle; **— d'entraînement**, coupling shaft; **— de distribution** (auto), ignition camshaft; **— essieu**, axle tree; **— d'excentrique**, eccentric shaft; **— flexible**, flexible shaft; **— fou**, loose axle; **— du harnais d'engrenages**, gear shaft; **— horizontal**, horizontal shaft; **— incliné**, rocker shaft; **— intermédiaire**, countershaft, intermediate shaft, lay shaft, middle shaft; **— de levée**, cog shaft; **— à manivelles**, crank shaft, main shaft; **— de la meule**, wheel spindle; **— pour meules**, grinding spindle; **— de mise en train**, starting shaft; **— moteur**, axle shaft, driving shaft, engine shaft; **— à noyau**, core spindle; **— oscillant**, rocking shaft; **— de parallélogramme**, parallel motion shaft; **— plein**, solid shaft; **— porte foret**, cutter bar, boring bar; **— porte fraise**, cutter spindle; **— porte hélice**, propeller shaft; **chaise d' — porte hélice**, stern bracket, propeller strut; **— porte meule**, wheel arbor, wheel spindle; **— primaire**, main shaft; **— de réglage**, regulating shaft; **— de relevage**, tumbling shaft, reverse shaft (ch. de fer); **— de renversement de marche**, reversing shaft, reverse shaft; **— de renvoi**, counter shaft; **— suspendu**, overhead shaft; **— du tiroir**, slide valve shaft, valve shaft; **— d'un tour à l'archet**, turning arbor; **— de transmission**, gear shaft; quill shaft; **transversal**, cross shaft; **— de treuil**, winding barrel; **— de turbine**, turbine shaft, turbine spindle; **— vertical**, vertical shaft; **turbine à — vertical**, vertical shaft turbine; **— à vilebrequin**, crank shaft.

Arbre, Tree; **jeune —**, sapling; **— s à feuilles larges** (donnant le bois tendre), broad leaf trees; **— s à feuilles pointues** (donnant le bois dur), needle leaf trees.

Arc, Arc, arch, bow, flashover; **hog** (N.); **amorçage d' —**, arcing; **colonne d' —**, arc column; **contre —** (N.), sagging; **effort du contre —**, sagging strain; **corde d'un —**, chord of an arch; **courbure d' —**, arcuature; **cuve de l' —**, arc chamber; **durée de l' —**, arcing time; **efforts de l' —** (N.), hogging strains; **évidement en —**, arched hollow;

extincteur d' —, arc quencher; **extinction d'** —, arc quenching; **ferme en** —, arched girder; **formant un** —, arcing; **formation d'** —, flashing over, burning; **four à** — **direct**, direct arc furnace; **four à** — **indirect**, indirect arc furnace; **lampe à** —, arc lamp; **lampe à** — **en vase clos**, enclosed arc lamp; **machine à souder à** —, arc welder, arc welding machine; **potentiel d'** —, striking potential; **ressort en** —, low spring; **retour d'** —, arc back, restrike; **rupture d'** —, arc rupturing; **capacité de rupture d'** —, arc rupturing capacity; **scie à** —, bow saw; **soudage, soudure à l'** —, arc welding; **soudage à l'** — **en atmosphère d'hélium**, helium shielded arc welding; **soudage à l'** — **immergé**, submerged arc welding; **soudage à l'** — **avec protection par gaz inerte**, inert gas shielded arc welding; — **boutant** (voir plus loin); — **en anse de panier**, elliptic arch; — **en dos d'âne**, ogee; — **fendu**, slide sweep; — **flambant**, flaming arc; — **immergé**, submerged arc; **soudage à l'** — **immergé**, submerged arc welding; — **musical**, singing arc; — **d'un navire**, hog; — **renversé**, counter arc; — **à trois rotules**, three hinged arc; — **de rupture**, break arc, interruption arc; — **sifflant**, hissing arc; — **surbaissé**, depressed arch; — **surhaussé**, stilled arch; **avoir de l'** — (N.), to hog; **avoir du contre** —, to sag, to be sagged.

Arc-boutant, Arch-buttress, arched buttress, flying buttress, abutment, archbrace, butment, buttress, dragon beam, cross frames, stanchion, spur, stay, axle tree stay, outrigger.

Arc-boutement, Buttressing, staying.

Arc-bouter, to Buttress.

Arcade, Arcade, arch; — **entrecoupée**, intersecting arcade.

Arcasse (c. n.), Arcasse, stern frame, stern; **barre d'** —, transom; **sabords d'** —, stern ports.

Arceau, Arch, vault; — **de remorque**, tow rail.

fil d'Archal, Binding wire.

Arche, Arch, span; — **en anse de panier**, elliptic arch; — **à chenilles**, caterpillar arches; — **de soutènement**, relieving arch; — **de tympe** (métal.), fold; — **à voussoir**, voussoir arch.

Archéologie, Archaeology.

Archéologue, Archaeologist.

Archet, Arm, bow, drill bow; drill brace; **arbre d'un tour à l'** —, turning arbor; **armature d'** —, bow frame; **foret à l'** —, bow drill, fiddle drill; **bobine de foret à l'** —, ferrule; **lime à** —, bow file; **prise de courant à** —, bow collector; **scie à** —, bow saw; **support d'** —, bow base; **tour à** —, hand tool lathe, throw lathe; — **de crible**, arm of a sieve; — **frotteur**, sliding bow; — **pivotant**, rotating or revolving bow; — **de prise de courant**, bow, sliding bow.

foret à vis d'Archimède, Archimedean drill.

Architecte, Architect; — **naval**, shipwright.

Architecture, Architecture; — **navale**, shipbuilding.

Archives, Register.

Arco ou arcot, Dross of copper.

Arçon, Drill bow, crank of a centrebit; **foret à l'** —, breast borer, fiddle drill, bowdrill.

Arcure, Arch.

Ardent, Live; **charbon** —, live coal; **rouge** —, fiery red.

Ardillon, Tongue.

Ardoise, Slate; **carrière d' —**, slate quarry; **— s de seconde qualité**, countesses.

Aréomètre, Aerometer.

Arête, Edge, cant, corner, groin, quoin, ridge; **pierre d' —**, quoin stone; **— pour — (tiroir)**, line and line; **— antérieure**, leading edge; **— arrondie**, dull edge; **à — s arrondies**, dull edged; **— médiane**, dividing edge; **— de rebroussement**, edge degression; **— transversale (tiroir)**, leading edge; **— vive**, draft or draught edge; **à — s vives**, draft edged; émousser les **— s**, to level.

Argent, Silver; money; azoate d' **—**, lunar caustic; éclair d' **—**, coruscation; épreuve sur papier aux sels d' **—**, silver print; feuille d' **—**, silver foil; halogénure d' **—**, silver halide; minerai d' **—**, silver ore; nitrate d' **—** silver nitrate; iodure d' **—**, silver iodide; papier d' **—**, papier aux sels d' **—**, silver paper; vif **—**, quick silver; **— comptant**, ready money.

Argentage, Silver plating.

Argentifère, Silver bearing; galène **—**, silver bearing galena.

Argenture, Silver plating; **— galvanique**, silver electroplating.

Argile, Argil, clay, flookam, loam; bourroir à **—**, clay iron; brique en **—**, clay brick; cornue d' **—**, clay retort; à gangue d' **—**, clay bonded; machines à travailler l' **—**, clay working machinery, malaxeur d' **—**, clay tempering machine; moulage en **—**, loam casting, loam moulding; moule en **—**, loam mould; tampon d' **—**, clay plug; **— blanche**, white clay; **— à briques**, brick clay; **— collante**, sticky clay; **— ferrugineuse**, iron clay; **— ferrugineuse employée en teinture**, flax seed ore; **— grasse**, soapy clay, fuller's clay; **— maigre**, green clay; **— plastique**, Cologne clay; **— réfractaire**, fire clay; enduire d' **—**, to clay.

Argileux, Argillaceous; marne **— se**, clay grit; sable **—**, clay sand, loam sand; schiste **—**, clay shale, clay slate.

Argilière, Clay pit.

Argilo-siliceux, Argilo siliceous.

Argon, Argon; soudage à l'arc sous **—**, argon shielded arc welding.

Argonarc, Argonarc; soudage à l'arc sous **—**, argon welding.

Arithmétique, Arithmetics.

Arithmétique (adj.), Arithmetic; moyenne **—**, arithmetic mean; progression **—**, arithmetic progression.

Armateur, Owner; co **—**, joint owner, part owner.

Armature, Armature, armouring, brace, frame, core frame, keeper-truss frame, truss, reinforcement, spider, rib, stay; arrif mage des **— s**, fastening o, reinforcements; moyeu d' **—**, spider; préparation des **— s** (béton armé), adapting the iron work; **— d'archet**, bow frame; **— d'une boîte à feu (chaud.)**, bridge stay; **— de bouteille de Leyde**, electric jar coating; **— de compression**, compression reinforcement; **— courbe**, bent reinforcement; **— d'un ciel de foyer**, roof ribs, roof stays; **— d'encastrement**, fixing reinforcement; **— en éventail**, fan reinforcement; **— de fer**, core iron; **— en feuillard**, iron armouring; **— de four**, buckstay; **— de foyer**, buckstay, strong bar; **— en hélice**, spiral reinforcement; **— inférieure**, lower armature; **— longitudinale**, longitudinal reinforcement; **— de renfort**, additionnal reinforcement; **— de Siemens**, girder armature; **— supérieure**, top reinforcement, upper reinforcement; **— symétrique**, sym-

Arme, Arm, weapon; **— s portatives,** small arms.

Armé, Armored, armoured, strengthened, trussed; **béton —,** concrete steel, reinforced concrete; **câble —,** armoured cable, coated cable; **poutre — ée,** truss, trussed beam, strengthened beam; **solive — ée,** trussed joist; **tuyau —,** armoured hose; **— en compression,** reinforced in compression; **— haut et bas,** reinforced at the top and bottom; **— à la partie inférieure,** reinforced in lower face; **— à la partie supérieure,** reinforced in upper face.

Armement, Armament; **bassin d' —,** fitting out dock; **grue d' —,** equipment crane; **levier d' —,** cocking lever; **port d' —** (N.), port of registry; **— de voûte,** vault centering or centring.

Armer, to Arm, to armour, to coat, to strengthen; **machine à — les câbles,** cable covering machine; **— une pièce de charpente,** to arm a piece of timber; **— une pièce de charpente par fourrures,** to fish.

Armoise, Binding piece.

Armure, Armour, armor.

Armurier, Armourer, gunsmith.

Aromatique, Aromatic; **à basse teneur en — s,** low aromatic; **à haute teneur en — s,** high or highly aromatic; **composés — s,** aromatic compounds; **hydrocarbure —,** aromatic hydrocarbon; **liaison —,** aromatic bond; **noyau —,** aromatic ring; **série —,** aromatic series.

queue d'Aronde, Dovetail, dufftail, culvertail, dove tailing; **assemblage à —,** dovetailing, swalow scarf; **assemblé à —,** dovetailed; **assembler à —,** to dovetail; **bouvet à —,** dovetail plane; **entaille à —,** dovetail hole, dovetail jag; **joint à —,** dovetail joint; **lime pour — s dont les côtés égaux forment un angle de** 120e, six canted file; **lime pour — dont les côtés égaux forment un angle de** 108, five canted file; **pièce à —,** joggle; **rabot à —,** dovetail plane; **scie pour couper les —,** dovetail saw; **— à mi-bois,** secret dovetailing; **— traversante,** ordinary dovetailing.

Arpentage, Land surveying, surveying, levelling, location; **chaîne d' —,** surveying chain; **jalon d' —,** levelling pole.

Arpenter, to Survey.

Arpenteur, Surveyor; **chaîne d' —,** land chain; **équerre d' —,** cross staff.

Arqué, Arched, archlike, cambered, broken backed (N.), hogged, crooked.

Arrache-cales, Packing drawer.

Arrache-clous, Nail catcher.

Arrache-goupilles, Pin extractor.

Arrache-sonde, Bore catch.

Arrache-tubes, Bulldog spear.

Arrache-tuyaux, Pipe dog.

Arrachement, Tearing off, away, down; **essai d' —,** tear test.

Arracher, to Take out, to strip; **— un clou,** to take out a nail.

Arrêt, Stop, catch, cleat, embargo, scot, shut down, stand still, stoppage; **bague d' —,** adjusting ring, collar set, collar; **bague d' — de la butée,** clutch adjusting collar; **bloc d' —,** stop block; **boulon d' —,** check bolt; **broche d' —,** stop pin; **butée d' — (treuil),** catch plate; **cellule à couche d' —,** barrier layer photocell; **clapet d' —,** shutting clack; **conden-**

sateur d' —, blocking capacitor, stopping condenser; **couche d'** —, barrier layer; **distance d'** —, stopping distance; **écrou d'** —, binding nut, stopping nut; **équerre d'** — (ch. de fer), angle stop; **goupille d'** —, detent pin, check pin; **isolateur d'** —, shackle insulator; **pivot d'** —, detent pin; **point d'** —, catch pin; **potentiel d'** —, stopping potential; **pouvoir d'** —, stopping power; **ressort d'** —, tumble spring; **robinet d'** —, stop cock; **roue d'** —, click wheel; **selle d'** — (ch. de fer), base plate; **soupape d'** —, stop valve, check valve, shut off valve, non return valve; **soupape d'** — **automatique**, self acting stop valve; **taquet d'** —, grip block; **vis d'** —, attachment screw, clamping screw; **voltmètre à** — **de l'aiguille**, pointer stop voltmeter; — **momentané**, damping.

Arrêter, to Stop, to block, to key; — **une turbine**, to shut down a turbine.

Arrêtoir, Wire ferrule.

Arrière, Back, rear, stern, astern, after; **barre** — (s. m.), after hydroplane; **béquille** —, tail skid; **cale** — (N.), after hold; **cône** — **tail cône**; **diffusion** —, back scattering; **embrayage pour la marche** —, backward gear; **en** —, astern; **en** — **à toute vitesse**, full speed astern; **engrenage de marche** —, reversing gear; **essieu** —, rear axle; **étambot** —, sternpost, propeller post, heel post; **gaillard d'** —, quarter deck; **gouvernail** —, stern rudder, tail rudder; **lanterne** —, tail lamp; **main** — (auto), rear spring bracket; **marsouin** — (N.), sternson; **avec moteur à l'** — (auto), rear engined; **pare-choc** — (auto), rear bumper; **le plus à l'** —, sternmost; **pont** —, back axle, axle housing, live axle; **poste** —, rear cockpit; **roue** —, rear wheel; **sur l'** — backward; **turbine de marche** —, astern turbine; — **bec**, back starling; — **port**, inner harbour; — **radier**, apron; **faire machine en** —, to back the engine; **mettre en** —, to back.

Arrimage, Rigging, stowage; **plan d'** —, tier; **vides d'** — (N.), broken stowage.

Arrimé, Rigged, stowed.

Arrimer, to Rig, to stow, to pack, to trench.

Arrimeur, Stevedore.

Arrivée, Admission, induction, inlet, intake, supply; **tuyau d'** —, induction pipe, inlet pipe; **tuyau d'** — **de vapeur**, entrance steam pipe; — **d'air**, air inlet; — **d'eau de refroidissement**, cooling water inlet; — **d'essence**, petrol inlet.

Arrondi, Rounded edge.

Arrondi (adj.), Rounded, round; **à arêtes** — **es**, dull edged; **filet** —, round worm; **genou** —, round elbow.

Arrondir, to Round; **lime à** —, cabinet file, round off file.

Arrosage, Spray, sprinkling, watering; **appareil d'** — **en douche**, sprinkler; **liquide d'** —, suds; **pompe d'** —, (mach. outil), coolant pump, suds pump; **réservoir d'** —, suds tank; **valve d'** — (meule)' valve for water.

Arroser, to Sprinkle, to water, to spray.

Arrosoir, ; **pomme d'** —, spray cone.

Arsenal, Arsenal; — **maritime**, dockyard.

Arsénate, Arsenate; — **de plomb**, arsenate of lead.

Arséniate, Arseniate.

Arsenic, Arsenic.

Arsenical, Arsenical, containing arsenic.

Arsénié, Arsenicated, arsenized; **hydrogène** —, arsine.

Arsénieux Arsenious; **acide —**, flaky arsenic.

Arsénine, Arsenide.

Art, Art; **ouvrages d' —**, constructive works.

puits Artésien, Artesian well.

Article d'importation, Import.

Articulation, Articulation, bearing, joint, hinge, knuckle, link, drag link, joint eye; **chaîne d, — s**, flat link chain; **piton d' —**, eyelet; **— à la clef**, crown hinge; **— de flèche**, boom hinge; **— à fourche**, fork head; **— de pied de bielle**, cross head pin bearing; **— au sommet**, crown joint.

Articulé, Articulated, linked, hinged, jointed, flexible; **accouplement —**, jointed coupling; **biellette — ée**, linked arm; **boulon —**, swing bolt; **courroie — ée**, link belt; **crochet —**, drop hook; **joint —**, knuckle joint; **à n leviers — s, n** toggle; **système à leviers — s**, toggle system; **outil —**, articulated tool; **palier —**, swivel bearing; **patin —**, articulated shoe, pivoted slipper; **tête — ée**, flexible head; **volets — s**, hinged flaps.

Artifices, Artifices, **feu d' —**, fireworks.

Artificiel, Artificial, dummy, phantom; **antenne — le**, artificial antenna, dummy aerial; **charge — le**, phantom load; **éclairage —**, artificial lighting; **horizon —**, artificial horizon; **ligne — le**, artificial line; **lumière — le**, artificial light; **point neutre —**, artificial star point; **radioactivité — le**, artificial radioactivity; **terre — le (T. S. F.)**, counterpoise.

Artificier, Fireworks maker.

Artillerie, Artillery, ordnance, gunnery; **collimateur d' —**, gun sight; **— de campagne**, field artillery; **— contre-avions**, antiaircraft gunnery; **— légère**, light ordnance, light artillery; **— lourde**, heavy artillery, heavy ordnance; **— moyenne (N.)**, medium ordnance.

Artisan, Craftsman, mechanic, artisan.

Artisanal, Artisan; **atelier —**, job shop.

Arylamines, Aryl amines.

Asbeste, Asbestos, wood rock; **— ligneux**, amiantine wood; **— ligniforme**, rock woold.

Ascendant, Upward; **course — e**, up stroke.

Ascenseur, Elevator, lift; **câble d' —**, elevator cable; **moteur d' —**, elevator motor; **— électrique**, electric lift; **— hydraulique**, hydraulic lift.

Ascensionnel, Ascensional; **force — le**, ascensional power, lifting power, static lift; **pouvoir —**, ascensional power lift, lifting power; **vitesse — le**, rate of climb.

Askarel, Askarel.

Asphaltage, Asphalt covering.

Asphalte, Asphalt, asphaltus, mineral pitch; **ciment à l' —**, asphalt mastic; **— d'Algérie**, barbary asphalt; **— comprimé**, compressed asphalt; **— fondu**, melted asphalt.

Asphaltènes, Asphaltenes.

Asphaltique, Asphaltic; **béton —**, concrete asphalt, asphaltic concrete.

Asphyxiant, Asphixiating; **gaz —**, asphixiatic gas.

Aspic. Foret à langue d' —, pointed drill, flat drill, common bit.

Aspirail, Air hole.

Aspirant, Aspiring, lifting, sucking; **hauteur d' —**, suction lift; **machine — e**, suction engine; **manche d' —**, suction hose; **pompe — e**, aspiring pump, sucking pump, lift or lifting pump; **pompe — e et foulante**, lift and force pump, lifting and forcing pump; **turbine — e**, syphon turbine;

ASS — 36 — **ASS**

tuyau d' —, suction pipe; **ventilateur —,** exhauster, exhaust blower, exhaust fan.

Aspirateur, Cleaner, exhaust fan, exhauster, air exhauster, suction pump, suction cleaner; **— électrique,** electric cleaner; **— de gaz,** gas exhauster; **— de poussière,** vacuum dust plant.

Aspiration, Aspiration, suction, intake; **clapet d' —,** suction valve; **collecteur d' —,** inlet manifold; **course d' —,** intake stroke, suction stroke; **élévateur à —,** suction elevator; **gazogène par —,** gas suction plant; **hauteur d' —,** draught head; **soupape d' —,** inlet valve, intake valve, suction valve; **soupape d' — à la mer** (N.), circulating inlet valve; **tirage par —,** exhaust draft; **trou d' —,** blast hole; **tube d' —,** draft tube; **tubulure d' — d'air,** air suction pipe; **tuyau d' —,** aspiring tube, inlet pipe, admission pipe, suction pipe, sucking tube; **tuyère d' — (injecteur),** combining cone; **volute d' —,** inlet volute; **— d'air frais,** cool air intake.

Aspirer, to Draw in (moteur à explosion), to draw, to exhaust.

Assécher, to Drain.

Assemblage, Assemblage, assembling, assembly, bond, bonding, clamping, coupling, dowelling, erection, jointing, joint, joining, joining up; **boulon d' —,** clamping bolt, connecting bolt, holding bolt, tack bolt, in and out bolt, joint bolt, holding bolt; **broche d' —,** riveting pin; **coussinet d' —,** joint chair; **poutre d' —,** built beam, bond timber; **— en adents,** joggling, joining by jags; **— d'angle,** edge joint; **— à baïonnette,** bayonet joint; **— à bois de fil,** flush joining; **— de charpente,** contignation; **— à clavette,** keyed connection; **— à clavettes transversales,** cross keyed connection; **— à clef,** keyed joint; **— à clin,** lap joint; **— à contrefiches,** strut frame; **— à emboîtement,** clamping; **— à encastrement,** joining by rabbets; **— d'encoignure,** corner connection; **— à enfourchement,** cross joint; **— à entailles,** cogging joint, **— en fausse coupe,** bevel joint; **— à franc bord,** butt joint; **— à grain d'orge,** edge joint by grooves and dovetail; **— à joints lisses,** flush fitting; **— de leviers articulés,** toggle joint; **— à mi-bois,** halving, scarfing, syphering, halved joint; **— à mortaise,** morticed; **— de moyeux,** boss joint; **— à onglet,** mitre clamp, mitre joint; **— en parallèle** (élec.), joining up in parallel; **— à queue d'aronde,** dovetailing, swallow scarf; **— à rainure et languette,** groove and tongue joint; **— à recouvrement,** concealed dovetailing; **— en série,** joining up in series; **— en sifflet,** scarfing joint, skew scarf; **— en T,** elbow joint; **— à tenon,** cogging joint, double tongued joint; **— à tenon et mortaise,** grooving and feathering joint; **— à double tenon,** feathered joint.

Assemblé, Assembled, bonded, jointed; **— à adents, à crémaillère,** joggled; **— à queue d'aronde,** dovetailed.

Assembler, to Assemble, to draw, together, to put together, to bond, to dowel, to join, to join up, to joint; **— en adents,** to joggle, to join by coggings, by jags; **— à entailles,** to cog; **— à mi-bois,** to halve, to scarf; **— à mortaise,** to mortice; **— à queue d'aronde,** to dovetail; **— à tenon,** to tenon.

Asservi, Monitored, phase locked, pilot operated.

Asservissement, Monitoring, phase locking; **à —,** pilot operated; **système d' —,** follow up system.

Assiette, Trim, trimming; **caisse d' —** (s. m.), trimming tank; **meule d' —,** dished wheel; **pompe d' —** (s. m.), trimming pump; **qui n'a pas son —,** out of trim.

Assignation, Assignment.

Assise, Course, bed, bearing, layer, sleeper; **maçonnerie par — s,** coursed work; **— en boutisse,** bond course, binding course; **— empierrée,** bottoming; **— de la grille,** bar bearing; **— de pierre,** course of stone.

Associatif, Associative; **système —,** associative system; **valuations non — s,** non associative valuations.

Association, Association, connection.

Associé, Partner.

Associé (adj.), Joined, associated, connected, joined up, related; **intégrale —** e, related integral.

Associer (élec.), to Join, to connect; **— en parallèle,** to join up in parallel; **— en série,** to join up in series.

Assortiment, Set, suit.

Assujettir, to Cleat.

Assurance, Insurance, ensurance; **compagnie d' — s,** insurance company; **police d' — s,** insurance policy; **police d' — s à l'aller et au retour** (N.), round policy; **prime d' —,** insurance premium; **— mutuelle,** mutual insurance.

Assuré, Insured.

Assurer, to Insure.

Assureur, Insurer; **— maritime,** underwriter.

Astatique, Astatic; **aiguille —,** astatic needle; **aiguille aimantée —,** astatic needle; **couple —,** astatic pair; **galvanomètre —,** astatic galvanometer.

Astigmatisme, Astigmatism.

Astrolabe, Astrolabe; **— à prisme,** prism astrolabe.

Astronautique, Astronautics.

Astronautique (adj.), Astronautical.

Astronavigation, Astronavigation.

Astronomie, Astronomy.

Astrophysique, Astrophysics.

Asymétrie, Asymmetry.

Asymétrique, Asymmetric, asymmetrical; **conductivité —,** asymmetrical conductivity; **vol —,** asymmetric flying.

Asymptote, Asymptote.

Asymptotique, Asymptotic, **intégration —,** asymptotic integration.

Asynchrone, Asynchronous; **moteur —,** asynchronous motor; **moteur — à bagues collectrices,** slip ring induction motor; **moteur — avec rotor en court-circuit,** asynchronous motor with court circuited rotor.

Atelier, Shop, workshop, factory-hall, work house, yard; **chef d' —,** head workman; **dessin d' —,** working drawing; **navire —,** repair ship; **rabot d' —,** bench plane; **— d'ajustage,** erecting shop, fitting shop; **— artisanal,** job shop; **— de constructions mécaniques,** machine shop, engine or engineering works; **— de dépannage,** service shop; **— de grosse chaudronnerie,** heavy plate workshop; **— des modèles,** pattern shop, model loft; **— de montage,** erecting shop, assembly hall, assembly shop; **— à noyaux,** core moulding shop; **— de peinture,** paint house; **— de petit outillage,** milliwright work; **— de préparation mécanique,** dressing floor; **— de réparations,** repairing shop, repair shop; **— de retordage,** twisting shop; **— de soudage,** weldery; **— de tôlerie,** sheetmetal shop; **— des tours à essieux,** axle turning shop.

Atmosphère, Atmosphere; **four à — contrôlée**, controlled atmosphere furnace; **— acide**, acid atmosphere; **— protectrice**, protective atmosphere; **— réductrice**, reductive atmosphere.

Atmosphérique, Atmospheric; **absorption —**, atmospheric absorption; **pression —**, atmospheric pressure; **réfraction —**, atmospheric refraction; **soupape —**, atmospheric valve, air valve, vacuum valve; **tambour —**, wind drum.

Atome, Atom; **briseur, désintégrateur d' — s**, atom smasher.

Atomique, Atomic; **à propulsion —**, atomic powered; **sous-marin à propulsion —**, atomic powered submarine; **bombe —** atomic blast; **cône —**, atomic war head; **énergie —**, atomic energy; **espacement —**, atomic spacing; **explosion —**, atomic blast; **fission —**, atomic fission; **hydrogène —**, atomic hydrogen; **chalumeau à hydrogène —**, atomic hydrogen torch; **pile —**, atomic pile; **poids —**, atomic weight.

Atomisation, Atomization, atomizing.

Atomisé, Atomized.

Atomiser, to Atomize.

Atomiseur, Atomizer.

Atre, Hearth.

Attache, Attachment, coupling, bench strap, binder, chape, fastening link, fastener, tab; **borne d' —**, end terminal; **bride d' — de tuyau** (chaud.), boiler seating; **lanière pour —**, belt lace; **objets d' —**, binding iron; **point d' —**, seating, lug; **vis d' —**, clamping screw; **— de l'aile**, wing attachment; **— du câble**, rope joint; **— de courroie**, belt fastener; **— fil**, wiring plate, wire clip; **— à nœud**, knot coupling.

Attaché, Attached, linked, fastened.

Attacher, to Attach, to link, to fasten.

Attaque, Attack, drive; **angle d' —**, cutting edge angle; **bord d' —** (aviat.), leading edge, entering edge; **branche d' —**, actuating arm; **point d' —**, working point; **— à l'acide**, etching; **polissage par — à l'acide**, etching polishing.

Attaquer, to Drive; **— à l'acide**, to bite, to etch.

Attelage,, Coupling, draw junction, draw gear, hitch; **barre d' —**, truck coupler, drag bar, junction bar, draw bar; **boulon d' —**, draw bolt, locking bolt; **chaîne d' —**, coupling chain, draw chain, drag chain; **cheville d' —**, knuckle pin; **clavette d' —**, locking pin; **crochet d' —**, draw hook, tug hook; **dispositif d' — de wagons**, car coupler; **ressort d' —**, draw spring; **— automatique**, automatic hitch; **— de chemin de fer**, railway coupling.

Atteler, To couple, to hitch.

Attente, (T. S. F.) Stand by (S. T. D.); **position d' —**, stand by position; **signal d' —**, waiting signal; **zone d' —** (aviat.), holding area.

Atténuateur, Attenuator; **— avertisseur**, cueing attenuator; **— à plongeur**, piston attenuator.

Atténuation, Attenuation; **bande d' —**, attenuation band; **constante d' —**, attenuation constant; **— des ondes**, wave attenuation.

Atterrir, to Land, to alight, to come down; **— brutalement**, to bump; **— trop court**, to shoot under; **— trop long**, to shoot over.

Atterrissage, Landing, alighting, touch down, let down; **câble d' —**, landing wire; **châssis d' —**, landing chassis, undercarriage chassis; **distance**

d' —, landing run; feu d' —, landing light; fusée d' —, landing flare; piste d' —, landing strip; rampe d' —, landing lights; roue d' —, landing wheel; skis d' —, landing skis; train d' —, landing gear, alighting gear, landing chassis, undercarriage; train d' — à bogies multiples, multiwheel bogie under carriage; train d' — à chenilles, track tread landing gear; train d' — largable, escamotable, releasable, retractable landing gear; train d' — à large voie, large tread undercarriage; train d' — retractable latéralement, sideways retractable carriage; train d' — triangle, tricycle undercarriage; indicateur de train d' —, undercarriage indicator; jambe de force du train d' —, landing strut; logement du train d' — under well; roue du train d' — undercarriage wheel; vérin de relevage du train d' —, undercarriage main jack; vitesse à l' —, landing speed; volets d' —, landing flaps; zone d' —, landing zone; — forcé, forced landing; — hélice calée, dead stick landing; — aux instruments, instrument let down; — sur le ventre, belly landing; — sans visibilité, blind landing.

Atterrissement, Landing (Mar.); câble d' —, shallow water cable, shore end of the cable.

Atterrisseur (voir **train d'Aterrissage**).

Attraction, Attraction, attractibility; — contraire, counterattraction; — de cohésion, cohesive attraction.

Aubage (voir **Aube**), Blades, blading; — d'action, action or impulse blades; — d'angle (d'un tunnel aérodynamique), turning vane; — basse pression, low pressure blading; — s directeurs (soufflerie), wind tunnel cascades; — à réaction, reaction blades, reaction blading; — de rotor, rotor blading; — **supersonique**, supersonic blading; — à surépaisseur, bulged blading.

Aube, Blade, bucket, float, paddle, vane; **bloc** d' —, blade block; **courbure** d' —, blade curvature; **couronne** d' — s, blade rim; **encoche** d' —, blade groove; **grille** d' — s, cascade; **mise en place des** — s, blading; **pas des** — s, blade pitch, blade spacing; **pertes dans les** — s, blade losses; **porte** — s, blade ring; **profil** d' —, blade section; **roue à** — s, centrifugal wheel, impeller, float water wheel, paddle wheel; **navire à roues à** — s, paddle ship; — **d'ajustage**, stop blade; — **articulée**, feathering paddle; — **directrice**, guide blade, diffuser vane; — **distributrice**, guide vane, wicket gate; — **entretoise**, supporting blade; — **fixe**, stationary blade; — **mobile**, rotating blade; — **motrice**, moving blade; — **à queue d'aronde**, dovetailed blade; — **emmanchée à queue d'aronde**, dovetailed overlapping blade; — **d'une roue en dessous**, float board; **remonter les** — s, to reef the paddles.

Aubier, Alburn, alburnum, blea, sapwood; **bois à double** —, dead sap wood.

Audibilité, Audibility.

Audible, Audible; **fréquence** —, audible frequency.

Audiomètre, Audiometer.

Audiométrie, Audiometry.

Audion, Audion.

seuil Auditif, Auditory or Audiometric threshold.

Auge, Trough, bucket, buddle, pan, save-all; — **basculante**, balance trough, tipping hopper; — **de mineur**, standing buddle; — **à mortier**, boss.

Auget, Bucket, casing tube; trough, hose trough, spout;

AUT — 40 — **AUT**

accumulateur à — s, trough accumulator; **plaque à — s**, trough plate; **roue à — s**, bucket wheel, chest wheel, cellular wheel; **— de meule à aiguiser**, chest.

Augette, Small trough; **— à main**, abac or abacus.

Auriculaire, Aural; **mono —**, monaural.

Aurifère, Auereous; **conglomérat —**, banket; **sable —**, gold sand.

Aussière, Hawser, warp, rope; **commis en —**, hawser laid; **— en acier**, steel hawser; **— en chanvre**, hemp hawser; **— métallique**, wire rope.

Austénilique, Austenilic; **acier —**, austenilic steel; **électrode —**, austenilic electrode.

Autel (chaud.), Bridge, fire bridge, flame bridge; **— à entrée d'air**, split bridge; **— de foyer**, fire bridge.

Auto, Auto, self; **— adhérent**, self bonding; **— allumage**, self ignition, pre-ignition; **— bus**, motorbus, bus; **— car**, motorcar; **— centreur**, self centering; **mandrin — centreur**, self centering, chuck; **— chrome**, autochrome; **— clave**, autoclave, digester; **— commandé**, self controlled; **— dyne**, self heterodyne; **— excitation**, auto excitation, self excitation; **— excitatrice**, self excited, self exciting; **dynamo — excitatrice**, self exciting dynamo; **— extinction**, self quenching; **— frettage**, autofrettage; **— fretté**, self hooped, autostrengthened; **— gène**, autogeneous; **plaque de formation — gène** (accus), solid plate; **soudure — gène**, autogenous welding; **— graisseur**, self oiling, self oiler; **— coussinet — graisseur**, self oiling bearing; **— gyre**, autogire, autogyre, autogyro, gyroplane; **— matique**, automatic, self acting; **à commande — matique**, automatically operated; **à déchargement — matique**, self unloading; **avance — matique**, automatic feed; **bascule — matique**, automatic weighing machine; **changement — matique du sens de marche**, self reversing motion; **à démarrage — matique**, self starting; **démarreur — matique**, self starter; **fonctionnement — matique**, automatic operation; **graissage — matique**, self oiling; **graisseur — matique**, self oiler; **interrupteur — matique**, automatic switch; **à nettoyage — matique**, self cleaning; **pilote — matique**, automatic pilot; **sécurité —**, built in safety; **soupape — matique**, automatic valve; **semi — matique**, semi-automatic; **tour — matique**, automatic lathe; **transmission — matique**, automatic transmission; **— matique interurbain**, toll dialing; **— matiquement**, automatically; **— mobile**, automobile, motorcar, car; **accessoires d' — mobile**, automotive accessories; **canot — mobile**, motor craft; **capot d'une — mobile**, bonnet of a car; **construction — mobile**, automobile work; **pièces d' — mobile**, automobile parts; **— mobile blindée**, armoured car; **— mobile à réaction**, jet car; **— mobilisme**, automobilism, motoring; **— moteur**, self moving, self propelling, automotive; **chaland — moteur**, motor barge; **— motrice**, railcar; **soupape — motrice**, automatic valve, self closing valve, self acting valve; **— nome**, self driven; **— oxydation**, autooxidation; **— pilote**, auto-pilot; **— polaire**, self polar; **— protecteur**, self protecting; **— protection**, self protection; **— protégé**, self protected; **— rail**, rail car; **— refroidissement**, self cooling; **— réglable**, self adjustable; **— régulateur**, self regulating; **— saturant**, self saturating; **— saturation**, self saturation; **— serrage**, self locking; **boulon à — serrage**, self locking bolt; **— transfor-**

AVA — 41 — **AVA**

mateur, autotransformer; — **trempant**, self hardening, air hardening.

Auxiliaire, Auxiliary, donkey; **chaudière** —, donkey boiler; **combustible** —, stand by fuel; **condenseur** —, auxiliary condenser; **électrode** —, auxiliary electrode; **enroulement** —, auxiliary winding; **flotteur** —, auxiliary float; **interrupteur** —, auxiliary switch; **machine** —, auxiliary engine; **petit moteur** —, donkey engine; **pôle** —, interpole; **puits** —, jackhead pit; **tension** —, auxiliary voltage; **turbine** —, auxiliary turbine.

Aval, Downstream, tail; **batardeau** —, downstream stop log; **canal** —, tail race; **eau d'** —, tail water; **porte** —, downstream gate.

Avalage, Balling process.

Avaler un puits, une bure, To Dig a shaft.

Avance (mach. outil, etc.), Feed, advance, lead, travel; **angle d'** —, lead angle; **boîte des engrenages d'** —, feed box; **cliquet d'** — **automatique**, pawl for power feed; **crémaillère d'** —, feed rack; **déclenchement des** — **s**, feed tripping; **doubleur d'** — **s**, feed doubler; **en** — (horloge), fast; **levier d'** — (mach. outil), feed lever; **levier d'** — **à l'allumage**, sparking lever, timing lever; **manette d'** —, feed haudle; **mécanisme d'** —, feed mechanism; **mouvement d'** —, feed movement; **plateau indicateur des** — **s**, feed index plate; **réglage de l'** — **à l'allumage**, ignition timing; **vis de commande de l'** —, feed screw; **volant à main d'** —, hand feed wheel; — **à l'allumage**, advanced ignition, advanced sparking, sparking advance; — **automatique**, auto or automatic feed, power feed, automatic lead; — **barre**, bar feed; — **par cliquet**, rack feed gear; — **à l'échappement**, exhaust lead; — **à l'évacuation** (tiroir en coquille), inside lead; — **fixe**, fixed lead; — **à l'introduction** (tiroir en D.), inside lead; — **lente**, slow feed; — **à la levée**, advanced opening; — **linéaire**, linear lead; — **longitudinale**, longitudinal feed; — **à la main**, hand feed; — **mécanique**, power feed; — **d'un outil**, tool feed movement; — **par pignon et crémaillère**, rack and pinion feed; — **en plongée**, downwards feed, in feed, plunge feed; — **radiale**, radial feed; — **rapide**, fast feed; — **réglable** (magnéto), adjustable lead; — **sensitive**, sensitive feed; — **de la table** (mach. outil), table feed; — **du tiroir**, lead of the valve; — **transversale**, cross feed, transversal feed; — **variable**, adjustable lead.

Avancement, Advance, feed, travel; **résistance à l'** —, head resistance; **volant à main d'** —, hand feed wheel; — **automatique du chariot** (mach. outil), automatic travel.

Avancer (une gallerie), to Drive.

Avancer (surplomber), to Overhang.

Avant, Bow, nose, fore, front, ahead; **à l'** —, forward; **bordage de l'** — (N.), bow plank; **cale** —, fore hole; **capotage** —, nose cowl; **décalage en** —, lead; **embrayage pour la marche** —, forward gear; **en** — (mach.), go ahead; **faire machine en** —, to head; **en** — **à toute vitesse**, full speed ahead; **essieu** —, front axle, leading axle; **gaillard d'** — (N.), forecastle; **gouvernail** —, forward rudder, bow rudder; **lanterne** —, front lamp; **longeron** —, front spar; **main** —, front spring bracket; **mât** — (aviat.), front strut; **mouvement** — ahead motion;

pare-choc —, front bumper; **roue** —, front wheel, nose wheel; **roulette** — (aviat.), wheel nose gear; **traction** — (auto), front wheel drive; **sur l'** —, forward; **turbine de marche** —, ahead turbine; **vue** —, front view; **mettre en** — (mach.), to head.

Avarie, Average (comm.), breakdown (mach.), shut down, failure, injury, trouble; **déclaration d'** — **s** (nav. de comm.), protest; **franco d'** —, free of all average (F. A. A.).

Avarié, Broken down, disabled, faulted.

Avenant (d'assurance), Rider.

soupape d'Avertissement, Sentinel valve.

Avertisseur, Detector, horn; **flotteur** —, alarm float; **voltmètre** —, signal voltmeter.

filon Aveugle, Blind lode.

vol Aveugle (sans visibilité), Blind flight.

Aveugler une couture (N.), to Parcel.

Aveugler une voie d'eau, to Fother, to fodder a leak, to stop a leak.

Aviateur, Aviator, airman.

Aviation, Aviation; **centre d'** —, air center; **essence d'** —, aviation gasoline; **hangar d'** —, aeroshed, aerohangar; **moteur d'** —, aeroengine; **ravitailleur d'** — (N.), aircraft tender; **terrain d'** —, air field; — **civile,** civil aviation; — **commerciale,** commercial aviation; — **militaire,** military aviation; — **navale,** naval aviation.

Avion, Aeroplane, airplane, aircraft, plane; **cellule d'** —, air frame; **givrage des** — **s,** aircraft icing; **hangar pour** — **s,** aeroplane hangar; **hélice d'** —, propeller (Amérique), airscrew (Angleterre); **monté sur** —, airborne; **moteur d'** —, aircraft engine; **navire porte** — **s,** aircraft carrier; **pièces d'** —, aircraft parts, **télévision par** — **relais,** stratovision; **transporté par** —, airborne; — **à aile fixe,** fixed wing aircraft; — **à ailes repliables,** folding wing aircraft; — **à ailes surbaissées,** low wing plane; — **à ailes surélevées,** high wing plane; — **atomique,** nuclear powered aircraft; — **d'attaque au sol,** ground attack plane; — **bimoteur,** two engine or two engined plane, twin engine plane; — **biplace,** two seat plane, two seater; — **de bombardement,** bombing plane, bomber; — **catapulté,** catapulted plane; — **de chasse,** fighting plane, fighter; — **de chasse et d'interception,** interceptor fighter; — **cible,** target plane; — **citerne,** air tanker; — **de combat,** combat plane; — **commercial,** transport; — **commercial turbopropulsé,** turboprop transport, — **composite,** composite plane; — **d'école,** training plane; — **embarqué,** carrier borne plane; — **d'entrainement,** training plane, trainer; — **expérimental,** research plane; — **hexamoteur,** six engine or six engined plane; — **léger,** light plane; — **de ligne,** liner; — **de ligne pour vol aux hautes altitudes,** stratoliner; — **métallique,** metal or all metal plane, — **militaire,** military, plane; — **monoplace** single, seater, single seat plane; — **d'observation,** observation plane; — **photographique,** photographie plane; — **à deux ponts,** double decked plane; — **prototype,** prototype aircraft; — **quadrimoteur,** four engine or four engined plane; — **sans queue,** tailless plane; — **à grand rayon d'action,** long range plane; — **à réaction,** jet plane, reaction plane, jet; — **de reconnaissance,** reconnaissance plane; — **réservoir,** tanker plane, air tanker; — **robot,** drone; — **sani-**

taire, ambulance plane; — **supersonique,** supersonic plane; — **télécommandé,** radiocontrolled plane; — **terrestre,** land plane; — **de tourisme,** touring plane, tourer; — **de transport,** transport plane, transport; — **de transport à réaction,** jet transport; — **transonique,** transsonic plane; — **trimoteur,** three engine or three engined plane; — **à turbhélice,** propeller turbine aircraft.

Avis, Advice; **lettre d'** —, letter of advice.

Avoué, Solicitor.

Axe, Axis, centre line, middle line, axle, axletree, gudgeon, pin, line, spindle; **d'** — **en** —, from axis to axis; **distance d'** — **en** —, **des trous,** pitch of holes; **garniture d'** —, axle wad; **grand** —, major axis; **petit** —, minor axis; — **de balancier,** beam gudgeon; — **de bascule,** swing axis; — **de bouton,** knob shaft; — **de commande du pont (auto),** back axle driving shaft; — **de pied de bielle,** gudgeon pin; — **de piston,** piston pin; — **électrique,** electric axis; — **focal,** focal axis; — **d'une grue,** pin of a crane; — **horizontal,** horizontal axis; — **d'inertie,** axis of inertia; — **longitudinal,** lengthwise axis, longitudinal axis; — **mécanique,** mechanical axis; — **neutre,** neutral axis; — **optique,** optical axis; — **de pied de bielle,** wrist pin; — **de piston,** piston pin; — **de poussée,** thrust line; — **du registre de vapeur,** main valve spindle; — **à rotule,** linchpin; — **d'une roue,** axle-pin of a wheel; — **de traction,** thrust line; — **transversal,** cross-wire axis, transversal axis; — **de ventilateur,** fan spindle; — **vertical,** vertical axis.

Axial, Axial; **à symétrie** —, axially symetric; **co** —, coaxial; **antenne co** — **e,** coaxial antenna; **compression** — **e,** axial compression; **flexion** — **e, par compression,** collapse; **flux** —, axial flow.

Axiomètre, Axiometer, helm indicator, steering indicator, telltale.

Axonge, Tallow.

Azéotropique, Azeotropic; **distillation** —, azeotropic distillation.

Azimut, Azimuth; **moteur d'** — **(compas gyroscopique),** azimuth motor.

Azimutal, Azimuthal.

acide Azoborique, Azoboronic acid.

composés Azoïques, Azo compounds.

Azotate, Nitrate; — **d'argent,** silver nitrate.

Azote, Azote, nitrogen; **bioxyde d'** —, nitric oxide; **peroxyde d'** —, nitrogen peroxide; **protoxyde d'** —, nitrogen monoxide; — **actif,** active nitrogen; — **atomique,** atomic nitrogen; — **moléculaire,** molecular nitrogen.

Azoté, Nitrogenous; **engrais** — **s,** nitrogenous

Azotique, Nitric; **acide** —, nitric acid; **oxyde** —, nitric oxide; **traiter par l'acide** —, to nitrate.

Azur de cuivre, Azurite.

Azurite, Blue copper ore.

B

Babord, Port, larboard; côté —, port side.

Bac, Jar, tank, vat, cell, craft, ferry boat, ferry; paroi du — (accus), cell wall; — d'accumulateur, battery jar, battery cell; — en acier, steel tank; — d'agglomération, sintering tank; — à copeaux, chip tray; — de décantation, settling pan; — à expansion, expansion tank; — galvanisé, galvanized tank; — à traction par chaîne, chain ferry; — transporteur de vase, dredger hopper; — de trempe, bosh.

Bâche, Drain box, feed tank, tank, cistern, hot well (mach.), trough; tilt, tarpaulin; — en acier, steel tank; — alimentaire, feeding cistern; — en chambre spirale, spiral casing; — en fonte, cast iron tank; — galvanisée, galvanised tank; couvrir d'une —, to tilt.

Badigeon, Whitewash.

Badigeonnage, Whitewashing.

Badigeonner, to Whitewash.

Bagages, Luggage, baggage; coffre à — (auto), luggage boot; fourgon aux —, baggage car, luggage car; porte —, luggage carrier; soute à —, cargo compartment, freight compartment, luggage room.

Bague, Ring, bushing, clasp, collet, collar, hank, ferrule, protector, race; graissage à —, ring lubrication; graisseur à —, oil saving bearing, ring oiler; moteur à — s collectrices, slip ring motor; — d'agrafage, retaining ring; — d'arrêt, adjusting ring, loose collar, set collar; — d'arrêt de la butée, clutch adjusting ring; — à billes, ball race; — en charbon, carbon ring; — collectrice, collecting or collector ring; — collectrice d'huile —, oil catch ring; — de contact, contact ring; — coulissante de régulateur, collar lever; — de couverture (turbine), end ring; — de démarrage (mot. à induction), shading ring; — élastique, spring ring; — entretoise, spacing ring; — d'étanchéité, gland ring — de fixation, clamping ring; — de garniture hélicoïdale, coiled piston ring; — de guidage, collet; — métallique pour garnitures, metallic packing, metal ring, packing ring; — de piston, piston ring; — de presse-étoupe, packing washer; — de protection, chafing ring; — support, ring carrier; — d'usure, chafing ring.

Bagué, Ringed; cosse — e, union thimble.

Baguette, Batten, bead, rod, copping; — de cuivre, copper rod, brass rod.

Baie, Bay.

Baignoire, Dust bin.

Bail, Lease.

Baille, Pail, tub.

Bailler (coutures), to Gape.

Bain, Bath, pool; travail du — (métal.), boil, reboil; — d'aciérage, steel bath; — d'électroplastie, electroplating bath; — pour filature, spinning bath; — d'huile, oil bath; — d'immersion, dip; — marie, water bath; — de mercure, mercury bath; — de nickelage, nickel bath, nickel plating bath; — de sel, salt bath; — de trempe, tempering bath, quenching bath, quenching medium.

Bainite, Bainite.

trempe Bainitique, Austempering.

Baïonnette, Bayonet; **assemblage à —,** bayonet joint; **douille à —,** bayonet socket; **joint à —,** bayonet joint.

Baisse, Fall.

trains Baissés (aviat.), Wheels down.

Bakélite, Bakelite; **enveloppe en —,** bakelite case.

Baladeur, Movable gear, sliding gear; **bras de commande du pignon —,** gear shifting arm; **train —,** slide block, sliding gear.

Baladense, Portable lamp, hand lamp.

Balai, Brush; **arête antérieure de —,** leading brush edge; **décalage des — s,** brush shifting; **défaut de portage des — s,** faulty bearing of the brushes; **douille de —,** brush box; **manche à —** (aviat.), joy stick, beer level, control column; **pince à —,** brush box; **porte —,** brush holder; **balancier de porte —,** brush rocker; **joug de porte —,** brush rocker; **pivot de porte —,** brush pillar; **rodage du —,** brush bedding; **sabot de —,** brush clamp; **table à —** (minerais), nicking buddle; **— de charbon,** carbon brush; **— collecteur,** appropriating brush; **— feuilleté,** leaf brush; **— en fils métalliques,** wire brush; **— graisseur,** oil brush; **— porte-étincelles,** contact breaking brush.

Balance, Balance, weighing machine; **couteau d'une —,** knife edge of a balance; **électrodynamomètre —,** current balance; **fléau d'une —,** balance beam; **index d'une —,** cock of a balance; **wattmètre —,** wattbalance; **— automatique,** automatic weighing machine; **— à couteau,** knife edge balance; **— électrométrique,** weight electrometer; **— galvanoplastique,** plating balance; **— hydrostatique,** balance engine, hydrostatic balance; **— d'induction,** induction bridge; **— porte-bougie,** candle balance; **— de précision,** analytical balance; **— romaine,** auncel weight.

Balancé, Balanced, rocking, trimmed.

Balancer, to Rock, to swing, to trim.

Balancier, Balance, beam, weigh beam, great lever, main lever, side lever, traverse beam, head beam, working beam; coining machinery; press; **axes du —,** beam gudgeons; **contre —,** bridle rod; **grand —,** main beam; **lime à —,** balance web; **machine à —,** beam engine side lever engine; **bâti de machine à —,** gallows frame; **machine à — s latéraux,** side lever engine; **monnayage au —,** coining by the engine; **scie à — pour tronçonner,** swing cross cut saw; **tête de —,** beam end; **tourillons du —,** beam gudgeons; **— compensateur,** equalizer; **— emporte-pièces,** fly press; **— à friction,** friction screw press; **— d'une machine,** engine beam; **— à main,** hand operated press; **— pour monnayage,** coining machinery; **— d'une pompe,** balance of a pump; **— de porte-balai** (élec.), brush rocker; **— de renvoi,** rocker; **— de suspension** (ch. de fer), compensator; **— transversal,** swing bolster, cross beam, **— à vis,** screw press, fly press.

Balancine, Lift (mar.); compensator.

Balayage, Scavenging (Diesel); scanning (télév.); scouring; sweep; **air de —,** scavenger or scavenging air; **collecteur de —,** scavenger or scavenging housing; **dispositif de —,** scanner; **disque de —,** scanning disc; **générateur à —,** sweep generator;

marqueur de —, sweep marker; **moteur de —**, scavenging engine; **oscillateur de —**, sweep oscillator; **soufflante de —**, scavenging blower; **soupape de —**, scavenging valve; **tête de —**, scanning head; **vitesse de —**, scanning head; **— direct**, direct scanning; **— électronique**, electronic scanning; **— des gaz**, gas scouring; **— mécanique**, mechanical scanning; **— rectilinéaire**, rectilinear scanning.

Balayer, to Brush, to scavenge (Diesel), to scan, to sweep.

Balcon (aviat.), Gunner's cock pit.

Balisage, Marking; **feu de —** (aviat.), boundary light.

Balise, Beacon, buoy; **radio —**, radio beacon; **radio — de guidage**, radio range marker beacon; **— radar**, radar beacon.

Balisé, Buoyed; **passe — e**, buoyed channel.

Balistique, Ballistics; **— électronique**, electron ballistics.

Balistique (adj.), Ballistic; **galvanomètre —**, ballister galvanometer.

Ballast, Ballast, tank; **carrière de —**, ballast pit; **— liquide**, water ballast; **— en pierres cassées**, crushed stone ballast.

Balle (de coton), Bale.

Balle, Ball, bloom (fonderie), bullet, lump; **presse à faire les — s** (de laine...), dumping press; **résistant aux — s**, bullet resisting; **— blindée**, solid or jacketed bullet; **— à chemise de nickel**, nickel jacketed bullet; **— semi-expansive**, semi expanding bullet; **— de mitrailleuse**, machine gun bullet; **— à pointe creuse**, hollow pointed bullet; **— à pointe en cuivre**, copper pointed bullet; **— à pointe molle**, soft nose bullet; **— à pointe arrondie**, round nose or round capped bullet; **— pointue**, pointed nose bullet; **— semi-blindée**, soft nose bullet.

Ballon, Balloon; **barrage de — s**, balloon barrage; **— captif**, captive balloon, drachen balloon; **— cible**, target balloon; **— de détente**, flash drum; **— enregistreur**, registering balloon **— d'essai**, test balloon; **— libre**, free balloon; **— d'observation**, kite balloon, observation balloon; **— saucisse**, sausage balloon; **— semi-rigide**, semi-rigid balloon; **— sonde**, sounding or registering balloon; **— souple**, flexible balloon; **— sphérique**, spherical balloon.

Ballonnet, Ballonnet.

Balsa, Balsa.

Balustrade, Balustrade.

Balustre, Baluster, railing; bow compasses; **rabot à —**, capping plane.

Bambou, Bamboo.

Banc, Bench; bed; beard (mines); stand, slideway; **essai au —**, bench test; **galerie à travers —**, cross cut; **glissières de —** (tour), bed ways; **terrassement par — s**, bench digging; **tour à — rompu**, break lathe; **travers —**, cross connector, cross working; **— d'alésage**, boring bench; **— à diviser**, tracing tool; **— droit**, straight bed; **tour à — droit**, straight bed lathe; **— d'épreuve**, test or testing bed, flying test bed; **— d'essai**, test bench, test stand, test rig; **— d'essai pour moteurs**, engine simulator; **— d'essai pour roulements**, bearing rig; **— d'essai volant**, flying test bed; **— d'étendage à chaud**, hot bed; **— d'étirage, — à étirer**, draw bench, drawn bench, drawing bench, drawing frame; **durcissement au — d'étirage**, bench hardening; **lunette d'un — à étirer**, gauge plate of a draw bench; **passé sur un — à étirer**, drawing; **— à étirer à froid**, cold draw bench; **— à étirer les tubes**, tube engine, tube frame; — à façonner les briques, banker; — fixe, fixed bed; — à forer, boring bench; — d'optique, optical bench; — poussant, push bed; — de redressage, dressing bench; — de retordage, twister; — rigide, rigid bar; — rompu (tour), bed with a gap, gap bed; échancrure de — rompu, break; — de tour, shear lathe bed; échancrure de — de tour, crank, jumelle de — de tour, side of a lathe; — tournant, whirling stand; — à tréfiler, wire drawing machine.

Bandage, Binding; tire (Amérique), tyre (Angleterre); hoop (roues); à — s en caoutchouc, rubber tyred; à — s plains, solid tyred; presse à — s, tyre press; — en caoutchouc, rubber tyre; — creux, hollow tyre; — plein, solid tyre; — pneumatique, pneumatic tyre; — sans boudin, blank tyre.

Bande, Band, belt, strip, strap, reel; heel (N.); streak, stripe; à — s, striped; élévateur à —, belt elevator; erreur due à la — (compas), heeling error; filtre passe —, band pass filter; largeur de —, bandwitdh; train à — s, sheet mill, strip mill; train à — s à froid, cold strip mill; — d'absorption, absorption band; — de cartouches, ammunition belt; — de cuivre, copper strip; — d'essai, test band; — d'essieu, clip band; — de fer, clout; — de fréquences, frequency band; — de jonction, strip plate, packing plate, junction plate; — latérale, side band; — latérale unique, single side band; — des n mètres, n meter band; — de montage, fit strip; — de plomb (accus), lead connecting strip; — de plomb ou zinc pour joint, flashing; — de ponçage, sander belt; — de recouvrement, butt plate, butt strap, junction plate; — de roulement, tread tyre; — de serrage, clamping strap; — spectrale, spectral band; — de suppression de fréquences, filter pass band, filter stop band; — de tôle, sheet iron strip; — de transmission, filter pass band, transmission band; — transporteuse, conveyor belting or belting conveyor; avoir de la — (N.), to heel, to heel over.

Bandelette, Bandlet; fillet (arch.); jauge à — s résistantes, strain gauges.

Bandé, Banded; stretched; ressort —, stretched spring.

Bander, to Band, to stretch; — un ressort, to stretch a spring; — une roue, to shoe a wheel.

Banque, Bank; compte en —, bank account; verser à la —, to pay into the bank.

Banqueroute, Bankrupcy; faire —, to become a bankrupt.

Banquette, Bank, bench, step; faire les — s, to bank up; — de bassin, step of a dock.

Banquier, Banker.

Baraquette, Sister block.

Barbacane (hydr.), Outlet, weeper, weephole.

Barbelé, Barbed; cheville — e, rag bolt; fil de fer —, barbed wire.

Barbituriques, Barbiturates.

Barbotage, Bubbling, splash; colonne à —, gas bubble column; graissage par —, splash lubrication; plateau à —, bubble tray.

Barboter, to Bubble.

Barboteur, Bubbler, vessel for bubbling; — à gaz, gas bubbler.

Barde, Bard, ward; — d'un pène, ward of a lock.

Bardeux, Blocksetting crane.

Bardis (N.), Shifting boards.

Barème, Ready reckoner, schedule; — de jaugeage, loading table; — de prix, price list.

Barette (voir **Barrette**).
Baril, Barrel.
Barique, Baric; **oxyde —**, baric oxide.
Barillet, Barrel, cylinder, drum, **tuyau plongeur de —** (gaz), dip pipe; **— de ressort**, spring drum, spring box.
Baritel, Drawing engine.
Baroclinique, Baroclinic.
Barographe, Barograph.
Baroir, Small auger.
Baromètre, Barometer, weather gauge, glass; **cuvette d'un —**, cistern of a barometer; **hausse du —**, rise of the barometer; **— anéroïde**, aneroid barometer; **— enregistreur**, recording barometer; **— à siphon ouvert**, open cistern barometer; **— à tube incliné**, diagonal barometer.
Barométrique, Barometric; **altimètre —**, barometric altimeter; **correction —**, barometric correction; **pression —**, barometric pressure; **tuyau de chute —**, barometric discharge pipe.
Barothermographe, Barothermograph.
Barotropique, Barotropic.
Barrage, Dam, barrage, clough, weir; **crête d'un —**, crest of a dam; **digue de —**, cofferdam; **vanne de —**, barrage gate; sluice gate; **— de basse, haute, moyenne chute**, low, high, medium head dam; **— sur pilotis**, pile weir; **— poids**, gravity dam; **— de retenue**, impounding dam; **— en rivière**, run of river dam; **— en terre**, earthen dam; **— voûte**, arch dam; **— à voûtes multiples**, multiple arch dam.
Barre, Bar, rod; crow; helm (N.); **avance —** (mach. outil), bar feed; **capacité de —** (mach. outil), bar capacity; **cuivre en — s**, copper bars; **fer en — s**, bar iron, iron in bars; **fer en — s pour clous**, nail iron; **fer en — s pour rails**, rail iron; **four à réchauffer les — s**, bar heating furnace; **laminoir à — s**, billeting roll; **machine à dresser les — s**, bar staightening machine; **palan de —** (N.), relieving tackle; **passage de —** (aléseuse), bar capacity; **pris dans la —**, from rod; **serre —**, bar tightener; **soudure en —**, bar solder; **support de —**, bar support; **tour à —**, bar lathe; **— d'acier**, steel bar; **— en acier poli**, bright steel bar; **— d'alésage**, cutter bar, boring spindle, cutter spindle; **— d'appui**, hand rail; **— d'attelage**, drag bar, drain bar, junction bar, truck coupler; **— brisée** (mar.), yoke; **— en bronze**, brass rod; **— de cendrier**, clinker bar, pricker bar; **— de chariotage**, feed bar; **— collectrice**, bus bar; **— de compression** (béton armé), compression rod; **— diagonale extrême** (charpente métallique), end diagonal; **— de distribution**, bus bar; **— d'enrayage, d'enrayement**, brake scotch, spragg brake, brake spray, braking club; **— à étirer**, draw bar; **bobine de — à étirer**, draw block; **— d'excentrique**, excentric rod; **— de fer**, iron bar; **— de fer puddlé**, boiled bar; **— de forge** (béton armé), corner rod; **— de gouvernail**, tiller, helm; **— de grillage**, bar of grid; **— inclinée** (béton armé), inclined rod; **— à mine**, jumper, jumper bar, borer, percussion borer, miner crow; **— de plongée** (s. m.), hydroplane, plane, diving rudder, diving plane; **— de plongée avant**, fore hydroplane, forward diving rudder; **commande de — de plongée**, hydroplane control; **— omnibus** (élec.), bus bar; **— de relevage**, reversing rod; **— relevée** (béton armé), bent up rod; **— de résistance** (béton armé), carrying rod; **— de retenue transversale**, cross anchor; **— de sûreté d'attelage**, safety coupling bar; **— de suspension**, suspension bar; —

BAS — 49 — **BAS**

en T, T bar; — en double T, H bar, I bar; — à talon, claw bar; — de tension (béton armé), tension rod; — tirant, eye bar; — de torsion, torsion bar; — d'un tour en l'air, bar of a bar lathe; — à tréfiler, drag bench; — en U, channel bar; — verticale extrême (charpente métallique), end vertical; — en Z, Zed bar.

Barré, Crossed; chèque —, crossed check.

Barreau, Bar, staff; crible à — x, grizzly; fraise pour — x, rounding cutter; — d'échelle, round; — entaillé, notched bar; — de grille, bar of a fire grate; fire bar; furnace bar, grate bar; — traité, tool bit.

Barrer (une rivière), to Dam.

vrille à Barrer, Bar whimble.

Barrette, Bar, bridge, cant file; recouvrement des — s de tiroir, slide valve lap; — extrême (accus), end connecting strip; — s des lumières, valve seat bridges; — de plomb (accus), lead connecting strip; — de tiroir (mach. à vapeur), port bridge, face or flanch of a slide, sliding plate, sliding face, slide face, valve face.

Barrique, Cask, vessel; douve de —, stave; fond de —, heading; vidange d'une —, ullage.

Barroir, Bar whimble, centre bit, comb bit.

Barrot (c. n.), Beam; âme d'un — web; bouge de —, round; largeur d'un —, siding of a beam; — de coqueron (N.), panting beam.

Barrotin (c. n.), Half beam.

Baryum, Barium; carbonate de —, barium carbonate.

Bas, Low; à — carbone, low carbon; à — point d'ébullition, low boiling; de — en haut, upward; de haut en —, downward; marée — se, low water;

— se chute, low head; — se définition, low definition; — fréquence, low frequency (L.F.); circuit à — se fréquence, low frequency circuit (L. F. C.); — se mer, low water; — se pression, low pressure; — se tension, low tension; jeter les feux, to draw the fires, to draw the furnace; mettre — les feux, to put out the fires, to draw the fires; moufle du —, lower block.

Basalte, Basalt.

Basculage, Tipping, dump, dumping.

Basculant, Tipping, tilting; auge — e, tipping trough; benne — e, tipping hopper, tipping trough, tipping bucket; camion —, dump truck; châssis à benne — e, dumper; four —, tilting furnace; grille — e, dumping grater; pont —, bascule bridge, draw bridge; wagon —, dump car, tip wagon.

Bascule, Balance, weighing machine, basquili (serrure); dumping; chariot à —, dumping cart; couteau à —, clasp knife; fonds à —, drop bottoms; grille à —, drop bass; interrupteur à —, tumbler switch; à mouvement de —, tipping; pont à —, bascule bridge, draw bridge, weigh bridge; serrure à —, basquili lock; soupape à —, balance valve, tipping valve; tombereau à —, dump car, dumping car; wagon à — pour charbon, coal tip; — à aiguille, à index, dial balance; — automatique, automatic weighing machine; — à percer, cramp, drilling frame, — de scierie, crank.

Basculé, Tipped.

Basculement, Tipping, dump, dumping, swinging, tilt; camion à — par l'arrière, rear dump truck; camion à — latéral, side dump truck; — latéral, sideways dumping.

Basculer, to Tip, to dump, to tilt; — **un wagon**, to dump a car.

Basculeur, Tippler, dumper; — **de wagons**, car dumper.

Base, Basis; base (chim.); **corrosion par les — s**, basic corrosion; **empierrement de —**, bottom pitching; **métal de —**, base metal; **plan de —**, base plane; **roche de —**, bed rock; — **active**, active dope; — **d'aviation**, — **aérienne**, air base; — **forte**, strong base; — **d'un rail**, lower flange of a rail; — **de réparations**, repair base; — **d'un télémètre**, base of a range finder; — **s töplériennes** (math.), toplerian bases.

Basicité, Basicity, base strength.

Basile d'un rabot, Angle of inflection of a plane.

Basique, Basic; **culasse —**, basic end; **four Martin —, four à sole —**, basic open hearth; **laitier —**, basic slag.

Basse (note), Bass; **compensation automatique des — s**, automatic bass compensation.

Bassin, Bassin; dock; bowl, pan, sump; **banquette de —**, step of a dock; **busc d'un —**, threshold of a dock; **heurtoir d'un —**, sill of a dock; **passage au —**, docking; **porte de —**, gate of a dock; **radier d'un —**, platform, floor of a dock; **seuil d'un —**, sill of a dock; **tins de —**, keel blocks; — **amont**, head pond; — **d'armement**, fitting out dock; — **à boues**, catch basin; — **de colmatage**, de **dépôts de boues**, settling tank; — **de décantation**, coagulation basin, separating tank, settling tank; — **d'échouage**, tidal basin; — **d'essai des carènes**, test tank; — **à flot**, tidal basin, wet dock; — **houiller**, coal field; — **à huile**, save all; — **de marée**, tidal dock; — **de radoub**, graving dock, dry dock; **faire entrer au —**, to dock; **faire sortir du —**, to undock.

Bastaque (mar.), Sheer pole.

Bastin, Coir rope.

Bastion, Bullwark.

Bâtarde, Bastard; **lime —**, bastard riffler, bastard file; **taille — (limes)**, bastard cut.

Batardeau, Bulkhead, dam, stop log, cofferdam; **élément de**, bulkhead element; — **amont**, upstream stop log, upstream bulkhead; — **aval**, downstream stop log, downstream bulkhead; — **métallique**, metal bulkhead; — **pour pertuis de fond**, bottom outlet bulkhead; — **diffuseur**, diffuser bulkhead.

Batayole (N.), Stanchion.

Bateau, Boat; **pont de — x**, pontoon bridge, — **charbonnier**, coaling boat; — **citerne**, water tender; — **feu**, light boat; — **pétrolier**, oiler, tanker; — **plat**, punt; — **porte**, caisson; **vannes d'un — porte**, valves of a caisson; — **à vapeur**, steam boat.

Batée, Abac, abacus, chimming trough.

Bâti, Frame, framing, framework, mount, nacelle, bed, bed plate, base column, footing, housing, set up, standard, structure, truss; **à double —**, two housing; **liaison des — s**, stay of frames; — **en C**, bear frame; — **en col de cygne**, bear frame, bent head, gooseneck frame; — **de dynamo**, dynamo frame; — **s en croix**, cross frames; — **fermé formant carter**, box pattern engine bed; — **d'une fraiseuse**, column of a milling machine; — **de machine**, engine framing, frame of an engine; — **de machine à balancier**, gallows frame; — **de montage**, assembly jig; — **de moteur**, engine frame, engine cradle, engine mounting; — **oscillant**, swing frame;

— à poids compensé, compensated weight bed; — polygonal, truss; — du stator, stator frame; — de tour, lathe frame; — tournant, swivel bed; — triangulaire, truss.

Bâti (adj.), Built.

Bâtiment, Building, house; vessel, ship; petits — s, craft (nom collectif); — en acier, steel building; — charbonnier, collier; — démontable, portable building; — des machines, engine house; — à vapeur, steamer.

Bâtir, to Build; pierre à —, building stone.

Batiste, Cambric.

Battage, Beating, hammering, hardening; allonge pour le — de pilotis, dolly; mouton de —, ram; — au câble (pétr.), spudding; — à froid, cold hammering, cold hardening; de pieux, pile sinking.

Battant, Clapper, crank; porte à un —, single (swing) door; — à mouvement de sonnette, bell clapper, bell crank.

Batte, Bat; — du mouleur, moulder's rammer.

Battement, Beat, beating, flapping; à — s, flapping; réception par — s (T. S. F.), beat reception.

Batterie, Battery, bank; borne de —, battery terminal; charge de —, battery charge, battery charging; — d'accumulateurs, storage battery; — alcaline, alkaline battery; — d'automobile, automobile battery; — auxiliaire, boosting battery; — de bocards, stamp battery; — de camion, truck battery; — de chauffage (T. S. F.), heating battery; — à couronne, crown of cups; — déchargée, run out battery; — de démarrage, starting battery; — d'éclairage, lighting battery; — de n éléments, n cell battery; — flottante, floating battery; — de grille, C battery, grid battery; — de piles, primary battery; — de piles sèches, dry battery; — plaque, plate battery, B battery; — au plomb, lead battery; — de secours, stand by battery; — tampon, buffer battery, balancing battery, equalizing battery, trickle battery; — à treuil, immersion battery, plunge battery; renforcer une —, to boost a battery.

Batteur (Text.), Picker.

Battitures, Anvil dross, cinders, clinkers, scales, forge scales, copper ashes, crust, peelings; — de cuivre, ashes of copper; — de fer, crust of iron, hammer slags, iron scales; — de laminage, fins.

Battoir, Beater, beetle.

Battre, to Beat, to hammer, to tew; instrument de bois pour — les toiles (préparation mécanique des minerais), dolly; machine à —, thrashing machine; — le chanvre, to tew hemp; — à froid, to cold hammer; — le fer, to heat out the iron; — des pieux, to drive; — à refus, to drive home.

Battu, Beaten; fer —, wrought iron; — à froid, cold beaten.

Bau (c. n.), Beam, breadth; maître —, main breadth, main beam.

Bau (c. n.), Beam; — du pont, deck beam.

Baudruche, Gold beater's skin.

Bauquière (c. n.), Beam shelf, shelf, shelf piece; cheville de —, shelf bolt; serre —, beam clamp.

Bauxite, Bauxite.

Bavette, Mud guard, flap; de scaphandrier, diver bib.

Bavure, Beard, chipped edge, fash, flash; ébarbage des — s, trimming of flash; — de fonte, fin.

Bazooka, Bazooka.

Bec, Beak, bill, end; burner; snout; starling; à —, beaked; arrière —, back starling; bécher à —, lipped beaker; tenaille à —, cramp; — d'ancre, pea; — Bunsen, Bunsen burner; — de canard, duckbill; — de cane, bec de corbin (voir plus loin); — de cornue, converter nose; — de crochet, hook end; — d'une enclume, beak of an anvil; — de gaz, gas burner, gas lamp; — de grue, crane bill; — de nervure, rib nose; — ouvert, exposed burner, naked burner; — papillon, bat's wing burner; — d'une pile de pont, cutwater; — de pile de pont, starling; — de rigole à laitier, cinder notch; — tranchant, bill; — à un trou, rat tail burner; — à deux trous, fish tail burner.

Bec d'âne (voir **Bédane**).

Bec-de-cane, German lock.

Bec-de-corbin, Bent gouge, bill head, chiming iron, claw; gauge à —, bent gouge, round nosed pliers.

Bêche, Spade; d'affût, spade of a carriage.

Bêcher, Beaker; — à bec, lipped beaker.

Bédane, Chisel, bolt chisel, groove cutting chisel, bottom chisel, cape chisel, cow mouth chisel, cross cut chisel, cross cutting chisel, former chisel, mortise chisel, narrow chisel, parting tool, — creux, hollow chisel; — à tranchants disposés en rectangle, self coring mortising chisel; couper au —, to chop off.

Bélier, Ram, monkey; coup de —, water hammer; — hydraulique, hydraulic ram.

ressort Belleville, Disc spring.

Bénéfices, Proceeds, profits; — bruts, gross profits; — nets, clear profits.

fleurs de Benjoin, Benjamin flowers.

Benne, Bucket, grab, scuttle, kibble; camion à — montante, lift truck; grue à —, bucket handling crane; grue à — preneuse, clamshell crane, grab crane; monte-charge à — trémie, bucket hoist; — basculante, tipping hopper, tipping trough; — à béton, concrete bucket; — à charbon, coal skip, coal scuttle, coal tub, coal kibble; — drague, earth grab; — dragueuse, drag line; — à fond ouvrant, drop bottom bucket; — à grappin, grappling bucket; — à griffes, bucket grab; — de grue, tipping skip; — preneuse, clamshell; — racleuse, scraper; — racleuse sur câbles, cable way scraper; — à renversement, tipping tub.

Bentonite, Bentonite.

Benzène, Benzene; fluoro —, fluorobenzene.

Benzénique, benzine; solution —, benzene solution.

Benzénoïdique, Benzenoid.

Benzine, Benzene, benzine.

Benzoate, Benzoate; — d'éthyle, ethyl benzoate.

Benzoïque, Benzoic; acide —, benzoic acid, flowers of benzoin.

Benjoin, Benzoin.

Benzol, Benzol; récupération du —, benzol recovery; installation pour la récupération du —, benzol recovery plant.

Benzolique, Benzolic.

Béquille, Crutch, leg, proppet, shore, skid, sprag; couteau à —, clasp knife; — arrière (aviat.), tail skid; — d'avion, tail skid of a plane; — d'un navire, shore of a ship; — de voiture, devil.

Béquiller, to Shore, to shore up.

Berceau, Carriage, cradle, rocker; affût à —, cradle mounting, voûte en —, barrel vault; —

d'expédition, shipping cradle; — **pour le lavage des minerais**, cradle; — **de moteur**, — **moteur**, engine bearer, engine nacelle, engine bed, engine cradle, engine mounting, engine support; — **d'un navire**, cradle of a ship; **laver les minerais au** —, to cradle.

Berthélium, Berthelium.

Berline, (de mine), Mine car, mine tub, truck; **culbuteur de** —, mine car tippler.

Berme, Berme.

Béryllium, Beryllium.

convertisseur Bessemer, Bessemer converter.

Bêtatron, Betatron.

Béton, Concrete; **benne à** —, concrete bucket; **brise** —, concrete breaker; **consistance du** —, concrete consistency; **appareil de mesure de la consistance du** —, concrete consistency tester; **centrale à** —, concrete mixing plant; **coulée de** —, concrete batch; **dallage en** —, concrete pavement; **dalle en** —, concrete slab; **enrobé dans du** —, concreted; **gravier à** —, concrete gravel; **malaxage du** —, concrete mixing; **malaxeur à** —, concrete mill, concrete mixer; **noyé dans du** —, embedded, sunk in concrete; **pompe à** —, concrete pump; **radier en** —, concrete apron; **revêtement en** —, concrete lining; **sable à** —, concrete sand; **semelle en** —, concrete slab; — **à base de pierrailles**, ballast concrete; — **armé**, reinforced concrete, concrete steel; — **asphaltique**, asphaltic concrete; — **coulé**, heaped concrete; — **damé**, tamped concrete; — **à faible granulation**, fine grain concrete; — **goudronneux**, tar concrete; — **moulé**, cast concrete; — **ordinaire**, plain concrete; — **poreux**, porous concrete; — **précontraint**, prestressed concrete, prestretched concrete; — **pré-moulé**, precast concrete; — **réfractaire**, refractory concrete; — **vibré**, vibrated concrete.

Bétonné, Concreted.

Bétonner, to Concrete.

Bétonneuse, Concrete spreader.

Bétonnière, Concrete mill, concrete mixer; **camion** —, truck mixer; — **à tambour basculant**, tilting drum concrete miner; — **à triple cône**, triple cone concrete miner.

Biais, Skew; **appareil à couper en** —, mitre cutting machine; **flexion en** —, skew bending.

Biangulaire, Two angle.

Bicarbonate, Bicarbonate; — **de soude**, baking soda, sodium bicarbonate.

pied de Biche, Claw, nail claw, pinch, pinch bar, spike bar, dwang, miner pinching bar; **pince à** —, claw ended crow bar; — **serreur**, plate closer; **verdillon à** —, splitted crow bar.

Bichromate, Bichromate, dichromate; — **de potassium**, potassium bichromate; **pile au** — **de potasse**, bichromate cell; — **de soude**, sodium bichromate.

Bicône, Biconical; **antenne** —, biconical antenna.

Biconcave, Biconcave, concave concave, double concave; **lentille** —, double concave lens, negative lens.

Biconique, Biconical.

Biconvexe, Biconvex, convex convex, double convex; **lentille** —, double convex lens, positive lens.

Bidet de menuisier, Bench.

Bidirectionnel, Bidirectional.

Bidon, Can, holdex; — **à huile**, oil holder.

Bief, Reach (of a canal), race (of a mill);; — **d'amont**, head race.

Bielle, Connecting rod, rod, end, axle tree; **chape de —,** strap; **corps de la —,** connecting rod jib, shank of the connecting rod; **crosse de —,** small end; **machine à — directe,** direct acting engine; **machine à — renversée,** back acting engine; **mécanisme — coulisseau,** crank gear; **pied de —,** connecting rod bottom end, crank end of the connecting rod, foot of the connecting rod, cross head; **axe de pied de —,** gudgeon pin, wrist pin; **tourillon de pied de —,** cross head pin; **tête de —,** big end of a connecting rod, big end, connecting rod head, cross head, cross head end, connecting rod top head; **tête de — avec chape,** butt end, jib and cotter end; **tête de — en étrier,** box end, solid end; **tête de — type marine,** marine end; **— d'accouplement,** drag link, coupling link, side rod, coupling rod, parallel rod; **— de couplage,** couplage link; **— de commande,** actuating rod, operating rod; **— de direction** (auto), steering drop arm; **— directrice,** driving rod; **— d'excentrique,** eccentric rod, eccentric gab, eccentric hook; **— d'excentrique pour la marche avant,** fore eccentric rod; **— d'excentrique pour la marche arrière,** backway eccentric rod; **— latérale,** side rod; **— latérale du grand T** (machine à balancier), cross butt, cross tail butt, cross tail strap; **— motrice** (ch. de fer), main rod; **— du parallélogramme,** paralle, bar, parallel rod;, main linkl motion siderod; **— pendante** (mach. à balancier), side rod; **— de poussée,** thrust rod; **— de relevage,** link lever, weigh bar, suspension lever; **— en retour,** return connecting rod; **— d'une sonde,** pitman; **— de suspension,** suspension rod.

Biellette, Arm, link, rod; **— articulée,** linked arm; **— de commande** (mach. outil), field rod; **— de sécurité,** breaking link.

Bière, Beer; **pompe à —,** beer engine.

Bifilaire, Bifilar; **suspension —,** bifiiar suspension.

Bifurcation, Branching, branch off, breech, junction.

Bigorne, Bickern, beak, beak iron, single arm anvil, anvil beak, anvil horn; **tranchet de —,** anvil block; **à —,** beaked; **— d'enclume,** filing block, filing board; **— d'établi,** two beaked anvil.

Bigorneau, Little bickern, anvil.

Bigorner, to Bead.

Bigue, Sheerlegs, derrick, dredge; mast crane, shear, or sheer; **savate de —,** shoe of a shear.

Bilame, Bimetal or bimetalic strip.

Bilan, Balance, schedule; **— thermique,** heat balance, thermal balance.

Bi-latéral, Two way.

Bi-linéaire, Bi-linear.

Billage, Ball test, ball testing.

Billarder, to Drive in.

Bille, Ball, block; **bague à —s,** ball race; **butée à —s,** ball thrust, ball driver, ball joint; **butée à —s de débrayage-** clutch ball thrust; **cage à —s,** ball cage; **cage, course de roulement à —s,** ball cage; **crapaudine à —s,** ball pivot bearing, ball thrust bearing; **essai à la —,** ball test; **laminoir à —s,** ball train; **lanterne à —,** ball cage; **rondelle à —** ball race; **roulement à —s,** ball bearing; **roulement à —s, à contact angulaire,** angular contact ball bearing; **monté sur roulement à —s,** ball bearing mounted; **— en acier,** steel ball; **— de bois,** log; **— à moulures,** creasing die.

Biller, to Ball test.

Billet, Billet, note, fare, ticket; — **d'aller,** single ticket; — **d'aller et retour,** return ticket; — **à ordre,** I. O. U., promissory note; — **de retour,** return fare, return ticket.

Billette, Billet; **train à** — **s.** billet mill; **train continu à** — **s,** billet continuous mill.

Billion, Billion. En France et aux Etats-Unis, 1 billion = 1000 millions = 1 milliard; en Grande-Bretagne, 1 billion = carré du million.

Billot, Stock, block, billet, small beam, cooper's block; — **d'enclume,** stock of an anvil, anvil block.

Bi-métal, Bimetal; — **compensateur,** compensating bimetal.

Bi-métallique, Bimetal, bimetallic; **thermostat** —, bimetal thermostat.

dynamo Bimorphique, Double current dynamo.

Bi-moteur, Twin engine, twin engined; **avion** —, twin engine plane.

Binaire, Binary; **verres** — **s,** binary glasses.

Binauriculaire, Binaural.

Binoculaire, Binocular; **microscope** —, binocular microscope.

Binôme, Binome; **du** — binomial; **théorème des** — **s,** binomial theorem.

Binomial, Binomial; **coefficients** — **aux,** binomial coefficients.

Bioxyde, Dioxide; — **de carbone,** carbon dioxide; — **de manganèse,** manganese dioxide.

Bipale, Two blade, two bladed.

Biphasé, Diphase, two phase; **système** —, two phase system; **système** — **à quatre fils,** two phase four wire system; **transformateur** —, two phase transformer.

Biplace, Two seat, two seater; **avion** —, two seat plane.

Biplan, Biplane.

Bipolaire, Two pole, bipolar; **enroulement** —, bipolar or two pole winding.

Biréfringence, Birefringence.

Biréfringent, Birefringent, double refracting; **filtre** —, birefringent filter.

Bisaiguë, Holing axe, mortise axe.

Biseau, Bevel, edge, chamfer, chamfer edge, chamfered edge, basil, feather edge, sharp edge, tapered side; **à double** —, double edged; **châsse à** —, bevelled punch; **ciseau à** —, **ciseau en** —, cant chisel; firmer; bevelled; **fer à** —, wedge iron; **joint en** —, bird's mouth joint; **en** —, **lime pour scie à dents en** —, guletting file; **scie circulaire en** —, bevelled circular saw; **taillé en** —, feather edged, chamfered, bevelled; **tiers-point à** —, cant file; — **d'une lime,** back chamfer of a file; — **du tranchant d'un outil,** back edge of a tool.

Biseautage, Bevelling, chamfering off.

Biseauté, Bevelled, beveled; **verre** —, bevelled glass.

Biseauter, to Bevel.

Bismuth, Bismuth; **sulfure de** —, bismuth glance.

Bisulfure, Bisulphide, disulphide — **de molybdène;** molybdenum disulphide.

Bitertiaire, Ditertiary.

Bitord, Spun yard.

Bitte, Bitt.

Bitume, Bitumen, mineral caoutchouc; **oxy** —, oxybitumen; — **de judée,** asphaltus, jew's pitch, mineral pitch.

Bitumineux, Bituminous; **charbon** —, bituminous coal, cannel coal, soft coal; **mélange** —, bituminous mixture: **schiste** —, boghead, oil shale.

Bi-valve, Double valve.

Blanc, White; **chauffé au** —, white hot; **chêne** —, white oak; **en** — (comm.), blank; **essai à** —, blank; **fer** —, tin, tin plate, tin iron, tin sheet, latten, tinned plate; **fonte** — **che,** white cast iron, hard cast iron, forge pig, white pig iron; **métal** —, white metal, Brittania metal; **pigment** — (a partie de céruse, 3 parties de sulfate de baryum), dutch white; — **de céruse,** white lead; — **ressuant,** fizzing heat; — **de zinc,** zinc white.

Blanchi, Bleached, blanched; **non** —, unbleached.

Blanchiment, Bleaching, blanching, deblooming; **installation de** —, bleaching machinery; **poudre pour le** —, detergent salt; — **au soufre,** sulphuration.

Blanchir, to Bleach, to blanch.

Blende, Blend, black jack, mock lead.

Blesser, to Injure.

Blessure, Injury.

Bleu, Blue, bleu print (dessin); **couperose** — **e,** blue vitriol; **lueur** — **e** (tubes à vide), blue glow, blue aurora; **vitriol** —, blue stone, blue vitriol.

Blin, Hasp.

Blindage, Sheeting, liner, casing, encasement, armour plate, armour. armor, armour plating, shield, shielding; **plaque de** —, armour plating; — **en acier,** steel casing; — **de cuve** (h. f.), shaft, stack; — **en galerie,** tunnel lining; — **de haut-fourneau,** blast furnace casing; — **soudé,** welded casing; — **de tube** (T. S. F.), valve shield.

Blindé, Shielded, cased, armoured, armored; **automobile** — **e,** armoured car; **bobine** — **e,** shielded coil; **cabine** — **e** (élec.), cubicle; **entièrement** —, fully encased; **haut-fourneau** —, cased blast furnace; **siège** —, armoured seat.

Blinder, to Shield, to case, to encase.

Bloc, Block, pile, set, unit; **à** —, home; **chaîne à** — **s,** block chain; **fonte en** —, block casting; **gros** —, clumb; **serré à** —, screwed tight, screwed home; **serrer à** —, to bolt up dead; — **d'arrêt,** stop block; — **à chabotte,** anvil cushion; — **de culasse,** breech block; — **d'empreinte,** impression block; — **d'enraillement,** stop block; — **d'essai,** metering stud; — **pour matrice,** die block; — **de plaques,** set of plates; — **de sciage,** saw block; — **système,** block system; — **de tête,** head block.

Blocage, Blocking, backing, clamping, lock, locking; pitching; **cellules de** —, blocked cells; **levier de** —, locking lever; **manette de** — **de la table** (mach. outil), table clamping handle; **organe de** —, detent; **vis de** — **de taquet,** catch pin; **vis de** — **du toc,** catch bolt; — **du bras,** overarm lock; — **coefficient,** block coefficient; — **des roues,** wheel locking.

Blocailles, Expletives.

Blochet, Bawk, block.

Blockhaus (N.), Conning tower.

Blondin, Elevated cableway crane.

Bloom, Bloom.

Blooming, Blooming; **cannelure de** —, blooming pass; **train** —, blooming rolling mill.

Bloqué, Blocked, locked, clamped tight, jammed; **frein** —, blocked brake, locked brake; **ligne** — **e,** blocked line.

Bloquer, to Block, to jam, to lock, to stall, to hold; — **les**

freins, to block the brakes; — **la soupape d'échappement**, to hold the exhaust valve.

Bluteau, Bolter.

Bluterie, Bolting chest.

Blutoir, Bolter, bolting, kutch.

Bobinage, Winding, coiling, spooling; **appareil de —**, winder; **fil de —**, winding wire; **roue de —**, winding belt; **partie morte du —**, dead wire; **— à plusieurs couches**, multilayer winding; **— frontal**, end winding, evolute winding; **— d'induit**, armature winding; **— de jigger**, jigger winding; **— ondulé**, spiral wave winding; **— primaire**, primary vinding; **— rotorique**, de rotor, rotor winding; **— secondaire**, secondary winding; **— statorique**, de stator, stator winding,

Bobine, Coil, bobbin (corderie), cop, drum, spool, winding; **enroulement à — s courtes**, short coil winding; **filière à —**, drum bench; **support de —**, coil form; **— d'accord**, tuning coil; **— d'accouplement**, coupling coil; **— d'aimantation**, magnetising or magnetizing coil; **— à air**, air cored coil; **— d'allumage**, ignition coil; **— en aluminium**, aluminium coil; **— en bande de cuivre**, edge strip coil; **— de barre à étirer**, draw block; **— blindée**, shielded coil; **— de câble**, cable reel; **— de champ**, exciting coil, field coil; **— de contrôle du faisceau électrique**, focusing coil; **— à plusieurs couches**, multilayer coil; **— de déclenchement**, trip coil; **— de dérivation**, shunt coil; **— à enveloppe en bakélite**, bakelite case coil; **— d'équilibrage**, balancing coil; **— d'exploration**, exploring coil, flip coil; **— sans fer**, air core coil; **— en fibre**, fibre roller; **— de fil**, yarn bobbin; **— de filtrage**, filter choke; **— de foret**, box; **— de boîte à foret**, box sheave; **— de foret à l'archet**, ferrule; **— enroulée sur forme**, form wound coil; **— d'impédance**, impedance coil; **— d'induction**, choke coil, choking coil, kicking coil, induction coil, impedance coil, reactor; **— inductrice**, field coil; **— élémentaire d'induit**, spool; **— mobile**, moving coil; **— de modulation** (haut-parleur), bucking coil; **— en nid d'abeilles**, lattice wound coil, honey comb coil; **— de pellicules**, film cartridge, spool of film; **— primaire**, primary coil; **— de protection**, choke coil; **— de réactance**, choke coil, choking coil, reactive coil, reactor; **— de résistance**, resistance coil; **— de Rhumkorff**, Rhumkorff coil; **— secondaire**, secondary coil; **— de self** (induction), choke coil, choking coil, kicking coil, retardation coil, reactor; **— de self shuntée**, shunted reactor; **— de soufflage d'étincelles**, blow out coil; **— de syntonisation**, tuning coil, syntonising or syntonizing coil; **— à trembleur**, buzzer coil; **poste de —** (imprim.), reel feeder; **poste de — en étoile**, star shaped reel feeder.

Bobiné, Coiled, wound: **rotor —**, wound rotor; **moteur à rotor —**, wound rotor motor; **— en aluminium**, aluminium wound; **— en cuivre**, copper wound.

Bobiner, to Coil, to wind, to spoon; **machine à —**, coil winding machine, winding machine, coiler; **roue pour — un câble**, drum wheel.

Bobineuse, Coiler, tension coil, coil winding machine, reel, tension reel.

Bobinoir, Coiler, spooling wheel, winding machine.

Bocages, Sprue.

Bocard, Grinding mill, stone breaker, ore crushing machine, disintegrator, pounding machine, pounding mill, stamp, stamper, cornish stamp, stamping engine, stamping mill; **batterie de —s**, stamp battery; **dé de —**, bucking plate; **minerai à —**, stamp rock; **pilon de —**, die; **sabot de —**, boss; **semelle de —**, bottom.

Bocardage, Bucking.

Bocardé, Crushed, stamped.

Bocarder, to Buck, to crush ore, to stamp; **machine à — le minerai d'étain**, craze mill.

Bocfil, Cock saw.

pic à langue de Bœuf, Miner pick.

Bogie, Bogie; **plate-forme de —**, bogie truck; **wagon à —**, bogie wagon.

Boguet, Buggy.

Bois, Wood, timber; **de —, en —**, wooden; **abattage du —**, felling of timber; **assemblage à mi —**, scarfing; **bille de —**, log; **burin à —**, corner chisel, parting tool; **cale en —**, wooden liner; **chantier de — à brûler**, wood yard; **chantier de — de charpente**, timber yard; **charbon de —**, charcoal; **meule de charbon de —**, charcoal kiln; **cheval de — (aviat.)**, ground loop; **cheville en —**, nog, peg; **ciseau à —**, cant chisel; **coffrage en —**, wood casing; **collage du —**, wood glueing; **conservation du —**, timber preserving or preservation; **à coque en — (N.)**, wood hulled; **couches annuelles ou de croissance du —**, growth rings; **déchets du —**, wood waste; **dégrossissage du — de charpente**, rough hewing; **effilochure du —**, broom; **entièrement en —**, all wood; **esprit de —**, wood spirit; **fer au —**, bloomery iron, charcoal iron; **feuillard en —**, hop wood; **fil du —**, grain of wood; **filière à —**, devil; **foret à —**, gimblet, gimlet; **four à sécher le —**, dry kiln; **four à sécher le — à réglage d'humidité**, humidity regulated dry kiln; **grain du —**, grain or streak of wood; **imbibition, imprégnation du —**, impregnation of wood; **laine de —**, wood wool; **machine à —**, wood working machine; **machine à courber le —**, wood bending machine; **maillet en —**, wooden hammer; **mèche à —**, wood bit; **moulure en —**, wood casing; **navire en —**, wooden vessel; **nœud de —**, gnar, timber hitch, knurl, knar, knag; **ouvrier en —**, wood worker; **petit train de —**, crib; **pile de —**, stack of wood; **poteau en —**, wood pole; **préparer le —**, to season wood; **pulpe de —**, wood pulp; **raboteuse à —**, wood planer, buzz planer; **rape à —**, grater file, wood rasp; **rayon en —**, wooden spoke; **à rayons en —**, wooden spoked; **rides du —**, ripple marks; **sciure de —**, saw dust; **séchage du —**, timber drying, wood seasoning; **veine du —**, grain of wood; **ver du —**, wood worm; **vis à —**, screw nail, wood screw, clincher nail; **train de — flotté**, timber raft; **— d'acacia**, locust tree wood; **— d'acajou**, mahogany wood; **— d'alizier, d'alouchier**, service wood; **— d'arrimage**, stow wood; **— arsin**, burnt wood; **— d'aubier**, sap wood; **— à double aubier**, dead sap wood; **— d'aune, d'aulne**, alder wood; **d'aune noire (bourdaine)**, black alder wood; **— blanc**, white wood; **— de bout**, end grain; **— brut**, rough timber; **— de campêche**, Brasil wood; **— de cèdre**, cedar wood; **— de cerisier**, cherry wood; **— de charme**, horn beam wood; **— de charpente**, timber; **— de châtaignier**, chestnut wood; **— de chauffage**, fire wood; **— de chêne**, oak timber; **— de chêne rouge d'Italie**, adriatique oak; **— de chêne rouvre**, live oak wood; **— de chinkapin (châtaignier de Virginie)**, dwarf chestnut wood; **— de cimbre**, button wood, cembra wood; — **de conifères,** coniferous wood; — **de construction,** lumber, timber; — **de corail,** adaman red wood; — **de corde,** fathom wood; — **de cormier,** sorb wood; — **de cornouiller,** cornel wood; — **avec crevasses radiales,** wood with radiate crevices; — **creux,** hollow wood; — **sans défauts,** sound wood; — **déjeté,** warped wood; — **déversé,** dull edged wood; — **dur,** hard wood (bois des " needleleaf trees " ou arbres à feuilles pointues); — **dur des tropiques,** tropical hard wood; — **d'ébène,** ebony wood; — **d'ébénier** (cytise des Alpes), bean tree wood, foil tree wood; — **d'ébénisterie,** cabinet maker's wood; — **échauffé,** dry rotten wood; — **écorcé,** barked wood; — **d'épicéa,** spruce wood; — **d'épinette,** Norway spruce fir wood; — **équarri,** square timber; — **grossièrement équarri** dull edged wood; — **d'érable,** maple wood; — **d'érable madré,** curled wood; — **d'érable à sucre,** rock maple wood; — **étoilé,** wood with radiate crevices; — **étranger, exotique,** foreign wood; — **de fayard,** beech wood; — **de fer,** iron bark, iron wood; — **flacheux,** dull edged wood; — **flotté,** drift wood, floated wood, floating wood, drifted wood; — **de fusain,** spindle tree wood; — **de gaïac,** pock wood; — **de garnissage,** facing board; — **gauche,** dull edged wood; — **gauchi,** warped wood; — **de genévrier,** juniper wood; — **en grume,** rough timber, unbarked timber; — **de hêtre,** beech wood; — **de houx,** holly wood; — **d'if,** yew wood; — **ignifugé,** fire proof wood; — **des îles,** cabinet's maker wood, lance wood; — **immortel,** hard wood of Madagascar; — **non inflammable,** fire proof wood; — **jacaranda,** jacaranda wood; — **du Japon,** Japan wood; — **de lilas commun,** lilac wood; — **madré,** curled wood; — **de mélèze,** larch wood; — **de micocoulier,** nettle tree wood; — **de mine,** pitwood; — **mi-plat,** half round wood; — **mort,** dead wood; — **de mûrier,** mulberry wood; — **de néflier,** medlar wood; — **de nerprun** (alaterne), buckthorn wood; — **noir,** black wood; — **de noisetier,** hazel tree wood; — **noueux,** cross fibred wood; — **d'olivier,** olive wood; — **d'orme, d'ormeau,** elm wood; — **de palissandre,** palixander wood; — **de panacoco** (bois de perdrix), boca wood; — **du pays,** indigeneous wood; — **de Pernambouc** (du Brésil), Pernambouc wood; — **pétrifié,** petrified wood; — **de peuplier,** abel wood; — **de peuplier baumier** (tacamahaca), balsamic poplar wood; — **de peuplier blanc,** white poplar wood; — **de pin,** pine wood; — **de pin d'Ecosse,** red spruce wood; — **de pin d'Italie, de pin de Floride, de pin à goudron, de pin des marais,** pitch pine wood; — **de pin jaune,** yellow pine wood; — **de pin Laricio,** Larix corsican pine wood; — **de pin du Lord,** Canada yellow pine wood; — **de pin pour modelage,** pine wood for pattern making; — **de pin de la Nouvelle-Zélande,** New Zealand cowdie pine tree; — **de pin de Riga,** red deal of Riga wood; — **de pin rouge, du Canada,** Canada red pine wood; — **de pin sauvage, de pin sylvestre,** scotch pine wood; — **de poirier,** pear wood; — **de pommier,** apple wood; — **pourri,** rotten wood; — **préparé,** seasoned wood; — **de prunier,** plum wood; — **rabougri,** cross grained wood; — **racleux,** cross fibred wood; — **rebours,** cross grained wood; — **de rebut,** refuse wood; — **de refend,** quartered timber; — **de remplissage,** fillet; — **résineux,** resinous wood; — **rose des Antilles,** Jamaica rose wood; **—roulé,** colty wood, craked wood; — **royal,** king wood, royal wood; — **de rose,** rosewood; — **rustique,** cross grained wood; — **de Sainte-Lucie,** rock cherry wood; — **sain,** sound wood; — **de santal,** sandal wood; — **de sapan,** sapan wood; — **de sapin,** deal wood, fir wood, spruce wood; — **de sapin blanc,** fir wood; — **de sapin du Canada,** Canadian fir wood, Helmlock spruce fir wood; — **de sapin noir d'Amérique,** american red spruce fir wood; — **de sapin-pesse,** Norway spruce fir wood; — **de sapinette blanche,** white spruce wood; — **satiné,** satin wood; — **de saule,** sallow wood, willow wood; — **sec,** dry wood; — **séché,** seasoned wood, dried wood; — **séché au four,** kiln dried wood; — **de sève,** sap wood; — **de sorbier,** sorb wood; — **de· sorbier sauvage,** quick or quick beam wood; — **stratifié,** laminated wood; — **de sureau,** elder wood; — **de sycomore,** sycomore wood; — **tacheté,** speckled wood; — **tapiré,** curled wood; — **de teck,** teak wood; — **de teinture,** dye wood, dyer's wood; — **tendre,** soft wood (bois de broadleaf trees ou arbres à feuilles larges); — **de tilleul,** lime wood; — **tissé,** woven wood; — **tordu, tors,** bulged wood, wood with crooked fibres; — **qui travaille,** warped wood; — **de tremble,** aspen wood; — **trompette,** trumpet wood; — **vert,** green wood; — **trop vieux,** overseasoned wood; — **de vinnetier,** barberry wood; — **violet,** amaranthe, purpled wood, violet wood; **assembler à mi —,** to scarf; **construire en —,** to timber; **dégrossir le —,** to jack, to plane off, to slope timber; **dresser le — à l'herminette,** to dub timber; **préparer le —,** to season wood; **scier le —,** to saw wood, to cut wood; **scier le — contre le fil,** to crosscut wood; **faire sécher le —,** to season wood; **suivre le fil du —,** to cleave wood with the grain; **toiser du —,** to cord wood.

Boisage, Frame, timbering, wood work; **cadre de —,** gallery frame; **sans —,** unlined; **surveillant de — (mines),** deputy; **— d'un puits,** frame of a shaft.

Boiser, to Timber, to wainscot.

Boiserie, Pannelling, wainscot, wainscoting, wood work.

Boisseau, Box, body, cup, buffer box, casing, shell, lagging; **meule —,** cup wheel; **robinet à — coulissant,** lift plug valve; **robinet à — tournant,** rotary plug valve; **— coulissant,** lift plug; **— d'un robinet,** body or shell or hollow of a cock; **— tournant,** rotary plug.

Boîte, Box, bush, cap, case, casing, chest, cup, enclosure; **en —,** housed; **machine à faire les —s,** box making machinery; **raccordement par —s coudées (chaud.),** bend connection; **relais à —,** box relay; **— alimentaire,** feeding box; **— annulaire,** bush packing; **— à bornes,** terminal box; **— de branchement,** distributing box; **— de branchement pour câbles,** flush box; **— de cémentation,** cementing chest, cementing trough; **— de changement de vitesses,** speed gear box, wheel box; **— à clapet,** clack box, valve box; **— de départ,** distribution box; **— de dérivation,** connecting box; **— du différentiel,** différential casing, differential gear box; **— d'engrenages,** gear case, gear box, wheel box; **— des engrenages d'avance,** feed box; **— d'essieu,** axle box, journal box, chair; **— de fermeture (chaudière tubulaire),** header cap joint cap; **— à feu,** fire chest, fire box, comburation chamber; **armature d'une — à feu**, bridge stay; **ciel de la — à feu**, crown of the fire box, fire box top; **plaque de tête de la — à feu**, firebox plate; **— à fumée**, smoke roof or box; **— à garnitures**, stuffing box; **— à graisse**, axle box, grease box; **bride oscillante de — à graisse**, axle box yoke; **— de guidage**, guide box, guide bracket; **— à huile**, oil cup, oil box; **— de jonction**, cable box, splice box, connecting box, connexion box, junction box, connector, sealing box; **— de jonction coudée**, bend connector; **— de jonction souterraine**, earth connection box; **— à outils**, tool box; **— de raccord**, service box; **— de raccordement**, connecting box; **— de résistances** (élec.), resistance box, box bridge; **— de retour**, header box; **— à rotule**, ball joint housing, ball socket housing; **— à soupape**, valve chest, valve box, valve socket; **— de sureté** (laminoir), breaker, breaking piece; **— de tête**, head box; **— à tiroir**, slide valve case, slide valve chest, slide box, slide chest, valve case, valve casing; **— à tubes**, tube box; **— à vapeur**, steam box; **— à vent**, blast box, blast tank; **— des vitesses**, gear box, gear case, speed gear box.

Boîtier, Box, house; **— de culbuteur**, rocker box; **— de direction**, steering gear box, steering box; **— de lampe**, lamp house.

Bol, Bowl; bole; **— tournant**, rotating bowl.

terre Bolaire, Bole.

Bollard, Bollard.

Bolomètre, Bolometer.

Bombardement, Bombing, bombardment; **avion de —**, bombing plane, bomber; **— en piqué**, dive bombing; **— ionique**, ionic bombardment; **— sans visibilité**, blind bombing.

Bombarder, to Bomb.

Bombardier, Bomber; **— léger**, light bomber; **— lourd**, heavy bomber; **— en piqué**, dive bomber **—**; **moyen**, medium bomber; **— à grand rayon d'action**, long range bomber; **— à réaction**, jet bomber.

Bombax, Silk cotton tree.

Bombe, Bomb; **lance — s**, bomb dropping gear; **porte — s**, bomb carrier; **soute à — s**, travée de **— s**, bomb bay; **à l'épreuve des — s**, bomb proof; **— atomique**, atomic bomb, atom bomb; **— éclairante**, lighting bomb; **— à fragmentation**, fragmentation bomb; **— fumigène**, smoke bomb; **— à hydrogène**, hydrogen bomb; **— incendiaire**, fire bomb, incendiary bomb; **— à oxygène**, oxygen bomb; **— planante**, gliding bomb; **— radioguidée**, radio-guided bomb; **— à réaction**, jet bomb; **— à retardement**, delayed action bomb, time bomb; **— de signalisation**, signalling bomb; **— sous-marine**, depth bomb, depth charge; **— à uranium**, uranium bomb; **— volante**, jet bomb.

Bombé, Convex, bulged, dished, snap headed, bubble type; **fond —**, dished head; **pare brise —**, bubble windshield; **rivet à tête — e**, snap headed rivet; **rivetage —**, snap riveting; **soupape — e**, mitre valve; **tête — e**, snap point, snap head; **verre —**, convex glass.

Bombement, Bellying.

Bon de commande, Order form.

Bon de poste, Postal order (P. O.).

Bonde, Bung, bung hole, chive.

Bondérisation, Bonderising, bonderizing.

Bonification, Reclaiming.

Bonnet de prêtre (outil), Wall chisel.

dôme en **Bonnet de prêtre**, Truncated dome.

Bonneterie, Hose, hosiery; **usine de —**, hosiery mill; **— de soie**, silk hose.

anneaux Booléens (math.), Boolean rings.

Borax, Borax, tinkal.

Bord, Side, brim, edge, edging, ledge, linch, lip; **à — s**, brimmed; **à faux —** (N.), lopsided; **à franc —**, carved built; **assemblage à franc —**, butt joint; **couture à francs — s**, weld joint; **joint à francs — s**, straight joint, flush joint, butt joint, jump joint; **à larges — s**, broad brimmed; **à — rabattu**, flapped; **à — tombé**, flanged; **tôle à — tombé**, flanged iron sheet, dished plate, flanged plate; **franco à —**, free on board (F. O. B.); **livre de —**, (N.), log book; **tableau de —**, instrument panel; **tableau de contrôle de —**, telltale; **tombage d'un —**, flanging, creasing, edging; **— antérieur** (aviat.), leading edge; **— d'attaque**, leading edge, entering edge; **— d'attaque à double flèche**, double swept leading edge; **nervure de — d'attaque**, nose rib; **— de l'enclume**, anvil edge; **— extérieur**, exposed edge; **— de fuite**, trailing edge; **nervure de — de fuite**, trailing edge rib; **— moleté**, milled edge; **— d'un navire**, side of a ship; **— postérieur**, trailing edge; **— principal** (du tiroir), leading edge; **— rabattu**, fold; **— de sortie**, trailing edge; **— tombé**, creased edge; **ôter le —**, to emarginate; **tomber un —**, to crease, to edge.

Bordage, Plating, plank, side plank, planksheer; **clou à —**, dumb bolt; **— en abord**, margin plank, boundary plank; **— de l'avant**, bow plank; **— de bouchain** (c. n.), bilge plank; **— de carène**, bottom plank; **— extérieur**, outside plank; **— des fesses**, buttock plank; **— de galbord**, garboard plank; **— intérieur**, inside plank.

Bordé (N.), Border, bottom, plank, plate, plating, planking; **à double —**, double plated, double planked; **rivetage du — extérieur**, shell riveting; **section hors —**, outer section; **tôle de —**, bottom plate; **à triple —**, triple plated, triple planked; **— de carène**, bottom planting; **— de diminution**, diminishing planking; **— extérieur**, outer bottom; **rivet de — extérieur**, shell rivet; **— de fond**, inner bottom; **— des hauts**, topside planking; **— intérieur**, inside planking; **— latéral**, side plating; **— de pont**, deck plating.

Bordé, Planking; **double —**, double planking; **triple —**, triple planking.

Bordé (adj.), Bordered, beaded (tubes).

Bordée (N.), Broadside.

Border, to Border, to edge, to bead (tubes), to plank, to plate; **matrice à —**, die plate; **tuile à —**, edging tile; **— un navire**, to plank a ship.

Bordoir, Bordering tool.

Bordure, Edge, curb; **bourrelet de —**, beaded edge; **fer de —**, edge iron; **pierre de —**, coping.

Bore, Boron; **acier au —**, boron steel; **nitrate de —**, boron nitrate; **nitrure de —**, boron nitride; **— fluorure**, fluoborabe.

trou **Borgne**, Blind hole.

Borique, Boric, **acide —**, boric acid, boracid.

Borne, Terminal, bushing, clamp, binding clamp, binding screw; boundary; **boîte à — s**, terminal box; **tablette à — s pour fusibles**, fuse block; **— d'attache**, end terminal; **— à basse, haute**

Bou, tension, low, high tension terminal; — **de dérivation**, branch terminal; — **d'écartement**, distance terminal; — **d'élément**, cell terminal; — **de mise à la terre**, earth terminal; — **négative**, negative terminal, F ; — **positive**, positive terminal, F ; — **de serrage**, attachment screw; — **serre-fil**, wire clamp; — **soudée**, soldered terminal; — **de transformateur**, transformer clamp; — **type condensateur**, condenser bushing; — **à vis**, screw terminal, binding post, binding screw.

Bornoyer, Boning.

Bort, Bort.

Bossage, Boss; à —, embossed.

Bosse, Boss, brush, stopper, hump, knob; **méthode de la** — (métal.), hump; — **de câble**, cable stopper.

Bosselage, Embossing, chased work.

Bosselé, Embossed.

Bosseler, to Bruise, to emboss.

Bossette, Boss.

Bossoirs (N.), Davits.

Bottes plombées de scaphandrier, Diver leaden shoes.

Bottin, Directory.

Bouchage, Plugging; — **de haut fourneau**, damping down.

Bouchain (c. n.), Bilge; **bordage de** —, bulge plank; **carlingue de** —, bulge keelson.

Boucharde, Granulating hammer.

Boucharder, to Bush hammer.

Bouche, Mouth, muzzle, nozzle; — **d'un canon**, muzzle of a gun; — **à feu**, piece of ordnance; — **de four de verrerie**, bottoming hole; — **de foyer**, door of a furnace; — **de tenailles**, mouth of tongs.

Boucher, to Obstruct, to tap, to bott (trou de coulée), to stop; **machine à** — (le trou de coulée) clay gun; — **un haut fourneau**, to damp a blast furnace; — **le trou de coulée**, to bott.

se Boucher, to Choke.

Boucheuse, Clay gun.

Bouchon, Cork, tap, plug, buckler, cap, end cap, stopper, wad; **grands** — **s de liège**, bungs; **mâche** — **s**, cork squeezer; **tire** —, corkscrew; — **de bougie**, spark plug hold; — **en caoutchouc**, rubber plug; — **de connexion**, connecting plug, connexion plug; — **d'évacuation d'air**, air plug; — **filleté**, screw plug; — **fusible**, fusible plug; — **de nettoyage**, mud plug; — **en plomb**, lead plug; — **de radiateur**, radiator cap; — **de remplissage**, filler cap, filler plug; — **de trop plein**, overplow plug; — **de valve**, valve hood; — **de vidange**, blow off plug, drain plug; — **de vidange du carter**, oil pan, drain plug; — **de vidange avec filtre**, drain plug with filter; — **à vis**, screw cap; — **de visite des soupapes**, valve cap; — **vissé dans une partie creuse pour la protéger**, drive head.

Bouclage, Buckling.

Boucle, Loop, curl; à —, looping; **circuit en** —, loop line; **double** —, double loop; **en forme de** —, loop shaped; **train à** —, looping mill; — **de câble**, dead eye; — **faite par un câble électrique à son entrée dans un bâtiment**, drip loop.

Bouclier, Shield; — **latéral** (mot. élec.), end shield.

Boudin, Slab, bulb, strip; **bandage sans** —, blanket tyre; **fer à** —, bulb angle bulb iron; **rabot à** —, bead plane; **ressort à** —, spiral spring, helical spring, volute spring; **T à** —, T bulb; — **de dégivrage**, de-icing strip.

Boudinage, Roving slubbing (text.).

Boudiné, Extruded.

Boudiner, to Extrude, to rove to slub (text.); **machine à —,** extruding machine, roving machine.

Boudine, Knot, bull's eye; **verre à** crown glass, flashed glass.

Boudineuse, Extruding machine, roving machine (text.).

Boudinoir, Roving machine.

Boue, Mud, dirt, ooze, sediment, sludge, slush, **bassin à — s,** settling tank, catch basin; **digesteur de — s,** sludge digester; **garde —,** mud guard, splash board; **pompe à —,** slush pump; **tube à — s** (chaud.), mud drum tube; **— s acides,** acid sludge; **— de peroxyde** (accus), peroxide sediment; **— de polissage,** dirt; **— réfractaire,** ganister, gannister.

Bouée, Buoy; **— sonore, — radio-émettrice,** sonobuoy.

Bouge, Arch, bilge, bulging (N.), round, rounding; **— de barrot** (c. n.), round; **— des baux,** rounding of the beams; **— horizontal,** camber.

Bougie, Candle, plug, spark plug, sparking plug; **bouchon de —,** spark plug hold; **corps d'une —,** spark plug body; **écartement des pointes d'une —,** plug gap; **fils de —,** spark plug leads; **intensité lumineuse en — s,** candle power; **isolateur de —,** spark plug insulator; **joint de —,** spark plug gasket; **— anglaise** (unité d'intensité lumineuse), candle power, vaut 1,01 **— décimale; — d'allumage,** spark plug, sparking plug, plug; **— blindée,** screened spark plug; **— à électrodes fines,** fine wire electrode plug; **— à électrodes de nickel,** nickel electrode plug; **— à électrodes de platine,** platinum electrode plug; **— heure,** candle hour (c-hr); **— incandescente,** glow plug; **— pied,** foot candle; **— rénovée,** serviced plug.

Bouilleur, Boiler, distilling plant, water distilling apparatus, fire tube, evaporator, flame tube. **Chaudière à — s,** elephant boiler, french boiler; **chaudière à — s à retour de flamme,** drop flue boiler; **chaudière multi — s,** multiple deck boiler; **tube —,** boiling tube, fire tube.

Bouilli, Boiled; **huile de lin — e,** boiled linseed oil.

Bouillir, to Boil.

Bouilloire, Kettle; **— à gaz,** gas kettle; **— à vapeur,** steam kettle.

Bouillonnement, Boiling, bubbling; **puddlage par —,** boiling.

Bouillonner, to Boil, to bubble; **acier qui a cessé de —,** killed steel.

Boule, Ball, bulb; **appareil de fermeture à —,** ball lock; **éclateur à — s,** ball spark gap; **flotteur à —,** ball float; **régulateur à — s,** ball governor; **tachymètre à — s,** ball head; **— chaude,** hot bulb; **— de marée,** tide ball; **— mouillée,** wet bulb; **thermomètre à — mouillée,** wet bulb thermometer; **— d'observatoire,** time ball; **— s de régulateur,** fly balls; **thermomètre à — sèche,** dry bulb thermometer; **— d'un thermomètre,** bulb of a thermometer.

Bouleau, Birch; **— argenté,** silver birch.

Boulet, Ball; **broyeur à — s,** ball mill, ball crusher; **joint à —,** cup and ball joint; **soupape de retenue à —,** ball check valve; **soupape (sphérique) à —,** ball valve, globe valve, spherical valve.

Boulette, Pellet; **réduction en — s,** pelletization; **réduit en — s,** pelletized; **réduire en — s,** to pelletize.

Boulon, Bolt, pin, dog stay, stud, swivel; **casse —,** bolt breaker; **chasse —,** bolt driver;

coupe —, bold cutter; écrou de —, bolt nut; **machine à fabriquer les —** s, bolt making machine; **tête de** —, bolt head; **tour à —** s, stud lathe; **trou d'un —**, bolt hole; trou pour — à tête noyée, counter bore; cercle des trous de — (chaudière), pitch circle; — ajusté, fitted bolt, reamed bolt, template bolt; — d'ancrage, anchoring bolt; — d'ancrage passant, crab bolt; — articulé, swing bolt; — d'assemblage, holding bolt, tack bolt, clamping bolt, drift bolt, in and out bolt, connecting bolt, joint bolt; — d'attelage, locking bolt; — auto serreur, self locking bolt; — de calage, wedge bolt; — carré, square bolt; — à charnière, joint bolt; — à clavette, eye bolt and key; cotter bolt, key bolt, collar pin; — de coin, corner bolt; — conique, taper bolt; — à croc, hook bolt; — d'écartement, distance bolt; — d'éclisse, d'éclissage, track bolt, fish bolt; — à écrou, bolt and nut; — à émerillon, swivel bolt; — encastré, countersink headed bolt; — à entailles, barbed bolt, jugged bolt; — d'entretoise, stay bolt, tie bolt; — d'entretoisement, distance sink bolt; — à ergot, featherhead bolt; — d'excentrique, eccentric bolt; — fendu, split bolt; — de fondation, cotter bolt, holding down bolt; — à goupille, eye bolt; — d'une manille, shackle key, shackle pin; — à œil, eye bolt; — ordinaire, common bolt; — passant, in and out bolt; — de presse-étoupe, gland bolt; — de rechange, spare bolt; — de réglage, adjusting bolt; — de retenue, check bolt, lock bolt, locking bolt, retaining bolt; — de scellement, expansion bolt, fang bolt, stone bolt, rag bolt, fish bolt; — de sécurité, safety bolt, security bolt; — de serrage d'un presse-étoupe, packing bolt; — à T, T bolt; — taraudé, screw bolt; — à tête, head bolt; — à tête carrée, square headed bolt; — à tête chanfreinée, garnish bolt; — à tête fraisée, countersink headed bolt; — à tête plate, flat headed bolt; — à tête ronde, round headed bolt; — traversant de part en part, in and out bolt; — valve, bolt valve; **chasser un —**, to drive a bolt; **refouler un —**, to start a bolt.

Boulonné, Bolted.

Boulonner, to Bolt.

Boulonnerie, Bolt making; **outil de —**, bolt making tool.

Boulonneuse, Nut runner.

Boulonnière, Large auger.

Bourrage, Ramming, filling up stuffing, tamping (mines); **tire —**, packing worm.

Bourre, Bur, burr, felt, stuffing wad; **— en feutre**, felt wad; **— de soie**, silk floss.

Bourré, Rammed, filled up, stuffed, tamped.

Bourrelet, Bead, beading, bulb, pad, swell; à —, rimmed, flanged; **cornière à —**, bulb angle; outil de mouleur pour façonner les — s, flange, flanch; **rail à double —**, H rail; — de bordure, beaded edg

Bourrer, to Stuff, to fill, to tamp; **pioche à —**, beater pick; **— d'étoupe**, to chinse; **— une mine**, to tamp a mine.

Bourriquet de ferblantier, Bench.

Bourroir, Bull, tamping bar; — à argile, clay iron.

Bourse, Stock Exchange.

Boursouflé, Blistered; **acier —**, blistered steel.

Boussole, Compass, box and needle; — d'inclinaison, dipping compass, dipping circle; — d'induction, induction compass;

— **de mineur**, dial; — **des sinus**, sine galvanometer; — **des tangentes**, tangent galvanometer.

Bout, Edge, end, end piece, tip; **à — carré**, square tipped; **bois de —**, end grain; **de —**, on end; **fraise en —**, end cutter; **gros —**, butt end; **manivelle en —**, overhung crank; **petit — du moyeu**, fore nave; **soudage en —**, butt welding; **vue en —**, end view, end elevation; **— à —**, butt and butt; **joint — à —**, butt and butt joint; **soudé — à —**, butt welded; **soudure — à —**, butt joint, butt welding; **— d'aile démontable**, removeable wing tip; **flotteur de — d'aile**, wing tip float; **réservoir de — d'aile**, wing tip tank; **— de l'aile**, wing tip; **— de câble**, junk; **— de course**, end of stroke; **— de galerie**, dean; **— mâle d'un tuyau**, spigot, spigot end of a pipe; **— s morts** (T. S. F.), dead ends, dead turns, unused turns **— de pale**, blade tip; **— perdu**, dead end; **chevillage à — perdu**, dumb fastening; **fil télégraphique à — perdu**, dead ended wire; **— pour —**, end for end; **être à —**, to abut on.

Bouteille, Bottle, cylinder; **casier à — s**, bottle bin; **camion, chariot à — s**, cylinder truck; **— à gaz**, gas cylinder; **— air d'insufflation** (Diesel), spray air bottle; **— de Leyde**, Leyden's jar, electric jar; **armature de — de Leyde**, electric jar coating.

Bouteillon, Faucet.

lime à Bouter, Sharp file.

Bouterolle, Cress, cup, die, riveting die, riveting set, riveting stamp, riveting tool, riveting punch, snap, snap head die, snapping tool; **contre —**, dolly; **brimbale de contre —**, dolly bar; **levier à —**, lever dolly; **— à œil**, cup shaped die, die for round head.

Bouterollé, Snapped; **rivet —**, snapped rivet; **rivetage —**, snap riveting.

Boutisse, Bond stone; **assise de —**, binding course; **demi —**, closer; **pierre en —**, bonder.

Bouton, Button, knob, pin, assay grain, hasp, wrist; **axe du —**, knob shaft; **faux —** chuck square; **tampon à —**, knob dowel; **— d'accélérateur**, hand throttle button; **— d'allumage**, ignition switch; **— de commande**, control knob; **— de déclic**, catch button; **— de démarrage** (auto), starter button; **— d'entraînement**, catch bolt; **— d'essai**, prill; **— de manivelle**, crank pin, œil du **— de manivelle**, small eye; **— de manivelle en porte à faux**, counter crank; **— poussoir**, push button; **boîte de commande à — s poussoirs**, push button control box; **— à pression**, press stud; **— de réglage de cap** (avion), course setting knob; **— de transmission**, transmit button.

Bouvard, Coining hammer.

Bouvet, Fay, match plane; **— femelle**, grooving plane; **— mâle**, tonguing plane; **— à queue d'aronde**, dovetail plane.

Bouvetage, Tongue.

Bouveté, Grooved, tongued.

Bouveter, to Groove, to tongue; **fraise à —**, tonguing cutter; **machine à —**, flooring machine.

Boveteur (mines), cutter of cross galleries.

Boyau, Gut; hose, bord (mines).

Brague (cordage), Span.

Brai, Pitch, coat, asphalt, asphaltum; **— fluxé**, liquid pitch; **— oxydé**, oxidized asphalt; **— pour pavage**, paving asphalt; **— soufflé à l'air**, oxidized asphalt; **— soufflé à la vapeur**, steam treated asphalt.

Braise, Breeze, live coal, small, embers; **feu de —**, ash fire.

Brame, Slab bloom, slab; **train à — s**, slabbing mill.

Brancard, Stretcher, sole bar (foyer).

Branche, Branch, leg, prong; **— de compas**, legs of compasses; **— d'un diapason**, tine of a tuning fork.

Branché, Branched.

Branchement, Branch, branching, junction, tap, tapping; **boîte de —**, distributing box; **compteur secondaire de —**, branch meter; **interrupteur de —**, branch switch; **tableau de —**, distributing board; **faire un —**, to tap.

Brancher, to Branch, to plug (élec.).

Brandon, Brand.

Braqué, Pointed; **volet —**, flap down.

Braquer, to Point.

Bras, Arm, crank, cross rail, jib, wiper; **cisaille à —**, bench shears; **commandé à —**, hand operated; **induit à —**, spider armature; **lime à —**, arm file; **pompe à —**, hand pump; **presse à —**, hand press; **système de —**, set of arms; **— d'attaque**, actuating arm; **— de commande du pignon baladeur**, gear shifting arm; **— à crampon**, hinged dog hook arm; **— d'extension**, extension arm; **— de grue**, crane head; **— de levier**, lever arm, leverage; **rapport des — de levier**, leverage; **— de manivelle**, crank arm, crank web, web; **— de rappel d'un parallélogramme**, bridle rod; **— de support d'arbre**, palm.

Brasage, Brazing, hard soldering (voir aussi **Brasure**); **soudo —**, bronze welding; **— des mises rapportées**, tipping.

Brasé, Brazed.

Braser, to Braze, to solder; **four à —**, brazing forge; **lampe à —**, brazing lamp; **poudre à —**, brazing powder; **— à l'argent**, to silver solder; **— au cuivre**, to copper solder.

Brasque, Cement, fix, first batch; **— d'un fourneau**, first batch o- a furnace.

Brasqué, Filled, lined with char; coal.

Brasquer (un creuset), to Fill.

Brasquerie, Ash chamber.

Brassage, Mashing, stirring, mulling; **— par induction**, induction stirring.

Brasse, Fathom (1,829 m).

Brasser, to Mash, to puddle, to stir.

Brasserie, Brewery; **installation de —**, brewery plant.

Brassoir, Clay stick.

Brasure, Brazing, hard soldering, brazing seam, soldering; **soudo —**, bronze welding; **— à l'argent**, silver brazing; **— au chalumeau**, torch brazing; **— au cuivre**, copper brazing; **— électrique**, electric brazing; **— au four**, furnace brazing; **— au four électrique**, electric furnace brazing; **— tendre**, soft soldering; **— tendre à base de plomb**, lead base solder.

Brayer, to Pay, to pitch.

Brèche, Flaw, gaping, hack.

Bretelle, Strap; **— de fusil**, sling of a gun.

Brevet, Patent, certificate; **agents de — s**, patent agents; **loi sur les — s**, patent law; **revendication d'un —**, claim; **— de capitaine au cabotage**, coasting master's certificate; **— de capitaine au long cours**, master's certificate; **— de pilote**, pilot's certificate, pilot licence or license; **renouveler un —**, to requalify.

Breveté, Patent.

Bridage, Clamping.

Bride, Bridle, flange, flanch, backing up flange, link, cramp, curbing, stirrup, rebate, thimble; **arbre à —**, flange shaft; **cornière —**, boom angle, flange angle; **joint à —**, flange joint, flange assembly, flange connection; **joint à — s et boulons**, screw flange coupling; **machine à former des — s**, flanger; **placement d'une — sur un tuyau**, flanging; **raccord à —**, flanged elbow; **té à — s**, flanged tee; **tuyau à —**, flanged pipe; **virole à — s**, flanged belt; **— d'admission**, inlet flange; **— d'arbre**, shaft disc; **— d'attache de tuyau (chaudière)**, boiler seating; **— s d'un châssis de moulage**, cotter plates, lips of a pair of boxes; **— côté évacuation**, discharge flange; **— d'échappement**, exhaust flange; **— d'excentrique**, eccentric belt; **— en fer**, iron cramp; **— de magnéto**, magneto strap; **— de la membrure inférieure d'une poutre armée**, binding stay; **— mobile (tuyau)**, moveable flange; **— d'obturation**, blind flange, blank flange; **— oscillante de boîte à graisse**, axle box yoke; **— de ressort**, spring bridle, spring buckle, spring shackle, spring stirrup; **— de serrage**, clip; **— de support**, hanger; **— d'un tuyau**, flange of a pipe, pipe joint.

Bridé, Clamped, jammed.

Brider, to Clamp, to clinch.

Brillance, Brightness; brilliance; **modulation en —**, brilliance modulation; **rapport de —**, brightness ratio; **répartition de —**, brightness distribution.

Brillant, Bright, flaring.

Briller, to Flare, to radiate, to shine, to sparkle.

Brimbale (voir **Bringuebale**).

Brimbales, Hinged levers.

Brin, Side, end; fragment; strand; **— d'une aussière**, strand of a hawser; **— collecteur (de transporteur à bande)**, collecting end; **— conducteur**, driving side, tight side (of a belt); **— conduit**, driven side, loose side, slack side (of a belt); **— descendant (courroie)**, side of delivery; **— distributeur (de transporteur à bande)**, distributing end; **— montant (courroie)**, side engaging with pulley.

Brindindin, Burton.

Bringuebale, Brake, rocking arm, pump brake; **— de pompe à air**, rocking lever of the air pump.

Brion (c. n.), Fore foot; gripe.

Brique, Brick; **argile à — s**, brick clay; **banc à façonner les — s**, banker; **colombage en — s**, brick nog or nagging; **construction en — s**, bricking; **cuite de — s**, baking; **éclat de —**, brick bat; **four à — s**, brick kiln; **voûte en — s**, brick arch; **— anglaise**, bath brick; **— en argile**, clay brick; **— en biseau**, edged brick; **— de champ**, laid brick; **— cintrée**, compass brick; **— circulaire**, compass brick; **— couteau**, arch brick, bevelling; **— cuite à l'air**, air brick; **— demi-cuite**, burnover brick; **— dentelée**, cogging brick; **— fondue superficiellement**, clinker; **— hollandaise**, clinker brick, clinker; **— isolante**, insulating brick; **— de laitier**, stag brick; **— normale**, statute brick; **— de parement**, facing brick; **— profilée**, shaped brick; **— de rebut**, place brick; **— réfractaire**, fireclay brick, fire brick, fire proof brick, kiln brick, fire lump, hearth brick; **— de silice**, silica brick; **— à voûte**, arch brick.

Briquet, Lighter; **— de mineur**, crib.

Briquetage, Brick work, bricking.

Briqueterie, Brick yard, brick works; — **de campagne,** clamp.

Briqueteur, Bricklayer.

Briquette, Brick, briquette, coal block, cubical coal; **agglutinant à — s,** briquette cement; **installation pour la fabrication des — s,** briquette making machinery.

Brisant, Breaking; **explosif —,** high explosive.

pare **Brise,** Wind screen, wind shield; — **résistant aux balles,** bullet resistant wind shield.

Brise-béton, Concrete breaker.

Brise-glace, Ice breaker.

Brise-lames, Breakwater.

Brise-rocs, Rockbreaker; — **sous-marins,** underwater rockbreaker.

Brisé, Broken, crushed, split; anneau —, split ring; filière —e, die stock; levier —, bent lever.

Brise-mottes, Clod crusher.

Briser, to Break; marteau à — le minerai, bucking iron.

Briseur d'oxyde, Scale breaker.

Brochage, Broaching; **outil de —,** broaching tool; — **extérieur,** outside broaching; — **intérieur,** inside broaching.

Broche, Broach, broche, boring bit, spindle, treblet, tommy bar, boring spindle, brat, drift, drivel, pin, nail, plug; **alésage de la —,** spindle hole, spindle boring; **collet de la —,** spindle flange; **course de la —,** spindle stroke; **douille de la —,** spindle bush, spindle nose; **emmanchure de la —,** taper in spindle; **engrenages de la —,** spindle gears; **fiche à deux — s,** two pin plug; **fraiseuse à — unique,** single spindle milling machine; **fraiseuse à — verticale,** vertical spindle milling machine; **huile à — s,** spindle oil; **manchon de —,** spindle sleeve; **nez de la —,** spindle nose; **passage d'une —,** drifting; **perceuse à — s, multiples,** multiple spindle drilling machine; **porte —,** broach holder; **trou de la —,** spindle hole, spindle boring; — **d'acier,** steel drift punch; — **d'alésage,** boring spindle; — **d'arrêt,** stop pin; — **d'assemblage,** riveting pin; — **de calibrage,** calibrating broach; — **à canette,** cap skeever; — **de charnière,** joint bolt, joint pin; — **conique,** drift, stretching drift, draw bore pin; — **d'une fraiseuse,** spindle of a milling machine; — **à mandriner,** broaching tool; — **à mélanger,** beater bar; — **nitrurée,** nitrided spindle; — **de perçage,** drilling spindle; — **pour placer les boulons,** drive bolt; — **de taraudage,** tapping spindle; — **de tour,** lathe spindle; — **de traction,** drawing broach; **enfoncer une —,** to drive a drift.

Broché, Broached.

Brocher, to Broach, to brad (chaudière); **machine à —,** broaching machine; **machine à — extérieurement,** surface broaching machine; **machine à — horizontale,** horizontal broaching machine; **machine à — intérieurement,** internal broaching machine; **machine à — universelle,** universal broaching machine; **machine à — verticale,** vertical broaching machine.

Broiement, Crushing, pounding.

Bromate, Bromate; — **de sodium,** sodium bromate.

Bromation, Bromination; — **alcaline,** alkaline bromination.

Brome, Bromine; **indice de —,** bromine number; **vapeurs de —,** bromine vapours.

acide **Bromhydrique,** Hydrogen bromide.

Bromination, Bromination.

Bromoforme, Bromoform.

Bromure, Bromide; **papier au —**, bromide paper; **platino —**, platino-bromide; **— d'éthyle, ethyl bromide**; **— de méthyle, methyl bromide**; **— de potassium**, potassium bromide.

Bronzage, Bronzing, blueing.

Bronze, Bronze, gunmetal, brass, hard brass; **barre en —**, brass rod; **lingots de —**, brass ingots; **profilé en —**, brass section; **— d'aluminium**, aluminium bronze; **— de cloche**, bell metal; **— pour coussinets**, bearing bronze; **— d'étain**, tin bronze; **— en lingots**, brass ingots; **— au manganèse**, manganese bronze; **— phosphoreux**, phosphor bronze; **— à haute résistance**, high tension or high tensile bronze.

Bronzer, to Bronze, to brown.

Brookite, Brookite.

Brossage, Brushing; **— mécanique**, power brushing.

Brosse, Brush; **accouplement à — s**, brush coupling; **— de brunissage**, dolly; **— à galets dentés**, roller brush; **— à tubes**, scaling brush, scraping tool; **— à nettoyer les tubes**, flue brush.

Brosser, to Brush.

Brou de noix, Walnut water.

Brouette, Wheelbarrow; **— basculant en avant**, end tipping barrow; **— à deux roues** (mines), dandy.

Brouetteur de charbon, Coal wheeler.

Brouillage, Jamming.

Brouillard salin, Salt spray.

Brouillé, Jammed.

Brouiller, to Jam.

Broutage, **Broutement**, Chafing, chaffing, abrasion, chatter, chattering, jumping, jarring.

Brouter (outil, pièce de machine), to Chatter, to cut untrue, to bore, to jar.

Brownien, Brownien; **mouvement —**, brownian movement.

Broyage, Crushing, beating, braking, breakage, breaking, pulverising, spalling; **cylindres de —**, chat rollers; **mortier pour le — du minerai**, dolly; **— du charbon**, coal pulverising; **— des minerais**, spalling of ores.

Broyer, to Crush, to beat, to buck, to pound, to stamp; **cylindre à —**, beating engine; **machine à —**, crushing mill, grinding machine; **marteau à — le minerai**, bucking iron; **roue à — l'amiante**, chaser; **— le chanvre**, to beat hemp; **— menu**, to beat small; **— le minerai**, to crush, to stamp ore.

Broyeur, Crusher, breaker mill, mill, disintegrator, grinder, grinding machine, pulveriser, pulverizer; **cylindre —**, crushing cylinder; **— à barres**, rod mill. **— à boulets**, ball crusher, ball mill; **— à charbon**, coal crusher, coal disintegrator; **— à ciment**, cement mill; **— à coke**, coke crusher, coke breaker; **— giratoire**, giratory crusher; **— à lin**, flax brake; **— à mâchoires**, jaw crusher; **— à marteaux**, hammer crusher; **— pour métal**, flatting mill, flattening mill; **— à meules**, rolling crusher; edge runner; **— à meules verticales**, edge mill; **— pour peintures**, paint crusher; **— à sucre**, sugar grinding machine; **— à tambour**, tube mill.

Brucelles (horlogerie), Tweezers.

Brucite, Brucite.

Bruit, Noise; **appareil de mesure du —**, sound level meter; **cône de —**, noise cone; **générateur de — s**, noise generator; **sans —**, noiseless; **spectre de —**, noise spectrum; **supprimeur de —**, noise suppressor; **— d'aiguille**, needle noise, surface noise; — **de ferraillement**, rattle; — **de fond**, background noise, random noise.

Brûler, to Burn, to calcine; — **avec flamme**, to deflagrate.

Brûleur, Burner; **allumage par** —, burner ignition; **bec de** —, burner tip; **tête de** —, combustion head, burner head; — **circulaire, en éventail**, fan tailed burner; — **à fente**, long slot burner; — **à flamme bleue**, blue flame burner; — **à gaz**, gas burner; — **à gaz à allumage électrique**, flash burner; — **à gaz à deux trous**, fish tail burner; — **à huile lourde**, oil burner; — **à pétrole**, oil burner.

Brun, Brown; **hématite** — e, brown iron ore, brown hematite.

Bruni au feu, Black burnt.

Brunir, to Brown, to burnish; **disque à** — **le cuivre**, buff; **pierre à** —, agate burnisher.

Brunissage, Burnishing.

Brunisseuse, Burnishing machine.

Brut, Raw, gross, bulk, coarse, crude, rough; **acier** —, raw steel, crude steel; **chute** — e (hyd.), bulk head; **cuivre** —, coarse copper; **eau** — e, raw water; **filasse** — e, raw hemp; **fonte** — e, pig iron, pig; **minerai** — **raw ore**; **poids** —, gross weight; **puissance calorifique** — e, gross calorific power; — **d'étirage**, as drawn; — **de fonte**, as cast, just as cast, rough cast; — **de forge**, as forged; — **de laminage**, as rolled; — **de pétrole**, crude petroleum; — **d'usinage**, as machined.

Buanderie, Laundry; **machines pour** — s, laundry machinery.

Bûcheron, Wood cutter, logger.

Bugalet, Hoy; — **à poudre**, powder hoy.

Buis, Boxwood.

Bulldozer, Bulldozer; **lame de** —, bulldozer moldhoard.

Bulle, Bubble; **niveau à** — **d'air**, air level, spirit level; **sextant à** —, bubble sextant.

Bulletin, Bulletin, certificate, check, note; — **d'expédition**, despatch note; — **de sortie**, clearance certificate.

Bure (mines), Deep pit, pit head; **rehaver une** —, to clear and widen a shaft.

Bureau, Office; — **de dessin**, drawing office; — **d'enregistrement** (douanes), booking office — **de renseignements**, inquiry office.

Burette, Burette, buret; — **à huile**, oil can, oil feeder, oil holder; — **à valve**, valve oil can.

Burin, Chisel, chipper, chipping chisel, hand chisel, cutter, flat chisel, cutting tool, gad, toggle; **dégrossissage au** —, rough chipping; **à bois**, corner, chisel, parting tool; — **pour métaux**, chipping chisel; — **pneumatique**, pneumatic chipper; — **triangulaire**, burr; **couper au** —, to chop off; **enlever au** —, to chip off.

Buriner, to Chip, to chisel; — **à la machine**, to chop.

Busc (d'un bassin), Threshold; **heurtoir du** —, threshold branch.

Buse, Blast pipe, air pipe, muzzle, nozzle, scoop, spout; **corps de la** —, nozzle body; — **d'aérage**, air channel; — **d'échappement**, — **d'éjection**, exhaust nozzle; — **d'injecteur**, fuel vave nozzle; — **à jet d'eau**, monitor; — **de pulvérisation**, spray nozzle.

Busette de coulée, Nozzle.

à double But, Dual purpose.

Butadiène, Butadiene.

Butane, Butane.

Butée, Thrust, thrust block, thrust bearing, dog, stop; **bague d'arrêt de la** —, clutch adjusting collar; collet de —, thrust collar, thrust ring; contre —, counter stop; contre-fiche de — (ch. de fer), rail brace; coussinet de —, thrust shoe; étrier de — (ch. de fer), check piece; logement de —, thrust housing; palier de —, thrust bearing, thrust block; patin de —, thrust pad; pièce de — latérale, rail brace; portée du palier de —, foot step bearing, thrust bearing; portique de —, portal frame; rondelle de —, thrust washer; vis de —, adjusting screw; — de l'aiguille (ch. de fer), bearing stud; — d'arrêt (treuil), catch plate; — à billes, ball thrust, ball joint; — à billes de débrayage (auto), clutch ball thrust; — à collets, collar thrust bearing; — petit pas (d'une hélice), fine pitch stop; — de profondeur, depth stop; — réglable, adjustable stop; — de renversement de marche de la table (mach. outil), stroke dog for reversing table movement; — à rouleaux, roller thrust; — de sûreté, safety dog; — de vilebrequin, crank shaft thrust bearing.

Butène, Butene.

Butoir, Buffer, bumper, catch, driver, guard, peg, stop; — de clapet, valve guard; — d'excentrique, eccentric catch.

Butyle, Butyl; bromure de n —, n butyl bromide.

Butylèneglyclol, Butyleneglycol.

Butylique, Butyl; acétate —, butyl acetate; alcool —, butyl alcohol; peroxyde —, butyl peroxide.

Buvard, Blotting paper.

C

fer en C, C shaped bar iron.
ressort en C, Cee spring.

Cabestan, Capstan, cat head, crane, whim, winch; **couronne à empreintes d'un —** sprocket wheel of a capstan; **flasque de —**, whelp of a capstan; **moyeu de —**, drum head; **poupée de —**, capstan head; **rouleau de —**, tumbler; **— électrique**, electric capstan; **— hydraulique**, hydraulic capstan; **— à vapeur**, steam capstan; **dévirer le —**, to unwind the capstan; **garnir au —**, to rig the capstan; **virer au —**, to heave away.

Cabillot, Toggle.

Cabine, Cabin; **— blindée**, cubicle; **— étanche**, pressure cabin; **— de grue**, crane cabin, crane hut; **— de poste de pilotage**, cock pit; **— sous pression**, pressurized cabin; **— téléphonique**, call box; **— vitrée**, glassed cabin.

Câblage, Cabling, rigging, wiring.

Câble, Cable, chain, line, rope, wire; **âme d'un —**, cable strand, core of a cable; **angle d'attaque d'un —**, fleet angle; **attache du —**, cable joint; **appareil pour la pose de —s**, cable laying machinery; **battage au —** (pétr.), spudding; **bobine de —**, cable reel; **boîte de jonction des —s**, cable box, splice box; **bosse de —**, cable stopper; **boucle de —**, dead eye; **bout de —**, junk; **bride de —**, cable clamp; **caniveau de —**, cable trough; **coque d'un —**, kink, nib of a cable; **cosse de —**, cable socket, cable shoe, eye ring; **détecteur de perte sur les —s**, cable fault tester; **drague à —**, drag line; **élément à —**, cable cell; **épissure de —**, cable splice; **essai des —s au percement**, cable break down test; **fourrure, garniture de —**, cable keckling; **gaîne d'un —** sheath of a cable; **graisse d'imprégnation pour —s**, cable compound; **grue à — aérien**, elevated cableway crane; **manchon de —**, cable clamp; **nœud de —**, carrier; **pose de —s**, cable laying; **poulie à —**, rope pulley; **relâchement d'un —** drift of a cable; **revêtement d'un —** skinning of a cable; **roue pour bobiner un —**, drum wheel; **serre —**, drilling clamp, cable clip; **tambour de —**, cable drum; **strand; toron d'un —**, cable strand; **transmission par —**, rope driving; **tresse du —**, cable; **aérien porteur**, cable way; **— alimentaire**, feeder; **— en aloès**, aloe cable; **— en aluminium**, aluminium cable; **— antigiratoire**, non spinning cable; **— à armature, moitié fil de caret, moitié fil d'archal**, bread and butter cable; **— armé**, armoured cable, iron coated cable; **— d'ascenseur**, elevator cable; **— d'atterrissage**, landing cable; **— d'atterrissement**, shallow water cable, shore end of the cable; **— sous caoutchouc**, rubber coated cable; **— de chargement** (benne preneuse), emptying chain; **— clos**, locked cable; **— à un conducteur**, one wire cable, single conductor cable; **— à conducteurs co-axiaux**, co-axial cables; **— à conducteurs multiples**, bunched cable, multiple conductor cable; **— à deux conducteurs**, two wire cable; **— à n conducteurs**, n wire cable; **— en cuivre**, copper cable; **— de curage**, sand line; **— démagnétisant**, degaussing cable; — **double, twin cable;** — **d'extraction, winding cable;** — **fermé,** full lock cable; — **semi-fermé,** half lock cable; — **de frein,** brake wire; — **fuselé,** streamline wire; — **à gaine métallique,** metallic screened cable; — **à garniture tressée,** stranded cable; — **de gauchissement** (avion), warping cable; — **plein de gaz,** gas filled cable; — **d'incidence,** incidence cable; — **à isolement d'air,** dry core cable; — **de levage,** hoist or hoisting cable; — **métallique,** wire cable, wire line, wire rope; — **isolé au papier,** paper insulated cable; — **pilote,** pilot cable; — **plat multiple,** carpet cable; — **sous plomb,** leaded cable, lead covered cable; — **porteur,** lift cable; — **de remorque,** tow cable, towing line, — **souple,** flexible cable; — **sous-marin,** submarine cable; — **souterrain,** underground cable; — **télédynamique,** fly rope; — **télégraphique,** telegraph cable; — **téléphonique,** telephone cable; — **de traille,** brace cable; — **de traînage, de traînée** (avion), drag cable; — **de transport incliné,** gravity cable; — **tressé,** threaded wire; **armer un —,** to coat a cable; **dérouler un —,** to unwind a cable; **enrouler un —,** to wind up a cable; **épisser un —,** to splice a cable; **installer des —s,** to wire; **lover le —,** cable clamp; **poser un — dans,** to lay a cable in, to embed a cable in.

Câbler, to Wire, to cable.

Câblerie, Cable making.

Cablot, Grapnel rope.

Caboche, Dog nail.

Cabotage, Coasting, home trade; **capitaine au —,** coasting master.

Cabrage, Rearing; **dispositif anti —,** antirearing device.

Cabré, Reared, tail down.

Cabrer (avion), to Mount up, to bank, to rear.

Cabriolet, Cabriolet.

Cabrion, Lumber, buff stick, skid spar, chock.

Cache, Plug terminal.

Cache-entrée (serrure), Drop.

Cache-poussière, Dust cover.

Cacheté, Sealed; **soumission —e,** sealed bid, sealed tender.

Cache-soupape, Valve cover.

Cachou, Cutch.

Cacodylate, Cacodylate.

Cacodylique, Cacodylic; **acide —,** cacodylic acid.

Cadacondensé, Cadacondensed.

Cadastral, Cadastral; **levé —,** cadastral survey.

Cadence, Rate; — **de travail,** working rate.

Cadmiage, Cadmium plating.

Cadmié, Cadmium plated.

Cadmium, Cadmium; **sulfure de —,** cadmium sulfide.

Cadran, Dial, face; **aiguille de —,** dial pointer; **comparateur de —,** dial comparator; **lampe de —,** dial light, pilot lamp; **manomètre de —,** dial manometer; **plaque de —,** dial plate; — **indicateur de vitesse,** speed disc; — **lumineux,** luminous dial; — **de mesures,** metering dial; — **micrométrique,** micrometer dial; — **de référence,** bug.

Cadre, Frame, bridle, closed coil, loop, container, form, former, frame plate, framework, housing, race, rectangular reinforcement; **amortissement par — de cuivre,** copper damping; **impression au —,** screen printing; **réception sur —,** loop reception; — **adaptateur** (photo), adjusting frame; — **de boisage d'une galerie,** gallery frame; — **de chemin de fer,** container; — **compensateur** (tiroir), relief frame, equilibrium ring; — **coudé,**

joggled frame; — de cuivre, copper damper; — d'une hélice, frame of a propeller; — de locomotive, frame plate of a locomotive; — magnétique, magnetic frame; — de mine, apron; — à mouler les châssis, centering frame; — oscillant, swing frame; — de panneau, panel frame; — en plomb durci (accus), hard lead frame; — raidisseur, stiffening frame; — récepteur, loop aerial; — récepteur antiparasites, suppressed loop aerial; — d'une scie, bow of a saw; — support, head frame; — du tiroir, valve buckle, bridle of the slide valve; — de T. S. F., loop; — uni, corner frame.

Cage, Cage; stand; antenne en —, cage aerial; entrée de la — (mines), door to shaft; moteur d'induction à plusieurs —s, multiple cage induction motor; tête de bielle à —, box end, solid end; — à billes, ball cage; — du contrepoids, balance pit; — d'un cric, case of a jack; — d'écureuil (élec.), squirrel cage; double — d'écureuil, double squirrel cage; enroulement à — d'écureuil, squirrel cage winding; moteur à — d'écureuil, squirrel cage motor; — d'extraction, drawing or hoisting cage; — de filière, screwing chock; — d'hélice (N.), screw aperture; — de laminoir, stand; —s en ligne, stands in line; — du noyau, coreframe; — de roulement à billes arrière, rear ball race; — de roulement à billes avant, frent ball race.

Cahier des charges, Conditions of contract, specifications.

Cahot, Jog, jolt.

Caillebotis, Gratings.

Caillou, Pebble.

Cailloutage, Pebble work.

Cailloutis, Metal, metal stone, ballast stone, broken stone.

Caisse, Body, box, case, drum, tank; — d'alimentation, blast tank; — de camion, truck body; — à cartouches, cartridge case. de cémentation, cementing chest; cementing trough; — à claire voie, crate; — à eau, water tank, feed tank; — d'épargne, savings bank; — à huile, oil tank; — à laver (mines), stirring buddle; — d'un mât, heel of a mast; — à munitions ammunition box; — à plongeur adhérente à un dock limpet; — de poulie, shell of a block; — à poussière, dust catcher; mettre en —, to crate.

Caissier, Cashier.

Caisson, Caisson, box spar, chest, coffer, dockgate, locker, wagon; en forme de —, box shaped; plafond à —s, coffered ceiling; poutre —, box beam, box girder; poutre — multicellulaire, multicell box beam; —s de fondation pour ponts, bridge foundation cylinders; — pare torpilles, blister; — de renflouage, float case.

poutre Caissonnée, Girder box.

Calage, Adjustment, blocking, clamping, chocking, fastening, fit, pressing on, setting, stalling, wedging; angle de — (des balais), angle of advance; angle de — des pales, blade tilt; angle de — du plan fixe (aviat.), tail setting angle; boulon de —, wedge bolt; clavette de —, tightening key; excentrique à — variable, adjustable eccentric; pédale ou rail de —, lock bar; pièce de — d'un rail, rail cup; traverse de —, cross bar; — de l'aile, wing setting; — des balais, adjustment of the brushes; — en bois, cribbing; — de l'hélice, propeller sealing, airscrew setting; — d'une manivelle, blocking of a crank; — des manivelles, crank displacement; — à la presse, pressed on fit; — à retrait, shrunk on fit.

Calaminage, Carbonizing, sooting.

Calamine, Brass ore; carbon.

Calaminé, Carbonized.

Calandre, Beating mill, calender, case wringing machine; — **de radiateur,** radiator case, radiator frame; — **pour le séchage,** can.

Calandré, Calendered.

Calandrer, to Calender.

vis Calante, Levelling screw, foot screw.

Calcaire, Limestone; **eau non** —, soft water; — **carbonifère-**carboniferian limestone; — **saccharoïde,** metamorphic limestone.

Calcaire (adj.), Calcareous; **fondant** —, limestone flux.

Calcination, Calcination, roasting; **four de** —, calciner, roasting furnace.

Calciner, to Calcine.

Calciné, Roasted, calcined.

Calciner, to Calcine, to roast; **four à** —, calcining or roasting furnace.

Calcium, Calcium; **carbure de** —, calcium carbide, carbide of calcium; **chlorure de** —, calcium chloride; **fluorure de** —, calcium fluoride; **gluconate de** —, calcium gluconate; **oxyde de** —, oxide of calcium, calcium oxide; **sulfate de** —, calcium sulphate.

Calcul, Calculus, computation, reckoning; **règle à** —, calculator, calculating rule, slide rule; — **différentiel,** differential calculus; — **intégral,** integral calculus; — **par machines,** machine computation; — **opérationnel,** operational calculus; — **s proportionnels,** sentencial calculi.

Calculateur, Calculator, computer, computing device; — **par analogie,** analog computer; — **intégrateur,** integrating computer; — **mécanique,** mechanic computer; — **de pose,** exposure calculator.

Calculer, to Calculate, to reckon; **machine à** —, calculator, calculating machine, computing machine, adding machine; **machine à** — **électronique,** electronic calculating machine.

Cale, Wedge, liner, chock, bull, scot, block, flat, adjusting key, key, shim, angle block, spacer, fuller, packing, packing piece, piece; dock, bilge, hold (mar.); **arrache** —, packing drawer; **dans la** —, under hatches; **eau de** —, bilge water; **frein à** —, expanding wedge brake; **grue de** —, shipyard crane; **injection à la** —, bilge injection; **panneau de** —, hatch cover; **pompe de** —, bilge pump, bilge donkey; **sur** —, on the slips; **tins de** —, stocks; — **avant,** fore hold; — **arrière,** after hold; — **en bois,** dowel, wood block; — **de construction** (N.), stock; — **de coussinet,** block chair; — **dentée,** clamping piece; — **d'enrayage,** scotcher; — **d'entraînement,** driving horn; — **en fer,** staple; — **à gradins,** stepped packing; — **de halage de lancement,** slip, slipway; — **d'un navire,** hold of a ship; — **principale,** main hold; — **de retenue** (bobinage des moteurs), driving horn; — **sèche,** dry dock.

Calé, Keyed, adjusted, fastened, set, wedged; stalled; **hélice** —**e,** dead airscrew; **moteur** —, dead or stalled engine.

Caléfacteur, Chaffern.

Caler, to Adjust, to fasten, to jam, to key, to clamp, to line up, to pack up, to quoin, to set, to wedge; **presse à** — **les roues,** wheel press; — **les balais,** to adjust the brushes; — **les coussinets,** to line up the brasses; — **un moteur,** to stall an engine; — **un navire,**

to draw a ship; — **un outil**, to clamp a tool.

Calfatage, Calking.

Calfaté, Calked.

Calfater, to Calk, to stuff.

Calibrage, Calibration, gauging; **broche de** —, calibrating broach; **dispositif d'auto** —, automatic infeed attachment.

Calibre, Caliber, calibre, caliper, centre punch, gauge, gage, jig, templet, template; bore; face mould (fond.); **échelle de** —s, standard scale; **fusil de petit** —, small bore rifle; **fusil** — 12, 12 calibre gun; **gros** —, large bore, heavy calibre, large calibre; **tour à** —, founders lathe; **verge de** —, caliber rule; — **décimal**, decimal gauge; **extérieur**, external gauge; — **de filetage**, centre gauge, thread gauge; — **pour fils**, wire gauge; — **de hauteur**, end gauge, end measuring rod; — **intérieur**, internal gauge; —. **mâchoire**, caliper gauge; — **à mâchoires**, gap gauge; — **de matrice**, hole in the die; — **pour pas de vis**, screw pitch gauge; — **pneumatique**, air gauge; — **à tampon**, plug gauge; — **à tampon lisse**, plain plug gauge; — **à tampon double**, double ended gauge; — **pour tôles**, plate gauge; — **de tolérance**, limit gauge; — **pour vérifier l'angle des pointes d'un tour**, center gauge; — **à vis**, pitch gauge, screw gauge.

Calibré, Calibrated, gauged.

Calibrer, to Calibrate, to gauge; to fine bore; **compas à** —, inside calipers.

Caliche, Crude nitrate.

Caliorne, Purchase; — **à deux, trois, quatre réas**, two fold, three fold, four fold purchase.

Calmage (acier), Killing.

Calmé, (métal), Killed; **acier** —, killed steel; **acier demi** —, semi killed steel.

Calorie, Calory (la calorie anglaise est égale à la calorie française divisée par 3,97); heat unit.

Calorifère, Calorifer, heater, heating apparatus, heating oven; — **à air chaud**, hot air heater.

Calorifique, Calorific; **capacité** —, heat capacity; **pouvoir** —, heating power; **puissance** —, calorific power; **puissance** — **brute**, gross calorific power.

Calorifuge, Non conducting, heat proof; **enveloppe** —, deading; **matériaux** —s, insulation material; **matière** —, heat insulator.

Calorifugé, Blanketed.

Calorifugeage, Insulation, heat insulation, lagging, insulating coating.

Calorimètre, Calorimeter; — **à écoulement**, flow calorimeter; — **à étranglement**, choking calorimeter; — **à surchauffe**, superheating calorimeter.

Calorimétrie, Calorimetry.

Calorimétrique, Calorimetric.

Calorisation, Calorizing.

Calorisé, Calorized; **acier** —, calorized steel.

Calotte, Cap, dome; —**de convertisseur**, belly of a converter; — **de dôme**, dome casing; — **de parachute**, canopy; — **préfocale**, prefocus cap; — **de radar**; radome — **de timbre**, dome.

Calque, Blue print, blue printing, calking; **papier** —, flax paper, tracing paper.

Calquer, to Trace; **papier à** —, tracing paper; **toile à** —, writing cloth, tracing cloth.

Calqueur, Tracer.

Cambouis, Coom, carriage grease, gome, swarf, sludge; **essieu à** —, greasing axle.

Cambré, Cambered, curved.

Cambrer, to Curve, to camber; **machine à —,** cambering machine.

Cambrure, Camber, cambering.

Came, Cam, cam disc, driver, catch, knob, lift, tappet, toe, wiper; **arbre à —s,** camshaft; **arbre à —s creux,** hollow camshaft; **pignon de l'arbre à —s,** camshaft pinion; **courbe finale d'une —,** end curve of a cam; **disposition des —s,** camming; **distribution par —s,** cam gearing; **galet de —,** cam follower; **palier de la —,** top of the cam; **rampe de —,** cam profile; **repos de la —,** top of the cam; **reproducteur à —,** cam reproducer; **roue à —s,** cam wheel, cam crown, sprocket wheel; **— d'allumage,** contact maker; **— de déclenchement,** deflecting cam; **— de décompression,** relief or relieving cam; **— de dégagement,** detent cam; **— d'échappement,** exhaust cam; **— en forme de cœur,** heart shaped cam; **— d'impression,** printing cam.

Caméra, Camera; **— de copie,** copying camera; **— à tambour tournant,** drum camera; **— de télévision,** television camera.

Camion, Truck (États-Unis), lorry (Angleterre); **batterie de —,** truck battery; **caisse de —,** truck body; **grue sur —,** truck crane; **transports par —s,** trucking; **— automobile,** motor lorry; **— basculant,** dump truck; **— à basculement par l'arrière,** rear dump truck; **— à basculement latéral,** side dump truck; **— à benne basculante,** tip lorry; **— à benne montante,** lift truck; **— bétonnière,** truck mixer; **— à chenille,** caterpillar truck; **— citerne,** tank truck; road tank, fueller; **—, citerne à essence,** gasoline tank truck; **— de dépannage,** break-down lorry; **— frigorifique,** refrigerator car; **de ravitaillement,** fuelling vehicle; **— avec remorque,** lorry trailer; **— tous usages,** utility truck.

Camionnage, Cartage, carting, trucking, conveying; **entreprise de —,** trucking.

Camionner, to Cart, to convey.

Camionnette, Light lorry.

Camionneur, Carter.

canon de Campagne, Field gun.

Can, Edge.

Canal, Canal, channel, gut, drain, flume; **— d'amont,** head water canal, head race; **— des anguillers** (c. n.), limber passage; **— aval,** tail race; **— de coulée,** metal drain, runner; **— de décharge,** weir canal, tail water course; **— de dérivation,** avoiding canal; **— d'évaporation,** evaporating channel; **— flottable,** drift canal; **— de fuite,** tail race; **— de niveau,** dead canal; **— de tête,** head flume; **— en tunnel,** canal tunnel; **— de tuyère,** nozzle.

Canalisation, Conduit, line, pipe, main; **— d'eau,** water line, water mains; **— enterrée,** ground pipe; **— immergée,** sea line; **— principale,** main line; **— sans courant,** dead main; **— sous pression,** pressure piping; **— sous tubes,** conduit tubes.

bec de Canard, Duckbill.

Canaux, Canals; **— résineux,** resin canals.

Canette, Auget (mines), cop (text.); **broche à —,** cop skeever.

Canevas, Chain, skeleton; **— de distribution,** plotting skeleton.

Caniveau, Adit, channel stone, trough, gutter, vault; **— de câble,** cable trough.

Canne, Stick; **— de verrier,** blowing iron, bunting iron.

Cannelé, Banded, grooved, fluted, serrated, splined; **arbre —,** serrated shaft, castellated shaft, grooved shaft, splined shaft;

bague — e, fluted ring; **cylindre —,** grooved roller, serrated roller; **fraise à denture — e,** grooved milling cutter; **manchon —,** splined sleeve; **mandrin — pour finissage,** toothed drift, mortise bolt; **tampon —,** fluted plug.

Canneler, to Groove, to flute, to spline; **fraise à —,** moulding cutter; **guillaume à —,** fluting plane; **machine à —,** groove cutting machine, fluting machine; **navette pour —,** flute.

Cannelure, Flute, cannelure, groove, forrow, gutter, pass, rifling, serration; **à — s,** fluted; **à —s droites,** straight fluted; **à —s en spirale,** spiral fluted; **arbre à —s,** grooved shaft; **palier à —s,** collar thrust; **portée à —s,** collar thrust bearing; **tourillon à —,** collar journal; **vis à —,** cornice screw; **— fermée,** box groove, box pass; **— gothique,** gothic pass; **— de laminoir,** pass; **— en losange,** diamond pass; **— rectangulaire,** box pass.

Canon, Cannon, gun, barrel; **à un, deux —s,** single, double barrelled; **adoucir le — d'une arme à feu,** to fine bore; **affût de —,** gun carriage, gun mounting; **hausse d'un —,** scale, sight of a gun; **machine à rayer les —s,** grooving machine, groove cutting machine; **masque de —,** shield of a gun; **pièce de —,** piece of ordnance; **poudre à —,** gun powder; **siège —** (aviat.), cannon seat; **soufre en —s,** roll sulphur, stick sulphur; **— antiaérien,** antiaircraft gun; **— antichar,** antitank gun; **— autopropulsé,** self propelled gun; **— de campagne,** field gun; **— à électrons,** electron gun; **— fretté,** coiled gun; **— de fusil,** barrel of a gun; **— lisse,** plain barrel; **— de mitrailleuse,** machine gun barrel; **— de n pouces,** n incher; **— sans recul,** recoilless gun.

Canonnière, Gunboat; **— fluviale,** river gunboat.

Canot, Boat, craft, dinghy; **— automobile,** motor craft, motor boat; **— pneumatique,** inflatable dinghy; **— de sauvetage,** life boat.

Cantilever, Cantilever; **demi —,** semi cantilever; **entier —,** full cantilever; **ressort —,** cantilever spring.

Cantine, Canteen.

Canut, Silk weaver.

Caoutchouc, Caoutchouc, rubber, indiarubber; **adhésif au —,** rubber adhesive; **bandage en —,** rubber tyre; **bouchon en —,** rubber plug; **courroie en —,** rubber belt; **dissolution de —,** rubber solution; **isolé au —,** rubber insulated; **joint en —,** rubber seal; **revêtement de —,** rubber lining; **rondelle en —,** rubber washer; **solution de —,** rubber solution; **solvant du —,** rubber solvant; **soupape en —,** rubber valve; **sous —,** rubber coated; **— déprotéinisé,** deproteinized rubber; **— fossile,** elastic bitumen; **— froid,** cold rubber; **— mousse,** sponge rubber, foam rubber; **— naturel,** natural rubber; **— régénéré,** reclaimed rubber; **— de silicone,** silicone rubber; **— synthétique,** synthetic rubber; **— vulcanisé,** vulcanized rubber; **enduire de —,** to rubberize.

Caoutchouté, Rubberised, rubberized; **nylon —,** rubberized nylon; **tissu —,** rubberized fabric; **toile —e,** rubberized fabric.

Caoutchouter, to Rubberise, to rubberize.

Cap, Course, heading; **angle de —,** track course; **bouton de réglage de —,** course setting knob, **sélecteur de —,** heading selector.

Capacitance, Capacitance, permittance; **à — minimum,** anti-

Capacité, Capacity, capacitor, permittor; **couplage par** —, capacitive coupling; — **de bouteille de Leyde**, jar capacity; — **calorifique**, heat capacity; — **en carré** (scies circulaires), square bar capacity; — **de chargement**, loading capacity; — **de décharge**, discharge capacity; **disponible**, available capacity; — **effective**, effective capacity; — **d'enlèvement** (avion), carrying capacity; — **d'exploitation**, work capacity; — **d'extrémité** (antennes), end capacity; — **en gallons**, gallonage capacity; — **inductive spécifique**, specific inductive capacity; — **de malaxage**, mixing capacity; — **de perçage**, drilling capacity, hole capacity; — **de production**, productive capacity; — **des réservoirs**, tankage volume; — **en rond** (scies circulaires), round bar capacity; — **de rupture**, interrupting capacity; — **de rupture d'arc**, arc rupturing capacity; — **spécifique**, specific capacity; — **statique**, static capacity; — **de surcharge**, overload capacity; — **de transport**, carrying capacity; **de transport de courant**, current carrying capacity; — **utilisable pour marchandises** (N.), stowage. capacitance; **altimètre à** —, capacitance altimeter; **essai de** —, capacity test; **inverse de la** —, elastance; **moteur à** —, capacitor motor; **pont de** —, capacitance bridge; **relais de** —, capacitance relay; — **grille cathode**, Cgk; — **grille plaque**, Cgp; — **mètre**, capacitance meter.

Capacitomètre, Capacitometer.

Capelage (N.), Rig.

Capillaire, Capillary; **alun** —, feather alun; **ascension** —, creeping; **effet** —, capillary action; **électromètre à tube** —, capillary electrometer; **lampe** —, capillary lamp.

Capillarité, Capillarity.

Capitaine d'armement, Overlooker.

Capitaine au cabotage, Coasting master.

Capitaine au long cours, Master.

Capitaine de port, Harbour master.

Capital, Investment.

Capitaliste, Investor.

Capot, Bonnet, hood, companion, cowl, enclosure spinner (aviat.); **volets de** —, cooling gills; — **d'automobile**, bonnet of a car; — **de cheminée**, cover of a chimney, funnel cowl (N.); — **de claire-voie** (c. n.), skylight hood; — **conique**, conical spinner; — **métallique**, metal enclosure; — **de moteur**, engine cowl, engine cowling; — **du moyeu d'hélice**, spinner; — **parabolique**, parabolic spinner.

Capotage, Covering; — **avant**, nose covering; — **fixe**, fixed hooding.

Capote, Hood, folding top; — **d'auto**, canopy; — **pliante**, folding hood.

Capoté, Cowled, hooded.

Capoter (aviat.), to Tip over, to turn turtle, to turn over.

Capsule, Capsule, cap, dish, blasting cap, evaporator (chim.); **électrode à** —, dished electrode; **en forme de** —, dished; — **barométrique**, aneroid capsule; — **métallique**, metallic capsule; — **de rouille**, rust cap; — **de sertissage**, dop.

Capter (l'énergie), to Harness.

Capteur, Pick up; catcher, trap; — **de poussières**, dust catcher; — **de vibrations**, vibration catcher.

Capuchon, Cap, hood; — **de cheminée**, chimney hood.

Capuchon, Cowl, cap.

Carabine, Carbine.

Caracole, Well hook, crow's foot.

Caractère (d'imprimerie), Type; **corps d'un —,** shank of a type; **fonderie de —s,** type founding, type casting; **fondeur de —s,** type caster, type founder.

Caractéristique, Characteristic, index; **impédance —,** surge impedance; **— en court-circuit,** short circuit characteristic; **— en déwatté,** wattless current characteristic; **— d'émission,** emission characteristic; **— de grille,** grid characteristic; **— d'un logarithme,** characteristic, index of a logarithm; **— non linéaire,** non linear characteristic; **— montante,** rising characteristic; **— tombante,** drooping characteristic; **— totale,** lumped characteristic; **— à vide,** no load characteristic.

Caractéristiques, Characteristics, features, ratings, specifications; **—s de décrochage,** stalling characteristics; **— dynamiques,** dynamic characteristics; **— portées sur la plaque du constructeur,** nameplate ratings.

Carat, Carat.

Carbènes, Carbenes.

Carbethoxylation, Carbethoxylation.

Carbinols, Carbinols.

Carbomètre, Carbometer.

Carbonate, Carbonate; **— d'ammoniaque,** ammonium carbonate; **— de baryum,** barium carbonate; **— de chaux magnésifère,** bitter spar; **— de chaux sous forme de stalactite ou de stalagmite,** drip stone; **— de potasse,** mineral alkali; **— de sodium,** sodium carbonate; **— de soude,** vegetable alkali; **— de zinc,** dry bone.

Carbone, Carbon; **acier au —,** carbon steel; **appareil à mesurer le —,** carbometer; **à bas —,** low carbon; **qui contient du —,** carbonaceous; **dépôt de —,** carbon deposition, sooting; **noir de —,** carbon black; **oxyde de —,** carbon monoxide, carbonic oxide, coal gas; **tetrabromure de —,** carbon tetrabromide; **tétrafluorure de —,** carbon tetrafluoride; **— actif,** active carbon; **— tenace,** sticking carbon.

Carbonifère, Carboniferous, carboniferian; **calcaire —,** carboniferous limestone.

Carbonique, Carbonic; **acide —,** carbonic acid; **gaz —,** carbon dioxide; **neige —,** solid carbon dioxide.

Carbonisation, Carbonization, charring; **four de —,** carbonizer.

Carbonisé, Carbonised, carbonized, charred.

Carboniser, to Carbonize, to char; **four à —,** char oven.

Carbonitruration, Carbonitriding.

Carborumdum, Carborundum; **meule en —,** carborundum wheel.

Carbothermique, Carbothermic.

Carboxylation, Carboxylation.

Carboxyle, Carboxyl.

acide Carboxylique, Carboxylic acid.

Carburant, Carburetant, fuel; **injecteur de —,** fuel nozzle.

Carburateur, Carboretter (rare), carburettor; carboniser; **contrepoids du —,** float weight; **cuve de —,** body of a carburettor; **flotteur de —,** carburettor float; **noyage du —,** carburettor flooding; **pointeau de —,** carburettor needle; **pot, cuve à niveau constant de —,** carburettor float chamber; **prise d'air du —,** carburettor air intake; **— pour divers combustibles,** combination carburettor; **— à flotteur,** float feed carburettor; **— à injection,** injection carburettor; **— inversé,** down draught carburettor; **—s jumelés,** duplex carburettor; **—**

CAR — 82 — **CAR**

à léchage, surface carburettor; — à niveau constant, float feed carburettor; — à pulvérisation, spray carburettor; — vertical, up draught carburettor; noyer le —, to flood the carburettor.

Carburation, Carburation, carburetion, carburizing, carbonizing.

Carbure, Carbide; foret —, carbide drill; fraise —, carbide cutter; outils au —, carbide tools; têtes au —, carbide tips; — aggloméré, sintered carbide, cemented carbide; — de calcium, calcium carbide; — de glucinium, beryllium carbide; — fritté, cemented carbide, sintered carbide; — de tungstène, tungsten carbide, wolfram carbide.

Carburé, Carburized, carburetted, carbonized.

Carburéacteur, Jet fuel bracket.

Carburer, to Carburize, to carbonize, to carburet.

Carcaise, Annealing arch.

Carcan, Casing clamps.

Carcasse, Frame, body, casing, barrel casing, grid, shell; — inductrice, pole box; — d'un moteur, frame of a motor; — en plomb (accus), lead grid; — d'un pneu, inner lining; — rigide, rigid frame.

Carcel, Carcel.

Cardage, Carding, combing; — du coton, cotton carding.

Cardan, Cardan; à —, cardan driven; arbre de —, cardan shaft; fourche de —, cardan forkpiece, cardan yoke; joint à la —, cardan joint; tube de —, cardan tube; — à rotule, universal ball joint.

Carde, Card; nettoyage des —s, card clothing; pot de —, slive; — à laine, fearnaught.

Carder, to Card, to comb.

Cardiff (charbon), Welsh coal.

Cardioïde, Cardioid.

Carénage, Careenage, careening, fairing, streamlining.

Carène (N.), Careen; bottom, keel, skin; abattage en —, heaving down; basse —, lower rigging; bordage de —, bottom plank; bordé de —, bottom plating; peinture de —, ship bottom print; abattre en —, to careen, to heave down.

Caréné, Careened (N.); streamlined.

Caréner, to Careen (N.).

Caret, Reel; fil de —, yarn, rope yarn.

Cargaison, Cargo, freight, shipload.

Cargo (N.), Cargo-boat, freighter; — de ligne, cargo liner.

Carie, Rot; — sèche, dry rot.

Carlingage (c. n.), Bearer, support; — des chaudières, boiler bearer.

Carlingue, Keelson, log, centre girder (c. n.), bearer, sleeper; cockpit (aviat.); — centrale, vertical keel, middle line keelson; — latérale, sister keelson, side keelson; —s d'une machine, engine bearers, engine sleepers; — principale, main keelson; — superposée, rider keelson.

Carneau, Flue, port, fire tube, flame tube; agglomération de poussières de —, nodulising; couverture d'un —, arching of a flue; poussière de —s, flue dust; — de sous-sole (four à coke), bottom flue.

Carnet de signalisation, Signal log.

Carnet de vol, Flying log.

Carotène, Carotene.

Carottage, Coring, logging; — électrique, electric logging; — sélectif, selective logging.

Carotte, Core, bore sample, sprue; enveloppe de —, core shell; extracteur de —, sprue extractor, sprue puller.

CAR — 83 — **CAR**

Carotter, to Core.

corps de Carottier (pétr.), Out door barrel.

tube Carottier, Core barrel.

queue de Carpe, Fishtail bit.

langue de Carpe, Bott chisel, hewing chisel, tongue chisel.

Carré, Square, quadrate; **à bout —**, square tipped; **boulon —**, square bolt; **centimètre —**, square centimeter; **châsse —e**, square set hammer; **décimètre —**, square decimeter; **écrou —**, square nut; **entaille —e**, square jag; **filet —**, square thread; **à filets —s**, square threaded; **kilomètre —**, square kilometer; **lime —e**, blunt file, square file; **mètre —**, square meter; **millimètre —**, square millimeter; **pied —**, square foot; **poinçon —**, square graver; **pouce —**, square inch; **racine —e**, square root; **racine de la moyenne des —s**, root mean square; **réductible à un —**, quadrible; **à tête —e**, square headed; **boulon à tête —e**, square headed bolt; **fleurette à tête —e**, square bit; **tresse —e**, square braid; **vis à filets —s**, flat threaded screw, square threaded screw; **élever au —**, to square.

Carreau (lime), Arm file, rough file, rubber, square file; **lime à —**, coach maker's file, heavy square file.

Carreau (mines), Above ground; mince head.

Carreau (virure) (c. n.), Sheer or shear strake.

Carrefour de mine, Enlargement.

Carrelage, Pavement, paving.

Carreler, to Tile.

Carrelet, Corner chisel, square file; **— plat**, cotter file.

Carrelette, Polishing file, potence file.

Carrière, Quarry, pit; **abattage en —**, quarrying; **lit de —**, bolster, clearing grain; **— d'argile**, clay pit; **— de ballast**, ballast pit; **— de pierre à chaud**, lime pit; **extraire d'une —**, to quarry.

Carrière (métier), Pursuit, trade.

Carrosserie; Body (auto); carriage work, coach work; **pièces embouties pour —**, body stampings; **— démontable**, detachable body; **— ouverte**, open body.

Carte, Map (carte céleste), chart (carte marine), card; **machine à —s perforées**, punched card machine; **porte —**, map case, map holder; **— céleste**, star map; **— d'état major**, ordnance survey; **— au millionième**, 1 000 000 scale map.

Carter, Crank case, crank chamber, case, casing, housing, mounting, sump; **— de compresseur**, compressor mounting; **— de différentiel**, differential housing; **— d'engrenages**, gear casing; **— extérieur**, outer case; **— d'huile**, oil sump; oil pan; **— de moteur**, engine case; **— de poulie**, pulley housing; **— de transmission**, gear box.

Cartographie, Cartography, mapping, surveying, land surveying; **— aérienne**, aerial mapping; **— photogrammétrique**, photogrammetric mapping.

Cartographique, Cartographic.

Carton, Board; cardboard, pasteboard; **bobine en —**, cardboard spool; **fort —**, mill board; **joint au —**, board joint; **— d'amiante**, asbestos board; **— goudronné pour toitures**, felt roofing.

Cartonnage, Cardboard packing.

Cartouche, Cartridge; link, fuse link (élec.); **bande de —s**, ammunition belt; **démarreur par —**, cartridge starting; **étui de —**, cartridge case; **— flanged**

cartridge; — **à bourrelet**; rimmed or flanged cartridge; — **à gorge**, grooved or rimless cartridge; — **filtrante**, filter cartridge.

Cascade, Cascade; **en** —, cascaded; **filtres en** —, cascade filters; **groupement; en** —, cascade grouping.

Casier, Rack, case bin; — **à bouteilles**, bottle bin.

Casque, Helmet; headphone; — **pare-fumée**, smoke helmet; — **de scaphandrier**, diver helmet; — **téléphonique**, headphone.

Cassage (des minerais), Bucking.

Cassant, Brittle, dry, eager, short; **fer** —, brittle iron, short iron; **fer — à chaud**, hot short iron, hot short brittle iron; **fer — à froid**, cold short iron, cold short brittle iron; — **au rouge**, hot short brittle.

Casse, Breakage.

Casse-boulon, Bolt breaker.

Casse-fil, Ourdissoir, Self stopping beaming machine.

Casse-joint, Draw bolt.

Casse-pierres, Stone breaker.

Casse-vide, Vacuum breaker.

Cassé, Broken; **pierre** — **e**, ballast stone, broken stone.

Casser, to Break.

se Casser, to Give way.

Casserole (aviat.), Propeller caps spinner, airscrew hub spinner,

Cassis, Culvert, gully.

Cassiterite, Cassitérite.

Cassure, Fracture; — **fibreuse**, fibrous fracture; — **à grains fins**, fine granular fracture; — **à gros grains**, coarse granular fracture.

Castine, Flux, limestone flux.

huile de Castor, Castoreum.

Catalogue, Catalog, list, price list.

Catalyse, Catalyse; — **hétérogène**, heterogeneous catalyse.

Catalysé, Catalysed; — **par les acides**, acid catalysed.

Catalyser, to Catalyse.

Catalyseur, Catalyst; **tube** —, catalysing tube; — **organique**, organic catalyst.

Catalytique, Catalytic; **craquage** —, catalytic cracking; **effet** —, catalytic action; **procédé** —, catalytic process; **synthèse** —, catalytic process.

Cataphote, Reflex reflector.

Catapultable, Catapultable.

Catapultage, Catapulting.

Catapulte, Catapult; **lancement par** —, catapult take off; — **à vapeur**, steam catapult.

Catapulté, Catapulted; **avion** —, catapulted plane; **décollage** —, catapult assisted take off; **siège** — (aviat.), catapult seat.

Catapulter, to Catapult.

Caténaire, Catenary.

Cathautographe, Cathautograph.

Cathétron, Cathetron.

Cathion, Hydrogen ion.

Cathode, Cathode, catelectrode (rare); **résistance de** —, cathode bias; **tube à** — **chaude**, hot cathode tube; — **à chauffage direct**, directly heated cathode; — **à chauffage indirect**, indirectly heated cathode, equipotential cathode, potential cathode; — **creuse**, hollow cathode; — **obtenue par évaporation**, evaporated cathode; — **de mercure**, mercury cathode; — **à oxyde**, oxide coated cathode; — **à revêtement de césium**, cesium coated cathode.

Cathodique, Cathodic; **chute** —, cathode fall; **courant** —, cathode current; **désintégration** —, cathode desintegration; **oscillateur** —, cathodic oscillograph, cathod ray oscillograph; **protection** —, cathodic protection; **rayon** —, cathode ray; **four à rayons** —**s**, cathode ray furnace; **lampe à rayons —s,** cathode ray lamp; **oscillographe à rayons —s,** cathode ray oscillograph; **oscilloscope à rayons —s,** cathode ray oscilloscope; **télévision à rayons —s,** cathode ray television; **tube à rayons —s,** cathode ray tube; **revêtement —,** cathode coating; **tache —,** cathode spot; **tube —,** cathode ray tube.

Cathodoluminescence, Cathodoluminescence.

Catholyte, Catholyte.

Cation, Cation.

Catir (tissus), to Press.

Catissage, Pressing.

Caustique, Caustic, Caustic curve (opt.); **potasse —,** caustic potash; **soude —,** caustic soda.

Caution, Bailment, security; **acquit à —,** permit; **— en douane,** customs security.

Cautionnement, Pledge money.

Cavage, Digging, cutting; **câble de —,** digging cable; **sous —,** undercutting; **tambour de —,** digging drum.

Cavalier, Dog.

Caver, to Beat out, to cut; **sous —,** to undercut.

Caverneux (métal), Blown hollow.

Cavitation, Cavitation; **érosion par —,** cavitation erosion; **indice de —,** cavitation index; **— en bulles,** bubble cavitation; **— laminaire,** sheet cavitation.

Cavité, Cavity; **résonateur à —,** cavity resonator; **premier résonateur à —,** buncher resonator; **— à effet cumulatif,** folded cavity; **— remplie d'eau ou de gaz** (mines), bag; **— résonante,** resonant cavity.

Cavoir, Edge tool.

Cédage, Setting.

Céder, to Assign (comm.); to give way, to part, to yield.

Cèdre, Cedar; **— de Virginie,** kauri, cowdie.

Ceinture, Belt, annular rod (béton armé); **— cuirassée,** armour belt; **— en fer plat,** iron belt; **— de parachute,** parachute harness; **— de sûreté,** safety belt.

Ceinturer, to Belt, to band; **presse à — les obus,** band press, banding press, crimping press.

Céladon, Amazon stone.

Cellophane, Cellophane.

Cellulaire, Cellular.

Cellule, Cell, cellule; **en — métallique,** metal clad; **mât de —,** interplane strut; **— d'avion,** air frame; **— de blocage,** blocker cell; **— centrale d'air** (aviat.), canopy; **— de conductibilité,** conductivity cell; **— à couche d'arrêt,** barrier-layer cell; **— de disjoncteur,** switch gear cell; **— photoconductrice,** photo cell, photoconductive cell; **— photoélectrique,** photoelectric cell, electric eye; **— à résonance,** resonance cell.

Celluloïd, Celluloid.

Cellulose, Cellulose; **acétate de —,** cellulose acetate; **éthyl —,** etyl cellulose; **nitrate de —,** cellulose nitrate.

Cellulosique, Cellulose, cellulosic; **esters —s,** cellulose esters; **fibres —s,** cellulose fibers; **gel —,** cellulose gel; **laques —s,** cellulose laquers.

Cémentite, Cementite.

Celotex, Celotex.

Cément, Cement; **eau de —,** cement water.

Cémentation, Cementation, cementing, carburizing, carburization, hard surfacing, case hardening, hardening; **acier de —,** cemented steel, carburizing steel, case hardening steel, cementation steel; **boîte de —,** cementing chest; **caisse de —,** cementing trough; **creuset de**

—, cementing chest; **four, fourneau de** —, cementing furnace, carburizing furnace; **pot de** —, annealing box; **poudre de** —, cementing powder; **tête de** —, cementing head; — **dans les boîtes en fer**, box cementing; — **à la flamme**, flame hardening; — **au gaz**, gas carburizing.

poudre Cémentatoire, Cementing powder.

Cémenté, Cemented, carburized, hardened; **acier** —, cemented steel, carburized steel, converted steel.

Cémenter, to Cement, to carburize, to harden; **four à** —, cementing furnace.

Cendré, Sanded.

Cendrée, Bird's shot, dust shot.

Cendrer, to Ash.

Cendres, Ashes, cinders, embers; **évacuation des** —, ash discharge; **extraction des** —, ash extraction, ash sluicing; **soute aux** —, ash cellar; **trémie à** —, ash hopper; — **non cohérentes**, loose ashes; — **de coke**, coke ashes; — **folles**, flasky ashes, light ashes; — **lavées**, buck ashes.

Cendreux (fer), Hot short brittle.

Cendrier, Ash box, ash chest, ash hole, ash pan, ash pit, ash tray, ash tub, cave, cinderfall; **barre de** —, clinker bar, pricker bar; **porte de** —, pit door; **porte à clapet de** —, ash pan dump; **registre de** —, ash stop; **traverse du** —, clinker bar.

Centésimal, Centesimal, centigrade; **échelle** —**e**, centigrade scale.

Centigrade, Centigrade, centesimal (therm.) (Etats-Unis).

Centimètre, Centimeter.

Centimétrique, Centimetric; **onde** —, centimetric wave, microwave.

Centrage, Centring, centering, centreing, concentricity; **dispositif de** —, centring device; **douille de** —, centering bush; **opération du** — **sur un tour**, centering; **réservoir de** — (aviat), trim tank; **volet de** — (aviat.), trimming tab; **à** — **automatique**, self centering.

Central, Central, navel; midship (N.); **carlingue** —**e**, middle line keelson; **goujon** —, centre pin; **pièce** —**e**, centre piece; **plan** —, central plane, center plane, centre section; **prise** —**e**, centre tap; **projection** —**e**, central projection; **renflement** —, centre boss; **section** —**e**, centre section.

Centrale, Station, plant, central station, power station; — **en plein air**, outdoor station; — **doseuse à béton**, concrete mixing plant; — **électrique**, generating plant; — **d'énergie**, power plant; — **hydroélectrique**, hydroelectric plant; — **suburbaine**, suburban plant; — **superposée**, superposed power station; — **thermique**, thermal plant, steam station, heat engine station.

Centralisé, Central; **graissage** —, central lubrication.

Centre, Centre, center; department; **foret à** —, centre drill; **pointe de** — **de mèche**, centre point; **sans** —, centreless; **meulage sans** —, centreless grinding; — **de charge**, load center; — **d'efforts**, working point; — **électrique**, electric center; — **de gravité**, centre of gravity, c. g.; — **optique**, optical center; — **de poussée**, aerodynamic centre, center of thrust; — **de pression**, center of pression; — **de recherches**, research department; — **de rotation**, centre of rotation; — **de similitude**, direct centre, centre of similitude; — **de sustentation**, center of lift; — **de symétrie**, centre of symetry.

Centré, Centered, centred balanced; **cubique —**, body centered; **à faces —es (mét.)**, face centered; **induit —**, balanced armature.

Centrer, to Center, to centre; **cadre à — les châssis**, centering frame; **foret à —**, centre drill, countersinking bit; **machine à —**, centre lathe, centre drilling machine, centering machine; **mêche à —**, centre bit, centre drill; **outil à —**, centre finder, centre punch; **trusquin à —**, centering gauge.

Centreuse, Centering frame, centering ring.

Centrifuge, Centrifugal, axifugal; **chasse-neige —**, rotary snow plough; **compresseur —**, centrifugal compressor, centrifugal blower; **coulée —**, centrifugal casting; **coupleur —**, centrifugal coupler; **embrayage —**, centrifugal clutch; **évaporateur —**, centrifugal still; **force —**, centrifugal force; **interrupteur —**, centrifugal switch; **pompe —**, centrifugal atomiser; **séchoir —**, centrifugal drier, rotary drier; **surpresseur —**, centrifugal booster; **ventilateur —**, centrifugal fan, screw fan.

Centrifugé, Centrifuged, spun; **acier —**, centrifugal steel; **— en sable**, sand spun.

Centrifuger, to Centrifuge.

Centrifugeur, Centrifuged.

Centripète, Centripetal, axipetal; **force —**, centripetal force.

Céramique, Ceramic; **isolation en —**, ceramic insulation; **produits —s**, ceramics; **revêtement de —**, ceramic coating.

Cercle, Circle, binding, binding hoop, ring, annular rod (béton armé); **demi —**, semi circle; **denture à développante de —**, single curve gear; **machine à chasser les —s de tonneaux**, claw trussing machine; **quart de —**, quadrant; **en quart de —, quadrantal; — d'aberration**, circle of aberration; **— de couronne**, addendum circle, point circle; **— divisé**, divided circle; **— de giration**, turning circle; **— gradué**, graduated circle; **— inférieur**, pitch circle; **— intérieur**, dedendum line; **— de mât**, mast hoop; **— de pied**, root circle, dedendum line; **— primitif (came)**, base circle, pitch circle; **— de réflexion**, reflecting circle; **— de roulement**, generating circle; **— de suspension**, gimbal ring; **— de tête**, addendum circle; **— de tonneau**, barrel hoop; **— des trous de boulons (chaudières)**, pitch circle.

Cerclé, Hooped.

Cercler, to Bind, to hoop; **machine à —**, hooping machine.

Cerésine, Ceresin, fossil wax.

Cerf-volant, Kite; **— cellulaire**, box kite.

Cérimétrique, Cerimetric.

Cérique, Ceric; **perchlorate —**, ceric perchlorate.

Cerisier, Cherry tree.

Cérium, Cerium; **sulfure de —**, cerium sulphide.

Certificat, Certificate; **— d'employé**, character; **— de jaugeage (N.)**, measure brief; **— d'origine**, certificate of origin; **— de visite**, certificate of survey; **— de droit au remboursement des droits de douane**, customs debenture.

Céruse, Ceruse, white lead; **blanc de —**, white lead; **tresse enduite de blanc de —**, gasket soaked in white lead; **joint à la —**, white lead joint.

Césium, Cesium, caesium; **chromate de —**, cesium chromate; **oxyde de —**, cesium oxide; **à revêtement de —**, cesium coated.

Cession, Assignment, delivery; **— de chaleur**, heat delivery.

Cessionnaire, Assignee.

Cétène, Cetene; **indice de —,** cetene number.

Cétones, Ketones; **— aliphatiques,** aliphatic ketones.

Cétonique, Cetonic; **acides — s,** ketoacids; **décarboxylation —,** cetonic decarboxylation.

Cétostéroïdes, Ketosteroid.

Chabotte, Anvil bed, anvil block.

Chaînage, Chaining.

Chaîne, Chain, line, link; **à —,** chain driven; **amplificateur en —,** chain amplifier; **arbre à —,** chain axle; **bac à traction par —,** chain ferry; **chape de —,** chain case; **chape guide —,** chain guard; **clef à —,** chain tong; **commande par —,** chain gearing, chain drive; **course de la —,** path of the chain; **étrier guide —,** chain guard; **excavateur à —,** chain excavator; **fuseau de —,** chain pin; **grattoir à —s** (chaud.), chain grate; **grille à — sans fin,** chain grate; **guide —,** chain guard; **hauban —,** chain stay; **joint de —,** chain joint; **maillon de —,** chain shackle, chain iron; **mesurer à la —,** to chain; **montage à la —,** continuous assembly; **palan à —,** chain block, chain tackle; **pas d'une —,** chain pitch; **pignon de —,** sprocket wheel; **poulie à —,** chain block, chain wheel, chain sheave; **puits aux —s,** cable locker; **raccourcissement de —,** climbing; **réaction en —,** chain reaction; **rivure à —,** chain riveting; **roue à —,** chain sheave, chain wheel, chain drive, chain gearing; **tendeur de —,** chain tightener, chain adjuster; **transmission par —,** chain drive, chain gearing; **— d'ancre,** cable of an anchor; **— des anguillers** (c. n.), limber chain, limber rope; **— antidérapante,** non skid chain; **— d'arpentage, d'arpenteur,** land chain, surveying chain, gunter's chain; **— d'articulations,** flat link chain; **— d'attelage,** coupling chain, drag chain; **— à blocs,** block chain; **— à crochets,** hook link; **— de décapage,** pickling line; **— dentée** (mortaiseuse), chain cutter; **— d'enrayage,** lock chain, locking chain; **— à étançons,** stud chain, stud link chain; **— de fer,** iron chain; **— galle,** sprocket chain, drag; **— à godets,** chain and buckets, bucket chain, conveyor chain; **drague avec — à godets,** bucket chain dredger; **excavateur à —,** bucket chain excavator; **— à mailles étroites,** short linked chain; **— de maillons,** sprocket chain; **— de montage,** assembly line; **— motrice,** driving chain; **— ordinaire,** link chain, open link chain; **— de pierre** (maçon), chain course; **— de retenue,** back stay; **— à rouleaux,** block chain, roller chain; **— sans fin,** endless chain; **— silencieuse,** silent chain; **— de traction,** pull chain; **— traînante,** drag chain; **— de transmission,** gearing chain; **— transporteuse,** chain conveyor; **— à la vaucanson,** band chain.

Chaîner, to Chain.

Chaînette, Chain; **soufflet à —,** chain blowing apparatus.

Chaînette (Courbe géométrique), Sag.

Chaînon, Link; **courroie à —s,** link belt.

Chaise, Chair, bracket, hanger, drop hanger, chocks, drop hanger bearing, drop hanger frame, pedestal, stool, support; **— de chaudière,** boiler support; **— à colonne,** post hanger; **— fermée,** drop hanger V form; **— d'hélice,** bracket of a propeller, stern bracket, propeller strut; **— murale,** wall bracket bearing; **— à nervures,** ribbed hanger; **— ouverte,** drop hanger T form; **— suspendue,** drop hanger frame.

Chaland, Barge, craft, lighter, scow; **transport par —s,** light-

CHA — 89 — **CHA**

erage; — **automoteur**, motor barge; — **à charbon**, coal lighter, coal barge, keel (Angleterre); — **à clapet**, hopper barge, hopper punt; — **porte-blocs**, block carrier barge.

Chalcocite, Chalcocite.

dérivés Chalcogénés, Chalcogen derivatives.

Chalcones, Chalcones.

Chalcopyrite, Chalcopyrite.

Chaleur, Heat; **acier résistant à la —**, heat resistant steel; **échange de —**, heat exchange; **échangeur de —**, heat exchanger; **pompe à —**, heat pump; **régulateur de —**, heat control; **résistant à la —**, heat resisting, heat treatable; **traitement par la —**, heat treatment; **transmission de —**, heat transfer; **— latente**, latent heat; **— rayonnante**, radiant heat; **— solaire**, solar heat; **— spécifique**, specific heat (sp. ht.); **— du vent** (h. f.), blast heat; **traiter à la —**, to heat.

Chaloupe, Launch.

Chalumeau, Blowpipe, torch, blow off pipe; **brasage au —**, torch brazing; **dard d'un —**, cone of a blowpipe; **jet de —**, nipple; **soudage au —**, blowpipe welding; **trempe au —**, flame hardening, torch hardening; **— acétylénique**, acetylene blowpipe; **— aérhydrique**, hydrogen gas blowpipe; **— coupeur**, flame cutter; **— décriqueur**, deseaming torch; **— à gaz**, gas blowpipe; **— à hydrogène atomique**, atomic hydrogen torch; **— oxyacétylénique**, oxyacetylene blowpipe; **— oxycoupeur**, cutting torch; **— oxydrique**, oxydrogen blowpipe; **— rainureur**, gouging torch; **— soudeur**, welding blowpipe.

Chalutier (N.), Trawler.

Chambourin, Crystal pebble.

Chambranle, Door frame, window frame, window case, mantel piece, chimney piece; jamb.

Chambre, Chamber, room; camera; stern sheets (N.); tube; **distribution à — unique**, single steam valve chest; **— d'absorption**, absorption chamber; **— à air**, air chamber, inner tube, tube; **sans — à air** (pneu), tubeless (tyre); **— d'altitude**, altitude chamber; **— de chauffe**, boiler room, fire room; **— de combustion**, combustion chamber, burner chamber; combustor; **— de combustion du type à injection**, spray type combustion chamber; **— de Commerce**, chamber of Commerce; **— de compensation**, clearing house; **— de condensation**, chamber for condensation; **— de décantation**, antechamber; **— de décompression**, decompression chamber; **— de diffraction**, diffraction camera; **— d'écho**, echo chamber; **— d'écluse**, lock chamber; **— d'équilibrage**, balancing chamber, balancing space; **— d'essai**, test chamber; **— d'explosion**, explosion chamber; **— à fission**, fission chamber, Faraday chamber; **— des machines**, engine room; **— métrique**, metrical camera; **— noire**, dark room; **— d'observation**, observation chamber; **— de plomb**, lead chamber; **— de prise de vues**, photographic camera; **— de pulvérisation**, spraying chamber; **— de réaction**, reaction chamber, soaker drum (pétr.); **— de régénération**, checker chamber; **— de restitution**, plotting camera; **— sourde**, anechoid room, anechoid chamber; **— spirale**, spiral chamber; **— de tranquilisation**, surge chamber; **— de vapeur**, dome.

Chambré, chambered, recessed.

Chambrer, to Recess, to chamber.

Champ, Field; **de —**, edgewise, on edge, edgeway; **bobine de —**, exciting coil; **brique de —**, laid brick; **électroaimant de —**, field electromagnet; **grille de —**, field grid; **intensité du —**, field strength, field intensity; **répartition du —**, field distribution; **représentation d'un —**, field mapping; **rhéostat de —**, field rheostat; **verre de —**, field lens; **— déviateur**, deflecting field; **— de dispersion**, stray field, leakage field; **— de dispersion de culasse**, yoke stray field; **— de dispersion des encoches**, slot stray field; **— de dispersion du stator**, stator stray field; **— disruptif**, electric strength; **— électrique**, electric field, A field; **— électromagnétique**, electromagnetic field; **— des encoches**, slot field; **— engendré par les griffes des inducteurs**, claw field; **— gravifique**, gravitatic field; **— magnétique**, magnetic field, G field; **— mésique ou mésonique**, meson field; **— de l'oculaire**, ocular field; **— oscillant**, oscillating field; **— particulaire**, patch field; **— pulsant**, pulsating field; **— de rotation d'une grue**, slewing area of a crane; **— tournant**, rotating field; **— de travail d'une grue**, area served by a crane; **— uniforme**, uniform field; **— vectoriel**, vector field; **— visuel**, field of vision.

Champignon, Mushroom, coif stock; moulder sleeker (fond.); **contre —** (de rail), check; **rail à —**, bridge rail; **rail à — double**, bull head rail, double rail, double headed rail; **rail à — unique**, single headed rail; **soupape en —**, mushroom valve; **soupape à — renversé**, bell shaped valve; **— d'appui de rail**, rail base; **— d'isolateur**, drip cover; **— de rail**, flange or flanch (rare) of a rail, rail head.

Chandelle, Prop, stay, brow piece, jury strut (aviat.) zoom (aviat.); **— de soutien** (N.), proppet, shore; **— de suspension** (ch. de fer), adjusted spring lock; **monter en —**, to zoom.

Chanfrein, Chamfer, beveled edge, feather edge, chamfer edge, taper; **étau à —**, lockfiler's clamps; **mordache à —**, vice clamps; **tenailles à —**, bit pincer, chamfer clamps; **abattre un —**, to cut off an edge, to bevel.

Chanfreinage, Bevelling.

Chanfreiné, Chamfered; **boulon à tête —e**, garnish bolt.

Chanfreiner, to Chamfer, to nick, to taper; **machine à —**, edge milling machine, chamfering machine.

Chanfreineuse, Edge milling machine, chamfering machine.

Change, Change, exchange; **agent de —**, stockbroker, exchanger, share broker; **bureau de —**, exchange office; **lettre de —**, bill of exchange, bill; **lettre de — acceptée**, accepted bill.

Changement, Change, alteration; **arbre de — de marche**, reversing shaft; **— automatique du sens du mouvement** (mach. outil), self reversing; **— de longueur**, alteration in length; **— de pas**, motion pitch change; **— de prises** (élec.), tap changer; **— de vitesse**, change speed gear, gear change, gear shift or shifting; **boîte de — de vitesse**, gear box, speed gear box, wheel box; **levier de — de vitesse**, change speed lever, gear lever; **mouvement à — de vitesse**, catch motion; **— de vitesse de machine à percer**, drill speeder; **— de vitesse présélectif**, preselective gear change; **— de vitesse à train baladeur**, block change gear; **— de voie**, crossing, shunting, siding.

Changer, to Change; — **de direction** (mines), to take another bearing; — **de ligne**, to shunt; — **les vitesses**, to shift speeds.

Changeur, Changer; — **de disques**, record changer; — **de fréquence**, frequency changer; — **de vitesses**, speed variator.

Chantier, Yard, drift, gantry, pool, drift way; stocks; **en —** (N.), on the slips; **chef de —**, boss; **grue de —**, building crane; **mise en — (N.)**, laying down; laying of the keel; — **de bois à brûler**, wood yard; — **de bois de charpente**, timber yard; — **de constructions navales**, ship building yard, ship yard; — **de constructions navales (de l'Etat)**, naval yards, stocks; — **ne produisant pas directement le minerai**, dead work; **mettre en —** (N.), to lay down, to lay the keel.

Chantignole, Cant board.

Chantourné, Sawed round, sweep sawed.

Chantourner, to Saw round; **machine à —**, fret cutting machine; **scie à —**, bow saw, chair saw, inlaying saw, piercing saw, sweep saw, turning saw.

Chanvre, Hemp; **âme de —**, hemp core; **aussière en —**, hemp hawser; **cordage en —**, hemp rope; **garniture de —**, hemp packing; **peigne pour le —**, hatchel, hemp comb; **tresse en —**, hemp gasket, hemp coiling; — **mâle**, male hemp; — **de Manille**, Manila hemp, abaca; **broyer le —**, to beat hemp; **espader le —**, to tew or to swingle hemp.

Chape, Fork, fork yoke, cap, block, flange, coat, case (fond), gin, gin block, yoke, fork joint; **levier à —**, double eye lever; **tête de bielle avec —**, butt end, jib and cotter end; — **d'accouplement**, coupling fork; — **de bielle**, strap; — **de chaîne**, chain case, chain guard; — **guide-chaîne**, chain guard; — **de moufle mobile ou inférieure**, bottom block; — **protectrice**, protecting cap; — **de remorque**, tow shackle; — **de suspension de scie**, saw buckle.

Chapeau, Hat, clip, cover, cap, bonnet, cowl, cropping (mines), hood; **boulon de —**, cap screw; **boulon de — palier**, bearing bolt, keep bolt, cap screw; **écrou à —**, screwed cap; **équerre à —**, back square, rim square; **longrine à —**, capping; **soupape à —**, crown valve, bell shaped valve; — **de cheminée**, rain cap; — **de direction (surchauffeur)**, guiding cap; — **d'élévateur**, bonnet casing; — **de moyeu**, hup cap; — **de palier**, keep, binder, bearing cap; — **de presse-étoupe**, gland of a stuffing; — **protecteur** (mach. à vapeur), tail rod casing; — **de roue**, wheel cap; — **de soupape**, bonnet of a valve, valve head; — **de valve**, valve hood.

Chapelet, Chain, crown iron, string; **pompe à —**, chain pump; — **de mines**, string of mines; — **de noria**, rosary.

Chapelle, Bow, chest, chamber; case; — **d'alambic**, cover; — **de pompe**, clack box; — **de soupape**, valve box, valve chest, valve case, valve chamber; **de — soupape d'admission**, inlet valve chest; — **de soupape d'échappement**, exhaust valve chest, exhaust valve box.

Chaperon, Coping.

Chapiteau, Bridge, top, chimney top; — **d'entretoisement de presse**, cross head.

Chaploir, Small anvil.

Char, Car, tank, wagon; **anti —**, antitank; **canon anti —**, antitank gun; — **lourd**, heavy tank; — **moyen**, medium tank.

Charbon, Coal (houille), charcoal (charbon de bois), carbon (lampe à arc); **agglutination du —,** caking; **balais de —,** carbon brushes; **balai à bloc de —,** block brush; **briquette de —,** coal block, briquette; **brouetteur de —,** coal wheeler; **chaland de —,** coal lighter; **couche de —,** coal seam; **dépôt de —,** coal depot, coal store, coaling station; **échantillonage du —,** coal sampling; **extraction du —,** coal drawing, coal mining, coal winning, coal working; **filtre à —,** carbon filter; **fines de —,** fine coal, duff; **grue à —,** coaling crane; **grue de manutention du —,** coal crane; **lavage du —,** coal desliming; **manutention du —,** coal handling; **mauvais —,** fault; **mèche de — (lampe à arc),** core; **menus de — produits pendant le lavage,** baring; **meule à — de bois,** charcoal kiln; **microphone à —,** carbon dust microphone; **noir de —,** coal black; **parc à —,** coal depot, coal store; **pelle à —,** coal shovel; **ponton à —,** coal hulk; **porte —,** carbon body, clip; **poudre de —,** granulated carbon powder; **poussier de —,** coal dross, coal dust, culm; **sachet de —,** carbon bag; **seau à —,** coal scuttle; **soute à —,** coal bunker, coal closet; **veine de —,** coal seam; **voie surélevée pour le déchargement du —,** coal shoot; **wagon à bascule pour —,** coal tip; **— activé,** activated charcoal; **— anthraciteux,** anthracite coal; **— ardent,** live coal; **— bitumeux,** bituminous coal, cannel coal, soft coal; **— de bois,** charcoal; **— de bois minéral,** fibrous anthracite; **— brillant,** glance coal, pea cock coal; **— de Cardiff,** welsh coal; **— cokéfiant,** caking or coking coal; **— collant,** close burning coal; **— de la couche supérieure,** day coal, rich coal; **— à courte flamme,** short burning coal, short flaming coal; **— criblé,** riddle coal, screened coal; **— flambant,** cherry coal; **— de forge,** smithy coal, forge coal; **— gras,** fat coal; **— demi-gras,** mixon coal, open burning coal; **— de grosseur comprise entre 12,7 et 19 mm,** pea; **— de grosseur comprise entre 1,9 et 3,1 cm,** nut; **— de grosseur comprise entre 3,1 et 4,4 cm,** stove; **— de grosseur comprise entre 6,3 et 10 cm,** grate; **— de lampe à arc,** arc lamp carbon; **— à longue flamme,** candle coal, cannel coal, free burning coal, open burning coal, long flaming coal, long burning coal; **— luisant,** pea cock coal; **— maigre,** dry burning coal, free ash coal; **— de magnéto,** magneto brush; **— mat,** dead coal, dull coal; **— menu,** mean coal, pea coal, slack coal, small coal, small; **— minéral,** mineral coal; **— en mottes,** clod; **— pulvérisé,** powdered coal, pulverized coal; **— pyriteux,** brazil; **— de qualité très inférieure,** bastard cannel; **— de très mauvaise qualité,** branch coal; **— en roche,** best coal, large; **— schisteux,** slate coal; **— de terre,** coal, pit coal; **— tout venant,** pit coal, rough coal; **faire le — (N.),** to coal; **action de faire le — (N.),** coaling; **faire son plein de — (N.),** to complete with coal; **laver le —,** to deslime coal.

Charbonner (N.), to Coal.

Charbonnier, Collier; **bateau —,** coal boat, collier; **chaland —,** keel (Angleterre); **wagon —,** colliery wagon.

Charbonnière, Charcoal kiln.

Charcon (de charnière), Eye.

Charge, Charge, charging, load, lading, burden, stress, shipload, weight; **alimentation en —,** gravity feed; **cahier des —s,** condition of contracts, specifications; **centre de** —, load centre; **coefficient de** — (aviat.), load factor; **commutateur de prises en** —, load tap changer; **courant de** —, charging current; **déplacement d'une** —, luffing; **déplacement en** — (N.), load displacement; **enregistreur de** —, load recorder; **exposant de** —, exponent of capacity; **facteur de** —, load factor; **flottaison en** —, load line; **hauteur de** —, head; **indicateur de** —, charge indicator; **ligne de** —, load line; **mât de** —, boom, derrick; **monte** —, hoist, elevator, lift; **monte** — **pour bateau**, ship's elevator; **monte — a benne trémie**, bucket hoist; **monte** — **électrique**, electric hoist; **monte** — **incliné**, inclined hoist; **monte** — **pneumatique**, pneumatic hoist; **monte** — **pour quai**, shore elevator; **niveau de** — (h. f.), stock line; **palan de** —, garnet; **perte de** —, pressure drop, duct loss, friction head, head loss; **pleine** —, full load; **pointe de** —, load peak; **poste de** —, charging plant; **potentiel de** —, charging potential; **régime de** —, charge or charging rate; **régime de** — **en 10 heures**, ten hour charging rate; **régime de fin de** —, finishing rate; **réglage de la** — (h. f.), burdening; **répartition de la** —, load distribution; **réservoir en** —, gravity feed tank; **résistance de** —, charge resistance, charging resistor; **rhéostat de** —, charge rheostat; **sabord de** —, lading hole; **sous** —, understressing; **sur** —, overstressing; **tension de** —, charging voltage; **tirant d'eau en** —, load draught, load draft; **trou de** —, loading hole; **variation de** —, alteration in load, load variation; **voltage de** —, charging voltage; — **d'un accumulateur**, charge of an accumulator; — **d'affaissement**, collapsing load; — **des ailes**, — **alaire**, wing loading; — **allumeur**, ignition car; — **amorce** (torpille), primer charge; — **artificielle**, phantom load; — **à l'aspiration** (pompe), suction head; — **de batterie**, battery charge; — **de compression et de traction**, push pull loading; — **continue de compensation**, trickle charge; — **creuse**, shaped charge; — **critique**, crippling load; — **cyclique**, cyclic loading; — **de démarrage**, starting load; — **dynamique**, dynamic load; — **électrostatique**, electrostatic charge; — **élémentaire**, elementary charge; — **d'espace**, space charge; — **explosive**, exlposive charge; — **flottante**, floating charge; — **de fourneau**, baking, batch, burden of a furnace; — **d'un haut fourneau**, batch, burden, heat of ablast furnace; — **d'impulsion**, impulsion loading. — **inductive**, inductive load; inductive loading; — **latente**, latent charge, bound charge; — **lente** (accus), slow charge; — **négative**, negative charge; — **de palier**, bearing stress; — **payante**, pay load; — **positive**, positive charge; — **préalable**, preload; — **propulsive**, propelling charge; — **pulsatoire**, pulsating charge; — **rapide** (accus), quick charge; — **réactive**, reactive load; — **résiduelle**, residual load; — **résineuse**, resineous charge; — **roulante**, wheel load; — **de rupture**, breaking load, ultimate stress; — **rurale**, rural load; — **d'une soupape**, load of a valve, weight on a valve; — **de la soupape de sûreté**, safety valve load; — **statique**, dead load, gravity head, static charge, static load; — **utile**, carrying capacity, useful charge, disposable load; — **à vide**, zero load.

Chargé, Charged, laden, loaded, weighted; **lettre** —**e**, registered letter; — **de** (N.), laden with; — **dans les hauts** (N.), top

CHA — 94 — **CHA**

heavy; — **par ressort**, spring loaded.

Chargement, Loading, lading, charging, filling, lastage, cargo; **couloir de** — (mines), muching pan; **cuiller de** —, charging box; **droits de** — (N.), lastage dues, lastage rates; **foyer à** — **par en dessous**, under feed stoker; **foyer à** — **par en dessus**, overfeed stoker; **grille de** —, spreader stoker; **plate-forme de** —, loading platform; **poste de** —, loading station; **trémie de** —, bath hopper; **trottoir de** —, siding; — **d'un fourneau**, filling of a furnace; — **d'un navire**, cargo of a ship.

Charger, to Charge, to load; **machine à** — (four), charging machine; **truelle à** —, filling trowel; — **un fourneau**, to fill a furnace; — **le minerai dans un haut-fourneau**, to blow in a furnace; — **un trou de mine**, to tamp a hole.

Chargeur, Charger, filler, loader; clip; bandsman (mines), shipper; — **d'accumulateurs**, battery charger; — **de coke**, coke backer; — **de gravillons**, gravel loader; — **rapide** (accus), fast charger, quick charger; — **à tapis roulant**, carpet loader.

Chargeuse, Charging machine, loading machine, loader; elevating grader.

Chariot, Carriage, car, crab, saddle, drag, pedestal, ram, sliding rest, slide rest, truck, wagon or waggon; **commande de translation du** —, crab runway; **déplacement du** —, crab travel; **four à** —, car bottom furnace; **guidage du** —, socket of the rest; **tablier du** —, carriage apron; **voie de roulement du** —, crab track; — **d'alésage**, boring block, boring saddle; — **arrière**, rear carriage; — **avant**, front carriage; — **à bascule**, dumping cart; — **à bouteilles**, cylinder truck; — **commandé par chaîne**, chain crab; — **à couteaux** (raboteuse à bois), cutter slide; — **de dilatation**, expansion saddle; — **élévateur**, lift truck; — **d'excentrique**, eccentric beam, eccentric pulley, eccentric sheave; — **de gouvernail**, slider; — **de guidage** (perceuse), sliding drill arm; — **de grue**, crane trolley; — **inférieur** (tour), bottom slide; — **longitudinal**, lengthwise carriage; — **de pont-roulant**, crane crab; — **porte-hélices**, dolly; — **porte-lame** (scie), blade holder carriage; — **porte-meule**, wheel slide; — **porte-outil**, tool box, tool carrier, cross tool carriage, tool holder carriage, sliding tool carriage, compound rest, tool slide, tool saddle; — **porte-outil d'une perceuse**, boring wheel; — **porte-outil transversal**, bed slide; — **porte-scie**, saw carriage; — **porte-tourelle**, turret slide; — **de scierie**, drag; — **de surfaçage**, surfacing carriage; — **de tour**, slide of a lathe, slide or sliding rest; **outil d'un** — **de tour**, slide rest tool; — **de tour à marche automatique**, self acting sliding rest; — **tournant**, revolving slide rest; — **à tourner les sphères**, ball rest; — **transversal**, cross slide, transversal or crosswise carriage; — **treuil**, hoisting trolley.

Chariotage, Turning, feed; **arbre de** — (tour), feed shaft; **barre de** —, feed head, feed bar.

Charioté, Turned; — **fin**, smooth turned; — **gros**, rough turned.

Charioter, to Turn, to feed; **tour à** —, slide lathe, sliding lathe, turning lathe, non screw cutting lathe; **tour à** — **et à fileter**, sliding and screw cutting lathe, engine lathe; **tour à** — **et à surfacer**, sliding and surfacing lathe.

Charme (bois), Horn beam, yoke elm.

Charnière, Hinge, door hanger, joint hinge; **à —,** hinged; **broche de —,** joint pin; **charcon de —,** eye; **châssis à —,** snap flask; **cheminée à —** (N.), hinged funnel; **clapet à —,** flap; **couvercle à —,** hinged lid; **filière à —,** hinge stock, hinged screw stock; **hausse à —,** flap sight; **induit à —,** hinged armature; **lime pour —s,** drill file; **patte à —,** flap hinge; **porte-outil à —,** hinged tool holder; **scie à —,** hinge saw; **soupape à —,** hinge valve, hanging valve, flap valve; **té à —,** T hinge; **— d'aileron,** wing flap hinge; **— de clapet,** valve hinge.

Charpentage, Carpentry.

Charpente, Frame, framing, frame work, structure, structural work, timber work; **assemblage de —,** contignation; **Lois de —,** timber; **chantier de bois de —,** timber yard; **lunette à —,** corb plate; **— en fer,** iron framing; **— d'une maison,** frame of a house; **— métallique,** bay work, metal frame; **— rigide,** rigid frame; **— de sonnette,** pile frame; **armer une pièce de — par fourrures,** to fish; **faire la — de,** to frame, to timber.

Charpentier, Carpenter; **équerre de —,** framing square; **hache de —,** bench axe.

Charrée, Buck ashes.

Charrée de soude, Alkali waste.

Charrette, Cart.

Charroi, Carriage.

Charron, Cartwright.

Charrue, Plow, plough; **avant-train de —,** collar of a plow.

Charte-partie, Charter party, charter pass.

Chas, Eye.

Chasse, Avion de **—,** (voir **Chasseur**), fighting plane; **monoplace de —,** single seat fighter; **— d'air,** air blast; **— boulon,** bolt driver; **— bourrage,** packing stick; **— clavette,** cotter driver; **rainure pour — clavette,** drift hole; **— goutte,** splash ring, water slinger; **— neige,** snow plough, snow blower; **— neige centrifuge,** rotary snow blower; **— neige de traction,** draw snow plough; **— pierres,** fender, rail guard; **— pointe,** sharp pointed bit, nail driver, nail punch; **— rivet,** cup, riveting punch.

Châsse, Drift, drift bolt, punch; **— à biseau,** bevelled punch; **— carrée,** square set hammer, square punch; **— goupilles,** pin driver, pin punch; **— à parer** (forge), flattener, flatter, planisher, set hammer; **— demironde,** fuller, half round self hammer; **— ronde,** top fuller.

Chasser, to Drift, to drive, to drive out, to bump out; **action de —,** fullering; **coin à —,** drift; **trou de coin à —** (porte-foret), drift hole; **machine à — les cercles de tonneaux,** claw trussing machine; **— un boulon, une cheville,** to drive a bolt; **— une clavette dans son logement,** to drive in a cotter; **— un rivet,** to knock out a rivet.

Chasseur (avion), Fighting plane, fighter, chaser; **— de jour,** day fighter; **— de nuit,** night fighter; **— de sous-marin,** submarine chaser; **— à réaction,** jet fighter.

Châssis, Chassis, body, frame, flask, box, carriage, cradle, case, slide; **cadre à centrer le —,** centering frame; **coulage en —,** box or flask casting; **dessous de —,** bottom box or flask; **entretoise de —,** frame stay; **faux —,** subframe; **fonte coulée en —,** box casting; **moulage en —,** box or flask moulding, moulding between flasks; **oreilles des —,** flanges of the half boxes; **scie à —,** framed saw; **— d'abri** (mines), flake; **— à benne basculante,** dumper; **— de bois dum;** **— à charnières,** snap

CHA — 96 — **CHA**

flask; — **de chaudière,** drag; — **cintré,** curved frame; — **à coulisse,** sliding sash; — **du dessus,** top box, top flask; — **(de fenêtre) dormant,** sash frame; — **de fonderie,** box, flask; — **(de fenêtre) à guillotine,** sash, window; — **de grille,** grate, bar bearer; — **hollandais** (mines), dutch case; **(demi) inférieur** (fond.), lower box, drag; — **intermédiaire** (fond.), cheeks; — **magasin** (photo), drawer; — **de moulage,** casting box, mold or mould box; **brides d'un — de moulage,** lips of a pair of boxes; **taquets de — de moulage,** cotter plates; — **oscillant,** swing frame; — **photographique,** dark slide, photographic chassis; — **presse,** printing frame; — **réglable à palier,** binder frame; — **de scie,** saw body, saw frame; — **à scier,** slab miller; — **soudé,** welded frame; — **supérieur de moulage,** case, cope; — **triangulaire,** jib frame; — **tubulaire,** tubular frame, tubular chassis.

Chassoir, Driver.

Châtaigner, Chestnut tree.

Château d'eau, Water tower, water house.

Chatterton, Insulating tape.

Chaud, Hot, warm; **air —,** hot air; **banc d'étendage à —,** hot bed; **fil —,** hot wire; **formage à —,** hot forming; **fragilité à —,** hot brittleness; **frittage à —,** hot pressing; **galvanisation à —,** hot galvanizing; **laminage à —,** hot rolling; **laminé à —,** hot rolled; **lit —,** hot bed; **marqué à —,** branded; **matrice à —,** hot forming; **métal —,** hot metal; **posé à —,** shrunk; **pressage à —,** hot pressing; **rivetage à —,** hot riveting; **scie à —,** hot sawing machine; **tranche à —,** chisel for hot metal, hot chisel; **trempe à —,** hot dip; **vent —** (h. f.), hot blast; **marquer à —,** to brand.

Chaude, Heat, heating, firing; **allure —** (h. f.), hot working; **couleur des —s,** heat colour; — **grasse,** white heat; — **ressuante** (forge), white heat, white flame; — **au rouge cerise,** cherry red heat; — **au rouge cerise clair,** bright cherry red heat; — **au rouge sombre,** blood red heat; — **suante,** sparkling heat, welding heat, welding glow; — **à la température du rouge sombre,** dark red heat.

Chaudière, Boiler, pan, pot; **accessoires de —,** boiler mountings, boiler fittings; **alimentation d'une —,** feeding of a boiler; **boîte à feu d'une —,** fire box of a boiler; **boîte à fumée d'une —,** smoke box of a boiler; **carlingage des —s,** boiler bearer; **chaise de —,** boiler support; **chevalet de —,** boiler bearer, boiler cradle; **collecteur de —,** boiler header; **corps d'une —,** boiler barrel, boiler body; **débit d'une —,** duty of a boiler, boiler output; **désincrustants pour —s,** boiler scaling appliances; **dessus, dôme de la —,** cover drum, top of the boiler; **écrasement des —s,** collapse of boilers; **enveloppe de —,** boiler shell, boiler barrel, cleading; **feutrage de —,** boiler coating; **groupe de —s,** set of boilers; **incrustations des —s,** boiler scales; **mise en place des —s,** setting of boilers; **oreille de —,** bracket of a boiler, boiler lug; **piqûre de —,** pit of a boiler, boiler pit; **plan de pose d'une —,** boiler setting; **pompe pour épreuve de —,** boiler prover; **réception d'une —,** boiler acceptance; **revêtement d'une —,** boiler felting, boiler packing; **tartre des —s,** boiler scales; **timbre d'une —,** boiler pressure (b. p.); **tronçon de corps d'une —,** shell belt of a boiler; — **aquatubulaire,** water tube boiler; — **auxiliaire,** donkey boiler; — **à bouilleurs,** elephant boiler; — **à bouilleurs à retour de flamme,** drop flue boiler; — **à carneaux,** flue boiler; — **à chaleur perdue,** exhaust heat boiler, waste heat boiler; — **chauffant au gaz,** gas fired boiler; — **chauffant au mazout,** oil fired boiler; — **chauffée des deux bouts,** double ended boiler; — **dans laquelle l'eau et les gaz circulent dans le même sens,** concurrent boiler; — **dans laquelle l'eau et les gaz circulent en sens inverse,** countercurrent boiler; — **à clarifier,** clarifier; — **cylindrique,** round boiler, barrel boiler; — **cylindrique avec deux fourneaux intérieurs,** double flued boiler; — **à étages,** multiple stage boiler; — **express,** express tube boiler; — **à flamme directe,** locomotive boiler, direct boiler; — **à flamme renversée,** drop flue boiler; — **à fourneaux étagés,** double story boiler; — **à galeries,** flue boiler; — **à gaz,** gas boiler; — **à haute pression,** boiler with high pressure, high pressure boiler; — **à boîte de retour en forme de havresac,** knapsack boiler; — **à lames,** sheet flue boiler; — **à lame d'eau sous les cendriers,** wet bottom boiler; — **sans lame d'eau sous les cendriers,** dry bottom boiler; — **locomobile,** portable boiler; — **marine,** marine boiler; — **multibouilleurs,** battery boiler, multiple-deck boiler; — **multitubulaire,** multitubular boiler; — **ordinaire (chauffée d'un seul côté),** single ended boiler; — **de récupération,** top boiler, waste head boiler; — **à retour de flamme,** return flame boiler; — **sans rivure,** wrought welded boiler; — **sectionnelle,** sectional boiler; — **semi-tubulaire,** combination boiler; — **s séparées ayant un coffre à vapeur commun,** twin boilers; — **superposée,** top boiler; — **à tombeau,** wagon boiler; — **à tombereau,** caravan boiler; — **à tubes d'eau,** water tube boiler; — **à tubes d'eau noyés,** drowned tube boiler; — **à tubes de fumée,** fire tube boiler; — **tubulaire,** tubular boiler, pipe still (pétr.); — **à vapeur,** steam boiler; — **à vaporisation instantanée,** flash boiler; — **sans volume d'eau arrière,** dry back boiler; **alimenter la —,** to feed the boiler; **allumer les feux d'une —,** to light fires under a boiler; **changer les —s,** to reboiler; **désincruster une —,** to scale a boiler; **enlever les dépôts d'une chaudière,** to scale off a boiler; **piquer une —,** to pick a boiler; **faire le plein d'une —,** to fill a boiler; **purger une —,** to blow down a boiler; **vider une —,** to empty a boiler.

Chaudron, Copper, kettle.

Chaudronnerie, Boiler forge, boiler making, boiler works, boiler forge; **grosse —,** boiler manufactory; **atelier de grosse —,** heavy plate workshop; **outils de —,** boiler making tools.

Chaudronnier, Boiler maker, kettle maker, tinker; **— en cuivre,** coppersmith.

Chauffage, Heating, firing; **batterie de — (T. S. F.),** heating battery; **bois de —,** fire wood; **cathode à — direct,** directly heated cathode; **cathode à — indirect,** indirectly heated cathode; **courant de —,** filament current; **circuit de —,** filament circuit; **groupe de —,** unit heater; **résistance de —,** filament resistance; **serpentin de —,** heating coil; **température de —,** firing temperature; **tension de —,** filament voltage; **vapeur de —,** heating steam; **— central,** central heating; **— au charbon,** coal heating, coal firing; **— charbon pulvérisé,** pulverized coal firing; **— par convection,**

Chauffant, Heating; **enveloppe —e,** heating jacket; **panneau —,** heating pannel.

Chauffe, Heat, stoking; **chambre de —,** boiler room, stoke hold; **crochet de —,** fire hook; **outil de —,** fire tool, stoking tool, poker; **parquet de —,** fire flooring, foot plate, stoking floor, fire plate; **pont de —,** fine bridge; **surface de —,** fire surface, flue surface, heating surface; **— eau,** water heater.

Chauffé, Heated, fired; **— au blanc,** white hot; **— au charbon,** coal fired; **— au gaz,** gas fired; **— au pétrole,** oil fired, fired with oil; **— au rouge,** red hot.

Chauffer, to Heat, to get steam (N.), to stoke; **— la locomotive,** to stoke the engine.

Chaufferie, Stokehold, boiler room, vault (tuilerie).

Chauffeur, Chauffeur, fireman (Etats-Unis), boiler operative; **ouvrier —,** stoker mechanic (Etats-Unis); **— mécanique,** mechanical stoker.

Chauffure, Brittleness.

Chaumard, Leader.

Chausse, Filter cap.

Chaussée, Roadway, road; **assiette d'une —,** road bed.

Chaux, Lime; **carbonate de —,** spar; **carbonate de — magnésifère,** bitter spar; **carbonate de — sous forme de stalactite ou de stalagmite,** drip stone; **chlorure de —,** bleaching powder; **eau de —,** lime water; **four à —,** lime kiln; **lait de —,** lime wash; **pierre à —,** cement stone, limestone; **carrière de pierre à —,** lime pit; **— éteinte,** slack or slacked lime; **— éteinte à l'air,** air slacked lime; **— hydraulique,** hydraulic cement, water cement, lime water, hydraulic lime; **— vive,** quick lime, core; **éteindre la —,** to slack or to slacken lime.

Chef, Chief, principal; **ingénieur en —,** chief engineer; **— d'atelier,** head workman; **— éclusier,** sluice master; **— d'équipe,** foreman; **— de gare,** station master; **— mécanicien,** chief engineer; **— ouvrier,** foreman; **— de train,** conductor, guard.

composés Chélatés, Chelate compounds.

Chemin, Way, path, vault (verrerie); **— de halage,** towpath; **— de contre-halage,** foot path; **— de roulement,** raceway, roller path, conveyor line.

Chemin de fer, Railway, railroad; **embranchement de —,** branch railway; **ligne de —,** railway, road; **longrine d'un —,** beam of a railway; **réseau de —s de fer,** railway network; **traverse de —,** railway sleeper; **voie de —,** railway track; **voiture de —,** railway car (Angl.), railway carriage (Amér.) **— aérien,** elevated railway; **— à chevaux (mines),** barrow way; **— à crémaillère,** rack railway; **— funiculaire,** rope railway, aerial railway; **— à voie étroite,** narrow gauge railway; **— à voie unique,** single track railway; **— à deux voies, à quatre voies,** double track, four track railway.

Chemin de roulement (voir **Chemin**).

Cheminée, Chimney, funnel (N.), stack, smoke stack, smoke pipe;

capot de — (N.), funnel cowl; capuchon de —, chimney cover, chimney head; chapeau de —, rain cap of a chimney; chapiteau de —, chimney top; châssis de —, chimney board; chemise de —, air case; conduits de —, chimney flues; corps de —, chimney stack; courants de —, chimney flues; débouché de —, chimney mouth; devant de —, chimney board; enveloppe de la — (N.), funnel casing; faîte de —, chimney top; fond de —, chimney back; fût de —, chimney shaft; hauban de —, belly stay; hotte de —, chimney head; manteau de —, chimney head; mitre de —, chimney shaft, chimney top, chimney cap; navire à deux —s, two stacker; parapluie de —, rain cap of a chimney; piédestal de —, chimney base; registre de —, draft or draught plate, damper; sifflet de —, air pipe; socle de —, chimney base; souche de —, chimney neck; tirage d'une —, draught or draft of a chimney; tronçon de —, chimney belt; tuyau de —, funnel of a chimney; — en acier, steel stack; — à charnière, hinged funnel; — de compensation, surge tank; — d'équilibre, surge chamber; — de mât métallique, mast hole; — de navire, funnel or stack of a ship; — à rabattement, hinged funnel; — télescopique, telescopic funnel; — de ventilation, vent, ventilating chimney; — Venturi, Venturi chimney.

Chemise, Case, casing, jacket, lining, liner, sleeve, shell, setting; à — d'eau, water jacketed; ayant une —, jacketed; — balle à — de nickel, nickel jacketed bullet; — eau des —s' jacket water; robinet de purge de la —, jacket cock; — de cheminée, air case; — à circulation d'air, air jacket; — du cylindre (à vapeur), steam case; — d'eau, water jacket; — d'un fourneau, shell of a liner; — d'un moule, casing of a mould; — de vapeur, steam jacket, steam case.

Chemisé, Lined, jacketed.

Chemiser, to Line, to jacket.

Chenal, Channel (voir **Canal**).

Chêne, Oak; de —, en —, oaken, oaky; bois de —, oak timber; dur comme du —, oaky; écorce de —, oak bark; à panneaux de —, oak panneled; petit —, garmander oak, young oak; rejeton de —, ground oak; — **angoumois**, hoary oak; — **blanc**, white oak; — **châtaigner**, chesnut oak; — **chevelu**, bitter oak, turkey oak; — **commun**, common oak, waiscot oak; — **cyprès**, cyprus oak; — **étoilé**, iron oak; — **fastigé**, cypress oak; — **français des Antilles**, olive bark oak; — **à gros fruits**, cup white oak; — **des Indes**, indian oak; — **kermès**, kermes oak, scarlet oak; — **à lattes**, shingle oak; — **liège** cork tree; — **des montagnes**, chestnut oak, rock oak; — **noir**, barren tree; — **à la noix de galle**, dyer's oak, gall bearing oak; — **primus**, chestnut white oak; — **rouge**, red oak; — **roure**, rouvre, oak tree, common oak, gall oak; — **saule**, willow oak; — **tauza**, hoary oak; — **tinctorial**, des teinturiers, dyer's oak, gall bearing oak; — **Vélani**, Valonia oak; — **vert**, evergreen oak, helm oak, holly oak, live oak.

Chenille, Caterpillar; arches à —s, carterpillar arches; camion à —s, caterpillar truck; grue sur —s, caterpillar crane, crawler crane; monté sur —, crawler mounted; tracteur sur —s, caterpillar tractor; traction à —s, caterpillar traction; train à —s (aviat.), track tread landing gear; train de —s, crawler chain; —s, caterpillar tracks.

Chèque, Check, cheque; — **barré**, crossed cheque; — **à ordre**, cheque to order; — **au porteur**, cheque to bearer.

Cherche (fond.), Face mould.

Cherche-fuites (gaz), Detector, escape detector.

Cherche-pertes (de courant), Leakage detector.

Cherche-pointe, Chamfering broach.

Chercheur (de lunette), Finder, view finder; — **focimétrique**, lens finder.

Chevage, Making convex.

Cheval, Horse; à —, straddled; fer à —, horseshoe; en forme de fer à —, horseshoe shaped; aimant en fer à —, horseshoe magnet; tête de — (tour), adjustment plate, quadrant; — de bois (aviat.), ground loop.

Cheval-vapeur, Horse power (H. P.); — **effectif**, actual horse power; — **heure**, horse power hour; **consommation au — heure**, consumption per B.H.P.; — **indiqué**, indicated horse power (I. H. P.); — **indiqué au frein**, brake horse power (B. H. P.); — **nominal**, nominal horse power (N. H. P.); — **théorique**, theorical horse power.

petit Cheval, Donkey, donkey engine; auxiliary engine; — **alimentaire**, donkey pump.

Chevalement, Arch, derrick, head frame; grue de —, derrick crane; grue de — à main, hand derrick; — de puits, derrick.

Chevalet, Bench, bearer, horse, double beam, pedestal, easel, A frame, prop; — **de chaudière**, boiler bearer, boiler cradle; — **à courber**, bending horse; — **de moulin à vent**, cellar beam; — **de palier**, bearing pedestal; — **de pompage**, pump jack; — **de scieur de long**, saw pit frame.

Chevauchement (béton armé), Overlap.

moteur de n **Chevaux**, n H. P. motor.

Chevillage, Fastening, pegging.

Cheville, Dowel, bolt, cask, peg, plug, knag, toggle, spill, sprig; commutateur à —, plug commutator; foret à —s, bolt auger; interrupteur à —, plug switch; métier à —s, tenterspin; scie à —s, tenon saw; — d'about (c. n.), butt bolt; — d'arrêt, jig pin; — d'assemblage, drift bolt; — d'attelage, knuckle pin, draw pin; — barbelée, rag bolt; — de bauquière (c. n.), shelf bolt; — en bois, nog, peg, treenail; — à boucle, ring bolt; — à bout perdu, short drove bolt; — à bout pointu, pointed bolt; — clavetée sur virole, clinch bolt; — dentelée, rag bolt; — en fer, iron bolt; — à goupille, forelock bolt; — à grille, rag bolt; — de moise, clamp nail; — ouvrière, main bolt, main pin, soft bolt; — de tonneau, cask plug; — à vis, screw pin; chasser une —, to drive a bolt.

Cheviller, to Bolt, to pin, to plug.

Chevillette, Clip nail.

Chèvre, Crab, crane, cuddy, gin; hanches de —, cheeks; — de cordier, top.

Chevron, Charter, rafter, spar; bead; denture à —s, herringbone; engrenage à —s, crescent shaped gearing, crescent gearing, double helical gear, herringbone gear, mitre gear; maître —, binding rafter; roue à —s, double helical wheel, mortise wheel; — anti-dérapant, non skid bead; — de pneu, tyre bead.

Chicane, Baffle, baffle plate, deflector; **joint en —,** break joint, labyrinth joint; **séparateur à —s,** baffle separator; **— à huile,** oil baffle; **— de nettoyage ou d'humidification d'air,** scrubber plate; **— de répartition,** baffle plate.

Chien, Dog, catch, click, cock; **— d'un fusil,** cock of a gun.

Chiffons, Rags.

Chiffre, Cipher, check, figure.

Childrenite, Childrenite.

Chimie, Chemistry; **électro —,** electrochemistry; **— analytique,** analytical chemistry; **— coordinative,** co-ordination chemistry; **— générale,** general chemistry; **— minérale,** inorganic chemistry; **— nucléaire,** nuclear chemistry; **— organique,** organic chemistry; **— physique,** physical chemistry; **— thérapeutique,** chemotherapy; **— traceuse,** tracer chemistry.

Chimiluminescence, Chemiluminescence.

Chimiothérapeutique, Chemotherapeutic.

Chimique, Chemical; **absorption —,** chemical absorption; **composition —,** chemical composition; **précipitation —,** chemical precipitation; **produits —s,** chemicals; **traitement —,** chemical processing; **usine de produits —s,** chemical works.

Chio (four à reverbère, h. f.), Dam, discharge aperture, tap hole, floss hole, front plate.

Chloramidure, Amidochloride; **— de mercure,** amidochloride of mercury.

Chloranilique, Chloranilic; **acide —,** chloranilic acid.

Chlorate, Chlorate; **— de potasse,** potassium chlorate; **— de sodium,** sodium chlorate.

Explosif chloraté, Chlorate explosive.

Chloration, Chlorination; **— sèche,** dry chlorination.

Chlore, Chlorine; **bioxyde de —,** chlorine dioxide; **eau de —,** bleaching liquid; **— liquide,** liquid chlorine.

Chloré, Chlorinated **solvant —,** chlorine solvent.

Chlorétone, Chloretone.

Chlorite Chlorite; **— schisteuse,** chlorite slate; **— terreuse,** chlorite clay.

Chloroforme, Chloroform.

Chlorure, Chloride; **— acrylique,** acrylyl chloride; **— alcalin,** alkali chloride; **— alcalino-terreux,** alkaline earth chloride; **— de calcium,** calcium chloride; **— de chaux,** bleaching powder; **— d'éthylène,** dutch liquid; **— ferrique,** ferric chloride; **— de magnésium,** magnesium chloride; **— de mercure,** mercuric chloride; **— polyvinylique,** polyvinyl chloride; **— de sodium,** sodium chloride; **— de zinc,** zinc chloride; **injecter du — de zinc,** to burnettise.

Chlorurer, to Chloruret.

Choc, Shock, allision, blow, knock, knocking (mach.), concussion, dash, impact, impulse, tap; **essai de flexion au —,** blow bending test; **ionisation par —,** ionisation or ionization by impact; **onde de —,** schock wave; **essai aux ondes de —** (élec.), schock wave test; **outils de —,** vibrating tools; **pare —,** (auto) bumper; **plaque de —,** buffer plate; **résistance au —,** toughness, shock strength, impact strength; **séparateur par —,** baffle separator; **surface de —** (carneau), deflecting plate; **tampon de —,** buffer, buffer block; **tige d'un tampon de —,** rod of a buffer; **tampon de — à ressort,** spring buffer; **travail au —,** blow stress; **vitesse au —,** velocity on impact; **— de**

décohésion, decohering tap; — **à chaque renversement de marche**, back lash; — **en retour**, back shock, back stroke, return stroke.

Choix, Picking.

Choquer (une aussière), to Slip.

Chromage, Chrome plating, chromizing.

Chromate, Chromate; — **alcalin**, alkali chromate; — **de fer et de nickel**, ferrous nickel chromate.

Chromateur, Chromator; **mono —**, monochromator.

Chromatique, Chromatic; **aberration —**, chromatic aberration.

Chromatisme, Chromatism.

Chromatogramme, Chromatogram.

Chromatographie, Chromatography; — **de partage**, partition chromatography.

Chromatographique, Chromatographic; **adsorbtion —**, chromaphotographic adsorption.

Chrome, Chrome, chromium; **acier au —**, chrome steel, chrome alloy steel; **acier au nickel —**, chrome nickel steel; **alun de —**, chromic alum; **ferro —** ferro chromium; **jaune de —**, lead chromate; **nickel —**, nickel chromium; **tannage aux sels de —**, chrome tanning; — **dur**, hard chrome.

Chromé, Chrome plated, chrome tanned; **fer —**, chrome iron.

Chromer, to Chrome plate, to chrome.

Chromeux, Chromous.

Chromique, Chromic.

développement Chromogène, Colour developing.

Chromones, Chromones.

acide Chromotropique, Chromotropic acid.

Chronodéclenché, Time released, chrono released.

Chronodéclencheur, Chrono-release.

Chronographe, Chronograph, stop watch; — **électrique**, electric chronograph.

Chronomètre, Chronometer; **échappement d'un —**, escape of a chronometer; **régler un —**, to rate, to regulate a chronometer.

Chronoscope, Chronoscope.

Chrysolite, Chrysolite.

Chute, Fall, drop, descent, dip, slip, discharge, head; scrap, scrap end, waste end, crop end; **basse —**, low head; **hauteur de —** (hydr.), head; **marteau à — libre**, drop hammer; **mouton à — libre**, drop press, drop stamp; **mur de —**, lift wall, retaining wall; **renforceur de —**, head intensifier; **tuyaux de — barométrique**, barometric discharge pipe; — **brute**, bulk head; — **disponible**, available head; — **d'eau**, outfall, overfall; — **effective**, effective head, working head; — **d'extrémité** (métall.), crop head; — **libre**, free fall; — **de matière active** (accus), falling out of the paste; — **de métal**, metal scrap; — **moyenne**, average or medium head; — **nette**, net head; — **de potentiel**, potential drop, fall of potential; — **de pression**, drop of pressure; — **statique**, position head, starting head; — **de tension**, voltage drop; — **de tension par unité de longueur**, voltage gradient; — **totale** (turb. hydr., pompe), total head; — **utile**, operating head, productive head, working head.

Cible, Target; **ballon —**, target balloon.

Ciel, Roof, crown, burden (mines); **à — ouvert**, open pit; **exploitation étagée à — ouvert**, coffin; **tôle de —**, crown plate; **tubes de —** (d'un alambic), roof tubes; — **de la boîte à feu**,

crown roof of the fire box;
— de fourneau, crown sheet;
— de foyer, crown, fire crown, roof, top of a furnace; armature d'un — de foyer, roof ribs, roof stays; ferme de — de foyer, crown bar.

Cigale de l'ancre, Shackle of the anchor, jew's harp.

Cimaise, Ogee.

Ciment, Cement, mastic; broyeur à —, cement mill; canon à —, cement gun, cement injector; four à —, cement kiln; injecteur de —, cement gun; mortier de —, cement mortar; sac à —, cement bag; silo pour — en vrac, bulk cement plant; usine à —, cement plant; — alumineux, aluminous cement; — à l'asphalte, asphalt mastic; — fondu, aluminous cement; — hydraulique, water cement, hydraulic cement; — de Portland, Portland cement, slow hardening cement; — à prise lente, low setting cement; — à prise rapide, quick setting cement, quick hardening cement; — en vrac, bulk cement.

Cimentation, Cementation; écran de — (mines), basket; presse-étoupe de — (pétr.), cement retainer.

Cimenté, Cemented.

Cimenter, to Cement.

Cinéfluorographie, Cinefluorography.

Cinéma (voir **Cinématographe**).

Cinématique, Kinematic.

Cinématographe, Cinematograph, kinematograph, moving or motion pictures, movies.

Cinématographique, Cinématographic; appareil —, motion picture apparatus; lentille —, cinematographic lens.

Ciné-mitrailleuse, Camera gun.

Cinéthéodolite, Cinetheodolite.

Cinétique, Cinetic: énergie —, cinetic energy, active energy.

Cinglage, Shingling.

Cingler, to Shingle, to dolly, to draw out, to squeeze; machine à —, blooming machine, shingling machine; marteau à —, shingle hammer, squeezer; presse à —, crocodile press.

Cingleur, Tilt hammer, squeezer; — à levier, crocodile press.

acide **Cinnamique**, Cinnamic acid.

Cinnoline, Cinnoline.

Cintrage, Bending, bend, deflection, rolling in.

Cintre, Arch, arched false work, centre, center, centring, centering; voûte en plein —, entire arch, ful center arch.

Cintré, Arched, curved; rolled in; châssis —, curved frame; ciseau —, curving gouge; ferme — e, bow truss; toit —, barrel roof; tuyau —, angle pipe.

Cintrer, to Arch, to bend, to curve, to deflect; to roll in; appareil à — les rails, rail bender; four à —, bending furnace; machine à —, bending machine, bending press; machine à — les tôles, plate bending press, plate bending rolls; machine à — les tuyaux, pipe bending machine; pince à —, bending pliers; pince à — les tubes, tube bending pliers; presse à — les rails, jack crow.

Cintreuse, Bender, bending machine.

Circonférence, Circumference; — d'une roue, felloe of a wheel.

Circonférentiel, Circumferential; vitesse — le, peripherical speed.

Circuit, Circuit; en —, on; hors —, off; mise hors —, switching off; coupe —, circuit breaker; court —, short circuit, short; en court —, short circuited; court — franc, dead short circuit; induit en court —, short circuited rotor; mise en court —, short circuiting, bridging; moteur avec bague en court —, shaded pole motor; rapport de court —, short circuit ratio; ferme —, circuit closer; fil de fermeture d'un —, jumper; induit à deux —s, two circuit armature; induit en court —, short circuited armature; — d'accord, tuner; — d'alimentation, supply circuit; — d'allumage, ignition circuit; amorti, quenching circuit; — d'antenne, antenna circuit; — de boucle, loop line; — compensateur, equaliser circuit; — de découplage, decoupling circuit; — démagnétisant, degaussing circuit; — dérivé, branch circuit; — diviseur, dividing network; — d'éclairage, lighting circuit; — électronique, electronic circuit; — fantôme, phantom circuit; — fermé, closed circuit; — filament (T. S. F.), filament circuit; — à basse fréquence, low frequency circuit; — à haute fréquence, high frequency circuit, — de grille, grid circuit; — intermédiaire, intermediate circuit; — magnétique, magnetic circuit; — de multivibrateur, flip flop circuit; — oscillant, oscillating circuit; — ouvert, open circuit; — de plaque, plate circuit; — primaire, primary circuit; — pulsant, pulsing circuit; — résonant, acceptor or resonant circuit; — résonant parallèle, tank circuit; — de retour par la terre, earth circuit; — secondaire, secondary circuit; — série, series circuit; — à sonde, probe circuit; — sous tension, live circuit; — stabilisateur, stabiliser circuit; — de transmission d'énergie, power circuit; — en triangle, delta circuit; fermer le —, to close the circuit; mettre en —, to switch on; mettre hors —, to switch off, to switch out; mettre en court —, to short circuit; ouvrir le —, to open or to break the circuit.

Circulaire, Circle, racer; — dentée, cog racer.

Circulaire (adj.), Circulaire; aimant —, circular magnet; brûleur —, fan tailed burner; coupoir —, circle cutter; diagramme —, circle diagram; fonction —, circular function; four —, annular kiln; fraise —, cone bit; guide d'ondes —, circular wave guide; lime pour scies, circular saw file; mortaisage —, circular slotting; mouvement —, rotary motion; orbite —, circular orbit; plateau —, circular plate; polarisation —, circular polarization; réseau —, circular grating; scie —, circular saw, disc saw, crown saw; scie — en biseau, bevelled circular saw; scie à chariot mue par crémaillère, rack circular saw; scierie à lame —, circular saw mill; semi —, semi circular; soupape —, circular valve, mushroom valve; tuyère —, circular mozzle.

Circulairement, Circularly; fraiser —, to mill circularly; raboter —, to plane circularly.

Circulateur, Circulator; — d'eau, water circulator; — d'huile, oil circulator.

Circulation, Circulation; air de —, circulating air; pompe de —, circulation or circulating pump; — d'eau, water circulation; — forcée, forced circulation; — par thermosiphon, thermo-syphon circulation.

Circulatoire, Circulatory; appareil de distillation —, circulatory.

Cire, Wax; — à cacheter, sealing wax; — détersive, detergent wax; — de paraffine, paraffin wax.

Cisaille, Shear, shears; lame de —, shear blade; angle de coupe de lame de —, angle of back off; poinçonneuse à —s, punching and shearing machine; — pour barres, bar shear; — pour billettes, billet cropping shear; — à blooms, bloom shear; — à bras, bench shear, block shear; — circulaire, circle shear; — à couper les cornières, angle iron cutting machine; — pour fer profilé, shapes shear; — à guillotine, guillotine shears; — à levier, lever shears; — pour lingot, ingot shear; — poinçonneuse, punching and shearing machine; — portative, portable shear; — à tôles, plate shear, plate cutting machine; — universelle, universal shear; — à vapeur, steam shearing; — volante, flying shears.

Cisaillé, Sheared.

Cisaillement, Shear, shearing, shearing action, cropping, cutting action; effort de —, shearing stress; élasticité de —, elasticity in shear; résistance au —, shearing strength; rondelle de —, shearing washer; — transversal, cross cutting.

Cisailler, to Shear, to clip, to crop, to cut off; machine à —, cutting press, shearing machine; machine à poinçonner et à —, punching and shearing machine.

Cisailleur, Clipper.

Ciseau, Chisel; grue —, sheer legs crane, mast crane; lame de —, shear blade; — à biseau, cant chisel, firmer; — à bois, cant chisel; — à chaud, chisel for hot metal, hot chisel; — cintré, carving gouge; — cylindrique à taillant transversal, cross mouth chisel; — d'établi, cold chisel; — fin, smoothing chisel; — fort, ripping chisel; — à froid, chisel for cold metal, cold chisel; — à froid pour l'ébarbage, flogging chisel; marteau pour frapper sur le — d'ébarbage, flogging hammer; — à lame oblique, bevelled chisel; — à main, hand chisel; — de mineur, cross mouthed chisel; — à mortaiser, bur or burr chisel, mortise or mortising chisel; — à pierre, stone chisel; — à planche, former; — à planer, turning chisel; — à arête plate, cold set; — large de tailleur de pierres, drove; découper au —, to chip out; dresser au —, to chisel.

Ciseaux, Scissors.

Ciselage, Chasing, chipping.

Ciselé, Chased.

Ciseler, to Chisel, to carve, to chip, to enchase, outil à —, chasing chisel; — à l'aide de poinçons, to chase.

Citerne, Water tank, tank, container, hotwell; avion —, air tanker; bateau —, water tender; camion —, tank truck; rood tank, fueller; navire —, tank vessel; wagon —, boiler truck, tank car; rail tank; — anti-roulis, anti-rolling tank; — de stockage, storage tank.

Citronnier, Citron tree.

Clair, Bright.

Clairce (sucrerie), Cleare.

Claire-voie, Skylight, bay of joints; caisse à —, emballage à —, crate; capot de —, skylight hood.

Clameau, Dog bolt.

Clan, Sheave hole; — d'une poulie, channel, sheave hole, swallow of a pulley.

Chapeau, Cylinder washing machine.

Clapet, Clack, valve, valve clack, hanging valve, valve clapper, flap; boîte à —s, clack box, valve box; butoir de —, valve guard; charnière de —, valve hinge; garde de —, catcher of a valve; piston creux à —, air pump bucket; porteur à —, hopper, hopper punt, hopper barge; siège de —, clack seat; sonde à —, self emptying borer; soupape à —, clack valve, disc valve, flap valve, hanging valve; souricière à —

(pétr.), mouse trap; **système de —s**, valve or valving mechanism; **tarière à —**, sludger; **valve à —**, flap valve; **— d'air additionnel**, auxiliary air valve; **— annulaire**, annular valve; **— d'arrêt**, shutting clack; **— d'aspiration**, suction valve; **— automatique déversant**, automatic spillway gate; **— du cendrier**, ash pit damper; **— à charnière**, flap valve; clack valve, hinged valve, leaf valve; **— de contrôle de poussée**, check thrust valve; **— à couronne**, cap valve; **— de décharge**, delivery clack; **— d'échappement**, exhaust valve; **— électrique**, rectifier; **— flottant**, float valve; **— pied de (condenseur)**, foot valve; **— de pied (pompe à air)**, bottom blow valve, pump clapper; **— à piston plongeur**, plunger valve; **— de pompe**, pump valve, cap of a pump; **— de pompe à air**, air pump valve, blow valve; **— de pompe de cale**, fang; **— de refoulement**, delivery clack, pressure clack, delivery flap, delivery valve; **— de remplissage**, charging door, inlet fitting; **— de retenue**, check valve, non return valve; **— de retenue d'alimentation**, supply check valve; **— de non-retour**, non return (n. r.) valve; **— sélecteur**, selector valve; **— sphérique**, spherical valve; **— de tête (pompe à air)**, top clack, head valve, upper valve.

Claquage (d'un isolant), Breakdown.

Claquement, Chatter, chattering, slap; **— du piston**, piston slap.

Claquer (condensateur), to Puncture.

Clarifier, to Clarify, to fine; **chaudière à —**, clarifier.

Clarinette (de soupape), Valve box.

Classe, Classe; **— d'un navire de commerce**, rate of a merchant ship.

Classement, Classification, filing rank.

Classer, to File.

Clathrates, Clathrates.

Clause, Provision.

Clavetage, Keying, keyed connection, wedging.

Claveau, Feather, brick, arch stone.

Claveté, Keyed, wedged, cottered.

Claveter, to Cleat, to key, to wedge.

Clavette, Cotter, key, bolt, collar, feather, forelock, linchpin, swivel; **à —**, keyed; **assemblage à —s**, keying, keyed connection dowelling; **assemblage à —s transversales**, cross keyed connection; **boulon à —**, cotter bolt, key bolt, collar pin, eye bolt and key; **contre —**, gib, gib and cotter, fox key, fox wedge; **goupille d'une —**, collar pin, cotter pin; **logement d'une —**, key hole; **mortaise pour le passage d'une —**, cotter hole; **outil à tailler les rainures des —s**, key way cutter; **siège d'une —**, key seat, key way; **— d'attelage**, locking pin; **— de calage**, tightening key; **— conique**, tapered cotter; **— non conique coulissante**, feather key; **— et contre clavette**, gib and cotter; **— coulissante**, draw key; **— double**, gib and cotter; **— fendue**, slit or split cotter, spring key; **— d'une manille**, shackle key, shackle pin; **— à mentonnet**, catch key, headed key; **— de réglage, de serrage**, wedge bolt; **— à ressort**, split cotter, spring key; **— de serrage**, tightening key, wedge key; **— de jonction de la tige du piston avec le té ou la traverse**, piston rod cotter; **chasser une — dans son logement**, to drive in a cotter; **resserrer une —**, to tighten a cotter.

Claviature, Manifold, pipe manifold.

Clavier, Finger, key board.

Clé ou Clef, Key; chock (Mar.); spanner, wrench; damper, plug; feather brick; hitch; **articulation à la —,** crown hinge; **assemblage à —,** keyed joint; **demi —,** half hitch; **lime à —,** blade key; **logement d'une —,** key hole; **— anglaise,** coach wrench, monkey; spanner, monkey wrench, split key, shifting spanner; **— de contact (auto),** ignition key, switch key; **— coudée,** bent wrench; **— à douille,** box key, socket key, socket spanner; **— d'écoute,** listening key; **— à écrous,** screw key, screw wrench; **— fermée,** cap key; **— à fourche,** fork wrench; **— à griffes,** fork spanner, face spanner, claw foot; **— de lancement (N.),** shore dog; **— à loquet,** check key; **— paracentrique,** paracentric key; **— d'un robinet,** key of a cock, cock handle; **— à rochet,** ratchet brace, ratched lever; **— à téton,** fork spanner; **— à tire-fonds,** box spanner; **— à tube,** alligator wrench, bulldog wrench, wrench socket, socket wrench; **— universelle,** universal screw wrench; **— à vis,** screw wrench; **— de voûte,** closer, crown, head stone, key stone.

Clichage, Processing, stereotyping.

Cliché, Negative (photo), stereotype.

Clicher, to Process, to stereotype, to make stereotypes of.

Clicheur, Stereotyper.

Clicherie, Plate making; **matériel de —,** plate making equipment.

Clignotement, Blink; **microscope à —,** blink microscope.

Climatisation, air Conditioning, pressurization.

Climatologie, Climatology.

Clin (c. n.), Clincher work; **à —,** lapped, lap jointed; **assemblage à —,** lap joint; **construit à —s,** clincher built, clinked built; **joint à —,** covering joint, lap joint.

Clinographe, Clinograph.

Clinomètre, Clinometer, water level.

Clinquant, Foil, dutch metal, tinsel; **— en feuilles,** leaf brass.

Cliquet, Click, catch, clack, click iron, clink, click catch, cat and rack, brace, detent, pallet, pawl; **avance par —,** rack feed gear; **embrayage à —,** pawl coupling; **— d'avance automatique,** pawl for power feed; **— de débrayage,** disengaging clutch, disengaging pawl; **— du guindeau,** winding pawl; **— à percer,** ratchet drill; **— à ressort,** spring catch; **— réversible,** reversible claw, throw over claw.

Cliquetage, Clicking.

Cliquetis, Clang, clank.

Clivage, Cleavage; **plan de —,** plane of cleavage; **plan principal de —** perpendiculaire à la stratification (mines), face.

Clivures, Splittings.

Cloche, Bell; **battant de —,** bell clapper; **bronze de —s,** bell metal; **broyeur à —,** bell crusher; **électromètre à —,** bell electrometer; **en forme de —,** bell shaped; **comble en forme de —,** bell roof; **qui a un orifice à forme de —,** bell mouthed; **hors —,** overtime; **sans heures hors —,** without resorting to overtime; **isolateur à —,** pin insulator; **pont de —,** centre handle; **soupape à —,** cup valve, bell shaped valve; **— à gaz,** gas bell; **— pour fabriquer les tuyaux de plomb,** core die; **— d'isolateur,** cup; **— à plongeur,** diving bell; **— de pompe à air,** air pump bell; **— de verre (pile),** bell jar.

Cloison, Bulkhead, wainscot; **traverse de —,** bay rail; **— de canon,** land; **— de choc,** collision bulkhead; **— étanche,** watertight bulkhead; **— longitudinale,** longitudinal bulkhead; **— pare-feu,** fire wall, fireproof bulkhead; **— de pression,** pressure bulkhead; **— de séparation,** distance piece; **— transversale,** cross bulkhead.

Cloisonnage, Bulkhead, wainscot; **— de mines,** battery.

Cloisonné, Chambered, divided, honeycombed, sectional; **échappement —,** divided blast; **radiateur —,** sectional radiator.

Cloisonnement, Chambering, bracing, wall; **— en persiennes,** louvre wall.

Cloisonner, to Chamber, to divide.

Clos, Closed, shut; **câble —** locked cable.

Clôture, Enclosure; **mur de —,** enclosing wall.

Clou, Nail; **arrache —s,** nail catcher, nail puller, claw wrench; **chasse —,** nail claw; **fer en barres pour —s,** nail head; **pinces à —s,** nail nippers; **pointe d'un —,** nail point; **tête de —,** nail head; **— à bordage,** dump, dump bolt; **— de couvreur (à tête rabattue),** clasp nail; **— à crochet,** dog nail; **— forgé,** wrought nail; **— à glace,** frost nail; **— à losange,** diamond nail; **— à pointe émoussée,** counter clout; **— à large tête,** dog nail; **— à tête de diamant,** brad nail; **— à tête plate,** clout nail, flat headed nail; **— à tête ronde,** round headed nail; **— à vis,** clench nail, clincher nail, screw nail; **arracher un —,** to take out a nail; **enfoncer un —,** to drive in a nail.

Cloué, Nailed, tacked; **nervure —e,** tacked rib.

Clouer, to Nail, to spike.

Clouière, Bore, nail stump.

Cloutier, Nail maker, nail smith, nailer; **tas du —,** nail stake.

Cloutière, Small anvil.

Coacervat, Coacervate.

Coagulant, Coagulant.

Coagulation, Coagulation.

Coaguler, to Coagulate, to allow, to fix.

Coalite (combustible obtenu par distillation du charbon à basse température), Coalite.

Coaltar, Coaltar, gas tar.

Coarmateur, Joint owner, part owner.

Co-axial, Coaxial.

Cobalt, Cobalt; **acier au —,** cobalt steel; **arséniure natif de —,** fly stone; **fleurs de — (mines),** cobalt bloom; **oxyde de —,** cobalt oxide; **— gris,** cobalt glance.

Cobaltage, Cobalt colouring.

Cobalteux, Cobaltous.

Cobaltine, Cobalt glance.

Cobaltique, Cobaltic.

Cobaltisage, Cobalt colouring.

Coche, Catch, cock, jag, notch, slit; **ressort à —s,** catch spring; **faire des —s,** to bestick.

Cochoir (corderie), Laying top.

Code, Code; **Morse,** Morse code.

Codéine, Codeine.

Coefficient, Coefficient, modul, modulus, weight; **affecté d'un —,** weighted; **bloc —,** block coefficient; **— d'absorption,** absorption coefficient; **— d'aimantation,** magnetisation coefficient; **— d'amplification,** coefficient of amplitude; **— de charge (aviat.),** load factor; **— de couplage,** coefficient of coupling; **— de débit,** coefficient fo discharge; **— de diffusion,** diffusion coefficient; **—s d'Einstein,** Einstein coefficients; **— d'élasticité,** modul of elasticity; —

de frottement, friction coefficient; **— de glissement,** transverse modulus of elasticity; **— d'induction mutuelle,** coefficient of mutual induction; **— de réduction,** reduction factor; **— de résistance,** resistance coefficient; **— de sécurité,** safety factor; **— de self-induction,** coefficient of self induction; **— de température,** temperature coefficient; **— du viriel,** virial coefficient.

Coercif, Coercive; **force — ve,** coercive force.

Coercivité, Coercivity.

Cœur, Heart; crossing (ch. de fer); **en forme de —,** heart shaped; **came en forme de —,** heart shaped cam; **microphone à diagramme en forme de —,** cardioid microphone; **pointe de —** (rail), core piece; **roue en —,** heart wheel; **— de croisement,** frog.

Cofferdam (N.), Cofferdam.

Coffrage, Casing, bracing, coffer work, form, housing, lag, lagging; **— en bois,** wood casing; **— extérieur,** outside form; **— intérieur,** invert form; **— métallique,** steel form, metallic shuttering; **— télescopique,** telescoping form; **— de toit,** ceiling form; **— en voûte,** arch form.

Coffre, Coffer, chest, chamber, trunk; **— à bagages** (auto), luggage boot; **— à eau** (chaud.), water bow, water chamber; **— fort,** safe; **tôle de — fort,** safe plate; **— à vapeur** (chaud.), steam chamber, steam chest.

Coffré, Boarded, formed.

Coffrer, to Board, to form.

Coffret, Box, case, enclosure; **— de protection,** protecting case; **— de répartition,** distribution box.

Cognage, Knocking, pinking.

Cognée, Axe, falling axe; **douille de —,** eye of an axe; **— du bûcheron,** felling axe.

Cogner (mach.), to Knock.

Cohérence, Coherence, Coherency.

Cohéreur, Coherer; **— à grenaille,** granular coherer; **— à limaille,** filings coherer; **— à point de contact unique,** point coherer.

Cohésion, Cohesion; **attraction de —,** cohesive attraction; **effort de —,** bond stress; **susceptible de —,** cohesible.

Cohobage, Cohobation.

Cohober, to Cohobate.

Cohomologie, Cohomology.

Coiffage, Capping.

Coiffe, Cap, end cap.

Coiffé, Capped.

Coignage, Corner wall.

Coin, Corner, die, die stamp, angle block, billet, key, staple, quoin, wedge; **boulon de —,** corner bolt; **en —,** bearded; **en forme de —,** cuniform, cuneated, cuneal wedge shaped, wedge wise; **indentation en —,** wedge indentation; **presse à —,** wedge press; **— pour l'abattage des arbres,** falling wedge; **— à chasser,** drift; **trou de — à chasser,** drift hole; **— du rabot,** plane wedge; **— de serrage,** wedge key; **—s à vis,** screw dies; **fixer avec des —s,** to wedge.

Coinçage, Cottering, jamming.

Coincé, Jammed; wedged; **robinet — contre son boisseau,** jammed cock; **soupape —e sur son siège,** jammed valve; **être —,** to stick.

Coincer, to Bind, to jam, to quoin.

Coïncidence, Coincidence; **anti —** anticoincidence; **télémètre à —,** coincidence rangefinder.

Coke, Coke; **agglutination du —,** clinkering; **cendres de —,** coke ashes; **chargeur de —,** coke backer; **chariot à — incandescent,** coke omnibus; **concas-**

seur de —, coke breaker; **déchet de —**, coke waste; **défourneuse à —**, coke pusher, coke pushing machine, coke ram; **extinction du —**, coke cooling, coke damping down; **extinction du — à sec**, dry coke coaling; **fonte au —**, coke casting; **four à —**, coke kiln, coke oven; **four à — à récupération de sous-produits**, by product oven; **haut fourneau au —**, coke blast furnace; **menu de —**, dross; **poussier de —**, braize; **ridelle à —**, coke wagon; **— de fonderie**, foundry coke; **— en gaillettes**, nut coke; **— de haut fourneau**, blast furnace coke; **— menu**, coke breeze, coke dross.

Cokéfaction, Coking; **indice de —**, coking index, P index.

Cokéfiant, Caking; **charbon —**, caking coal.

Cokéfier, to Coke.

Cokerie, Coke plant.

Col, Neck; **— de cygne**, goose neck, swan neck, frame with cramps; **en — de cygne**, swan necked; **bâti en — de cygne**, bent head, bear frame; **flèche en — de cygne**, goose neck boom; **presse à bâti en — de cygne**, open front press; **profondeur du — de cygne**, depth of throat.

Colcotar, Kolcotar; **— très grossier**, clinker.

Colimaçon, **en —**, spiral, winding; **diffuseur en —**, spiral casing; **escalier en —**, winding stairs.

Colinéaire, Colinear; **points — s**, colinear points.

Colinéarités affines, Collineations affines.

Colisage, Packing.

Collage, Glueing; jamming; sticking; **— des segments**, ring sticking; **— d'une soupape**, jamming of a valve.

Collagène, Collagene.

Collant, Sticky; **argile — e**, sticky oil; **charbon —**, close burning coal; **houille — e**, caking coal.

Colle, Glue, paste; **— d'amidon**, starch paste; **— à bouche**, lip glue; **— forte**, glue; **— de pâte**, paste, flour paste; **— de poisson**, fish glue.

Collé, Stuck, glued, jammed; **être —** (robinet, etc.) to stick; **nervure — e**, glued rib; **pièce — e**, patch; **soupape — e sur son siège**, jammed valve, stuck valve.

Collecteur, Collector, head, header, collecting head, comb, drain, manifold, receiver; commutator (élec.); **alternomoteur à —**, alternating current commutator motor; **balai —**, appropriating brush; **coup de feu au —**, flash; **dépôt de cuivre sur les lames d'un —**, copper dragging, copper foiling; **fil —**, collecting wire; **moteur à —**, commutator motor; **moteur à double —**, double commutator motor; **pas du —**, commutator pitch; **— d'alimentation**, feeding collector; **— d'aspiration**, inlet manifold; **— de balayage** (Diesel), scavenger or scavenging housing; **— de boues** (chaud.), honey box; **— de chaudière**, boiler head; **— de combustion**, fuel gallery; **— de courant**, skate, current collector; **— d'échappement**, exhaust manifold, exhaust collector; **— de poussières**, dust collector, dust catcher; **— des silencieux**, silencer manifold; **— de vapeur**, steam header.

Collectrice, Collecting, collector; **bague —** (élec.), collector or collecting ring; **bague — d'huile**, oil catch ring.

Coller, to Stick, to gag, to glue, to paste.

Collerette, Flange, collar, rebate, ring; **à —**, flanged; **joint à —**, flanged joint; **— du cylindre**, cylinder jaw; — de jonction, coupling flange, flanged seam; — de renforcement, reinforcing collar; — de renfort, strengthening ring.

Collet, Collar, flange, flanch (rare), gland, neck, axle tree bed, bearing, bolster, projection, rebate, ring, shoulder, throat; à —, flanged; **bague d'arrêt du** —, clutch adjusting collar; **butée à** —**s**, collar thrust bearing, collared bearing; **écrou à** —, collar nut; **machine à rabattre des** —**s**, flanging machine; **palier à** —**s**, journal bearing, neck journal bearing, inside bearing; **portée à** —**s**, collared bearing; **rabattre un** —, to flange.

Colleuse de films, Film splicer.

Collier, Collar, collet, strap, clamp, clip, hoop, pillow; **frein à** —, band brake; **mandrin à** — **fendu**, split collet chuck; — **d'excentrique**, eccentric clip, eccentric belt, eccentric hoop, revolving collar, eccentric strap; eccentric stirrup; eccentric ring; — **de frein**, brake strap; — **inférieur**, foot step; — **de mât**, necklace; — **d'une portée**, pillow; — **rapporté**, shrunk on collar; — **de scaphandrier**, diver collar; — **pour tubes**, tube clip.

Collimateur, Collimator; — **d'artillerie**, gun sight.

Collimation, Collimation; **erreur de** —, error of collimation, index error.

Collodion, Collodion.

Colloïdal, Colloidal; **charbon** —, colloidal carbon; **électrolyte** —, colloidal electrolyte; **graphite** —, colloidal graphite.

Colloïde, Colloid; — **organique**, organic colloid.

Colmatage, Clogging; **bassin de** —, settling tank.

Cologarithme, Antilogarithm.

Colombage, Nog, nogging; — **en briques**, brick nogging.

Colombe, Chimb plane; — **du tonnelier**, cooper's plane.

Colombin, Lead ore.

Colombium, Columbium, niobium.

Colonne, Column, post, riser, standard, tower; **chaise à** —, post hanger; **fût de** —, shaft of a column; **grue à** —, column crane; **mandrin à** —, box mandrel; **palier console à** —, post (hanger) bearing; **perceuse à** —, upright twist drill, column drilling machine, pillar drilling machine; **transformateur à** —**s**, column transformer; — **adossée**, imbedded column; — **de direction** (auto), steering column; — **de distillation** (pétr.), fractionating tower; — **à distillation fractionnée**, french column; — **distillatoire**, distilling column; — **de distribution**, switch column; — **d'eau**, water column; — **d'eau alimentaire**, jack head, stand pipe; — **engagée**, imbedded column; — **isolante**, bushing; — **montante**, ascending pipe, riser; — **montante d'alimentation**, supply riser; — **d'oxydation**, oxidising column; — **de raboteuse**, main standard of a planer; — **à remplissage**, packed column; — **de retour**, return riser; — **rudentée**, cabled column.

Colophane, Rosin.

Colorant, Dye, colour, color, dye stuff, stain; **retouche par** —**s**, dye retouching; — **organique**, organic dye.

Colorant (adj.), Dyeing; **matières** —**es**, dyes.

Coloration, Coloring or Colouring; — **chimique**, chemical colouring.

Coloré, Coloured; **frange** —**e**, coloured ring; **verre** —, coloured glass.

Colorer, to Colour.

Colorier, to Colour.

Colorimètre, Colorimeter.

Colorimétrie, Colorimetry.

Colorimétrique, Colorimetric; **analyse** —, colorimetric analysis; **méthode** —, colorimetric method.

Colubrine, Gray clay.

Colza, Rape; **huile de** —, rape oil.

tour à Combinaison, Combination turret lathe.

Combinaisons (math.), Combinations.

Combinant, Combinant.

Combinateur, Combiner, controller.

Combiné, Combined, grouped; **fraises** —**s,** grouped cutters; **plateau** —, combination chuck.

Comble, Roof; — **en forme de cloche,** bell roof.

Comblement, Filling; — **de tranchées,** trench backfill.

Combler, to Fill.

Comburant, Combustive.

Combustible, Fuel; **agglutination du** —, cementing of fuel; **déshydratation du** —, fuel drying, fuel dehydration; **dépense de** —, fuel consumption; **huile** —, oil fuel; **injecteur de** —, fuel injector; **injection du** —, fuel injection; **jauge à** —, fuel gauge; **jet de** —, fuel jet; **mise sous pression du** —, fuel pressurizing; **pompe à** —, fuel pump; **réservoir à** —, fuel tank; **soupape de** —, fuel valve, index; — **anti détonant,** antiknock fuel; — **à basse teneur en aromatiques,** low aromatic fuel; — **à haute teneur en aromatiques,** high aromatic fuel; — **gazeux,** gaseous fuel; — **à indice d'octane élevé,** high octane fuel; — **liquide,** liquid fuel; — **nucléaire,** nuclear fuel; — **paraffinique,** paraffinic fuel; — **au plomb,** leaded fuel; — **de réserve,** reserve fuel; — **solide,** solid fuel.

Combustion, Combustion, burning, comburation; **chambre de** —, comburation chamber, combustion chamber, compression chamber, combustor; **chambre de** — **type annulaire,** annular type combustor; **chambre de** — **à éléments séparés,** can type combustor; **four de** — **du soufre ou des pyrites,** burner; **foyer à** — **liquide,** oil blast; **gaz de** —, flue gas; **analyseur de gaz de** —, flue gas analyser; **collecteur de** —, fuel gallery; **point de** —, burning point, fire point; **post** —, after burning; **dispositif de post** —, after burner, post burner; **réchauffeur de** —, combustion heater; **régulateur de** —, combustion regulator; **rendement de** —, combustion efficiency; **stabilité de** —, combustion stability; **température de** —, combustion temperature; **vitesse de** —, rate of combustion; — **complète,** comburation; — **humide,** wet combustion; — **interne,** internal combustion; **moteur à** — **interne,** internal combustion engine; **à** — **lente,** slow burning; **fusée d'amorce à** — **lente,** blasting fuse; — **prolongée,** after burning; — **spontanée,** spontaneous combustion; **activer la** —, to accelerate the combustion.

Comité, Committee.

Commande, Control, action, actuation, monitoring, drive, driving gear, driving, deriving, operation; **à** — **par,** actuated; **à** — **par courroies,** belt operated; **à** — **directe,** direct acting; **à** — **électrique,** electrically operated; **à** — **hydraulique,** hydraulically operated; **à** — **à main,** hand operated; **à** — **mécanique,** mechanically operated; **à** — **par moteur,** motor operated; **à** — **au pied,** foot operated; **amortisseur de** —, control damper; **appareil de** —, driving gear; **arbre de** —, driving shaft; **axe de — du pont**, back axle driving shaft; **bielle de —**, actuating rod; **bras de —** (pignon baladeur), gear shifting arm; **courroie de —**, driving belt; **double —**, dual control; **grille de —**, control grid; **levier de —**, control lever, operating lever, steering lever; **levier de — de l'embrayage**, clutch operating lever; **mécanisme de — de soupape**, valve actuator, **moteur de —**, driving motor; **panneau de —**, control board; **poste de —**, actuator, control cubicle; **pupitre de —**, control desk; **roue de —**, driving wheel, control wheel, engaging wheel; **servo —**, power operated control; **soupape de —**, control valve; **soupape à — électrique**, electrically operated valve; **soupape à — par solénoïde**, solenoid valve; **tige de —**, control bar, actuating rod; **vis de — de l'avance** (tour), feed screw; **volant de —**, control wheel; **— d'aileron**, banking control; **— par bielle**, crank drive; **— par chaîne**, chain drive, chain gear; **— de compresseur**, compressor drive **— par courroie**, belt drive or driving; **— à distance**, remote control; **— électrique**, electric drive; **— électronique**, electronic control; **— par excentrique**, eccentric action, eccentric drive; **— des gaz**, throttle control; **— de gouvernail**, rudder control; **— libres** (aviat.), hands off; **— à main**, hand drive; **— molle**, sloggy or sloppy control; **— pneumatique**, air operation; **— de profondeur**, elevator control; **— du régulateur**, governor drive; **— de la table** (mach. outil), drive of table; **— de la vitesse**, speed control.

Commande (comm.), Order; **bon de —**, order form.

Commandé, Driven, actuated, operated; **auto —**, self controlled; **mouvement —**, constrained movement; **pièce — par une autre**, follower; **soupape —e**, mechanically operated valve; **— par, driven; par bielle**, crank driven; **— par chaîne**, chain driven; **— par courroie**, belt driven; **— par crémaillère**, rack driven; **— par excentrique**, eccentric driven; **— hydrauliquement**, hydraulically operated; **— à la main**, hand or manually operated; **— par moteur**, motor driven or operated.

Commander, to Actuate, to drive, to operate, to control; **— à distance**, to remote control.

Commander (des marchandises), to Order.

Commerçant, Dealer.

Commerce, Commerce, trade; **de —**, mercantile, trading; **Chambre de —**, Chamber of Commerce; **fonds de —**, stock; **marine de —**, mercantile navy; **Ministère du —**, Board of Trade; **navire de —**, merchant ship; **port de —**, commercial harbour, commercial port; **zinc de —**, spelter.

Commercial, Commercial, trading; **aviation —e**, commercial aviation.

Commettage (cordage), Laying.

Commettre (un cordage), to Lay.

Commis (cordage), Laid; **— en aussière**, hawser laid; **— en grelin**, cable laid; **— en quatre**, shroud laid, four stranded laid.

Commissaire priseur, Auctioneer.

Commission, Committee; **— d'essais**, trial committee.

Commissionnaire, Commission agent, factor; **— en transit**, shipping broker.

Communication, Communication; **valve de —**, sluice valve; **— dans les deux sens**, two way communication; **— de mouvement**, connecting gear.

matrices Commutantes, Commuting matrices.

Commutateur, Commutator, changer, change over, cut out, switch; **levier de —**, change over lever; **— d'ampèremètre**, ammeter switch; **— d'antenne**, aerial change over switch, aerial switch; **— d'appel**, call switch; **— à cheville**, plug commutator; **— conjoncteur**, commutator for making contact; **— de décharge**, discharge switch; **— disjoncteur**, commutator for breaking contact; **— à une direction**, single or one way switch; **— à deux directions**, two way switch; **— à trois directions**, three way switch; **— électronique**, electronic commutator; **— émission-réception**, semi-receive switch; **— étoile-triangle**, star-delta switch; **— de groupe**, group switch; **— à huile**, oil switch; **— inverseur**, current reverser; **— de longueurs d'onde**, wave changing switch; **— de mise en court-circuit**, short circuiting device; **— multiple**, multiple switch; **— à pédale**, tumbler switch; **— permutateur**, throw over switch, double throw switch **— à trois positions**, three position switch; **— de prises en charge**, load tap changer; **— sélecteur**, selector switch; **— tournant**, rotary converter; **— de voltmètre**, voltmeter switch.

Commutation, Commutation, switching; **à coups de —**, switching surges; **mécanisme de —**, switch gear; **pôle de —**, commutating pole; **— électronique**, electronic switching; **— de prises en charge**, load tap changing.

Commutatrice, Rotary converter.

algèbres Commutatives, Commutative algebras.

Commuté, Commutated.

Commuter, to Change over, to commutate, to switch.

Compacité, Compactness.

Compact, Compact.

Compactage, Compacting; **outil de —**, compacting tool.

Compacté, Compacted.

Compagnie, Company; **— d'affrètement**, charter company; **— de navigation**, navigation company.

Comparateur, Comparator; **— à cadran**, dial comparator; **— horizontal**, horizontal comparator; **— optique**, optical comparator; **— photoélectrique**, photoélectric comparator.

Compartiment, Compartment, panel (mines); **exploitation par —s**, panel work; **— à bagages**, cargo compartment; **— de ventilateur**, air trunk.

Compartimentage, Subdivision.

Compas, Compass (boussole); compasses (dessin), caliper, calipers, cellipers; **aiguille du —**, compass needle; **gyro —**, gyrocompass; **pivot du —**, centre pin; **pointe sèche d'un —**, needle point; **radio —**, wireless compass; **régulation du —**, regulation of compass; **— à calibrer**, inside calipers; **— à diviser**, dividers; **— d'épaisseur**, bow compasses, outside caliper or calipers; **— d'épaisseur pour sphères**, globe calipers; **— d'épaisseur micrométrique**, micrometer calipers; **— gyroscopique**, gyroscopic compass, gyrocompass; **— d'intérieur**, inside caliper; **— de mesure**, dividers; **— à pointe sèche**, dividers; **— principal** (N.), master compass; **— renversé**, telltale; **— répétiteur**, repeater compass; **— à ressort**, spring caliper; **— de route**, steering compass; **stroboscopique**, stroboscopic direction finder; **— à tête**, club compasses; **— à verge**, beam compasses, scribing compass; **régler un —**, to adjust a compass.

Compensateur, Compensator, balance gear, balancer, differential gear, equalization box, expansion joint; **anneau** —, equilibrium ring; **balancier** —, equaliser; **bimétal** —, compensating bimetal; **cadre** —, equilibrium frame; **cadre** — (tiroir)-relief frame; **fourreau** —, expansion joint; **globes** —s (compas), quadrantal corrector; **levier** —, compensating lever; **levier** — **d'équerre,** bell crank equaliser; **piston** —, balance piston; **presse-étoupe** —, expansion stuffing; **ressort** —, equaliser or equalizer spring; **transformateur** —, balancing transformer; **tuyau** —, expansion pipe box; —s **de gouvernes,** (aviat.), trims; — **refroidi à l'hydrogène,** hydrogen cooled compensator; — **synchrone,** synchronous compensator, synchronous condenser; **tournant,** ortating compensator.

Compensation, Compensation, balance, balancing, equalization, trimming; **chambre de** — (comm.), clearing house; **conducteur de** — (élec.), equaliser feeder, equaliser main; **gicleur de** —, compensating jet; **indicat eur de** —, balance indicator; **levier de** — **d'équerre,** bell crank equation; **onde de** —, compensation wave; **piston** —, balance piston; **pression de** —, equalising pressure; **tension de** —, equalising or equalizing pressure.

Compensatrice, Balancer, equaliser, equalizer; **dynamo** —, balancier dynamo.

Compensé, Compensated, balanced, equalized, trimmed; **aileron** —, balanced aileron, balanced flap; **gouvernail** —, balanced rudder; **moteur série** —, compensated series motor; — **pour les variations de température,** temperature compensated.

Compenser, to Compensate, to balance.

Complément, Complement; — **de poids,** makeweight.

Complexe, Complexion; — **métallique,** metallic complex.

Complexe (ad.), Complex; **impédance** —, complex impedance.

Composante, Component; **forces** —s, component forces; **résistance de** —, component resistance; — **harmonique,** harmonic component; — **horizontale,** horizontal component; — **molle,** soft component; — **en quadrature,** quadrature component; — **radiale,** radial component; — **réactive,** reactive component; —s **symétriques,** symmetrical components; — **tangentielle,** tangential component; — **verticale,** vertical component.

Composé, Compound; **poutre** —e built up girder; **résistance** —e, combined strength; —s **apparentés,** related compounds; —s **aromatiques,** aromatic compounds; —s **à longue chaîne,** long chain compounds; —s **chélatés,** chelate compounds; — **cycliques,** cyclic compounds; —s **diazoïques,** diazocompounds; —s **furanniques,** furanocompounds; —s **indoliques,** indole compounds; —s **nitrés,** nitro compounds; —s **organiques,** organic compounds; —s **polynucléaires,** polynuclear compounds; —s **sulfurés,** sulphur compounds.

Composer, to Type set; **machine à** —, type setting machine.

Composite, Composite; **avion** —, composite plane; **soudure** —, composite weld.

Compound, Compound, compound wound (élec.); **dynamo** —, compound wound dynamo; **enroulement** —, compound winding; **machine** —, compound engine; **moteur** —, compound wound motor; — **pour joints,** sealing compound wound.

Compoundage, Compounding.

Compoundé, Compounded; **huile —e**, compounded oil; **hyper —**, overcompounded; **hypo —**, undercompounded; **sous —**, undercompounded; **sur —**, overcompounded.

Compounder, to Compound.

Compresseur, Compressor, supercharger; **à —s**, supercharged; **carter du —**, compressor mounting; **diffuseur du —**, supercharger diffuser; **embrayage du —**, supercharger clutch; **huile de —** compressor oil; **refoulement du —**, supercharger delivery; **rotor du —**, supercharger impeller, supercharger rotor; **roue du —**, compressor impeller; **rouleau —**, compressor roller, compactor; **stator de —**, compressor stator; **turbo —**, turbo compressor, turbosupercharger, turbocharger; **— d'air**, air compressor; **— d'air à deux phases ou à deux étages**, two stage air compressor; **— d'alimentation**, feed compressor; **— d'ammoniaque**, ammonia compressor; **— axial**, axial compressor; **— de cabine**, cabin supercharger; **— centrifuge**, centrifugal compressor; **— à double effet**, double acting compressor; **— à deux étages**, two stage compressor, two stage supercharger; **— à plusieurs étages**, multistage or multistaged compressor; **— à flux axial**, axial flow compressor; **— de gaz**, gas compressor; **— de gaz à haute pression**, high pressure gas compressor; **— mobile**, portable compressor; **— de réfrigération**, refrigeration compressor, refrigerating compressor; **— supersonique**, supersonic compressor; **— de suralimentation**, supercharger.

Compressibilité, Compressibility.

Compression, Compression; **armature de —**, compression reinforcement; **armé en —**, reinforced in compression; **barre de —** (béton armé), compression rod; **chambre de —**, compression chamber; **effort de —**, compression or compressive stress; **flexion axiale par —**, collapse; **module de —**, bulk modulus; **moulage par —**, compression moulding; **pompe de —, d'air**, air compressing pump; **rapport de —**, compression rate; **résistance à la —**, compression or compressive strength; **ressort de —**, split spring, compression spring; **taux de —**, compression rate; **tuyau par —**, compressing tube; **— adiabatique**, adiabatic compression; **— axiale**, axial compression; **— à n étages**, n stage compression; **— résiduelle**, residual compression; **— de la vapeur dans un cylindre**, steam cushioning; **s'infléchir par — de bout**, to collapse.

Comprimé, Compact; **— métallique**, metal compact.

Comprimé (adj.), Compressed; **air —**, compressed air; **asphalte —**, compressed asphalt; **démarrage à l'air —**, compressed air starting; **disjoncteur à l'air —**, air blast circuit breaker, compressed air circuit breaker; **frein à air —**, compressed airbrake; **hydrogène —**, compressed hydrogen; **perforateur à air —**, compresseur air drill.

Comptabilité, Accountancy, accounting, bookkeeping; **service de la —**, account department; **— en partie double**, bookkeeping by double entry; **— en partie simple**, bookkeeping by single entry.

Comptable, Accountant, bookkeeper.

Comptage, Counting, metering, numbering; **contrôleur de —**, count controller.

Comptant, Cash; **argent —**, ready money.

Compte, Account; **règlement de —s**, settlement; **— en banque**, bank account; **— courant**, current or running account; **— gouttes**, drop glass, eye dropper; **flacon — gouttes**, dropping bottle; **graisseur à — gouttes**, drip feed lubricator, dropping lubricator; **— rendu**, account, record; **—s rendus**, proceedings; **— temps**, timer; **— tours**, revolution (rev.) counter.

Compter, to Account, to number.

Compteur, Meter, counter, register; **spectromètre —**, counter spectrometer; **tube —**, counter tube; **— d'air**, air or air flow meter; **— de branchement**, branch meter; **— pour courants triphasés**, three phase meter; **— à cristal**, crystal counter; **— à décharge gazeuse**, gas discharge counter; **— dynamométrique**, dynamometric meter; **— d'eau**, water meter; **— électronique**, electronic counter; **— à gaz**, gas meter; **— Geiger Muller**, G. M. counter; **— gyroscopique**, gyroscopic meter; **— kilométrique**, odometer; **— d'impulsions**, coincidence counter; **— d'ions**, ion counter; **— à lecture directe**, direct reading meter; **— monophasé**, single phase meter; **— moteur**, motor meter; **— polyphasé**, polyphase meter; **— à rayons gamma**, gamma ray counter; **— à scintillations**, scintillation counter; **— secondaire de branchement**, branch meter; **— de temps**, time meter; **— totalisateur**, integrating counter or meter; **— de tours**, counter for revolutions, speed indicator; **— de vapeur**, steam meter; **— de wattheures**, energy meter, watthour meter.

Concassage, Crushing; **— primaire**, primary crushing; **— secondaire**, secondary crushing.

Concassé, Broken, crushed, pounded; **pierre —e**, ballast stone, broken stone.

Concasser, to Crush, to bruise, to buck, to break, to pound; **machine à —**, bruising mill, crushing mill.

Concasseur, Crusher, rock crusher buck, breaker, stamp mill; **rouleau —**, crushing roller; **— giratoire**, giratory crusher; **— à mâchoires**, alligator crusher, jaw crusher.

Concave, Concave; **bi —**, concave concave; **miroir —**, concave mirror; **plan —** (lentille), plano concave (lens).

Concentrateur, Concentrator.

Concentration, Concentration, focusing; **élément à —**, concentration cell; **installation de —**, concentration plant; **pile à —**, concentration cell; **— électrostatique**, electrostatic focusing; **— par flottation**, flotation concentration; **— des minerais**, beneficiation of ores.

Concentré, Concentrate, concentrated, lumped, strong; **inductance —e**, concentrated inductance, lumped inductance; **matte —e** (à 60 % de cuivre) blue metal.

Concentrés, Heads.

Concentrer, to Concentrate.

Concentrique, Concentric.

Concession, Concession, lease, claim, location.

Conchoïdal, Conchoidal; **mouvement —**, conchoidal motion.

Conchoïde, Conchoide.

Concours, Competition; **point de —**, converging point.

Concurrent, Competitor.

Concret, Concrete.

se Concréter, to Fix.

Condensat, Condensate.

Condensation, Condensation; **à —**, condensing; **chambre de —**, chamber for condensation; **eau de —**, condensate, waste water; **arrivée d'eau de —** condensate supply; **pompe à eau de —**, condensate pump; **machine à —**, condensing (steam) engine; **machine à — par surface**, surface condensing engine; **machine sans —**, non condensing engine; **turbine à —**, condensing turbine; **tuyau de retour d'eau de —** (systèmes de chauffage par la vapeur), wet return; **tuyau de retour d'eau de — et d'air** (systèmes de chauffage par la vapeur), dry return; **— par contact**, dry or external condensation; **— fractionnée**, fractional condensation; **— par surface**, surface condensation; **— tournante**, rotary condensation; **— de vapeur**, vapour condensation, steam condensation.

Condensateur, Capacitor, condenser, permittor; **borne type —**, condenser bushing; **décharge de —**, capacitor discharge; **électromètre —**, condenser electrometer; **électroscope à —**, condensing electroscope; **— d'accord**, tuning condenser; **— d'antenne**, aerial tuning condenser (A. T. C.); **— d'arrêt**, blocking capacitor; **— auxiliaire**, auxiliary condenser; **— de couplage**, coupling capacitor; **— de découplage**, by pass capacitor; **— de dérivation**, by pass condenser; **— double**, dual capacitor; **— d'émission**, sending or transmitting capacitor; **— de filtrage**, filter condenser; **— de grille**, grid condenser; **— dans l'huile**, oil condenser; **— au mica**, mica condenser; **— au papier**, paper condenser; **— de réception**, receiving capacitor; **— de récupération**, regenerative condenser; **— série**, series capacitor; **— statique**, static capacitor; **— supprimant les pointes de tension**, buffer capacitor; **— variable**, variable condenser; **— au verre**, glass condenser; **— à plaques de verre**, glass plate capacitor.

Condenser, to Condense.

Condenseur, Condenser; **clapet de pied du —**, foot valve of the condenser; **orifice de conduite au —**, waste steam port; **pompe de —** wet air pump; **soupape de purge du —**, blow through valve; **tube de —**, condenser tube; **virole de —**, condenser ferrule; **— auxiliaire**, auxiliary condenser; **— à injection**, jet condenser; **— à jet**, ejector condenser; **— de réfrigération**, refrigeration condenser; **— à ruissellement**, evaporative condenser; **— à surface**, surface condenser; **— tubulaire**, condenser by contact.

Condition aux limites, Boundary condition.

Conditionné, Conditioned; **air —**, conditioned air.

Conditionnement d'air, Air conditioning; **appareil de —**, air conditioner.

Conditions (d'un marché, etc.), Terms.

Conditions de résonance, Resonant conditions.

Conductance, Conductance; **unité de —**, mho; **— mutuelle**, transconductance; **— de plaque**, plate conductance.

Conducteur, Conductor, lead, main, wire; driver; **à plusieurs —s**, multiwire; **bon —**, good conductor; **câble à un —**, one wire cable; **câble à deux —s**, two wire cable; **câble à —s multiples**, bunched cable; **mauvais —**, bad conductor; **non —**, non conducting, non conductive; **pose de —s sous moulure**, case wiring; **saignée d'un —**, branching of a lead; **semi —**, semi conductor; **semi — d'oxydation**, oxidation semi conductor; **semi — de réduction**, reduction semi conductor; **— de la chaleur**, conductor of heat; **— de compensation**, equalizing main; **— en cuivre**, copper wire; **— mul-**

tiple, bundle conductor; — **neutre**, neutral wire; — **utile d'un circuit**, inductor.

Conducteur (adj.), Conducting, conductive, current carrying, bonded; **bon** —, good conductor; **brin** — (d'une courroie), driving or tight side; **engrenage** —, sun gear; **fil** —, conductor wire; **mauvais** —, bad conductor; **plancher** —, conducting floor; **pneu** —, conductive tyre.

Conductrice (adj.), Conducting, conductive; **roue** —, leading wheel.

Conductibilité, Conductance, conductibility; **analyse par** —, conductimetric analysis; — **des diélectriques**, dielectric conductibility.

Conductimétrique, Conductimetric; **analyse** —, conductimetric analysis.

Conduction, Conduction; **courant de** —, conduction current; **moteur à** —, conduction motor; **semi** —, semi conduction; — **électrolytique**, electrolytic conduction; — **gazeuse**, gaseous conduction.

Conductivité, Conductivity; **photo** —, photoconductivity; — **asymétrique**, assymetrical conductivity; — **thermique**, thermal conductivity.

Conduire, to Lead, to drive.

Conduit, Conduit, channel, canal, duct, flume, leader, pipe, shoot; — **aérien**, exposed duct; — **d'air**, air pipe; — **d'air d'un foyer pour l'aérage**, dumb drift; — **coudé**, elbow; — **de décharge**, delivery canal; — **flexible**, flexible duct; — **du fût d'un outil**, fence; — **de raccordement**, connecting conduit; — **de tuyère**, nozzle.

Conduit (adj.), Driven, led; **brin** — (d'une courroie), slack, loose or driven side.

Conduite, Conduit, duct, line, pipe, pipe way, pipe line, tube, delivery; drive, leading main, main; management; **élément de** —, pipe section; **réa de** —, leading block; **tuyau de** —, conduit pipe; **tuyau de** — **de vapeur**, main pipe; — **d'amenée**, intake duct; — **de charge**, penstock; — **d'eau**, water main; — **d'écoulement**, flow line; — **forcée**, pressure pipe line, pipe line, penstock; — **de décharge**, delivery pipe, tail race pipe; — **d'eau**, water main; — **de gaz**, gas main; — **intérieure**, inside drive body, saloon; — **de refoulement**, delivery pipe; — **de tir** (N.), fire control; — **de vent principale**, main blast; — **de vidange**, drain pipe.

Conduites, Piping.

Cône, Cone; head; **accouplement par** —, cone coupling; **commande par poulies** —, cone pulley driving; **dispositif à tourner** —, taper turning device; **embrayage à** —**s**, cone clutch; **embrayage à** —**s renversés**, reverse cone clutch; **frein à** —, cone brake; **gros** — (h. f.), big cone, large cone; **haut-parleur à deux** —**s**, duo cone loudspeaker; **pénétromètre à** —, cone penetrometer; **poulie** —, cone pulley; **poulie** — **à quatre gradins**, four stepped pulley; **poulie à** —**s étages**, stepped pulley; **taillé en** —, tapered; **tronc de** —, frustrum of a cone; **tuyau à** —**s étagés**, petticoat pipe; — **ancre, drogue**; — **arrière**, tail cone; — **de bruit**, noise cone; — **complémentaire**, generating cone; — **curvilinéaire**, curvilinear cone, paracurve; — **complémentaire**, generating cone; — **déflecteur**, deflecting cone; — **de dispersion**, cone of spread; — **d'embrayage**, clutch cone; — **d'entrée** (d'une conduite forcée), tapered cone pipe; —**s étagés pour transmission de mouvement par courroie**, cone pulley; — **d'exercice** (torpille), practice head; — **de**

foret, drill shank; — de friction, friction socket; — de haut fourneau, bell; — d'hélice, propeller nose, spinner; — Morse (mach. outil), Morse taper; — de pression pour accouplement, wedge for coupling; — de réglage, adjusting cone; — renversé, inverted cone; — de serrage pour fils, cone clamping; — de torpille, torpedo head; — tronqué, blunt cone; tailler en —, to taper.

Confection, Making; — des pièces détachées (béton armé), assembling.

Confluence, Confluence.

Congé, Bead, fillet, radius, shoulder, channel, clearance, throat; — d'un navire, clearance of a vessel.

Congélateur, Froster, freezer.

Congélation, Freezing, icing; point de —, freezing point; procédé de fonçage par —, freezing process; — rapide (froid atomisé), quick freezing.

Congelé, Frozen, freezed; moulage au mercure —, frozen mercury casting.

Congeler, to Freeze; machine à —, freezing machine.

Congruence, Congruence.

Conicité, Conicity.

Conico-hélicoïde, Skew bevel.

Conifère, Conifer.

Conique, Cone, conical, taper, tapered, bevel; alésoir —, taper reamer; boulon —, taper bolt; dent —, club tooth; différentiel —, bevel differential; électrode —, conical shell electrode; embrayage —, cone clutch; embrayage — double, double cone clutch; embrayage — équilibré, engrenage —, level gear, angular or conical gearing; engrenage — à denture spirale, spiral helical gear, spiral bevel gear; foret à queue —, taper shank twist drill; fraise —, cone countersink, angle cutter, cone milling cutter, rose bit; goupille —, taper pin; joint —, union cone; lime —, taper file, tarnishing file; meulage —, taper grinding; pignon —, bevel pinion; pointeau —, conical pen; poulies —s, belt speeder; queue —, taper shank; rivet à tête —, conical head rivet; rivet à trou —, taper bore rivet; rivetage —, conical riveting, hammer point riveting; roue —, bevel or skew wheel; roue à friction —, friction bevel gear; rouleau —, taper roller; siège —, bevel seat; soupape —, conical valve; table — (mines), round buddle; tambour —, conical drum; taraud —, taper tap; tarière —, taper auger; tige —, taper shank; tournage —, taper turning; tubage —, tapered casing; tuyau —, cone pipe; vérificateur —, master taper gauge.

Conjoncteur, Circuit closer, jack, spring jack, switch; commutateur —, commutator for making contact.

Conjugué, Conjugate, conjugated; dièdres —s, conjugated dienes; foyers —s, conjugate foci; profil —, conjugate profile.

Conjuguer, to Connect.

Connaissement (N.), Bill of lading.

Connecté, Connecter.

Connecter, to Connect.

Connecteur, Connector; — à boulon fendu, split bolt connector.

Connectivité (math.), Connectivity.

Connexe, Allied; industries — s, allied industries.

Connexion, Connection, bond, tie, hook up; ressort de —, connecting spring; à — directe, direct acting; manchon de —, splicing sleeve; — série, series

connection; — **en séries parallèles,** multiple series connection.

Conque, Conch, delivery space; — **de ventilateur,** volute chamber, delivery space.

Conscience, Breast plate.

Conseil, Board; **ingénieur** —, consulting engineer; — **d'administration,** board of directors, managing directors.

Conseiller, Adviser.

Conséquent, Consequent; **point** —, consequent point; **pôles** —**s** (élec.), consequent poles.

Conservation, Maintenance, preserving, preservation; — **du bois,** timber preserving, wood preservation; — **de l'huile,** oil preservation.

Consignataire, Consignment.

Consistance, Consistency; — **du béton,** concrete consistency.

graisse Consistante, Cup grease, thick grease; — **fibreuse,** fiber grease.

Consistomètre, Consistometer.

Console, Consol, corbel, bracket, bracket support, bridge bracket, gantry, wall bracket; **grue à** —, bracket crane; **palier** —, wall bearing; **palier** — **à collets,** neck journal bearing; **palier** — **à colonne,** port (hanger) bearing; **palier** — **fermé,** longitudinal wall hanger bearing; **poutre en** —, cantilever girder; — **à équerre,** angle bracket, end wall bracket; — **d'une fraiseuse,** knee of a milling machine; — **à palier suspendu,** hanger; — **sur poutrelle,** angle course beam; — **à scellement,** bridge bracket; — **de la table (tour),** angle table; — **à vis,** pole bracket.

Consolidation, Consolidation, bracing.

Consolider, to Consolidate, to brace.

Consommable, Consumable; **matières** —**s,** consumable stores.

Consommation, Consumption; **essai de** —, consumption test; — **au cheval-heure,** consumption per B. H. P.; — **de combustible,** fuel consumption; — **d'essence,** gazoline consumption; — **horaire,** hourly consumption; — **journalière,** daily consumption.

Constant (adj.), Constant; **corps** —, continued body; **niveau** —, constant level; **vitesse** —**e,** constant velocity.

Constantan, Constantan.

Constante, Constant, characteristic, parameter; —**s de désintégration,** decay constants; — **diélectrique,** dielectric constant; — **de fréquence,** frequency constant; — **d'un galvanomètre,** galvanometer constant; — **de Plank;** quantum of action; — **de propagation,** propagation constant; —**s d'un réseau,** network constants or parameters; — **de temps,** time constant.

Constituant, Constituent.

Constructeur, Constructor, builder, bigger, designer, maker; **plaque du** —, nameplate; — **mécanicien,** manufacturing engineer; — **de navires,** shipbuilder, shipwright.

Construction, Construction, building, engineering, design, making, structure; **acier de** —, construction or constructional steel, structural steel; **atelier de** —, engineering works; **bois de** —, timber; **défaut de** —, fault in design; **devis de** —, building device; **en** —, under construction, in course of construction; **grès de** —, brown stone; **ingénieur des** —**s navales,** naval constructor; **matériaux de** —, building materials; **métaux de** —, structural metals; **panneau de** —, structural board; — **en briques**

bricking; — **de machines**, engine building; — **mécanique**, mechanical engineering; — **entièrement métallique**, all metal construction; — **mixte**, combined or compound construction; —**s navales**, shipbuilding; **chantier de —s navales**, shipyard, shipbuilding yard; — **en pisé**, cob work, coffer work; — **soudée**, weldment, welded structure.

Construire, to Build, to make; — **en bois**, to timber; — **en série**, to standardise, to standardize; — **en volige**, to batten.

Construit, Built; — **à clins**, clinked built; — **à franc bord**, carved built.

Contact, Contact, connection, ignition key, ignition switch, contact switch; **à plusieurs —s**, multicontact; **bague de —**, contact ring; **clef de —** (auto), ignition key; **fiche de —**, connecting plug; **fil flexible de —**, catwisker; **galet de —**, contact roller; **masse de —**, contact mass; **microphone à —**, contact microphone; **mine de —**, contact mine; **perche de —**, contact pole; **résistance de —**, contact resistance; **roue à —**, contact wheel; **tige de —**, copy spindle; **voltmètre à —**, contact voltmeter; — **angulaire**, angular contact; — **à fiches**, plug contact; — **à lame**, bridging contact; — **à mercure**, mercury contact; —**s platinés**, breaker points, platinum points; — **au point mort**, dead contact; — **de porte**, door push; —**s protégés**, housed contacts; — **de repos**, back contact; —**s à séparation brusque** (thermostat), snap action contact; —**s à séparation très lente** (thermostat), creep contacts; — **à la terre**, earth; — **à la terre intermittent**, swinging earth; — **de terre parfait**, dead earth, solid earth, good earth; — **à tirage**, pull contact; **venir en —**, to engage.

Contacteur, Contactor; **actionné par —**, contactor controlled; — **magnétique**, magnetic contactor.

Contenance, Area, capacity, extent.

Contigent, Quota; — **de production**, allowable production.

Continu, Continuous; **coulée —e**, continuous casting; **courant —**, continuous current, direct current; **moteur à courant —**, direct current motor; **étirage —**, continuous drawing; **exploitation —e**, continuous mining; **extraction —e**, continuous blow off; **fonction —e**, continuous function; **purgeur —**, drip tap; **semi —**, semi continuous; **soudure —e**, continuous fillet; **spectre —**, continuous spectrum; **tenaille —e**, drawing pliers; **train —**, continuous mill.

Contour, Contour.

Contourné, Twisted, crooked; **dents —es**, cross cutting teeth.

fer à Contourner, Saw set.

Contra-rotatif, Contra-rotating; **hélice — ive**, contra-rotating propeller.

Contracté, Shrunk, contracted.

Contraction, Contraction, shrinkage; **force de —**, contractibility.

Contrainte, Stress; strain; **indicateur de —**, strain indicator; **niveau de —**, stress level; — **résiduelle**, residual stress.

Contraste, Contrast; — **de phases**, phase contrast.

Contrat, Contract, agreement; **passer un —**, to make a contract; — **de sauvetage**, salvage agreement.

Contre-aimantation, Back magnétisation

Contre-ampères, Back ampere turns.

Contre-arbre, Back gear, counter shaft.

Contre-arc (N.), sagging; **effort du —**, sagging strain; **avoir, donner du —**, to sag, to be sagged.

Contre-balancier, Bridle rod.

Contre-bouterolle, Counterset.

Contre-capacité, Electric balance.

Contre-champignon (rail), Change over.

Contre-clavette, Gib, gib and cotter, nose key, fox key, fox wedge.

Contre-coup, Counter buff.

Contre-courant, Counter streaming; **à —**, counter flow.

Contre-courbe, Inflected curve.

Contre-écrou, Check nut, counter nut, jam nut, binding nut, stopping nut, lock nut, locking nut.

Contre-électromotrice, Back electromotive, counter electromotive; **force —**, back electromotive force B.E.M.F., counter electromotive force, opposing electromotive force.

Contre-escarpe, Counter scarpe, counter slope.

Contre-étampe, Upper die.

Contre-fendoir, Cleaving iron.

Contre-fer, Knife back iron, break iron.

Contre-feu, Fire screen.

Contre-fiche, Angle brace, brace, corner brace, corner joint, tail arm, dragon beam, strut; **assemblage à —s**, strut frame; **— d'appui** (ch. de fer), thrust block; **— de butée**, rail brace.

Contre-fiche d'appui (ch. de fer), Thrust block.

Contrefort, Abutment, abamurus, arch brace, butment, buttress.

Contre-heurtoir, Counter knocker.

Contre-jauger (les assemblages), to Countergauge.

Contre-maître, Foreman, headman, overlooker, overseer.

Contre-manivelle, Cross crank, return crank.

Contre-palier, Arbor support.

Contre-panneton, Counter bit.

Contre-pédalage (frein à), Coaster brake.

Contre pente, Ascending slope.

Contre-plaque, Back stay.

Contre-plaqué, Back stay, ply, plywood; **âme en —**, ply web; **fuselage en —**, plywood fuselage; **recouvrement en —**, plywood covering; **— à trois épaisseurs**, three ply.

Contre-poinçon, Counterpunch

Contre-pointe, Back centre, dead centre, headstock centre; footstock; tailstock, puppet head centre; **douille de la —**, back centre socket; **fourreau de la —**, tailstock sheath; **pince de la —**, tailstock collet; **support de la —**, back stay; **— à serrage rapide**, quick clamping tailstock.

Contre-poids, Back balance, balance weight, counterpoise, counter balance, tumbler balance bob, counter weight; **cage du —**, balance pit; **levier à —**, balance lever; **tambour à —**, weight drum; **— d'antenne**, aerial way, aerial drogue; **— électrique**, electric balance.

Contre-porte, Baffle plate.

Contre-pression, Back pressure, counter pressure, back lash; **turbine à —**, back pressure turbine, non condensing turbine.

Contre-poupée (d'un tour), Tailstock (of a lathe); **pointe de la —**, loose headstock centre.

Contre-quille (aviat.), Keelson.

Contre-rail, Check rail, guard rail, safety rail.
Contre-réaction, Feed back.
Contre-remboursement, Cash on delivery.
Contre-rivoir, Dolly.
Contre-rivure, Burr, rivet plate, roove.
Contre-surestarie, Despatch.
Contre-tailler, to Counter cut.
Contre-tige, Extended rod, valve stem.
Contre-torpilleur, Destroyer.
Contre-torsion, Back twist.
tireuse de **Contre-types**, Duplicating printer.
Contre-vapeur, Back stream, reverse steam.
Contre-vent, Blast; **face de —**, blast side; **plaque de —**, baffle plate; **taque de —**, blast plate.
Contre-venté, Braced.
Contre-ventement, Wind bracing, bracing.
Contre-venter, to Brace.
Contrôle, Control, check, checking, gauging, monitoring, rating; **dent de —**, control tooth; **dispositif de —**, control mechanism; **marque de —**, check; **robinet de —**, control cock; **tableau de —**, control board; **tour de —** (aviat.), control tower; **— d'aileron**, aileron control, banking control; **— automatique du niveau sonore**, automatic volume control (a. v. c.); **— électronique**, electronic control; **— photoélectrique**, photoelectric control; **— pyrométrique**, pyrometric control; **— de la température et du degré d'oxydation** (métal.), rimming; **— visuel**, visual monitoring; **— de volume automatique** (T.S.F.), automatic volume control (a. v. c.); **— du zéro**, zero point control.
Contrôler, to Control, to check, to monitor.

Contrôleur, Controller, checker; **manette à dispositif de sureté pour —**, dead man's handle; **— d'air de combustion**, air flow controller; **— de comptage**, count controller; **— de fréquence**, frequency controller; **— de niveau liquide**, liquid level controller; **— de pression**, pressure controller; **— de rupture de fil**, wire breakage lock; **— à tambour**, drum controller; **— de volume** (T.S.F.), fader.
Convecteur, Convector; **— à eau chaude**, hot water convector.
Convection, Convection; **chauffage par —**, convective heating; **courants de —**, convection currents; **surchauffeur à —**, convection superheater; **— morte**, dead convection; **— naturelle**, free convection; **— vive**, live convection.
Convention, Agreement.
Conventionnel, Conventional; **tarif —**, conventional rate.
Convergence, Convergence.
Convergent, Convergent; **faisceau —**, convergent beam; **lentille —e**, condensing lens, converging lens; **ménisque —**, converging convex-concave lens; **position —e** (ch. de fer), radial adjustment; **tuyère—e**, contracting nozzle.
Converger, to Converge.
Conversion, Conversion.
Converti, Converted.
Convertir, to Convert.
Convertiplane, Convertiplane.
Convertisseur métal., (élec.), Converter, inverter; **projections du —** (métal.), converter waste; **— acide**, acid converter; **— basique**, basic converter; **— Bessemer**, Bessemer converter; **— rotatif**, rotary converter; **— à soufflage latéral**, side blow converter; **— Thomas**, Thomas converter.

Convexe, Convex; bi —, convex convex; fond — (chaud.), convex dished end; plan — (lentille), plano convex (lens).

Convoyeur, Conveyor or conveyer, feeder; chaîne —se, conveyor chain, conveyor line; par —, conveyorised; — à bande, belt conveyor; — par entraînement, rope conveyor; — à plateau, tray conveyor; — à raclettes, flying feeder; — à secousses, vibrating conveyor.

Coordination, Coordination; composés de —, coordination compounds.

chimie Coordinative, Coordination chemistry.

Coordinatographe, Coordinatograph.

liaison de Coordinence, Coordination link.

Coordonnées, Coordinates; — polaires, polar coordinates.

Copeaux, Chips, chippings, borings, shaving, slivers, turnings; bac à —, chip tray; brise —, chip breaker; dégagement des —, clearing of chips; sans —, chipless; — d'acier, steel turnings; — de fer, iron borings; — de foret, bore chips; — de métaux, chippings of metals; — de tour, turnings.

Copier, to Copy; machine à —, copying machine; presse à —, copying press; tour à —, copying lathe; tour à fraise à —, copying milling machine.

Copolymères, Copolymers.

Copolymérisation, Copolymerisation.

Co-propriétaire, Co-owner.

Coque, Hull, coque skin; kink, nib; — à — en acier, steel hulled; à — en bois, wood hulled; devis de la —, sheer drawing; hydravion à —, flying boat; hydravion à double —, twin flying boat; mono —, monocoque; — d'un câble, kink, nib of a cable; — d'hydravion, float hull; faire des —s (cordage), to kink; percer la —, to hull.

Coqueron (Mar.), Caboose, cook room; barreau de —, panting beam.

Coquille, Shell; chill; spring; chuck; liner; accouplement à —s, split coupler; coulage en —, case casting, chill casting, die casting; coulé en —, case hardened; couler en —, to chill; fonte en —, chill casting, chilled iron; moulage en —, case casting, chill casting, moulding in iron moulds, chill work, die casting; moulage en — par gravité, gravity die casting; moulage en — métallique, metal mold casting; moulage en — sous pression, pressure die casting; moulé en —, chilled; soupape à —, potlid valve, shell slide valve; tiroir en —, shell slide value; — d'accouplement, half coupler; — à mouler, mould, mold.

Coquille (papier), Demy (567 × 438 mm).

Corbeau, Bolster, click, corbel.

Corbeille, Basket, cage; — de soupape, valve cage.

bec de Corbin, Bill head, chiming iron, claw round nosed pliers; gouge à —, bent gouge, round nose pliers.

Cordage, Cable, rope; fourrure de —, rope serving; limande pour —, parcelling; mailloche à fourrer les —s, rope serving mallet; — en chanvre, hemp rope; — commis en aussière, hawser laid rope; — commis de droite à gauche, left handed laid rope, back laid rope; — commis de gauche à droite, right handed rope; — commis en grelin, cable laid rope; — commis en quatre, shroud laid; — en fil d'acier, steel wire rope; — en fil de fer ou d'acier, wire rope; — goudronné, tarred

Corde, Rope, line, cord, string; chord; **bois de —**, fathom wood; **galvanomètre à —**, string galvanometer; **petite —**, string; **sondage à la —**, funicular boring; **tambour à —**, rope drum; **— de l'aile**, wing cord; **— d'amiante**, asbestos twine; **— d'un arc**, chord of an arc; **— en cuir**, hide rope; **— de déchirure**, parachute, release cord, ripping line; **— de halage**, tow rope; **— à piano**, piano wire.

rope; **— de la laine**, wool combing; **— en manille**, manilla rope; **— de rechange**, spare rope; **— à quatre torons**, four stranded rope; **— à trois torons**, three stranded rope; **fourrer un —**, to serve; **passer un —** (dans une poulie), to reeve.

Cordeau, Line, carpenter's line, chalk line.

Cordelette, Line, cord, rope; **— de déclenchement** (d'un parachute), rip cord.

Cordelle, Tow rope, track rope; **hâler à la —**, to track.

Corder, to Cord.

Corderie, Rope house, ropery.

Cordier, Rope maker; **nœud de —**, rope maker's hitch.

Cordite, Cordite.

Cordon, Cord; bead; collar, coping; rounding, sheer rail (c. n.); **— de bourrage**, coiling; **— de fiche**, plug cord; **— de soudure**, weld bead, weld fillet.

Cordonnet, Cord, edging.

Corindon, Corindon; **meule au —**, corindon wheel; **— adamantin**, adamantine spar.

Corne, Horn, spike, tip; **—s d'un cric**, spikes of a jack; **— d'une enclume**, beak of an anvil; **—s polaires**, pole tips.

Cornet, Assay plate.

Corniche, Corniche; **rabot à —**, corniche plane.

poteau Cornier. Corner post.

Cornière, Angle, angle bar, angle iron, iron corner; **bride à —**, collar flange; **cisaille à couper les —s**, angle iron cutting machine; **éclisse —**, angle fish plate, angle splice bar, bracket joint; **fer à —s**, angle iron; **— d'assemblage**, butt angle; **— à bourrelet**, bulb angle; **— bride**, boom angle, flange angle; **— emboutie**, angle collar; **— épaulées**, staple angles; **— de jonction**, gusset; **— nervure**, boom angle; **—s et profilés**, angular sections; **— renversée**, reversed iron; **— de tablier** (ch. de fer), running board angle; **— de tête** (c. n.), top angle; **fortifier par des —s**, to edge.

Cornue, Retort, converter; **bec de —**, converter nose; **charbon de —**, retort carbon; **chargeur de —**, coke backer; **graphite de —**, retort graphite; **support de —**, retort stand; **— d'argile**, clay retort; **— réfractaire**, refractory retort; **— sphérique** (pour le raffinage du camphre), bombolo.

Corona (effet), Corona.

Corps, Body, case, shank; consistency; **à un —**, single case; **à deux —**, two case; **garde —**, guard rods, guard rail, life line; **pompe à trois —**, three throw pump; **tronçon de — de chaudière**, shell belt of a boiler; **virole de — de chaudière**, course; **— de bielle**, connecting rod jib, shank of a connecting rod; **— de la buse**, nozzle body; **— de caractère**, shank of a type; **— de carottier** (pétr.), out door barrel; **— constant**, continued body; **— d'un cylindre**, body of a cylinder; **— de dôme** (chaud.), dome shell; **— d'égale résistance**, body of the strongest form; **— élémentaire**, elementary body; **— gras**, fats **— noir**, black body; **— de palier**, casing of a bearing; — **de pompe,** chamber of a pump, pump, body, pump case, pump barrel; — **de poulie,** shell of a block; — **de rabot,** plane stock; — **d'un rail,** stem of a rail, centre rib; — **de révolution,** body of revolution; — **d'un rivet,** shaft of a rivet; — **d'une roue dentée,** gear blank; — **simple** (chim.), elementary body; — **de sonde,** drilling shaft.

Corps-mort, Ancre de —, cross anchor.

Correcteur, Corrector; **aimant —,** directing magnet, controlling magnet, magnet corrector; **filtre —,** correcting filter; — **d'altitude,** altitude control; — **de fréquence,** frequency corrector; — **de latitude,** latitude corrector; — **de vitesse** (compas gyroscopique), speed corrector.

Correction, Correction, allowance; **facteur de —,** correction factor; — **barométrique,** barometric correction, barometer correction; — **du facteur de puissance,** power factor correction.

Correspondance (ch. de fer), Connection.

Corriger (mach.), to Make good defects.

Corrodage, Biting, pitting.

Corrodé, Pitted.

Corroder, to Corrode, to begnave, to gnaw, to pit, to delay.

Corronization, Corronization.

Corrosible, Corrodible; **non —,** non corrodible, non galling.

Corrosif, Corroding, corrosive, mordicant; **agent —,** corrodant; **action —ve,** corrosivity; **pompe pour liquides —s,** corrosive liquids pump; **sublimé —,** corrosive sublimate.

Corrosion, Corrosion, etching, galling, mordication; **essai de —,** corrosion test; **figures de —,** etching figures; **inhibiteur de —,** corrosion inhibitor; **résistance à la —,** corrosion resistance; **résistant à la —,** non corrodible, chemical resistant, corrosion resistant; **acier resistant à la —,** corrosion resisting steel; **ne résistant pas à la —,** corrodible; — **par les acides,** acid corrosion; — **par les bases,** basic corrosion; — **externe,** external corrosion; — **fissurante,** cracking corrosion; — **intergranulaire,** intergranular corrosion.

Corrosivité, Corrosivity.

Corroyage, Fagotting, hammering, welding; grid.

Corroyé, Fagotted, hammered, welded; **acier —,** fagotted steel, hammered steel, sheared steel, welded steel; **fer —,** fagotted iron, hammered iron.

Corroyer, to Comb, to faggot, to hammer, to puddle, to shear, to weld.

Corroyeur, Currier.

Cosécante, Cosecant.

Cosinus, Cosine.

Cosmique, Cosmic; **gerbes —s,** cosmic ray showers; **radiation —,** cosmic radiation; **rayon —,** cosmic ray.

Cosmologie, Cosmology.

Cosse, Thimble, eye ring, socket, shoe, hank; — **de câble,** cable socket, cable shoe, eye ring.

Cotangente, Cotangent.

Cotation, Quotation, dimensioning.

Cote, Counter, dimension, figure, mark, quotation; **ligne de —,** dimension line; — **d'un dessin,** mark of a drawing.

Côte, Side, rib; — **s d'un navire,** ribs of a ship.

Côté, Dimensioned; **croquis —,** dimensioned sketch; **plan —,** dimension drawing; **point —,** spot height; **prix —,** quotation.

Côté, Side; **bas —**, aisle; **fraise de —**, side milling cutter, side cutter; **grain d'orge de —**, side cutting tool; **hérisson de —**, crown wheel; **outil de —**, side tool; **roue de —**, breast (water) wheel; **roue à dents de —**, face wheel; **vue par —**, side view; **— bâbord** (N.), port side; **— à courant alternatif**, alternating current side; **— à courant continu**, direct current side; **—s de moule**, cottles; **— de roulement**, running edge; **— de la sortie** (laminoir), exit side; **— tribord** (N.), starboard side.

Coter, to Dimension, to figure.

Coton, Cotton; **à double couche de —**, double cotton covered; **à simple couche de —**, single cotton covered; **déchets de — **, cotton waste; **égreneuse de —**, cotton gin; **étoffe de —**, cotton fabric; **fil de —**, cotton thread, cotton yarn; **filature de —**, cotton factory, cotton mill; cotton spinning; **fulmi —**, cotton powder; **garniture en —**, cotton packing; **huile de —**, cotton seed oil; **impression sur —**, calico printing; **machine à égrener le coton**, cotton gin; **mèche de — filé**, slab; **presse à emballer le —**, cotton press; **tissu de —**, cotton fabric; **toile de —**, cotton cloth; **toile de — gaufré**, embossed cloth; **tresses de —** cotton foxes-gaskets; **— minéral**, slag wool; **— poudre**, gun cotton; **— poudre comprimé**, compressed gun cotton; **— poudre sec**, dry gun cotton; **— retors**, cotton thread.

Cotonnades, Cotton stuffs.

Cou, Neck.

Couche, Bed, branch, course, batch, lode, coat, coating, seam; **à double — de soie**, double silk covered; **à simple — de soie**, single silk covered; **à n —s**, multilayered; **arbre de — (N.)**, main shaft, driving shaft, engine shaft; **bobine à plusieurs —s**, multilayer coil; **déplacement d'une —**, heave; **direction d'une —**, bearing of a lode; **entretoise de —**, axle tree washer; **joints de —**, bed joints; **plongement brusque d'une —**, down cast dyke; **renforcement d'une —**, downcast; **rétrécissement d'une —**, balk; **saut de —**, burst; **sous —**, sub grade; **train d'une — de houille**, contraction; **— active**, active layer; **—s annuelles ou de croissance du bois**, growth rings; **— d'apprêt**, primer, undercoat; **— d'argile**, pan; **— d'arrêt** (élec.), barrier or blocking layer; **cellule à — d'arrêt**, barrier layer cell; **— de cémentation**, case; **— de combustible**, body; **— dorsale**, backing layer; **— durcie**, chill; **— filtrante**, filter bed; **— d'un fusil**, butt endof a gun; **— d'Heaviside**, Heaviside layer; **— horizontale** (mines), fletz; **— de houille**, coal bed, coal seam; **— isolante**, insulating layer; **— ionisée de la ionosphère**, F layer (la plus basse, F_1; la plus haute, F_2); **— limite**, boundary layer; **— de peinture**, paint coat; **— de peroxyde** (accus), peroxide layer; **— de pierre meulière**, mill stone grit; **— supérieure** (houillères), bench coal; **rejoindre la — par une percée transversale**, to cut.

Coucou (aviat.), Bus.

Coucou (locom.-tender), Tank engine.

Coude, Angle, angle bar, angle iron, bend, edging, elbow, knee, square elbow, bend pipe, quarter bend, crank, elbow pipe; **soupape à —**, corner valve; **— arrondi**, round elbow; **— de croisement**, cross over bend; **— employé pour le montage des tuyaux de gaz**, drop elbow; **— de retour à grand rayon**, easy return bend; **— vif**, square elbow; **faire un —**, to elbow.

Coudé, Bent, cranked; **arbre —,** crank shaft; **bras —,** crank or cranked arm; **clef —e,** bent spanner, bent wrench; **conduit —,** elbow; **levier —,** angle lever, bent lever, bell clapper, elbow lever, bell crank, joint lever; **noyau —,** curved core; **raccord —,** angle pipe, one height bend, elbow joint; **raccordement par boîtes —es** (chaud.), bend connection; **tuyau —,** bend pipe, elbow pipe, kneed pipe.

Couder, to Crank.

Coudre, to Sew; **machine à —,** sewing machine, **huile pour machine à —,** sewing machine oil; **moteur de machine à —,** sewing motor; **— une courroie,** to lace a belt.

Couettes (c. n.), Ways; **— courantes,** bilge ways.

Coulabilité, Castability, casting fluidity.

Coulable, Castable.

Coulage, Casting, dripping; placing (béton); **— à air froid,** cold casting; **— en châssis,** casting moulded in the flask, box casting, flask casting; **— en coquille,** case casting, case hardening; **— par gravité** (béton), placing by gravity; **— à noyau,** casting upon a core, cored work; **— pneumatique** (béton), pneumatic placing; **— en sable sec,** dry sand casting; **— en sable vert,** green sand casting; **— en siphon,** casting with the vent.

Coulant, Flowing; **four —,** draw kiln.

Coulé, Cast; placed (béton); sunk (N.); **béton —** heaped or placed concrete; **fonte —e à découvert,** open sand casting; **four —** (soufflé), blast furnace; **mal —,** faint run; **objets en fonte —,** castings; **pièce —e,** casting; **— en coquille,** case hardened, die cast.

Coulée, Casting, heat, batch, running off, running out, tapping, teeming, transfert; **busette de —,** casting nozzle; **canal de —,** metal drain, runner; **cuiller de —,** casting ladle; **face de —,** breast; **fourche à poche de —,** casting ladle carrier; **jet de — simple,** ball gate, feeding head; **lit de —,** casting bed, pig bed; **machine à boucher le trou de —,** clay gun; **plaque de —,** casting slab; **poche de —,** casting ladle; **table de —,** tapping bed; **tampon de —,** stopper; **tension de —,** casting stress; **trou de —** (h. f.), tap hole, tapping hole, floss hole; **trou de — du laitier,** monkey; **trou de — d'un moule,** git, gate, pouring gate, riser of a mould; **— centrifuge,** centrifugal casting; **— continue,** continuous casting; **— en coquille,** case casting, case hardening, chill casting, die casting; **— à la descente,** top casting, top pouring; **— de jet de fonte,** spray; **— en lingotière,** pouring, teeming; **— en moule permanent,** permanent mold casting; **— d'une pièce à ailettes,** ribbed casting; **— en poche,** tapping; **— en sable,** sand casting; **— semi-continue,** semi-continuous casting; **— en source,** bottom pouring; **— de terrain,** creep.

Couler, to Cast, to pour, to teem; to flow; to grout; to place (béton); to sink (N.); **action de — les métaux,** casting; **cuiller à —,** casting ladle; **machine à —,** casting ladle; **machine à — sous pression,** die casting; **poche à —,** shank; **— en coquille,** to chill; **— à découvert,** to cast in open sand; **— en lingotière,** to pour, to teem; **— à noyau,** to cast hollow, to cast upon a core; **— plein,** to cast solid; **— en source,** to cast with gate in bottom of mould.

Couleur, Color, colour; **à —s,** colorama; **atténuation des —s,**

fading; **godet à —** (dessin), saucer; **photographie en —s,** colour photography; **télévision en —s,** colour television; **— d'apprêt,** priming colour; **— bon teint,** fast colour; **— des chaudes,** heat colour; **— fusible,** enamel colour; **— à grand feu,** fire proof colour; **— de moufle,** muffle colour; **—s primaires,** primary colours; **— de recuit,** annealing colour; **— rouge cerise,** glowing red colour; **— à sels d'étain,** spirit colour; **— de trempe,** tempering colour; **—s végétales,** vegetable colours; **— vitrifiable,** enamel colour.

Coulissant, Sliding; **clavette — e,** draw key; **joint —,** sliding joint; **palette —e,** sliding vane; **porte —e,** slide gate.

Coulisse, Link, connecting link, slide, clutch; **à —,** sliding, slotted; **jauge à —,** caliper gauge; **manivelle à —,** slotted crank plate; **pied à —,** caliper square, slide caliper, sliding caliper, vernier caliper, calipers scale, micrometer gauge, sliding gauge; **— de forage,** jars; **— guide, — manivelle,** crank guide, slot and crank; **— oscillante à manivelle,** oscillating crank gear; **— de Stephenson,** Stephenson's link motion; **— de tour,** bearer; **mesurer au pied à —,** to caliper.

Coulisseau, Ram (mach. outil); guide rod, link, connecting link, die block, slide, slider, bell movement, link block, slide or sliding block, cross head guide, tappet guide; **course du —** (mach. outil), ram stroke; **frein de —,** ram brake; **glissière du —,** ram guide; **mécanisme de mouvement par bielle et —,** crank gear, ram slide way; **— porte-outil (tour),** bed slide; **— d'un secteur,** link block; **— du té (loc.),** motion bars.

Couloir, Shoot, spout; **— de chargement** (mines), muching pan; **— d'éjection,** discharge chute; **— d'élévateur,** elevator casing; **— oscillant,** shaking shoot; **— repère d'atterrissage,** approach portal.

Coulomb, Coulomb.

Coulométrique, Coulometric; **titrage —,** coulometric titration

Coumarines (chimie), Coumarins.

Coup, Blow, knock, tap, thrust; **à —s,** blows; **contre —,** counter buff; **— de bélier,** water hammer; **— de feu,** burn, burn out; **— de feu au collecteur,** flash, flashes; **— de lime,** file stroke; **— de marteau-pilon avec introduction de la vapeur pendant la descente,** cushioned blow; **— de marteau-pilon sans introduction de la vapeur à la descente,** dead blow; **— du pilon du bocard,** drop; **— de piston,** piston stroke; **— de pointeau,** centre dab, centre mark, centre pop; **— de pression,** rock burst.

Coup de poing (de sommelier), Piercer.

graisseur à Coup de poing, Hand pump lubricator, hand oiler.

Coupage, Cutting; **oxy —,** flame cutting, oxycutting, torch cutting; **machine d'oxy —,** oxycutting machine.

pinces Coupantes, Hypers, cutting nippers, cutting pliers.

Coupe, Cut, cutting (mach. outil); cup, bowl; log, section; cut away drawing; **acier à — rapide,** high speed steel; **angle de —,** cutting angle; **angle de — de lame de cisaille,** angle of back off; **assemblage en fausse —,** bevel joint; **déchets de —,** chips cut away; **dessin en —,** cut away drawing; **effort de —,** cutting stress; **fausse —,** bevel cut; **assemblage en fausse —,** bevel joint; **fluide de —,** cutting fluid; **force de —,** cutting power; **huile de —,**

cutting oil; **jet de** —, cutting jet; **largeur de** —, width of cutting; **profondeur de** —, depth of cut; **résistance à la** —, cutting resistance; **vitesse de** —, cutting speed; — **en biais**, mitre cutting; — **du bois**, logging; — **boulons**, bolster cutter; — **circuit**, circuit breaker, disconnect, cut out; — **circuit à fusible**, fuse cut out; — **circuit de distribution**, distributing fuse; — **flamme**, flame arrester; — **longitudinale**, sheer draught (c. n.), longitudinal section; — **au maître**, beam section; — **oblique**, bevel cut; — **d'onglet**, mitre cut; — **rondelles**, washer cutter; — **simultanée**, multiple cutting; — **faite en tirant**, draw cut; — **transversale**, cross section; — **tubes**, casing knife, pipe or tube cutter.

Coupé, Cut; **à pan** —, cantwise; — **à la poudre**, powder cut.

Coupée, Gangway.

Coupellation, Cup assay, fire assay.

Coupelle, Cup, cupel; **creuset à la** —, cupel man; **four à** —, assay furnace; **moule, creuset de la** —, cup pan; — **de nickel**, pan.

Coupeller (mét. précieux), to Assay; **four à** —, cupel furnace; **fourneau à** —, muffle furnace.

Couper, to Cut, to clip, to cut off, to hew down, to pare, to shear, to slice; **appareil à** — **en biais**, mitre cutting machine; **couteau à** — **la pâte**, docker; **machine à** — **les fers en U**, channel bar cutting machine; — **l'allumage**, to cut off, to switch off; — **au burin, au bédane**, to chop off; — **au ciseau**, to chip out; — **le courant**, to deenergise or deenergize, to switch off; — **à la demande**, to cut to fit well; — **à dimensions**, to dress; — **en morceaux**, to cantle; — **le moteur**, to cut the engine; — **la vapeur**, to shut off steam; — **en zig-zag**, to crankle.

Couperet, Choppex, cleaver; — **d'émailleur**, enamel's file.

Couperose, Copperas, vitriol: — **bleue**, blue vitriol; — **impure**, black vitriol; — **jaune**, yellow copperas; — **verte**, green vitriol.

Couplage (T. S. F., etc.), Coupling, connection; **condensateur de** —, coupling capacitor; **ligne de** —, tie line; **ondes de** —, coupling waves; **transformateur de** —, coupling transformer; — **par capacité**, capacitive or capacity coupling; — **critique**, critical coupling, optimum coupling; — **direct**, direct coupling; — **électromagnétique**, electromagnetic coupling; — **électronique**, electronic coupling; — **électrostatique**, electrostatic coupling; — **entre étages**, interstage coupling; — **par impédance**, impedance coupling; — **par induction**, inductive coupling; — **magnétique**, magnetic coupling; — **en parallèle**, parallel connection; — **à réaction**, feed back coupling, back coupling; — **par résistance**, resistance coupling; — **en série**, series connection.

Couple, Couple, pair; torque; frame (c. n.); yoke; cell (élec.); timber (c. n.); **conversion de** —, torque conversion; **convertisseur de** —, torque converter; **espacement des** —**s** (c. n.), spacing of the frames; **liures de** —**s** (c. n.), frame joints; **maître** — (c. n.), midship frame, midship bend, maximum cross section; **mesureur de** —, torquemeter; **pied d'un** —, heel of a frame; **thermo** —, thermocouple; **vérificateur de** —, torque tester; — **antagoniste**, opposing torque; — **de décrochage** (élec.), breaking down torque;

— **dévoyé** (c. n.), cant frame, cant timber; — **droit**, square frame; — **de freinage**, braking resistance; — **gyroscopique**, gyroscopic couple; —**s de levée** (c. n.), principal frames; — **de rappel**, restoring torque; — **résistant**, opposing torque; locked rotor torque (élec.).

Couplé, Coupled; **machine à** n **roues** —**es**, n wheeled engine; **poteaux** —**s**, twin posts, A pole, twin poles, coupled poles.

Coupleur, Coupler, controller; — **centrifuge**, centrifugal coupler.

Coupoir, Cutter; — **circulaire**, circle cutter.

Coupole, Cupola, cuppola (rare), dome; — **de dôme** (chaud.), dome crown; — **sur poutrelle**, angle course beam; — **de visée**, sighting blister.

Coupon, Coupon, dividend; hammer chisel.

Coupure, Cut, cutting; **à** — **unique** (élec.), single break; **pouvoir de** —, interrupting capacity; **à haut pouvoir de** — (élec.), high rupture capacity (h. r. c.).

Cour, Yard.

Courant, Current (élec.); flow, flue, inflow, deflection, stream; **à** —**s de même sens**, parallel flow; **à** —**s de sens inverse**, counter flow; **accroissement, afflux subit de** —, rush or inrush of current; **appel de** —, inrush current; **archet de prise de** —, bow; **bande de** —, current belt; **canalisation sans** —, dead main; **capacité de transport de** —, current carrying capacity; **cherche-pertes de** —, leakage detector; **contre** —, back current, opposed current, counterflow; **à contre** —, counter streaming; **dispositif de prise de** —, current collector, skate; **à double** —, double deflection; **indicateur de** —, current indicator; **indicateur de sens de** —, polarity indicator; **intensité de** — **admissible**, admissible carrying capacity; **inverseur de** —, current inverter, electrepeter; **ligne sans** —, dead line; **limitateur de** —, current limitator; **pertes par** —**s de Foucault**, eddy current losses; **pointe de** —, current surge; **prise de** —, jack, plug, tapping, wall, socket, power supply; **redresseur de** —, current rectifier; **retard du** —, retardation of current; **temps d'établissement du** —, current building up time; — **d'absorption**, absorption current; — **d'air**, air blast, air draught; — **d'air chaud**, warm air blast; — **d'air entrant dans une mine**, down cast; — **alternatif**, alternating current (a. c.); **moteur à** — **alternatif**, alternating current motor; — **alternatif synchrone**, symmetrical or synchronous alternating current; — **cathodique**, cathode current; — **de charge**, charging current; — **de chauffage** (T. S. F.), filament current; — **compensateur**, equalising current; — **de conduction**, conduction current; — **continu**, direct current (d. c.); **moteur à** — **continu**, direct current motor; **voltmètre à** — **continu**, direct current voltmeter; — **de convection**, convection current; — **de court-circuit**, short circuit current; — **de décharge**, discharge or discharging current; — **de démarrage**, starting current; — **déphasé**, phase displaced current; — **déwatté**, wattless current, idle current; — **diélectrique**, dielectric current; — **d'électrode**, electrode current; — **d'excitation**, exciting current, field current; — **de fermeture**, making contact current, extra current on making; — **de flamme**, flue; —**s de flamme de bas en haut**, upper flues; —**s de flamme de haut en bas**, down flues; —**s de flamme dans le sens de la longueur des**

chaudières, flash flues; —s de Foucault, eddy currents; —s à basse fréquence, low frequency currents (l. f. c.); —s à haute fréquence, high frequency currents (h. f. c.); — gazeux, gas stream; — gravitationnel, gravitationnal currents; — inducteur, field current; — induit, induced current; — intermittent, intermittent current, make and break current; — inverse, reverse current; — d'ionisation, ionisation current; — ondulatoire, wave current; —s opposés, counter flow; —s parasites, eddy currents; — périodique, periodic current; —s de perte, leakage currents; — de plaque, plate current; — porteur, carrier current; téléphonie par —s porteurs, carrier telephony; — de préconduction, preconduction current; — primaire, primary current; — pulsé, — pulsatoire, pulsating or pulsatory current; soudage par pulsé, pulsating welding; — réactif, reactive current; — redressé, rectified current; — renversé, commutated current; — de retour, return current, after current; — de rupture, break induced current; extra — de rupture, breaking contact current, extra current on breaking; — de saturation, saturation current; — de terre, tellurique, earth current; — thermoionique, thermionic current; — transitoire, transient current; — à vide, no load current; — watté, active current; couper le —, to deenergise, to deenergize, to switch off; faire passer du — dans un circuit, to energize a circuit.

main Courante, Hand rail.

Courbage, Bending, deflection.

Courbe, Curve, bend, bending, diagram, knee (c. n.), line, loop; appareil pour le tracé des —s, plotter; contre —, inflected curve; inflexion d'une —, discontinuity of a curve; maximum d'une —, hump or peak of a curve; ordonnée d'une —, ordinate of a curve; point de rebroussement d'une —, retrogression point of a curve; rail —, curve rail; — de détente, expansion line; — en développante de cercle, involute curve; — de diversité, diversity curve; — équipotentielle, equipotential line; — d'excitation, excitation curve; — exponentielle, exponential curve; — finale d'une came, end curve of a cam; — horizontale (c. n.), lodging knee; — d'hystérésis, hysteresis curve or loop; — d'indicateur, indicator diagram or curve; — logarithmique, logarithmic curve; — oblique (c. n.), dagger knee; — du pont (c. n.), knee of the deck; — de probabilités, probability curve; — de raccordement, junction curve; — rectangulaire (c. n.), square knee; — de réponse, response curve; — de résonance, resonance curve; — de saturation, saturation curve; — de stabilité, stability curve; — de transfert, transfer curve; — verticale (c. n.), vertical knee; raccorder les angles par des —s (ch. de fer), to adjust angles by curves; tracer une — en fonction de, to plot (a curve) against.

Courbé, Bent, atwist, cambered, crooked, curved.

Courber, to Bend, to curve, to deflect; chevalet à —, bending horse; forme pour —, bending plate; machine à — les bois, wood bending machine.

se Courber, to Bow, to cast.

Courbure, Curvature, bend, bending, bow, aduncity, flexure, sweep (N.); volet de —, camber flap, wing flap; — d'un arc, arcuature; — d'aube, blade curvature; — inférieure, lower camber; — de l'aile, wing camber; — supérieure, upper camber; — de terrain, folding.

Couronne, Crown, coil, curb, disc, rim; **batterie à —s,** crown of cups; **cercle de —,** addendum circle, point circle; **double — (papier),** elephant paper; **effet de —** (élec.), corona effect; **ligne de —,** addendum line; **nervure de la — d'une roue dentée,** rim collar; **perçoir à —,** square bit; **soupape à —,** bell shaped valve; **— d'aubes,** blade rim; **— dentée,** crown gear; **— d'embrayage,** clutch ring; **— d'embrayage en fibre,** fiber clutch ring; **— à empreintes (cabestan),** sprocket wheel; **— de galets,** roller ring; **— intermédiaire (turbine),** partition cap, **— mobile,** movable disc; **— à mouler,** centering frame, centering ring; **— de piston,** packing plate, piston cover; **tire-fond de la — de piston,** piston cover eye bolt; **— polaire** (élec.) pole crown; **— de sondage,** core drill.

Couronnement, Coping; **— d'un navire,** taffrail of a ship.

long Courrier (N.), Sea going ship.

Courroie, Belt, strap, band; **agrafe de —,** belt fastener, belt joint; **attache de —,** belt joint; **brin conducteur d'une —,** tight or driving side of a belt; **brin conduit d'une —,** loose, slack or driven side of a belt; **change —,** belt shifter; **commande par —,** belt drive; **conduit par —,** belt driven, belted; **débrayeur de —,** belt shifter; **enduit pour —,** belt dressing; **fourchette de désembrayage de —,** belt shifting fork; **glissement de la —,** slipping or slippage of the belt; **griffe de —,** belt claw; **guide —,** belt idler; **monte —,** belt shifter, belt slipper; **perce —,** belt punch; **poulie pour —,** band pulley; **renvoi à —,** intermediate belt gearing; **renvoi de mouvement par —,** belt reverse; **tendeur de —,** belt tightener, belt stretcher; **tension de —,** belt tension; **transmission par —,** belt driving; **transporteur à —,** belt conveyor; **vis à —,** belt jack; **— articulée, à chaînons,** link belt; **— en caoutchouc,** rubber belt; **— collée,** cemented or glued belt; **— cousue,** laced belt; **— croisée,** cross belt; **— en cuir,** leather belt, leather strap; **— demi-croisée,** quarter twist or quarter turn belt; **— double,** two ply belt; **— droite,** open belt; **— de dynamo,** generator belt; **— sans fin,** endless belt; **— inclinée,** oblique belt; **— pour marche arrière,** return belt; **— plate,** flat belt; **— à poncer,** sand belt; **— à talon,** edged belt; **— en toile,** canvas belt, fabric belt; **— tordue,** twisted belt; **— de transmission,** transmission belt, driving belt; **— transporteuse,** conveyor belting; **— trapézoïdale,** trapezoidal belt, vee belt; **— en V,** vee belt; **— de ventilateur,** fan belt; **la — glisse,** the belt slips; **la — flotte,** the belt flaps; **coudre, transfiler une —,** to lace a belt; **monter une — to strap.**

Courroies, Belts, belting; **ensemble de, jeu de —,** belting; **outil pour réparer les —,** belt driver; **poulie pour —s,** band pulley, band wheel; **— de transmission,** transmission belting.

Cours, Currency, quotation.

Course, Stroke, path, throw, run, travel; **bout de —,** end of stroke; **longueur de la —** (du piston, etc.), length of the stroke; **introduction de vapeur pendant la moitié de la —,** expansion half on; **mi —,** mid course, mid way, half stroke; **voiture de —,** racing car; **— ascendante,** up stroke; **— d'aspiration,** intake stroke; **— de la broche,** spindle stroke; **— de la chaîne,** path of the chain; **— de compression,** compression stroke; — **de décollage** (aviat.), taking off run; — **descendante**, down or downward travel or stroke; — **de détente**, expansion stroke; — **d'échappement**, exhaust stroke; — **d'évacuation**, exhaust stroke; — **du foret**, drill stroke; — **montante**, upward travel; — **motrice**, power stroke; — **du piston**, piston travel; — **de réception**, buffer stroke; — **sans recul**, dead stroke; — **de retour**, return stroke; — **de roulement à billes**, ball race; — **de la table** (mach. outil), stroke of table; — **de la tête**, stroke of head; — **du tiroir**, stroke of the slide valve; — **de la tourelle**, turret travel; — **de travail**, working stroke; — **variable**, adjustable stroke.

Coursier, Channel, guide, spillway; **roue à —**, wheel running in a shute.

Coursive (c. n.), Passage, passageway, waist.

Court, Short; **à — e dérivation**, with short shunt; — **circuit** (voir **Circuit**); — **circuitage**, shorting.

Courtage, Brokerage.

Courtailles, Clippings.

Courtier, Broker, scrivener; — **en bourse**, share broker; — **maritime**, shipbroker.

Coussin, Cushion.

Coussinet, Armilla, axletree bed, bearing, bolster, brass, bush, bearing fulcrum, journal, journal box, chair, chair plate, cushion, grain; **alliage pour —**, bearing alloy; **boîte à —**, axle box; **bronze pour —**, bearing bronze; **cale de —**, block chair; **demi — de rotule**, spherical cup; **filière à —s**, die stock; **filière brisée à —s mobiles**, screw stock; **métal pour —s**, bearing metal, box metal, bush metal; **palier et — d'un arbre**, carriage of a shaft; **palier garni d'un —**, bushed bearing; **porte —**, pedestal; **semelle d'un —** (ch. de fer), foot of a chair; — **d'assemblage** (ch. de fer), joint chair; — **autograisseur**, self oiling bearing; — **de butée**, thrust shoe; — **de filetage**, cutter; — **de filière**, chase, die, screw die; — **à galets côniques**, taper roller bearing; — **de palier**, journal rest; — **d'une portée**, pillow bush; — **de poulie**, bushing; — **de rail**, chair of a rail, rail cradle; — **regarni**, refilled bearing; —**s réglables**, ajustable bearings; — **de serrage**, dog; — **de talon** (aiguille de ch. de fer), heel chair; — **de tourillon**, chocks; — **de vilebrequin**, crank shaft bearing; **ajuster un —**, to scrape a bearing; **caler les —s**, to line up the brasses; **garnir, mettre un —**, to babbit, to bush, to line a bearing; **regarnir un —**, to rebabbit, to re-line, to refill a bearing.

Cousu, Sewn; **courroie — e**, laced belt.

Coût, Cost.

Couteau, Knife, blade, chopper; edge; **chariot à deux —s** (raboteuse à bois), cutter slide; **disque à —x**, cutter disc; **interrupteur à —**, chopper switch; **interrupteur à deux —x**, double bladed switch; **lime — pour scies**, gin saw file; **lime à —**, knife file; **pierre à —x**, bath brick; **roue en —**, knife wheel; **scie à —**, compass saw; **support à —**, blade bearing, fulcrum bearing; **suspension par —x**, knife edge suspension; — **à bascule, à béquille**, clasp knife; — **de balance**, knife edge of a balance; — **de défibreur**, chipper knife; — **de finissage** (tour à bois), boring tool; — **d'interrupteur**, switch blade; — **pour tourner les fonds**, inside corner tool; — **support du miroir** (essai des métaux), mirror knife edge.

Coutellerie, Cutlery.

Coutre, Felling axe.

Couture, Seam, edge fastening, fash (fond.); **déchirure d'une —,** seam rip, seam rending; **sans —,** seamless; **tube sans —,** seamless tube; **— à clin,** lapped seam; **— à francs bords,** weld joint; **— en long,** longitudinal seam; **— matée,** calking seam, **— rabattue,** flanged seam; **— en travers,** transversal seam; **piquer une —,** to prick a seam.

Couvercle, Lid, cover, coverage, covering, cap, head, bonnet, top; **flacon à —,** capped bottle; **— à charnière,** hinged lid; **— de cucurbite,** blind head; **— d'un cylindre,** cover, head, lid, top of a cylinder; **— d'objectif,** lens cap; **— à rabattement,** hinged cover; **— du volant,** flywheel cover; **— de la voûte,** arch lid; **— du transformateur,** transformer cover.

Couvert, Covered, boarded.

Couverture, Cover, coverage, covering, overlaying; **bague de —** (turb.), end ring; **tôle de —,** sheeting; **— d'un carneau,** arching of a flue; **— photographique,** photographic covering.

opuvoir Couvrant (peinture), Hiding power.

Couvre-joint, Batten, covering head, butt plate, covering plate, butt strap, butt cover, fish plate; **rivetage à — simple,** single butt plate riveting; **rivetage à — double,** double butt plate riveting, double covering plate riveting; **tôle de —,** covering plate, cover plate; **— à franc bord,** edge strip; **— simple,** single butt riveting.

Couvreur, Slater; **clou de —** (à tête rabattue), clasp nail.

Couvrir, to Cover; **— les feux,** to damp down; **— de graviers,** to ballast; **— une section** (ch. de fer), to block; **— la voie,** to interlock.

Crache (de haut-fourneau), Drop.

Crachements (aux balais), Sparking, spitting.

Cracher (élec.), to Spark; **la dynamo crache,** the dynamo sparks.

Cracking, Cracking; **— catalytique,** catalytic cracking; **essence de —,** cracking gasoline.

Craie, Chalk, chalk stone; **— coulante,** liquid chalk.

Crampe, Cramp.

Crampon, Cramp, catch, calkin, chape, clamp, clinker, dog hook, dog iron, hanging clamp, hook nail, climbing spur, spur, spike, staple, tie; **bras à —,** hinged dog hook arm; **trou de —,** cramp hole, countersunk hole; **— fileté,** hook bolt; **— de rail,** dog nail, dog spike; **— de serrage,** dog hook; **— de tête de boîte,** caulking or calking staple.

Cramponner, to Cramp.

Cran, Cog, jag, nick, nock, notch; **à —s,** cogged; **— de mire d'un canon,** notch; **— de sûreté,** safety catch.

Cranoir, Notching file.

bande Crantée, Steel tape.

Crapaud, Anchorage, clip, sleeper clip, sinker; **— d'une mine,** mine anchorage, mine sinker; **—s rivés,** riveted clips.

Crapaudine, Breast, collar, fulcrum, step bearing, pivot bearing, pivot hole, thrust bearing, foot step bearing, brass, pillow block, rest, socket, step; **— annulaire,** collar step bearing; **— à billes,** ball pivot bearing, ball thrust bearing.

Craponne, Bastard file, tooth file.

Craquage, Cracking, reforming (voir **Cracking**); **distillat de —,** pressure distillate; **four de —,** cracking furnace; **pré —,** primary cracking.

Craquelé, Cracked; frosted, frosty; verre —, frosted or frosty glass.

Craquelures, Crazing.

Crasse, Dirt, dross, fur, skin, slag; —s de fonte, cast scrap; — d'un métal en fusion, scum, skin; — de poudre, bead.

Crassier, Burrow, cinder tip, dump, slag heap.

Cratère, Crater; — positif, positive crater.

Crayère, Chalk pit.

Crayon, Pencil, porte —, clip — fer (à souder), pencil iron; — de zinc, zinc rod; tracer, dessiner au —, to draw in lead.

Créancier, Crediter.

Crèche (corderie), Comb frame.

Crédit, Credit; lettre de —, credit letter; vente à —, instalment system; — sur effets, paper credit.

Créditeur, Creditor.

Crémaillère, Rack, mangle rack, mangle wheel; assemblé à —, joggled; chemin de fer à —, rack railway; corne de la —, crutch; entaille à —, joggle; locomotive à —, rack engine; pignon et —, rack and pinion; poutre en —, indented beam; — d'avance (mach. outil), feed rack; — d'un cric à double noix, bar of a rack and pinion jack; — de funiculaire, cog or cogged rail.

Crémone, Basquili.

Crénelé, Castellated; écrou —, castel nut, castellated nut.

Créosotage, Cresoting.

Créosote, Creosote.

Créosoté, Creosoted; huile —e, creosote oil.

Créosoter, to Creosote; outillage à —, creosoting plant.

ester Créosotique, Creosotinic ester.

Crépi, Float skin.

Crépine, Grating, dry pipe, fringe, rose, strainer.

Crépir, to Float.

Crépissage, Revetment.

Crête, Crest, peak.

Cretons, Critlings.

Creuse (adj.), Hollow; charge —, shaped charge; nervure —, hollow rib.

Creusé, Channeled, holed, dug, bored, hollowed.

Creusement, Digging, dug out earth; drague de —, deep dredger; — de galeries, tunnelling.

Creuser, to Dig, to bore, to deepen, to groove, to hole, to hollow, to mine, to sink; machine à — les tranchées, trencher, trenching machine.

Creuset (h. f. etc.), Crucible, hearth, melting pot, glass pot, pot; acier au —, crucible steel; acier fondu au —, crucible cast steel; avant —, fore hearth, breast pan; culot de —, button; engorgement du —, blocking; fond du —, base block; four à —, pot furnace; fourneau à —, crucible furnace; pince à —, clutch; porte à —, crucible shank; rangée de —s, bench of crucibles; rétrécissement d'un —, delivery; tenailles à —, elbow tongs; ventre du —, crucible belly; verre adhérent au —, collet; — brasqué, crucible lined with charcoal; — de cémentation, cementing chest or trough; — de la coupelle, cup pan; — couvert (verrerie), cap pot; — creux, finger crucible; — ovale, oval hearth; — en platine, platine or platinum crucible; — sur roues, travelling crucible wagon.

Creux, Bore, cess pool; — dans un mur, recess in a wall, niche; — sur quille (N.), moulded depth; — d'une roue dentée, clearing.

Creux (adj.), Hollow; **arbre** —, hollow shaft; **bois** —, hollow wood; **bandage** —, cushion tyre, hollow tyre; **fonte en** —, cored work; **graveur en** —, die sinker; **gravure en** —, intaglio printing; **heures** —**es**, off peak time; **impression en** —, copper printing; **mandrin** —, socket chuck; **montant** —, hollow strut; **trépan** —, mining hollow drill.

Crevaison, Flat, puncture; **réparer une** —, to fix a flat.

Crevasse, Crack, chink, chop, cleft, clinking, flaw, honeycomb, rift, split; — **de recuit**, fine crack.

Crevassé, Choppy, flawy, honey combed.

se Crevasser, to Chink, to chip, to gape.

Crevé (barrique, etc.), Stove.

Crevé (pneu), Flat, punctured.

Crever (pneumatique), to Puncture.

Crever (une barrique, un navire, etc.), to Stave.

Criblage, Screening, peening, sieving, picking; **installation de** —, screening plant.

Crible, Sieve, screen, cribble, dust sieve, riddle, van; **archet de** —, arm of a sieve; — **à barreaux**, grizzly; — **hydraulique**, brake sieve; — **à mailles fines**, fine mesh screen; — **mécanique**, screening plant; — **rotatif**, revolving screen; — **à secousses**, shaking sieve, vibrating sieve; — **à tambour**, composition sieve; **passer au** —, to screen.

Criblé, Sieved, screened, peened, riddled; **charbon** —, riddled coal, picked coal, screened coal.

Cribler, to Screen, to buddle, to peen, to riddle, to sieve.

Cribleur, Sieve, screen, screening plant, cribble; **trommel** —, revolving screen.

Cric, Jack, jack screw; **case d'un** —, case of a jack; **corps de** —, jack body; **cornes d'un** —, spikes of a jack; **levage sur** —, jacking; **mis sur** —, jacked, jacked up; **mise sur** —, jacking; — **hydraulique**, hydraulic jack; — **à main**, hand jack; — **à main à une griffe**, hand jack with a claw; — **à main à deux griffes**, hand jack with a double claw; — **à manivelle**, gin screw; — **à noix**, chain jack; — **à pignon et crémaillère**, rack and pinion jack; — **simple**, common hand jack, hand screw; **mettre sur** —, to jack, to jack up.

Criquage, Cracking.

Crique, Crack, flaw; **formation de** —**s**, cracking; — **de recuit**, fire crack.

Criqûre, Chink, cleft, crack, fissure, shake.

Cristal, Crystal; **amplificateur à** —, crystal amplifier; **compteur à** —, crystal counter; **croissance du** —, crystal growth; **filtre à** —, crystal filter; **haut-parleur à** —, crystal loudspeaker; **microphone à** —, crystal microphone; **oscillateur à** — **de quartz**, quartz crystal oscillator; **redresseur à** —, crystal diode; — **cubique**, cubic crystal; — **ionique**, ionic crystal; — **de périclase**, periclase crystal; — **de quartz**, quartz crystal; — **de roche**, mountain crystal, rock crystal; — **synthétique**, synthetic crystal, non gem crystal; — **taillé à 35° de l'axe Z du cristal mère**, AT cut crystal. Voir aussi **Cristaux**.

Cristallin, Crystalline; **réseau** —, crystal lattice; **silicate** —, crystalline silicate; **structure** —**e**, crystal structure.

Cristallisation, Crystallization; **eau de** —, water of crystallization.

Cristalliser, to Crystallise.

Cristallisoir, Draining tank, chiller.

Cristaux, Crystals; **croissance des —**, crystal growth; **détecteur à —**, crystal detector; **goniomètre pour mesurer les angles des —**, contact goniometer; **mono —**, single crystals; **nourrissage des —**, accretion of crystals; **— libres**, incoherent crystals.

Cristallographie, Crystallography; **— synthétique**, synthetic crystallography.

Critique, Critical; **angle —**, critical angle; **charge —**, crippling load; **fréquence —**, critical frequency; **pénétration**, frequency; **fréquence — d'un filtre**, cut off frequency; **masse —**, critical mass; **point —**, critical point; **pression —**, critical pressure; **sous —**, subcritical; **masse sous —**, subcritical mass; **tension —**, critical pressure; **vitesse —**, critical speed.

Croc, Hook, crook, grapple, drag hook, swivel joint, trigger; **boulon à —**, hook bolt; **palan à —**, luff tackle, hook tackle; **poulie à —**, hook block; **— à chaux**, beater; **— à échappement**, slip; **— à émerillon**, swivel hook; **— en fer**, iron hook; **— de hissage**, lifting hook; **— à mâchoires**, chop hook; **— à noix**, chain jack.

Crocher, to Hook, to grapple.

Crochet, Crook, hook, cinder hook, catch, bolt chisel, clasp, knob, lift, crotch, trigger, heel tool, planing tool, pick up; **bec de —**, hook end; **chaîne à —s**, hook link chain; **clou à —**, dog nail; **grue à — magnétique**, magnet crane; **rondelle à —**, drag washer; **roue à —**, rack wheel; **— d'arrêt**, catch, arrester hook; **— articulé**, drop hook; **— d'attelage**, tug hook; **— à bois**, dog; **— de chauffe**, fire hook, crooked poker; **— à déclic (grues)**, dump hook; **— à griffes**, claw hook; **— à mâchoires**, chop hook; **— à œillet**, eye hook; **— de tour**, heel tool; **— de traction**, draw hook, drag hook; **— à tubes**, casing hook.

Crochu, Crooked, hooked.

Crocodile (ch. de fer), Alarm contact.

Croisé, Crossed; **courroie —e**, crossed belt; **courroie demi —e**, half crossed belt, quarter twist belt, quarter turn belt; **dipôles —s**, crossed dipoles; **étoffe —e**, twilled cloth; **entretoise —e**, cross beam, cross quarter; **hachure —e**, counter hatching; **joints —s**, staggered joints; **lime à taille —e**, cross cut file; **lime de —e**, cross bar file; **taille —e (lime)**, double cut.

Croisement, Crossing; **cœur de —**, frog; **joue de —**, check rail; **pince de —**, crossing clamp; **point dangereux d'un —** (ch. de fer), fouling point; **voie de —**, crossing loop; **— double**, diamonds crossing; **— oblique**, diamond crossing.

Croiser, to Cross, to lap.

Croiseur (N.), Cruiser; **— de bataille**, battle cruiser; **— éclaireur**, scout.

Croisière, Cruising; **turbine de —**, cruising turbine; **vitesse de —**, cruising speed; **vol de —**, cruising flight.

Croisillon, Arm, brace, cross head, spider; **induit à —**, spider armature.

Croisillonné, Cross-braced, braced.

Croissance, Growth; **— du cristal**, crystal growth; **— du grain**, grain growth.

Croissant, Crescent; **aile en —**, crescent wing; **en forme de —**, crescent shaped, mooned.

Croisure, Lapping.

Croix, Cross; **en —**, cross, across, cross wise; **bâti en —**, cross frame; **fer en —,** cross iron; **— de Malte,** Maltese cross; **— de Saint André,** cross columns, cross stay, Saint Andrew's cross; **mettre en —,** to cross.

Croquis, Chalking, sketch, eye sketch; **— coté,** dimensioned sketch.

Crosse, Cross head, crown, butt, downing lever, tappet, trail; **guidage à —,** crosshead and slipper; **moteur à —,** crosshead engine; **patin de —,** crosshead slipper; **tourillon de —,** crosshead centre; **— de bielle,** small end of a connecting rod; **— de canon,** shoulder piece; **— en fourche,** forked crosshead; **— de fusil,** butt of a gun; **— de piston,** piston crosshead; **— de pompe à action directe,** donkey crosshead.

Crouler, to Fall in.

Croûte, Crust, coating; **— de fonderie,** outer coating.

Crown-glass, Crown glass.

Cru, Rough; **acier —,** rough steel.

Crue, Flood, rising, swelling; **évacuateur de —s,** spillway.

Cryogénique, Cryogenic.

Cryoscopie, Cryoscopy.

Cryostat, Cryostat.

Crystolon, Crystolon; **meule en —,** crystolon wheel.

Cubage, Cubature.

Cubature, Cubature.

Cubage, Cubature, measure, floor space; **marchandises de —,** measure goods; **— des grumes,** log scaling.

Cubature, Cubature.

Cube, Cube; **centimètre —,** cube centimeter; **décimètre —,** cube decimeter; **mètre —,** cube meter; **pied —,** cubic foot, cube foot; **pied — par minute,** c. f. m.; **pied — par seconde,** c. f. s.

Cubilot, Cupola, cupola furnace, flowing furnace; **soufflage du —,** cupola blast; **— à rigole,** rapid cupola.

Cubique, Cubic; **racine —,** cubic or cube root; **spath —,** cube spar; **— centré,** body centred.

Cucurbite, Cucurbit, bolt head; **couvercle de —,** blind head.

en Cueillette (cargaison d'un N.), General (cargo); **chargé —,** loaded with general cargo.

Cuiller, Spoon, auger bit, bailer, bucket ladle, cleanser, scoop; **foret —,** duck's bit; **mêche en —,** spoon bit; **tarière à —,** shell auger; **— de cémentation** (pétr.), dump bailer; **— de chargement,** charging box; **— creusée en gouge,** duck nose bit; **— d'excavation,** earth grab; **— pour fondre,** casting ladle; **— à grappin,** excavator; **— d'une mêche,** cutter of a centre bit; **— à pointe,** dowel bit; **— à souder,** soldering ladle.

Cuillerage (pétr.), Bailing.

Cuir, Leather, hide; **en —, de —,** leathern; **anneau en — embouti,** leather packing collar; **corde en —,** hide rope; **courroie en —,** leather belt, hide rope, leather strap; **embrayage à cône en —,** leather faced clutch; **engrenages en — vert,** rawhide gears; **presse à emboutir les —s,** cap leather press; **rondelle de —,** leather washer; **simili —,** leather cloth; **— embouti,** leather cup; **— pour pompe,** pump leather.

Cuirasse, Armour, armor; **— verticale,** side armour.

Cuirassé (N.), Battleship.

Cuirassé (adj.), Armoured, armored, metal clad, iron clad, shell type; **ceinture —e,** armour belt; **dynamo —e,** iron clad dynamo; **moteur —,** enclosed motor, iron clad motor; **transformateur —,** shell transformer.

Cuirasser, to Armour.

Cuire, to Bake; — **des briques**, to anneal bricks.

Cuisinière, Range; — **électrique**, electric range; — **à ondes courtes**, radar range.

Cuisson, Baking, coking; — **des noyaux** (fond.), core baking; **durée de** —, coking period.

Cuit, Burnt, baked roasted; **parfaitement** — (**four à briques**), burned off; — **à fond**, dead roasted; — **à mort**, dead burnt; —**e deux fois**, double burnt; —**e une fois**, single burnt.

Cuite, Baking; **terre** —, baked clay; — **de briques**, brick baking; — **dure**, claggum.

Cuivrage, Coppering, copper plating; **électro** —, electrocoppering.

Cuivre, Copper; **baguette de** —, copper rod; **bobine en bande de** —, copper edge strip coil; **brasage au** —, copper brazing; **carbonate de** —, cupram; **cendres de** —, copper ashes; **chaudronnerie en** —, coppersmith; **dépôt de** — **sur les lames d'un collecteur**, copper dragging, copper foiling; **doublage en** —, copper sheathing; **doublé en** —, copper bottomed; **eau de** —, copper cleansing liquid; **feuille de** —, copper plate, copper sheet; **fil de** —, copper wire; **filon de** —, copper load or lode; **flan de** —, copper planchet; **fonderie de** —, copper foundry, copper works; **foyer d'affinage du** —, copper refining furnace; **gravure sur** —, copper engraving; **grenaille de** —, copper stone; **matte de** — **brut**, copper rust; **minerai de** —, copper ore; **monnaie de** —, copper coin, coppers; **oxyde de** —, copper oxide; **redresseur à oxyde de** —, copper oxide rectifier; **fines particules de** — **en suspension dans l'eau**, float copper; **pertes dans le** —, copper losses; **sulfate de** —, blue stone; **sulfure de** —, copper glance; — **ampoulé**, blistered copper; — **en barres**, copper bars; — **battu**, wrought copper; — **brut**, coarse copper; — **cassant**, dry copper; — **de ciment**, cement copper; — **non désargenté**, calamine copper; — **électrolytique**, electrolytic copper; — **en feuilles**, sheet copper, copper sheets; — **fin**, refined copper; — **en glucinium**, beryllium copper; — **jaune**, brass, yellow copper, yellow brass; — **en lingots**, copper ingots; — **au manganèse**, manganese copper; — **natif**, native or nature copper; — **natif trouvé loin de la roche d'origine**, float copper; — **naturel**, barrel copper; — **noir désargenté**, poor coarse copper; — **oxydé**, oxidized copper; — **oxydulé terreux**, brick copper; — **phosphoreux**, phosphor copper; — **pur**, pure copper; — (**de**) **rosette**, copper brick, refined copper; — **rouge**, red copper; — **sulfuré**, copper glance; **braser au** —, to copper solder.

Cuivrer, to Copper, to copper plate.

Cuivrerie, Copper works.

Cuivreux, Cupreous or Cuprous; **chlorure** —, cuprous chloride; **cyanure** —, cuprous cyanide; **oxyde** —, cuprous oxide, red oxide of copper; **pyrites** —**ses**, copper pyrites.

Cuivrique, Cupric; **oxyde** —, cupric oxide; **sel** —, cupric salt.

Cul de porc (nœud), Man rope knot, tack knot.

Cul de sac, Short dead end.

Culasse, Breech (art.), cylinder head (auto), yoke (élec.), yoke piece; **bloc de** — (art.), breech block; **boulon de** —, cylinder head bolt; **champ de dispersion de** —, yoke stray field; **épaisseur de** —, thickness of yoke; **joint de** — (auto), head gasket;

CUR — 142 — **CYA**

largeur de —, width of yoke; **rigidité de** —, stiffness of yoke; **sans** —, coverless; **vis de** —, breech screw; — **de moteur sans soupapes**, junk head; **mettre une** —, to breech.

Culbutage, Dump, dumping, tilting, tripping, tippling.

Culbuter, to Tilt, to trip; **plateforme à** —, dead fall.

Culbuteur, Dumper, rocker, tippler, tripper; rocking lever, rocker arm, valve rocker, trip lever; **boîtier de** —, rocker box; — **de berlines**, mine car tippler; — **de wagons**, car dumper, car tippler.

Culée, Abutment; — **d'un pont**, wring wall, bridge abutment.

Culot, Assay grain, bearing disc, base, bottom; — **à huit broches**, octal base; — **de creuset**, button; — **de lampe**, base, cap; — **à œillets** (lampe à incandescence), bottom loop tip.

Culotte, Breech, branch piece, manifold, breeches pipe, Y branch; — **de cheminée**, inner shell, uptake; — **de parachute**, canopy of parachute; — **de prise de vapeur**, nigger head; — **de refoulement** (compresseur), discharge manifold.

Cupferrates, Cupferrates.

valeurs Cuprifères, Coppers.

Cupronickel, Cupronickel.

Curage, Cleansing; **câble de** — (pétr.), sand line.

Curer, to Cleanse.

Curette, Scraper; — **de sondage**, drag twist.

Curium, Curium.

Curseur, Slide, slider; **fil à** —, bridge wire; **pont à** —, meter bridge; **sélecteur à** —, slide selector.

Curvigraphe, Curve tracer, cylograph.

Curviligne, Curved; **profil** —, curved profile.

Curvimètre, Curvimeter.

Cuve, Body, coop, moat, sump, shaft, tank, tub, vat; **fond de** —, vat sludge; **fourneau à** —, shaft furnace, pit furnace; — **d'agitation pour amalgamation**, dolly tub; — **ajustée** (transformateur), form fit tank; — **annulaire**, annular moat; — **de dégraissage**, degreasing tank; — **de déshydratation**, dewatering tank, dehydration vat; — **de digestion**, digestion tank; — **fermée**, closed vat; — **de fermentation**, fermentation vat; — **du flotteur** (carburateur), float chamber; — **de four**, furnace body; — **d'un haut fourneau**, body or stack of a blast furnace; — **d'imprégnation**, impregnation tank; — **à rincer l'or**, dolly; — **de stockage**, fuelling tank; — **de transformateur**, transformer tank.

Cuvelage, Cribling, tubbing; planking, lining; **couronne de** —, cribling; **rouet de** —, crib; **tête de sonde de** —, casing head.

Cuveler, to Plank up, to line; **matrice à** —, die plate.

Cuverie, Vats.

Cuvette, Trough, cistern, tray; **accumulateur à** —, tray accumulator; **meule en** —, cup wheel; — **de baromètre**, barometer cistern; — **d'égouttage**, drip cup; — **de forage**, cleanser; — **d'huile** (palier), drip pan, dripping cup.

esther Cyanacétique, Cyanoacetic ester.

acide Cyanhydrique, Prussic acid, zootic acid.

Cyanines, Cyanines.

Cyanacétique, Cyanoacetic; **ester** —, cyanoacetic ester.

Cyanoéthylation, Cyanoetylation.

Cyanogène, Cyanogen.

Cyanométrie, Cyanometry.

Cyanométrique, Cyanometric.

Cyanuration, Cyaniding.

Cyanure, Cyanide; — **cuivreux,** cuprous cyanide; — **de potassium,** potassium cyanide.

Cyanuré, Cyanided.

Cyanurer, to Cyanide.

Cycle, Cycle; — **fermé,** closed cycle; — **de glissement,** slip cycle; — **d'opérations,** processing cycle; — **limite,** limit cycle; — **ouvert,** open cycle; — **réversible,** reversible cycle.

Cyclique, Cyclic; **cétones** —**s,** cyclic cetones; **charge** —, cyclic loading; **composés** —**s,** cyclic compounds; **efforts** — **s,** cyclic stresses; **pas** —, cyclic pitch.

Cyclisation, Cyclization.

Cyclohexane, Cyclohexane.

Cycloïde, Cycloid.

Cyclone, Cyclone (séparateur à); **laveur** —, cyclone washer; **séparateur** —, cyclone separator; **turbo** —, turbo cyclone.

Cyclotron, Cyclotron.

col de Cygne, Goose neck, swan neck, overhanging arm (mach. outil); **en** —, swan necked; **bâti en** —, bent head, bear frame.

Cylindrage, Rolling; — **de gravillons,** grit rolling.

Cylindre, Cylinder, roll, roller; —**s en acier (ou en fonte) durci pour laminoirs,** chilled iron rolls; —**s accouplés,** paired cylinders; — **à ailettes,** ribbed cylinder; — **à air d'une soufflante,** blowing cylinder; **d'appui,** idle roll; — **de broyage,** chat rollers; — **à broyer,** beating engine; — **broyeur,** grinder, crushing cylinder; — **cannelé,** grooved roll, serrated roller; — **concasseur,** crushing roller; — **dégrossisseur,** roughing down roll, shingling roller; —**s dentés,** toothed cylinders; — **distributeur,** piston valve cylinder; — **ébaucheur,** roughing cylinder, billet or blooming roll; — **égoutteur,** dandy roll; — **étireur,** draw or drawing roller, stretching roll; — **fendeur,** slitting roller, slitter, cutter; — **à filigraner,** dandy roller; — **finisseur,** finishing roll; — **gravé** (imprim.), etched or engraved cylinder; — **à huile,** oil cylinder; — **imprimeur,** printing roller; — **d'indicateur,** indicator cylinder; —**s jumelés,** twin cylinders; — **de laminoir,** laminating roll; — **modérateur,** dashpot; — **de montre,** watch barrel; — **moteur,** master or main cylinder, power cylinder; — **à mouvement alternatif,** reversing roll; — **oscillant,** oscillating cylinder; — **ovalisé,** out of round cylinder; — **de pompe,** working barrel; — **porte-papier,** indicator cylinder; — **préparateur,** preparing roll; — **à basse, à haute pression,** low, high pressure cylinder; — **réalésé,** rebored cylinder; — **sécheur,** drying cylinder; — **support,** backing up roll; — **de travail,** working cylinder, live roll; —**s en V,** V type cylinder; — **vérificateur,** barrel plug; — **vertical,** vertical cylinder; — **s en W,** W type cylinders; **à** n —**s,** n cylinder; **alésage du** —, cylinder bore; **aléser un** —, to bore out a cylinder; **aléseuse à** —, cylinder boring machine; **chemise du** —, cylinder jacket, cylinder casing, steam case; **collet, collerette du** —, cylinder jaw; **corps du** —, cylinder barrel; **couvercle du** —, cylinder cover, head, lid or top; **déflecteur entre** —**s,** intercylinder baffle; **démarreur à** —, drum starter; **dessous du** —, cylinder bottom; **dessus du** — (voir **couvercle du** —); **eau dans les** —**s,** hydrostatic lock; **enveloppe du** —, cylinder jacket, casing or lagging; steam case; **fond du** —, cylinder bottom, end or back end; **glace du** —, cylinder face; **huile à** —**s,** cylinder oil; **laminoir à** n —**s,**

n high mill; **lumières du —,** cylinder ports or apertures; **machine à rectifier les —s,** cylinder grinding machine; **machine à roder les —s,** cylinder lapping machine; **meule —,** cylinder wheel; **montre —,** cylinder watch; **moteur à —s en ligne,** in line engine; **moteur à deux —s,** twin cylinder engine; **moteur à n —s,** n cylinder engine; **orifices du —,** cylinder ports or apertures; **plan de pose du —,** cylinder bed; **plateau de —,** end plane; **plateau couvercle du —,** cylinder cover; **portée du —,** working surface of cylinder; **purge du —,** cylinder drain or draining; **remplir le —** (moteur à gaz), to charge; **revêtement du —,** cylinder lining, cylinder felting, cylinder lagging; **robinet de purge du —,** water outlet cock; **soupape de sûreté du —,** priming valve; **support du —,** cylinder foot; **table du —,** cylinder face; **tour à —s,** roll turning lathe; **tourillon du —,** roll neck; **trèfle de — de laminoir,** roll pod; **vidange du —,** exhausting the cylinder; **volume du — moins les espaces neutres,** effective capacity of the cylinder.

Cylindrée, Admission, cylinder full, volume of charge, charge, stroke volume; **diagramme des —s,** cylinder diagram, piston (position-time) diagram, volume diagram; **— effective,** actual volume of charge.

Cylindrer, to Roll.

Cylindrique, Cylindrical, straight, **chaudière —,** barrel boiler, round boiler; **corps —,** barrel; **foret à queue —,** twist drill; **fraise —,** cylindrical cutter; **machine simple à rectifier —,** plane cylindrical machine; **machine universelle à rectifier —,** universal cylindrical grinding machine; **mêche — creuse,** core bit; **meulage —,** cylindrical grinding; **mono —** (moteur), one cylinder, single cylinder (engine); **rectifieuse —,** cylinder grinding machine; **scie —,** drum saw, annular saw; **tambour —,** cylindrical drum; **tiroir —,** piston valve, cylindrical slide valve.

Cymomètre, Cymometer.

Cymoscope, Cymoscope.

Cystine, Cystine.

Cytise (bois), Laburnum.

D

tiroir en D, D slide valve; — **court**, short D slide valve; — **long**, long D slide valve.

Dactylographe, Typist, dactylographer.

Dactylographie, Typewriting, typing.

Dallage, Pavement; — **en béton**, concrete pavement; — **en échiquier**, diamond pavement, diamond point pavement.

Dalle, Dale, slab, stone; flag, flagstone; — **en béton**, concrete slab; — **de fourneau**, flagstone of a furnace.

Daller, to Flag, to pave.

Dalot, Dale, scupper.

Damage, Ramming.

Damasquinage, Damasking.

Damasquiner, to Damascene or Damaskeen.

Damassé, Damasked.

Damasser, to Damask; **machine à —**, figuring machine.

Dame, Baffle stone; beetle; dam stone (h. f.), rammer, earth rammer, tamper; **plaque de —** (h. f.), baffle; — **jeanne**, demijohn; — **mécanique**, power rammer; — **à secousses**, vibrating tamper.

Damé, Rammed, tamped; **pisé —**, puddled clay.

Damer, to Ram, to tamp.

Dameuse' Rammer.

Dard (d'un chalumeau), Cone.

Darse, Wet dock, tide dock; camber; **plancher d'une —**, apron.

Daturine, Devil's apple.

Daviers, Davits.

Dé, Dowel, bush, cock, tee, block chair; — **d'assemblage**, dowel; —**s de coussinets**, block chairs; — **de poulie**, cock of a block.

Déballage, Uncrating.

Déballer, to Uncrate.

Débarcadère, Wharf, landing place.

Débardeur, Docker, longshoreman (U. S.).

Débarquement, Unshipment, landing; **quai de —**, landing stage.

Débarquer, to Unship, to land.

Débenzolage, De-benzoling.

Débit, Debit, discharge, draught, duty, flow, flux, output, rate of flow, run off, supply, stream, yield; **analyseur de —**, delivery rate analyser; flow analyser; **coefficient de —**, coefficient of discharge; **courbe des —s**, flow graph; **enregistreur de —**, flow recorder; **graisseur à — visible**, sight feed lubricator; **graphique des —s**, flow graph; **indicateur de —**, flow meter, flow indicator; **jaugeur de —**, flow gauge; **pompe à — mesuré**, metering pump; **réglage du —**, flow control; **régulateur de —**, flow regulator, flow governor; — **d'air**, air flow; — **d'une chaudière**, boiler output; — **d'injecteur**, atomiser flow, burner flow; — **d'une pompe à air**, air pump discharge; — **unitaire**, flow rate; — **visible**, visible flow.

Débit-mètre, Flowmeter, flow calculator; — **à tore pendulaire**, ring balance flowmeter.

Débitage, Cutting; **rendement du —**, cutting capacity.

Débiter (le bois), to Convert, to break down, to cut out, to cut

DÉB — 146 — **DÉC**

up, to saw out, to saw up **scie à** —, cutting out saw, studs saw, turn saw.

Débiter, to Discharge.

Débiteur, Debtor; — **sur nantissement**, mortgager.

Déblai, Cutting, earthwork, clearing.

Déblayer, to Clear, to clear away.

Déblocage, Unclamping.

Débloqué, Cleared, unclamped.

Débloquer, to Clear, to unclamp.

Débloqueur, Clearer; — **de trépan**, bit breaker.

Déboîter, to Unsocket.

Déborder (N.), to Rip off the plate.

Déborder, to Boil over.

Déborder sur, to Overhang.

Déboucher, To Clear, to open; to uncork; **tige pour — les évents** (fond.), feeding rod.

Débouchoir, Clearing iron.

trommel Débourbeur, Clearing trommel.

Déboulonner, to Unbolt, to unscrew.

Débourbage, Streaming, cleaning.

Débourrage, Boring of the tamping; **trou de —** (poinçonneuse), clearance hole.

Débrancher, to Switch off, to unplug.

Débrayage, Clutch, disengaging, disconnecting; **accouplement à** —, disengaging coupling; **appareil de** —, disengaging gear; **arbre de** —, disengaging shaft; **butée à billes de** —, clutch ball thrust; **cliquet de** —, disengaging pawl; **fourche de** —, belt guide; **fourchette de** —, clutch release fork, disengaging fork; **levier de** —, clutch lever, releasing lever; **pédale de** —, clutch pedal; **verrou de** —, disengaging latch.

Débrayer, to Declutch, to disconnect, to disengage, to throw out the clutch.

Débrayeur, Shifter, disengaging device; — **de courroie**, belt shifter.

Débris, Debris, fragments, broken bits; — **de brique**, brick bat; — **de terrain**, cavings.

Décaborane, Decaborane.

Décade, Decade; **amplificateur à** —, decade amplifier; — **échelle à** —, decade scaler.

Décalage, Displacement, shifting, difference of phase; stagger (aviat.); — **vers l'arrière** (aviat.), rear stagger; — **vers l'avant**, front stagger; — **des balais**, brush shifting; — **de phase**, phase displacement.

Décalaminer (un moteur), to Decarbonize, to scale; **machine à** —, scaling machine.

Décalé, Displaced, shifted, staggered; **phases —es**, displaced phases; — **en arrière**, lagging; — **en avant**, lead.

Décaler, to Displace, to shift, to stagger (aviat.).

Décalquage, Re-tracing.

Décalquer, to Counterdraw, to re-trace.

Décamètre, Measuring tape, decameter.

Décantation, Coagulation, elutriation, settling, sedimentation; **bassins de —**, coagulation basins, settling basins; **chambre de —**, antechamber.

Décanter, to Decant, to elutriate.

Décapage, Blanching, cleaning, degreasing, dipping, descaling, flatting, pickling, rubbing, scaling, scouring, sandblasting; **chaîne de —**, pickling line; **liqueur de —**, pickle liquor; — **avant soudure**, preweld cleaning.

Décapant, Cleaner, degreaser; **flux** —, welding flux.

Décapé, Blanched, cleaned, scaled, pickled, scoured; — **au sable**, sandblasted.

Décaper, to Blanch, to clean, to degrease, to cleanse, to clip, to pickle, to scale, to scour; **four à** —, scaling furnace, scaling oven; **tambour à — les tubes**, tambling drum.

Décapeur, Cleaner, dipper.

Décarboxylation, Decarboxylation; — **cétonique**, ketonic decarboxylation.

Décarburation, Decarburation, decarburization.

Décarburé, Decarburized.

Décarburé, Decarburized.

Décarburer, to Decarburize.

Décati, Damped.

Décatir, to Damp.

Décatissage, Damping; — **à la vapeur**, damping by steam.

Décélération, Deceleration.

Décélérer, to Decelerate.

Décémenté, Decarburized.

Décentré, Decentered.

Décentrement, Decentering.

Décharge, Delivery, discharge, discharging, conduit, eduction, tipple; **bougie à — superficielle**, surface discharge plug; **canal de** —, weir canal, tail water course, drain, dump; **capacité de** —, discharge capacity; **clapet de** —, delivery valve; **courant de** —, discharging current; **conduit de** —, delivery canal; **fosse de** —, counter drain; **orifice de** —, discharge nozzle; **soupape de** —, waste water valve; **tube à** —, discharge tube; **tuyau de** —, by wash, delivery pipe, bleeder pipe; **vanne de** —, bleeder valve, delivery valve; **vis de** —, delivery or discharge screw; **— en aigrette**, brush discharge; — **apériodique**, dead beat discharge; — **atmosphérique**, precipitation static; — **en brosse**, brush discharge; — **de condensateur**, capacitor discharge; — **corona**, corona discharge; — **disruptive**, disruptive discharge; — **dans un gaz**, gas discharge; — **instantanée**, dead beat discharge; — **luminescente**, glow discharge; — **oscillante**, oscillating or oscillatory discharge; — **par les pointes**, point discharge; — **récurrente**, recurrent discharge; — **en retour**, back discharge; — **secondaire**, secondary discharge; — **spontanée**, spontaneous or self discharge.

Déchargé, Unloaded, bled, discharged; **batterie** —e, run down battery.

Déchargement, Unloading, discharging, easing.

Décharger, to Balance, to unload, to discharge, to unship, to unlade, to lighten, to disgorge, to bleed; — **les cornues (gaz)**, to draw; — **le fourneau**, to blow out, to draw the furnace; — **une soupape**, to balance a valve.

Déchargeur, Discharger, doffer, bleeder, doffing cylinder, unloader; relief valve.

Déchaussement, Baring.

Déchets, Waste, crop, losses, refuse, sludge; — **de coke**, coke waste; — **de coton**, cotton waste; — **de fonderie**, sprue; — **de raffinage**, sludge.

Déchirer, to Rend, to rip, to tear.

Déchirure, Ripping, rend, ripping; **corde de** —, parachute release cord, ripping line; **longueur de** —, ripping length; **panneau de** —, ripping pannel; — **d'une couture de rivets**, seam rip.

Décibel (unité d'intensité sonore Decibel.

Décimal, Decimal; **calibre —** decimal gauge.

Décimale, Decimal.

Décimètre, Decimeter; belev scale; — **carré,** square decimeter; — **cube,** cubic decimeter.

Décimétrique, Decimetric; **onde** —, decimeter or decimetric wave.

Déclarations en douane, Custom declarations.

Déclenche, Disconnecting gear, throw over, pick up.

Déclenchement, Disengaging, trip out, tripping; **bobine de** —, trip coil; **chrono** —, time releasing; **dispositif de** —, tripping device; **levier de** —, disengaging lever, trip lever; **mécanisme de** —, tripping gear; **relais de** —, tripping relay; **taraud à** —, collapsing tap; — **des avances,** feed tripping.

Déclencher, to Disengage, to throw out of gear, to trip, to release.

Déclencheur, Trip, tripping relay; — **de survitesse,** overspeed trip.

Déclic, Adjusting clap, catch, click, detent, drop pawl; **bouton de** —, catch button; **crochet à** —, dump hook; **roue à** —, cog wheel, cogged wheel; **tenaille à** —, devil's claw dogs.

Déclinaison (aiguille aimantée), Declination, variation; — **de l'aiguille du côté N. E.,** east variation; — **magnétique,** magnetic variation.

Déclinquer (navire à clins), to Rip off the plate.

Décliqueter, to Unclick.

Déclivité, Dip.

Décoffrage, Stripping of forms.

Décoffrer, to Strip a form.

Décohérer, to Decohere.

Décohésion, Decohesion; **choc de** —, decohering tap.

Décoiffer (fusée), to Uncap.

Décoincer, to Unwedge.

Décollage (avion), Take off; **course de** —, take off run; **distance de** —, take off distance; **piste de** —, runway; **poussée au** —, take off thrust; **puissance au** —, take off output — **catapulté,** catapult assisted take off; — **à pleine charge,** full load take off; **vertical,** vertical take off; — **sans visibilité,** blind take off.

Décollage, Disengaging; unsticking; **poussoir de** —, disengaging rod.

Décoller (avion), to Take off.

Décoller, to Disengage, to unstick.

Décolletage, Screw cutting, turning, cutting, cutting off, free cutting; **acier de** —, free machining steel; — **de précision,** precision turning.

Décolleter, to Screw cut, to cut off; **tour à** —, brass finisher's lathe, screw cutting lathe; **un tuyau,** to beat out a tube.

Décommettre (un cordage), to Lay.

Décompression, Decompression, compression release, off loading, compression relief, relief; **came de** —, decompression cam; **chambre de** —, decompression chamber; **robinet de** —, decompression tap, compression pet cock, relief cock.

Décomprimé, Decompressed, depressurized.

Décomprimer, to Decompress.

Décompte, Account.

Déconnecter, to Disconnect, to unplug, to switch off.

Décortiquage, Disbarking.

Décortiquer, to Disbark; **machine à** —, disbarking machine.

Découpage, Cutting, punching, stamping; — **sous l'eau,** underwater cutting; — **oxyarc,** oxyarc cutting; — **en paquet,** stack cutting; — **à la poudre,** powder cutting.

Découpé, Cut, cut out, punched, stamped; **tôles —es,** punchings, stampings.

Découper, to Cut, to cut out, to punch; **machine à —,** cutting press, cutting machine, stamping machine; **scie à —,** jig saw, piercing saw; **tour à —,** cutting off lathe; **— au ciseau,** to chip out; **— à dimension,** to fraise.

Découpeuse, Cutting machine, chipper.

Découplage (T. S. F.), Decoupling; **circuit de —,** decoupling circuit; **condensateur de —,** by-pass condenser; **filtre de —,** decoupling filter.

Découpler, to Decouple, to uncouple.

Découpoir, Cutting press.

à Découvert (mines), Exposed.

couler à Découvert, to Cast in open sand.

moulage à Découvert, Open sand moulding.

Découvrir (fonderie), to Dig up.

Décrassage, Furring, scaling, lagging; **orifice de —,** clinker hole; **parois de —,** monkey walls.

Décrasser, to Unclog, to scale, to clinker; **— un fourneau,** to draw a furnace; **— la grille,** to clinker; **— un moteur,** to decarbonize an engine.

Décrément, Decrement; **— logarithmique,** logarithmic decrement.

Décrémètre, Decremeter.

Décriquage, Deseaming, scarfing.

Décriquer, to Deseam, to scarf.

Décriqueur, Deseaming torch.

Décrochage, Pickling.

Décrochage (élec.), Falling out of step; **couple de —,** breaking down torque.

Décrochage (aviat.), Stalling; **caractéristiques de —,** stalling characteristics.

Décrocher (élect.), to Fall out of step, to pull out of step, to unhook.

Décrocher (aviat.), to Stall.

Décrocheur (mines), Bankman.

Décroisement, Shift; **— des abouts** (c. n.), shift of butts.

Décuivrant, Decoppering.

Décuivré, Decuperated, decoppered.

Dédorer, to Ungild.

Dédouanement, Custom clearance.

Dédoublage (bois), Resawing.

Dédoubler (enlever le doublage), to Unsheathe.

Dédoubler (bois), to Resaw; **machine à —,** resawing machine.

Défaut, Defect, fault, ghost (métal); trouble; **recherche des —s,** trouble shooting; **sans —s,** sound; **bois sans —s,** sound wood; **— d'amorçage,** refusal of excitation; **— d'isolement,** fault of insulation; **— de surface,** surface defect.

Défense (mar.), Fender.

Défibrer, to Strip.

Défibreur, Fibre breaker, wood grinding machine, stuff grinder; chipper; **couteau —,** chipper knife.

Défibreuse, Stripping machine.

Déficit, Deficit.

Définition (télévision), Definition; **basse —,** low definition; **haute —,** high definition.

anti-Déflagrant, Explosionproof; **moteur —,** explosion proof motor.

Déflecteur, Deflector, baffle screen, baffle plate, splash ring, splash shield, water slinger; **— entre cylindres,** intercylinder baffle; **cône —,** deflector cone, deflecting cone.

Déflocheur, Devil.

Défoncé, Staved, beaten in (tonneau); dug up (terrain); bilged (N.).

Défoncement, Staving, breaking in.

Défoncer, to Stave, to beat in (tonneau); to dig up (terrain); to scarify.

Défonçeuse, Ripper; — **à dents,** rooter; — **piocheuse,** scarifying machine.

Déformation, Deformation, deflection, distress, set, strain; charge de — **permanente,** crippling load; — **élastique subséquente** (essai des métaux), elastic time effect; — **permanente,** permanent set; — **plastique,** plastic deflection; — **par traction,** tensile deformation.

Déformé, Deformed, strained, set, stressed.

Déformer, to Deform, to strain.

se Déformer, to Distort, to take a set.

Défournement, Discharging; **ouverture de —,** discharging hole.

Défourneuse, Discharger, ram; — **à coke,** coke pusher, coke pushing machine, coke ram.

Dégagement, Clearing, clearance, escape, evolution; **angle de —,** rake angle; **came de —,** detent cam; **plaque de —** (scie circulaire), delivering plate; — **des gaz,** degassing, gassing; — **à gorge,** lip clearing; — **de vapeur,** steam exit.

Dégager, to Clear; — **les scories,** to beat off, to break away, to clinker.

Dégarnir, to Clear.

Dégarnissage (h. f.), Clearing.

Dégauchi, Straight, straightened, cut out.

Dégauchir, to Cut out, to straighten, to true up, to unwarm; **machine à —,** surfacing machine.

Dégazage, Degassing, deaeration.

Dégazé, Degassed, de-aerated.

Dégazer, to Degass, to de-arate.

Dégazeur, De-aerator; **anneau —,** de-aerating ring.

Dégivrage, Defrosting, de-icing; **boudin de —,** de-icing strip.

Dégivré, De-frosted, de-iced.

Dégivrer, to Defrost, to de-ice.

Dégivreur, Defroster, de-icer; de-icing (adj.); **tablier —,** de-icing boot.

Dégonflé, Deflated.

Dégonfler, to Deflate.

Dégorgeoir, Centre punch, top fuller, fullering tool, pricker, priming iron, wire riddle, venting wire, priming wire; — **du mouleur,** moulder venting wire.

Dégorger, to Clear, to free; **tranchet à —,** bottom fuller.

Dégoutter, to Trickle.

Dégrader, to Shade off.

Dégraissage, Degreasing, cleaning, scouring; — **en pièce** (text.), piece; **cuve de —,** degreasing tank; scouring.

Dégraissé, Degreased, cleaned.

Dégraisser, to Degrease, to clean, to cleanse.

Dégraveler, to Cleanse.

vanne de Dégravement, Undersluice gate.

Degré, Degree, content; **à bas, à haut — d'alcool,** high, low alcoholic content; — **d'admission** (mach. à vapeur), cut off; — **d'admission** (moteur à explosion), efficiency of supply; — **de dureté des tôles,** temper number.

Dégrossir, to Axe, to baulk, to dress, to rough; **outil à —,** roughing tool; — **du bois,** to axe, to plane off, to jack, to slope, to rough timber, to slope timber.

Dégrossissage, Break down, roughing, rough turning; **deuxième —** (laminoir), pony roughing; **passe de —,** roughing cut, roughing pass, pony roughing; —

du bois de charpente, rough hewing; — à la meule, rough grinding; — au tour, rough turning.

cylindre Dégrossisseur, Roughing down roller, shingling roller.

Déhydratation, Dehydration; cuves de —, dehydration vats; — du combustible, fuel drying, fuel dehydration.

Déhydrohalogénation, Dehydrohalogenation.

Dé-ionisant, De-ionising.

Dé-ionisation, De-ionisation.

Dé-ionisé, De-ionised.

Dé-ioniser, to De-ionise.

Dé-ioniseur, De-ioniser.

être Déjaugé (N.), to Sue.

Déjeté, Atwist, buckled, warped; bois —, warped wood.

Déjeter, se Déjeter (bois), to Buckle, to jet out, to warp.

Délaissement (N.), Abandonment.

Débarder, to Beard off, to bevel, to slope; — du bois, to slope timber.

Délestage, Unballasting.

Délesté, Unballasted.

Délester, to Unballast.

Déliaison (N.), Weakness, weakening.

Délier (des tôles), to Start.

se Délier (N.), to Weaken.

Déliquescence, Deliquescence; tomber en —, to deliquiate.

Déliquescent, Deliquescent..

Délit, Clearing grain.

se Déliter, Exfoliate.

Délivrer (découvrir partiellement, N.), to Rip off the plate.

Delta, Delta; métal —, delta metal.

Démagnétisant, Demagnetiser; degaussing; câble —, degaussing cable; circuit —, degaussing circuit.

Démagnétisation, Degaussing, demagnetisation; interrupteur de —, demagnetisation switch.

Démagnétiser, to Degauss, to demagnetise.

Démailler, to Unshackle.

Demande, Demand; — réponse (système), interrogator-responder; — de vapeur, steam demand.

Démaniller, to Unshackle.

Démantelé, Dismantled.

Démantèlement, Dismantling.

Démanteler, to Dismantle.

Démarrage, Starting, start, cranking; aptitude au —, startability; batterie de —, starting battery; bouton de —, starter button; charge de —, starting load; couple de —, starting torque; courant de —, starting current; enroulement de —, starting winding; fusée de —. booster rocket; intensité de —, starting current; manivelle de —, crank handle; moteur de —, starting motor; plot de —, resistance step; pointe de —, inrush peak; résistance de —, starting resistance; rhéostat de —, starting rheostat; tableau de —, starting panel; — à froid, cold starting; — automatique, self starting; — en répulsion, repulsion start; — à vide, loadless starting.

Démarrer, to Start; faire — un moteur, to crank an engine.

Démarreur, Starter; bouton du —, starter button; — à air comprimé, compressed air starter; — automatique, self starter; — à cartouche, cartridge starter; — à cylindre, drum starter; — électrique, electric starter; — à inertie, inertia starter; — à manivelle, crank starter.

Demi, Half; — boutisse, closer; — clef, half hitch; — cercle, semi circle; — conducteur, semi conductor; — croisée (courroie), half crossed, quater turn; — **dur**, semi hard; — **essieu**, half axle tree; — **fermé** (moteur), semi closed, semi enclosed; — **masse**, bench hammer; — **produits**, semi finished products; — **rigide**, semi rigid; — **ronde**, half round; — **soudé**, semi welded.

Déminage, Demining.

Déminé, Demined.

Déminer, to Demine.

Démodulation, Demodulation.

Démodulé, Demodulated.

Démoduler, to Demodulate.

Demoiselle, Commander, earth rammer.

Démolir, to Break, to scrap.

Démolisseur de navires, Ship breaker.

Démolition, en —, Scrapped.

Démontable, Demountable, detachable, portable, removable; **bâtiment** —, portable building; **roue** —, detachable wheel.

Démontage, Overhaul, overhauling.

Démonte-roues, Wheel wrench.

Démonte-soupape, Valve extractor, valve lift.

Démonté, Overhauled.

Démonter, to Break off, to dismantle, to dismount, to overhaul, to take to pieces, to remove, to strip; — **une hélice** (N.), to unship a propeller.

Démoulage, Dressing, lifting, stripping.

Démoulé, Dressed, lifted, stripped.

Démouler, to Dress, to lift, to strip; — **la fonte**, to lift the casting.

Démouleur, Stripper.

Démulsibilité, Demulsibility; **essai de** —, demulsibility test.

Démulsification, Demulsification, demulsifying.

Démultiplicateur, Reducer, reduction gear; **engrenage** —, reducing gear.

Démultiplication, Reduction ratio.

Démultiplié, Geared down, low geared; **hélice** —**e**, geared down propeller; **moteur** —, geared engine.

Dénaturé, Denatured; **alcool** —, methylated spirits.

Dénaturer, to Denature, to Denaturise.

Dendrite, Dendrite.

Dendritique, Dendritic.

Dénitrification, Denitrification.

Dénivelé, Unlevelled, uneven.

Déniveler, to Unlevel.

Dénombrement, Counting.

Dénominateur, Denominator.

Dénonciation, Denunciation.

pompe de Dénoyage, Unwatering pump.

Dense, Dense; **rendre** —, to densify.

Densimètre, Densimeter; hydrometer; densometer (fumées).

Densité, Density, specific gravity.

Densitomètre, Densitometer.

Dent, Tooth, catch, clutch, cog, wiper, notch, dent, knob; **à** —**s**, toothed, notched; **angle de la** —, tooth angle; **angle d'une** — (scie), angle of throat; **appareil à écraser les** —**s d'une scie**, swage shaper; **creux d'une** —, depth of a tooth; **dimensions des** —**s**, tooth dimensions; **embrayage à** —**s**, dog clutch; **face d'une** —, tooth face; **fermoir à** —**s**, notched chisel, toothed chisel; **flanc d'une** —, tooth face; **hauteur de la tête de la** —, addendum; **jeu entre les** —**s**, clearing; **induction dans les** —**s**, tooth induction; **largeur des** —**s**, width of tooth; **machine à roder les flancs des** —**s**, tooth face grinding machine; **machine à tailler les —s**, tooth cutting machine; **pas des —s**, tooth pitch; **roue à —s de côté**, crown wheel; **saillie de la —**, addendum of tooth; **saturation des —s**, tooth saturation; **scie à —s articulées**, chain saw; **secteur à —s**, toothed quadrant; **— conique**, club tooth; **—s contournées**, cross cutting teeth; **— de contrôle**, control tooth; **— à débiter**, cutting out saw; **— double** (scie passe-partout), champion tooth; **— droite**, straight tooth; **— sur la face d'une roue**, face cog; **—s à gorge de loup**, briar teeth; **— d'induit**, armature tooth; **— de lime**, file tooth; **— de loup**, catch; crotchet iron; **— racleuse** (scie), scraper; **— rapportée**, cog, inserted tooth; **— de rotor**, rotor tooth; **— de roue**, cog; **— de scie**, dog's tooth; saw tooth, saw jag; **affûtage des —s de scie**, gumming; **garnir de —s**, to cog.

Denté, Toothed, cogged, jagged, milled; **arc —**, segmental arc; **chaîne —e** (mortaiseuse), chain cutter; **circulaire —e**, cog racer; **couronne —e**, crown gear; **roue —e**, cog wheel, spur wheel, cogged spur wheel, teethed wheel; **secteur —**, curved rack, toothed quadrant; **volant —**, toothed flywheel.

Dentelé, Toothed, jagged, ribbed, serrated, sawlike; **cheville —e**, rag bolt.

Denteler, to Jag.

Denture, Gear, teeth; **à double —**, double toothed; **engrenage conique à — spirale**, spiral helical gear, spiral bevel gear; **fraise à — cannelée**, grooved milling cutter; **fraise à — latérale**, side cutter; **— à chevrons**, herringbone; **— à développement de cercle**, single curve gear, evolute teeth; **— à flancs droits**, radial flank teeth; **— à fuseaux**, pin teeth; **— d'induit**, armature teeth.

Dénudé, Bare.

Dénuder, to Bare.

Dépannage, Servicing; **atelier de —**, service shop.

Départ, Outlet; **— de l'eau de refoulement**, cooling water outlet; **boîte de —**, Distribution box; **zone de —**, departure area.

Départ (mét.), Elutriation.

Départ (moteur), Start, starting; **essai de —**, starting trial; **— arrêté**, standing starting; **— à froid**, cold starting; **— lancé**, flying starting; **— au pied** (motocycl.), kick starting.

Dépense de combustible, Fuel consumption.

Dépenses, Costs, expenses, expenditures; **— d'entretien**, maintenance expenses; **— d'exploitation**, working expenses.

Déperdition, Decay; **— magnétique**, magnetic decay.

Déphasage, Phase shift, phase shifting, phase displacement.

Déphasé, Out of phase; **courant —**, phase displaced current.

Déphaseur, Phase shifter.

Déplacé, Displaced, shifted.

Déplacement, Displacement, drift, shifting, shift, travel; weight; **amplitude de —**, amount of displacement; **courant de —**, displacement current; **— de fréquence**, frequency shift; **— d'une charge**, luffing; **— en charge** (N), load displacement; **— isotopique**, isotope shift; **— lège** (N.), light displacement; **— transversal**, transverse shifting.

Déplacer, to Displace, to shift.

Déployé, Expanded; **métal —**, expanded metal.

Dépolarisant, Depolarizer.

Dépolarisation, Depolarization.

Dépolariser, to Depolarize.

Dépoli, Ground; verre —, ground glass.

Dépolir, to Grind.

Déporté, Offset.

Déposé par voie galvanique, Electrodeposited.

Déposition, Deposition; — **de métal électronique,** cathode sputtering.

Dépôt, Depot, store; deposit, deposition, draft, foot, scale, scaffolding (haut fourneau), sludging (boues), sediment, stratification, store, yard; — **alluvial,** alluvial deposit; — **de carbone,** carbon deposition; — **carboné,** carboneceous deposit; — **de cendres,** ash deposition; — **de charbon,** coal store, coal station, coaling station; — **de cuivre** (sur un collecteur), copper dragging, copper foiling; — **électrolytique,** electrodeposition; — **des machines,** engine house; — **non organique,** non organic deposit; — **organique,** organic deposit; — **salin,** bittering, saline depot; — **vaseux** (chaud.), dirt; **enlever les —s d'une chaudière,** to scale off a boiler.

Dépouille, Backing off, delivery (fond.), clearance, tapering; **angle de —,** draft angle, clearance angle, relief angle; **angle de — frontale,** front clearance angle; **angle de — latérale,** side relief angle; — **latérale,** side clearance; — **d'un modèle,** draft, draught, draw, draw taper; **offrir de la —** (fonderie), to deliver.

Dépouillement, Backing off; — **d'un câble,** skinning of a cable.

Dépouiller, to Back off, to relieve; **fraise à —,** backed off milling cutter; **tour à —,** relieving lathe.

Dépoussiérage, Dedusting.

Dépoussiérer, to Dedust.

Dépoussiéreur, Deduster, dust catcher.

Dépression, Depression, suction; dip.

Déprotéinisé, Deproteinized; **caoutchouc —,** deproteinized rubber.

Déprotéiniser, to Deproteinize.

Dérangé, Out of order.

Dérapage, Slip, side slip, skidding; **angle de —,** angle of slide slip.

anti-Dérapant, Non skid; **frein —,** non skid brake; **pneu —,** non skid tyre.

Déraper, to Slip, to skid, to trip; — **l'ancre,** to trip the anchor.

Dérivable, Differentiable.

Dérivation, Branch, branching, bleed, by pass, diversion, drift, shunt; **bobine de —,** shunt coil; **boîte de —,** connecting box; **borne de —,** branch terminal; **condensateur de —,** by pass condenser; **contre-enroulement en —,** teaser; **à courte —,** short shunt; **de —,** bridging; **dynamo —,** shunt dynamo, shunt wound dynamo; **en —,** shunt wound; **excité en —,** shunt excited; **interrupteur de —,** branch switch; **ligne de —,** branch line; **à longue —,** long shunt; **montage en —,** shunt wiring; **monté en —,** shunt wired, abreast; **moteur en —,** shunt motor, shunt wound motor; **transformateur en —,** shunt transformer. **— sur le compresseur,** compressor bleed.

Dérive, Drift; **ancre de —,** drag anchor; **angle de —,** drift angle; **indicateur de —,** drift indicator; **plan de —,** stabiliser, stabilizer; **semelle de —,** sliding keel.

Dérivé, By-passed, bled, shunted; derivative; **air —,** bled air; **produit —,** by produce, by product, derived product; **unité —e,** derived unit.

Dérivée (math.), Derivative; — **première,** first derivative.

Dériver, Dériveter, to Drive out the rivets, to unrivet.
Dérivomètre, Drift meter, drift sight.
Dérochage, Blanching, dipping, pickling.
Dérocher, to Dip.
Dérocheuse, Rock breaker.
Déroulement, Unwinding, unrolling.
Dérouler, to Unwind, to unroll; **machine à —,** winding machine.
tambour Dérouleur, Paying out drum.
Déroutement, Diversion.
Derrick, Derrick crane.
Désaccordé, Detuned.
Désaccorder (T. S. F.), to Detune.
Désaccouplement, Tuning out, detuning.
Désaccoupler, to Tune out, to detune.
Désacétylation, Desacetylation.
Désactivé, Deactivated.
Désactiver, to Deactivate.
Désadaptation, Mismatching; **— d'impédance,** impedance mismatching.
Désaérateur, Deaerator.
Désaération, Deaeration; **robinet de —,** air escape valve.
Désagrégateur, Disintegrator.
Désagrégé, Fine, fluxed.
Désagréger, to Disintegrate, to flux.
Désaimantation, Demagnetizing.
Désamination, Deamination.
Désamorçage, Defusing.
Désamorcé, Defused.
Désamorcer, to Defuse; **se —,** to clear itself, to run down (dynamo).
Désargenter, to Desilverize.
Désarmement (d'un bateau), Laying up.

Désarmer (nav. de commerce), to Lay up.
Désarrimage, Breaking bulk.
Désarrimé, Out of trim.
se Désarrimer (N.), to Break bulk, to shift.
Désassembler, to Disengage.
Désaturation, Desaturation, brining.
Désaturé, Desaturated, brined.
Désaturer, to Desaturate, to brine.
Désaxé, Offset, out of line.
course Descendante, Down stroke, downward travel.
Descendre à la verticale (avions), to Dive.
Descenseur, Chute.
Descente (avions), Dive.
Descente, Downstroke; **tube de —, tuyau de —,** down comer (chaud.), down pipe, down take; **— d'antenne,** download; **fil de — d'antenne,** leading in wire; **— parachutée,** bail out; **— en spirale,** spinning dive; **— en vol plané,** gliding fall.
Descriptive, Descriptive; **géométrie —,** descriptive geometry, solid geometry.
Déséchouer (N.), to Get off.
Désélectriser, to Deenergize.
Désémaillage, De-enamelling.
Désembrayage, Disconnecting, disengaging; **fourchette de —,** shifting fork; **levier de —,** gear lever; **mécanisme de —,** disconnecting gear.
Désembrayé, Out of gear, disconnected, disengaged; **hélice —e,** loose screw.
Désembrayer, to Disengage, to disconnect, to throw out of gear, to ungear, to uncouple.
Désencrage, De-inking.
Désencrer, to De-ink.
Désengrené, Out of gear.

Désengrener, to Disconnect, to put out of gear, to ungear, to uncouple.

Désentoiler, to Strip a wing.

Déséquilibre, Unbalance; **en —**, unbalanced, off balance. **dynamique**, dynamic unbalance.

Déséquilibré, Unbalanced.

Déshuileur, Deoiler, oil separator.

Déshumidificateur, Dehumidificator.

Déshumidification, Dehumidification, dehumidifying.

Déshumidifier, to Dehumidify.

Déshydratation, Dehydration, dewatering; **cuve de —**, dewatering tank; dehydration vats; **— sous vide**, vacuum dehydration.

Déshydraté, Dehydrated, dewatered, dried, devaporized.

Déshydrater, to Dehydrate, to dewater.

Déshydrateur, Dehydrator.

Désincrustant, Disincrustant, boiler composition, boiler fluid, boiler scaling appliances, scale destroying.

Désincruster (une chaudière), to Scale (a boiler).

Désincrusteur (Voir **Désincrustant**).

Désinfection, Disinfection; **appareil de —**, disinfection apparatus.

Désintégrateur, Disintegrator, smasher; **— d'atomes**, atom smasher.

Désintégration, Decay, desintegration; **constantes de —**, decay constants; **photo —**, photodesintegration; **processus de —**, decay process; **— du méson**, meson decay; **— radioactive**, decay process, radioactive decay.

Désintégré, Desintegrated.

Désintégrer, to Desintegrate.

Désionisation, De-ionisation, deionization; **potentiel de —**, deionization potential.

Désodorisant, Odor absorber.

Désorption, Desorption.

Désoxydation, Deoxydation; **— de l'acier**, killing of steel.

Désoxydé, Deoxidized; **acier —**, killed steel; **acier partiellement —**, rimmed steel, rimming steel.

Désoxyder, to Deoxidate, to deoxidize.

Dessablage, Taking off the sand, sanding off; **trou de —**, core hole.

Dessabler, to Take off the sand.

Dessécher, to Dry.

Desserrer, to Loosen, to screw off, to unclinch, to unfasten, to unscrew, to unbolt, to slack, to slacken; **— une vis**, to loosen, to ease a screw.

se Desserrer, to Get, to work loose.

Dessiccateur, Dryer, drier, air drier.

Dessiccation, Drying; **appareil de —**, drying apparatus.

Dessin, Drawing, design, draft, drafting, draught, plan, tracing; **bureau de —**, drawing office; **feuille de papier à —**, drawing sheet; **papier à —**, drawing paper; **planche à —**, drawing board; **salle de —**, drawing room; **table à —**, drawing table; **toile à —**, drawing cloth; **— au crayon**, drawing in lead; **— en coupe**, cut away drawing; **— de détail**, detail drawing; **— d'ensemble**, general assembly (G. A.) drawing; **— d'exécution**, working drawing; **— industriel**, engineering or mechanical drawing; **— au lavis**, wash drawing, washed drawing; **— linéaire**, linear drawing; **— à main levée**, free hand drawing; **— en perspective**,

DÉT — 157 — **DÉT**

perspective drawing; **— de projet**, preliminary drawing; **— topographique**, field sketching.

Dessinateur, Draughtsman, draftman, drawer; **— topographe**, topographic draftsman.

Dessiner, to Draw, to design, to delineate; **— au crayon**, to draw in lead; **— à l'échelle**, to draw to scale; **— à main levée**, to draw free hand; **— le plan**, to plan.

Dessous, Bottom, carriage; **à chargement par en —**, underfeed; **châssis de —** (fond.), bottom flask; **roue en —**, flutter wheel; **— de châssis** (fond.), drag; **— du cylindre**, cylinder bottom; **— d'étampe**, bottom swage, lower dil; **— de patin**, slipper; **— de piston**, piston bottom.

Dessus, Cover, top, head, keep; **à chargement par en —**, overfeed; **au — des tubes** (chaud.), in the clear; **châssis du —**, top flask, top box; **meule de —**, runner; **— de chaudière**, boiler cover, boiler top; **— de cylindre**, cylinder top, cylinder cover, cylinder lid; **— d'étampe**, top tool; **— de piston**, piston head, piston cover.

Destinataire, Consignee.

Destroyer (N.), Destroyer.

Désulfuration, Desulphurization, desulphurizing.

Désurchauffage, Desuperheating.

Désurchauffe, Desuperheating.

Désurchauffé, Desuperheated.

Désurchauffer, to Desuperheat.

Désurchauffeur, Desuperheater.

Détail, Retail; **prix de —**, retail prices.

Détaillant, Retailer.

vue Détaillée, Exploded view.

Détalonnage, Backing off, clearance, relief.

Détalonner, to Relieve; **appareil à —**, relieving attachment; **dispositif à —**, relieving device; **machine à —**, relieving machine; **tour à —**, relieving lathe.

Détartrage, Scaling, furring.

Détartré, Detartarised, scaled.

Détartrer, to Detartarise, to fur₋ to scale.

Détartreur (chaud.), Detartariser; scale destroying apparatus.

Détaxe, Allowance.

Détecteur, Detector, locator, pick up, scanner; **— amplificateur**, amplifying detector; **— d'amplitude**, amplitude detector; **— à cristaux**, crystal detector; **— électrolytique**, electrolytic detector; **— de fuite**, leak detector; **— de fuite de gaz**, gas leak detector; **— de fuite de vide**, vacuum leak detector; **— de fumée**, smoke detector; **— d'humidité**, moisture detector; **— d'incendie**, fire detector; **— intégrant**, integrating detector; **— à lampe**, valve detector; **— magnétique**, magnetic detector; **— de mines**, mine detector; **— de neutrons**, neutron detector; **— d'ondes**, wave detector; **— de pertes**, leakage detector; **— à scintillations**, scintillation detector; **— thermique**, thermal detector, barreter; **— à tube à vide**, valve detector, vacuum tube detector.

Détection, Detection; **dispositif de —**, detection device; **— linéaire**, linear detection; **— par le son**, sound detection; **— sous-marine**, submarine detection; **— (des défauts d'un métal) par ultrasons**, ultrasonic detection.

Détectophone, Detectophone.

lampe Détectrice, Detector or detecting valve.

Détectrice-oscillatrice, Detector-oscillator.

Détendeur, Reducing valve; **clapet — d'air**, air reducing valve.

Détendre, to Cut off; to expand, to relax; — **la vapeur**, to cut off steam; — **un ressort**, to relax a spring.

Détente, Catch, detent, expansion, expansion gear, flash, trigger; **à —**, expansively; **ballon de —**, flash drum; **coulisse de la — variable**, expansion line; **courbe de —**, expansion line; **distribution à —**, cut off valve gear; **double —**, compound stage expansion, two stage expansion; double trigger; **évaporation par —** (pétr.), flash, evaporation; **machine à —**, expansion or expansive engine; **machine sans —**, non expansive engine; **mécanisme de —**, expansion gear; **papillon de —**, expansion damper, cut off valve; **soupape de —**, expansion valve; **tiroir de —**, cut off valve, cut off slide valve; **tour de —**, flash tower; **— isotherme**, isothermal expansion; **— unique**, single trigger; **— variable**, variable expansion; **presser la —**, to pull the trigger.

Détergent, Cleansing; detergent; **huile —e**, detergent oil; **produit —**, cleansing compound.

Détérioration, Deterioration.

Détérioré, Deteriorated.

Détériorer, to Deteriorate.

Déterminant, Determinant; **— antisymétrique**, skew determinant; **— modulaire**, modular determinant.

Déterminateur, Determinator.

Détersif, Detergent; **cire — ve**, detergent wax.

Détonant, Detonant, detonating, explosive; **anti —**, antidetonant, anti-knock; **combustible anti —**, anti-knock fuel; **gaz —**, detonating gas; **mélange —**, explosive mixture.

Détonateur, Detonator.

Détonation, Detonation, knocking, pinking; **indice de —**, knock rating.

Détoner, faire Détoner, to Detonate.

Détourner, to Divert.

Détrempe, Absorbent grounds, annealing, distemper; **peinture en —**, distemper painting.

signaux de Détresse, Assistance signals.

Détret, Hand vice.

Deutération, Deuteration.

Deutérié, Deuterated.

Deutérium, Deuterium.

Deuton, Deuteron.

marteau à Devant, Fore hammer.

Développante, Evolvent, involute; **courbe en — de cercle**, involute curve; **denture à — de cercle**, involute teeth; **machine à tailler les engrenages à —**, involute gear cutter.

Développement (photo), Developing, development; **— chromogène**, colour development; **— en cuve verticale**, dipping bath development; **—s série**, series developments, series expansions.

Développer, to Develop; to expand (math.); **machine à — les pellicules**, film developing machine.

Dévers, Leaning, buckle, cant.

Dévers (N.), Warping.

Déversé (bois), Dull edged.

Déversé (filon), Cast.

Déversé (liquide), Discharge.

Déversement, Discharge, spillage; **lieu de —**, dump.

Déverser, to Discharge.

Déversoir, Overshoot, shoot, weir, overfall, waste weir, spillway; **seuil de —**, sill.

Dévêtir (le bois), to Disunite.

Déviateur, Deflector; deflecting (adj.); **champ —**, deflecting field; **— de jet**, thrust reverser.

Déviation, Deviation, deflection, elongation, swing; **pression de —** (turbines), deflection pressure; **— d'un couple** (c. n.), flaring; **— du foret**, running out of the drill; **— en fréquence**, frequency swing; **— en phase**, phase swing.

bobine Déviatrice, Deflecting coil.

force Déviatrice, Directing force.

Dévidage, Unspooling, unwinding.

Dévider, to Reel; **machine à —**, reeling machine.

Dévidoir, Reel, reeler, spool, winder; **— à papier**, paper reel, paper spool; **— de soie**, silk reel.

Dévié, Bent.

Dévier, to Deflect, to bore away (outil), to cut untrue (mèche, foret, etc.).

Dévirage (d'hélice), Unfeathering; **bouton de —**, unfeathering button.

Dévirer, to Turn over, to unwind.

Devis, Device, estimate, scheme, specifications; **— approximatif**, rough estimate; **— de construction**, building device; **— de la coque** (c. n.), sheer or shear drawing; **— d'échantillons**, bill of specifications; **faire un —**, to abstract.

Dévisser, to Screw off, to unscrew, to unbolt.

Dévolter, to Step down.

Dévolteur, Step down transformer.

Dévoiement (d'un couple) (c. n.), Flaring.

Dévoyé, Cant; **couple —** (c. n.), cant frame, cant timber.

se Dévoyer, to Cast.

Déwatté, Wattless; **caractéristique en —**, wattless current characteristic; **courant —**, wattless current, idle current.

Dextranne, Dextran.

Dextrine, Dextrine; **— commerciale**, british gum.

Dextrorsum, Clockwise.

Dézingage, Dezinfication.

Diable, Devil, truck.

Diacétate, Diacetate.

Diacrylate, Diacrylate.

Diagonal (adj.), Diagonale, diagonal; **en —e**, diagonally; **entretoise —e**, diagonal stay; **—e extrême** (charp. métallique), end diagonal; **—e secondaire**, counter diagonal.

Diagramme, Diagram, chart; **plein du —** (mach. à vapeur), efficiency of cycle; **surface négative d'un —**, deficiency area; **— adiabatique**, adiabatic diagram; **— circulaire**, circle diagram, circular diagram; **— complet**, complete diagram; **— du cylindre**, cylinder diagram; **— des cylindrées**, cylinder diagram, volume diagram; **— des débits**, flow chart; **—s de diffraction d'écoulement**, flow pattern; diffraction patterns; **— entropique**, entropy diagram; **— des forces**, diagram of strains; **— polaire**, polar diagram; **— des pressions sur le piston**, piston (pressure time) diagram; **— des pressions et des volumes**; P. V. diagram; **— de rayonnement d'une antenne**, antenna pattern; **— par réflexion**, reflection pattern; **— des vecteurs**, vector diagram.

Dialyser, to Dialyse.

Diamant, Diamond; **alésé au —**, diamond bored; **forage au —**, diamond drilling; **serre —s**, dop; **— de l'ancre**, crown of the anchor; **— noir**, bort, black diamond; **— de pince**, heel.

Diamantaire, Diamond cutter.

outil Diamanté, Diamond tool.

roue Diamantée, Diamond wheel.

appareil à Diamanter, Diamond carrier.

Diamétral, Diametral, dimetient; enroulement —, full pitch winding.

Diamètre, Diameter; équerre à —, centre square; — admis (tour), swing over bed; — admis dans le rompu, swing in gap bed; — d'alésage, boring diameter; — apparent, apparent diameter; — extérieur, outside diameter; — de forage, drilling diameter; — hors-tout, overall diameter; — intérieur, inside diameter (i. d.), diameter in the clear.

Diapason, Tuning fork; branches d'un —, tines of a tuning fork.

Diaphonie, Crosstalk.

Diaphragme, Diaphragm; sliding stop valve; — parabolique, paracurve.

Diatomique, Diatomic; molécule —, diatomic molecule.

Diatomite, Diatomite.

Diazonaphtol, Diazonaphtol.

Diazonium, Diazonium.

Diazophénol, Diazophenol.

Diazotation, Diazotisation.

Diazotée, Diazotized; amine —, diazotized amine.

Dibenzyl, Dibenzyle.

éther Dibenzylique, Dibenzyl ether.

Diborane, Diborane.

Dicétones, Diketones.

Dichroïsme, Dichroisme.

Dictaphone, Dictating machine.

Dièdre, Dihedral; angle —, dihedral angle.

Diélectrique, Dielectric; absorption —, dielectric absorption; antenne —, polyrod; constante —, dielectric constant, dielectric coefficient, specific inductive capacity; effort —, dielectric stress; hystérésis —, dielectric hysteresis; perte —, dielectric loss; relaxation —, dielectric relaxation; rigidité —, dielectric strength, disruptive strength, breakdown strength.

Diènes, Dienes; — conjugués, conjugated dienes.

moteur Diesel, Diesel engine.

Di-ester, Di-ester.

peroxyde Diéthylique, Dietylene peroxide.

Différé, Delayed; relais à enclenchement —, relais —, time delay relay, time limit relay.

Différence, Difference; — de potentiel, difference of potential (d. p.).

Différentiel, Differential, balance gear, differential gear (auto); boîte de —, differential gear box, differential gear casing, equalizing gear; calcul —, differential calculus; carter de —, differential housing; champ — (math.), differential field; dilatation —le, differential expansion; droit —, differential duty; équation —le, differential equation; freinage —, differential braking; galvanomètre —, differential galvanometer; palan —, differential pulley block, differential tackle; pompe —le, differential pump; précipitation —le, differential precipitation; relais —, differential relay; seuil —, increment threshold; tarif —, differential rate; thermomètre —, differential thermometer; transformateur —, differential transformer; vis —le, differential screw; voltmètre —, differential voltmeter; — conique, bevel differential; — droit, spur wheel differential.

Diffraction, Diffraction, deflection; diagrammes de —, diffraction patterns; réseaux de —, diffraction gratings; — électronique, electronic diffraction.

Diffus, Diffused; éclairage —, diffused illumination.

Diffusant, Diffusing; **pouvoir —,** diffusing power.

Diffusé, Scattered, diffused.

Diffuseur, Casing, choke tube, mixing cone, diffuser, mixer, spray cone, choke tube, volute; **— en colimaçon,** spiral casing; **— de compresseur,** supercharger diffuser; **— de soufflerie,** wind tunnel nozzle; **— de ventilateur,** volute chamber, delivery space.

Diffusiomètre, Diffusiometer.

Diffusion, Diffusion, scattering, back scattering; **auto —,** self diffusion; **pompe de —,** diffusion pump; **soupape de —,** diffuser valve; **— élastique,** elastic scattering; **— gazeuse,** gaseous diffusion; **— inélastique,** inelastic scattering; **— isotropique,** isotropic scattering; **— à la limite des grains,** grain boundary diffusion; **— de la lumière,** light scattering; **— des neutrons,** neutron scattering; **— thermique,** thermal diffusion.

faire Digérer, to Digest.

autoclave Digéreur, Digester.

Digesteur, Digester; **— de boues,** sludge digester.

cuve de Digestion, Digestion tank.

Digue, Dam, cofferdam, dike, levée, mound; **palplanche de —,** dam beam; **— de barrage,** cofferdam; **— en enrochements,** rock fill dam; **— Pascal,** Pascal dam.

Dilatation, Dilatation, dilatancy, expansion, expansivity; **chariot de —,** expansion saddle; **joint de —,** expansion joint; **— différentielle,** differential expansion; **— linéaire,** linear expansion; **— liquide,** liquide expansion; **thermostat à — liquide,** liquid expansion thermostat; **— thermique,** thermal expansion.

Dilater, se Dilater, to Expand.

Dilatomètre, Dilatometer; **— optique,** optical dilatometer.

Dilatométrie, Dilatometry.

Dilué, Diluted; **non —,** undiluted.

Diluer, to Dilute.

Dimension, Dimension, measurement; **à n —s,** n dimensional; **—s d'un navire,** measurements of a ship; **—s standard,** standard sizes; **couper à —s,** to dress.

Dimensionné, Sized; **largement —,** supersized.

Dimensionnalité, Dimensionality.

Dimensionnel, Dimensional; **à n —s,** n dimensional; **instabilité —le,** dimensional instability; **uni —,** one dimensional.

Dimensionnement, Dimensioning.

éther Diméthylique, Dimethyl ether.

bordé de Diminution (N.), Diminishing plate.

Dinanderie, Brass ware, copper ware.

Dinas, Dinas brick; **terre de —** Dinas clay.

Diode, Diode.

Diophantienne, Diophantine; **équation —,** diophantine equation.

Dioptase, Emerald copper.

Dioptre, Diopter.

Dioptrique, Dioptric; **lentille —,** dioptric lens.

Diorite, Green stone.

Dioxanne, Dioxane.

Diphasé, Diphase, two phase; **alternateur —,** diphase alternator, diphaser; **génératrice —e,** two phase generator.

moment Dipolaire, Dipole moment.

Dipôle, Dipole; **— s croisés,** crossed dipoles; **— replié,** bent dipole.

Direct, Direct; à action — e, direct acting; à chauffage —, directly heated; à commande —e, direct acting; à connexion —e, direct acting; couplage —, direct coupling; à couplage —, direct coupled; émission —e (T. S. F.), direct coupled transmission; lecture —e, direct reading; montage —, direct coupled wiring; prise — e, direct connection, direct drive; en prise —, direct connected; réduction —e (métal.), direct reduction.

Directeur, Directing, directive, driving, main; ai-mant —, compensating magnet, directive magnet; aubages —s, guide vanes; essieu —, staring axle; point —, guide point.

Directif, Directing.

Direction, Direction; control, drive; leading; bearing (mines); steering (auto); management; way; à plusieurs —s, multiple way; à trois —s, three way; à une seule —, single way; angle de —, angle of lead; bielle de—(auto) steering drop arm; boîtier de —, steering box; chapeau de — (surchauffeur), guide cap; colonne de —, steering column; commutateur à une —, one way switch; douille de —, steering rocket; flèches de — (auto), trafficators; gouvernail de — vertical, vertical rudder; mécanisme de —, steering gear; pivot de —, steering swivel; volant de —, steering wheel; — d'une couche, bearing of a lode, strike of a head; — à droite, right hand driving; — d'un filon, course of a lode; — à gauche, left hand driving; — générale des usines, works management; — irréversible, irreversible steering; changer de — (mines), to take another bearing; pointer en — (canon), to traverse.

Directionnel Directing, directional, homing; antenne —le, Adcock antenna, beam antenna, directional antenna; indications —les, homing indications; relais —, directional relay.

Directive, Directive; antenne —, directive aerial.

Directrice, Directing, driving; aube —, guide blade; bielle —, driving rod; force —, directing force; roue —, guide wheel.

Dirigé, Directional; réception — e, directional receiving; transmission —e, directional transmission.

Dirigeable, Airship, dirigible; hangar de —, airship shed; moteur de —, airship engine; — amarré, moored airship; — rigide, rigid dirigible; — souple, non rigid dirigible, blimp.

Diriger, to Steer.

Discontinu, Discontinuous; intégrales —es, discontinuous integrals.

Discontinuité, Break, discontinuity; surface de —, boundary layer.

Discriminateur, Discriminator; — de contrôle, control discriminator.

Disjoindre (des tôles), to Start.

Disjoncteur, Circuit breaker, cut out, disconnector, breaker, disjunctor, switch; cellule de —, switch gear cell; interrupteur —, interrupter switch; — dans l'air, air circuit breaker; — à air comprimé, compressed air circuit breaker, air blast circuit breaker; — dans l'huile, oil circuit breaker; — à huile sous pression, oil blast circuit breaker; — à maximum, maximum cut out, overload circuit breaker; — à minimum, minimum cut out, underload circuit breaker.

Disjonction, Switching.

Dispersion, Dispersion, leakage, stray, scattering; champ de —, stray field, leakage field; champ de — de culasse, yoke stray field; champ de — des encoches, slot stray; champ de — du stator, stator stray field; cône de —, cone of spread; flux de —, stray flux, leakage flux; prisme de —, analyser; réactance de —, stray reactance; tension de —, leakage voltage, stray voltage; — angulaire, angular dispersion; — d'encoches, slot leakage; — d'épanouissement, pole shoe leakage; — d'induit, armature leakage; — magnétique, magnetic leakage; — polaire, pole leakage; — rotationnelle, rotational dispersion; — dans la tête, head stray.

Disponible, Available, in hand; capacité —, available capacity; chute —, available head. puissance —, available rating;

Dispositif, Arrangement, attachment, device, fixture, gadget, set up; — d'allumage, firing device; — d'auto-calibrage; automatic infeed attachment; — de balayage, scanner; — de centrage, centering device; — de chauffage, heating set up; — de commande, control device; — de déclenchement, tripping device; — à détalonner, relieving device; — d'éclairage, luminaire; — d'équilibrage, relief arrangement; — de freinage, arresting gear, braking device; — d'inclinaison, tilting device; — de mise à la terre, earthing device; — de nettoyage, cleaning device; — de placage, blocking device; — de prise de courant, current collector; — de profilage, truing device; — de rappel (ch. de fer), controlling mechanism; — de réenclenchement, recloser; — de réglage, adjusting device; — de renforcement, stretcher; — à reproduire, reproducing or copying attachment; — de résolution, resolver; — de sécurité, safety device; — de sécurité (machine), guard; — de serrage, clamping device; — à tarauder, tapping attachment; — à tourner cône, taper turning device; — pour tourner ovale, oval turning device; — de verrouillage, locking device.

Disposition, Arrangement.

Disque, Disc, disk, discus; record; à —s multiples, multiple disc; changeur de —s, record changer; embrayage à —s, disc clutch; embrayage à —s multiples, multiple disc clutch; enregistrement sur —, disc recording; enroulement en —, disc winding; fraise à —, face and side cutter; induit en —, disc armature; isolateur à —s, disc insulator; manivelle à —, disc crank; pieu à —, disc pile; roue à —, disc wheel; turbine à —, disc turbine; — à brunir, buff; — à couteaux, cutter disc; — de débrayage, clutch plate; — directeur (turbine), diaphragm; — de distribution (télégr.), distributor plate; — d'embrayage, clutch disc; — a enfourchements (mach. à fraiser le bois), grooving cutter block; — d'excentrique, eccentric sheave; — fixe, fixed disc; — de friction, friction disc; — à gravure latérale, lateral cut disc; — d'induit, core disc; — de moyeu, hub flange; — de perçeuse, drill plate; — phonographique, phonograph disc or record; — plein, full disc; — de plomb, lead disc; — polisseur, polishing disc, polishing wheel; — de ponçage, sander disc; — de réglage, regulating disc; — de répartition (télégr.), distributor plate; — de serrage, packing ring; — en tôle de l'induit, armature core disc.

Disruptif, Disruptive; champ —, disruptive field, disruptive strength; étincelle —ive, breakdown spark; tension —ive, disruptive voltage.

Disruption, Disruption, breaking down; **essai de —,** breaking down test.

Disrupture, Arcing, breaking down.

Dissipation, Dissipation; **facteur de —,** dissipation factor.

Dissociation (chim.), Cleavage; dissociation; **— catalytique,** catalytic dissociation.

Dissolution, Solution, dissolution; **— anodique,** anodic dissolution.

Dissolvant, Solvent.

Dissoudre, to Dissolve.

Dissous, Dissolved; **oxygène —, oxygène —,** dissolved oxygen.

Dissymétrique, Non symmetrical.

Distance, Distance, pitch; **commande à —,** remote control; **mesure à —,** telemetering; **surveillance à —,** remote supervision; **— angulaire,** angular distance; **— d'arrêt,** stopping distance; **— d'axe en axe des trous,** pitch of holes; **— entre pointes,** distance between centres; **— explosive des étincelles,** sparking distance; **— focale,** focal distance, focal length; **— des pôles,** pole pitch; **— réticulaire,** interplanar spacing; **mesurer à —,** to telemeter.

Distillat, Distillate; **puits de —,** distillate well; **— aromatique,** aromatic distillate; **— de craquage,** cracking distillate, pressure distillate.

Distillateur, Stillman.

Distillation, Distillation, topping; **appareil de — circulatoire,** circulatory; **essence de —,** straight run gazoline; **— four de —,** topping furnace; **plaque de —,** dead plate; **seconde —,** doubling; **— aséotropique,** aseotropic distillation; **— fractionnée,** fractional distillation; **— moléculaire,** molecular distillation; **— sèche,** degassing; **— à la vapeur,** steam distillation; **— en vase clos,** destructive distillation; **— sous vide,** vacuum distillation.

Distillatoire, Distilling, distillatory; **appareil —,** distillor; **colonne —,** distilling column.

Distillé, Distilled, distillated; **eau —e,** distillated water.

Distiller, to Distill, to draw off; **appareil —,** distillor, distillation apparatus; **appareil à — à reflux,** reflux distillation apparatus.

Distillerie, Distillery.

Distorsion, Distortion, blasting (T. S. F.); **— d'amplitude,** amplitude distortion; **— de fréquence,** frequency distortion; **— harmonique,** harmonic distortion; **— d'image,** image distortion; **— linéaire,** linear distortion; **— de phase,** phase distortion.

Distributeur, Distributer, distributor, header, guide vanes; **cylindre —,** piston valve cylinder; **plaque de —,** distributor disc; **tête de —,** distributor head; **— à cames,** cam gearing; **— à détente** (mach. à vapeur), cut off valve gear; **— d'essence,** petrol pump.

Distributif, Distributive; **enroulement —,** distributive winding.

Distribution, Distribution, gearing; issue, timing, supply; **arbre de —,** ignition camshaft, half time shaft; **barre de —,** bus bar; **boîte de —,** distributing box; **colonne de —,** switch column; **coupe-circuit de —,** distributing fuse; **engrenage de —,** timing gear; **excentrique de —,** main eccentric; **ligne de —,** distribution line; **mécanisme de —,** distribution gear; **pignon de —,** valve gear pinion; **réseau de —,** distribution or distributing network; **robinet de —,** distributing cock; **sous-station de —,** distribution substation; **système de — à trois**

fils, three wire system; **tableau de —,** switch board, distribution board; **tableau de — des accumulateurs,** battery switch board; **tableau de — d'éclairage,** lighting switch board; **tableau de — de force motrice,** power switch board; **transformateur de —,** distributing transformer; **tuyau de —,** delivery pipe; **— à cames,** cam gearing; **— à chambre unique,** single steam valve chest; **— à déclic,** trip gear; **— à détente,** cut off valve gear; **— d'eau,** water works; **— par entraînement,** drag valve gear; **— linéaire,** linear taper; **— non linéaire,** non linear taper; **— partielle** (turb.), partial admission, variable admission.

Distributrice, Distributive; **aube —,** wicket gate; guide vane.

Disubstitués, Disubstituted.

Disulphure, Disulfide; **— d'alcoyle,** alkyl disulfide.

Diurne, Diurnal; **mouvement —,** diurnal motion.

Divalent, Divalent; **radical —,** dyard.

Divergent, Diverging, divergent, dispersing, expanding; **faisceau —,** divergent beam; **lentille —e,** dispersing lens, diverging lens; **suites —es,** diverging sequences; **tuyère —e,** expanding nozzle, diverging nozzle.

Divers, Contingencies, incidentals, incidents; **frais —,** sundries.

Diversité, Diversity; **courbe de —,** diversity curve; **facteur de —,** diversity factor.

Dividende, Dividend.

Divisé, Divided; **cercle —,** divided circle.

Diviser, to Divide, to split; **banc à —,** tracing bench; **compas à —,** dividers; **machine à —,** dividing machine, indexing machine; **machine à — circulaire,** circular dividing machine; **règle à —,** sliding gauge.

Diviseur, Divider; divisor; dividing head; **circuit —,** dividing network; **index —,** fork head, dividing point; **machine à —,** indexing machine; **plateau —,** index plate; **poupée —** dividing head; indexing head.

Division, Indexing; **système à — de temps,** time shearing system.

Docimasie, Art of essaying.

Dock, Dock; store; warehouse; **— flottant,** floating dock.

Docker, Docker, longshoreman (U. S.), lumper.

Dodécane, Dodecane.

Doeglique, Doeglic; **acide —,** doeglic acid.

Doigt, Finger, tappet, toe; **— d'encliquetage,** click; **— à suivre,** copy spindle.

Dôler, to Plane.

Doloire, Adze, chip axe, dowel axe, hollow adze, broad axe.

Dolomie, Dolomite; **— ferrugineuse,** brown spar.

Dôme, Companion, cover, canopy, cupola, dome, top; **corps de —** dome shell; **coupole de —,** dome crown; **culotte de —,** dome casing; **tubulaire du —,** nozzle on dome; **tubulure du —,** stand pipe on dome; **— de chaudière,** boiler cover, boiler top, boiler drum; **— de gouvernail,** wheel box.

Dommages, Damages.

Données, Data; **— statistiques,** statistical data.

Donner (objet qui cède), to Give.

Dorage, Gold plating.

Doré, Gilt.

Dorer, to Gild, to deaurate; **pierre à —,** agate burnisher.

Doreur, Gilder.

Dormant, Standing, sleeper; **— soupape —e,** fixed valve; **— d'une manœuvre** (N.), standing part of a rope.

Dorsal, Back, backing, dorsal; couche —e, backing layer; face —e, back edge.

Dorure, Gilding; — galvanique, electrogilding; — par immersion, water gilding; — à mordant, pigment gilding; — au pouce, cold gilding; — au sauté, amalgam gilding.

Dos, Back; — d'âne, cat's back; — de la hache, axe head.

Dosage, Dosage, determination, estimation, titration; micro —, microdetermination; quantitative —, dosage quantitatif.

Doser, to Proportion, to titrate.

Doseur, Tester; — d'oxygène, oxygen tester.

Dosimètre, Dosimeter.

Dosses, Slab wood.

Dosseret (d'une scie), Back.

Dosseret, File plate.

Dossier, File; file plate; back rest; lime à —, hack file.

Dossière, Back rest; lime à — s, currycomb file, feather edged file; scie à —, back saw.

Douane, Custom, customs; caution en —, custom security; déclarations en —, custom declarations; droits de —, customs, custom duties; entrepôt de la —, bonded warehouse.

Douane (bâtiment), Customhouse.

tarifs Douaniers, Custom tariffs.

Doublage, Sheathing, charging, doubling, lining, plating; feuille à —, sheathing sheet; — en cuivre, copper sheathing; enlever le —, to unsheàthe.

Double, Double, dual, twin; à — biseau, double edged; à — but, dual purpose; à — couche, double covered; à — denture, double toothed; à — effet, double acting, double effect, double action; à — élément, double element; à — face, double faced; à — fente, double slotted; à—filet, double threaded; à — orifice, double ported; à — siège, double seated; à — voie, double railed; amarre en —, sling rope; câble —, twin cable; condensateur —, dual capacitor; croisement —, diamonds crossing; écart —, bird mouth scarf, dice scarf; embrayage conique —, double cone clutch; filière —, stocks and dies; fuselage —, double body; jack —, twin jack; lentille —, doublet; partie —, double entry; roues —s, dual wheels; voie —, double way, double line, double track; — allumage, dual ignition; — bordé (N.), double planked; — boucle, double loop; — collecteur, double commutator; — commande, dual control; — coupe, double cut; — détente, two stage expansion; — fond, double casing, double bottom; — magnéto, dual magneto; — montant, double column; — objectif, double lens; — paroi, double casing; — rail, two headed rail; — réduction, double reduction; — réfraction, double refraction; — T, H bar, I bar.

Doublé, Bottomed, doubled, lined, plated, sheathed; — en, bottomed; — en cuivre, copper bottomed; — de feutre, felt lined.

Doubleau, Saw block.

Doubler (N.), to Metal, to plate, to sheathe.

Doublet, Doublet.

Doubleur, Doubler; — d'avances (mach.-outil), feed doubler; — de fréquence, frequency doubler.

Doublon, Doubled bloom.

Douce, Soft, mild; eau —, fresh water; lime —, finishing file, smooth file, fine toothed file; lime demi —, second cut file; lime extra —, dead smooth file.

Doucine, Moulding plane; ogee.

Doucir, to Hone; **machine à —**, honing machine.

Douille, Socket, box, bush, bushing, case, collet, duct, holder, pillow, rest, shell; **accouplement à —**, sleeve coupling; **clef à —**, box key, socket spanner, box spanner; **joint à —**, faucet joint, socket joint, spigot and faucet joint; **manchon à —**, joint with socket and nozzle; **— à baïonnette**, bayonet socket; **— du balai**, brush box; **— de la broche**, spindle bush, spindle nose, spindle socket; **d'une cartouche**, cartridge shell or case; **— de centrage**, centering bush; **— au cône Morse**, Morse taper socket; **— de la contre-pointe**, back center socket; **— élastique**, elastic sleeve; **— à emboîtement**, bell socket; **— d'entretoisement**, distance sink tube; **— pour foret**, drill socket; **— de guidage**, end sleeve; **— en laiton**, brass case; **— de lampe**, lamp holder, lamp socket; **— au milieu du té** (mach. à vapeur), centre box; **— de montage** (mach.-outil), spindle socket; **— de ressort**, spring box; **— de serrage**, collet; **— taraudée**, screw box; **— d'une traverse**, centre boss.

Douvain, Stave wood.

Douve, Stave, shake, sideboard; **scie à —**, barren saw; **— solive à —s**, codling.

Doux, Soft, mild; **acier —**, soft steel, mild steel; **acier extra —**, dead soft steel; **acier mi —**, medium steel; **fer —**, soft iron.

Dragage, Dredging; **— par entaille**, channel dredging.

Drague, Drag, dredge, dredger, dredging machine; **benne —**, earth grab; **entaillage de la —**, channel dredging; **godet de —**, dredger bucket; **— avec chaîne à godets**, bucket chain dredger; **— à courant d'eau aspirant**, flushing dredger, severage dredger; **— à creusement**, deep dredger; **— à filet**, net dredger; **— flottante**, floating dredge; **— à godets**, dipper dredge; **— de haute mer**, sea going dredge; **— à sac**, net dredger; **— sèche**, bucket excavator; **— suceuse**, hopper dredge, hydraulic dredge, pump dredger; **— à vapeur**, steam dredging machine.

Dragué, Dredged; **matières— es**, dredging material.

Draguer, to Dredge.

Dragueur de mines, Mine-sweeper.

Drain, Culvert, catch pit, drain; **presse à —s**, dod.

Drainage, Drainage; **— du sol**, land drainage; **— en surface**, surface drainage.

Drainer, to Deplet, to drain; **tuile à —**, drain tile; **tuyau à —**, drain pipe.

Drap, Cloth; **— feutré**, felted cloth.

Drèches, Dregs.

Dressage (d'ébauche), Rough facing.

Dressage (de planches), Edging.

Dressage (d'une meule), Truing.

Dressant droit, Edge seam.

Dressé, Straightened, dressed.

Dresser, to Adjust, to axe, to dress, to face, to line, to true, to make true, to even, to mount, to straighten; **machine à —**, facing machine, straightening machine; **molette à —**, dressing cutter; **plaque à —**, dressing plate; **presse à —**, straightening press; **presse à les rails**, rail press; **tas à —**, straightening block; **— au ciseau**, to chisel; **— à l'herminette**, to dub, to adze; **— une meule**, to true a wheel; **— une pièce de bois**, to mould; **— par rabotage**, to plane off; **— verticalement**, to set up.

Drille, Borer.

Drillomètre, Drillometer.

Droc à sonde, Crow's foot.

Droit (adj.), Straight, square, right, upright, true; **angle** —, right angle; **banc** —, straight bed; **cannelure** —**e**, straight flute; **couple** — (c. n.), square frame; **de** — **grain**, with the grain; **engrenage** —, spur gear; **à pas à** —**e**, right handed; **pignon** —, spur pinion; **queue** —**e** (outil), straight shank.

vis filetée à Droite, Right handed screw.

Droits, Dues, charges, duties, fees, rates, revenue, royalties; tolls; **acquittement des** —**s**, dues payment; —**d'amarrage**, mooring dues; — **de chargement et de déchargement**, lastage dues, lastage rates; — **différentiels**, differential duties; — **de douane**, custom duties, customs; **certificat de remboursement des** — **de douane**, custom debenture; **exempt de** — **de douane**, duty free; **remise des** — **de douane**, custom draw; — **d'entrée**, harbour duties, import duties; — **d'octroi**, town dues; — **de port**, port charges; — **de quai**, wharf duties, wharfage, quayages; — **de remorquage**, towage fees; — **de sortie**, export duties; — **de timbre**, stamp duties.

Drosse (N.), Tiller rope.

théorie Dualistique (chim.), Dualism.

Ductile, Ductile, tractile; **fonte** —, ductile iron.

Ductilité, Ductility.

Dudgeon, Tube expander.

Dudgeonnage, Rolling expansion.

Dudgeonné, Beaded.

Dudgeonner, to Expand, to bead; **appareil à** —, tube expander.

Dunette (N.), Poop, poop deck, quarter deck; **demi** —, raised quarter deck.

fonctionnement en Duplex, Duplex operation.

marche en Duplex (métall.), Duplexing.

Dur, Hard; **acier** —, hard steel; **acier mi-** —, medium steel; **bois** —, hard wood; **eau** —**e**, earthy water, hard water; **fer** —, brittle iron; **lampe** —**e**, hard valve; **meule** —**e**, hard wheel.

Duralumin, Duraluminium.

Durci, Hardened, chilled; **plomb** —, hard lead; — **à la surface**, case hardened.

Durcir, to Harden, to chill.

thermo-Durcissable, Thermosetting.

Durcissement, Hardening, chilling; — **par l'âge**, age hardening; — **au banc d'étirage**, bench hardening; — **structural**, precipitation hardening, age hardening; — **par travail**, work hardening; — **par vieillissement**, age hardening.

Durée des rotations, Turn round time.

Durée thermique (d'un isolant), Thermal life.

Dureté, Hardness; **degré de** — **des tôles**, temper number; **essai de** —, hardness test; **machine d'essai de** —, hardness testing machine; **micro** —, microhardness; **essai de micro** —, microindentation test; — **à l'abrasion**, abrasion hardness; — **d'une meule**, grade of a wheel; —**à la rayure**, scratch hardness; — **secondaire**, red hardness, secondary hardness.

Dynafocal, Dynafocal.

Dynamique (adj.), Dynamic; **caractéristique** —, dynamic characteristic; **effet** —, gross effect; **équilibrage** —, dynamic balancing; **pression** —, Pitot pressure; **sensibilité** —, dynamic sensitivity (phototube); **thermo** —, thermodynamic.

Dynamique, Dynamics, **thermo** —, thermodynamics.

Dynamiquement, Dynamically.

Dynamitage, Blasting; — **sous l'eau**, underwater blasting.

Dynamite, Dynamite; — **gomme**, gum dynamite, blast gelatine, blasting gelatine, explosive gelatine.

Dynamiter, to Blast.

Dynamiterie, Dynamite works.

Dynamo, Dynamo; **bâti de** —, dynamo frame; **courroie de** —, generator belt; — **d'appel**, calling dynamo; — **auto-excitatrice**, self-exciting dynamo; — **bimorphique**, double current dynamo; — **compensatrice**, balancing dynamo; — **compound**, compound wound dynamo; — **à courants redressés**, unidirectional dynamo; — **cuirassée**, ironclad dynamo; — **à dérivation**, shunt dynamo, shunt wound dynamo; — **d'éclairage**, lighting dynamo; — **égalisatrice**, balancing dynamo; — **électrique**, dynamoelectric; — **à double excitation**, double coil dynamo; — **à excitation séparée**, separately excited dynamo; — **excitatrice**, exciting dynamo, exciter; — **pour force motrice**, power dynamo; — **hypercompound**, hypercompound dynamo; — **à induit à disque**, disc dynamo; — **ouverte**, open type dynamo; — **polymorphique**, multicurrent dynamo; — **série**, series dynamo, series wound dynamo; — **shunt**, shunt wound dynamo; — **du type inférieur**, undertype dynamo; — **du type supérieur**, overtype dynamo; — **à vapeur**, steam dynamo; — **à volant**, flywheel dynamo; la — **crache**, the dynamo sparks.

Dynamomètre, Dynamometer, spring balance; — **d'absorption**, absorption dynamometer; — **à écrasement**, crusher, crusher gauge; — **à frein**, brake dynamometer; — **à roues dentées**, toothed wheel dynamometer; — **thermique**, heat dynamometer; — **de torsion**, torsion dynamometer; — **de transmission**, belt dynamometer.

Dynamométrique, Dynamometric, dynamometrical; **compteur** —, dynamometric supplymeter; **moulinet** —, air friction dynamometer, fan dynamometer.

Dynamoteur, Dynamotor.

Dynation (T. S. F.), Dynation.

Dynatron, Dynatron.

Dyne, Dyne.

Dynode, Dynode.

E

Eau, Water; **adduction d'** —, water supply; **adoucisseur d'** —, water softener; **analyseur d'** —, water analyser; **caisse à** —, water tank, feed tank; **canalisation d'** —, water line; **château d'** —, water tower; **chauffe** —, water heater; **chemise d'** —, water jacket; **chute d'** —, over fall; **circulation d'** —, water circulation; **coffre à** — (chaud.), water chest, water chamber; **colonne d'** — **alimentaire,** jack head, stand pipe; **compteur d'** —, water meter; **distribution d'** —, water works; **écran d'** —, water wall; **élévateur d'** —, water lifter; **entraînement d'** —, water carryover, overflow of water; **enveloppe d'** —, water jacket; **épurateur d'** —, water purifying apparatus; **épuration de l'** —, water treating; **étanche à l'** —, water tight; **évacuation d'** —, water discharge, water delivery; **évacuation des** —x, water sewage or sewerage; **évaporateur d'** —, water evaporator; **qui fait** —, leaky; **fuite d'** —, leakage, leak, water way; **gaz à l'** —, water gas; **imperméable à l'** —, water proof; **incrustations d'** —, water incrustations; **injection d'** —, water injection; **ligne d'** — (N.), water line; **ligne d'** — **à la flottaison** (N.), floating line; **ligne d'** — **du navire en charge,** load water line; **ligne d'** — **du navire lège,** light water line; **marteau d'** —, water hammer; **matelas d'** —, water cushion; **meulage à l'** —, wet grinding; **moulin à** —, water mill; **niveau de l'** —, water level, sea level; **pompe à** —, water engine, water pump; **pompe à l'** — **méthanol,** water methanol pump; **pompe de circulation d'** —, water circulating pump; **prise d'** —, fire plug, hydrant, tapping point, water intake; **projection d'** —, priming; **à l'abri des projections d'** —, splash proof; **pulvérisation d'** —, water spray; **refroidi par l'** —, water cooled; **refroidissement par l'** —, water cooling; **refroidisseurs d'** —, cooling towers; **réservoir d'** —, water tank; **réservoir à** — **chaude,** hot well; **séparateur d'** —, water separator; **sortie d'** —, water outlet; **tirant d'** — (N.) draught; **transporté par** —, water borne; **vapeur d'** —, water vapour, steam; **voie d'** —, leakage, leak, water way; — **acidulée,** acidulated or acidulate water; — **d'alimentation,** feed water; **réchauffeur d'** — **d'alimentation,** feed water heater; **régulateur d'** — **d'alimentation,** feed water regulation; — **d'appoint** (chaud.), make up water; — **d'aval,** tail water; — **brute,** raw water; — **calcaire,** hard water; — **non calcaire,** soft water; — **de cale,** bilge water; — **de cément, contenant du cuivre,** cement water; — **de chaux,** lime water; — **des chemises,** jacket water; — **de condensation** (chaud.), condensate; **pompe à** — **de condensation,** condensate pump; — **courante,** running water; — **de cuivre,** copper cleansing liquid; — **distillée,** distilled water; — **douce,** fresh water; — **dure,** earthy water; — **d'égout,** sewvage; **traitement des** —x **d'égout,** sewvage treatment; — **forte,** aqua fortis; — **d'injection,** injection water; — **lourde,** heavy water; — **de mer,** salt water; — **mère,** bittern, leach brine;

— **de pluie**, rain water; — **potable**, fresh water, drinkable water; — **de pulvérisation**, spray water; — **de refroidissement**, cooling water, jacket water; — **de rinçage** (des minerais), cock water; — **salée**, brine; — **seconde**, diluted aqua fortis; — **stabilisée** (traitée contre les dépôts), stabilised water; — **stagnante**, slack water; — **non traitée**, raw water; —**x vannes**, dung water; —**x vierges**, raw brine; **faire de l'** —, to water, to make water; **action de faire de l'** —, watering; **faire** — (n'être pas étanche), to make water; **meuler à l'** —, to grind wet.

Ébarbage, Cleansing, cutting, deburring, dressing, drifting, trimming, snagging; **ciseau à froid pour l'** —, flogging chisel; **marteau pour frapper sur le ciseau d'** —, flogging hammer; **outil d'** —, cleansing tool.

Ébarbé, De-burred, cleaned, dressed.

Ébarber, to Take off the burrs, to de-burr, to clip, to chop off, to clean, to dress, to fettle, to trim, to pare; **lime à** —, planchet file; **machine à** —, fettling machine, trimming machine; — **les objets en fonte**, to dress, to trim castings.

Ébarbeur, Cleanser.

Ébarboir, Barer, burr cutter, chipping chisel.

Ébarbure, Burr.

Ébauchage, Rough forging, rough turning, rough grinding.

Ébauche, Blank; rough draft, rough sketch, modelling tool, outline; **dressage d'** —, rough facing; **machine à raboter en** —, rough planer; — **d'hélice**, propeller blank.

Ébauché, Rough forged, rough ground, rough machined, rough turned; **acier** —, mill bar; **fer** —, muck bar; — **de forge**, rough forged; — **de tour**, rough turned.

Ébaucher, to Hew roughly; to rough forge; to cut grossly; to rough forge; to rough turn.

Ébaucheur, Blooming, roughing; **cylindre** —, bloom or blooming roll, roughing cylinder, billet roll; **laminoir** —, blooming rolling mill; **train** —, blooming rolling mill, cogging mill, billetting roll.

Ébauchoir, Graving chisel, dressing great chisel, large chisel; — **à nez rond**, skew carving chisel.

Ébavurage, Trimming.

Ébavurer, to Trim.

Ébène, Ebony; **imiter l'** —, to ebonise.

faux Ébénier, Laburnum.

Ébéniste, Cabinet maker; **lime d'** —, cabinet file.

Ébénisterie, Cabinet work; **bois d'** —, cabinet maker's wood.

Ébiseler, to Chamfer.

Éblouissant, Glaring; **non** —, glareless, glarefree.

Éblouissement, Glare; **taux d'** —, glare rating; — **par réflexion**, reflected glare.

Ébonite, Ebonite, hardened caoutchouc.

robinet d'Ébouage, Mud cock.

Ébouler, to Fall in.

Éboulements, Cavings, land slides, slippings.

Ébranlement, Jog.

Ébulliomètre, Ebulliometer.

Ébullioscope, Ebulliometer.

Ébullition, Ebullition, boil, boiling; **en** —, ebullient; — **point d'** —, boiling point, ebullition point; **à bas point d'** —, low boiling; **réduire par** —, to boil down.

Écaillage, Spalling, chafing, chiping off.

Écailler, to Chafe, to chip, to chip off.

Écailles, Scales, slags, peeling; — **de fer**, hammer slags; — **de laminage**, mill scales; — **de métal**, metal scales; — **de paraffine**, scale wax.

graphite Écailleux, Flaky graphite.

Écart, Deflection, scarf, scarfing (charp.); — **double**, — **flamand**, dice scarf; — **simple**, plain scarf.

Écartement, Spacing, gauge, deflection, pitch, mouth; **angle d'** — (régulateur à boules), angle of deflection; **borne d'** —, distance terminal; **boulon d'** —, distance bolt; **voie à grand** —, broad gauge; — **des électrodes** (bougie), gap width; — **des lisses** (N.), spacing oft he rails; — **des mors d'un étau, d'une tenaille**, etc., mouth; — **des pointes d'une bougie**, plug gap; — **des pôles**, pole pacing; — **des rails**, rail gauge; — **des rivets**, pitch of drills, spacing of rivets; — **des trous** (d'axe en axe), pitch of holes.

Écarver, to Scarf.

Échafaud, Scaffold, stage, staging.

Échafaudage, Scaffolding, dock, stage, false works, staging; — **mobile**, portable dock; — **à transbordement**, stage gangway; — **tubulaire**, tubular scaffolding.

Échancré, Channeled.

Échancrer, to Channel.

Échancrure, Channeling, cut up; — **de banc rompu**, break of a lathe; — **de banc de tour**, crank of a lathe bed.

Échange, Exchange; — **de chaleur**, heat exchange.

Échangeur, Exchanger; — **de chaleur**, heat exchanger; — **de température**, thermic exchanger.

Échantignolle, Chime bracket, chimb.

Échantillon, Sample, specimen, modelling board, faucet, scantling, modelling; **devis d'** —s, bill of specifications; **prise d'** —, sampling; **à** —s **non allégés**, full scantling; — **pour la masselotte** (fond.), dead head modelling; — **moyen**, all level or average sample; — **de noyau**, core modelling; — **de sondage**, bore sample; — **témoin**, check sample; — **sur le tour** (c. n.), siding; — **sur le tour d'une carlingue**, siding of a keelson; — **sur le tour d'un étambot**, siding of a stern-post.

Échantillonnage, Sampling, assay; — **appareil d'** —, sampler; — **du charbon**, coal sampling.

Échantillonneur, Sampleman.

Échappement, Blast, delivery, eduction, egress, exhaust, escape, escapement; **accélérateur d'** —, exhaust accelerator; **avance à l'** —, exhaust lead; **bride d'** —, exhaust flange; **clapet d'** —, exhaust clack; **collecteur d'** —, exhaust collector, exhaust or ejector manifold; **commande de l'** —, exhaust gear; **course d'** —, exhaust stroke; **gaz d'** —, exhaust gases; **gorges d'** —, exhaust troughs; **lumière d'** —, exhaust port, exhaust opening; **orifice d'** —, exhaust port; **pot d'** —, exhaust box, exhaust pit, exhaust tank; **pression à l'** —, exhaust pressure; **recouvrement d'** —, exhaust lap; **régulateur d'** —, blast pipe flap; **roue d'** —, escapement wheel, contrate wheel; **soupape d'** —, exhaust valve; **chapelle de soupape d'** —, exhaust valve box, exhaust valve chest; **temps d'** —, exhaust stroke; **tuyau d'** —, drain pipe, escape pipe, exhaust pipe, blast pipe, waste pipe; **tuyère d'** —, exhaust pipe, exhaust jet; **valve d'** — **d'air**, air escape valve; **vapeur d'** —, dead steam, exhaust steam; **vapeurs d'** —, exhaust fumes;

— **à l'air libre**, atmospheric exhaust; — **cloisonné**, divided blast; — **libre** (horlogerie), detached escapement; — **libre** (moteurs), free exhaust; **bloquer la soupape d' —**, to hold the exhaust valve.

Écharnage, Fleshing.

Écharner, to Flesh.

Écharpe, Scarf, band, brace, bracket, tie; **en —**, obliquely, slanting, slantwise; — **d'une équerre**, corner band, corner bracket.

bois **Échauffé**, Dry rotten wood.

Échauffement, Heating; — **aérodynamique**, ram heating.

s'Échauffer (partages, coussinets, etc.), to Run hot.

à **Échéance**, When due.

Échelle, Scale, scaler; ladder; **à grande —**, large scale; **à petite —**, small scale; **à — réduite**, on a reduced scale; **modèle à l' —**, scale model; **montant d' —**, ladder beam; **réseau en —**, ladder network; **voltmètre à deux —s**, double scale voltmeter; — **de calibres**, standard scale; — **centésimale**, centigrade scale; — **à décade**, decade scaler; — **de forces thermoélectriques**, thermoelectric series; — **graduée**, graduated scale; — **de marée**, tide gauge; — **métrique**, meter scale; — **de Mohs** (mines), Mohs scale; — **de poupe** (N.), stern ladder; — **de réduction**, scale of reduction; — **télescopique**, telescopic ladder; **dessiner à l' —**, to draw to scale.

Échelon, Rung, staff, step; **lentille à —s**, step lens.

Échelonnement, Gradation; — **des grains**, grain gradation.

Écheneaux, Drain metal; eave troughs.

Échoir, to Fall due.

Échouage, Stranding; **bassin d' —**, graving dock; **cale d' —** (naturelle), graving beach; **port d' —**, tidal harbour, tidal port; **radeau d' —**, beaching gear.

Échouer (N.), to Strand.

Éclair, Lightning, flash; **lampe —**, flash lamp, flash tube; **point —**, flash point; — **de l'argent** (coupellation), lightning coruscation; — **du cuivre raffiné**, shine of copper.

Éclairage, Lighting, illumination; **appareil d' —**, lighting apparatus, luminaire; **batterie d' —**, lighting battery; **circuit d' —**, lighting circuit; **dynamo d' —**, lighting dynamo; **gaz d' —**, coal gas, lighting gas, illuminating gas; **transformateur d' —**, lighting transformer; **voiture d' —**, dynamo car; — **à l'acétylène**, acetylene lighting; — **diffus**, diffused illumination; — **électrique**, electric lighting; — **par fluorescence**, fluorescence lighting; — **au gaz**, gas lighting; — **par incandescence**, incandescence lighting; — **indirect**, indirect light; — **par projecteurs**, floodlighting; — **de secours**, emergency lighting; — **streboscopique**, electronic flash light; — **urbain**, city street lighting; — **des voies publiques**, highway lighting.

ingénieur **Éclairagiste**, Illuminating engineer.

Éclairant, Illuminating; **bombe —e**, illuminating bomb; **fusée —e**, flare; **obus —**, star shell; **pouvoir —**, illuminating power.

Éclairement Illumination

Éclairer, to Illuminate, to light.

Éclat, Chip, splinter; flash; **feu à —s** (phare), flash light, flare up light, flashing light; **phare à —s**, blinker; **photomètre à —s**, flicker photometer; **pont pare —s**, splinter deck; **tôles pare —s**, splinter plates.

Éclatement, Bursting, burst; — **d'un pneu**, burst, blowout of a tyre.

Éclater, to Burst, to explode.

Éclateur, Spark gap; — **asynchrone**, non synchronous spark gap; — **à boules**, ball spark gap; — **fractionné**, quenched spark gap; — **de protection**, protective gap; — **réglable**, adjustable spark gap; — **synchrone**, synchronous spark gap; — **tournant**, rotary spark gap.

à Éclipse, Tilting.

Éclissage, Fish plating, fishing, rail bond; **boulon d'** —, fish bolt.

Éclisse, Splice bar, fish joint, fish plate; **boulon d'** —, track bolt, fish bolt; **rail** —, easing rail; — **cornière**, angle splice bar, angle fish plate; — **à cornières**, bracket joint; — **extérieure**, exterior fish plate; **intérieure**, interior fish plate; — **plate**, shallow fish plate; — **de soulagement**, easing fish plate; — **en U**, channel fish plate.

Éclissé, Fished; **poutre —e**, fishing beam.

Éclisser, to Fish.

Écluse, Sluice, lock, charging valve; **matériaux d'** —, lockage; **péage d'** —, lockage; **plateforme d'une** —, apron; **porte d'** —, lock gate, sluice gate; **sas d'** —, lock chamber; **seuil d'** —, lock sill; **tête d'** —, bay of a sluice, lock bay, lock crown; — **d'air**, antechamber; — **en éperon**, cheeks sluice; — **de fuite**, outlet lock; — **de gazogène**, charging valve of a producer; — **de moulin**, mill dam.

Éclusée, Banking, damming water.

Éclusier, Sluice master, lockkeeper, lockguard.

Écoine, Cobler.

Économètre, Econometer.

Économiseur, Economiser, economizer.

Écope, Scoop, bailer.

Écorce, Bark.

Écorcé, Barked; **bois** —, barked wood.

Écorcer, to Bark; **machine à** —, barking machine.

Écorner, to Edge; **rabot à** —, edge plane; **scie à** —, edge saw.

Écoulement, Adit, blast, draft, draught, exhaust (turbine), flow, fluxing, influx; **calorimètre à** —, flow calorimeter; **conduite d'** —, flow line; **diagramme d'** —, flow pattern; **double** —, double flow; **galerie d'** —, adit level, deep level, offtake; **pile à** —, flowing battery; **point d'** —, yield point; **rigole d'** —, drain; — **continu**, streamline flow; — **de groupes d'électrons de la cathode à l'anode (klytron)**, bunching; — **hypersonique**, hypersonic flow; — **laminaire**, laminar flow; — **d'un liquide**, flow efflux; — **moléculaire**, molecule flow; — **multiple**, multiple flow; — **simple**, single flow; — **supersonique**, supersonic flow; — **turbulent**, turbulent flow.

Écoute, Listening; **clef d'** —, listening key; **fiche d'** —, listening plug; **poste d'** —, listening post.

Écouteur, Earphone, receiver; — **téléphonique**, telephone receiver.

Écoutille, Hatch, hatchway; **panneau d'** —, lid of a hatchway.

Écoutillon, Scuttle.

Écran, Screen, back, baffle, brick arch, damper; light filter, shield; **à** —, screened; **effet d'** —, screening; **grille** —, screen grid; **lampe** —, screen valve; **sans** —, non screen; **sous** —, screened; — **de cimentation (mines)**, basket; — **dégradé**, graduated screen, graded tone screen; — **d'eau**, water wall; — **de Faraday**, Faraday shield; — **fluorescent**, fluorescent screen; — **fluorosco-**

pique, fluoroscopic screen; — **luminescent**, luminescent screen; — **magnétique**, magnetic shield; — **d'oscilloscope**, oscilloscope screen; — **de projection**, projection screen; — **du radar**, radar screen, radar scope; — **contre le rayonnement**, radiation shield.

Écrasé, Bruised, crushed; **tube —**, bulged in tube.

Écrasement, Collapsing, crushing; **dynamomètre à —**, crusher gauge, crusher; — **des chaudières**, boiler collapse; — **des dents d'une scie**, swaging saw teeth.

Écraser, to Bruise, to crush, to smash; **action d' —**, grinding; **appareil à — les dents d'une scie**, swage shaper; **machine à —**, bruising mill.

Écraseur, Crusher; **cylindre, rouleau —**, crusher, crushing roller.

machine à Écrire, Typewriting machine.

Écrou, Nut, box, female screw; **boulon à —**, bolt and nut; **clef à —**, screw wrench, spanner, wrench; **clef à — de robinet**, bow key of a cock; **contre —**, check nut, counter nut, stopping nut, jam nut, lock nut, lock nut, locking nut; **machine à tailler les —s**, nut shaping machine; **machine à tarauder les —s**, nut tapping machine; — **d'arrêt**, binding nut, stopping nut; — **de boulon**, bolt nut; — **carré**, square nut; — **à chapeau**, screwed cap; — **à collet**, collar nut; — **crénelé**, castle nut, castelled nut; — **à embase**, collar nut; — **embrayable sur la vis-mère (tour)**, clasp nut; — **à encoches**, castle nut; — **d'essieu**, axle nut; — **de fixage**, adjusting nut; — **frein**, lock nut, locking nut; — **à gorge**, grooved nut; — **indesserrable**, fast on nut, lock nut; — **à mâchoires**, clasp nut; — **à oreilles**, butterfly nut, lug nut, finger nut, ear nut, thumb nut, wing nut; — **à six pans**, hexagonal nut; — **de presse-étoupe**, gland nut; — **prisonnier, cage nut**, capping; — **de réglage**, adjusting nut; — **à autoserrage**, self locking nut; — **taraudé à l'intérieur et à l'extérieur**, screw nut; — **tendeur**, adjusting nut; — **à trou borgne**, bow nut; — **à trous**, capstan bolt; — **de la vis de pointage (artill.)**, box of the elevating screw.

Écroui, Annealed, cold beaten, cold hammered, hammer hardened.

Écrouir, to Anneal, to close the grain, to cold hammer, to smith.

Écrouissage, Cold beating, cold hammering, cold working, hammer hardening, strain hardening.

Écrouter, to Rough; **tour à — les ronds**, roughing lathe.

Écru, Unbleached; **toile —e**, unbleached linen.

Écubier, Hawse, hawse hole, hawse pipe; **tampon d' —**, hawse plug, hawse block.

Écume, Foam, dross, scum, skin; **fourneau à —**, drossing oven.

Écumer, to Despumate.

cage d'Écureuil, Squirrel cage.

double cage d'Écureuil, Double squirrel cage.

moteur à cage d'Écureuil, Squirrel cage motor.

Écusson, Escutcheon.

Édestine, Edestin.

Édulcorer, to Dulcify.

Effacement, Collapse; **à —**, collapsible; **solénoïde d' —**, withdrawal solenoid; **taraud à —**, collapsing tap; **trépan à —**, collapsible bit.

Effacer, to Erase; **gomme à —**, eraser.

Effectif, Effective, actual; **admission — ive,** real admission; **capacité — ive,** effective capacity; **cheval —,** actual horse power; **chute — ive,** effective head; **cylindrée — ive,** actual volume of charge; **induction — ive,** actual induction; **pression — ive,** effective pressure; **puissance — ive,** actual power; **résistance — ive,** effective resistance; **surface — ive** (électrodes, etc.), effective surface.

Effervescence, Effervescence, boil; **faire —,** to effervesce.

Effervescent, Effervescent, rimmed, rimming; **acier —,** effervescent steel, rimmed or rimming steel.

Effet, Effect, action; **double —,** double effect; **à double —,** double acting; **à multiple —,** multiple effect; **— absolu,** whole effect; **— capillaire,** capillary action; **— corona, de couronne,** corona effect; **— d'écran,** screening; **— explosif,** exploding agency; **— gyroscopique,** gyroscopic effect; **— Joule,** Joule effect; **— de masque,** masking, blanketing effect; **— nuisible,** impeding effect; **— de peau, pelliculaire** (élec.), skin effect; **— Peltier,** Peltier effect; **— réactif** (T. S. F.), overlap; **— de sol** (aviat.), cushioning effect; **— Thomson,** Thomson effect; **— total,** gross effect; **— utile,** useful effect, duty, efficiency.

Effets (comm.), Bills, stocks.

Efficace, Effective; **intensité —,** root mean square (r. m. s.) current.

Efficacité, Efficiency.

Effilé, Sharp, sharpened; **aile —e,** tapered wing; **fuselage —,** sharp fuselage; **poinçon —,** brad awl.

Effiler, to Sharpen, to whet.

Effilochure (du bois), Broom.

Effleurer, to Skin.

s'Effleurir, to Effloresce.

faire Effluorescence (chim.), to Bloom out.

Effluve Effluvium, emanation.

s'Effondrer, to Fall in.

Effort, Stress, effort, pull, strain; **alternance d' —s,** stress reversals; **centre d' —,** working point; **relaxation des —s.** stress relaxation; **soumis à un —,** stressed; **—s alternés,** alternating or cyclic stresses; **— de cisaillement,** shearing stress; **— de compression,** compression stress; **— de coupe,** cutting stress; **—s cycliques,** cyclic stresses; **— de déformation permanente** yield stress; **— diélectrique,** dielectric stress; **— de flexion,** bending stress; **— de freinage,** braking pull; **— moyen,** mean stress; **— d'inertie,** inertia stress; **— de pression axiale par compression,** compression breaking stress; **—s répétés,** repeated stresse; **— de répulsion,** repulsion stress; **— résistant,** drag load; **— de rupture,** breaking stress; **— de torsion,** torsional stress; **— de traction,** tensile or tension or tractive stress, tractive effort; **— tranchant,** shear stress, shearing stress; **faire — sur,** to stress, to bring a stress on.

lime à Égalir, Equaling or equalizing file.

Égalisateur, Equalizer; **amplificateur —,** equalizing amplifier; **— de potentiel,** potential equalizer; **— de pression,** pressure equalizer.

Égalisatrice, Balancing, dynamo, balancer, equalizer.

Égaliser (trous), to Drift.

Égaliser (terrain), to level, to plain.

Égohine, Broken space saw.

Égout, Sewer, sink, drain; **appareil pour le nettoyage des —s,** flusher; **eaux d' —,** sewage; **traitement des eaux d' —,** sewage treatment; **soupape à —s,** drain trap; **système d' —s,** sewage.

Égouttage, Drip; **bague d' —,** drip ring; **cuvette d' —,** drip cup.

robinet d'Égouttement, Drip cock.

s'Égoutter, to Drip.

cylindre Égoutteur, Dandy roll.

Égouttoir, Draining dish, drip, dropping band.

machine à Égrener, Égreneuse, Cotton gin.

Égreneuse de coton, Cotton gin.

Égrisée, Diamond bort.

Égriser, to Abrade; **poudre à —,** abradant.

Égruger, to Bruise; **machine à —,** bruising mill.

siège Éjectable (aviat.), Ejection seat.

Éjecté, Ejected.

Éjecter, to Eject.

Éjecteur, Ejector, jet pump; **ressort d' —,** ejector spring; **siège —** (aviat.), cannon seat; **— d'air,** air ejector; **— d'escarbilles,** ash ejector; **— hydraulique d'escarbilles,** ash sluicing system; **— à jet de vapeur,** steam jet ejector; **— de la matrice,** die pad; **— pneumatique,** pneumatic ejector; **— de puits,** deep well elevator; **— de vapeur,** steam ejector; **armer les éjecteurs** (fusil), to cock the ejectors.

Éjection, Ejection, discharge, expulsion; **buse d' —,** exhaust nozzle; **couloir d' —,** discharge chute; **douille d' —,** ejector sleeve; **patte d' —,** ejector lug; **tige d' —,** ejector pin.

Élaboration de l'acier, Steel making.

Élaidate, Elaidate; **— de méthyle,** methyl elaidate.

Élaidique, Elaidic; **acide —,** elaidic acid.

Élargir, to Expand, to fraise, to widen; **— un trou,** to fraise a hole.

Élargissement, Expansion, widening; **essai d' —,** expanding test.

Élargisseur, Underreamer, widener.

analyse Élasticimétrique, Stress analysis.

Élasticité, Elasticity; **essai d' —,** elongation test; **limite d' —,** elastic limit, limit of elasticity; **module d' —,** modul or modulus of elasticity; **inverse du module d' —,** modulus of rigidity; **— de cisaillement,** elasticity in shear; **— de flexion,** bending elasticity; **— de torsion,** torsional elasticity; **— de traction,** tensile elasticity.

Élastique, Elastic; **accouplement —,** flexible coupling; **bague —,** spring ring; **compression —** (cyl. à vapeur), cushioning; **déformation — subséquente,** elastic reaction; **douille —,** elastic sleeve; **fibre —,** bending line; **fondation —,** elastic foundation; **force —,** elastic pressure; **force antagoniste,** elastic reaction, elastic counter stress; **ligne de flexion —,** elastic line; **limite —,** proof stress, yield strength, yield stress; **mandrin — (pour tubes) —,** spring drift; **non —,** inelastic; **onde —,** elastic wave; **photo —,** photoelastic; **pression —,** elastic pressure; **stabilité —,** elastic stability; **support —,** elastic support.

Élastomètre, Elastometer.

Élatérite, Elastic bitumen.

Élatite, Petrified fir wood.

Électret, Electret.

Électricien, Electrician.

Électricité, Electricity; thermoelectricity; **— dynamique,** electricity in motion; **— latente,** bound electricity; **— magnétique,** magneto electricity; **— négative,** negative electricity;

— positive, positive electricity; **— statique,** static electricity.

Électrification, Electrification; **— des chemins de fer,** railroad electrification; **— rurale,** rural electrification.

Électrifier, to Electrify.

Électrique, Electric, electrical; **accumulateur —,** electric accumulator; **allumoir —,** electric lighter; **ampoule —,** electric bulb; **angle —,** electric angle; **appareillage —,** electrical switchgear; **ascenseur —,** electric lift; **axe —,** electric axis; **brasure —,** electric brazing; **centrale —,** electric works, electric station, generating plant; **champ —,** electric field; **charge —,** electric charge; **chauffage —,** electric heating; **circuit —,** electric circuit; **commande —,** electrical control; **à commande —,** electrically operated; **contrepoids —,** electric balance; **contrôleur —,** electric controller; **courant —,** electric current; **cuisinière —,** electric range; **degré —,** electrical degree; **déplacement —,** electric displacement; **dépoussiéreur —,** electric precipitator; **détonateur —,** electric detonator; **doublet —,** electric doublet; **éclairage —,** electric lighting; **énergie —,** electric power; **enregistrement —,** electrical transcription; **étincelle —,** electric spark; **filtre —,** electric filter; **four —,** electric furnace; **générateur —,** electric generator; **horloge —,** electric clock; **hydro —,** hydroelectric; **centrale hydro —,** hydroelectric plant; **lampe —,** electric lamp; **locomotive —,** electric locomotive; **longueur —** (d'une antenne), electrical length; **lumière —,** electrical light; **maclage —** (cristaux), electrical twinning; **modulation —,** electrical modulation; **monte-charge —,** electric hoist; **moteur —,** electric motor; **moteur — fixe,** fixed electric motor; **palpeur —,** electric feeler; **pelle —,** electric shovel; **photo —,** photoelectric; **cellule photo —,** electric eye, photoelectric cell; **précipitation —,** electrical precipitation; **signalisation —,** electric signalisation; **sondeur —,** electric depth finder; **soudure —,** electric welding; **soumis à un effort —,** electrically strained; **télémètre —,** electric telemeter; **thermo —,** thermoelectric; **courant thermo —,** thermoelectric current; **élément thermo —,** thermoelectric couple, thermoelectric cell; **pile thermo —,** thermoelectric pile; **torpille —,** electric torpedo; **traction —,** electric traction; **transducteur —,** electric transducer.

Électriquement, Electrically.

Électrisation, Electrification.

Électriser, to Electrify.

Électroacoustique, Electroacoustic.

Électroaimant, Electromagnet, magnet; **— boîteux,** club foot electromagnet, lagging electromagnet; **— de champ,** field electromagnet; **— en fer à cheval,** bifurcate electromagnet; **— de levage,** lifting magnet; **— à noyau noyé,** plunger electromagnet.

Électrochimie, Electrochemistry.

Électrocuivrage, Electro coppering.

Électrode, Electrode; **courant d' —,** electrode coating; **enrobement d' —,** electrode coating; **lampe à trois —s,** three electrode valve, double anode valve; **mise en circuit des —s** (d'une bougie), spark plug bridging; **pointe d' —,** electrode tip, welding tip; **porte —,** electrode holder; **tube à vide à deux, trois —s,** two, three elctrode tube; **— accélératrice,** accelerating electrode; **— austénitique,** austenitic electrode; **— auxiliaire (accus),** auxiliary electrode; — **capsule**, dished electrode; — **conique**, conical shell electrode; **—s en court-circuit (bougie)**, bridged gap; — **enrobée**, covered or coated electrode, covered or coated metal electrode; — **à gouttes**, dripping electrode; — **à goutte de mercure**, dropping mercury electrode, mercury capillary electrode; — **de graphite**, graphite electrode; — **à grille**, grid electrode; — **de masse**, earth electrode; — **négative**, negative electrode; — **normale**, standard electrode; — **nue**, bare metal electrode, naked electrode; — **à plaque**, plate electrode; — **ponctuelle**, point electrode; — **positive**, positive electrode; — **en rutile**, rutile electrode; — **à sachet de charbon**, carbon bag electrode.

Électrodynamomètre, Electrodynamometer, ampere balance, current balance, balance; — **à ressort**, direct reading balance.

groupe Électrogène, Generating set, generator set, power generating set.

Électrokymographe, Electrokymograph.

Électroluminescence, Electroluminescence.

Électrolyse, Electrolysis.

Électrolyseur, Electrolyser, electric analyser.

Électrolyte, Electrolyte; **solution d' —**, electrolytic solution; — **alcalin**, alkaline electrolyte; — **amphotère**, amphoteric electrolyte; — **colloïdal**, colloidal electrolyte; — **immobilisé**, solid electrolyte; — **minéral**, inorganic electrolyte.

Électrolytique, Electrolytic; **condensateur —**, electrolytic condenser; **cuivre —**, electrolytic copper; **dépôt —**, electrolytic deposition, electrolytic stratification, electro deposition; **détecteur —**, electrolytic detector; **effet —**, electrolytic action; **interrupteur —**, electrolytic interrupter; **polissage —**, electropolishing; **raffinage —**, electrolytic refining; **redresseur —**, electrolytic cell rectifier; **réduction —**, electro-reduction; **résistance —**, electrolytic resistance.

Électromagnétique, Electromagnetic; **accouplement —**, electromagnetic coupling; **haut-parleur —**, electromagnetic loudspeaker; **onde —**, electromagnetic wave; **unités —s**, electromagnetic units (E. M. U.); **voltmètre —**, electromagnetic voltmeter.

Électrométallurgie, Electrometallurgy.

Électromètre, Electrometer; — **absolu**, absolute electrometer; — **amplificateur**, amplificator electrometer; — **à cloche**, bell electrometer; — **condensateur**, condensor electrometer; — **d'essai**, testing electrometer; — **étalon**, standard or calibrating electrometer; — **à feuilles d'or**, gold leaf electrometer; — **à fil**, fibre or thread electrometer; — **à quadrants**, quadrant electrometer; — **à sinus**, sine electrometer; — **à tube capillaire**, capillary electrometer.

Électrométrique, Electrometer; **balance —**, weight electrometer; **dosage —**, electrometric titration.

Électromigration, Electromigration.

Électromoteur, Electromotor; Electromotive (adj.).

Électromotrice, Electromotive; **force —**, electromotive force (E. M. F.); **force — au repos**, electromotive force of rest; **force contre —**, back electromotive force (B. E. M. F.), counter electromotive force.

Électron, Electron; **canon à, concentrateur d' —s**, electron gun; **capture d' —s**, electron retrapping; **déplacement d'** —s, electron drift; **émission d'** —s, electron emission; **faisceau d'** —s, electron beam; **flux d'** —s, electron flux; — **de faible énergie**, low energy electron; — **de liaison**, bonding electron; — **libre**, free electron; — **primaire**, primary electron; — **secondaire**, secondary electron; — **de valence**, peripheral electron; valence electron; — **volt**, electron-volt.

Électronique, Electronics.

Électronique (adj.), Electronic; **altimètre** —, electronic altimeter; **amplificateur** —, electronic amplifier; **appareil** — **de prise de vues**, electronic camera; **balayage** —, electron scanning; **balistique** —, electron ballistics; **bombardement** —, electron bombardment; **circuit** —, electronic circuit; **commande** —, electronic control; **commutateur** —, electronic commutator; **commutation** —, electronic switching; **contrôle** —, electron control; **couplage** —, electronic coupling; **à couplage** —, electron coupled; **excitation** —, electronic excitation; **générateur** —, electronic generator; **gerbes** —s, electron showers; **lentille** —, electron lens; **machine** — **d'analogie**, electron analog machine; **machine à calculer** —, electronic computer, electronic calculating machine; **microscope** —, electron microscope; **microscopie** —, electron microscopy; **miroir** —, electron mirror; **optique** —, electron optics; **orbites** —s, electron orbits; **périscope** —, electron periscope; **photomètre** —, electron photometer; **profilomètre** —, electron profilometer; **redresseur** —, electron rectifier; **régulateur** —, electron regulator; **télescope** —, electron telescope; **télévision** —, electron television; **tube** —, electron tube; **valve** —, electronic valve; **voltmètre** —, electron voltmeter; **wattmètre** —, electronic wattmeter.

Électroniquement, Electronically.

Électroosmose, Electroosmosis.

Électrophorèse, Electrophoresis.

Électroplastie, Electroplating; **bain d'** —, electroplating bath.

Électroscope, Electroscope; — **à condensateur**, condensing electroscope.

Électrostatique, Electrostatic; **analyseur** —, electrostatic analyser; **champ** —, electrostatic field; **charge** —, electrostatic charge; **concentration** —, electrostatic focusing; **couplage** —, electrostatic coupling; **écran** —, electrostatic shield; **générateur** —, electrostatic generator; **polarisation** —, electrostatic polarisation; **précipitation** —, electrostatic precipitation; **séparateur** —, electrostatic separator; **unité** —, electrostatic unit; **voltmètre** —, electrostatic voltmeter.

Électrotechnologie, Electrotechnology.

Électrovalve, Electrovalve.

Elektron, Elektron; **feuille d'** —, elektron sheet.

Élément, Element, cell, component; unit; **borne d'** —, cell terminal; **tension d'** —, cell voltage; — **d'accumulateur**, accumulator cell, battery element; — **à câble**, cable cell; — **à concentration**, concentration cell; — **étalon**, standard cell; — **fermé**, sealed cell; — **galvanique**, galvanic cell; — **inversé**, inverted cell; — **irréversible**, irreversible cell; — **laiteux**, milky cell; — **lourd**, heavy cell; — **à un seul liquide**, single fluid cell; — **de pile**, cell of a battery; — **pouvant être mis hors circuit**, additional cell, spare cell; — **oxhydrique**, oxy-hydrogen cell; — **à régénération**, regene-

Élo — 181 — **EMB**

rative cell; — **réversible**, reversible cell; — **sensible** (compas gyroscopique), gyro element.

Élémentaire, Elementary; **bobine —** (de l'induit), single spool; **état —**, elementariness.

Élévateur, Elevator, hoist, lifter; **chapeau d' —**, bonnet or casing of elevator; **chariot —**, lift truck; **couloir, enveloppe, tuyau d' —**, elevator casing; **godet d' —**, elevator bucket; **partie inférieure de l' —**, elevator foot; **partie supérieure de l' —**, elevator head; **— à aspiration**, suction elevator; **— à bande**, belt elevator; **— à chaîne à godets**, bucket chain elevator; **— à godets**, bucket elevator; **— hydraulique**, hydraulic elevator; **— mobile**, portable elevator; **— transporteur**, hoist conveyor; **— à tubes**, casing elevator.

Élévation, Elevation; front view; height, lift, rise; **vis d' —**, elevating screw; **— principale**, face plan; **— de température**, temperature rise.

Élévatoire, Lifting; **machine —**, lifting machine; **pompe —**, lifting pump, lift pump; **tige de pompe —**, bucket rod; **pompe — inférieure**, bucket lift; **station —**, pumping station.

Élever, to Elevate, to raise, to erect.

Élingue, Sling.

Élinguer, to Sling.

Ellipse, Ellipsis.

Ellipsoïde, Ellipsoid.

Elliptique, Elliptic, elliptical; **aile —**, elliptical wing; **para —**, para elliptic; **polarisation —**, elliptic polarisation; **ressort —**, elliptic spring.

Elliptiquement, Elliptically; **polarisé —**, elliptically polarised.

Élongis (mâture), Trestle tree.

Émail, Enamel; **— synthétique**, synthetic enamel; **— vitrifié**, porcelain enamel.

Émaillage, Enamelling; **— à froid**, cold enamelling.

Émaillé, Enamelled; **fil —**, enamelled wire; **porcelaine —e**, enamelled porcelain.

Émailler, to Enamel.

Émaillite, Dope.

Émanation, Emanation.

Emballage, Packing, packaging, packing up; **papier d' —**, casing paper, packing paper; **toile d' —**, pack cloth; **— à clairevoie**, grate.

Emballement (machines), Race, racing.

Emballer, to Pack; **machine à —**, packing machine.

s'Emballer (machines), to Race.

Embarcation, Boat.

Embardée, Lurch.

Embargo, Embargo.

Embarquement (de marchandises), Shipment, shipping; **taxe d' —**, loading tax.

Embarquer, to Ship.

Embase, Base, collar, shoulder, snag; **étampe à —**, collar tool; **— d'une pale**, blade pin; **— d'un robinet**, cock nail; **— d'un tourillon**, shoulder of a trunnion.

Emboîtement, Assembling; **à —**, shrouded; **assemblage à —**, clamping; **douille à —**, bell socket; **tuyau à —**, faucet pipe, socket pipe.

Emboîter, to Assemble, to couch, to set in.

Emboîture, Assembling, clamping, faucet, socket; **joint à — avec clavette**, spigot and faucet joint.

Embouti, Dished, bagged up (chaud.), embossed, pressed, stamped; **acier —**, pressed steel; **cornière —e**, angle collar; **cuir**

—, leather cup; équerre —e, pressed angle; fond —, stamped head; fond — à la presse, pressed end plate; pièces —es, pressings, stampings, drop forgings; pièces —es pour carosserie, body stampings; tôle —e, dished plate, flanged plate.

Emboutir, to Bead, to beat, to chase, to press, to cup, to enlarge, to expand, to stamp, to snarl, to ferrule; enclume à —, chasing anvil, embossing anvil; machine à — les tubes, pipe socketing machine; maillet à —, chasing hammer; marteau à —, chasing hammer; presse à —, deep drawing press, stamp press; presse à — les cuirs, cap leather press; tour à —, spinning lathe; — en recouvrant, to block down; — au tour, to burnish; — un tube, to beat out the ends of a tube.

Emboutissage, Beading, beating, chasing, cupping, drawing, dummying, flanging, pressing, snarling, stretching, stamping, press work, swaging; outil pour l'— d'un tube, beader; — à la machine, machine beading; — à la main, hand beading; — au marteau, panel beating; — profond, deep drawing; — au tour, burnishing.

poinçon Emboutisseur, Plunger die.

Emboutissoir, Nail stump.

Embranchement, Abutting, feeder branch, side track; tuyau d' —, branch pipe.

s'Embrancher, to Abut.

Embrayage, Clutch, connecting, connection, coupling, engaging, engaging machine; adent d' —, engaging scarf; cône d' —, clutch cone; couronne d' —, clutch ring; disque d' —, clutch disc, clutch plate; entaille d' —, engaging scarf; frein d' —, clutch brake; levier d' —, clutch lever, operating lever, coupling lever, engaging lever, gear lever; manchon d' —, clutch tooth; manette d' — d'avance longitudinale (mach.-outil), handle for longitudinal power feed; manette d' — d'avance transversale (mach.-outil), handle for cross power feed; pignon d' —, jam wheel; ressort d' —, clutch spring; — à adents, clutch box; — automatique, slippage clutch; — à balais, brush coupling; — à cône, cone clutch; — à cône en cuir, leather faced clutch; — à cônes renversés, reverse cone clutch; — conique double, double cone clutch; — à dents, dog clutch; — à disques, disc clutch; — à disques multiples, multiple disc clutch; — équilibré, balanced clutch; — à friction, friction clutch; — à griffes, claw clutch; — hydraulique, hydraulic clutch, fluid drive; — magnétique, magnetic clutch; — pour la marche arrière, backward gear; — pour la marche avant, forward gear; — qui patine, slipping clutch; — à plateau, plate clutch; — à plateaux mobiles, slip clutch coupling; — à T, cheese coupling; —, par segment, expanding clutch.

Embrayé, Coupled, engaged, in gear.

Embrayer, to Put in gear, to throw into gear, to connect; to engage, to couple.

Embrèvement, Bevel shoulder; joint à — (charp.), joggle joint.

Embrèver, to Couch.

Émeraude, Emerald; mère d' —, emeraldlike stone; — de nickel, emerald nickel.

Émergence, Emergence; angle d' —, emergence angle.

Émergent, Emergent.

Émerger, to Emerge.

Émeri, Emery, polishing stone; meule d' —, emery stone, emery wheel, buff wheel; papier d' —, emery paper; pierre d' —, emery wheel; **polissage à l'** —, emery polishing; **potée d'** —, lapidary's emery, flour; **poudre d'** —, emery dust; **rodage à l'** —, glazing; **roue d'** —, emery cutter, emery grinder; **ruban d'** —, emery tape; **tambour d'** —, emery cylinder; **toile d'** —, emery canvas, emery cloth; **— en poudre**, emery dust; **polir à l'** —, to emery.

Émerillon, Swivel; **boulon à** —, swivel bolt; **croc à** —, swivel hook; **fourche à** —, swivel wrench; **joint, manille à** —, swivel joint; **petite poulie à** —, monkey block.

Émerisé, Emery coated; **ruban** —, emery tape.

Émetteur, Sender, transmitter; **— à arc**, arc transmitter; **— de fac-similés**, fac simile transmitter; **— à modulation de fréquence**, frequency modulation transmitter; **— à ondes courtes**, short wave transmitter; **— récepteur**, transponder transmitter; **— sonique**, phone transmitter; **— de télévision**, television transmitter.

Émetteur (adj.), Transmitting, sending.

Émettre (T. S. F.), to Send.

Émettre (un emprunt), to Float.

Émettrice, Transmitting, sending; **lampe** —, transmitting valve.

Émissif, Emitting; **pouvoir** —, emitting power, radiating power.

Émission, Eduction; exit; sending (T. S. F.), transmission; **antenne d'** —, sending aerial; **appareil d'** —, sending or transmitting apparatus; **caractéristique d'** —, emission characteristic; **commutateur — réception**, send receive switch; **orifice d'** —, eduction port; **poste d'** —, sending station; **soupape ou tiroir d'** —, eduction valve, outlet valve; **spectre d'** —, emission spectrum; **tuyau d'** —, eduction pipe, delivery trap; **— directe**, direct coupled transmission; **— d'électrons**, electron emission; **— indirecte**, indirect coupled transmission; **— en lumière ultraviolette**, ultraviolet emission; **— primaire**, primary emission; **— thermoionique**, thermionic emission.

Émissivité, Emissivity.

Émittance, Emittance.

Emmagasinage, Storing, storage, warehousing; **halle d'** —, storing hall; **ratelier d'** —, storage rack.

Emmagasiné, Stored.

Emmagasiner, to Store, to warehouse.

Emmanchement, Fit; **— à force**, force fit; **— par retrait**, shrink fit; **— de la tige dans le corps du piston**, piston tail piece.

Emmanché, Driven on, fitted: **— à la presse**, press fitted.

Emmancher, to Drive on, to haft, to helve, to fit, to fit on; **— à froid**, to drive on cold; **— à la presse**, to fit on a press.

Emmanchure (de marteau), Eye.

Emmortaiser, to Clamp.

Émoluments, Salary.

Émoulage, Smooth grinding.

Émoussage, Dulling.

Émoussé, Blunt, disedged, dull; **tranchant** —, blunt cutting edge.

Émousser, to Blunt, to dull, to take off the edge, to obtund, to rebate; **— les arêtes**, to bevel.

Empaquetage, Packaging.

Empaqueter, to Pack; **machine à** —, packing machine; **presse à** —, packing press, beater press.

Empâtage (savonnerie), Boiling.

Empâtage (accus), Pasting.

Empâté, Pasted; **plaque** —**e**, pasted plate.

Empâtement, Joining; overlap.

Empâter (une lime) **s'empâter,** to choke up a file, to clog.

Empâter (accus), to Paste; **machine à —,** pasting machine; **— les plaques,** to paste plates.

Empâteur, Paster.

Empattement, Wheel base, width.

Empennage, Appendage, empennage, fin, stabiliser, tail unit, tail, tail assembly, tail fin; **surface d' —,** tail area; **— en V,** butterfly tail fin.

Empierré, Metalled; **route —e,** metalled road.

Empierrement, Bottoming, metal; **— de base,** bottom pitching.

Empierrer, to Metal.

Empiéter (mines), to Encroach.

Empilage, Piling, stack, stacking.

Empilage de régénérateur, Checker work.

Empilement, Stacking.

Empiler, to Pile, to stack.

Empirique, Empirical; **équations —s,** empirical equations; **méthode —,** rule of thumb method.

Emplanture, Socket; **— d'aile,** wing socket, wing root.

Emploi, Employment, office.

Emplombage, Plumbing; **plomb pour —,** assay lead.

Emplomber, to Plumb, to cover with lead.

Employé, Employee, clerk; **certificat d' —,** character.

Empoise, Chocks.

Empontage, Cording.

Emporte-pièce, Hollow punch, punch, cutting out machine, punching machine.

Empreinte, Clip, impression, indent, print, printing, sprocket; **bloc d' —,** impression block; **couronne à —s** (cabestan), sprocket wheel; **micro —,** microindent; **appareil à micro —s,** microindenter; **poulie à —,** chain pulley, pitched pulley; **roue à —,** sprocket wheel; **— Baumann,** sulphur printing; **— de roue,** wheel sprocket.

Emprunt, Loan; **faire un —,** to borrow.

Emprunt (terrassement), Borrow pit.

Emprunter, to Borrow.

Émulseur, Emulsifier.

Émulsibilité, Emulsibility.

Émulsification, Emulsification.

Émulsion, Emulsion; **nombre d' —,** emulsion number; **— nucléaire,** nuclear emulsion; **— panchromatique,** panchromatic film; **— photographique,** photographic emulsion; **— sensible,** sensitive emulsion.

Émulsionné, Emulsified.

Émulsionnement, Emulsification.

Émulsionner, to Emulsify.

Encâblure, Cable's length.

Encaissement, Coffer foundation; embankment.

Encaisser, to Embank.

Encastré, Clamped, enchased, imbedded, recessed, restrained; **boulon —,** countersink headed bolt; **poutre —e,** restrained beam.

Encastrement, Anchorage, bed, collar, fitting in, hollow, recess, recessing, scarfing; **armature d' —,** fixing reinforcement; **assemblage à —,** joining by rabbets; **joint à —,** bridle joint; **— des tourillons,** trunnion hole.

Encastrer, to Clamp, to couch, to enchase, to imbed, to set in, to recess.

Enceinte, Enclosure; **— à vide,** vacuum enclosure.

Enchaîner, to Link.

Enchâsser, to Add, to enchase.

Enchère, Auction; bid, bidding; **vente aux —s,** auction; **vendre aux —s,** to auction, to sell by auction.

Enchevêtré, Interleaved; **tôles —es,** interleaved sheets.

Enclenche, Engaging scarf, gab; **levier d' —,** gab lever.

Enclenché, Engaged, put in gear, thrown into gear.

Enclenchement, Engaging gear, interlock, interlocking; **appareil à —** (ch. de fer), interlocking gear; **relais à — différé,** time limit relay.

Enclencher, to Catch, to catch in, to close, to engage, to gear, to put in gear, to throw into gear.

Encliquetage, Click and spring work, click and ratchet wheel, spring catch; **toit d' —,** click.

Enclos, Enclosure.

Enclume, Anvil; **bigorne d' —,** filing block, filing board; **billot d' —,** anvil stock; **bord de l' —,** anvil edge; **corne de l' —,** anvil horn; **face de l' —,** anvil face, anvil plate; **jambe d' —,** anvil foot; **petite —,** bench anvil; **poitrine d' —,** anvil pillar; **quarre d' —,** feather edge; **scories d' —,** anvil cinders; **socle de l' —,** anvil bed; **table de l' —,** anvil face, anvil plate; **tronchet d' —,** anvil block; **— à arrondir les tôles,** chasing anvil; **— de couvreurs,** anvil for slaters; **— à emboutir,** chasing anvil, embossing anvil; **— à former le fond,** bottom anvil; **— à limes,** file cutting block, file cutting anvil; **— à potence,** anvil with one arm, beak iron; **— sillonnée,** grooved anvil; **forger à l' —,** to anvil.

Enclumeau, Bench anvil, beak iron, hand anvil.

Enclumette, Little anvil, hand anvil.

Encoche, Slot, notch, gab, groove, kerf, nick, recess, score; **à —s,** notched, slotted; **champ des —s,** slot field; **dimensions des —s,** slot dimensions; **dispersion d' —,** slot stray, slot leakage; **champ de dispersion d' —,** slot stray field; **isthme ou pont d' —,** slot bridge; **largeur d' —,** slot width; **levier d' —,** gab lever; **logement des fils dans les —s,** bedding of wires; **machine à fraiser les —s,** slot milling machine; **nombre d' —s,** number of slots; **pas des —s,** slot pitch; **réglette d' —,** slot wedge; **— de la bielle d'excentrique,** eccentric gab, eccentric hook; **— sans enroulement,** dummy slot; **— de fixation d'ailette,** blade groove; **— d'induit,** armature slot; **— de réglage,** adjusting notch; **— de rotor,** rotor slot; **— de stator,** stator slot; **— en T,** tee slot; **— ventilée,** ventilated groove.

Encocher, to Notch; **presse à —,** notching press.

Encochure de réglage, Adjustment notch.

Encoignure, Corner; **assemblage d' —,** corner connection.

Encollage, Slashing, pasting; **— de la rayonne,** rayon slashing.

Encollé, Pasted.

Enceller, to Paste.

Encombrement, Area of site, measure, compact nest, floor space, measurement; **hauteur d' —,** running height; **marchandises d' —,** measure goods.

Encorbellement, Cantilever, bracket support, corbelling, corbel table; **en —,** overhung; **poutre en —,** cantilever or overhung girder; **— de la tuyère,** twyer arch; **— de la tympe,** fauld.

Encornail, Half sheave.

Encrage, Inking or inking system.

Encrassé, Carbonized, clogged, foul, fouled, furred, slagged.

Encrassement, Clogging, disuse, loading, carbonizing, fouling; — **d'un filtre,** filter clogging; — **de la meule,** loading of the wheel; — **par le plomb,** lead fouling.

Encrasser, s'Encrasser, to Foul.

Encre, Ink; **appareil récepteur, imprimeur à** —, ink writer; **gomme à** —, ink eraser; **récepteur à** —, ink writer; — **de Chine,** China ink; — **d'imprimerie,** printing ink; — **oléique,** oily ink.

Encrer, to ink; **table à** —, distributing table.

Encrier (Imprim.), Ink duct.

Encroûtage, Scarfing.

Endenté, Meshed.

Endenter, to Mesh, to put into mesh.

Endentures, Clutches.

Endiguement, Dike, levee.

Endiguer, to Bank.

Endossataire, Endorsee.

Endosseur, Endorser.

Endothermique, Endothermic.

Enduire, to Coat, to soak, to dope (aviat.); — **de caoutchouc,** to rubberize.

Enduit, Composition, coat, coating, dope, dressing, glaze, grout, grease, setting, wash; — **pour courroies,** belt dressing; — **incombustible,** flame resistant dope; — **préservatif,** antifouling composition.

Enduit (adj.), Coated, soaked; **tresse** —**e de minium,** gasket soaked in red lead.

Endurance, Endurance; **limite d'** —, endurance limit.

Énergie, Energy, power; **centrale d'** —, power plant; **circuit de transmission d'** —, power circuit; **distribution d'** — **électrique,** power distribution; **production d'** —, power production; **spectre d'** —, energy spectrum; — **actuelle,** actual energy; — **atomique,** atomic energy; — **cinétique,** cinetic energy, actual energy, active energy; — **d'écoulement,** flow energy; — **électrique,** electric power; — **de liaison,** binding energy; — **mécanique,** mechanical energy; — **nucléaire,** nuclear energy; — **potentielle,** potential energy; — **réactive,** reactive energy; — **résiduelle,** residual energy; — **thermique,** heat energy.

Enflammé, Flaming.

Enflammer, to Ignite, to kindle.

Enfleurage, Absorption.

Enfonçage, Bottoming.

Enfoncer, to Drive, to drive in; **appareil à** — **les pieux,** pile driver.

Enfourchement, Crossing, fork link; **assemblage en** —, cross joint.

Enfournement, Charging.

Enfourner, to Charge.

Enfourneuse, Charger.

Engagé, Choaked, choked, jammed, nipped.

Engager, to Gag, to choke, to jam.

Engorgé, Choaked, choked, choked up, foul; **pompe** —**e,** choked pump, foul pump.

Engorgement (d'un creuset, etc.), Blocking, clogging, obstruction, scaffold (haut-fourneau), choking up; **soupape d'** —, choke valve.

s'Engorger, to Choke, to choke up.

Engoujure, Channel notch, gouging, gut, score.

Engrais, Fertilizers; — **azotés,** nitrogenous fertilizers.

Engrenage, Gear, gearing, catching, connection, wheel; **à** —**s,** geared; **sans** —**s,** gearless; **boîte d'** —**s,** gear box, gear wheel; **carter d'** —**s,** gear casing; **fraise**

pour —s, gear cutter wheel cutter; harnais d' —s, change wheels, change gears; arbre du harnais d' —s, gear shaft; levier du harnais d' —s, change gear handle; machine à rectifier les —s, gear grinding machine; machine à tailler les —s, gear shaper, gear shaping machine, gear cutting machine; machine à tailler les —s à développante, involute gear cutters; moteur à —s, geared motor; pompe à —s, gear pump; roue d' —, gear wheel; train d' —s, gear of wheels; turbine à —s, geared turbine; —s baladeurs, movable gears; —s de la broche (mach.-outil), spindle gears; —s à chevrons, crescent or crescent shaped gearing, double helical gears, herringbone gears, mitre gears; — conducteur, sun gear; — conique, bevel or conical gear; — conique à denture spirale, spiral helical or spiral bevel gears; — conico-hélicoïdale, skew bevel wheel; — en cuir vert, rawhide gear; —s démultiplicateurs, reducing gears; —s de distribution, timing gears; — droit, spur gear; — presque droit, bastard gear; — épicyclique, crypto gear; — épicycloïdal, epicycloid gear, epicyclic train; — à fonction algébrique, algebric gear; — hélicoïdal, skew gear, spiral gear; — hélicoïdal à denture en développante, helical involute gear; — hypoide, hypoid gear; — de marche arrière, reverse pinion, reversing gear; —s planétaires, planetary gears; train d' —s planétaires, planetary gear train; — principal, sun gear; — réciproque, reciprocal gear; —s réducteurs, reduction or reducing gears; — à double réduction, double reduction gears; — à vis, screw gearing; — à vis sans fin, screw and wheel, worm gearing; — à vis tangente, worm and wheel.

Engrené, Coupled, engaged, thrown into gear, meshed.

Engrènement, Contact, coupling, engagement, intermeshing; étendue de l' —, path of contact; point d' —, meshing point.

Engrener, to Catch, to catch in, to connect, to mesh, to put into mesh, to couple, to engage, to endent.

Engrenure, Catching, coupling.

Enlaçure, Faucet, hole.

capacité d'Enlèvement (aéroplane), Carrying capacity.

Enlever, to Deepen, to drive out; — à la lime, to file lengthwise.

Enlier (maçonnerie), to Engage.

Eniantiomorphique, Eniantiomorphic.

Enillage (d'un moulin), Crown.

Enol, Enol.

Enolisable, Enolizable.

Enquête, Inquiry.

Enraillé, Blocked.

Enraillement, Blocking; rerailing; barre d' —, braking club; bloc d' —, stop block; rampe d' —, rerailing ramp.

Enrailler, to Block; to rerail

Enrayage, Locking, blocking, jamming, scotch; barre d' —, brake scotch; cale d' —, scotcher; chaîne d' —, lock chain.

Enrayé, Blocked, jammed.

Enrayement (voir **Enraillement**).

Enrayer, to Block, to lock; chaîne à —, locking chain.

s'Enrayer, to Check, to jam.

Enregistré, Registered, recorded; disque non —, recording blank; tonnage (N.) —, register tonnage.

Enregistrement, Recording, record; booking; registry, registration, transcription; bureau d' — (douanes), booking office; — sur disque, disc recording;

— **magnétique des sons**, sound magnetic recording; — **d'un navire**, registry or registration of a ship; — **phonographique**, phonograph record; — **photographique**, photographic recording; — **vertical**, vertical recording.

Enregistrer, to Record, to register.

Enregistreur, Recorder, indicator, meter; — **de charge**, load recorder; — **sur disque**, disc recorder; — **d'échos**, echo sounding recorder; — **sur fil**, wire recorder; — **des irrégularités de surface**, surface analyser; — **magnétique des sons**, sound magnetic recorder; — **de pente**, dip meter; — **de profondeur**, depth recorder; — **à ruban magnétique**, magnetic tape recorder; — **de température**, temperature recorder; — **de vitesse**, speed indicator.

Enregistreur (adj.), Recording; **altimètre** —, recording altimeter; **ampèremètre** —, recording ammeter; **appareil** —, recording apparatus; **baromètre** —, recording barometer; **jauge** —**euse**, recording gauge; **manomètre** —, recording manometer, recording gauge, manograph; **style** —, cutting stylus; **thermomètre** —, recording thermometer; **voltmètre** —, recording voltmeter; — **à siphon**, syphon recorder.

Enrichi, Enriched, beneficiated; — **en oxygène**, oxygen enriched.

Enrichir (minerais), to Enrich, to beneficiate, to dress.

Enrichissement des minerais, Beneficiation of ores.

Enrichissement du mélange au départ (moteurs), Priming.

Enrobage, Coating; à — **épais**, heavy coated; à — **mince**, lightly coated; — **d'électrode**, electrode coating.

Enrobé, Coated, covered; **électrode** —**e**, coated electrode, covered electrode.

Enrober, to Coat, to cover.

Enrobeur, Coater; **sécheur** —, dryer coater.

Enrochement, Rock fill; **digue à** —**s**, rockfill dam.

Enroulé, Wound, coiled; — **en dérivation**, shunt wound; — **jointif**, butt wound; — **en série**, series wound; — **en spirale**, spirally wound.

Enroulement, Winding, coil, wrap; **contre** — **en dérivation**, teaser; **encoche sans** —, dummy slot; **hauteur d'** —, height of winding; **pas d'** —, winding pitch, spacing; **profondeur radiale de l'** —, radial depth of winding; **roue d'un** —, winding belt, winding wheel; **tambour d'** —, hose reel; — **en anneau**, ring winding, Gramme winding; — **auxiliaire**, auxiliary winding; — **en bande méplate**, strip conductor winding; — **bipolaire**, two pole or bipolar winding; — **à bobines courtes**, short coil winding; — **à bobine**, coil winding; — **à cage d'écureuil**, squirrel cage winding; — **compound**, compound winding; —**s concentriques**, concentric winding; — **par cordes**, chord winding, short pitch winding; — **détecteur**, pick up coil; — **de démarrage**, starting winding; — **diamétral**, full pitch winding; — **distributif**, distributive winding; — **en disque**, disc winding; — **double**, duplex winding; — **à une encoche par pôle**, one slot or single coil winding; — **en fil rond**, round wire winding; — **de focalisation**, balancing coil, focusing coil; — **frontal**, end or evolute winding; — **Gramme**, Gramme winding; — **en hélice**, spiral winding; — **imbriqué**, interlaced winding, lap winding; — **inducteur**, field winding; —**s non inducteurs**, bifilar windings: — d'induit, armature winding: — latéral, lateral winding: — en manteau, barrel winding; — mixte, series parallel winding; — multiple, multiplex winding; — multipolaire, multipolar winding; — ondulé, wave winding; — parallèle, parallel winding; — à phases, phase winding; — à phases hémitropiques. hemitropic winding; — disposé dans un seul plan, single range winding; — disposé sur deux (trois) plans, two (three) range winding; — polyphasé, polyphase winding; — primaire, primary winding; — principal, main winding; — rampant, creeping winding; — de rotor, rotor winding; — secondaire, secondary winding; — série, series winding; — séries parallèles, series parallel winding; — simple, simplex winding; — spiral, spring winding, spiral winding; — de stator, stator winding; — symétrique, symmetrical winding; — demi-symétrique, semi symmetrical winding; — en tambour, drum winding.

Enrouler, to Wind, to coil; machine à —, winding machine.

Ensablement, Blinding; — des traverses (ch. de fer), boxing.

Ensachage, Bagging.

Ensaché, Bagged.

Ensacher, to Bag.

Ensachoir, Bagging apparatus.

Ensemble, Bank, kit, outfit, set, unit; dessin d' —, general assembly drawing, G. A. drawing; — des plaques (accus), set of plates.

Ensouple, Loom beam barrel.

Entablement, Entablure, coping; — d'un quai, coping, tablet of a quay.

Entaillage, Cutting, jagging, notching; angle d' —, cutting angle; procédé d' —, drifting method; — à la drague, channel dredging.

Entaille, Cleft, kerf, cut, gab, jag, mortise, nick, notch; assemblage à —s, cogging, jogging; boulon à —s, jagged bolt; dragage par —, channel dredging; — carrée, square jag; — à crémaillère, joggle; — à queue d'aronde, dovetailed jag; assembler à —s, to cog.

Entaillé, Notched, jagged, holed, joggled; barreau —, notched bar; non —, unnotched.

Entailler, to Notch, to hew, to hole, to jag, to joggle; to nick, to score.

Entaillure, Jagging.

Entamer un filon, to Begin the streak.

Entamer une mine, to Beat ore.

Entartrage, Deposit of scale.

Entartré, Furred; radiateur —, furred radiator.

Enter, to Add, to assemble by mortise.

Enthalpie, Enthalpy.

Entier, Integer; fonction —ère, integer function, integral function; nombre —, whole number.

Entoilage, Fabric covering, fabric.

Entoilé, Fabric covered.

Entonnoir, Funnel.

Entouré de, Cased with.

Entrainé, Driven, led; — par courroie, belt driven; — par moteur, motor driven.

Entraînement, Drive, driving, training; d' —, driving; appareil d' —, simulator; arbre d' —, coupling shaft; avion d' —, training plane, trainer; cale d' —, driving horn; convoyeur par —, rope conveyor; distribution par —, drag valve gear; flasque d' —, drive plate; joue d' —, carrier fillet; pertes par —, carryover; pignon d' —, driver gear; point d'arrêt et d' — (ch. de fer), catch point; pou-

Entraînement lie d' —, driving pulley; roue d' —, driving wheel; tambour d' —, driver drum; taquet d' —, active catch; tige d' —, drag link; toc d' —, clamp dog, carrier; verrou d' —, catch bolt, catch; vol d' —, training flight; à — cannelé, spline driven; — d'eau, water carryover; — par frottement, friction gearing; — de métal, fretting, fretting corrosion; — du pétrole par l'eau salée, water driving; — du pétrole par poche de gaz sous pression, cap gas driving; — du pétrole par les gaz, dissolved gas driving.

Entraîner, to Drive, to lead.

Entraîneur, Catch, driver, carrier; tambour —, driver drum; — de pompe, pump carrier.

Entrait, Beam; petit —, wind beam; — supérieur, collar beam.

Entre-axes, Distance between centres.

Entrée, Inlet, inflow, input, orifice, descent (mine); conduite d' —, penstock; cône d' — (d'une conduite forcée), tapered inlet pipe; double —, double inlet; droit d' —, import duty; fil d' — (T. S. F.), lead in wire; isolateur d' —, lead in insulator; lime d' —, entering file; point d' — (d'une came), first point of contact; pupille d' —, entrance pupil; — du puits, door to shaft; — de tunnel, portal.

Entrefer (élec.), Air gap.

Entremise, Carling.

Entrepont, Between decks, tween deck.

Entreposage, Warehousing.

Entrepôt, Bond, depot, staple, stock yard, yard, warehouse; à l' — (douanes), bonded; marchandises en —, bonded goods; — de la douane, bonded warehouse; — frigorifique, refrigerated warehouse.

Entrepreneur, Contractor, undertaker.

Entreprise, Concern, firm, proposition, undertaking; matériel d' —, contractor's equipment; — de camionnage, trucking firm; — de travaux publics, contracting firm.

Entretenu, Sustained, undamped; ondes —s, sustained waves, continuous waves, undamped waves; — en bon état, kept in good order.

Entretien, Maintenance, upkeep; frais d' —, cost of upkeep, maintenance expenses.

Entretoise, Cross bar, cross piece, bend girder, tie bar, bawk, tie beam, pillar bolt, tie piece, stay, spacer, stiffener, cross stretcher, strut, stud, cross stud, transom, truss rod; aube — (turbines), supporting blade; bague —, spacing ring; boulon —, stay bolt; chapiteau d' —, cross head; — de châssis, frame stay; — de couche, axletree washer; — croisée, cross quarter; — de rotor, rotor spacer; — tubulaire, distance tube.

Entretoisé, Braced; — au centre, center braced.

Entretoisement, Bracing, brace; boulon d' —, distance sink bolt; douille d' —, distance sink tube; lanterne d' —, distance piece; pièce d' —, connecting piece; — à treillis en U, diagonal bracing; — à triangles, arrow point bracing.

Entretoiser, to Brace, to stiffen.

Entropie, Entropy.

diagramme Entropique, Entropy diagram.

s'Envaser, to Fill up.

Enveloppant, Enveloping; gabarit —, envelope jigging.

Enveloppante, Enveloping.

Enveloppe, Casing, case, closing, clothing, cover, covering, envelope, shell, encasement, enclosure; **latte d'** — (cylindre), lag, lagging; — **de carotte,** core shell; — **de chaudière,** boiler shell, boiler barrel, cleading, cleating; — **chauffante,** heating jacket; — **à circulation d'air,** air jacket; — **de cylindre,** cylinder jacket or lagging; — **d'eau,** water jacket; — **étanche,** water tight casing; — **de fourneau,** furnace mantle, furnace shell; — **du foyer,** firebox shell; — **de cylindre,** cylinder closing, cylinder clothing, cylinder casing; — **d'induit,** armature casing; — **lisse, square** tread cover; — **à rainures,** grooved cover; — **de turbine,** turbine casing; **munir d'une** —, to encase.

Enveloppement, Casing, cover; — **calorifuge,** deading.

Envergure, Space across the wings, span, spread; **rapport de l'** — **à la profondeur,** aspect ratio; — **de l'aile,** wing span.

Envoi, Invoice.

Éosine, Eosine.

Épaisseur, Thickness, bigness, strip; **calibre d'** —, thickness gauge; **compas d'** —, outside calipers, bow compasses; **compas d'** — **micrométrique,** micrometer calipers; **compas d'** — **pour sphères,** globe calipers; **contreplaqué à** n —**s,** n ply wood; **jauge d'** —, thickness jauge.

Épaisseur de tôle pour rattrape de jeu, Shim, fit strip.

Épaississement, Gumming up.

Epandage, Spreading; — **par gravité,** gravity spreading.

Épandeuse, Spreader, sprinkling machine.

Épanouir, to Enlarge.

Épanouissement polaire, Pole face, pole shoe, projecting pole piece; **angle d'** —, pole shoe angle; **dispersion d'** —, pole shoe leakage.

Épargne, Savings; **caisse d'** —, savings bank.

Épart, Cross bar.

Épatement (charp.), Spread.

Épaule, Shoulder; loof (N.), sny; — **de mouton** (outil), chip axe.

Épaulé, Shouldered; **cornières** —**es,** staple angles.

Épaulement, Shoulder; **rondelle d'** — **d'essieux,** body washer; — **d'un rabot,** fence of a plane; — **d'un robinet,** cock nail.

Éperon, Spur; dike dam; — **de pile de pont,** fender.

Éperon (N.), Ram.

Épi (charp.), Broach post.

Épicéa, Spruce tree.

Épicycloïdal, Epicyclic, epicycloidal; **engrenage** —, epicycloid gear, epicyclic train; **réducteur** —, epicyclic reduction gear; **roue** —**e,** epicycloidal wheel.

Épicycloïde, Epicycloid; — **engendré par un point situé hors de la circonférence du cercle roulant,** epitrochoid.

Épierreur, Cleanser.

Épilamen, Boundary film.

Épine de ressuage, Bristling point.

Épinglette, Borer, pricker, venting wire.

Épissage, Splicing.

Épisser, to Splice.

Épissoir, Marlinspike, splicing fid.

Épissure, Splice; — **à œil,** eye splice; — **de câble,** cable splice.

Éponge, Sponge; — **métallique,** metallic sponge.

Épontillage, Propping, shoring, shoring up.

Épontille, Pillar, prop, stanchion; — **à fourche,** split pillar.

Épontillé, Propped, shored up.

Épontiller, to Prop, to shore up.

Épousseter, to Dust.

Épreuve, Test, trial, essay, experiment; à l' — de l'air, air proof; à l' — du feu, fire proof; banc d' —, test bed, testing bed, proving bench; lunette d' —, essaying glass; machine d' —, testing machine; — d'allongement, elongation test; — à l'eau, water test; — à l'escarpolette (mét.), fall proof; — sur papier aux sels d'argent, silver print; — photographique, print; faire l' — de, to prove, to test.

Épreuves (d'imprimerie), Prints.

Éprouver, to Prove, to test, to try.

Éprouvette, Assay spoon, cylinder, stress gauge, test bar, test glass, test tube.

Épuisé (gisement), Depleted; spent.

Épuisée (mine), Exhausted, forked.

Épuisement, Drainage, exhaust; d' —, exhausting; galerie d' —, drain gallery; machine d' —, draining engine, mine engine, pumping engine, water scoops; puits de la machine d' —, engine shaft; pompe d' —, exhaust pump, drainage pump, sinking pump, pumping engine.

Épuiser (un gisement), to Deplete.

Épuiser (une mine), to Exhaust, to fork.

Épurateur, Epurator, cleaner, purifier, purger, separator, scrubber; — d'air, air scrubber; — d'eau d'alimentation, water purifying apparatus; — à filtration, bag house; — de gaz, gas cleaner, gas purger; — d'huile, oil purifier, oil cleaner, oil reclaimer.

Épuration, Cleaning, treating, treatment, reclaiming, reclamation, reconditioning, scutching, purification, rehabilitation; — d'huile, oil cleaning, oil purification, oil rehabilitation, oil reclamation; station d' — d'huile, reclaiming plant; — à sec, dry cleaning.

Épure, Diagram, drawing, plan.

Épuré, Depurated, purified, reclaimed, refined; huile —e, purified oil.

Épurer, to Depurate, to fine, to purify, to reclaim, to refine, to scutch (corderie), to treat.

Équarrir, to Broach, to hew, to square.

Équarrissage, Scantling, Squaring.

Équarrissement, Squaring.

Équarrisseur de pierres, Stone squarer.

aléseuse Équarrisseuse, Jig boring machine.

Équarrissoir, Reaming bit, broach, puncher chisel, scoop chisel; — à cinq pans, five sided broach.

Équation, Equation; — différentielle, differential equation; —s empiriques, empirical equations; — linéaire, linear equation; — non linéaire, non linear equation; — matricielle, matric equation; — du second degré, quadratic equation; — séculaire, secular equation; réduire une —, to reduce an equation.

Équatorial, Equatorial; télescope —, equatorial telescope.

Équerrage, Revelling, squaring; faux —, warping; gabarit d' —, bevelling board; taquet d' — (c. n.), block; — en gras (charp.), standing bevelling, obtuse bevelling; — en maigre, under bevelling, acute bevelling, friction bevelling.

Équerre, Angle, angle plate, square, corner; console à —, angle bracket, end wall bracket; écharpe d'une —, corner band, corner bracket; fausse —, bevel, bevel protractor, bevel square, shifting square, sliding square; machine à —, bevelling machine; **soupape d'** —, angle valve; **support d'** —, alley arm; **support en** —, square support; — **d'angle**, angle plate; — **d'arpenteur**, cross staff; — **d'arrêt** (ch. de fer), angle stop; — **à chapeau**, back square, rim square; — **de charpentier**, framing square; — **à diamètre**, centre square; — **emboutie**, pressed angle; — **épaulée**, back square; — **de fer**, iron knee, iron square; — **de fermeture**, angle iron diaphragm; — **à six pans**, hexagonal square; — **pliante**, bevel protractor; — **en T**, T square; — **en tôle**, corner plate.

Équerrer, to Bevel, to square; **machine à** —, bevelling machine.

Équilatéral, Equilateral; **triangle** —, equaliteral triangle.

Équilibrage, Balancing, trimming; **d'** —, balancing, compensating; **bobine d'** —, balancing coil; **chambre d'** —, balancing space, balancing chamber; **dispositif d'** —, relief arrangement; **masse d'** —, balance mass; **piston d'** —, dummy piston, balance piston; **poids d'** —, balance weight; **vis d'** —, balance screw; — **dynamique**, dynamic balancing; — **électronique**, electronic balancing, dynetric balancing.

Équilibre, Balance, equilibrium, equipoise; **en** —, even; **diagramme d'** —, equilibrium diagram; **potentiel d'** —, equilibrium potential; **soupape d'** —, equilibrium valve; — **statique**, static balance.

Équilibré, Balanced, compensated, counterbalanced, levered, trimmed; **embrayage** —, balanced clutch; **grue** —**e**, balanced crane; **manivelle** —**e**, ball handle; **manivelles** —**es**, balanced cranks, opposite cranks; **moteur** —, balanced engine; **non** —, unpoised, unbalanced; **ondes** —**es**, balanced waves; **rotor** —, balanced rotor; **soupape** —**e**, balanced valve, cornish valve, equilibrated valve; **suspension** —**e**, levered suspension; **système** —, balanced system; **système non** —, unbalanced system; **tiroir** —, balanced slide valve, equilibrated slide valve; — **dynamiquement**, dinamically balanced.

Équilibrer, to Balance, to counter balance, to counterpoise, to trim.

Équilibreur, équilibreuse, Balancing machine.

Équimoléculaire, Equimolecular.

Équipage, Crew; **rôle d'** —, crew list.

Équipe, Shift; gang, spell; **chef d'** —, foreman; — **de jour**, day shift.

Équipé, Equiped, fitted.

Équipement, Equipment, rig, fixture, rigging, outfit, kit; — **de bord**, airborne equipment; — **de contrôle**, control equipment; — **d'extraction**, winding equipment; — **de forage**, drilling rig, drilling equipment; — **terminal**, terminal.

Équiper, to Equip, to arm.

Équipotentiel, Equipotential, equalizing; **anneau** — (élec.), equalizing ring; **courbe** —**le**, equipotential line; **surface** —**le**, equipotential surface.

Équivalent, Equivalent; **circuit** —, equivalent circuit; **hauteur** —**e**, equivalent height; **parcours** —, equimileage; **résistance** —**e**, equivalent resistance; — **mécanique**, Joule's equivalent; — **mécanique de la chaleur**, mechanical equivalent of heat.

Érable, Maple; — **dur**, rock maple.

Érafler, to Score.

Érailler, to Fret, to fray.

Éraillure, Fraying, fret.

Erection, Erection, establishment.
Erg, Erg.
Ergodisque (math.), Ergodic.
Ergot, Feather, claw chips, snug spigot or spiggot, spline, stub; **boulon à —,** featherhead bolt.
Erosion, Erosion.
Erre (N.), Way.
Erreur, Error; **— due à la bande (compas),** heeling error; **— de collimation,** error of collimation, index error; **— instrumentale,** instrumental error; **— périodique,** cyclic error; **— probable,** probable error; **— résiduelle,** residual error; **— systématique,** systematic error.
Escadre, Squadron.
Escadrille, Flight; squadron.
Escaillage, Coal slate.
Escalier, Staircase, stairs; **marche d' —,** stair; **— en limaçon,** cockle stairs, circular stairs; **— mécanique,** escalator; **— tournant,** circular stairs.
Escamotable, Retractable; **nacelle —,** retractable nacelle; **roues —s,** retractable wheels; **train —,** retractable landing gear.
Escamotage, Retraction; **temps d' —,** retraction time; **vérin d' —,** retracting jack.
Escamoté, Retracted.
Escamoter, to Retract.
Escarbilles, Cinders, ashes, clinker, fly ash; **éjecteur d' —,** ash ejector; **éjecteur hydraulique d' —,** ash sluicing system; **seau à —,** ash bucket, clinker scuttle; **séparateur d' —,** fly ash arrester.
Escarpe, Scarp; **contre —,** counter scarp, counter slope.
Escompte, Discount; **— de 7 % en cas de paiement à un mois de date,** 7 % monthly discount for cash.
Escompter, to Discount.

Escorteur (N.), Escort vessel.
Espace, Space; **charge d' —,** space charge; **facteur d' —,** space factor; **— d'air raréfié,** evacuated space; **— entre les piles d'un pont,** spacing; **— euclidien,** euclidean space; **— libre,** clearing; **— mort,** dead space; **— nuisible,** clearance, dead space, noxious space; **— quantifié,** quantified space; **— de remous (turbine),** eddy space; **— vectoriel,** vector space.
Espacment, Spacing, pitch, shift; **— atomique,** atomic spacing; **— des couples** (c. n.), frame space, spacing of frames.
Espader (le chanvre), to Tew.
Espalmer (c. n.), to Grave.
Espar, Spar.
Espèces, Cash.
Espolin, Cop.
Esprit de bois, Wood spirit.
Esprit de vin, Ardent spirit.
Esprit de sel, Soldering spirit.
Esquisse, Rough draft, outline, rough sketch.
Esquisser, to Delineate.
Essai, Assay, essaying, essay, test, testing, trial; **appareil d' —,** test apparatus, test kit, tester; **banc d' —,** test bed, test bench; **banc d' — volant,** flying testing bed; **bassin d' —,** testing tank; **bloc d' —,** metering stud; **commission d' —s,** trial committee; **en —,** under trial; **exécution d'un —,** carrying out of a test; **fiche d' —,** testing plug; **laboratoire d' —,** testing laboratory; **machine d' —,** testing machine; **machine d' —s de choc,** shock testing machine; **machine d' —s de fatigue,** fatigue tester; **moteur d' —,** standard engine; **perle pour —,** bead; **résultats d' —s,** test data; **transformateur d' —,** testing transformer; **vitesse aux —s,** trial speed; **— d'adérence,** bond test; **— d'arrachement,**

tear test; — **au banc,** bed test; — **des câbles au percement,** cable break down test; — **de capacité** (accus), capacity test; — **à chaud,** hot test; — **de consommation,** consumption test; — **de corrosion,** corrosion or etching test; — **de démarrage,** starting trial; — **non destructeur,** non destructive test; — **diélectrique,** dielectric test; — **de disruption** (élec.), breaking down test; — **de dureté,** hardness test; — **dynamique,** dynamic test; — **d'élasticité,** elongation test; — **de fatigue,** fatigue test; — **de fissuration,** cracking test; — **à la flexion,** bending test; — **de flexion au choc,** blow bending test; — **de floculation,** flock test; — **de freinage,** braking test; — **à froid,** cold test; — **à la goutte,** drop test; — **d'inflammation,** flash test; — **d'isolement,** insulation test; — **magnétoscopique,** magnetoscopic test; — **de mandrinage,** expanding test; — **au marteau,** hammer testing; — **de microdureté,** micro-indentation test; — **de minerais,** ore assaying; — **de montée** (avion), climbing test; — **d'occupation de la ligne** (téléph.), engaged test; — **d'oléine** (huiles), elaiding test; — **aux ondes de choc,** shock wave test; — **oscillographique,** oscillographic test; — **de perçage,** drill or drift test; — **de perforation** (élec.), breaking down test; — **à la perle,** bead proof; — **de plafond** (avion), ceiling test; — **de pliage alternatif,** alternating bending test; — **au plombite,** doctor test; — **au point fixe** (N.), trial at moorings; — **à toute puissance,** full power trial; — **de recette, de perception,** acceptance or receptance test; — **de résilience,** impact test, Izod test; — **de résistance aux brusques changements de température,** spalling test; — **sur route,** road test; — **de rupture,** breaking test; — **de rupture à la traction,** tensile breaking test; — **au sol,** ground test; — **statique,** static test; — **stroboscopique,** stroboscopic test; — **de surtension,** surge testing; — **de tamponnement** (accus), buffer test; — **à basse température,** cold test; — **à haute température,** fire assay; — **de traction,** tensile test; — **de trempabilité,** hardenability test; — **de trempe,** quench test; — **au trommel,** micum or trommel test; — **de vaporisation,** steam trial; — **de vitesse,** speed test; — **par voie humide,** wet essay; — **par voie sèche,** dry essay; — **en vol,** flight test; **faire des —s,** to make trials, undergo trials.

Essayé, Tested; — **en vol,** flight tested.

Essayer, to Test, to try, to assay, to essay.

Essayeur, Tester, essayer; **balance d' —,** assay balance; **four d' —,** assay furnace; **pinces d' —,** essayer's tongs.

Esse, Pin, forelock, linch, linch pin; — **d'essieu,** axle pin; — **de roue,** trigger, wheel lock.

Essence, Gas or Gasoline (Amérique), petrol (Angleterre); benzine (certains pays de langue anglaise); spirit (essence de fleurs); **arrivée d' —,** petrol inlet, gasoline inlet; **consommation d' —,** petrol consumption; **jauge d' —,** petrol gauge; **indicateur d' —,** petrol gauge; **moteur à —,** petrol engine, gasoline engine; **pompe à —,** gasoline pump, petrol pump; **réservoir d' —,** gasoline tank, petrol tank; **tuyau d' —,** petrol pipe; — **de cracking,** cracked gasoline; — **de distillation,** straight-run gasoline; — **de gaz naturel,** casinghead gasoline; — **à indice élevé d'octane,** high octane gasoline; — **de térébenthine,** spirits of turpentine.

Essentiel, Essential; **huiles —les**, essential oils, etheral oils.

Esseret, Long borer, slot borer, slot driller.

Essette (charp.), Hammer adze.

Essieu, Axle, crank, axle pin; **boîte d' —**, axle box, axle bearing, chair; **demi —**, half axle tree; **écartement des —x**, axle base; **écrou d' —**, axle nut; **esse d' —**, axle pin; **fosse pour le montage des —x**, axle pit; **fusée d' —**, axle arm, axle journal, axle spindle; **fût d' —**, body of axle; **goupille d'un —**, linchpin; **graisse pour —x**, axle grease; **huile pour —x**, axle oil; **montage des —x**, axle pit; **patin d' —**, axle slipper; **rondelle d'épaulement d' —**, body washer; **support d' —**, axle bearing; **support en cas de rupture d' —**, axle sleeve; **tour à —x**, axle lathe; **atelier des tours à —x**, axle turning shop; **tourillon d' —**, axle journal, axle neck; **— arrière**, back axle, rear axle, trailing axle; **— avant**, front axle, leading axle; **— à cambouis**, greasing axle, plain axle; **— à corps oblique**, oblique crank; **— coudé**, crank axle, cranked axle; **— directeur**, steering axle; **— flottant**, floating axle; **— libre**, uncoupled axle; **— mobile**, sliding axle, turning axle; **— moteur**, driving axle, drive axle, motive axle, power axle; **— orientable**, flexible axle; **— plein**, core axle; **— en porte à faux**, projecting axle, overhanging axle; **— porteur**, bearing axle, carrying axle, supporting axle; **— de poulie**, pin of a pulley; **— rigide**, fixed axle.

Essorage, Drying.

Essorer, to Dry.

Essoreuse, Drying cylinder, wringing machine.

Essuie-glace, Wind screen wiper.

Estacade, Piling; **— flottante**, boom; **— métallique**, sheet piling.

Estain (c. n.), Fashion piece, fashion timber, sternmost frame.

Estampage, Stamping, drop forging, press work; **atelier d' —**, press working shop; **matrice d' —**, stamping die; **— des tôles**, sheet stamping.

Estampé, Stamped.

Estamper, to Stamp; **machine à —**, stamping machine; **presse à —**, stamping press, drop forging press.

Estampillage, Coinage.

Ester, Ester; **di —**, di-ester; **— cellulosique**, cellulose ester; **— créosotique**, creosotinic ester; **— cyanacétique**, cyanoacetic ester; **— lactique**, lactic ester; **— organique**, organic ester; **— phosphorique**, phosphate ester; **— silicique**, silicon ester; **— sulfurique**, sulphuric ester.

Estérification, Estérification.

Estimation, Estimate, extent.

Estime (Mar.), Reckoning.

Estimer, to Appraise.

Estrope (de poulie), Strap.

Estroper (une poulie), to Strap.

Établi, Bench, banker, work bench; **bigorne d' —**, two beaked anvil; **ciseau d' —**, cold chisel; **étau d' —**, bench vice; **marteau d' —**, bench hammer; **perceuse d' —**, bench type driller, bench drilling machine; **presse d' —**, bench clamp, bench screw; **rabot d' —**, cooper's jointer; **rectifieuse d' —**, bench grinding machine; **servante d' —**, bench vice; **table d' —**, bench plank; **tour d' —**, bench lathe; **valet d' —**, clamp of a bench, cramp frame.

Établissement, Concern, establishment; **temps d' — du courant**, current building up time.

Étage, Stage; step, story, degree, floor, row, tier; en —s, in steps; entre —s, interstage; à plusieurs —s, multistage, multistaged; amplificateur à plusieurs —s, cascade amplifier; aubages de l' — d'action, impulse stage bladings; chaudière à —s, multiple stage boiler; compresseur à deux —s, two stage compressor; couplage entre —s (T. S. F.), interstage coupling; grille en —s, grate with stories; premier — (de compression), first stage; roue à deux —s de vitesses, two row velocity wheel; turbine à plusieurs —s, multistage turbine; — d'action, impulse stage; — basse pression, low pressure stage; — haute pression, high pressure stage; — de réaction, reaction stage; — séparateur, buffer; — de vitesses, velocity stage.

Étagé, Compounded, staged, in steps; poulie —s, cone pulley; turbine à pressions —es, pressure compounded turbine; turbine à vitesses —es, velocity compounded turbine.

Étai, Crotchet (architect.), prop, stay (N.), truss rod; à — (maillon de chaîne), studded; sans —, studless.

Étaiement, False works.

Étain, Tin; bioxyde d' —, stannic oxide; bronze d' —, tin bronze; chlorure d' —, crystals of tin; minerai d' —, tin ore, tin stone, tin stuff; minerai d' — concentré, black tin; oxyde d' —, tin oxide; papier d' —, tin foil; soudage à l' —, tin soldering; soudure d' —, tin solder; usine d' —, tin works, tin mine; — en feuilles, tin sheet; — granulé, drop tin; — de lavage, stream tin; — en saumons, block tin.

Étalages (h. f.), Boshes; — dégagés, free standing boshes.

Étaleuse, Spreader.

Étalinguer (ancre), to Shackle.

Étalon, Standard; ampèremètre —, standard ammeter; élément —, standard cell; voltmètre —, standard voltmeter.

Étalonnage, Calibration, standardisation.

Étalonné, Calibrated, gauged, standard; pied —, standard foot.

Étalonner, to Adjust, to calibrate, to gauge, to standardise; — à nouveau, to check.

Étamage, Tinning; bain d' —, tin pot, tinning pot.

Étambot (c. n.), Post; quête de l' —, rake; tube d' —, stern tube; — avant, bow post; — arrière, stern post, propeller post.

trou d'Étambrai (c. n.), Mast hole.

Étamé, Tinned; blanched; plomb —, tinned lead; tôle —e, tinned plate.

Étamer, to Tin, to Blanch.

Étameur, Tinker.

Étampage, Stamping, swaging.

Étampages, Drop forgings.

Étampe, Anvil, die, die holder, die plate, drift, pallet, bolster, swage, block, fuller, print, stamp; contre —, counter die, upper die; dessous d' —, bottom swage; dessus d' —, upper swage; — à embase, collar tool; — de forgeron, dolly, boss; — inférieure, bottom die; — ronde, rounding tool; — secondaire, counter die; — supérieure, top die.

Étampé, Drop forged; stamped; pièces —es, drop forgings.

Étamper, to Drift, to stamp, to swage; machine à —, stamping machine.

Étance volante, Ricker.

Étanche, Tight, proof, sealed, impervious; auto —, self sealing; cabine —, pressure cabin; cloison —, watertight bulkhead; compartiment —, watertight compartment; **enveloppe** —, watertight case; **joint** —, watertight joint; **non** —, leaky; **palier** —, stuffing box bearing; **porte** —, watertight door; **rivetage** —, watertight riveting; — **à l'eau**, watertight; — **aux gaz**, gas tight, gas proof; — **à la vapeur**, steam tight; — **au vide**, vacuum proof; **rendre** —, to seal.

Étanchéité, Tightness, sealing; **bagues d'** —, gland rings; **gorge d'** —, seal groove; **joint d'** —, air seal; **joint d'** — **coulissant**, sliding seal; **joint d'** — **tournant**, rotary seal; — **à l'eau**, water tightness; — **aux gaz**, gas tightness.

Étancher, to Dry.

Étançon, Stud, rib, ricker, stanchion; **chaîne à** —**s**, stud link chain.

Étançonner, to Prof, to shore up.

par Étapes, in stages.

longueur d'Étape (aviat.), Stage distance.

par Étapes (mines), By reserve steps.

État, Order; state; return; **en bon** —, sound; **câble en bon** —, sound cable; **en bon** — **de fonctionnement**, in good order, in working order; **en mauvais** —, faulted; **remise en** —, recondition, reconditioning; — **élémentaire**, elementariness; **remettre en** —, to recondition.

Étau, Vice, dog hook; **mâchoires d'un** —, jaws of a vice; **mordache d'** —, vice clamps; **mors d'un** —, chops of a vice; **patte d'un** —, clamp of a vice; — **à chanfrein**, lockfiler's clamps; — **d'établi**, bench vice; — **de forge**, standing vice; — **limeur**, filing machine, filing vice, shaping machine, shaving machine, shaper, shaver; — **à main**, hand vice; — **parallèle**, à mors parallèles, parallel vice; — **à pied**, standing vice, tail vice; — **pivotant**, swivel vice; — **à queue**, tail vice; — **à tubes**, tube vice.

Étayé, Propped.

Étayement, Bearing up, propping.

Étayer, to Prop, to strut.

Éteindre, to Put out, to switch off; — **un arc**, to blow off, to blow out an arc; — **la chaux**, to slack, to sclaken lime; — **les feux**, to put out the fires.

Éteint, Put out; quenched; slack, slacked; out of blast (h. f.); **chaux** —**e**, slack lime, slacked lime.

Ételle, Chip.

Étendage, Flattening; **banc d'** — **à chaud**, hot bed; **four d'** —, flattening oven.

Étendeur (verrerie), Flattener.

machine Étendeuse, Tentering machine.

Étendre, to Stretch.

Étendre (le mercure), to Fip.

Étendre (le verre), to Flatten; **pierre à** —, flattening stone.

Éthane, Ethane.

Éthanol, Ethanol.

Éther, Ether; — **alcoylique**, alkyl ether; — **dibenzylique**, dibenzyl ether; — **diméthylytique**, diméthyl ether; — **ester**, ether ester; — **de mésityle**, mesityl ether; — **de méthyle**, methyl ether; — **organique**, organic ether; — **de pétrole**, petroleum ether; — **polymère**, polymérique, polymeric ether; — **sulfurique**, sulfuric ether; — **vinylique**, vinyl ether.

Éthérifier (un acide minéral), to Dulcify.

Éthyl glycol, Ethyl glycol.

Éthylation, Ethylation.

Éthyle, Ethyl; **acétate d'** —, ethyl acetate; **acrylate d'** —, ethyl acrylate; **benzoate d'** —, ethyl benzoate; **bromure d'** —, ethyl bromide; **nitrate d'** —, ethyl nitrate; **oxyde d' —,** ethylene oxide; **— cellulose,** ethyl cellulose.

Éthylène, Ethylene; **chlorure d' —,** dutch liquid; **— polymérisé,** polymerised ethylene.

Éthylénique, Ethylenic; **résine —,** ethylene resin.

Éthylhydrazine, Ethylhydrazine.

Éthylique, Ethyl, ethylic; **alcool —,** ethyl alcohol.

soudage par Étincelage, Spark welding.

Étincelant, Flaring.

Étinceler, to Sparkle.

Étincelle, Spark; **amortissement des —s,** spark damping; **décharge d' —,** spark discharge; **distance explosive des —s,** sparking distance; **fréquence d' —s,** spark frequency; **générateur à —s,** spark generator; **micromètre à —s,** spark micrometer; **pare —s,** spark arrester, spark catcher; **bonnet** (locomotive); **balai pare —s,** contact breaking brush; **soudage par —,** flash welding; **soufflage d' —s,** spark blow out; **bobine de soufflage d' —s,** blow out coil; **souffleur d' —s,** spark extinguisher; **usinage par —,** spark working; **— d'allumage,** ignition spark; **—s amorties** (T. S. F.), quenched sparks; **— éteinte** (émission par impulsion), quenched spark, short spark; **— musicale,** singing spark; **— ramifiée,** branched spark; **— de rupture,** rupture spark; **jeter des —s,** to sparkle.

Étiquette, Tag.

Étiquetté, Tagged.

Étirage, Drafting, drawing, stretching; **banc d' —,** drawing frame; **brut d' —,** as drawn; **— continu,** continuous drawing.

Étiré, Drawn; **fil — à froid,** hard drawn wire; **tube —,** drawn tube; **tube — sans soudure,** weldless tube, seamless drawn tube; **verre —,** drawn glass; **— sans soudure,** seamless drawn.

Étirer, to Draw, to draw out, to stretch; **banc à —,** draw bench, drawing bench, tube frame; **lunette d'un banc à —,** gauge plate; **passe sur un banc à —,** drawing; **filière à —,** drawing frame, draw plate, drawing plate; **machine à —,** drawing machine, stretching machine; **presse à —,** drawing press; **toc à —,** parallel carrier; **— le fer,** to draw out, to lengthen, to stretch iron; **— le lopin de fer au marteau,** to dolly.

cylindre Étireur, Drawing roller, stretching roller.

Étoffage, Steeling.

Étoffe, Fabric; **— de coton,** cotton fabric.

fer Étoffé, Steeled iron.

Étoile, Star; file cutter's chisel; **en forme d' —,** starlike; **montage en —,** star connection, Y connection, **moteur en —,** star shape engine, radial engine; **tension en —,** star voltage; **— triangle,** star delta, wye delta.

Étoilé, Starred; **bois —,** wood with radiate crevices; **roue —e,** star wheel; **tension —e,** star voltage.

Étonnement (refroidissement brusque), Cracking.

Étoqueresse, Iron fastening.

Étoquiau, Detent.

Étouffé, Damped, quenched; **à feux —s** (h. f.), damped down.

Étouffement de l'arc, Dying out of the arc.

Étouffoir, Damper.

Étoupe, Stuff, stuffing, oakum, tow; **presse —,** packing box, stuffing box; **garniture de presse —,** packing gland; **gland de presse —,** stuffing gland; **grain, bague de presse —,** packing washer; **rondelle de presse** —, packing washer; **bourrer d'** —, to chinse.

Étoupille, Tube.

Étranglé (vapeur, etc.), Throttled.

Étranglement, Choke, contraction, nip, throttle, wire drawing, throttling, necking; **calorimètre à** —, choking calorimeter; **papillon d'** —, choke butterfly; **soupape d'** —, throttle valve; — **de la tuyère**, nozzle contraction.

Étrangler (la vapeur), to Draw, to throttle, to wiredraw.

Étrangloir, Choking frame.

Étrave (N.), Bow, stem; **élancement de l'** —, bow rake; **rivet d'** —, stem rivet.

Étreinte, Gripe.

Étrier, Stirrup, strap, clevis bow, castor, crow, dog, fork link; yoke; **tête de bielle en** —, box end, solid end; — **de butée** (ch. de fer), check piece; — **de contact**, bridge contact piece; — **guide-chaîne**, chain guard; — **de pression**, binding clip; — **de trou d'homme**, cross bar; — **universel**, adapter; — **à vis**, stirrup bolt.

Étroit, Narrow; **voie** —**e**, narrow gauge.

Étude, Design, survey.

Étui, Box, case; — **de cartouche**, cartridge case.

Étuvage, Drying.

Étuve, Drying stove, stove, dry bath, drying oven, stoved room.

Étuvé, Dried; **sable** —, dry sand.

Étuver, to Dry, to stove.

Eucalyptus, Eucalyptus.

Euclidien, Euclidean; **espace** —, euclidean space.

Eudiomètre, Detonating tube.

Euphotide, Diallage rock.

Europium, Europium.

Eutectique, Eutectic.

Eutectoïde, Eutectoid.

Évacuateur de crues, Spillway.

Évacuation, Evacuation, exhaust, discharge, delivery, eduction, release, scavenging; **avance à l'** — (tiroir en coquille), inside lead; **bouchon d'** — **d'air**, air plug; **course d'** —, exhaust stroke; **recouvrement à** —, eduction overlap; **soupape d'** — **d'air**, air release valve; **trou d'** — (des scories), breast hole; **tuyau d'** —, down comer, down take, eduction pipe, tail pipe; **vapeur d'** —, exhaust steam; — **d'air**, air bleed, air release; — **des cendres**, ash discharge, ash sluicing; — **d'eau**, water discharge, water delivery; — **des eaux**, water sewage or sewerage; — **à l'extérieur**, overboard discharge; — **de vapeur**, steam exhaust.

Évaluer, to Appraise.

Évaporateur, Evaporator, still; — **centrifuge**, centrifugal still; — **d'eau**, water evaporator; — **tubulaire**, tube evaporator; — **sous vide**, vacuum evaporator.

Évaporation, Evaporation; **canaux d'** — (métal.), evaporating channels; **cathode obtenue par** —, evaporated cathode; **puissance d'** —, evaporating efficiency; — **par détente** (pétr.), flash evaporation; — **sous vide**, vacuum evaporation.

Évaporatoire, Evaporating, evaporatory; **appareil** —, evaporating apparatus; **machine** —, evaporator; **surface** —, evaporating surface.

Évaporé, Evaporated.

Évaporer, to Evaporate; — **à sec**, to evaporate to dryness.

Évasé, Bell mouthed, enlarged; **tube** —, flared up tube, bell mouthed tube.

Évasement, Bell mouth, draft, draught.

Évaser, to Enlarge, to expand.

Évent, Air hole, air pipe, gate, funnel, vent, vent hole; **tige pour déboucher les —s** (fond.), feeding rod; **— d'un moule,** air hole; **— d'un trépan,** outlet.

Éventail, Fan; **en —,** fan shaped, fan shape; **armature en —,** fan reinforcement; **moteur en —,** fan shape engine.

Éventé, Stale.

Évidé, Carved, grooved, recessed.

Évidement, Carving, recessing.

Évider, to Carve, to groove, to recess.

Évidoir, Bruzz.

Évier, Sink.

Évite-molette, Track limit switch.

rail d'Évitement, Rail for turn out, crossing rail.

Excavateur, Excavator, dredger, excavating machine; **pelle d'—,** dipper; **— à godets,** bucket excavator; **— à griffes,** grip dredger; **— en hauteur,** shallow dredger; **— à tenailles,** grab dredger.

Excavation, Excavation; **cuiller d'—,** earth grab.

Excavatrice, Dredging machine, excavating machine.

Excédent, Excess, margin; **— de puissance,** power margin; **— de travail,** excess of work.

Excentré, Eccentric, out of center.

Excentrer, to Bring out the center; **mandrin à —,** eccentric chuck.

Excentricité, Eccentricity, degree of eccentricity; **rayon d' —,** eccentric radius, eccentric throw.

Excentrique, Eccentric; **arbre d' —,** eccentric shaft; **barre d'—,** eccentric rod; **bielle d' —,** eccentric rod; **bielle d' — à fourche,** eccentric fork; **bielle d' — pour la marche arrière,** backway eccentric rod; **bielle d' — pour la marche avant,** fore or forward eccentric rod; **boulon d' —,** eccentric bolt; **bride d' —,** eccentric belt; **butoir d' —,** eccentric catch; **chariot d' —,** eccentric beam, eccentric pulley, eccentric sheave; **chariot d' — avec son contrepoids,** eccentric beam and balance; **collier d' —,** eccentric belt, eccentric clip, eccentric hoop, eccentric ring, eccentric strap, eccentric stirrup; **commande par —,** eccentric action, eccentric drive, eccentric motion; **coulisse —,** crank guide; **disque d' —,** eccentric sheave; **encoche de la bielle d' —,** eccentric gab, eccentric hook; **frottement d' —,** eccentric friction; **levier monté —,** lever with eccentric fulcrum; **mandrin —,** eccentric chuck; **mécanisme d' —,** eccentric gear; **plateau d' —,** eccentric disk, eccentric sheave; **presse à —,** eccentric press, cam press; **rayon d' —,** eccentric radius, eccentric throw; **renvoi du mouvement de l' —,** eccentric rod gear; **roue d' —,** eccentric wheel; **taquet d' —,** eccentric catch, catch tappet; **tige d' —,** eccentric rod; **tige d' — de marche arrière,** back up eccentric rod; **tige d' — de marche avant,** go ahead or fore eccentric rod; **tocs d' —,** eccentric stops; **tourteau d' —,** eccentric pulley; **— à calage variable,** adjustable eccentric; **— de distribution,** main eccentric; **— latéral,** side eccentric; **— mobile,** slipping eccentric; **— pour marche arrière,** back or backward eccentric; **— pour marche avant,** fore or forward eccentric; **— dont on peut déplacer le rayon d'excentricité relativement à la manivelle,** shifting eccentric; **— réglable,** shifting eccentric; **l' — est en avance sur la manivelle,** the eccentric leads.

Excès, Excess; **— d'air,** air excess.

Excessif, Undue; **pression —ive,** undue pressure.

Excitateur (adj.), Exciting, active; **liquide** —, active liquid.

Excitateur, Exciter; — **statique**, static exciter.

Excitation, Excitation; **à — séparée**, separately excited; **anode d' —**, excitation anode; **auto —**, self excitation; **circuit d' —**, excitation circuit; **courant d' —**, exciting current; **courbe d' —**, excitation curve; **dynamo à double —**, double coil dynamo; **redresseur d' —**, exciting rectifier; **réglage de l' —**, field control; **sous —**, under excitation; **sur —**, over excitation; **tension d' —**, exciting voltage; **transformateur d' —**, exciting transformer, exciting converter; **— par choc**, impact excitation, shock excitation; **— en dérivation**, shunt excitation; **— électronique**, electronic excitation; **— par impulsion**, impulse excitation; **— résiduelle**, residual excitation; **— séparée**, separate excitation; **— en série**, series excitation; **— à vide**, no load excitation.

Excitatrice, Exciter, exciting machine; **auto —**, self exciting; **dynamo —**, exciting dynamo, exciter.

Excité, Excited, wound; **sous —**, under excited; **sur —**, over excited; **— en dérivation**, shunt wound; **— en série**, series wound.

Exciter, to Excite, to energize.

Excroissance, Blotch.

dessin d'Exécution, Working drawing.

Exécution d'un essai, Carrying out of a test.

Exempt, Free; **— de droits**, duty free.

Exercice, Drill; **— d'incendie**, fire emergency; **— de percutage au sol**, ditching drill.

Exhaure, Drain, drainage; **galerie d' —**, drainage gallery; **pompe d' —**, mine pump, drainage pump.

Exhaurer, to Drain.

Exhaussé, Raised.

Exhaussement, Raising, stilting.

Exhausser, to Raise.

Exhausteur, Exhauster, vacuum tank.

Exosphère, Exosphere.

Exothermique, Exothermic.

Expansé, Expanded.

Expanser, to Expand.

Expanseur, Expander, tube beader (chaud.), tube expander.

Expansible, Expanding, adjustable; **alésoir —**, adjustable reamer; **foret à mèche —**, expanding borer.

Expansif, Expansive, expanding; **balle —ive**, expanding bullet.

Expansion, Expansion; **à —**, expanding; **bac à —**, expansion tank; **frein à —**, expanding brake; **machine à triple, quadruple —**, triple, quadruple expansion engine; **ondes d' —**, expansion waves; **taraud à —**, expanding tap; **tarière à —**, expanding auger, expansion auger.

Expéditeur, Consigner, sender, shipper, shipping agent.

Expédition, Clearing, despatch, forwarding; **bulletin d' —**, despatch note; **service d' —**, despatch department; **— des lingots**, ingot run.

Expérience, Experiment; **chambre d' —**, test chamber; **polygone d' —s**, proving grounds, proving yard.

Expérimental, Experimental; **avion —**, research plane.

Expérimenter, to Experience, to prove.

Expert (de navires), Surveyor, surveyor.

Expertise, Surveying; **— géologique**, geological surveying.

Expertiser, to Survey.

fonction Explicite, Explicite function.

Exploitable (mine), Alive.

Exploitation, Mining, extraction, exploit, operation, work, winning; **capacité d'** —, work capacity; **frais d'** —, working expenses, running costs; **matériel d'** —, working stock; **recettes d'** —, operating revenues; **— à ciel ouvert**, adit mining; **— par compartiments**, panel work; **— continue**, continuous mining; **— de houillère**, coal mining; **— par massifs longs**, board and pillar work; **— par pilier** (mines), pillar system.

Exploité, Worked (mine); **— à fond** (mines), carried to end.

Exploiter, to Beat away, to fit, to work; **— une mine**, to work a mine.

Exploration, Scanning; **bobine d'** —, exploring coil, flip coil, probing coil; **— rapide**, rapid scanning.

Explorer, to Explore, to probe; **machine à** —, probe machine.

Exploser, to Explode, to burst.

Exploseur, Exploder, blasting rig.

Explosif, Explosive, blasting agent; **ancre —ive**, explosive anchor; **charge —ive**, explosive charge; **distance —ive des étincelles**, sparking distance; **effet** —, exploding agency; **rivet** —, explosive rivet; **— brisant**, high explosive; **— à grande puissance**, high explosive.

Explosion, Explosion, blast, blowing up, bursting; **à** —, exploding, explosive; **ampoule d'** — (chimie), explosion bulb; **chambre d'** —, explosion chamber; **moteur à** —, explosion or explosive engine; **— atomique**, atomic blast; **— au carburateur**, popping, popping back; **faire** —, to blow up, to burst, to explode.

Exponential, Exponential; **courbe —le**, exponential curve; **équation —le**, exponent equation; **fonction —le**, exponential function.

Exporter, to Export.

Exposant, Exponent, index; **— de charge** (c. n.), exponent of capacity.

Exposants algébriques, Indices.

Exposition, Exposure; **sous** —, under exposure; **sur** —, over exposure.

Expulseur, Knock out.

Expulsion, Expulsion; **parafoudre à** —, expulsion arrester.

Extensible, Collapsible; **segment** —, spring ring; **tuyau** —, expansion pipe, expansion pipe.

Extension, Extension, elongation; **bras d'** —, extension arm.

Extensomètre, Extensometer; **— de contrainte**, strain extensiometer; **— à fibre**, fibre extensometer; **— à fil résistant**, resistant wire extensometer.

Extérieur, Outer, outside, external, outdoor, outward; **bordage ou bordé** —, outer bottom, outside planking, outside plating; **calibre** —, external gauge; **moteur** —, outboard engine; **mur** —, outwall; **palier** —, tail bearing; **port** —, outer harbour; **résistance —e**, external resistance; **revêtement** —, outer shell; **station —e**, outdoor station; **température —e**, outside temperature; **travée —e**, outer bay.

Extincteur, Extinguisher, quencher; **— d'arc**, arc quencher; **— d'incendie**, fire extinguisher; **— à mousse**, foam sprayer.

Extinction, Cooling, quenching; **indicateur d'** —, flame failure indicator; **potentiel d'** —, extinction potential; **— de l'arc**, arc quenching; **à — automatique**, self quenching; **— du**

Extracteur, Extractor, finger grip, knock out, lift, puller; — **de carotte**, sprue extractor, sprue puller; — **pneumatique**, air lift.

Extraction, Extraction; bleed, bleeding, blow off, blow down, drawing, winning, output, winning, working, digging; **câble d'** —, winding rope; **cage d'** —, drawing cage, hoisting cage; **chevalet d'** —, winder tower; **machine d'** —, hoisting engine, winding machine, mine hoist; **molette d'** —, head sheave; **orifice d'** —, bleeder port; **panier d'** —, corf; **point d' —** (de vapeur), bleed point; **pompe d'** —, brine pump; **poulie d'** —, winder; **puits d'** —, drawing shaft, working pit; **robinet d'** —, blow down valve, blow off cock, brine cock; **robinet d'** —, **de fond**, bottom blow off cock; **robinet d' — de surface**, surface blow off cock; **tonne d' —** (mines), corb; **tour d'** —, extraction tower; **turbine d'** —, extraction turbine; **tuyau d'** —, blow down, blow out or blow off pipe; **vapeur d'** —, extraction steam, process steam; — **des cendres**, ash extraction; — **de charbon**, winning of coal; — **continue**, continuous blow off; — **de fond** (chaud.), bottom blow down, bottom blow off; — **de la houille**, coal drawing; — **par plan incliné**, slope hoisting; — **par solvant**, solvent extraction; — **de surface**, surface blow off, surface blow down.

Extrados (d'une aile), Back, upper surface (of a wing).

Extraire, To extract, to abstract, to bleed, to blow off, to draw up, to draw out, to draw off, to dig; — **d'une carrière**, to quarry; — **du minerai**, to dig ore.

Extrait, Extract; — **tannant**, tanning extract.

Extrapolation, Extrapolation.

Extrapolé, Extrapolated.

Extrapoler, to Extrapolate.

Extrême, Extreme; **barre verticale —** (charpente métallique), end vertical; **montant** —, end post; **plaque** —, end plate.

Extrémité, End, edge side; **capacité d' —** (antennes), end capacity; **manchon d'** —, end sleeve; **moyeu d'** —, end boss; **nervure d'** —, rained end, ridged end; **virole d' —** (chaudières), end course, end shell ring; — **de sortie**, delivery end; — **taraudée**, screwed end.

Extrudage, Extrusion.

Extruder, to Extrude,

Extrusion, Extrusion; **machine à** —, extrusion machine; **presse à** —, extruding press.

F

Fabricant, Fabricator, maker, manufacturer; — **de papier,** paper maker, paper manufacturer; — **de papier peint,** paper stainer.

Fabrication, Fabrication, making, manufacture; **contrôle des —s,** production control; **fraiseuse de —,** manufacturing milling machine; **procédé de —,** manufacturing process; **technique de —,** making practice; **tour de —,** manufacturing lathe; — **en grande série,** mass producing; — **de papier,** paper making.

Fabrique, Factory.

Fabriqué, Built, fabricated, manufactured.

Fabriquer, to Fabricate, to build, to construct, to manufacture; — **en série,** to mass produce.

Fac-similé, Fac-simile; **transmetteur de —s,** fac simile transmitter.

Façade, Face, front.

Face, Face; à **—s centrées,** face centered; à **double —,** double faced; **mur de —,** front wall; **vue de —** front elevation, front view; — **de contrevent,** blast side; — **de coulée d'un fourneau,** breast of a furnace; — **d'une dent,** face of a tooth; — **dorsale** (outil de tour), back edge; — **de l'enclume,** anvil plate; — **de guidage,** guiding face; — **d'une meule,** face of a wheel; — **plane,** plane face.

Facette, Face, chamfer, chamfer edge.

Façon, Making; **payer la —,** to pay the making.

à Façon, For the trade; **usinage —,** machining for the trade.

Façonnage, Forming, profiling, shaping; — **sans copeaux,** chipless profiling.

Façonné, Shaped, profiled.

Façonner, to Work, to shape, to form, to face, to figure, to profile; **machine à —,** shaping machine, profiling machine; **matrice à —,** trimming die; **tour à —,** copying lathe; — **une surface plane,** to surface.

Facteur, Factor, coefficient; — **d'amortissement,** damping factor, decoy coefficient; — **d'amplification,** amplification factor; — **d'autonomie,** range factor; — **de charge,** load factor; — **de correction,** correction factor; — **de demande,** demand factor; — **de dissipation,** dissipation factor; — **de diversité,** diversity factor; — **d'espace,** space factor, stacking; — **de force,** force factor; — **de forme** (transducteur) form factor; — **de puissance,** power factor; — **de séparation** (élec.), splitting factor; — **de sommabilité,** summability factor; — **de transfert,** transfer factor; — **de transition,** mismatching factor; — **d'utilisation,** utilization factor.

Facture, Bill, invoice.

Fagot, Fagot or faggot.

Fagottage du fer, Cabbling.

Faille, Fault, faulting; faille.

Faille (mines), Back, back of a lode; **pendage d'une —,** hade.

Faillite, Bankruptcy; **syndic de —,** assignee.

Faire les banquettes, to Bank up.

Faisceau, Beam, bundle, pencil; — **d'antennes,** antenna exten-

FAU — 206 — **FEN**

sion; — **convergent**, convergent beam; — **divergent**, divergent beam; — **géodésique**, geodesic pencil; — **de guidage**, radio beam; — **orientable**, rotary beam; — **perspectif**, perspective beam; — **de rayons électriques**, electric brush; — **tubulaire**, tube bundle; — **d'ultrasons**, ultrasonic beam.

Faîte, Top, coping, roof, pinnacle; — **de la cheminée**, chimney top.

tuile Faîtière, Roof tile, crest tile.

Falsification, Adulteration.

Falsifier, to Adulterate, to doctor.

Fanal, Light, lantern.

circuit Fantôme, Phantom circuit.

Farad, Farad.

Faradmètre, Faradmeter.

Fargue (N.), Washboard.

Farine, Flour; — **de forage ou de sondage**, bore dust.

Fascinage, Fascine work.

Fascine, Facing board; fascine; **fondation sur —s**, fascine work.

Fathomètre (sondeur), Fathometer.

Fatigue, Fatigue; **essai de —**, fatigue test; **machine d'essai de —**, fatigue testing machine, fatigue machine; **résistance à la —**, fatigue strength, endurance limit.

Fatiguer, to Overstrain, to pant, to strain (N.).

Faucille, Bill hook.

Fausse, False, dummy; — **coupe**, bevel cut; — **équerre**, angle bevel, bevel square; — **paroi**, outer casing, counter; — **pièce** (fond.), false bottom; — **quille**, false keel, outer keel; — **soupape**, dummy valve.

Fausser, se Fausser, to strain, to warf, to take a set.

lime à Fauteuil, Cabinet file.

Faux, False, dummy; **en porte à —**, overhanging, projecting, overhung; **être en porte à —**, to be corbelled out, to overhang; **palier en porte à —**, overhung bearing; — **châssis**, subframe; — **frais**, incidental charges, contingencies; — **joint**, blind flange; — **pilot**, cushion; — **radier**, threshold bed; — **rond**, out of center; — **teint**, false color.

Fay (ardoisière), Cleaving.

Fayard, Beech, beechtree.

Feeder, Feeder; — **radial**, radial feeder.

Feldspath, Feldspath, felspar; — **décomposé**, cotton rock; — **opaln**, changeable feldspath; — **vert**, amazone stone.

Fêle ou Fesle (verr.), Blowing iron, bunting iron.

se Fêler, to Crack, to craze.

Fêlure, Crack, cracking, split.

Femelle, Female, inside; **bonnet —**, grooving plane; **peigne —**, inside chaser, inside screw tool.

Fendage, Cleaving.

Fenderie, Slitting mill, splitting mill.

Fendeur, Cleaver, splitter, cutter; **cylindre —**, cutter of the splitting mill, slitter; — **de roues**, wheel cutting.

Fendillé, Choppy.

Fendillement, Cracking, splitting.

se Fendiller, to Crack, to craze to split.

Fendoir, Cleaver, cleaving tool; **contre —** cleaving iron.

Fendre, to Cleave, to split, to slit; — **du bois**, to split wood, to cleave; **machine à —** slitting machine; **machine à — le fer**, iron cutter, slitting rollers; **machine à — les roues**, wheel cutting machine.

se Fendre, to Chap, to chip, to give way, to split, to enfoliate, to rend.

Fendu, Split, cracked; **anode —e**, split anode; **arc —**, slide sweep; **clavette —e**, split cotter, spring key; **pince —e**, split collet; **segment —**, cut ring.

Fenêtre, Window, aperture; **allège de —**, breast wall.

Fente, Slot, rift, slide, split, chap, chink, chop, flaw, gaping, notch, nick, rent; **à —s**, slotted; **aile à —s**, slotted wing; **aile à —s multiples**, multi slotter wing; **aileron à —s**, slotted aileron; **antenne à —**, slot aerial, flush mounted antenna; **brûleur à —**, long slot burner; **à double —**, double slotter; **guide d'ondes à —s**, slot wave guide; **mandrin à —s**, split socket chuck; **pulvérisateur à —s**, slot atomiser; **volet à —s**, slotted flap; **— de bout d'aile**, wing tip slot; **— d'une dent à chevrons**, angle of advance; **—s fixes** (aviat.), built in or cut through slots, permanent slots; **— de portance**, lift slot; **— de succion**, suction slot.

Fer, Iron; blade (rabot); **de —**, ferreous; **aplatir le —**, to flatten iron; **armature de —**, core iron; **bande de —**, clout; **barre de —**, iron bar; **battiture de —**, iron scale; **bobine sans —**, air core coil; **bois de —**, iron bark; **bride en —**, iron cramp; **chaîne de —**, iron chain; **charpente en —**, iron framing; **cheville en —**, iron bolt; **contre —** (rabot), break iron; **copeaux de —**, iron borings; **corroyer le —**, to puddle; **couples de —**, iron frames; **croc en —**, iron hook; **de —**, ferreous; **équerre en —**, iron knee, iron square; **étirer le —**, to draw out iron, to lengthen iron, to stretch iron; **fil de —**, iron thread, iron wire; **fil de — barbelé**, barbed wire; **faggotage du —**, cabbling; **fonderie de —**, iron foundry; **forger le —**, to beat out the iron; **gris —**, iron grey, iron mordant; **gros ouvrages de —**, block work; **limaille de —**, iron filings; **mastic de limaille de —**, iron putty; **lopin de —**, piece of iron; **machine à fendre le —**, iron cutter, slitting rollers; **main de —**, cramp iron, hand hold, hanging clamp; **mastic de —**, iron cement; **membrure en —**, iron rib; **métaux autres que le —**, non ferreous metals; **mine de —**, iron mine; **minerai de —**, iron ore; **minerai de — des prairies**, bog iron ore; **noyau de —**, iron core; **transformateur à noyau de —**, iron core transformer; **transformateur sans noyau de —**, air core transformer; **pertes dans le —** (élec.), iron losses; **plaque de —**, iron plate; **poudre de —**, iron powder; **poussière de —**, iron dust; **pyrites de —**, iron pyrites, brazil, coal brass, iron stone; **riblons de —**, scrap iron; **sable de —**, iron dust; **scorie de —**, iron cinder, iron slag; **sesquioxyde de —**, ferric oxide; **sulfate de —**, green copperas, green vitriol; **tirant en —**, iron tie; **usine à —**, iron works; **— affiné**, refined iron; **— aigre**, brittle iron; **— d'angle**, angle iron; **— en barres**, iron in bars, bar irons; **— en barres pour rails**, rail iron; **— blanc**, tin; **articles en — blanc**, tin ware, tin plate iron, tinned sheet iron, tin sheet, tinned iron, latten; **doublé en — blanc**, tin lined; **— au bois**, bloomery iron, charcoal iron; **— de bordure**, edge iron; **— à boudin**, bulb iron; **— brut**, crude iron; **— en C**, C shaped bar iron; **— cassant**, brittle iron; short iron; **— cassant à chaud**, hot short iron; **— cassant à froid**, cold short iron; **— chromé**, chrome iron; **— corroyé**, fagotted iron; **— en croix**, cross iron; **— cru**,

Fer, crude iron; — **demi-rond**, half round iron; — **doux**, soft iron; — **écroui**, hammer hardened iron; — **étoffé**, steeled iron; — **forgé**, forged iron, tilted iron, wrought iron; — **galvanisé**, galvanizded iron; — **à grain**, granular iron; — **à gros grains**, coarse grained iron; — **à grains fins**, fine grained iron; — **en H**, H iron; — **hexagonal**, hexagonal bar iron; — **à I**, I beam; — **laminé**, laminated iron, rolled iron, drawn out iron; — **à loupe**, bloom iron; **magnétique**, magnetic iron; — **malléable**, malleable iron, black iron; — **marchand**, merchant iron; **laminoir à —s marchands**, merchant rolling mill; — **à marquer**, branding iron; — **martelé**, hammered iron, tilted iron; — **massif argilifère**, clay iron ore; — **à moulurer**, moulding cutter; — **natif**, native iron; — **oligiste**, oligist or oligistic iron; — **pailleux**, flawy iron; — **six pans**, hexagon iron; — **plat**, flat iron; — **à polir**, broad chisel; — **de première qualité**, best best iron (B. B. iron); — **profilé**, sectional iron, special iron; — **puddlé**, puddled iron; — **de rabot**, plane iron; — **à repasser**, box iron; — **de riblons**, fagotted iron; — **rond** round iron; — **rouverin**, burned iron, red short iron; — **en rubans**, strap iron; — **en saumons**, pig iron; — **soudé**, weld iron, welded iron; — **à souder**, soldering iron, soldering bit; — **spathique**, spathic iron; — **spéculaire**, specular iron; — **spongieux**, sponge iron; — **à T**, T iron, T bar; — **double T**, double T iron, H bar, H iron, I bar; — **à T double à quatre bourrelets croisés**, cross half lattice iron; — **truité**, mottled iron; — **en U**, channel iron; — **en Z**, Z iron.

Ferblanterie, Tin shop.

Ferblantier, Tinsmith, tinker.

Ferme (adj.), Steady, fast.

Ferme, Arch, truss, trussed beam, roof truss; — **de ciel de foyer**, crown bar; — **cintrée**, bow frame; — **circuit**, circuit closer; — **sur rotules**, hinged arch; — **à treillis**, bay work; **assembler une —**, to frame.

Fermé, Closed, shut, enclosed, sealed; **câble —**, locked rope; **circuit —**, closed cycle (turbine); **demi —** (moteur), semi enclosed; **moteur —**, enclosed motor; **palier —**, bush bearing, solid journal bearing; **piston —**, box piston; **polygone —**, closed stress diagram.

Fermentation, Fermentation; — **pure**, pure fermentation; — **secondaire**, after fermentation; **cuves de —**, fermentation vats; **gaz de —**, fermentation gases.

Fermer, to Close, to key, to shut, to seal; — **le circuit**, to close the circuit; — **à clef**, to lock; — **la voie**, to block.

Fermeture, Closing, sealing; **à — automatique**, self closing; **boîte de —** (chaudière tubulaire) header, joint cap; **chapeau de —** (tuyau), cap screw; **courant de —**, making contact current, extra current on making; — **éclair**, zip fastener; **équerre de —**, angle iron diaphragm; **indicateur de — d'une soupape**, valve positioner; — **du noyau** (chim.), ring closure; — **de porte**, door latch; **relais de —**, closing relay; **relations de —** (math.), closure relations; **vis de —** closing screw, fitting screw.

Ferraille, Fagot iron, scrap, scrap iron, old iron; **envoyer, mettre à la —**, to place on the scrap heap; **tas de —**, scrap heap; **—s paquetées**, compressed bundles.

Ferraillement (bruit de), Rattle.

Ferre (verr.), Bottle pincers.

Ferré (poulie, etc.), Iron bound, shoed.

Ferrer, to Bind with iron, to ferrule, to put a ferrule to, to shoe; — **un pieu**, to ferrule a pile.

Ferreux, Ferreous, ferrous; **hydroxyde** —, ferrous hydroxide; **métaux** —, ferrous metals; **métaux non** —, non ferrous metals; **oxyde** —, ferrous oxide.

Ferrique, Ferric; **oxyde** —, ferric oxide.

Ferrite, Ferrite; **bobine à noyau de** —, ferrite core coil.

Ferritique, ferritic; **acier** —, ferritic steel.

Fermoir, Closer; former chisel, former; — **à dents**, notched chisel, toothed chisel.

Ferro, Ferro; — **chrome**, ferro chromium, chrome iron; — **cyanure**, ferro cyanide; — **électrique**, ferro electric; — **magnétique**, ferromagnetic; **résonance** — **magnétique**, ferromagnetic resonance; — **manganèse**, ferro manganese; — **mètre**, ferro meter; — **molybdène**, ferro molybdenum; — **nickel**, ferro nickel; — **phosphore**, ferro phosphor; — **résonance**, ferro resonance; — **silicium**, ferro silicon; — **vanadium**, ferro vanadium.

Ferrosique, Ferrosic; **hydrure** —, ferrosic hydride.

Ferrugineux, Ferruginous;; **argile** — **euse**, iron clay; **argile** — **euse employée en teinture**, dye stone; **dolomie** — **euse**, brown spar; **péridot** —, chrysolite iron.

Ferrule, Angle plate; — **de sabot**, brake angle plate.

Ferrure, Binding iron, iron band, iron work; —**s d'amarrage**, hold down shackles; — **angulaire**, angular iron band.

Fescolisation, Fescolising.

Fesle (voir **Fèle**).

Fesses (c. n.), Buttocks; **bordage des** —, buttock plant.

Feu, Fire, light, lighthouse (phare); **action d'entretenir les** —**x**, banking up the fires; **action de pousser les** —**x**, firing up; **activer les** —**x**, to stir the fires; **à** —**x étouffés** (h. f.), damped down; **allumer les** —**x**, to fire up, to light fires under; **allumer les** —**x de deux chaudières**, to light fires under two boilers; **bateau** —, light boat; **boîte à** —, fire box, fire chest, comburation chamber; **ciel de boîte à** —, fire box top; **plaque de tête de boîte à** —, fire box plate; **bruni au** —, black burnt; **couleur à grand** —, fire proof color; **coup de** —, burn; **couvrir les** —**x**, to bank up the fires; **entretenir les** —**x au fond des fourneaux**, to bank up the fires; **à l'épreuve du** —, fire proof; **éteindre les** —**x**, to put out the fires; **faire long** —, to blow off, to blow out; **jeter bas les** —**x**, to draw the fires; **laisser tomber les** —**x**, to burn down, to let the fires down; **mettre bas les** —**x**, to put out the fires; **mettre hors** — (mét.), to blow off, to damp down; **mise à** — (h. f.), blown in, firing; **appareil de mise de** —, firing apparatus or device; **mise hors** —, blown out; **passer au feu**, to burn; **pelle à** —, fire shovel; **pierre à**, fire stone; **pousser les** —**x**, to brisk up the fires, to hurry, to hasten the fires, to accelerate the combustion; **pousser les** —**x au fond des fourneaux**, to put back the fires; **toc** —, coal pan; — **d'artifices**, fireworks; — **d'atterrissage**, landing light; — **de balisage**, boundary light; — **brûlant mal**, dead fire; — **couvert**, ash fire; — **à éclats**, flashlight, flashing, flare up light; — **de forge**, forge hearth, blacksmith's hearth; —**x latéraux**, side lights; —**x de posi-**

FEU — 210 — **FIC**

tion, parking or station lights; —x de route, navigation lights; — de réduction, reducin gflame; — de signalisation, signal light; —x supplémentaires, additional lights; — tournant, revolving light.

Feuillard, Hoop iron, small flat iron, band iron, strip, strip iron, strip steel; **train à —s**, strip mill; **train continu à —s**, continuous strip mill.

Feuille, Sheet, foil, plate; folium; **clinquant en —s**, leaf brass; **cuivre en —s**, sheet copper; **laque en —s**, shellac; **or en —s**, binding gold; **ressort à —s**, hoop spring; **tombac en —**, mince, dutch foil; — **d'acajou pour placage**, mahogany veneer; — d'aluminium, aluminium foil; d'argent, silver foil; — **de cuivre**, copper plate, copper sheet; — à doublage, sheathing sheet; — magnétique, magnetic strate; — de marche (d'un train), time folder; — mine de métal, foil of metal; feuille de métal, sheet of metal; — morte (aviat.), falling leaf; — d'or, gold foil; — de papier à dessin, drawing sheet; — de paye, pay roll; — de placage, veneer; — de platine, platinum foil; — de plomb, lead sheet; — mince de plomb, lead foil; — de sauge (lime), cross file, thin file, double half round file; — **de tôle forte**, iron plate; — **de tôle mince**, iron sheet; — **de zinc**, zinc sheet.

Feuilleret, Fillister.

Feuillet, Leaf.

Feuilleté, Foliated, lamellar, laminated; **aimant —**, lamellar or laminated magnet; **balais —**, leaf brush.

Feuillure, Groove, fillister, rabbet, rabetting, rebate; **faire une —**, to rabbet, to rebate; **fraise à —s**, rebating or rabbeting cutter.

Feutrage, Felting; clothing, covering, coating; **anti —**, non felting; — **d'une chaudière**, coating, covering of a boiler; — **d'un cylindre**, clothing of a cylinder.

Feutre, Felt; **doublé de —**, felt lined; **garniture de —**, felt gasket, felt packing; **joint de —**, felt joint; — **d'amiante**, asbetos felt.

Feutré, Felted; **drap —**, felted cloth.

Feutrer, to Felt.

se Feutrer, to Clog.

Fibre, Fibre, fiber; **dans le sens des —s**, with the grain; **tube en —**, fiber tube; **—s cellulosiques**, cellulose fibers; — **élastique**, bending line; — **de jute**, jute fiber; — **neutre**, neutral fiber, neutral axis; — **protéidique**, protein fiber; — **de quartz**, quartz fiber; — **synthétique**, synthetic fiber; — **textile**, textile fiber; — **végétale**, vegetal fiber; — **de verre**, glass fiber; — **vulcanisée**, vulcanized fibre.

Fibreux, Fibrous; **cassure —euse**, fibrous fracture.

Fibriles, Fibrils.

Ficelle, String.

Fiche, Pin, jack, plug; joint frame, strut; **contact à —s**, plug contact; **contre —**, tail arm, corner joint; **assemblage à contre —s**, strut frame; **contre — d'appui**, thrust block; **contre — de butée**, rail brace; **cordon de —**, plug cord; **interrupteur à —**, plug switch; — **à deux broches**, two spin plug; — **d'appel**, calling plug; — **d'arpenteur**, arrow; — **de contact**, connecting plug; **de la cote d'un dessin**, arrow head; — **de demande**, inquiry plug; — **d'écoute**, listening plug; — **d'essai**, testing plug; — **de porte**, door hinge; — **de raccordement**, connection plug; — **de terre**, earth plug.

Ficher, to Fix, to drive, to fasten; — **des chevilles,** to fasten pins.

Fidélité (de reproduction), Fidelity.

se Figer, to Coagulate, to set.

Figure, Diagram, figure; **—s de corrosion,** etching figures.

Fil, Thread, yarn; wire; lead, conductor; edge, cutting edge; **attache —,** wiring plate; **avertisseur de rupture de fil,** wire break alarm; **balais en —s métalliques,** wire brush; **bobine de —,** yarn package; **borne serre —,** wire clamp; **calibre pour —s,** wire gauge; **conduit à —s,** wire wound armature; **cordage en — d'acier,** steel wire rope; **de droit —,** straight; **dans le sens du —,** with the grain; **enregistreur sur —,** wire recorder; **installer des —s,** to wire; **logement des —s dans les encoches,** bedding of wires; **passe —,** wire duct; **pont à — divisé,** meter bridge; **serre —,** connector, wire stretcher, wire clamp; **suspension à —,** wire suspension; **télégraphie sans —,** wireless telegraphy; **téléphonie sans —,** wireless telephony; **tendeur de — aérien,** come along clamp; **tréfiler le —,** to draw wire; **— d'allumage,** igniting wire; **— d'antenne,** aerial or antenna wire; **— d'appel,** calling wire; **— d'Archal,** binding wire; **— d'Archal plat,** creased wire; **— barbelé,** barbed wire; **— de bobinage,** winding wire; **— de bougie,** ignition lead; **— à bout perdu,** dead ended wire; **— de chanvre,** hempen or hemp yarn; **— collecteur,** collecting wire; **— conducteur,** conducting wire; **— de coton,** cotton yarn; **— à coudre,** sewing thread; **— de cuivre'** copper wire; **— de descente,** down lead wire; **— de dérivation,** shunt wire; **— émaillé,** enamelled wire; **— d'emballage,** pack thread; **— étiré à chaud,** hot drawn wire; **— étiré à froid,** cold or hard drawn wire; **— de fer,** iron wire; **— de fer barbelé,** barbed wire; **— de fermeture d'un circuit,** jumper, connecting wire; **— flexible,** flexible wire; **— fusible,** fuse or fusible wire; **— galvanisé,** galvanized wire; **— de grille,** grid lead; **— à guipage de soie,** silk covered wire; **— d'induit,** armature inductor; **— isolé,** insulated wire; **— jarretière,** jumper wire; **— de jute,** jute yarn; **— lâche,** slack wire; **— de laiton,** brass wire; **— d'une lame,** acuteness; **— de liaison des aubes d'une turbine,** lashing wire; **— de lin,** flax yarn; **— à ligature,** binding wire; **— machine,** wire rod; **laminoir à — machine,** rod mill; **— de masse,** ground wire; **— métallique,** wire; **— métallique tressé,** woven wire; **— neutre,** equalizing conductor; **— nu,** bare wire; **— d'un outil,** edge or cutting edge of a tool; **— de phase,** phase wire; **— pilote,** pilot wire; **— de plaque,** plate lead; **— de platine,** platinum wire; **— à plomb,** plumb bob, plumb line; **plomb d'un — à plomb,** bob; **— de protection,** guard wire; **— rectangulaire,** rectangular wire; **— résistant,** resistance wire; **extensomètre à — résistant,** resistance wire gauge; **— à ressort,** spring wire; **— retors,** twine; **— de retour,** return wire; **— secondaire,** secondary wire; **— de soie,** silk yarn; **— de sonnerie,** bell wire; **— témoin,** pilot wire; **— sans tension,** dead wire; **— de terre,** earth wire; **— thermique,** heating wire; **— de thermocouple,** thermocouple lead; **— de trolley;** trolley wire; **— à voile,** twine.

Filage, Extrusion; **— à chaud,** hot extrusion.

Filament, Filament; **circuit —** (T. S. F.), filament circuit; **— métallique,** metal filament;

FIL — 212 — **FIL**

lampe à — métallique, metal filament lamp; — thorié, thoriated filament.

Filamenteux, Stringy, fibrous.

Filasse, Tow, flaxen tow, hempen tow.

Filateur, Mill owner.

Filature, Factory, spinning factory, spinning mill; spinning; **bain pour —,** spinning bath; **ouvrier de —,** mill man; **— de coton,** cotton mill, cotton spinning mill; **— de soie,** silk mill, silk spinning mill.

File, Row, file, rank.

Filé, Thread, yarn, warp; spun (adj.); **coton —** spun cotton; **— de nylon,** nylon warp.

Filer, to Spin; to extrude to draw; to veer; **— un câble,** to pay out, to spin, to veer a cable; **métier à —,** spinning frame, spinning gin.

Filet, Fillet (archit.), ledge; thread, worm; string, net, netting; **drague à —,** net dredger; **mouilleur de —s** (N.), net vessel; **tarière à —,** screw auger; **tarière à simple —,** single lipped screw auger; **à double —,** double thread; **à triangulaire,** triangular threaded; **tire —s,** fillet plane; **vis à plusieurs —s,** multiplex threaded screw; **vis à un seul —,** single threaded screw; **— d'air,** stream line; **— arrondi,** round worm; **— carré,** square thread; **— triangulaire,** triangular worm, triangular thread, sharp thread; **— de vis,** screw thread, screw worm; **— de vis renversé,** reverse thread; **abîmer, mâcher, manger les —s d'une vis,** to burr up, to strip a screw.

Filetage, Thread, thread cutting, threading, screwing, screw cutting; **calibre de —,** centre gauge, thread gauge; **chariot de —,** screw cutting saddle or slide; **coussinet de —,** cutter; **indicateur de —,** thread indicator; **laminage de —s,** thread rolling; **peigne de —,** threading comb; **— carré,** square thread; **— femelle,** box thread; **— moyen,** medium thread; **— rond,** rounded thread; **— par vis mère,** threading with lead screw.

Fileté, Threaded, chased, screwed; **bouchon —,** screw plug; **douille —e,** screw socket; **extrémités —es,** screwed ends; **vis —e à droite,** right handed screw; **vis —e à gauche,** left handed screw.

Fileter, to Thread, to chase, to worm; **appareil à —,** threading device; **machine à —,** threader, threading machine; **machine à — à filière ouvrante,** self opening die head threading machine; **machine à — à la meule,** thread grinding machine; **machine à — à l'outil,** single point tool threading machine; **machine à — les vis,** screw cutting machine; **outil à — extérieurement,** outside screwcutting tool, male cutting tool; **outil à — intérieurement,** inside screw cutting tool, female cutting tool; **peigne à — (tour),** chasing tool, comb screwing tool; **tour à —,** fox lathe, thread cutting machine, threading lathe; **— à la filière,** to cut screws with a die; **— au peigne,** to chase; **— au tour parallèle,** to chase the screw thread.

Fileteuse, Thread cutting machine.

Fileur, fileuse, Spinner.

Filiale de société, Subsidiary.

Filière, Chock, drawing frame, drawing plate, draw plate, former; **cage de —,** screwing chuck; **coussinet de —,** chase die, screw die; **fileter à la —,** to cut screws with a die; **peigne de —,** cutting die; **tarauder à la —,** to cut screws with a die; **tête de —,** die head; **trou de —** drawing hole; **— à bois,**

Filiforme, Threadlike.

Filigrane, Filigree, filigrane, filigree-work.

Filigraner, to Filigrane; **cylindre à —,** dandy roller.

Filin, Rope, line; **franc —,** white rope; **— blanc** (non goudronné), white or untarred rope; **— noir** (goudronné), tarred rope; **— en quatre,** four stranded rope; **— en quatre avec mèche,** shroud laid rope; **— en trois,** three stranded rope.

Film, Film; **colleuse de —s,** film splicer; **micro —,** micro film; **porte —,** film holder; **— mince,** thin film; **— organique,** organic film; **—s sonores,** sound motion pictures.

Filoche (de moulin), Big cable.

Filon, Brood, slide, feeder, load or lode, course, vein; **inclinaison d'un —,** dip of a lode; **traverser un —,** to cut across; **— aveugle,** blind lode; **— de cuivre,** copper lode; **— qui s'enrichit,** belly of ore; **— métallique,** full cleft; **— de minerai,** ore lode; **— principal,** main lode; **— riche** (d'or ou d'argent), bonanza; **— stérile,** channel; **— de travers,** cross course.

Filtrage, Trapping, filtering; **bobine de —,** filter coil; **condensateur de —,** filter capacitor.

Filtrant, Filtrating; **cartouche —e,** filter cartridge; **pierre —e,** drip stone, filter or filtering stone; **pompe —e,** filter pump.

Filtrat, Filtrate.

Filtration, Filtration; **lit de —,** filter bed; **— mécanique,** mechanical filtration; **— sous pression,** pressure filtration; **— sous vide,** vacuum filtration.

Filtre, Filter, filtre, strainer, cleaner; **encrassement d'un —,** filtre cogging; **papier —,** filter paper; **porte —s,** filter holder; **tube —,** screen pipe; **— acoustique,** acoustic filter; **— à air,** air filter; **— à air à bain d'huile,** oil bath air cleaner; **— biréfringent,** birefringent filter; **— en cascade,** cascade filter; **— à charbon,** carbon filter; **— correcteur,** correcting filter; **— à cristal,** crystal filter; **— de découplage,** decoupling filter; **— éliminateur d'ondulations parasites,** slot ripple filter; **— d'épuration des eaux d'égout,** trickling filter; **— à huile,** oil filter, oil strainer; **—s jumelés,** twin strainers; **— lumière du jour,** daylight filter; **— mécanique,** mechanical filter; **— à nettoyage automatique,** self cleaning filter; **— optique,** optical filter; **— passebande,** band pass filter; **— passe-bas** (T. S. F.), low pass filter; **— passe-haut,** high pass filter; **— passe-tout,** all pass filter; **— à plis,** folded filter; **— presse,** press filter; **— à résonance,** resonant filter; **— à vapeur,** steam strainer; **— à vide,** vacuum filter.

Filtré, Filtrated, strained.

Filtrer, to Filter, to strap, to strain; to ooze out.

Filtreur, Filter, strainer.

Fin, Fine (adj.); end; **chariotté —,** smooth turned; **courroie sans —,** endless belt; **à grains —s,** fine grained; **navire —,** sharp built ship; **poudre —e,**

Fine grained powder; **régime de — de charge**, finishing rate; **sans —**, endless; **vis sans —**, endless screw, perpetual screw.

Finage, Fining.

Financement, Financing.

Finances, Finances, exchequer.

Financier, Financial; **productivité —ère**, earning capacity.

Finerie, Finery.

Fines, Fines, duff, slack coal; **— de charbon**, fines coal; **— recyclées**, returned fines.

Finesse (des formes d'un navire), sharpness; (aviat.) fineness; **rapport de —**, fineness ratio, lift-drag ratio.

Fini, Finish; **— spéculaire**, mirror finish; **— de surface**, surface finish.

Finir, to Dress, to finish; **outil à —**, finishing tool; **— à la meule**, to finish by grinding.

Finissage, Finishing, dressing; **outil de —**, finishing tool; **passe de —**, finishing cut, finishing pass; **— satiné**, satin finishing.

Finisseur, Finishing, bottoming, closer; **taraud —**, bottoming tap.

Finisseuse, Finishing machine.

Finition, Finishing, finishing work; **— au tonneau**, barrel tumbling.

Fiole, Bottle, flask; **— graduée**, graduate bottle; **— à réactif**, reagent bottle.

Fissable, Fissionable.

Fission, Fission; **chambre à —**, fission chamber; **produits de la —**, fission products; **— atomique**, atomic fission; **— nucléaire**, nuclear fission.

Fissionable, Fissible.

Fissurante (corrosion), Cracking corrosion.

Fissuration, Cracking; **essai de —**, cracking test; **— à froid**, cold cracking; **— de durée**, season cracking.

Fissure, Fissure, cleavage, cleft, crack, cracking; **— d'angle**, edge crack.

Fissuré, Split, cleft, cracked.

Fixage, Fixing, adjusting; **écrou de —**, adjusting nut; **tête de —** (tour), steady head.

Fixation, Fixing, fixture, holding, fastening, attachment, clamping; **appareil de —**, fastener; **bague de —**, clamping ring; **mandrin de —**, clamping chuck; **plaque de —**, bridge plate; **vis de —**, fixing screw; **— du foret**, drill holding.

Fixe, Fixed, fast, dead, standing, stationary, immovable; **aube —**, stationary blade; **banc —**, fixed bed; **lunette —**, steady rest; **moteur —**, stationary engine; **pointe —**, dead centre, dead spindle; **poulie —**, fast pulley, dead pulley, fixed pulley; **prix —**, set price; **support —**, steady rest.

Fixer, to Fix, to attach, to bed, to clamp, to set; **— avec des coins**, to wedge.

Fixeur, Fastener.

Fixité (lumière), Steadiness.

Flache, Dull edge.

Flacheux (bois), Wany.

Flacon, Bottle; **— compte-gouttes**, dropping bottle; **— à couvercle vissé**, screw capped bottle; **— laveur**, washing bottle; **— de niveau**, levelling bottle; **— à large ouverture**, salt mouth bottle; **— à réactifs**, reagent bottle; **— à tare**, weighing bottle.

Flambage, Bending produced by axial compression, buckling, collapse.

Flambant, Burning, flaming buckle, buckling; **— plastique**, plastic buckling; **houille —-e**, open burning coal.

Flambement, Buckle, buckling.

Flamber, to Blaze, to blaze up; to yield to axial compression.

Flamber (un canon), to Scale.

charbon Flamboyant, Cherry coal.

Flamme, Flame; **brûleur à — bleue**, blue flame burner; **cémentation à la —**, flame hardening; **charbon à courte —**, short burning coal, short flaming coal; **charbon à longue —**, candle coal, cannel coal, free burning coal, long flaming coal; **chaudière à — directe**, direct flame boiler; **chaudière à — renversée**, drop flue boiler; **chaudière à retour de —**, return flame boiler; **courant de —s**, flue; **courants de —s de haut en bas**, down flues; **courants de —s de bas en haut**, up flues; **dispositif anti-retour de —**, flame arrester; **en —**, flaming; **front de —**, flame front; **lampe à arc à —**, flame arc lamp; **pare —s**, flame arrester, flame trap; **retour de —**, burning back, flare back, return fla'me, back flame, back fire, back firing; **—s de diffusion**, diffusion flames; **— oxyacétylénique**, air acetylene flame.

Flammèche, Spark, flake of fire.

Flammes, Flares.

Flan, Blank; **— de cuivre**, copper planchet; **— de fraise**, cutter blank.

Flanc, Side, face, shoulder; blank; broadside; **denture à —s droits**, radial flank teeth; **— d'une dent**, face or shoulder of a tooth; **— de fraise**, cutter blank; **— d'un navire**, broadside of a ship.

Flasque, Bracket, carriage bed, flange, flask, web; **— d'affût**, check; **— de cabestan**, whelp; **— d'entraînement**, drive plate;

— de gradin, step grate side bearer; **— de moyeu** (moteur d'avion), airscrew hub flange; **— porteur** (mot. à gaz), guide check; **— de poulie**, pulley block; **— de roue**, wheel flange.

Fléau, Arm, balance beam, beam. weigh beam; **à —**, armed; **à — court**, short armed; **à — long**, long armed.

Flèche, Arrow, bending, sag; beam, post; sweep; central deflection; **aile à — variable** (aviat.); variable sweep wing; **aile en —**, swept back wing; **bord d'attaque à double —** (aviat.), double swept leading edge; **— faire —**, to deflect; **grue à —**, jib crane; **mettre en —** (aviat.), to sweep wings; **mise en —**, sweep, sweep back, angle of a sweep back; **rayon de la —**, boom swing; **— d'une aile** (aviat.), sweep of a wing; **— d'un câble**, sag of a wire; **— en col de cygne**, goose neck boom or jib; **— de grue**, crane beam, crane post, jib of a crane; **— de la ligne**, sag of the line; **— d'un ressort**, camber of a spring.

Fléchir, to Deflect.

Fléchissant, Bending; **moment —**, bending moment.

Fléchissement, Buckling, deflection.

Flettner de gouvernail (aviat.), Control trimmer, trimming tab.

Fleur, Flower; **à — de**, flush with; **—s de cobalt**, cobalt blooms.

Fleur (sommet de varangue) (c. n.), Rung head.

Fleuret, Auger, drill, jumper bar, jumper, sitching borer.

Fleurette, Bit; **— à tête carrée**, square bit.

Flexible, Flexible; **accouplement —**, flexible coupling; **arbre —**, flexible shaft; **conduit —**, flexible duct; **fil —**, flexible wire;

Flexion, Bending, collapse, deflection; **effort de —,** bending stress; **élasticité de —,** bending elasticity; **essai de —,** bending test, flexural strength test; **essai de — au choc,** blow bending test; **limite de —,** elastic limit in bending; **membrures soumises à la —,** flexural members; **moment de —,** bending moment; **résistance à la —,** bending strength; **tension de —,** intensity of stress due to bending; **travail à la —,** bending stress; **— en biais,** skew bending; **— inversée,** reversed bending; **— médiane,** central flexion, **— par rotation,** rotating bending.

Flochage (test.), Flocking.

Flocon, Flake, flock; **— de graphite,** graphite flake; **— de soie,** silk flock.

Floculation, Floculation; **essai de —,** flock test.

Floridine, Floridin.

Floss, Cast plate.

à Flot, Waterborne; **bassin à —,** wet dock.

Flottable, Flottable; **canal —,** drift canal.

Flottage, Flotation; **— d'un tube** (pétr.) floating in.

Flottaison, Water line, line of floating, level line; **ligne de —,** water line; **— en charge,** load water line; **— lège,** light water line.

Flottant, Floating, waterborne; **batterie —e** (accus), floating battery; **charge —e,** floating charge, **clapet —,** float valve dock **—,** floating dock; **drague —e,** floating dredge; **mine —e,** floating mine.

Flottation, Flotation; **concentration par —,** flotation concentration; **— de l'huile,** oil flotation.

Flottement, Flutter.

Flotter, to Float; to flap; **la courroie flotte,** the belt flaps.

Flotteur, Float; **cuve du —,** float chamber; **hydravion à —s,** float seaplane; **niveau du —,** float gauge; **pointeau du —,** float needle; **robinet à —,** ball cock, cam ball, valve; **soupape à —,** float operated valve, float valve; **tige du —,** float needle; **train à — s** (aviat.) floatation landing gear ; **— annulaire,** annular float ; **— auxiliaire,** auxiliary float; **— avertisseur,** alarm float; **— à boule,** ball float; **— de bout d'aile,** wing tip float; **— de carburateur,** carburettor float; **—s jumelés,** twin floats; **— en liège,** cork float; **— sphérique,** ball float.

Flou (photographie), Blurred.

Fluable, Creepable.

Fluage, Creep, creeping, flow; **essai de —,** creep test; **à haute limite de —,** creep resisting; **point de —,** pour point; **point de —** (pétr.), flow point; **résistance au —,** creep strength; **— à froid,** cold flow.

Fluide, Fluid; **mécanique des —,** fluid mechanics; **— de coupe,** cutting fluid; **— réfrigérant,** coolant.

Fluide (adj.), Fluid; **palier —,** fluid bearing; **— de forage,** drilling fluid.

Fluidifier, to Fluidize.

Fluidité, Fluidity, fluidness.

Fluor, Fluor, fluorin; **spath —,** fluor spar, cand, fluorite.

Fluoration, Fluorination.

Fluorescéine, Fluorescein.

Fluorescence, Fluorescence; **éclairage par —,** fluorescence lighting.

Fluorescent, Fluorescent; **écran —,** fluorescent screen; **lampe —e,** fluorescent lamp; **peinture —e,** fluorescent paint.

Fluorhydrique (acide), Hydrofluoric acid.

Fluorination, Fluorination.

Fluorobenzène, Fluorobenzene.

Fluorocarbure, Fluorocarbon.

Fluorophosphorique, Fluorophosphoric.

Fluoroscope, Fluoroscope; **—électronique,** electronic fluoroscope.

Fluoroscopie, Fluoroscopy.

Fluoroscopique, Fluoroscopic; **écran —,** fluoroscopic screan.

Fluorure, Fluoride; **— de calcium,** calcium fluoride; **— manganeux,** manganous fluoride; **— de sodium,** sodium floride; **— de zinc,** zinc fluoride.

Flux, Flux, flow, afflux; **à — alternés,** heteropolar; **à — axial,** axial flow; **compresseur à — axial,** axial flow compressor; **— ondulés,** homopolar; **composition des —,** composition of flux; **traversé par le —,** fluxed; **— axial,** axial flow; **— décapant,** welding flux; **— de dispersion,** stray flux, leakage flux; **— de dispersion dans l'induit,** armature stray flux; **— de force,** flux of force; **— inversé,** reverse flow; **— lumineux,** luminous flow; **— mètre,** flow meter, flow indicator, flux meter; **— radial,** radial flow; **— de réaction** (élec.), reaction flux; **thermique,** heat flow; transversal, cross flux.

Fluxgraphe, Fluxgraph.

Fluxmètre, Fluxmeter; **— de zéro,** null reading fluxmeter.

Focal, Focal; **axe —,** focal axis; **distance —e,** focal distance, focal length; **plan —,** focal plane; **tache —e,** focal spot.

Focalisation, Focusing or focussing; **enroulement de —,** focusing coil; **— hélicoïdale,** helical focusing; **— magnétique,** magnetic focusing.

Focaliser, to Focus.

chercheur Focimétrique, Lens finder.

faire Foirer une vis, to Overscrew.

Foisonné, Buckled.

Foisonnement, Buckling, swelling.

Foisonner, to Swell.

acide Folinique, Folinic acid.

Folle (roue, hélice, etc.), Out of gear, loose; **poulie —,** loose pulley; **roue —,** loose wheel, idle wheel.

Fonçage, Boring, sinking; **gabarit pour le — d'un puits,** barrel curb; **tour de —,** boring tower; **— par congélation,** freezing process; **— d'un puits,** sinking of a shaft.

Foncé, Dark; **rouge —,** dark red.

Foncé (puits), Bored, sunk.

Foncer (un puits, etc.); to Bore, to sink; **treuil à — les puits,** borer's winch; **— au moyen de jets d'eau,** to jet.

Fonçoir, Adjoint piece.

Fonction, Function; **en — de,** to a base of; **faisant — de,** acting; **tracer une courbe en — de,** to plot against; **— analytique,** analytic function; **— circulaire,** circular function; **— continue,** continuous function; **— entière,** integer or integral function; **— en escaliers,** step function; **— explicite,** explicit function; **— exponentielle,** exponential function; **— harmonique,** harmonic function; **— hyperbolique,** hyperbolic function; **— d'onde,** wave function; **— potentielle,** potential function; **— récursive,** recursive function; **— sommable,** summable function; **— transcendante,** transcendant function; **— trigono-**

Fon — 218 — **Fon**

métrique, trigonometric function; — **univalente**, univalent function.

Fonctionnel, Functional; — **le linéaire**, linear functional.

Fonctionnement, Operation, working; **conditions de** —, operating conditions; **en bon état de** —, in working order; **incident de** —, trouble; **sécurité de** —, reliability; **de** — **sûr**, dependable, reliable; — **automatique**, automatic operation; — **en duplex**, duplex operation; — **en parallèle**, parallel operation; — **silencieux**, silent operation.

Fonctionner (faire), to Work, to operate.

Fond, Bottom, back, end, end plate; heading (barrique), underground; **à** —, home; **visser à** —, to screw home; **à** — **de**, bottomed; **angle de** —, roll angle, root angle; **anneau de** —, collar step; **bordé de** — (c. n.), inner bottom; **double** — (mar.), double bottom; **extraction de** (chaud.), blow down, bottom blow off; **matériel de** — (mines), underground equipment; **peinture de** —, ground coat; **petit** — (mar.) bildge; **plaque de** —, end plate; **taque de** —, bottom plate; **tire** —, coach screw, screw spike; **tire** — **de la couronne du piston**, piston cover ege bolt; **clef à tire** —, box spanner; **traction de** — (mines), underground traction; **vanne de** —, bottom gate; **voie de** — (mines), deep level; — **à bascule**, drop bottom; — **bombé**, dished end; — **de chaudière**, boiler head; — **de cheminée**, chimney back; — **de commerce**, stock; —**s de cuve**, vat sludge; — **d'un cylindre**, back end, bottom, bottom cover of cylinder; — **embouti**, stamped head; — **embouti à la presse**, pressed end plate; — **hémisphérique**, egg end; — **en plusieurs pièces** (chaud.), joined end plate; — **d'un piston**, piston chunk, piston crown; **de puits**, discharging trough; **rabattre le** —, to brim.

Fondamental, Fundamental; **fréquence** —**e**, fundamental frequency; **harmonique** —, fundamental harmonic; **longueur d'onde** —**e**, fundamental wave length; **oscillation** —**e**, fundamental oscillation; **pierre** —, foundation stone; **ton** —, fundamental oscillation; **unité** —, fundamental unit.

Fondant, Agent for fusion, flux; — **alumineux**, aluminous flux; — **calcaire**, limestone flux; — **en poudre**, powdered flux; — **salin**, salt flux.

Fondation, Foundation, basis, bed, bedding; establishment; **boulon de** —, foundation bolt, cotter bolt, holding down bolt; **caissons de** — **pour ponts**, bridge foundation cylinders; **pierre de** —, foundation stone; **plaque de** —, foundation plate, foundation piece, bottom plate, setting plate, lobe plate, bed piece, sole plate; — **élastique**, elastic foundation; — **sur pilotis**, pile foundation.

Fondement, Basement.

Fonderie, Foundry, casting or melting house, smelting; **brut de** —, as cast; **châssis de** —, box; **coke de** —, foundry coke; **déchets de** —, sprue; **masselote de** —, casting sprue; **noir de** —, coal blacking; **poche de** —, casting ladle; **sable de** —, foundry sand; **taque de** —, bottom plate; **venue de** —, cast integrally; — **d'acier**, steel foundry; — **de caractères d'imprimerie**, type forming; — **de cuivre**, copper works; — **de laiton**, brass foundry; — **de plomb**, lead works.

Fondeur, Founder, smeller; type founder (imprimerie).

Fondeuse (imprim.), Caster, casting oven.

Fondre, to Cast, to melt, to smelt, to fuse, to flow, to found, to liquate; **four à — le minerai**, ore furnace; **— jusqu'à fusion tranquille**, to dead melt; **— le minerai**, to smelt ore; **— à noyau**, to cast upon a core.

Fondu, Cast, melted, molten, fused; **acier —**, cast steel; **ciment —**, aluminous cement; **fonte —e à découvert**, open cast iron; **fusible —**, blown fuse; **plomb —**, molten lead; **résine —e**, cast resin.

Fongicide, Fungicid.

Fongistatique, Fungistatic.

Fonte (fusion), Casting, colliquation, melting.

Fonte, Cast iron, pig iron, pig, iron, casting; **bavures de —**, fins; **brut de —**, as cast, rough cast, just as cast; **crasses de —**, iron scrap, cast scrap; **démoulage de la —**, lifting; **démouler —**, to lift; **jet de —**, dead head; **moulage de —**, iron casting; **moulages en — malléable**, malleable castings; **objets en —**, castings; **poche à —**, hot metal ladle **remuer la —**, to puddle; **saumon de —**, iron pig; **soufflure de —**, blow hole or blown hole in casting; **venu de — avec**, cast solid with, cast in one piece with; **— d'affinage**, forge pig; **— affinée**, refined cast iron; **— à l'air chaud**, hot blast pig; **— à l'air froid**, cold blast pig; **— alliée**, alloy cast iron; **— blanche**, white pig iron, cast iron n° 5; **— en bloc**, block casting; **— brute**, pig iron; **— au coke**, coke casting; **— en coquille**, chill casting; **— coulée en châssis**, box casting; **— coulée en coquille**, case hardened casting; **— coulée à découvert**, open sand casting; **— ductile**, ductile cast iron; **— fondue à découvert**, open cast iron; **— à graphite nodulaire**, nodular graphite cast iron; **— gris clair**, light grey pig, cast iron n° 3; **— gris foncé**, dark grey pig; **— grise**, grey pig iron, cast iron n° 2; **— en gueuse**, pig cast iron, pig iron, pig; **— liquide**, melt iron, hot metal; **— malléable**, annealed cast iron; **minerai pour — malléable**, annealed ore; **— malléable américaine**, black heart castings; **— malléable européenne**, white heart castings; **— métisse**, cinder pig iron; **— de moulage**, cast iron, foundry pig; **— moulée**, iron casting; **— nodulaire**, nodular iron; **— noire**, black pig, cast iron n° 1; **— rubannée**, band pig; **— en saumons**, pig iron, pig; **— contenant des scories**, cinder pig iron; **— trempée**, chilled iron; **— trempée à la surface**, case castings; **— truitée**, mottled cast iron, cast iron n° 4; **parer, ébarber les objets en —**, to dress, to trim castings.

Forage, Drilling, boring, logging, piercing, sinking well, wildcat, wildcatting; **curette de —**, cleanser; **débris de —**, cuttings; **diamètre de —**, drilling diameter; **équipement de —**, drilling equipment, drilling rig; **farine de —**, bore dust; **installation de —**, drilling rig; **marteau de —**, borer's mallet; **opérations de —**, wildcat operations; **pompe de —**, borehole pump; **puits de —**, wildcat well; **tambour de —**, bull wheel; **tige de —**, drill pipe; **— au diamant**, diamond drilling; **— par fusion**, fusion piercing; **— à injection inverse** (pétr.), reverse circulation drilling; **— en mer**, off shore drilling; **— oblique**, inclined well; **— par percussion**, churn drilling, percussive boring; **— de prospection**, widcat, wild-

FOR — 220 — **FOR**

catting; — **de puits**, well sinking; — **rotatif**, rotary drilling; — **sous pression**, pressure drilling; — **à sec**, dry drilling; **enlever les rivets par** —, to drill out rivets.

Force, Force, power, strength; **diagramme des** —**s**, diagram of strains; **emmanché à** —, press fitted; **flux de** —, flux of force; **jambe de** —, beam arm, bracing strut, strut, cross stretcher, iron spur; landing brace landring strut; (aviat.) **ligne de** —, line of force; **trajet des lignes de** — **dans l'entrefer**, air path; **tarif** —, power rate; — **d'accélération**, acceleration power; — **acide**, acidic strength; — **antagoniste**, controlling force; — **ascensionnelle**, lifting power, static lift; — **centrifuge**, centrifugal force; — **centripète**, centripetal force; — **cœrcitive**, cœrcive force; — **de contraction**, contractibility; — **au crochet**, draw bar h. p.; — **directrice**, directing force; — **élastique**, elastic pressure; — **électromotrice**, electromotive force; — **contre-électromotrice**, back or counter electromotive force (b. é. m. f. or c. e. m. f.); — **du frein**, brake pressure; — **d'inertie**, vis inertiae, vis inertia; — **magnétomotrice**, megnetomotive force; — **motrice**, motive power; — **portante**, carrying force, carrying capacity, lifting power; — **de rappel**, restoring force; — **répulsive**, repelling power; — **de sustentation**, lifting power; — **tensorielle**, tensor force; — **vive**, actuation, vis viva; **faire entrer, faire sortir par** —, to force in, to force out.

Forcé, Forced, forced feed, force feed; **atterrissage** —, forced landing; **graissage** —, forced lubrication, force feed lubrication; **oscillations** —**es**, forced oscillations; **tirage** —, forced draught, artificial draft; **vibrations** —**es**, forced vibrations.

Foré, Drilled, bored; **trou** —, bored hole; — **avec étranglement**, chocke bored.

Forer, to Drill, to bore, to sink; **banc à** —, boring bench; **machine à** —, boring machine; **pompe à** — **les puits**, borehole pump; **potence à** —, boring frame; — **un puits**, to sink a well.

Foret, Tool bit, bit, bore, borer, brace, drill, broach, driller, wimble; **bobine de** — **à l'archet**, ferrule of a bow drill; **bobine d'une boîte à** —, box sheave; **boîte à,** — drill box; **copeaux de** —, bore chips; **course du** —, drill stroke; **machine à affûter les** —**s**, drill grinder; **manchon pour** —, drill socket, drill sleeve; **mandrin porte** —, boring chuck, drill chuck; **mèche de** —, bore bit; **palette à** —, bore frame; **porte** —, boring bar, boring spindle, drill stock; **queue, tige d'un** —, borer shank; **tige porte** —, cutter bar; — **à acier rapide**, high speed steel drill; — **à angles**, angle brace; — **à archet**, bow drill, drill with ferrule; — **à l'arçon**, breast borer, bow drill, fiddle drill; — **annulaire**, ring auger bit; — **à bois**, gimblet, gimlet; — **carbure**, carbide drill; — **à centrer**, center drill; — **à cheville**, bolt auger; — **cuiller**, duck's bit; — **à droite**, right hand drill; — **à gauche**, left hand drill; — **hélicoïdal**, twisted bit, twist drill, spiral drill; — **à langue d'aspic**, common bit, flat drill, pointed end drill; — **à lèvres droites**, straight fluted drill; — **long**, slot mortising bit; — **à mèche expansible**, expanding borer; — **à queue conique**, taper shank twist drill; — **à queue cylindrique**, cylindrical shank twist drill; — **à un tranchant**, single cutting drill; — **à deux tran-**

chants, double chamfered or double cutting drill; — **à trépan**, upright drill; — **à vilebrequin**, hand brace; — **à vis**, screw drill; — **à vis d'Archimède**, archimedian drill, spiral drill; — **à grande vitesse**, high speed drill; **percer au** —, to drill.

Foreur, Borer.

Foreuse, Borer, boring machine, drilling machine; — **à colonne**, upright drilling press.

à Forfait, By contract.

prix à Forfait, Contract price.

tâche à Forfait, Charter.

tarif à Forfait, Bulk tariff.

travailler à Forfait, to Contract by the job.

Forge, Forge, iron mill, smith's shop; **acier de** —, forging steel; **battiture de** —, clinker; **brut de** —, as forged; **charbon de** —, smithy coal, forge coal; **feu de** —, forge hearth; **houille de** —, blacksmith's coal; **maître de** —, forger, iron master; **marteau de** —, forge or forging hammer; **marteau de grosse** —, power hammer; **outil de** —, smith's tool; **ouvrier de** —, tilter; **pièce de** —, forging; **soufflet de** —, fan blower; **soufflets de** —, forge bellows; **tenailles de** —, smith's tongues; **tisonnier de** —, smith's poker; — **catalane**, bloomery fire; — **portative**, portative or portable forge.

Forgé, Forged, wrought, tilted; **acier** —, forged steel; **clou** —, wrought nail; **fer** —, wrought iron; — **à chaud**, hot forged; — **à froid**, cold forged.

Forgeable, Forgeable; **alliage** —, forging alloy.

Forgeage, Forging; **matrice de** —, forging die; — **externe**, external forging; — **interne**, internal forging.

Forger, to Forge, to hammer, to smith, to tilt; **action de** —, forging; **machine à** —, forging machine; **presse à** —, forging press; — **à l'enclume**, to anvil; — **le fer**, to beat out the iron; — **au marteau pilon**, to drop.

Forgeron, Forger, forgeman, blacksmith, hammersmith; **pince de** —, clip tongs; — **d'enclumes**, anvil smith; — **de forgeron ?** boss.

Formage, Forming; pressing; — **à chaud**, hot forming; — **à froid**, cold forming, cold pressing.

Formaldéhyde, Formaldehyde.

Formation, Formation; **plaque de** — **autogène** (accus), solid plate; — **des loupes**, balling up.

Forme, Form, matrix, shape; **en** — **de caisson**, box shaped; **en** — **de cloche**, bell shaped; **en** — **de cœur**, heart shaped; **en** — **de coin**, uniform, cuneated, wedge shaped, wedgewise; **en** — **de coquille mince**, thin shelled; **en** — **de croissant**, crescent shaped; **en** — **de croix**, cross shaped; **en** — **d'étoile**, starlike; **en** — **de fer à cheval**, horseshoe shaped; **en** — **de fuseau**, spindle shaped; **en** — **d'œuf**, egg shaped; **en** — **d'S, de T**, etc., S, T, shaped; **fraise de** —, forming die; **moulage de** —, form grinding; **mise en** —, forming, contour forming; **mise en** — **par étirage sur gabarit**, stretch wrap forming; **outil de** —, form or forming tool; **plan des** —**s** (c. n.), sheer or shear draught; —**s linéaires**, linear forms; — **en plan**, plan form; —**s quadratiques**, quadratics forms; — **de radoub**, — **sèche**, dry or graving dock; — **en tôle pour courber**, bending plate.

Former, to Form; **presse à** —, forming press.

Formique, Formic.

Formulaire (imprimé), Form.

Formule, Formula.

Formules, Formulae.

Fort (à la suite d'un chiffre), Full; **prix —,** full price.

Fort (c. n.), Main breadth; **largeur au —,** extreme or main breadth.

soudure Forte, Hard solder.

de Fortune (gouvernail, mât, etc.), Jury, makeshift.

Forure, Bore hole, auger hole, bore, boring, drilling.

Fosse, Pit, hole; **four en —,** soaking pit; **— d'aisance,** cess pool; **— de décharge,** counter drain; **— grisouteuse,** foul pit; **— de la manivelle,** crank pit; **— pour le montage des essieux,** axle pit; **— de moulage,** foundry pit; **— pour les moules,** mould hole; **— de réparation,** repairing pit; **— à tan,** binder pit; **— à tan riche,** bloomer pit.

Fossé d'écoulement, Drain.

Fossile, Fossil.

Fou, Loose; **arbre —,** loose axle; **rendre —,** to unscrew.

Fouet, Whip; whip cord, carpenter's line; tail (poulie); **palan à —,** jigger.

Fouille, Excavation, digging, opening; **établir une —,** to borrow; **— percée au devant d'une autre,** counter excavation.

Fouiller, to Dig, to excavate, to work.

Foulage, Ramming; **— pneumatique,** air ramming.

pompe Foulante, Forcing pump, force pump.

pompe aspirante et Foulante, Lifting and forcing pump.

Foulée de soufflets, Blowing.

Fouler, to Ram.

Fouloir, Ram, rammer, roller.

Foulon, Fuller; **terre à —,** fulling clay.

Four, Oven, furnace, hearth, kiln; **bouche de — de verrerie,** bottoming hole; **brasage au —,** furnace brazing; **charger un —,** to feed a furnace; **chemise, enveloppe d'un —,** shell of a furnace; **cuve de —,** furnace body; **pelle à —, ovenpeel; réverbère d'un —,** cap of a kiln; **séchage au —,** kiln drying; **— d'agglomération,** sintering furnace; **— allemand,** coffin; **— annulaire,** annular furnace; **— à arc direct,** direct arc furnace; **— à arc indirect,** indirect arc furnace; **— à atmosphère contrôlée,** controlled atmosphere furnace; **— basique,** basic open hearth furnace; **— à braser,** brazing forge; **— à briques,** brick kiln; **— de calcination,** calciner, roasting furnace; **— à calciner,** calcining furnace; **— à carboniser,** char oven; **— de cémentation,** carburizing or cementing furnace; **— à charge formant résistance,** charge resistance furnace; **— à chariot,** car bottom kiln; **— à chaux,** lime kiln; **— à cintrer,** bending furnace; **— circulaire,** annular kiln; **— à coke,** coke over; **— à coke à récupération de sous-produits,** by product coke oven, coke kiln; **— coulant,** draw kiln; **— à coupelle,** assay furnace, cupel furnace; **— de craquage,** cracking furnace, cracking kiln; **— à creuset,** pot furnace; **— à cuve,** shaft furnace; **— à décaper,** scaling furnace; **— discontinu,** batch or counter currents furnace; **— de distillation,** topping furnace; **— dormant,** flaming furnace; **— écossais** (pour la galène), blast hearth; **— électrique,** electric furnace; **— d'étendage,** flattening oven; **— d'essai,** assay kiln; **— à fondre le minerai,** ore furnace; **— en fosse,** soaking pit; **— à deux foyers,** spectacle furnace, furnace with two hearts; **— à fritte,** fire arch, ash furnace; **— de fusion,** melting furnace; **— à gaz,** gas oven; **— de grillage,** roasting kiln; — à induction, induction furnace; — à induction à basse fréquence, low frequency furnace; — à induction à haute fréquence, high frequency induction furnace, coreless induction furnace; ironless induction furnace; — à loupes, bloomery furnace; — à manche, low blast furnace, cupola, flowing furnace; — Martin, open hearth furnace; — à noyau, low frequency furnace; — oscillant, rocking or tilting furnace; — de préchauffage, preheating furnace; — à puddler, puddling furnace; — à rayons cathodiques, cathode ray furnace; — de réchauffage, heating furnace; — à réchauffer, balling furnace, reheating furnace, welding furnace; — à réchauffer les barres, bar heating furnace, balling furnace; — à recuire, annealing furnace; cooling furnace (verrerie); — à récupération, recuperative or continuous furnace; — de réduction, scaling furnace; — de réformation (pétr.), reformation furnace; — à régénération, regenerative furnace; — à revenir, drawback furnace; — à réverbère, draught furnace, reverbatory furnace, flaming furnace; — à rivets, rivet hearth; — rotatif, rotary kiln; — à ruche, beehive oven; — à sécher, à ressuer, capelling furnace; — à sécher le bois, dry kiln; — à sécher le bois à projection d'eau, water spray dry kiln; — à sécher le bois à réglage d'humidité, humidity regulated dry kiln; — sécheur, kiln dryer; — à sole, open hearth furnace; — soufflé, blast furnace; — tunnel, tunnel kiln; — de verrerie, glass furnace.

Fourbir, to Brighten.

Fourcat (c. n.), Cant floor, hook.

Fourche, Fork, pitch fork; articulation à —, fork head; clef à —, fork wrenches; épontille à —, split pillar; en forme de —, forked; support de —, fork carriage; — de cardan, cardan fork piece, cardan yoke; — de débrayage, belt guide; — à émerillon (pétrole), wrench swivel; — de lavage (minerais), filtering board for buddling; — de poche de coulée, ladle carrier; — de roue, wheel fork.

Fourchette, Fork; — de débrayage, clutch release fork, reverse fork, shifting fork; — de désembrayage (courroie), shifting fork; — de poussée, suspension fork.

Fourchu, Forked.

Fourgon, Carriage, caboose, van, wagon or waggon; — aux bagages, luggage or baggage car; — de livraison, delivery wagon.

Fourneau, Furnace, kiln, range; accessoires de —, furnace mountings; brasque de —, first batch; charge de —, batch; ciel de —, crown sheets; dalle de —, flag stone; enveloppe du —, furnace mantle, furnace shell; grille de —, range; gueule de —, fire hole; haut —, blast furnace; blindage de haut —, armour or casing of blast furnace; charge de haut —, balling; cône d'un haut —, bell of a blast furnace; creuset de haut —, hearth of a blast furnace; gaz de haut —, blast furnace gas; gueulard de haut —, throat or top of a blast furnace; laitier d'un haut —, blast furnace cinder; machine soufflante à gaz de haut —, blast furnace gas blowing engine; marâtre de haut —, blast furnace mantle or structure; moteur à gaz de haut —, blast furnace gas engine; soufflerie de haut —, blast furnace blowing engine; ventre de —, barrel, belly, body of a blast furnace; haut — blindé, cased blast furnace; haut — à creuset

FOU — 224 — **FOY**

ouvert, blast furnace with open hearth; **haut — à creuset ovale**, blast furnace with oval hearth; **haut — au coke**, coke blast furnace; **allumer le haut —**, to blow in the blast furnace; **boucher un haut —**, to damp a blast furnace; **charger le haut —**, to charge, to feed the blast furnace; **décharger le haut —**, to blow out the blast furnace; **mettre le haut — hors feu**, to blown down the blast furnace; **porte de —**, furnace door, coaling door; **scorie de —**, furnace cinder; **sole de —**, dead plate of a furnace; **— d'appel**, draft or draught stove; **— à coupelle**, assay furnace, muffle furnace; **— à creuset**, crucible furnace; **— à cuve**, shaft furnace, pit furnace; **— électrique**, electric range; **— d'essai**, assay furnace; **— à deux foyers** (voir **fourneau à lunettes**); **— de fusion**, melting furnace; **— à gaz**, gas range; **— à huile lourde**, oil furnace; **— à lunettes**, furnace with two hearths, spectacle furnace; **— de mine**, mine chamber, blast hole; **— à moufle**, muffle furnace; **— oscillant**, rocking, tilting furnace; **— à poitrine ouverte**, blast furnace with open hearth; **— à réverbère**, reverbatory furnace; **— à rigole**, gutter furnace; **charger un —**, to charge, to feed, to fill a furnace; **décrasser un —**, to clear a furnace; **jeter bas les feux d'un —**, to draw the furnace.

Fournée, Charwork.

Fournisseur, Contractor, purveyor, supplier; **— de navires**, ship chandler.

Fournitures, Supplies.

Fourreau, Bushing, edging, case, cover, sheath, sleeve, sleeve valve, trunk; **machine à —**, trunk or sleeve engine; **piston à —**, trunk piston; **piston plongeur à —**, trunk plunger; **— de broche**, spindle sleeve; **— de la contre-pointe**, tailstock sheath.

Fourrer, to Stuff, to line, to fur, to heckle, to serve; **mailloche à —**, serving mallet; **— un cordage**, to line or to serve with fur.

Fourrure, Fur, funk (vieux filin), heckling (câble), serving (cordage); **— de boîte à bourrage**, neck bush; **— de la contre-pointe** (mach.-outil), tail-stock sheath.

Foyer, Focus (opt.) (pluriel Foci or Focuses); furnace, stoker, hearth, fire box; **à — précis**, sharp focusing; **armature d'un —**, strong bar; **autel de —**, fire bridge; **avant —**, fore hearth; **bas —**, bloomery fire, finery; **ciel de —**, furnace top, fire crown; **dirigé vers le —**, focussed; **enveloppe de —**, fire box shell; **four à deux —s**, spectacle furnace; **grille de —**, fire grate; **gueule d'un —**, fire hole; **porte de —**, fire door; **profondeur de — depth of focus; **scories de bas —**, finery cinders; **sole ou table d'un —**, dead plate of a furnace; **voûte de —**, brick arch; **— d'aérage**, dump furnace; **— antérieur**, extension furnace; **— à chaîne**, chain stoker; **— à chargement par en dessous**, underfeed stoker; **— à chargement par en dessus**, overfeed stoker; **—s conjugués**, conjugate foci; **— de fusion**, hearth; **— à grille inclinée**, inclined grate stoker; **— à grille mobile**, travelling grate stoker; **— à grille plate**, flat grate stoker; **— avec grille à rouleau**, furnace with clinker grinder; **— à hélice**, screw stoker; **— d'une lentille**, focus of a lens; **— à loupes**, block furnace; **— mécanique**, mechanical stoker; **— ondulé**, corrugated furnace; **— à piston**, ram stoker; **— ponctuel**, point focus; **— à réchauffer**, fore hearth; — **solaire,** solar furnace — **à sole acide,** acido-phen hearth; — **virtuel,** virtual focus.

Fraction, Fraction.

Fractionné, Fractional; **condensation** —ée, fractional condensation; **distillation** —ée, fractional distillation; **éclateur** — (T.S.F.), quenched spark gap; **fusion** —e, fractional melting; **sublimation** —e, fractional sublimation.

Fractionnement, Fractionation; **tour de** —, fractionating tower, bubble tower.

Fractographie, Fractography.

Fractographique, Fractographic.

Fracture, Fracture, breakage.

Fragile, Fragile, brittle.

Fragile (marque sur les caisses), With care.

Fragilité, Brittleness, shortness; **non** —, toughness; — **de l'acier par l'hydrogène,** hydrolyse embrittlement; — **à chaud,** hot brittleness, hot shortness; — **de revenu,** temper brittleness.

Fragment, Fragment.

Fragmentation, Fragmentation; **bombe à** —, fragmentation bomb.

Frais, Charges, cost, expenditures, expenses, fees; **faux** —, incidental charges, contingencies, incidentals; **à faux** — (temporairement), provisionnally; — **de déplacement,** travelling expenses; — **divers,** sundries; — **d'entretien,** cost of upkeep, maintenance expenses; — **d'exploitation,** operating cost, working expenses, running cost; — **généraux,** overhead cost; — **d'installation,** capital cost; — **d'outillage,** tooling up expenses; — **de transit,** transit expenses; — **de transport,** freight charges; — **de vente,** marketing expenses.

Fraisage, Milling, cutting; **mandrin de** —, milling arbor, cutter arbor; **sabot de** —, milling shoe; **tête de** —, cutter head, milling head.

Fraise, Cotter, bit, hob, mill, milling cutter; **flan de** —, cutter blank; **jeu de** —s, set of cutters; **mandrin porte** —, cutter arbor, cutter spindle; **surfaçage à la** —, face milling; **tour à** — **à copier,** copying milling machine; **train de** —s, grouped cutters; — **à aléser,** hole boring cutter; — **aléseuse,** internal milling cutter; — **d'angle,** angular or angle cutter; — **angulaire,** conical side cutter, rose bit; — **pour barreaux,** rounding cutter; — **en bout,** end cutter; — **à bouveter,** tonguing cutter; — **à canneler,** moulding cutter; — **à carbure,** carbide cutter; — **circulaire,** cone bit; —**s combinées,** grouped cutters; — **concave,** concave cutter; — **conique,** rose bit, countersinking bit, cone countersink, cone milling cutter, reamer; — **conique d'angle,** angle cutter, coned cutter; — **convexe,** convex cutter; — **de côté,** side cutter; — **cylindrique,** cylindrical cutter; — **à dents rapportées,** cutter with inserted teeth; — **à denture cannelée,** grooved cutter; — **à denture latérale,** side cutter; — **à dépouiller,** backed off milling cutter; — **à disque,** face and side cutter; — **pour engrenages,** gear cutter, wheel cutter; — **de face à trois tailles,** side and face cutter; — **à deux faces,** face and side cutter; — **à feuillures,** rebating cutter; — **à fileter,** thread milling cutter; — **de forme,** form cutter, profile cutter; — **de fraiseuse raboteuse,** facing cutter; — **de front,** face milling cutter; — **à graver,** engraving miller; — **pour faire les joints,** jointer cutter; — **latérale,** side cutter; — **mère,** worm hob; — **à mortaiser,** slotting cutter; —

plane, face milling cutter; — **plate à deux tranchants,** chamfering drill, chamfering tool; — **à profil variable,** backer off cutter; — **profilée,** formed cutter, profile cutter; — **à profiler,** profile cutter; — **à rainer, raineuse, à rainurer, à rainures,** grooving cutter, slot cutter; — **ronde,** cherry; — **sphérique,** spherical cutter; — **à tailler les alésoirs,** cutter for fluting taps; — **à tailler les engrenages,** cutter for gear wheels; — **à tailler les gorges des forets hélicoïdaux,** cutter for futing twist drills; — **à tailler les rainures de tarauds,** fluting miller for taps; — **à volant,** fly cutter; **flan de** —, cutter blank; **jeu de** —**s,** set of cutters; **mandrin porte** —, cutter arbor, cutter spindle; **surfaçage à la** —, face milling; **tour à** — **à copier,** copying milling machine; **train de** —**s,** grouped cutters.

Fraisé, Milled, countersunk; **induit** —, milled armature; **rivet à tête** —, countersink rivet; **tête** —**e,** countersunk head; **à tête** —**e (vis),** button headed; **rivetage** —, countersunh riveting; **vis à tête** —**e,** bevel headed screw, countersunk head screw.

Fraiser, to Mill, to countersink; **machine à** —, milling machine, miller, mill (voir aussi Fraiseuse); **machine à** — **les aubes de turbines,** turbine blade milling machine; **machine à** — **les encoches,** slot milling machine; **machine à** — **les engrenages,** gear cutting machine, gear miller; gear milling machine, gear hobbing machine, hobbing machine, hobber; **machine à** — **les filetages,** thread milling machine, thread miller; **machine à** — **les filetages courts (longs),** short (long) thread milling machine; **machine à** — **les hélices,** propeller milling machine; **machine à** — **les rails,** rail milling machine; **machine à** — **les rainures de clavettes,** key way cutting machine, key seating machine; **machine à** — **les têtes de vis,** screw head countersink milling machine; — **circulairement,** to mill circularly.

Fraiseur, Miller; **plateau** —, cutter head.

Fraiseuse, Miller, milling machine; countersink drilling machine; **aléseuse** —, boring and milling machine; **bâti d'une** —, column of a milling machine; **broche d'une** —, spindle of a milling machine; **console d'une** —, knee of a milling machine; — **automatique,** automatic milling machine; — **à broche horizontale,** horizontal spindle milling machine; — **à broche unique,** single spindle milling machine; — **à broche verticale,** vertical spindle milling machine; — **à deux broches,** double spindle milling machine; — **à console,** ram type miller, knee and column miller machine; — **à copier,** contour miller, profiling milling machine, duplex milling machine; — **d'établi,** bench miller; — **de fabrication,** manufacturing milling machine; — **à graver,** engraving miller; — **horizontale,** horizontal, or horizontal spindle, milling machine; — **à levier,** hand spike miller; — **à main,** hand milling machine; — **mobile,** portable miller; — **d'outillage,** tool room miller, tool milling machine; — **portative,** portable miller; — **raboteuse,** planer type miller, planotype miller, planomilling machine, slabbing miller; — **rapide,** high speed miller; — **à reproduire,** contour miller, profiling milling machine copying miller; — **rigide,** heavy duty miller, rigid miller; — **simple,** plain milling machine; — **à table**

circulaire, rotary table miller; — **à tailler les engrenages**, gear miller; —**universelle**, universal milling machine; — **verticale**, vertical, or vertical spindle, milling machine.

Fraisil, Breeze, coal cinders, coal dust, coal dross, culm.

Fraisoir, Countersink bit.

Fraisure, Countersink.

Fraisuré, Countersink hole.

Franc, Free; dead; **court-circuit** —, dead short circuit.

Franche (pompe), Free.

Franc bord (N.), Free board.

à Franc bord (c. n.), Carved built.

Franc d'avaries particulières, Free of particular average (F. P. A.).

port Franc, Free port.

pompe Franche, Free pump.

zone Franche, Free zone.

Franchir (une pompe), to Free.

Franchise, Allowance, free allowance, franchise.

Frange, Fringe, ring; slip band; intensité des —s, fringe intensity; — **colorée**, coloured ring.

Franco, Free, free of charge; livraison —, delivery free; — **d'avarie**, free of all average (F.A.A.); — **à bord**, free on board.

Frappe de la monnaie, Coining.

Frappe du marteau, Header.

Frapper, to Knock, to strike, to smite, to hit; — **de la monnaie**, to beat, to coin.

Frappeur (T. S. F.), Tapper.

relais Frappeur, Sounding relay.

Frein, Brake; convoy, drag wheel; câble de —, brake wire; cheval indiqué au —, brake horse power (B.H.P.); **dynamomètre à** —, brake dynamometer; écrou —, lock nut, locking nut; **essai de** —, brake test; **force du** —, brake pressure; **garnir un** —, to shoe a brake; **garniture de** —, brake lining; **levier de** —, brake lever; **mâchoire de** —, brake jaw; **mécanisme faisant agir le** —, brake gear; **patin de** —, brake shoe; **pédale de** —, brake pedal; **poulie de** —, brake pulley; **puissance au** —, brake horse power; **rondelle** —, lock washer; **roue sur laquelle agit le** —, brake wheel; **ruban de** —, brake strap; **sabot de** —, brake block, brake shoe; **segment de** —, brake shoe; **serre** —**s**, brakeman; **vis du** —, brake staff; **volant de manœuvre du** —, brake wheel; **volets** —, brake flaps; — **aérodynamique**, air brake; — **à air**, air brake; — **à air comprimé**, compressed air brake, westinghouse brake; —**anti-dérapant**, non skid brake; — **d'appontage**, decking brake; — **d'avion**, aircraft brake; — **à bande avec blochets**, link brake; — **bloqué**, blocked brake; — **à cale**, expanding wedge brake; — **à collier**, band brake; — **à cône**, cone brake; — **à contre-pédalage**, coaster brake; — **d'embrayage**, clutch brake; — **à expansion**, expanding brake — **à friction**, friction brake; — **à gorge**, V shaped brake; — **d'hélice**, propeller brake; — **hydraulique**, hydraulic brake, water brake; — **hydromécanique**, hydromechanical brake; — **hydropneumatique**, hydropneumatic brake; — **sur jante**, rim brake; — **à lames**, compressor brake; — **magnétique**, magnetic brake; — **à main**, hand brake; **levier de** — **à main**, hand brake lever; — **à pédale, au pied**, foot brake; — **de piqué**, dive brake; — **de Prony**, Prony's brake, dynamometrical brake; — **sur rail**, track or rail brake; — **de rotation**, swing brake; — **sur roue**, wheel brake; — **sur les quatre roues**, four wheels brake;

FRÉ — 228 — **FRI**

— **à ruban**, band brake, strip brake; — **à sabot**, block brake, shoe brake, drag wheel; — **de secours**, emergency brake; — **à solénoïde**, solenoid brake; — **d'un tendeur**, locking wire; — **de translation**, travelling brake; — **à vide**, vacuum brake; — **à vis**, screw spindle brake.

Freinage, Braking, retardation; **couple de** —, braking resistance; **effort de** —, braking pull; **essai de** —, braking test; **force de** —, braking load, braking force; **parachute de** —, drag parachute; **portique de** —, braking gantry; — **différentiel**, differential braking; — **dynamique**, dynamic braking; — **magnétique**, magnetic braking; — **à récupération**, regerative braking; — **sur résistances**, resistance or rheostatic braking.

Freiné, Braked; **non** —, non braked.

Frêne, Ash, ashtree.

Fréon, Freon.

Fréquence, Frequency; **bande de** —**s**, frequency band; **bande d'atténuation de** —**s**, filter attenuation band; **bande de suppression de** —**s**, filter stop band; **basse** —, audio or low frequency; **amplificateur de basse** —, audio amplifier; **changeur de** —, frequency changer; **constante de** —, frequency constant; **contrôleur de** —, frequency controller; **correcteur de** —, frequency corrector; **déplacement de** —, frequency shift; **distorsion de** —, frequency distortion; **doubleur de** —, frequency doubler; **gamme de** —**s**, frequency range; **haute** —, high frequency, radio frequency; **modulation de** —, frequency modulation, F.M.; **émetteur à modulation de** —, F.M. transmitter; **moyenne** —, intermediate frequency; **oscillateur à basse** —, audio oscillator; **radio** —, radiofrequency; **régulateur de** —, frequency regulator; **stabilité de** —, frequency stability; **transformateur de** —, frequency transformer; **tripleur de** —, frequency tripler; — **acoustique**, audio frequency (a. f.); — **d'alimentation**, mains frequency, supply frequency; — **angulaire**, radian frequency; — **audible**, audible frequency; — **de balayage** (télévision), frame frequency; — **critique**, critical frequency, cut off frequency (h. f.); — **d'étincelles** (T.S.F.), spark frequency; — **fondamentale**, fundamental frequency; — **musicale**, audio frequency (a. f.); — **d'ondulations**, ripple frequency; — **porteuse**, carrier frequency; — **de repos, du courant porteur**, centre frequency; — **de résonance**, résonance frequency; — **de seuil**, threshold frequency; — **de télévision**.

Fret, Freight; — **aérien**, air freight.

Frète, Axle hop.

Frêter, to Freight, to let.

Frette, Binding, hoop; binding hoop, barrel band, bond, collar, curbing, ferrule; **segment de** —, clamping segment; — **en fer forgé**, wrought iron bond; — **de moyeu**, nave hoop; —**s des pilotis**, pile rings.

Fretté, Banded, bound, bound with iron hoops, coiled, hooped, shoed; **canon** —, coiled gun; **canon** — **en fil d'acier**, wire gun.

Fretter, to Band, to bind with iron, to hoop, to shoe.

Friction, Friction; **à** —, frictional; **accouplement à** —, friction clutch coupling, overload coupling; **accouplement à cône de** —, cone coupling; **cône de** —, friction socket; **disque de** —, friction disc; **embrayage à** —, friction clutch; **frein à** —, friction brake; **manchon à —,** box of a friction coupling; **presse à —,** friction (screw) press; **roue à — conique,** friction bevel gear; **transmission à —,** friction drive.

appareil Frigorifique, Refrigerator.

entrepôt Frigorifique, Refrigerated warehouse.

machine Frigorifique, Refrigerating machine.

navire Frigorifique, Refrigerator ship.

Frittage, Pressing, clinkering, sintering; **— à chaud,** hot pressing.

four à Fritte, Ash furnace.

Fritté, Cemented, sintered, powdered; **carbure —,** cemented or sintered carbide; **métal —,** powdered metal; **produit —,** clinker.

se Fritter, to Clinker.

Froid, Cold; **allure —e (h. f.),** cold working; **aménagé contre le —,** winterized; **battage à —,** cold hammering; **cassant à —,** cold short, cold brittle; **ciseau à —,** cold chisel, hewing chisel; **départ à —,** cold start; **émaillage à —,** cold enamelling; **essai à —,** cold assay, cold test; **étiré à —,** cold drawn, hard drawn; **fissuration à —,** cold cracking; **formage à —,** cold forming; **forgé à —,** cold forged; **goutte —e,** cold shot; **laminé à —,** cold reduced, cold rolled; **laminoir à —,** cold rolling mill; **martelé à —,** cold hammered, cold beaten; **rivetage à —,** cold riveting; **scie à —,** cold sawing machine; **traitement par le —,** deep freezing, subzero treatment; **tranche à —,** chisel for cold metal; **travail à —,** cold working, cold forming; **— atomisé,** quick freezing.

Front, Front, face; **— d'abatage,** digging face; **— de flamme,** flame front; **— d'onde,** wave front; **aberration du — d'onde,** wave front aberration; **— raide (onde à),** steep front; **— de taille (mines),** face.

Frontal, Frontal; bobinage —, end winding, evolute winding; **dépouille —e,** front clearance; **palier —,** end bearing; **radiateur —,** front radiator; **surface —e,** frontal area; **tourillon —,** end journal; **traverse —e,** front beam.

Fronteau, Breast work.

Frottant, Rubbing, sliding; **plaque —e (du tiroir),** sliding plate, sliding face.

Frottement, Friction, rub, rubbing, scrubbing, scuffing; **de —,** frictional; **angle de —,** angle of friction; **coefficient de —,** friction coefficient; **entraînement par —,** friction gearing; **résistance de —,** frictional resistance; **roues s'entraînant par —,** brush wheels; **sabot, semelle de —,** friction shoe; **sans —,** frictionless; **roulements sans —,** frictionless bearings; **usure par —,** abrasion, attrition, galling; **— sur l'air,** windage; **— de dérapage,** skidding friction; **— de glissement,** sliding friction, friction of sliding; **— de roulement,** rolling friction, friction of rolling; **— superficiel (aviat.),** skin friction; **user par —,** to abrade, to gall.

Frotter, to Rub, to fret, to scrubb.

Frotteur, Rubber, sliding contact, collecting shoe; **archet —,** sliding bow.

Frottoir, Wiper, brush, cushion.

Fruit, Batter; **— amont,** upstream batter; **— aval,** downstream batter; **— d'un mur,** batter of a wall.

Fuir, to Blow, to leak, to weep.

qui Fuit, Leaky.

Fuite, Leak, loss, outrush, snape (biseau), blow by; **cherche —,** escape detector; **détecteur de**

—s, leak detector; **petite — d'eau,** dripping, dropping out; **réactance de —,** stray reactance; **— d'air,** air leakage; **— d'eau,** water leak, water way; **— de gaz,** gas escape; **— de vapeur,** steam leak or leakage; **donner de la — à (charpente),** to snape.

Fulchronographe, Fulchronograph.

Fulmicoton, Cotton powder.

Fulminant, Detonating, fulminating, fulminant; **poudre —e,** detonating powder.

Fulminate, Fulminate; **— de mercure,** fulminate of mercury.

Fumant, Fuming.

Fumée, Smoke; **boîte à —,** smoke box; **casque pare —,** smoke helmet; **détecteur de —,** smoke detector; **indice de —,** smoke point; **noir de —,** lamp black, soot black; **sans —,** smokeless; **poudre sans —,** smokeless powder; **tube de —,** fire tube.

Fumées, Fumes (particules de 0,1 à 1,0 μ); smokes (particules inférieures à 0,1 μ).

Fumigation, Fumigation.

Fumigène, Fumigant; **bombe —,** smoke bomb; **obus —** smoke shell.

Fumiger, to Fumigate.

Fumivore, Smoke consuming, antismoke; **appareil —,** smoke consuming apparatus.

Fumivorité, Smoke combustion.

Funiculaire, Ropeway; **chemin de fer —,** rope railway; **crémaillère de —,** cog or cogged rail.

Furannes, Furans.

composés Furanniques, Furano compounds.

Furfural, Furfural.

Fuseau, Spindle; **denture à —x,** pin teeth; **en forme de —,** spindle shaped; **— de chaîne,** chain pin; **— de fermeture (chaîne),** end pin; **— moteur,** nacelle.

Fusée, Rocket, flare, fuse; neck, barrel, wheel bed; **ancre d'atterrissage à —,** rocket propellent anchor; **lance —,** rocket launcher; **lancé par —,** rocketed; **mortier à —s,** rocket mortar; **moteur —,** rocket motor, pulse jet engine; **poinçon pour percer la —,** blasting needle; **propulsé par —,** rocket propelled, rocket powered, jet powered; **propulsion par —,** rocket propulsion); **science des —,** rocketry; **— d'amorce à combustion lente,** blasting fuse; **— d'atterrissage,** landing flame; **— à combustible liquide,** liquid fuel rocket; **— à combustible solide,** solid fuel rocket; **— à double effet,** ducted rocket; **— éclairante,** flare; **— d'essieu,** axle journal, axle neck, axle spindle; **— à un étage,** one stage or one staged rocket; **— à deux étages,** two stage or two staged rocket; **— hydrostatique,** hydrostatic fuse; **— à inertie,** inertie fuse; **— à parachute,** parachute flare; **— à percussion,** percussion fuse; **— au peroxyde d'hydrogène,** hydrogen peroxide rocket; **— de proximité,** proximity fuse; **— à retard,** delay action fuse; **— à temps,** time fuse; **— traceuse,** tracer fuse.

Fuselage, Fuselage or fusilage (rare), body; **— de contreplaqué,** plywood fuselage; **— double,** double body; **— effilé,** sharp fuselage; **— métallique,** metal body; **— monocoque,** monocoque fuselage; **— simple,** single body; **— en toile,** canvas body.

Fuselé, Streamlined; **câble —,** streamlined cable; **fil —,** streamlined wire.

Fuser, to Blow out, to blow off, to fizz.

Fusible, Fuse, cut out; fusible (adj.); **bouchon —,** fusible plug; **couleur —,** enamel colour; **coupe-circuit à —,** cut out fuse; **fil —,** fuse or flexible wire; **plomb —,** safety fuse; **porte —,** fuse holder; **rondelle —,** safety plug; **tablette à bornes pour —s,** fuse block; **— à double élément,** grillé; dual (element) fuse; **— fondu,** blown fuse.

Fusil, Gun, rifle; **— calibre** 12, 12 gauge gun; **— de petit calibre,** small bore rifle; **— à canon lisse,** smooth gun; **— à canons superposés,** underover or superposed shot gun; **— de chasse,** shot gun; **— à chiens,** hammer gun; **— à deux coups,** double barelled gun, double barrel; **— à éjecteurs,** ejector gun; **— à lunette,** scope sighted gun; **— à pompe, à trombone,** pump gun; **— à magasin, à répétition,** magazine rifle; **— rayé,** rifle; **— sans recul,** recoilless gun.

Fusion, Fusion, melting, smelting, blending, colliquation; **en —,** molten; **forage par —,** fusion piercing; **four, fourneau de —,** melting furnace; **limite de —,** limit boundary; **lit de —,** batch; **moulé par —.** heat cast; **point de —,** melting point (m. p.); **soudage par —,** fusion melting; **— fractionnée,** fractional melting; **— sous vide,** vacuum fusion.

Fût, Crank brace, barrel, drum, shaft, pillar, ferrule; **grue à —,** pillar crane; **semelle du — (cheminée),** base; **viroles d'un —,** corrugations of a drum; **— de cheminée,** chimney shaft; **— de colonne,** shaft of a column; **— pétrolier,** barrel; **— de rabot,** plane stock; **— à rochet,** ratchet drill.

G

Gabariage, Lighterage; moulding (c. n.).

Gabarie (c. n.), Moulded, molded.

Gabarier (c. n.), to Mould, to mold; presse à —, moulding press, forming press.

Gabarit, Copy, standard gauge, gauge, jig, jigging, modelling board, plan scantling (c. n.), mold or mould (c.n.), jig, template or templet; galet de —, copying roller; pose sur —, jigging; salle des —s, mould loft; porter sur le plancher de la salle des —s, to lay off in the mould loft floor; tour à —, copying lathe; — d'entaillage des traverses, adzing gauge; — enveloppant, envelope jigging; — d'équerrage, bevelling board; — pour le fonçage d'un puits, barrel curb; — de montage, assembly jig or jigging; — d'un navire, mould of a ship; — de perçage, drill template; — d'usinage, machining jig.

Gabarre, Lighter.

Gâchage du béton, Concrete mixing.

Gâche (d'un verrou), Bolt clasp, box stable.

Gâchée, Batch; — foisonnée, input batch; — en place, output batch.

Gâcher, to Mix, to gauge.

Gâchette, Tumbler (fusil); follower, catch (serrure); ressort de —, trigger spring.

Gage, Mortgage, voucher; mettre en —, to mortgage.

Gaïac, Lignum vitae.

Gaillard, Fore sheets; — d'arrière, quarter deck; — d'avant, fore castle.

Gailleteries, Beans and nuts.

Gaillette entre 10 et 6,3 cm, Broken.

Gaillettes, Cobbles; coke en —, nut coke.

Gain, Gain, earnings, profit, return.

Gaînage, Sheathing.

Gaîne, Sheath, conduit, duct; terminal (architect.); à — métallique, metal screened; — d'aérage, air pipe; — de conducteurs, conductor sheathing; — de raccordement, connecting conduit; —s de ventilation, ventilation conduits.

Gaîné, Sheathed.

Gaînerie, Sheath making.

Gaître, Gaiter.

Galactique, Galactic.

Galbord (c. n.), Garboard, keel plating; bordage de —, garboard plank; virure de —, garboard strake.

Galine, Galena, glance, lead glance, lead sulphide; — argentifère, silver bearing galena.

Galère, Long plane.

Galerie, Gallery, tunnel, adit, bord, drift, drive; abandonner une —, to break up a drift; amorce de —, opening of a gallery; blindage en —, tunnel lining; cadre de bois d'une —, gallery frame; creusement de —s, tunnelling; paroi de —, face of a gallery; petite —, creep hole; — d'accès, entrance tunnel; — d'amenée, inlet tunnel; — à travers banc, cross course; — d'écoulement, adit level, deep level, drainage gallery, off take; — d'épuisement, drain gallery; — d'exhaure, drainage gallery; — **de fond ou principale,** deep adit; — **milieu,** centre drift; — **de reconnaissance,** exploring drift; — **à siphon,** blind level; — **souterraine,** adit; — **supérieure,** air drift; — **transversale,** traverse gallery; — **de ventilation,** ventilating course; — **de vidange,** evacuation or drainage gallery; **percer des —s,** to drift.

Galet, Roller, cam bowl, cam roll; **couronne de —s,** roller ring; **coussinet à —s coniques,** taper or tapered roller bearing; — **de came,** cam follower; — **cémenté,** hardened roller; — **conique,** tapered roller; — **de gabarit,** copying roller; — **de poussoir,** tappet roller.

Galets, Boulder stones.

Galipot, White resin.

Galiscorne, Iron armour of bellows.

noix de Galle, Gall nut.

Gallium, Gallium.

Gallon (mesure anglaise de capacité), Gallon; (4 litres 543); **capacité en —s,** gallonage; **—s par minute,** gallons per minute, g.p.m.; **—s par seconde,** gallons per second, g. p. s.

Gallon américain, 3 litres 785.

Galoche (poulie coupée), Snatch block.

Galoche (Mar.), Chock.

Galopin, Idler.

Galvanique, Galvanic; **élément** —, galvanic cell.

Galvanisation, Galvanisation or galvanization, galvanizing; — **à chaud,** hot galvanizing.

Galvanisé, Galvanised or galvanized; **bac** —, galvanised tank; **fer** —, galvanized iron; **tôle** —**e,** galvanized sheet.

Galvaniser, to Galvanise, to galvanize, to zinc.

Galvanomètre, Galvanometer; **constante d'un** —, galvanometer constant; **shunt d'un** —, galvanometer shunt; — **absolu,** absolute galvanometer; — **apériodique,** aperiodic or dead beat galvanometer; — **astatique,** — astatic galvanometer; — **balistique,** balistic galvanometer; **à corde ou d'Einthoven,** string galvanometer; — **différentiel,** differential galvanometer; — **à réflexion,** mirror galvanometer; — **à torsion,** torsion galvanometer.

Galvanoplastie, Electroplating; **atelier de** —, plating room; **génératrice de** —, plating generator.

balance Galvanoplastique, Plating balance.

Gamme, Range; **à large** —, wide range; **à large** — **de vitesses,** wide speed range; — **de distillation d'un carbure,** boiling range (B.R.); — **de fréquences,** frequency range; — **de longueurs d'onde,** wave range.

Gammexane, Gammexane.

Gangue, Gang, gangue, bond, brood, deads; **à** — **d'argile,** clay bonded.

Garage, Garage; parking; **mécanicien de** —, garage mechanic; **voie de** —, shunt line, side track, siding.

Garant, Guaranteed.

Garantie, Guaranty, voucher, warranty.

Garantir, to Guarantee, to warrant; — **de,** to screen.

Garcette, Gasket.

Garde, Guard, keep, clearance; **plaque de** —, axle box guard, horn block, horn plate, guard plate, rub plate; — **aiguille,** edge rail; — **boue,** dash board, splash board; — **corps,** guard rail, life guard, life line; — **fou,** hand railing, life guard; — **magasin,** store keeper, ware-

houseman; — **d'un pène,** ward of a lock; — **pied (rail),** foot guard; — **quai,** wharfinger.

Gardien, Keeper.

Gare, Railway station, station; depot (Etats-Unis); **chef de —,** station master; **quai d'une —,** platform of a station; — **maritime,** ocean or passenger terminal; — **de triage,** retarder yard.

Garer, to Shunt, to park.

Gargousse, Cartridge.

Garni de, Lined with.

Garnir, to Arm, to line, to bush, to fit, to pack; **action de — un presse-étoupe,** gland packing; — **de clous,** to bestud; — **un coussinet,** to line a bearing; — **de dents,** to cog; — **un joint,** to pack; — **de merlin,** to marl; — **un piston,** to pack a piston.

Garnir de, to Line with.

Garnissage, Casing, lagging, lag-lining; **à — acide,** acid lined; **tubes à —,** packed tubes.

Garniture, Lining, jointing, ring, junk ring, keckling (câble), packing, shoe; upholstery; **bague de — hélicoïdale,** coiled piston ring; **boîte à —s,** stuffing box; **câble à — tressée,** stranded cable; **plateau de —,** packing plate; **porte —s,** gland housing; **presse —s,** packing block; **ressort de —,** band spring; **tresse pour —,** packing tow; — **en amiante,** asbestos packing; — **d'axe,** axle wad; — **en caoutchouc vulcanisé,** vulcanized indiarubber packing; — **de chanvre,** hemp packing; — **de chaudière,** boiler armature; — **en coton,** cotton packing; — **d'un joint glissant,** elastic packing; — **métallique,** metal or metallic packing; — **de meule à émeri,** wheel lap; — **s de piston,** piston packings; — **d'un presse-étoupe,** packing of a stuffing box, gland packing.

Garrot, Bending stick, gag.

Gâteau, Cake; — **de mâchefer,** raw ball; — **de ressuage,** cake, carcass.

Gauche, Left; **du côté —,** on the left side, on the left hand; **pas à —,** left handed thread.

Gauche, Skew, skewly, crooked; **surface —,** skew surface.

Gauchi, Atwist, cast, not true, twisted, warped; **aileron —,** warped aileron.

Gauchir, to Cast, to warp, to jet out; **se —,** to distort.

Gauchissement, Buckling, crooking, distortion, twisting, warping, warpage; **câble de —,** warping wire, warping cable; **plan de —** (aviat.), wing flap; — **des ailes,** wing warping, wing twisting.

Gaufré, Checkered, chequered, corrugated; **papier —,** corrugated paper; **toile de coton —,** embossed cloth; **tôle —e,** chequered plate.

Gaufrer, to Corrugate, to emboss, to goffer; **machine à —,** embossing machine.

Gaufrure, Embossing, goffering.

Gauss, Gauss; **force magnétomotrice exprimée en —,** gaussage.

Gaz, Gas (pluriel Gases); **appareil à —,** gas apparatus; **barboteur à —,** gas scrubber, gas bubbler; **bec de —,** gas burner, gas lamp; **bouteille à —,** gas cylinder; **brûleur à —,** gas burner; **brûleur à — à deux trous,** fish tail burner; **cémentation au —,** gas carburizing; **chalumeau à —,** gas blowpipe; **chambre à —,** gas space; **chaudière chauffant au —,** gas fired boiler; **cloche à —,** gas bell; **commande des —,** throttle control; **compresseur de —,** gas compressor; **compteur à —,** gas meter; **conduite de —,** gas main, gas line; **décapage**

au —, gas pickling; **décharge dans un** —, gas discharge; **dégagement des** —, degassing; **éclairage au** —, gas lighting; **épurateur de** —, gas cleaner, gas purger; **étanche aux** —, gas proof; **fuite de** —, gas escape; **générateur à** —, gas generator; **manette des** — (auto), gas lever; **masque à** —, gas mask; **moteur à** —, gas engine; **moteur à** — **de haut fourneau**, wasted gas engine, blast furnace gas engine; **moteur à** — **pauvre**, producer gas engine; **pinces à** —, gas pliers or plyers; **plein de** —, gas filled; **prise de** —, catcher, gas exit pipe (h. f.); **régulateur de débit du** —, gas governor; **séparateur de** —, gas trap; **soudure au** —, gas welding; **soupape à** —, gas valve, gas vent; **tube à** —, gas tube, gas filled tube; **turbine à** —, gas turbine, combustion turbine; **tuyau de** —, gas pipe; **usine à** —, gas works; — **asphyxiant**, asphyxiating gas; — **brûlés**, waste gas; — **carbonique**, carbon dioxide; — **de combustion**, flue gas; — **délétères** (explosion de grisou), after damp; — **d'échappement**, exhaust gases; — **d'éclairage**, coal gas, lighting gas; — **à l'eau**, water gas; — **des fours de fusion**, smelter gases; — **de gazogène**, producer gas; — **de gueulard**, top gas; — **de haut fourneau**, blast furnace gas; — **imparfait**, imperfect gas; — **inerte**, inert gas; — **lacrymogène**, tear gas; — **liquéfié**, liquefied gas, gasol; — **des marais**, marsh gas; — **moutarde**, mustard gas; — **naturel**, natural gas; — **occlus**, occluded gas; — **pauvre**, producer gas; — **perdus**, waste gases; — **rare**, rare gas; — **réducteur**, reducing gas; — **résiduel**, residual gas; — **sec**, dry gas; — **de sortie**, exit gas; — **tonnant**, detonating gas; — **vésicant**, blister gas; — **de ville**, town gas; **fermer les** —, (auto) to throttle down.

Gaze, Gauge.

Gazéification, Gasification; — **souterraine**, underground gasification.

Gazeux, Gaseous; **combustible** —, gaseous fuel; **conduction** —**se**, gaseous conduction; **courant** —, gas stream; **dégagement** —, gassing; **diffusion** —**se**, gaseous diffusion; **mélange** —, gaseous mixture.

Gazogène, Gas producer, generating set, retort; **cuve de** —, body of a gas producer; — **par aspiration**, gas suction plant.

Gazomètre, Gasometer, gas holder; gas tank; — **à cuve d'eau**, water moat gas — **à guidages droits**, gas tank on straight vertical guides — **à guidages hélicoïdaux**, gas tank on spiral guides — **à n levées**, n stroke gasometer; — **sec**, dry gas tank; — **télescopique**, telescopic gas tank; **levée d'un** —, stroke of a gasometer.

Gel, Gel; — **cellulosique**, cellulose gel; **silica** —, silicagel.

Gélatine, Gelatine; — **sensibilisée**, sensitized gelatine.

Gélif (bois), Colty.

Gélification, Gelation, gel formation.

Gélifiant, Gelling.

Gélivure, Cleft, coltiness, shake.

Géminé, Accoupled, coupled.

Gemmage, Boxing.

sel Gemme, Rock salt.

Général, General, main; **alimentation** —**e**, main feed.

Générateur, Generator, generating (adj.); **moteur** —, motor generator; **groupe moteur** —, motor generator set; **turbo** —, turbo generator, turbine generator; — **d'acétylène**, acetylene generator; — **à alternateur**, alternator generator; — **à arc**, arc generator; —

de balayage, sweep generator; — **de bruits**, noise generator; — **électrique**, electric generator; — **électronique**, electronic generator; **électrostatique**, electrostatic generator; — **de force motrice**, prime mover; — **à gaz**, gas generator; — **harmonique**, harmonic generator; — **à haute fréquence**, high frequency (h.f.) generator; — **d'impulsions**, impulsion generator; — **de mousse**, foam generator; — **d'ondes**, wave maker; — **à pôles radiaux**, radial pole generator; — **polyphasé**, polyphase generator; — **de signaux**, signal generator, tone generator; — **de très hautes tensions**, surge generator; — **d'ultra-sons**, ultrasonic generator; — **de vapeur**, steam generator.

Génératrice, Generator; generating (adj.); **station, usine** —, generating station, power station; — **diphasée**, two phase generator; — **à flux ondulés**, homopolar generator; — **hétéropolaire**, heteropolar generator; — **homopolaire**, homopolar generator; — **monophasée**, single phase generator; — **à pôles alternés**, heteropolar generator; — **à pôles radiaux**, radial pole generator; — **à pôles saillants**, salient pole generator; — **polymorphique**, multicurrent generator; — **polyphasée**, polyphase generator; — **à roue hydraulique**, water wheel generator; — **de signaux**, signal generator.

Genévrier, Juniper.

Génie civil, Civil engineering.

Génie maritime, Naval engineering.

Genou, Knee, elbow; futtock (c.n.); **joint à** —, joint with ball, ball and socket joint; — **arrondi**, round elbow; — **de réduction**, angle reducer, reducing elbow; — **vif**, square elbow.

Genouillère, Elbow, knee piece, knee cap, ball and socket joint; **à** —, toggle operated; **valve à** —, toggle valve; — **de tuyau**, elbow joint, swing joint.

Géochimie, Geochemistry.

Géodésie, Geodesy.

Géodésique, Geodesic, geodesical; **faisceau** —, geodesic pencil.

Géographic, Geography.

Géographique, Geographic; **méridien** —, geographic meridian.

Géologie, Geology.

Géologique, Geological; **expertise, relevé** —, geological survey or surveying.

Géomagnétique, Geomagnetic.

Géomètre (mines), Bounder.

Géométrie, Geometry; — **algébrique**, algebraic or algebric geometry; — **analytique**, analytic geometry; — **descriptive**, descriptive geometry, solid geometry.

Géométrique, Geometric, geometrical; **hydraulique** —, geometrical hydraulics; **lieu** —, locus; **progression** —, geometrical progression.

Géométriquement, Geometrically.

Géophysique, Geophysics.

Geophysique (adj.), Geophysical; **prospection** —, geophysical prospection.

Gérant de société, Governing director.

Gerbe (d'un fusil de chasse), Pattern.

Gerbes, Showers; — **électroniques**, electron showers; — **de rayons cosmiques**, cosmic ray showers.

Gercé, Cleft, cracked, split, shaky.

se Gercer, to Chap.

Gerçure, Chap, clinking, crack, cracking, shake; **plein de** —s (bois), shaky.

Germanate, Germanate; — **de magnésium**, magnesium germanate.

Germanium, Germanium; **diode au —,** germanium diode; **oxyde de —,** germanium oxide.

Gicler, faire Gicler, to Spurt.

Gicleur, Atomiser, jet, spray nozzle; **alésage du —,** bore of jet; **— auxiliaire,** auxiliary jet; **— de compensation,** compensating jet; **— noyé,** submerged jet; **— à un orifice,** single opening jet; **— à orifices multiples,** multiple opening jet; **— principal,** main jet; **— de ralenti,** slow speed jet.

Giration, Gyration; **centre de —,** centre of gyration; **cercle de —,** turning circle; **rayon de —,** radius of gyration.

Giratoire, Gyratory; **broyeur —,** gyratory crusher; **facultés —s (N.),** turning power; **mouvement —,** gyration, gyratory motion.

Girouette, Vane, weather vane, wind vane.

Gisement, Deposit, bearing, layer, bed, field, lens; **— en amas,** ore body; **— irrégulier, de richesse variable,** bunch, bunchy.

Gîte, Deposit; **— disloqué,** faulted deposit.

Gîte de soufflet, Chest.

Givrage, Icing; **— des avions,** aircraft icing.

Givre, Frost; **anti —,** anti-icing.

Glaçage, Hard facing.

Glace (cylindre), Backplate, cylinder plate.

Glace, Ice; face, runner face; **adoucissement des —s,** flattening, flatting; **brise —,** ice breaker; **machine à —,** ice machine; **— sèche,** dry ice; **— du tiroir,** valve face.

Glacis, Transparent coating; glacis.

Glaisage (d'un trou de mine), Claying.

Glaisement, Coffering.

Glaisière, Clay pit.

Glancomie, Green chalk.

Gland, Gland; **en forme de —,** acorn shaped; **— de presse-étoupe,** gland of a stuffing box, stuffing gland.

Glène, Coil.

Glissade (aviat.), Gliding flight, slip, slide; **— sur l'aile,** side slip; **— sur la queue,** tail slide.

Glissant, Sliding; **joint —,** sliding joint, slip joint; **secteur —,** slide sweep.

Glissement, Alteration of angle; slip (élec.); sliding, slippage, slipping; **angle de —,** angle of friction; **composante de —,** sliding component; **cycle de —,** slip cycle; **frottement de —,** sliding friction; **plan de —,** slip plane; **zone de —,** slip zone; **— d'une courroie,** slippage of a belt.

Glisser, to Slip, to slide, to glide; **— la courroie glisse,** the belt creeps or slips.

Glissière, Slide, slider, bedway (mach. out.), cable guide, crosshead guide, guide block, guide rod; shoot, slipper guide, way, slideway; **guidage à —,** bar guide; **machine à rectifier les —s,** slide grinding machine; **valve à —,** slide valve; **— du coulisseau,** ram guide; **—s prismatiques** (mach. out.), prismatic slides; **—s de la table,** table slides; **— de la tige du piston,** piston rod guide; **— de la tête de la tige du piston —,** piston rod cap guide; **— du tiroir,** slide bar.

Glissoir à bois, Skidway.

Global, Overall, gross; **rendement —,** overall officiency.

Globe, Globe, sphere; **—s compensateurs (du compas),** quadrantal correctors.

à Globules, Spheroidal.

Glucine, Beryllia.

Glucinium, Beryllium; **carbure de —** beryllium carbide; **cuivre au —,** beryllium copper.

Gluconate, Gluconate; **calcium —,** gluconate de calcium.

Glucose, Glycogen.

Glue, Glue; **— marine,** marine glue.

Glycérégia, Glyceregia.

Glycérine, Glycerine.

Glycérogène, Glycerogen.

Glycérol, Glycerin.

Glycol, Glycol.

Gobetage, Daubing.

Gobleterie, Hollow ware.

Godet, Bucket, dipper, socket; **chaîne à —s,** bucket chain, conveyor chain; **drague à —s,** dipper dredge; **— à couleurs** (dessin), saucer; **— de drague,** dredger bucket; **— d'élévateur,** elevator bucket; **— graisseur,** grease cup, grease box; **— à huile,** drip cup, oil cup; **— de niveleuse,** skimmer; **— râcleur,** scoop; **— de ressort,** spring cap.

Godron, Craping iron.

Goélette (N.), Schooner.

Gommage, Stickiness, sticking; **— à froid,** cold sticking; **— des segments,** ring sticking.

Gomme, Gum, acacin; eraser; **dynamite —,** blasting gelatine, explosive gelatine, gum dynamite; **— à effacer,** eraser; **— à encre,** ink eraser; **— laque,** gumlac.

Gommé, Jammed, stuck; **être —,** to stick; **légèrement —,** tacky.

Gommer, to Erase; to stick.

Gommier, Gumtree.

Gond, Hinge, butt hinge.

Gondolé, Warped, buckled.

Gondolement, Bending, buckle, buckling, warpage, warping.

Gondoler, se Gondoler, to Warp.

Gonflé, Inflated, expanded.

Gonflement, Inflation, swelling; **— des plaques** (accus.), plate buckling.

Gonfler, to Expand, to inflate.

Goniomètre, Angle gauge, angle meter, goniometer; **— pour mesurer les angles des cristaux,** contact goniometer; **— panoramique,** panoramic goniometer; **— à réflexion de Wollaston,** Wollaston's goniometer.

Goniométrie, Goniometry.

Goret (N.), Hog.

Goretage, Hogging.

Goreter, to Hog.

Gorge, Groove, gorge, gut, jaw, neck, score; **à —,** grooved, lipped; **cartouche à —,** grooved or rimless cartridge; **dégagement à —,** lip clearance; **écrou à —,** groove nut; **frein à —,** V shaped brake; **joint à —,** drip joint; **outil à —,** lip or lipped tool; **poulie à —,** clip pulley, grooved pulley; **rabot à —,** fluting plane; **—s d'échappement,** exhaust troughs **— de poulie,** gorge, swallow, jaw, score, slot of a pulley, notch of a block; **— de roulement,** ball bearing race.

Goudron, Tar, coaltar, pitch; **brai de —,** pitch; **enduire de —,** to pay; **huile de —,** coal oil, coaltar oil; **— de charbon de bois,** cylinder tar; **— de houille,** coal tar; **— pour routes,** road tar; **— végétal,** swedish or vegetable tar.

Goudronnage, Tarring; paying (mar.).

Goudronné, Tarred; **béton —,** tar concrete; **cordage —,** tarred rope; **non —,** untarred; **papier —,** brown paper.

Goudronner, to Tar, to pay (mar.).

Goudronnerie, Tar works.

Goudronneuse, Tar spreader.

Gouge, Gouge, carving gouge, barrel plane, corner chisel, rose drill, wood turner's tool; —

GOU — 239 — **GRA**

Gou, de 150 à 180°, fluting; — à bec de corbin, bent gouge; — à nez rond, entering gouge; — triangulaire, corner chisel.

Gouger, to Gouge, to gouge out; opération de —, gouging.

Goujon, Gudgeon bolt, frame bolt, set bolt, knob dowel; dowel (charp.), dowel pin, pin, stud bolt, stud; assembler au moyen de —s, to dowel; — central, centre pin; — hélicoïdal, spiral dowel; — mural, wall dowel.

Goujure, Gouging.

Goulot, Neck; à — étroit, narrow necked; à — large, wide necked.

Goulotte, Kennel, gutter, chute, snout; — d'alimentation, feed chute, gravity chute, gravity snout.

Goupille, Bolt pin, pin; arrache —s, pin extractor; boulon à —, eye bolt; chasse —, pin driver, pin punch; cheville à —, forelock bolt; — d'arrêt, check pin, detent pin, stop pin; — de cisaillement, shearing pin; — d'une clavette, collar pin, cotter pin; — conique, taper pin; — d'essieu, linch pin; — fendue, split pin; — de joint de rails, channel pin; — ouvrière (d'un chariot), main pin; — de retenue, check pin; — d'une roue, wheel lock; — de sécurité, safety pin.

Goupiller, to Cottar, to pin.

Goupillon, Sprinkle.

Gournable, Nog, pin, treenail, wooden peg.

Gousset, Gusset, corner plate, gusset plate, fob, shoulder box, shoulder bracket, trussels; — d'extrémité, corner connection.

Goutte, Drip, drop; compte — s, drop glass, eye drop, dropping oil lubrificator; essai à la —, drop test; flacon compte —s, dropping bottle; — de suif, snap headed rivet.

Gouttelette, Droplet.

Gouttière, Gutter, chute, waterway; tôles —s (c. n.), stringer plates; — de hublot, wriggle; — à secousses, conveyor trough.

Gouvernail, Rudder helm; aiguillot de —, pintle; charnière du —, rudder hinge; commande de —, rudder control; dôme de —, wheel box; lanterne de —, pintle score; mèche de —, rudder stock; palonnier du —, rudder bar; penture de —, rudder band, rudder brace; roue de —, rudder wheel; savate de —, rudder sole; tamisaille du —, sweep of the rudder; trou de jaumière du —, rudder hole; tube de jaumière du —, rudder tube; — arrière, stern rudder, tail rudder; — avant, bow rudder, forward rudder; — compensé, balanced rudder; — de direction, vertical rudder; — hydrodynamique, water rudder; —s jumelés, twin rudders; — de profondeur, elevator, flipper.

Gouverner, to Steer; appareil à —, steering gear.

Gouvernes (aviat.), Control surfaces.

Grade, Grad, grade, grading; — de la meule, grade of the wheel.

Gradient, Gradient; — de potentiel, potential gradient.

Gradin, Step; à —s, en —s, stepped; à n —s, n stepped; grille à —s, grate with steps, stepped grate; lentille à —s, corrugated lens; ouvrage à —s, sloping coffin; poulie à —s, cone pulley, step cone; section en —s, stepped area; tambour à —s, stepped drum.

Graduation, Graduation, scale; à deux —s, two scale; à plusieurs —s, multirange; voltmètre à deux —s, double scale voltmeter.

Gradué, Graduated, divided; **cercle —,** graduated circle; **échelle —e,** graduated scale; **fiole —e,** graduate; **secteur —,** graduated sector; **tige —e,** meter stick; **verre —** measuring glass.

Graduel, Gradual, step by step; **relais —,** step by step relay.

Graduer, to Graduate, to calibrate, to divide.

Grain, Grain, bearing disc, bush, cam roll, carrier, stone chisel; **à —s fins,** fine grain, close grained, fine grained; **à —s serrés,** close grain; **acier à —s orientés,** grain oriented steel; **butée à —s,** breast; **cassure à —s fins,** fine granular fracture; **croissance du —,** grain growth; **de droit —,** with the grain; **à gros —,** coarse grain, coarse grained, coarse grit (meule); **cassure à gros —s,** coarse granular fracture; **poudre à gros —s,** pebble powder; **grosseur du —,** grain size; **joint des —s,** grain boundary; **limite des —s,** grain boundary; **minerai en —s,** beans and nuts ore; **— annulaire,** collar step; **— de lumière,** vent bush; **— d'une meule,** grain, grit of a grinding wheel; **— d'orge,** planing tool, pointed chisel, turning chisel, diamond, heel tool, point tool; **— d'orge de côté,** side cutting tool; **assemblage à — d'orge,** edge joint by grooves and dovetail.

Graissage, Anointing, lubrication, oiling; **huile de —,** lubricating oil, lube oil; **lumière de —,** oil hole; **trou de —,** oil hole; **tube de —,** oil pipe; **— automatique,** self oiling; **— à bague,** ring lubrication; **— par barbotage,** splash lubrication; **— centralisé,** central lubrication; **— des cylindres** (en un temps déterminé de la course), timed lubrication; **— exagéré,** overlubrication; **— forcé,** forced or forced feed lubrication.

Graisse, Grease; **boîte à —,** grease box; **godet à —,** grease box, grease cup; **injecteur à —,** grease injector; **— consistante,** cup grease, thick grease; **— consistante fibreuse,** fiber grease; **— pour essieux,** axle grease; **— graphitée,** graphite or graphited grease; **— d'imprégnation pour câbles,** cable compound; **— incongelable,** anti-freezing grease.

Graissé, Greased, oiled.

Graisser, to Grease; to oil; to lubricate; to clog; **— la lime,** to clog the file; **— avec une seringue,** to squirt.

Graisses, Fats; **— animales,** animal fats.

Graisseur, Greaser, impermeator, lubricator, oiler; **anneau —,** oil ring; **balai —,** oil brush; **godet —,** grease cup; **pistolet —,** grease gun; **robinet —,** grease cock, lubricating cock, tallow cock; **— automatique,** self acting oiler; **— à bague,** oil saving bearing, ring lubricator, ring oiler; **— à compte gouttes,** drip feed lubricator; **— à coup de poing,** hand pump lubricator, hand oiler; **— à débit variable,** sight feed lubricator; **— à débit visible,** sight feed lubricator; **— à mèche,** wick lubricator; **— stauffer,** stauffer lubricator; **— à trombone,** telescope lubricator.

Graisseux, Greasy.

Gramme, Gram, g.

Gramophone, Gramophone.

Grand, Great, large, main, major; **— axe** (d'une ellipse), major axis; **— mât,** main mast; **— pignon,** chain wheel; **— ressort,** main spring.

Grandeur (astr.), Magnitude.

Granit, Granite.

Granitique, Granitic.

Granulation, Granulation; **à faible —,** fine grain.

Granulé, Granulated, granular, feathered; **étain —**, drop tin; **soufre,** drop sulphur.

Granuler, to Corn.

Granules, Granules.

Granuleux, Granular.

Granulométrie, Sieve test.

Graphique, Graph, chart; **— des débits,** flow graph.

Graphique (adj.), Graphic, graphical; **abaque —,** graph; **analyse —,** graphical analysis; **— logarithmique,** logarithmic diagram.

Graphiquement, Graphically; —

Graphite, Graphite, black lead; **électrode de —,** graphite electrode; **flocon de —,** graphite flake; **résistance en —,** graphite resistance; **— colloïdal,** colloidal graphite; **— de cornue,** retort graphite; **— écailleux,** flaky graphite; **— nodulaire,** nodular graphite.

Graphité, Graphited; **graisse — e,** graphite grease; **huile —e,** graphited oil.

Graphitique, Graphitic; **résistance —,** graphite resistance.

Graphitisation, Graphitisation.

Graphomètre, Circumferentor, circumventor.

Grappin, Grapnel, grapple, drag hook, grab, anchor, climber, climbing iron, climbing spur, creeper, sweep; **benne à —,** grappling bucket; **—s à bois,** wood grapples; **— à câble,** rope grab; **—s de terrassement,** stone grapples.

Gras, Fat, greasy; **chaude —se,** white heat; **corps — (pluriel),** fats; **houille —se,** fat coal, rich coal, smithy coal; **vernis —,** oil varnish.

Grattage, Scraping.

Gratte, Scraper.

Gratter, to Scrape.

Grattoir (dessin), Erasing knife, scraper; **— à chaînes (chaud.),** chain scraper.

Gravé, Carved.

Graver, to Carve, to grave, to engrave, to enchase; **machine à —,** engraving machine; **— en creux,** to die sink; **— à l'eau forte,** to etch; **— en relief,** to emboss.

Graveur, Engraver, graver; **— sur bois,** wood engraver; **— en creux,** die sinker.

Gravier, Gravel, grit; **de —,** gravelly; **lit de —,** gravel bed; **— à béton,** concrete gravel.

Gravifique, Gravitetic; **champ —,** gravitetic or gravitational field.

Gravillonneuse, Gritter.

Gravillonnage, Gravel laying.

Gravillons, Grit, gravel; **chargeur de —,** gravel loader; **cylindrage de —,** grit rolling.

Gravimètre, Gravimeter.

Gravimétrie, Gravimetry.

Gravitation, Gravitation.

Gravitationnel, Gravitational; **courant —,** gravitational current; **invariant —,** gravitational invariant; **onde — le,** gravitational wave.

Gravité, Gravity; **alimentation par —,** gravity feed; **alimenté par —,** gravity fed; **centre de —,** centre of gravity, C. G.; **épandag par —,** gravity spreading **onde de —,** gravity wave; **triage par —,** gravity sorting.

Graviter, to Gravitate.

Gravois, Core.

Gravure, Engraving, cut, etching, impression; **— en creux,** intaglio printing; **— sur cuivre,** copper engraving; **— à l'eau forte,** etching, steel etching; **— latérale,** lateral cut; **— en taille douce,** copper plate.

Gréement (N.), Rig, rigging.

Grelassons, Beans and nuts, cobbles.

Grelats, Cobbling.

Grelin, Hawser, cablet, warp, line; **commis en —,** cable laid.

Grenade, Grenade; **— anti-char,** anti-tank grenade; **— sous-marine,** depth charge.

Grenaillage, Shot blasting, shot peening.

Grenaille, Shot, refuse grains, minute grains; **cohéreur à —,** granular coherer; **— de zinc,** granulated zinc.

Grenaillement, Comminuting.

Grenouille, Frog; **tendeur —,** frog clamp.

Grès, Sandstone, grit, gritstone; **meule en —,** sandstone wheel; **— bigarré supérieur,** upper red sandstone; **— de construction,** brown stone; **— dur,** grit sandstone; **— houiller,** coal sandstone; **— à meule,** millstone grit, farewell rock.

Grève, Strike; **faire —,** to strike.

Gréviste, Striker.

Griffe, Clasp, claw, clamp, catch, clip, cramp, spinch bar, dog, dolly bar, spur, hook, fang, paw, prong; **accouplement à —s,** dog clutch; **benne à —,** buchet grap; **clef à —s,** claw foot; **cric à deux —s,** jack with a double claw; **crochet à —s,** claw hook, claw clutch, face spanner, fork spanner; **embrayage à —s,** claw clutch, claw coupling; **excavateur à —s,** grip dredger; **mandrin à —s,** claw chuck, dog chuck; **montage à —s,** colleting; **plateau à —s,** dog chuck; **—s d'un cric,** spikes of a jack; **—s embouties,** pressed up clips; **— de mise en marche,** starting claw; **— de trou d'homme** (chaud.), boiler clamp.

machine à Grignoter, Notching machine.

Gril, Gridiron.

Grillage, Grating, grid, arbor work; roasting, burning; **aire de —,** ore roasting spot; **alvéole de —,** interstice of a grid; **barre de —,** bar of a grid; **demi —** (accus), half or split grid; **électrode à —,** grid electrode; **four de —,** roasting furnace; **four de — des mattes,** metal calciner; **lit de —,** roasting bed; **plaque à —,** grid plate; **remplissage de —,** grid filling; **résidu de —** (des pyrites cuivreuses), blue billy; **tôle à —,** perforated sheet; **— d'un accumulateur,** frame of an accumulator; **— à larges alvéoles,** wide meshed grid; **— à petites alvéoles,** close meshed grid; **— des minerais,** ore burning; **— en tas,** roasting in bulk.

Grille, Grate, grating, rake (hydr.), grid, stoker; grille; **accumulateur à —,** grid accumulator; **antenne à —,** grid screen; **assise de la —,** bar bearing; **barreau de —,** grate bar, fire bar, furnace bar; **barreau de — en zig zag,** interlocking grate bar; **batterie de —** (T.S.F.), C battery, grid battery; **caractéristique de —,** grid characteristic; **châssis de —,** grate bar bearer; **cheville à —,** rag bolt; **circuit de —** (T.S.F.), grid circuit; **condensateur de —,** grid capacitor; **conductance de —,** grid conductance; **courant de —,** grid current; **décrasser la —,** to clinker; **à écran de —,** grid screen; **électrode à —,** grid electrode; **foyer mécanique à — mobile,** travelling grate stoker; **plaque à —,** grid plate; **potentiel de —** (T.S.F.), grid bias; **sommier de —,** grate bar bearer, bar frame; **support de —,** bar frame; **surface de —,** grate area, grate surface, bar surface, area of fire bar; **tension de —,** grid voltage; **tiroir à —,** gridiron valve; **— basculante,** dumping grate; **— à bascule,** drop bars; **— à chaîne sans**

fin, chain grate; — **de champ,** field grid; — **de chargement,** spreader stocker; — **découverte,** bath stove; — **double** (ch. de fer) balloon sidings; — **écran,** screen grid; — **d'entrée d'air,** air inlet screen; — **en étages,** grate with stories; — **de fond,** bottom rake; — **à gradins,** grate with steps; — **inclinée,** steep grate; — **libre,** free grid; — **mécanique,** mechanical stoker; — **mobile,** movable grate, travelling grate; — **plane,** flat grid; — **en plomb,** lead grid; — **à rouleau,** cylinder grate; — **à scories,** dumping grate; — **tournante,** revolving grate; — **tubulaire,** tubular grate, grate of tubes; — **de visée,** antiaircraft sight.

Grillé, Baked, roasted; **scorie —e,** roasted slag; — **à mort,** dead roasted.

Griller, to Bake, to calcine, to roast; — **le minerai,** to roast ore.

Grilleur, Burner; — **de minerai,** mine burner.

Grippage (d'un moteur), Binding, jam, griping, gripping, scoring, seizing, seizure.

Grippé, Bound, blocked, frozen, jammed, seized, stuck.

Gripper, se gripper, to Bind, to cut, to furrow, to fray, to grip, to gripe, to gun up, tu rut, to score, to seize, to stick.

Grippure, Furrow, rut.

Gris, Grey; **fonte —e,** grey cast iron, cast iron n° 2; **fonte — clair,** cast iron n° 3; — **de fer,** iron grey, iron mordant.

Grisou, Fire damp, fulminant damp, explosive atmosphere, methane; **explosion de —,** fire damp explosion.

Grisouteux, Foul; **fosse —use,** foul pit.

Gros, Bulk; wholesale.

Gros (adj.), Fat, big; **négociant en —,** wholesale dealer; **à — grains,** coarse grained; **lime —se,** rough file; **prix de —,** wholesale prices; — **se artillerie,** heavy ordnance.

Grosse, Gross; engrossed text, draft, copy; bottomry; respondentia; **à la —,** at respondentia; **contrat à la —,** bottomry bond.

Grosseur, Size.

Grossi, Magnified.

Grossir, to Magnify.

Grossissant, Magnifying; **verre —,** magnifier.

Grossissement, Magnification, magnifying power; **fort —,** high magnification; — **quatre,** 4 power.

Grossiste, Whosaler.

Groupage, Grouping.

Groupe, Group, bank, set, unit; — **de chaudières,** set of boilers; **—s dénombrables** (math.), countable groups; — **électrogène,** generator set, generating set; — **moteur,** motor set; — **de moteurs,** set of motors; — **motopompe,** motor pomp set; — **nilpotent,** nilpotent group; **—s principaux,** main units; — **de refroidissement,** cooling unit; — **de soudure,** welding set; **—s spatiaux,** space group; — **turboalternateur,** turboalternator set; — **turbodynamo,** turbodynamo set; — **de ventilation,** venting unit; — **Ward Leonard,** Ward Leonard group.

Groupement, Grouping; — **en cascade,** cascade grouping.

Grouper, to Group.

Groupt, Groupt; **—s méthylés,** methyl groupts; **—s nitrés,** nitro groupts.

Grue, Crane; **bâti de —,** crane frame; **bec de —,** crane bill; **bras de —,** crane head, crane gib; **cabine de —,** crane hut, crane cabin; — **champ de**

rotation d'une —, slewing area of a crane; champ de travail d'une —, area served by crane; chariot de —, crane trolley; crochet de — crane hook; flèche de —, crane beam, crane gib, crane head, crane post; pivot d'une —, pin of a crane; plaque tournante de —, curb ring; ponton —, floating crane, pontoon crane; potence de —, crane beam, crane jib; treuil de —, crane crab, crane winch; volée de —, crane beam, crane post, jib, neck of a crane; — d'alimentation (ch. de fer), water crane; — d'applique, wall crane; — d'armement, equipment crane; — automotrice, self propelling crane; — à benne preneuse, clamshell crane; — à bras, hand crane; — à câble aérien, elevated cableway crane; — de cale, shipyard crane; — sur camion, truck crane; — de chantier de construction, building crane; — sur chenilles, caterpillar crane, crawler crane; — de chevalement, derrick crane; — ciseau, mast crane, sheerlegs crane; — à colonne, column crane; — à console, bracket crane; — de cour, yard crane; — à crochet magnétique, magnet crane; — équilibrée, balance crane; — à flèche, jib crane; — à flèches horizontales, cantilever crane; — à fût, pillar crane; — géante, Goliath crane; — à griffes, claw crane; — locomobile, travelling crane; — locomotive, locomotive crane; — de lucarne, hatch crab, hatch crane; — de manœuvre, break down crane; — de manutention, locomotive crane; — de manutention de charbon, coaling crane; — marteau, hammer head crane; — de marteau-pilon, forge crane; — à mâter, mast crane; — mobile, moveable crane; — murale, wall crane; — à pivot, pivoting crane, revolving crane; — pivotante, slewing crane; — à plaque tournante, curb ring crane — de pont (de navire), deck crane; — de port, port crane; — à portée variable, luffing crane; — portique, frame crane, gantry crane, portal crane; — roulante, portable crane; — à support triangulaire, angle crane; — suspendue, underslung crane; — à tirants, stripping crane; — Titan, Goliath crane; — de toit, roof crane; — à tour, tower crane; — de transbordement, transhipment or transfer crane; — pour le transport des barres de fer, bar iron crane; — à vapeur, steam crane; — à double volée, double crane; — à volée horizontale, hammer head crane; — à volée variable, helmet crane, luffing crane.

Grugeoir, Notcher.

machine à Gruger, Nibbling machine, notching machine.

Grume, Block, bark; cubage des —s, log scaling; en —, unbarked, with the bark on.

Grutier, Crane man, crane operator.

Gueulard (d'un haut fourneau), top (of a blast furnace); gaz de —, top gas; pression au —, top pressure.

Gueule de fourche (transp. aérien), Fork eye.

Gueule d'un fourneau, d'un foyer, Fire hole.

Gueuse, Pig; fonte en —s, pig cast iron; lit de —s, sow channel, pig bed; machine à mouler les —s, pig casting machine; meules à —s, à gueusets, casting bed, pig bed.

Guibre (N.), Knee head.

porte à Guichet, Wicket door.

scie à Guichet, Compass saw, keyhole saw, lock saw.

Guidage, Guide, guiding, bushing, clip; de —, guiding; appareil de

—, homer, homing device; **bague de** —, collet; **boîte de** —, guide bracket, guide box; **chariot de** —, guide carriage; **cylindre de** —, guide roll; **douille de** —, guide sleeve; **face de** —, guiding face; **faisceau de** —, radio beam; **radar de** —, tracking radar; **rail de** —, guide rail; **sabot de** —, guide shoe; **traverse de** —, cross head; — **du chariot**, carriage guide; — **des gaz**, baffling; — **à glissière**, bar guide; — **par radar**, radar tracking.

Guide, Guide, dog leg; **manchon** —, guide bush; **poulie** —, guide pulley; **rebord** — (rail), guiding edge; **soupape à** —, spindle valve; — **d'ondes**, wave guide; —**s du parallélogramme**, back links, motion link; — **du secteur**, quadrant guide; — **soupape**, valve guide, valve bush, valve feather; — **d'une soupape**, guide, feather of a valve; — **de la tige du piston**, pistonr od guide; — **de la tête de la tige du piston**, piston rod cap guide; — **de tige de soupape**, valve stem guide; — **de tiroir**, bridle of the slide, slide bar, slide buckle; —**s de la traverse**, cross head guider.

Guidé, Guided; **onde** —**e**, guided wave; **radio** —, radioguided; **télé** —, teleguided; — **par goujon** (clapet), stem guided.

Guidon, Fore or front sight (fusil); handle bar (bicyclette); **monture de** —, fore sight holder.

Guignol (aviat.), Rudder lever; — **d'aileron**, aileron lever; — **de gouvernail de profondeur**, elevator lever.

Guijo (bois), Guijo.

Guillaume, Rebate or rabbet plane; — **à canneler**, fluting plane; — **incliné**. badger plane; — **à onglet**, bevel plane.

Guillochage, Vermiculating.

Guilloche, Rose engine tool.

Guillocher, to Vermiculate, to guilloche; **tour à** —, grinding lathe, rose engine.

Guillotine, Guillotine; **châssis à** —, sash window; **cisailles à** —, guillotine shears.

Guindeau, Winch, windlass; **cliquet du** —, winding pawl; **hisser au** —, to windlass.

Guipage, Cover, taping; **à** — **de soie**, silk covered.

Guipé, Covered.

Guiper, to Cover; **machine à** — **les fils métalliques**, wire covering machine.

Guirlande (c. n.), Longitudinal girder; hook.

Gutta-percha, Gutta-percha.

Gypse, Gypsum.

Gypseux, Gypseous.

Gyrocompas, Gyrocompass.

Gyrodyne, Gyrodyne.

Gyromagnétique, Gyromagnetic.

Gyroscope, Gyroscope — **à vibrations**, vibratory gyroscope.

Gyroscopique, Gyral, gyroscopic: **appareil de pilotage** —, gyroscopic pilot; **compas** —, gyroscopic compass, gyrocompass. directional gyro; **compteur** —, gyroscopic meter; **couple** —, gyroscopic couple; **effet** —, gyroscopic effect or action; **instruments** —**s**, gyro instruments; **niveau** —, gyroscopic level; **stabilisateur** —, gyroscopic stabiliser; **stabilisation** —, gyrostabilisation; **stabilité** —, gyro stability; **viseur** —, gyro gunsight.

H

Habiliter, to Qualify.

Habitacle, Compass box (mar.); cockpit crew compartment (aviat.); **toit d' —**, cockpit hood or roof.

Hachard, Forging chisel.

Hache, Axe; ax (Amérique); **— de charpentier**, bench axe; **— à picot**, cross axe; **— de tonnelier, barrel howel; dos de la —**, axle head; **manche de la —**, axle handle; œil de la **—**, axe hole.

Hachette, Hatchet; **— de charpentier**, bench axe.

Hachure, Hatching, hatching stroke; **— croisée**, counter hatching.

Hachuré, Hatched.

Hachurer, to Hatch.

Hacmatack (bois), Hackmatack.

Hafnium, Hafnium.

Halage, Haulage, hawling, hedging, traekage, warpage, warping; **appareil de —**, haulage plant; **cale de —**, haulage slip; **chemin de —**, towpath; **ligne de —**, towline.

Halde, Barrow, coppering, dump.

Halé, Hauled.

Haler, to Haul, to heave, to warp; **— à la cordelle**, to track.

Halle, Hall, bay; **— de chargement** loading bay; **— d'emmagasinage**, storing hall; **— à riblons**, scrap hall.

Halo (photographie), Blurring.

Halogénation, Halogenation.

Halogènes, Halogens.

Halogéné, Halogenated; **phosphate**, halophosphate.

Halogéner, to Halogenate.

Halogénure, Halide; **— alcalin**, alkali halide; **— d'argent**, silver halide; **— organique**, organic halide; **— vinylique**, vinyl halide.

Halométhane, Halomethane.

Halophosphate, Halophosphate.

Hameçon, Hook.

Hanche (N.), Quarter.

Hangar, Shed, hangar, loft; **— pour avions**, aeroplane hangar; **— de dirigeable**, airship shed; **— de marchandises**, goods depot.

Happe, Axle guard, splint of the axle.

Harasse, Crate.

table d'Harmonie, Sounding board.

Harmonique, Harmonic; **détecteur d' —s**, harmonic detector; **distorsion d' —s**, harmonic distortion; **— fondamental**, fundamental harmonic; **filtre d' —s** harmonic filter; **— s impairs**, odd harmonics; **—s pairs**, even harmonics; **—s sphériques**, spherical harmonics.

Harmonique (adj.), Harmonic, harmonical; **analyse —**, harmonic analysis; **analyseur —**, harmonic analyser; **composante —**, harmonic component; **fonction —**, harmonic function; **générateur —**, harmonic generator; **proportion —**, harmonic proportion; **synthétiseur —**, harmonic synthetizer.

Harnais (d'engrenages), Back gear, change wheels; **arbre du —**, back gear shaft; **levier du —**, change gears hammer. **— de sécurité**, safety harness.

antenne en Harpe, Harp antenna.

Harpon, Drag, grapple, harpoon, spear; pitsaw.

Harrasse, Skeleton cage.

Harveyé, Harveyed; **acier —,** harvezed steel.

Harveyer, to Harvey, to harveyize.

Hauban, Wind brace, brace, bracing wire, stay; **— chaîne,** chain stay; **— de cheminée,** funnel guy; **— profilé,** streamlined wire.

Haubannage, Bracing, guying, rigging, staying; **— des ailes,** wing bracing; **— en fil d'acier,** wire bracing.

Haubanné, Braced; stayed, strutted (aviat.); **aile —e,** strutted wing.

Haubanner, to Brace, to guy.

Hausse, Back or rear sight, bridge, rise, scale; **— d'un canon,** gun scale; **— à charnière,** flap sight; **— découverte,** open sight; **— à œilleton,** aperture sight, peep sight; **— à planchettes,** leaf sight.

Haussoir, Flood gate.

Haut, High; **à — degré d'alcool,** high alcoholic content; **passe —** (filtre), high pass; **de — en bas,** downward; **de bas en —,** upward; **— fourneau,** blast furnace (voir fourneau); **— parleur,** loud speaker; **— parleur à bobine mobile,** moving coil loud speaker; **— parleur à deux cônes,** duo cone loud speaker; **— parleur dynamique,** dynamic loud speaker; **— parleur électromagnétique,** electromagnetic loud speaker; **— parleur à induction,** induction loud speaker; **—e pression,** high pressure; **—e tension,** high tension.

Hauteur, Height; head (hydr.); **appareil de pointage en —,** elevating gear; **calibre de —,** end gauge, end measuring rod; **réglage en —,** height adjustment; **vol en —,** high flight; **— admise,** admit in height; **— d'aspiration,** draught or draft head, succion head; **— de chute** (hydr.), head; **— effective,** effective head; **— d'élévation,** lift height; **— d'encombrement,** running height; **— équivalente,** equivalent head; **— de levage,** hoisting head; **— de levée,** lifting height; **— libre** (mach. outil), available or maximum height; **— libre au-dessous de,** head room; **— métacentrique,** metacentric head; **— correspondant aux pertes de —,** friction head; **— du pied** (engrenages), addendum; **— de plafond** (aviat.), ceiling height; **— de pointes,** height of centers; **— de recouvrement,** breadth of lap; **— de refoulement,** discharge or delivery head; **— statique,** static head; **— de la tête d'une dent,** addendum; **— de travail,** working head.

Havage, Coal cutting, underacting.

Haver, to Cut.

Haveur, Cutter.

Haveuse, Coal cutter, coal cutting machine; **mécanique, —** cross cutter.

Hectopièze (hpz) 14,5 psi.

Hélice, Helix (courbe), screw, propeller; **à deux —s,** twin screw; **aile d' —,** propeller blade; **antenne de l' —,** helical antenna; **arbre de l' —,** airscrew shaft; **arbre porte —,** propeller shaft; **armature de l' —,** spiral reinforcement; **atterrissage — calée,** dead stick landing; **blindage de l' —,** propeller sheathing; **cadre de l' —,** propeller frame; **cage d' —,** screw aperture; **calage de l' —,** propeller setting; **casserole d' —** (avion), propeller, spinner cap; **cône d' —,** propeller blank; **en —,** helical, spiral; **enroulement en —,** spiral winding; **espace libre sous l' —,**

propeller clearance; **flasque de moyeu d'** —, airscrew hub flange; **frein d'** —, propeller brake; **garde d'** —, propeller guard; **housse d'** —, propeller cover; **machine à usiner les** —s, propeller milling machine; **moyeu d'** —, propeller boss, propeller hub; **pale d'** —, propeller blade; **profil de pale d'** —, airscrew blade section; **pas de l'** —, propeller path, propeller pitch; **pas d'** —, convolution; **recul de l'** —, propeller slip; **régulateur d'** —, propeller governor; **remous de l'** —, airscrew wash; **rendement de l'** —, propeller efficiency; **roue en** —, screw wheel; **surface balayée par l'** —, airscrew disc area; **tarière en** —, twist drill, spiral drill; **toupie d'** —, propeller cap; **tunnel d'** —, propeller trunk, shaft trunk; **vapeur à** —s, screw steamer; **vapeur à** — **simple**, single screw steamer; **vapeur à** —s **jumelles**, twin screw steamer; **vent de l'** —, propeller slipstream, airscrew draught; — **aérienne**, airscrew (Angleterre), air propeller, propeller (Etats-Unis); — **d'avion** (voir — **aérienne**); — **à deux, trois, quatre ailes ou pales**, two, three, four bladed screw; screw with two, three, four blades; — **en bois**, wooden screw; — **calée**, dead airscrew; — **à commande électrique**, electric propeller; — **contra-rotative**, contra-rotating propeller; — **démultipliée**, geared down propeller; — **désembrayée**, loose screw; — **folle**, loose screw; — **métallique**, metal propeller; — **à deux pales**, two bladed propeller; — **à quatre pales**, four bladed propeller; — **à trois pales**, three bladed propeller; — **à pas constant**, adjustable pitch propeller; — **à pas à droite**, right handed pitch propeller; — **à pas à gauche**, left handed propeller; — **à pas réglable**, adjustable or invariable pitch propeller; — **à pas réversible**, reversible pitch propeller; — **propulsive**, driving propeller or screw, pusher propeller, pusher; — **réversible**, reversible propeller; — **à double rotation**, dual rotation propeller; — **sous-sonique**, subsonic propeller; — **supersonique**, supersonic propeller; — **tractive**, tractor propeller; — **tripale**, three bladed airscrew; — **voilée**, out of truth airscrew.

Hélicoïdal, Helicoid, helicoidal, screw shaped; **bague de garniture** —**e**, coiled piston ring; **engrenage** —, skew gear; **foret** —, twist drill; **goujon** —, spiral dowel; **mandrin** —, spiral chuck.

tarière Hélicoïdale, Screw auger, half twist bit.

Hélicoïde, Helicoid, helicoidal, screw shaped; **ventilateur** —, helicoidal propeller, propeller fan.

Hélicoptère, Helicopter, copter; (abréviation); — **coaxial**, coaxial helicopter; **hélice de queue d'un** —, tail rotor of a helicopter; **voilure tournante d'un** —, rotor of helicopter. — **sans couple**, torqueless helicopter; — **à pulso-réacteur**, pulse jet helicopter; — **à réaction**, jet propelled helicopter; — **à rotors en tandem**, tandem rotor helicopter; — **à statoréacteur**, ram jet helicopter; — **à tuyère à combustion**, pressure jet helicopter.

Héliport, Heliport.

Hélium, Helium; — **liquide**, liquid helium.

Hématite, Hematite, blood stone; — **brune**, brown hematite, brown iron ore; — **fossilifère**, fossil hematite; — **jaune**, yellow hematite; — **rouge**, red hematite.

Hémisphère, Hemisphere.

Hémisphérique, Hemispherical; **fond** —, egg end.

Hémitropique, Hemitropic; **enroulement à phases —s,** hemitropic winding.

Henry (unité d'induction), Henry.

Heptane, Heptane.

Hercheur (mines), Carter.

Hérisson, Flue brush; feeding roller (filature) chain wheel, sprocket wheel; **— de côté,** crown wheel.

Hermétique, Hermetic, hermetical, airtight; **moteur —,** totally enclosed motor.

Hermétiquement, Hermetically, tightly; **fermé —,** hermetically or tightly sealed.

Herminette, Adze, holing axe; **dresser à l' —,** to adze; **— courbe à marteau,** rounding adze; **— droite,** flat adze; **— droite à marteau,** notching adze; **— à lame concave,** spout adze; **— de tonnelier,** barrel howel.

oscillateur d'Hertz, Hertz oscillator.

résonateur d'Hertz, Hertz resonator.

Hertzien, Hertzian; **ondes —nnes,** hertzian waves.

Hétérocyclique, Heterocyclic.

Hétérodérivés, Heteroderivatives.

Hétérodyne, Heterodyne, het (abréviation); **détecteur —,** heterodyne detector; **réception —,** heterodyne receiving, heat receiving; **self —,** self heterodyne; **super —,** super heterodyne.

Hétérogène, Heterogeneous, inhomogeneous; **catalyse —,** heterogeneous catalyse.

Hétérogénéité, Heterogeneousness.

Hétéropolaire, Heteropolar; **génératrice —,** heteropolar generator.

Hêtre, Beech, beechtree; **bois de —,** beechwood.

Heure, Hour, time; **— locale,** local time; **— du méridien,** meridian time; **—s hors cloche,** overtime; **sans —s hors cloche,** without resorting to overtime; **—s creuses,** off peak time; **—s supplémentaires,** after hours, overtime.

Heurt (d'un pont), Back.

Heurtoir, Buffer stop, stop cast, driver; knocker; **contre —,** counter knocker; **— de bassin,** sill; **— du busc,** threshold branch.

Hexabrométhane, Hexabromethane.

Hexachloréthane, Hexachloroethane.

Hexafluorure, Hexafluoride.

Hexagonal, Hexagonal; **fer —,** hexagonal bar iron; **tourelle —,** hexagonal turret.

Hexagone, Hexagon.

Hexahèdre, Hexahedral, hexahedron.

Hexamétaphosphate, Hexametaphosphate.

Hexaméthyléthane, Hexamethylethane.

Hexapolaire, Hexapolar.

Hexaréacteur, Six engine jet.

Hexavalent, Hexavalent.

Hexose, Hexose.

Hexylique, Hexyl; **alcool —,** hexyl alcohol.

Hie, Commander, earth rammer, beetle ram, beetle.

Hiloire (c. n.), Coaming, head ledge.

appareil de Hissage, Lifting gear, hoisting gear.

croc de Hissage, Lifting hook.

Hissé, Hoisted, lifted.

Hisser, to Hoist, to lift.

Histogramme, Histogram.

Hodographique, Hodographic.

Hodomètre, Ambulator.

Hodoscope, Hodoscope.

Homéomorphe, Homeomorphic.

Homéomorphisme, Homeomorphism.

Homogène, Homogeneous; **non —,** non homogeneous.

Homogénéité, Homogeousness.

Homologique, Homological.

Homologue, Homologous; **points —s,** homologous points.

Homologué, Homologated.

Homolytique, Homolytic; **réaction —,** homolytic reaction.

Homopolaire, Homopolar; **génératrice —,** homopolar generator.

Homopolaire, Homopolar.

Homotopie, Homotopy.

Horaire, Horary, hourly; **compteur —,** hour meter; **consommation —,** hourly consumption; **tableau —,** time table; **variation —,** hourly variation.

Horizon, Horizon; **— artificiel,** artificial horizon.

Horizontal, Horizontal; **arbre —,** horizontal shaft; **axe —,** horizontal axis; **composante —,** horizontal component; **machine —e,** horizontal engine; **projection —,** dip view; **projection — (c. n.),** half breadth plane.

Horizontalement, Horizontally; **polarisé —,** horizontally polarised.

Horloge, Clock; **— électrique,** electric clock; **— synchrone,** synchronous clock.

Horloger, Clockmaker, watchmaker; **lime d' —,** watch file.

Horloger (adj.), Horological; **industrie —e,** horological industry.

Horlogerie, Watch making; **huile d' —,** clock oil; **mouvement d' —,** clockwork.

Horodateur, Time recorder.

Hotte, Cowl, head, hood; **— de cheminée,** chimney head.

Houille, Coal; **abattre la —,** to bring down coal; **briquette de —,** briquette, coal block, coal coke; **carbonisation de la —,** coking; **carboniser la —,** to coke coal; **couche de —,** coal bed, coal seam; **extraction de la —,** coal drawing; **goudron de —,** coal tar; **mine de —,** coal pit, coal mine, colliery; **veine de —,** coal seam; **— alumineuse,** aluminous pit coal; **— blanche,** water power; **— collante,** caking or coking coal; **— concrétée,** cake coal; **— demi-grasse, non collante,** cherry coal, mixon coal, open burning coal; **— flambante,** open burning coal; **— à courte flamme,** short burning or short flaming coal; **— à longue flamme,** candle coal, cannel coal, free burning coal, long flaming coal, long burning coal; **— grasse,** fat coal, smithy coal; **— maigre,** clod coal; **— menue,** small coal; **— de moyenne grosseur,** cobbling; **— schisteuse,** foliated coal, slate coal; **— sèche,** blind coal; **— de peu de valeur,** mean coal.

Houiller, Coal; **bassin —,** coal field; **exploitation —ère,** coal mining; **grès —,** coal sandstone; **terrain —,** coal formation, coal district.

Houillère, Coal pit, coal work, colliery; **installation —,** colliery plant.

Houilleur, Collier.

Hourdage, Beam filling, rough walling; **— d'enduit,** daubing.

Hoyau, Mattock.

Hublot, Scuttle, port hole, window; **— d'aération,** air scuttle.

Huche, Casing; **turbine à —,** pipe turbine; **— en spirale** (turbo hydr.), spiral casing.

Huile, Oil; **bague collectrice d' —,** oil catch ring; **bassin à —** (mach.), save all; **bidon à —,** oil holder; **boîte à —,** oil box; **brûleur à — lourde,** oil burner;

burette à —, oil can, oil feeder; **carter d' —**, oil sump, oil pan; **chicane à —**, oil baffle; **circulateur d' —**, oil circulator; **condensateur dans l' —**, oil condenser; **conservateur d' —**, oil conservator; **cuvette d' —**, drip pan, dripping cup; **cylindre à —**, oil cylinder; **dilution de l' —**, oil dilution; **disjoncteur dans l' —**, oil circuit breaker; **entrée d' —**, oil inlet; **épurateur d' —**, oil purifier; **épuration d' —**, oil purification, oil reclamation, oil reconditionement; **filtre à —**, oil filter; **flottation d' —**, oil flottation; **fourneau à — lourde**, oil furnace; **godet à —**, drip cup, oil cup; **imprégnation à l' —**, oil impregnation; **indicateur de niveau d' —**, oil level gauge; **moulin à —**, oil mill; **niveau d' —**, oil level, oil gauge; **orifice de vidange d' —**, oil drain; **papier —**, cartridge paper; **passer sur la pierre à —**, to hone; **pierre à —**, hone, oil stone; **pompe à —**, oil pump; **pression d' —**, oil pressure; **manomètre de pression d' —**, oil pressure gauge; **raffinage d' —**, oil refining; **récupérateur d' —**, oil extractor; **reflet d'une —**, bloom, cast of an oil; **réfrigérant d' —**, oil cooler; **refroidissement par —**, oil cooling; **refroidissement par circulation d' — forcée**, forced oil cooling; **régénération d' —**, oil reclamation, oil reconditioning, oil rehabilitation; **relais d' —**, oil relay; **réservoir d' —**, axle box, oil reservoir, oil tank; **sortie d' —**, oil release; **trempe à l' —**, oil hardening; **tuyautage d' —**, oil piping; **vapeurs d' —**, oil fumes; **— d'absorption**, absorption oil; **— d'ambre**, amber oil; **— animale**, animal oil; **— antirouille**, slushing oil; **— d'arachide**, arachid oil, peanut oil; **— de baleine**, sperm oil, whale oil; **— à broches**, spindle oil; **— de castor**, castoreum oil; **— de colza**, colza oil, rape oil, seed oil; **— combustible**, liquid fuel; **— compoundée**, compounded oil; **— de compresseur**, compressor oil; **— de coton**, cotton oil; **— de coupe**, cutting oil; **— créosotée**, creosote oil; **— décolorée**, white oil; **— détergente**, detergent oil; **— d'éclairage**, illuminating oil; **— pour engrenages**, gear oil; **— épaisse** (1000 S.S.U. à 100° F et au-dessus), heavy bodied oil; **— épurée**, purified oil; **—s essentielles**, essential oils, etheral oils; **— pour essieux**, axle oil; **— semi-fluide** (de 200 à 1000 S.S.U. à 100° F), medium bodied oil; **— très fluide** (jusqu'à 200 S.S.U. à 100° F), light bodied oil; **— de graissage**, lubricating oil, lube oil; **— graphitée**, graphited oil; **— grasse**, fatty oil; **— d'horlogerie**, clock oil; **— hydrogénée**, hydrogenated oil; **— inhibée**, inhibited oil; **— isolante**, insulating oil; **— de lin**, linseed oil; **— de lin bouillie**, boiled linsed oil; **— de lin cuite**, dry oil; **— de lin naturelle**, raw linseed oil; **— lourde**, crude oil; **— à machine**, machinery oil; **— pour machine à coudre**, sewing machine oil; **— pour machine à glace**, ice machine oil; **— de marque**, branded oil; **— pour métiers**, loom oil; **— minérale**, mineral oil, hydrocarbon oil; **— morte** (privée de son gaz), dead oil; **— pour moteurs d'avion**, airplane oil; **— de naphte**, naphta; **— neutre**, neutral oil; **— neuve**, unused oil; **— de noix**, ground nut oil; **— d'olive**, olive oil; **— oxydée par un courant d'air**, blown oil; **— de palme**, paint oil, palm oil; **— de paraffine**, paraffin oil; **— à peinture**, paint oil; **— de pied de bœuf**, foot oil; **— pour pivots**, spindle oil; **— de poisson**, fish oil; **— à polir**, polishing oil; **— de refroidissement de presse étoupe**, gland oil; — **résiduelle**, residual oil; — **de ressuage**, foots oil; — **de ricin**, castor oil; — **de rodage**, running in oil; — **pour roulements à billes**, ball bearing oil; — **de schiste**, shale oil; — **siccative**, drying or siccative oil; — **solaire**, solar oil; — **de suint**, wool oil; — **de térébenthine**, turpentine oil; — **de tourillon**, journal oil; — **pour transformateurs**, transformer oil; — **de trempe**, quench oil, tempering oil; — **usée**, used oil; — **végétale**, vegetable oil; — **de vidange**, drain oil; — **volatile**, volatile oil; — **pour wagons**, car oil.

Huilé, Oiled, oil soaked; **toile** —**e**, oil fabric, varnished cambric muslin; **tresse** —**e**, oil soaked gasket.

Humide, Wet, humid; **combustion** —, wet combustion; **essai par voie** — humid assay, assay by the wet way, wet essay.

Humidification, Humidification, humidifying.

Humidifier, to Humidify.

Humidité, Humidity, moisture; **détecteur d'** —, moisture detector; — **absolue**, absolute humidity; — **relative**, relative humidity; — **spécifique**, specific humidity.

Hyalosidérite, Brown chrysolite.

Hydantoïnes, Hydantoins.

Hydratation, Hydratation; **chaleur d'** —, heat of hydratation.

Hydrate, Hydrate.

Hydraté, Hydrated.

Hydraulique, Hydraulics; — **géométrique**, geometric hydraulics.

Hydraulique (adj.), Hydraulic; **abatage** —, hydraulic mining; **accumulateur** —, hydraulic accumulator; **amortisseur** —, hydraulic shock absorber; **ascenseur** —, hydraulic lift; **bélier** —, hydraulic ram; **cabestan** —, hydraulic capstan; **chaux** —, hydraulic lime, water lime, water cement; **ciment** —, hydraulic cement; **commande** —, hydraulic drive; **crible** —, hydraulic sieve; **cuirs à usage** —, hydraulic leathers; **effets** —, hydraulicing; **élévateur** —, hydraulic elevator; **embrayage** —, hydraulic clutch; **frein** —, hydraulic brake, water brake; **frein** — **de pompe**, cataract; **ingénieur de travaux** —, hydraulic engineer; **joint** —, hydraulic seal; **machine** —, hydraulic engine; **pierre à chaux** —, cement stone; **poinçonneuse** —, hydraulic punch; **pompe** —, hydraulic pump; **presse** —, hydraulic or water press, Bramah's press; **rivetage** —, hydraulic riveting; **roue** —, water wheel, bucket engine; **roue** — **de côté** —, breast water wheel, middle shot wheel; **roue** — **en dessous**, undershot wheel; **roue** — **en dessus**, overshot wheel; **transmission** —, fluid drive; **turbine** —, hydraulic turbine, water turbine; **vérin** —, hydraulic jack; **vis** —, water screw.

Hydrauliquement, Hydraulically; **commandé** —, hydraulically controlled, driven or operated.

Hydravion, Hydroplane, seaplane, flying boat; — **à coque**, flying seaplane, flying boat; **nageoires d'** — **à coque**, sponsons; — **à double coque**, twin flying seaplane; — **à flotteurs**, float seaplane; **porteur**, **transporteur d'** —**s**, seaplane carrier.

Hydrazide, Hydrazide; — **acétique**, acethydrazide.

Hydrazine, Hydrazine.

Hydrazinolyse, Hydrazinolysis.

Hydrazones, Hydrazones.

Hydrique, Hydric; **oxyde** —, hydric oxide.

Hydrobase, Water aerodrome.

Hydrobromation, Hydrobromination.

Hydrocarbure, Hydrocarbon; **brouillard d'** —, hydrocarbon mist; **—s aromatiques,** aromatic hydrocarbons; **—s paraffiniques,** paraffinic hydrocarbons; **—s élevés,** higher hydrocarbons.

Hydrocodimères, Hydrocodimers.

Hydrodynamique, Hydrodynamic; **gouvernail** —, water rudder.

Hydroélectrique, Hydroelectric; **centrale** —, hydroelectric station.

Hydrogénation, Hydrogenation; — **de la houille,** coal hydrogenation; — **sous haute pression,** high pressure hydrogenation.

Hydrogène, Hydrogen; **bombe à** —, hydrogen bomb; **chalumeau à** —, hydrogen torch; **chalumeau à** — **atomique,** atomic hydrogen torch; **refroidissement par** —, hydrogen cooling; **à refroidissement par** —, hydrogen cooled; — **arsenié,** arsine; — **atomique,** atomic hydrogen; — **comprimé,** compressed hydrogen; — **lourd,** heavy hydrogen; — **phosphoré,** hydrogen phosphide; — **sulfuré,** sulphurated hydrogen, hydrogen sulphide.

Hydrogéné, Hydrogenated; **huile —e,** hydrogenated oil.

Hydrogéner, to Hydrogenate.

Hydroginolyze, Hydrogenolysis.

Hydrographe, Surveyor; **ingénieur** —, hydrographer.

Hydrographie, Hydrography, nautical survey or surveying; **faire l'** — **de,** to survey.

Hydrographique, Hydrographic.

Hydrokinètres, Hydrokineters.

Hydrolisat, Hydrolisate.

Hydrolise, Hydrolytic cleavage.

Hydrolisé, Hydrolysed.

Hydrologique, Hydrologic.

Hydrologie, Hydrology.

Hydrolube, Hydrolube.

Hydromatique, Hydromatic.

Hydrophobe, Water repellent.

Hydrophone, Hydrophone.

Hydropneumatique, Hydropneumatic; **amortisseur** —, air-oil shock absorber; **frein** —, hydropneumatic brake.

Hydroquinone, Hydrokinone, hydroquinone.

Hydroski, Hydroski.

Hydrostatique, Hydrostatics.

Hydrostatique (adj.), Hydrostatic, hydrostatical; **balance** —, hydrostatic balance; **essai** —, hydrostatic test; **fusée** —, hydrostatic fuse; **piston** —, hydrostatic disc or piston; **presse** —, hydrostatic press; **pression** —, hydrostatic pressure.

Hydroxamique, Hydroxamic; **acide** —, hydroxamic acid.

sel Hydroxylé, Hydroxysalt.

Hydrure, Hydride; — **d'aluminium,** aluminium hydride; — **de lithium,** lithium hydride; — **de sodium,** sodium hydride.

Hygromètre, Hygrometer.

Hygrométrie, Hygrometry.

Hygroscopicité, Hygroscopicity.

Hygroscopie, Hygroscopy.

Hygroscopique, Hygroscopic.

Hyperbolique, Hyperbolic; **fonction** —, hyperbolic function; **logarithmes —s,** hyperbolic logarithms; **roue** —, skew wheel.

Hyperboloïde, Hyperboloid.

Hypercercle, Hypercircle.

Hypercompound, Hypercompound.

Hypercompoundé, Hypercompounded.

Hyperelliptique, Hyperelliptic.

Hyperespace, Hyperspace.

Hypereutectoïde, Hypereutectoid.

Hypereuctique, Hypereutectic.

Hypergéométrique, Hypergeometric; **identités** —s, hypergeometric identities.

Hyperoxygénation, Hyperoxygenation.

Hypersonique, Hypersonic; **écoulement** —, hypersonic flow.

Hypochlorite, Hypochlorite, bleaching powder.

Hypochloreux, Hypochlorous; **acide** —, hypochlorous acid.

Hypocompoundé, Hypocompounded.

Hypocycloïde, Hypocycloid.

Hypoeutectoïde, Hypoeutectoid.

Hypoïde, Hypoid; **engrenage** —, hypoid gear.

Hyposulfite, Hyposulphite; **— de soude,**

Hypothénuse, Hypothenuse.

Hypothèque, Mortgage.

Hypothéquer, to Mortgage.

Hypothèse, Assumption.

Hypsochrome, Hypsochromic; **déplacement** —, hyposochromic shift.

Hypsomètre, Hypsometer.

Hysteresis (élec.), Hysteresis, magnetic lag; **courbe** —, hysteresis loop; **pertes par** —, hysteresis losses; **— de temps,** time hysteresis; **— visqueuse,** creeping.

I

fer à I, I beam.

Iconogène (photo), Eikonogen.

Iconoscope, Iconoscope, camera tube.

Idéaux (math.), Ideals; — **semi-nilpotents**, semi-nilpotent ideals.

Identités, Identities; — **hypergéométriques**, hypergeometric identities.

Idiochromatique, Idiochromatic.

Igné, Igneous.

Ignifuge, Flame proof.

Ignifugé (adj.), Flame proofed.

Ignition, Ignition; **point d'** —, burning point.

Ignitron, Ignitron; **redresseur à** —**s**, ignitron rutifier; — **pompe**, pumped ignitron; — **scellé**, sealed ignitron.

Ilmenite, Ilmenite.

Image, Image; **distorsion d'** —, image distortion; — **latente**, latent image; —**s stéréoscopiques**, stereoscopic pictures; — **virtuelle**, virtual image.

Imbiber, to Impregnate, to imbibe with, to soak in.

Imbriqué, Interlaced, lapping over; **enroulement** —, interlaced winding, lap winding.

Imbriquer, to Interlace.

Immatriculation, Immatriculation, registration, register (N.); **marque d'** —, registration mark.

Immatriculé, Registered.

Immergé, Immerged, immersed, submerged; **arc** —, submerged arc; — **dans l'huile**, oil immersed.

(s') Immerger, to Immerge, to immerse.

Immersion, Immersion; **dorure par** —, water gilding; **plaque d'** — (élec.), dipping plate.

Immobile, Immovable.

Immobilier, Landed (property), real, of real estate; **agent d'affaires** —**ères**, real estate agent.

électrolyte Immobilisé, Solid electrolyte.

Impact, Impact.

Impair, Uneven, odd; **les nombres** —**s**, the odd numbers.

Imparfait, Imperfect; **gaz** —, imperfect gas.

voie en Impasse, Blind track.

Impédance (élec.), Impedance; **adaptation d'** —, matching impedance; **couplage par** —, impedence coupling; **désadaptation d'** —, mismatching impedance; **pont** —, impedance bridge; — **acoustique**, acoustic impedance; — **caractéristique**, characteristic or surge impedance; **complexe**, complex impedance; —**s conjuguées**, conjugate impedances; — **d'entrée**, input impedance; — **infinie**, blocked or damped impedance; — **mètre**, Z meter, impedance meter; — **négative**, negative impedance, expedance; — **de plaque**, plate impedance; — **réciproque**, reciprocal impedance; — **de réseau**, network impedance; — **de stator**, stator impedance; — **superficielle**, superficial or surface impedance; — **terminale**, terminal impedance.

Impédancemètre, Z meter, impedance meter.

Imperméabiliser, to Waterproof.

Imperméabilité, Impermeability, imperviousness.

Imperméable, Impermeable, impervious, proof, tight; — à l'eau, waterproof, watertight.

Implantation, Position, positioning, roob; **distance d' —,** spacing.

Importateur, Importer.

Importation, Import, importation; **article d' —,** import, importation.

Importé, Imported.

Importer, to Import.

Imprégnation, Impregnation; **cuve d' —,** impregnation tank; **produit d' —,** saturant; **— du bois,** wood impregnation; **— à l'huile,** oil impregnation; **— au vernis,** varnish impregnation; **— sous vide,** vacuum impregnation.

Imprégné, Impregnated; **papier —,** impregnated paper.

Imprégner, to Impregnate.

Impression, Printing; **came d' —,** printing cam; **cylindre d' —,** printing cylinder; **mécanisme d' —,** printing mechanism; **papier d' —,** printing paper; **— au cadre,** screen printing; **— sur coton,** calico printing; **— directe,** discharge printing; **par pochoirs,** screen printing; **— en couleur,** colour printing; **— en taille douce, en creux,** copper printing; **— des tissus,** textile printing.

Imprévus (commerce), Act of God.

Imprimante, Printing, marking; **molette —,** printing or marking wheel.

Imprimé (adj.), Printed.

Imprimés, Prints, forms, printed matter.

Imprimer, to Print, to stain (étoffes); **machine à —,** printing press.

Imprimerie, Printing, printing office, printing plant; **alliage pour caractères d' —,** type metal; **caractère d' —,** printing type; **fonderie de caractères d' —,** type founding; **encre d' —** printing ink; **presse d' —,** printing press.

Imprimeur (adj.), Printing; **cylindre —,** printing roller; **télégraphe —,** printing telegraph.

Imprimeur, Printer.

Improductif, Non payable.

Impulseur, Impeller, impulsor.

Impulsion, Impulsion, impulse, pulse, momentum; **charge d' —,** impulsion loading; **compteur d' —s,** impulsion counter, incidence counter; **excitation par —** (T.S.F.), impulse excitation; **générateur d' —,** impulse generator; **marche en —,** impulsion run; **modulation en époque des —,** pulse time modulation; **modulation en fréquence des —s,** pulse frequency modulation; **oscillateur à —,** pulser oscillator, pulser; **tension d' —,** pulse voltage; **transformateur d' —s,** pulse transformer; **—s électriques,** electrical impulses; **—s à haute fréquence,** high frequency pulses; **— modulée,** modulated impulsion; **—s sonores,** sound pulses; **—s ultrasoniques,** ultrasonic pulses.

Impureté, Impurity.

Incandescence, Incandescence, glow; **éclairage par —,** incandescence lighting; **lampe à —,** incandescent lamp, glow lamp; **— résiduelle,** after glow.

Incandescent, Incandescent; **charbon —,** glowing coal.

Incassable, Unbreakable; **verre —,** unbreakable glass.

Incendiaire, Incendiary; **bombe —,** incendary bomb.

Incendie, Fire; **collecteur d' —,** fire collector; **détecteur d' —,** fire detector; **extincteur d' —,**

Incidence, Incidence, incidency; **angle d' —,** angle of incidence, angle of elevation (aviat.); **câble d' —,** incidence wire; **plan à — variable** (aviat.), adjustable tail plane; **point d' —,** point of incidence; **— rasante,** grazing incidence; **— variable,** variable incidence.

Incident, Incident; **lumière —e,** incident light; **rayon —,** incident ray.

Incinérateur, Incinerator, destructor.

Incinération, Incineration, cineration; **nacelle pour —,** boat.

Incinérer, to Incinerate.

Inclinable, Inclinable; **tête —,** inclinable head.

Inclinaison, Inclination, dip, dipping, descent, rake, slope, heeling (of a ship); **aiguille d' —,** dipping needle; **angle d' —,** tilt angle; **boussole d' —,** dipping compass, dipping circle; **dispositif d' —,** tilting device; **— vers l'avant,** forward rake; **— d'un filon,** dip of a load; **— intérieure des rails,** cant; **— latérale** (avion), bank; **— longitudinale** (avion), pitching; **— de la table** (mach. outil), table dipping, swivel of table.

Incliné, Inclinated, oblique, raked, slanted, slanting, tilted, steep; **arbre —,** rocker shaft; **courroie —e,** oblique belt; **face —e,** slanted face; **grille —e,** steep grate; **monte-charge —,** inclined hoist; **plan —,** inclinated plane, incline; **tirant —,** angle tie.

s'Incliner, to Cant, to dip, to slant.

Inclinomètre, Inclinometer, inclination estimator.

Inclusions, Inclusions.

Incombustibilité, Fireproofness.

Incombustible, Incombustible, apyrous, fireproof, flame resistant.

Incompressible, Incompressible.

Incongelable, Non freezing, antifreezing.

Inconnue (math.), Unknown.

Incrémental, Incremental.

Increvable (pneu), Puncture proof.

Incrustation, Incrustation, scale (chaudière); inlaid work; **—s d'une chaudière,** water incrustations.

Incrusté, Inlaid; clogged, scaled, furred.

Incruster, to Inlay.

Incurver, to Deflect.

Indanamine, Indanamine.

Indéformable, Non distortion, non distorting, rigid; **acier —,** non distortion steel.

Indemnité, Indemnity, allowance penalty.

Indentation, Indentation; **— en coin,** wedge indentation.

Indépendant, Independent.

Indestructible, Indestructible.

Indesserrable, Fast on; **écrou —,** fast on nut, lock nut.

Index, Index (pluriel indices); cock; dial; number; **bascule à —,** dial balance; **— d'acidité,** acid number; **— d'une balance,** cock of a balance; **— de brome,** bromine number; **— diviseur,** fork head, dividing point.

Indicateur, Indicator, gage or gauge, locator, meter, monitor, tracer; **courbes d' —,** indicator cards, indicator diagrams; **cylindre porte-papier d' —,** indicator cylinder; **plateau —,** index plate; **ressort d' —,** indicator spring; **robinet d' —,** gauge tap; **tambour d' —,** indicator drum; **— d'accord,** tuning indicator;

— **de charge**, charge indicator, load indicator; — **de compensation**, balance indicator; — **de contrainte**, strain indicator; — **de courant**, current indicator; — **de débit**, flow indicator, flow meter; — **de dérive**, drift indicator; — **d'essence**, petrol gauge; — **d'extinction**, flame failure indicator; — **de fermeture d'une soupape**, valve positioner; — **de filetage**, thread indicator; — **de glissement latéral**, side slip indicator; — **d'inclinaison latérale** (aviat.), bank indicator; — **d'inclinaison longitudinale**, pitching indicator; — **d'intensité de réaction de manche** (aviat.), stick force indicator; — **lumineux**, light indicator; — **de niveau**, level indicator, sight glass; — **de niveau d'eau**, water glass; — **de niveau d'huile**, oil level gauge; — **de pente**, clinometer, grademeter, gradometer; — **de pente transversale** (aviat.), bank indicator; — **de pertes à la terre**, earth indicator, ground detector, groundometer; — **de phase**, phase indicator; — **piézoélectrique**, piezoelectric indicator; — **de polarité**, polarity indicator; — **de pression**, pressure indicator, pressure gauge; — **de pression d'huile**, oil pressure gauge; — **de remplissage**, full level indicator; — **de sens de courant**, polarity indicator; — **de surcharge**, overload indicator; — **de température d'eau**, water temperature indicator or gauge; — **de tirage**, blast indicator, draft indicator, draught gauge, blast gauge; — **de torsion**, torsion meter; — **de vide**, condenser gauge, vacuum indicator, vacuum gauge, vacuum monitor, barometer gauge; — **de vitesse**, speed indicator, speedometer; **cadran — de vitesse**, speed disc; — **de vitesse d'atterrissage**, landing speed indicator (L.S.I.); — **de zéro**, null indicator.

Indicatif d'appel, Call letter.

Indice, Index (pluriel Indices), number; — **de cavitation**, cavitation index; — **de cokéfaction**, P. index; — **de détonation**, knock rating; — **de fumée**, smoke point; — **de goudrons**, sludging value; — **d'iode**, iodine number; — **d'oxydation**, oxidation number; **de précipitation**, precipitation number; — **de réfraction**, refraction or refractive index-refraction.

Indiqué, Indicated; **cheval —**, indicated horse power (I.H.P.); **puissance —e**, indicated horse power.

Indirect, Indirect; **chauffage —**, indirect heating; **à chauffage —**, indirectly heated; **éclairage —**, indirect lighting; **lampe à éclairage —**, indirect light lamp, indirect lamp; **réception —e**, beat receiving; **système —**, inductively coupled system.

Indium, Indium; **séléniure d' —**, indium selenide; — **au plomb**, lead indium.

composés Indoliques, Indole compounds.

Individuel, Individual, one man.

Indones, Indones.

Inductance, Inductance; — **concentrée**, concentrated or lumped inductance; — **répartie**, distributed inductance.

Inducteur, Inductor, coil; field; **courant —**, field current; **enroulements —s**, field windings; **enroulements non —s**, bifilar windings; **tension d' —**, field voltage; — **de terre**, earth coil, earth inductor.

Inductif, Inductive; **capacité — ive**, inductive capacity; **charge — ive**, inductive or lagging load; **circuit —**, inductive circircuit; **non —**, non inductive; **résistance —ive**, inductive resistance.

Induction, Induction; **accouplement par —,** inductive coupling; **balance d' —,** induction bridge; **bobine d' —,** inductor, induction coil, choke coil, choking coil, reactive coil, reactor, spark coil; **boussole d' —,** induction compass, earth inductor; **brassage par —,** inductive stirring; **chauffage par —,** induction heating; **couplage par —,** inductive coupling; **four à —,** induction furnace; **générateur d' —,** induction generator; **moteur d' —,** induction motor; **moteur d' — à cage d'écureuil,** squirrel cage induction motor; **moteur d' — monophasé,** single phase induction motor; **moteur d' — à plusieurs cages,** multiple cage induction motor; **moteur d' — à rotor bobiné,** wound rotor induction motor; **pont d' —,** inductance bridge; **régulateur d' —,** induction regulator; **self —,** self induction; **traceur à —,** induction tracer; **trempe par —,** induction hardening; **— dans les dents,** tooth induction; **— électromagnétique,** electromagnetic induction; **— mutuelle,** mutual induction; **— nucléaire,** nuclear induction; **— résiduelle,** residual induction; **— statique,** static induction.

Inductrice, Field; **bobines —s,** field coils; **carcasse —,** pole box.

Induit, Induced (adj.); armature (élec.); **bobinage d' —,** armature winding; **bobine d' —,** armature coil; **bobine élémentaire de l' —,** single spool; **conducteur utile d'un —,** inductor; **corps de l' —,** armature structure; **courant —,** induced current; **dent de l' —,** armature tooth; **denture de l' —,** armature teeth; **dispersion de l' —,** armature leakage; **disque d' —,** armature disc, core disc; **encoches de l' —,** armature grooves, armature pockets, armature slots; **enroulement d' —,** armature coil, armature winding; **enveloppe d' —,** armature casing; **fil de l' —,** armature inductor; **flux de dispersion dans l' —,** armature stray flux; **nombre des fils d' —,** armature factor; **noyau d' —,** armature core; **réaction d' —,** armature reactance; **tirage —,** induced draught, exhaust draught; **— en anneau plat,** disc armature; **— à barres,** bar armature; **— à bras,** spider armature; **— à double bras,** double spoke armature; **— centré,** balanced armature; **— à carhnière,** hinged armature; **— à deux circuits,** two circuit armature; **— à croisillons,** spider armature; **— en disque,** disc armature; **— à fils,** wire wound armature; **— fraisé,** milled armature; **— à pôles intérieurs,** radial coil armature; **— à roue,** wheel armature; **— en double T,** H armature, shuttle armature; **— à tambour,** drum or cylindrical armature; **— tournant,** revolving armature; **— à trous,** channel armature; **— du type inférieur,** undertype armature; **— du type supérieur,** overtype armature.

Industrie, Industry; **—s connexes,** allied industries; **— horlogère,** horological industry.

Industriel, Industrial; **dessin —,** mechanical drawing, engineering drafting; **rendement —,** overall efficiency.

Inélasticité, Anelasticity.

Inélastique, Inelastic; **diffusion —,** inelastic scattering.

Inertie, Inert; **gaz —,** inert gas.

Inertie, Inertia; **axe d' —,** axis of inertia; **continuer à fonctionner par —,** to coast; **démarreur à —,** inertia starter; **effort d' —,** inertia stress; **force d' —,** vis inertiae; **four à —,** inertia furnace; **fusée à —,** inertia fuse; **méthode d'**

—, coasting method; **moment d'** —, moment of inertia; **relais d'** —, inertia relay.

Inextensible, Inextensible.

Inférieur, Lower; **aile** —**e,** bottom wing, lower wing; **cercle** —, root circle; **chariot** — (tour), bottom slide; **courbure** —**e,** lower camber; **étampe** —**e,** bottom die; **plan** —, lower plane; **quille** —**e,** lower heel; **rotule** —**e,** abutment impost; **traverse** —**e,** bottom rail.

Infiltration, Infiltration, leak, leakage, in-leakage.

Infiltrer, to Infiltrate.

Infinitésimal, Infinitesimal.

Inflammabilité, Inflammability, adustion. **non** —, non inflammability.

Inflammable, Inflamable, ignitible; **non** —, non inflamable.

Inflammateur, Igniter.

Inflammation, Firing, ignition; **essai d'** —, flash test; **pile d'** —, firing battery; **point d'** — (pétroles), flashing point; **température d'** —, flash point. **température spontanée,** spontaneous ignition temperature (S.I.T.).

Inflation, Inflation.

s'Infléchir, to Collapse.

Inflexion, Inflection; **point d'** —, point of inflexion; — **d'une courbe,** discontinuity of a curve.

Inflexionnel, Inflexional.

Inframicroscopique, Inframicroscopic.

Infrarouge, Infrared; **proche** —, near infrared; **rayon** —, infrared radiation; **rayonnement** —, infrared ray.

Infrasonique, Infrasonic.

Infrastructure, Infrastructure; ground organization (aviat.).

Infusible, Infusible, apyrous.

Ingénieur, Engineer; — **en chef,** chief engineer; — **conseil,** consulting engineer; — **des constructions navales,** naval architect, naval constructor; — **éclairagiste,** illuminating engineer; — **d'exploitation,** managing engineer; — **hydrographe,** hydrographer.

terre d'Infusoires, Diatomite.

Inhalateur, Inhalator.

Inhibé, Inhibited; **huile** —**e,** inhibited oil.

Inhibiteur, Inhibitor; — **de corrosion,** corrosion inhibitor; — **de décapage,** pickling inhibitor; — **d'oxydation,** oxidation inhibitor; — **synthétique,** synthetic inhibitor.

Inhibition, Inhibition, inhibiting; — (protection) **dynamique,** dynamic inhibiting; — **de corrosion,** corrosion inhibition.

Initial, Initial; **tension** —**e,** initial voltage; **vitesse** —**e,** initial or muzzle velocity.

Injecter, to Inject, to burnettise; — **au sulfate de cuivre,** to boucherise.

Injecteur, Injector, atomiser, gun burner, burner, priming jet; **débit d'** —, atomiser flow; **vérificateur d'** —, injector tester; — **de ciment,** cement injector; — **de combustible,** fuel injector; — **Giffard,** Giffard injector; — **à graisse,** grease injector; — **à retour,** spill flow burner; — **à type tourbillon,** swirl type atomiser.

Injection, Injection, admission, jet, condensing jet, priming; **aiguille d'** — fuel valve, injection valve; **carburateur à** —, injection carburetor; **condensateur à** —, jet condenser; **eau d'** —, injection water; **pleine** —, full admission; **pompe d'** —, fuel pump, injection or injector pump, jet pump; **procédé à** — (pétr.), water flush system; **robinet d'** —, pneumatic cock, injection cock; **sondage d'** — (pétr.), intake well; **soupape**

d' —, injection valve; **tête d' —** (pétr.), swivel; **tuyau d' —,** injection pipe; **tuyère ou buse d'—,** injection cone, priming nozzle; **— d'air comprimé** (pétr.), air lift; **à — inversée** (sondage), counter flush; **— à la cale,** bulge injection; **— de ciment,** cement injection; **— de combustible,** fuel injection; **— d'eau,** water injection, water flooding, water input, water inlet; **— inverse** (pétr.), reverse circulation; **— mécanique ou solide** (Diesel), solid injection; **— pilote,** pilot injection ;**— pneumatique,** pneumatic injection.

Inorganique, Inorganic; **soufre —,** inorganic sulphur.

Inoxydable, Inoxidizable, non corrodible, non rust, non oxidizable, stainless; **acier—,** stainless steel.

Insaponifiable, Insaponifiable.

Inscripteur, Tracer; **— électrique,** electric tracer.

Inscription, Inscription; booking, entry.

Insensible à l'action de, Non responsive to.

Inséré, Inserted.

Insérer, to Insert, to include.

Insertion, Insertion.

Insolubilité, Insolubility.

Insoluble, Insoluble; **produits —s en suspension,** suspended insolubles.

Insolvabilité, Insolvability.

Insolvable, Insolvable, insolvent.

Insonore, Insonorisé, Sound proof, sound proofed.

Insonorisation, Sound proofing.

Inspecter, to Supervise

Inspecteur, Overseer, **superviser,** surveyor.

Inspection, Inspection.

Inspectoscope, Inspectoscope.

Instabilité, Instability; **— dimensionnelle,** dimensional instability.

Instable, Instable.

Installation, Installation, plant; **frais d' —,** capital cost; **— d'agglomération,** sintering plant; **— en plein air,** outdoor plant; **— d'appoint,** peak load plant; **— de concentration,** concentrating plant; **— de conditionnement d'air,** air conditioner; **— de criblage,** screening plant; **— d'épuration d'huile,** oil reclaiming plant; **— de fond** (mines), unterground plant; **— de forage,** drilling rig; **— frigorifique,** refrigerating plant; **— houillère,** colliery plant; **— de jour** (mines), surface plant; **— de renflouage,** salvage plant; **s—sanitaires,** plumbing; **— de secours,** standby plant; **— de télégraphie sans fil,** wireless installation.

Installer, to Install.

Instantané (photo), Snapshot.

Instantané (adj.), Instantaneous; **pression —,** instantaneous pressure; **puissance —,** instantaneous power; **valeur —,** instantaneous value.

Institut, Institute.

Institution, Institution, institute.

Instrument, Instrument; **approche aux —s** (aviat.), instrument approach; **— à arête vive,** edge tool; **— de bord,** board instrument; **—s à cordonner,** cording tools; **— gyroscopique,** gyroscopic instrument; **—s de mesure,** measuring instruments; **—s de navigation,** navigational instruments; **— portatif,** portable instrument; **— de précision,** precision instrument; **— de visée,** sight or sighting instrument.

Instrumental, Instrumental; **erreur —e,** instrumental error.

Insubmersible, Insubmersible, non sinkable.

Insufflation, Spray, spraying, jet; **air d' —** (Diesel), blast air, spray air; **bouteille d'air d' —,** spray air bottle; **— auxiliaire,** subsidiary jet; **— de combustible,** fuel spray, fuel jet.

Intégral (adj.), Integral; **calcul —,** integral calculus.

Intégrale, Integral, summation; **— associée,** related integral; **— discontinue,** discontinuous integral.

Intégrant, Integrating; **détecteur —,** integrating detector.

Intégrateur, Integrator, integral; totaliser; cumulative integrating, totalizing (adj.); **calculateur —,** integrating computer; **relais —,** totalizing relay; **— cartographique,** pictorial computer; **— de route,** course computer; **— de tristimulus,** tristimulus integrator.

Intégration, Integration; **— asymptotique,** asymptotic integration; **— dans le temps,** temporal integration.

Intégrer, to Integrate.

Intégrodifférentiel, Integrodifferential.

Intensimètre, Intensimeter.

Intensité, Intensity, current; **lignes d'égale —,** isodynamic lines; **modulation en —,** intensity modulation; **niveau d' — sonore,** sound level; **régulateur d' —,** current regulator; **relais à maximum d' —,** overload relay; **transformateur d' —,** current transformer; **ventre d' —,** current loop; **— du champ,** field intensity, field strength; **— de courant,** current intensity; **— de courant admissible,** current capacity; **— de démarrage,** starting current; **— efficace,** root mean square (r.m.s.) current; **— des franges,** fringe intensity; **— lumineuse,** luminous intensity; **— maximum,** peak intensity; **— d'un signal,** signal intensity; **augmentation de l' — d'un signal** (T.S.F.), fading out; **réduction de l' — d'un signal,** fading in.

Interaction, Interaction.

Interatomique, Interatomic.

Intercepteur, Interceptor; **— de fente** (aviat.), slot interceptor.

Interception, Interception; **avion d' —,** interceptor plane.

Interchangeabilité, Interchangeability.

Interchangeable, Interchangeable.

Interconnecté, Interconnected.

Interconnecter, to Interconnect.

Interconnexion, Interconnexion.

Intercristallin, Intercrystalline.

Interfacial, Interfacial; **tension —e,** interfacial tension.

Interférence, Interference; **filtre à —s,** interference eliminator or filter.

Interféromètre, Interferometer.

Interférométrie, Interferometry; **— à faisceaux multiples,** multiple beam interferometry.

Interféroscope, Interferoscope.

Intergranulaire, Intergranular; **corrosion —,** intergranular corrosion.

Intérieur, Inside, internal, interior, inner; **à l' —,** indoor; **bordé, bordage —** (c. n.), inside plank or planking; **calibre —,** internal gauge; **cercle —** (engrenages), dedendum circle; **compas d' —,** outside caliper; **diamètre —** (chaud.), diameter in the clear; **éclisse —e,** interior fishplate; **meulage —,** internal grinding; **port —,** inner harbour; **pression —e,** internal pressure; **puits —** (min.), blind shaft; **rabotage —,** internal planing; **résistance —e,** internal resistance; **travée —e,** inner bay.

Interlignage, Leading.

Interligner, to Lead.

Intermédiaire, Middleman.

Intermédiaire (adj.), Intermediary, intervening; **arbre** —, middle shaft, countershaft, intermediate shaft, lay shaft; **circuit** — (T.S.F.), intermediate circuit; **couronne** — (turbine), partition cap; **palier** —, line shaft bearing; **réfrigérant** —, intercooler; **station** —, way station; **tourillon** —, neck collar bearing.

Intermodulation, Intermodulation.

Intermoléculaire, Intermolecular.

Interne, Internal; **moteur à combustion** —, internal combustion engine.

Interphone, Interphone.

Interplanétaire, Interplanetary.

Interpolaire, Interpolar.

Interpolation, Interpolation; **séries d'** —, interpolation series.

Interpoler, to Interpolate.

Interrompre, to Break, to disconnect; — **une communication**, to disconnect; — **le courant**, to break current.

Interrompu, Interrupted; **courant** —, interrupted current; **trempe** —**e**, interrupted quench.

Interrupteur, Interruptor, switch, breaker, circuit breaker, contact breaker, make and break; **contact à lame d'** —, bridging contact; **couteau d'** —, switch blade; **turbo** —, mercury turbine interrupter; — **à air**, air break switch, air interruptor; — **automatique**, automatic switch; — **automatique à l'atterrissage** (aviat.), crash switch; — **auxiliaire**, auxiliary switch; — **à bascule**, tumbler switch; — **bipolaire**, double pole switch; — **de branchement**, branch switch; — **centrifuge**, centrifugal switch; — **à charbons**, carbon break switch; — **à cheville**, plug switch; — **à console**, bracket switch; — **à couteau**, chopper switch, knife switch; — **à deux couteaux**, double bladed switch; — **de démagnétisation**, demagnetizing switch; — **de dérivation**, branch switch; — **à plusieurs directions**, multiple way switch; — **disjoncteur**, cut out, interrupter switch; — **électrolytique**, electrolytic interrupter; — **à enveloppe étanche**, switch in water tight case, waterproof switch; — **d'excitation**, field break switch; — **à fiche**, plug switch; — **à flotteurs**, float switch; — **à gradation de lumière**, dimmer, dimming switch; — **à gradins**, step switch; — **horaire**, time switch; — **à huile**, oil break switch; — **d'installation**, box switch; — **de lampe**, lamp switch; — **à levier**, lever switch; — **à main**, hand switch; — **à marteau**, hammer break; — **à mercure**, mercury jet interrupter, dipper interrupter, mercury switch; — **à moteur**, motor driven switch; — **de poteau**, pillar or pole switch; — **à pression**, press switch, toggle switch; — **principal**, main switch, power switch — **à ressort**, spring switch; — **à rupture brusque**, snap switch, quick break switch; — **à rupture double**, double break switch; — **à rupture lente**, slow break switch; — **à rupture simple**, single break switch; — **à sectionnement automatique**, mechanically controlled switch; — **de sectionnement**, section switch; — **à serrure**, lock up switch; — **de sûreté**, safety switch; — **à temps**, time switch; — **à tirage**, pull switch; — **à tubes**, tubular switch; — **unipolaire**, single pole switch; — **à zéro**, no load circuit breaker, zero cut out.

Interruption, Interruption; — **de service** (élec.), outage, trip out.

Interstellaire, Interstellar.
Interstice, Gap.
Interstitiel, Interstitial.
automatique **Interurbain**, Toll dialing.
Intervalle, Interval, gap; — entre les puits de mine, bay; — isolant, insulating gap.
Intervallomètre, Intervalometer.
Intrados, Intrados, lower or under surface of wing; volet d' —, lower flap.
Intramoléculaire, Intramolecular.
Introduction (mach.), Admission; avance à l' —, lead admission, inside lead (tiroir en D); orifices d' —, live steam ports, steam ways; recouvrement à l' —, steam overlaps; — de vapeur pendant la moitié de la course, expansion half on.
Introduire, to Introduce.
nombres **Intuitionnistes**, Intuitionistic numbers.
Inusable, Wear proof.
Invariant, Invariant; — gravitationnel, gravitational invariant.
Inventaire, Inventory, schedule; dresser l' —, to take, to draw up the inventory; to take stock; sous bénéfice d' —, without liability to debts.
Inventer, to Invent, to contrive, to devise.
Inventeur, Inventor, contriver.
Invention, Invention, contrivance, brevet d' —, patent.
Inverse, Reverse, reversed; courant —, reverse current; injection — (pétr.), reverse circulation.
Inversé, Inversed, reverse, reversed; à injection —e (sondage), counterplush; carburateur —, downdraught carburetor; élément —, inverted cell or element; flux —, reverse flow; polarité —e, reversed polarity.
Inverser, to Invert, to reverse; — le sens de marche d'un moteur, to reverse a motor.
Inverseur, Change over, inverser, current reverse gear, reversing device, reverser, switch; commutateur —, make and break, current reverser; — de marche, reversing switch; — de polarité, polarity reversing switch.
Inversion, Reversal, inversion; — automatique, automatic inversion; — de phase, phase reversal; — de la polarisation, reversal of polarisation; — de polarité, polarity reversal; — des récupérateurs, hearth reversal.
Involution, Involution.
Iodacétique, Iodacetic; acide —, iodacetic acid.
Iodation, Iodination.
Iode, Iodine; indice d' —, iodine number.
Iodé, Iodinated.
Iodomètre, Iodimeter.
Iodométrique, Iodometric; dosage —, iodometric determination.
Iodoplatinate, Iodoplatinate.
Iodose, Iodose.
Iodure, Iodide; — d'argent, silver iodide; — de potassium, potassium iodide.
Ion, Ion; compteur d' —s, ion counter; optique des —s, ion optics; source d' —s, ion gun; —s complexes, complex ions; —s ferriques, ferric ions; — gazeux, gaseous ion; — positif, cathion.
Ionique, Ionic; bombardement —, ionic bombardment; cristal —, ionic crystal; réfraction —, ionic refraction; résonance —, ionic resonance.

Ionisant, Ionizing; **particules —es,** ionizing particles.

Ionisation, Ionisation, ionization; **— par choc,** ionisation by impact; **anémomètre à —,** ionization anemometer; **chambre d' —,** ionisation chamber, Faraday chamber; **chambre d' — à grilles,** grid ionisation chamber; **constante d' —,** ionisation constant; **courant d' —,** ionisation current; **potentiel d' —,** ionizing potential.

Ionisé, Ionised; **fortement —,** heavily ionised; **nuage —,** ion cloud.

Ioniser, to Ionise.

Ionomètre, Ionometer.

Ionosphère, Ionosphere.

Ionosphérique, Ionospheric; **couche —,** ionosphere layer; **onde —,** sky wave.

Iridescence, Iridescence.

Iridium, Iridium.

Irisation, Iridescence.

Irradiation, Irradiation; **— par pile,** pile irradiation.

Irradié, Irradiated.

Irrégularité de fonctionnement, Erraticness.

Irrégulier, Erratic; **vibrations —ères,** erratic vibrations.

Irréparable, Beyond repair.

Irréversibilité, Irreversibility.

Irréversible, Irreversible; **direction —,** irreversible steering; **élément —,** irreversible cell.

Irrigation, Irrigation; **canal d' —,** irrigation canal; **pelle à —,** dutch scoop.

Isobare, Isobar.

Isobutylène, Isobutene.

Isobutyrique, Isobutyric; **acide —,** isobutyric acid.

Isochrone, Isochronal, isochronous.

Isocyanate, Isocyanate.

Isocyanure, Isocyanide; **— de métyle,** methyle isocyanide.

Isochronisme, Isochronism.

lignes Isoclines, Isoclinic lines.

Isoclinical, Isocline.

Isodimètre, Isodimeter.

Iso-écho, Iso-echo.

lignes Isogones, Isogonic lines.

Isogrammes, Isograms.

Isolant, Insulator.

Isolant (adj.), Insulating; **brique —e,** insulating brick; **couche —e,** insulating layer; **huile —e,** insulating oil; **matières —es,** insulating materials; **pouvoir —,** insulating power; **rosace —e,** wall block; **tabouret —,** insulating stool; **vernis —,** insulating varnish.

Isolateur, Insulator; **taquet —,** crossing cleat; **— d'arrêt,** shackle insulator; **— de bougie,** spark plug insulator; **— à chapeau,** cap insulator; **— à cloche,** pin insulator; **— à disques,** disc insulator; **— de fil d'amarrage,** anchor wire insulator; **— de ligne,** line insulator; **— de suspension,** suspension insulator; **— de traversée** (disjoncteur), bushing; **— de traversée à l'huile,** oil filled bushing.

Isolation, Insulation; **— en céramique,** ceramic insulation; **— phonique,** sound insulation; **— thermique,** thermal insulation.

Isolé, Insulated; **fil —,** insulated wire; **neutre —,** insulated neutral; **— au caoutchouc,** rubber insulated; **— au papier,** paper insulated; **— au silicone,** silicone insulated.

Isolement, Insulation; **appareil pour mesurer l' —,** insulation set; **essai d' —,** insulation test; **mesure de l' —,** insulation testing; **résistance d' —,** insulation resistance or strength.

Isoler, to Insulate.

Isomère, Isomer.
Isomérisme, Isomerism; — **de rotation**, rotational isomerism.
Isomérisation, Isomerisation.
Isométrique, Isometric.
Isooctane, Isooctane.
Isopérimétrique, Isoperimetric.
alcool Isopropylique, Isopropyl alcohol.
Isocèle, Isosceles; **triangle** —, isosceles triangle.
Isostatique, Isostatic.
Isotherme, Isotherm, isothermal; **détente** —, isothermal expansion; **lignes** —**s**, isothermal lines; **recuit** —, isothermal annealing.

Isotope, Isotope; — **impair-impair**, odd-odd isotope.
Isotopique, Isotopic; **déplacement ou séparation** —, isotope shift; **traceur** —, isotope or isotopic tracer.
Isotropique, Isotropic; **diffusion** —, isotropic scattering; **turbulence** —, isotropic turbulence.
Itague (de palan), Runner.
Itération (math.), Iteration.
solutions Itératives (math.), Iterative solutions.
Ivoire, Ivory; **noir d'** —, ivory black.

J

Jable, Croze, chimb.

Jack, Jack; — **de départ**, trunk jack; — **double**, twin jack; — **de liaison ou de jonction**, spring jack; — **multiple**, multiple jack.

Jaillissement (pétr.), Gusher.

Jais, Black amber, jet.

Jalon, Stake, landmark, beacon, pole; — **d'arpentage**, levelling pole.

Jalonnage, Staving off.

Jalousie, Blind.

Jambage, Jamb, arch pillar.

Jambe, Leg; futtock (c. n.); strut (aviat.); — **d'amortisseur hydraulique** (aviat.), oleo strut; — **articulée** (aviat.), articulated leg; — **d'une chèvre**, cheek; — **d'enclume**, anvil side, anvil foot; — **de force**, brace, bracing strut, bracket, cross stud, iron spur; landing brace, stretcher, landing strut (aviat.); — **de roue** (aviat.), wheel strut; — **télescopique**, telescopic leg; — **du train d'atterrissage**, landing strut.

Jambette, Leg; pont à —s, strut frame bridge.

Jante, Jaunt, felloe, rim; **accrochement de la** —, edge of rim; **frein sur** —, rim brake; **ouvre** —s, rim opener; — **amovible**, detachable rim; — **en bois**, wooden felloe.

tarière à Jantière, Felloe auger.

Jacquette, Jacket; — **d'eau**, water jacket.

Jarrah (bois), Jarrah timber.

Jarre, Jar.

Jarretière (élec.), Jumping wire.

Jas (de l'ancre), Stick, stock.

Jauge, Gage, gauge, caliper, sounding rod, template; **robinet à**— gauge cock, gauge tap, test cock, water gauge; —**s à bandelettes résistantes**, strain gauges; — **de contrainte**, strain gauge; — **à coulisse**, caliper gauge; — **enregistreuse**, recording gauge; — **d'épaisseur**, thickness gauge; — **d'épaisseur de dépôt**, coating thickness gauge; — **d'essence**, petrol gauge; — **de niveau** (chaud.), water gauge; — **pour pas de vis**, screw pitch gauge; — **de pression**, pressure gauge; — **de profondeur**, depth gauge; — **à vis**, screw caliper.

Jaugeage, Gauging, measure, measurement; **barême de** —, loading table; **certificat de** —, measure brief.

Jaugé, Gauged.

Jauger, to Gauge, to measure; **contre** —, to counter gauge.

Jaugeur, Gauger; — **de débit**, flow gauge.

trou de Jaumière, Helm hole, rudder hole.

Jaune, Yellow; **couperose** —, yellow **copperas**; **cuivre** —, yellow copper; **hématite** —, yellow hematite; — **de chrome**, lead chromate, chrome yellow; — **d'ocre**, yellow ochre.

Javotte, Anvil bed.

Jervine, Jervine.

Jet, Jet; connecting piece, discard head, stream, runner; **ancre à** —, kedge; **appareil à** — **de sable**, sand blast machine; **condenseur à** —, jet condenser; **décapage au** —, jet pickling; **déviateur de** —, thrust reverser; **passé au** — **de sable**, sand

JOI — 268 — **JOI**

blasted; — **d'air**, jet stream; — **à la mer d'une cargaison** (N.), jet sam; — **de combustible**, fuel jet; — **de coulée**, feed or feeding head sprue; — **de coulée simple**, ball gate; — **de coupe**, cutting jet; — **de moule**, channel; — **de vapeur (pour activer le tirage)**, steam blast.

Jetée, Breakwater, enbankment, jetty, mound, pier.

Jeter bas les feux, to Draw the fires.

Jeu, Allowance, backlash, clearance, clearing, give, looseness, play, rub; shake, slack, slackness; set; **en —**, in gear; **long — (outil)**, six foot auger; **qui a du —**, free; **— de fraises**, set of cutters; **— latéral**, side play; **— des poussoirs**, tappet clearance; **avoir du —**, to play; **donner du —**, to ease, to loosen; **prendre du —**, to work loose. **— de 0,015**, 0.015 clear.

Joindre, to Join, to joint, to tie.

Joint, Joint, connection, bond, clamping, coupler, coupling, gasket, seal; **compound pour —s**, sealing compound; **couvre —**, butt plate, cover plate, covering plate, edge strip, fish plate, junction plate; **faux —**, blind flange; **fraise pour faire les —s**, jointer cutter; **rivetage du —**, butt riveting; **serre —**, clamp, adjustable clamp, screw clamp, cramp, jointing cramp, cramp frame; **— d'accouplement**, coupling joint; **— à adent (charp.)**, joggle joint; **— à adents**, cogging joint; **— à agrafes**, cramp joint; **—s alternés**, staggered joints; **— à angle**, angle joint; **— angulaire**, edge joint; **— articulé**, articulated joint, knuckle joint; **— à baïonnette**, bayonet joint; **— en biseau**, bird's mouth joint; **— de bougie**, sparking plug gasket; **— à boulet**, cup and ball joint; **— bout à bout**, butt and butt joint; **— à bride**, flange joint, flange coupler, flange connection; **— en caoutchouc**, rubber seal; **— carré**, abutting joint; **— au carton**, board joint; **— à la céruse**, white lead joint; **— de chaîne**, chain joint; **— en chicane**, break joint, labyrinth seal; **— à clin**, lap joint; **— à collerette**, flanged joint; **— de dilatation**, expansion joint; **— à douille**, joint with socket and nozzle, faucet joint, socket joint; **— élastique**, elastic joint; **—s à emboîtement**, following joints; **— à emboîture avec clavette**, spigot and faucet joint; **— à embrèvement (charp.)**, joggle joint; **— à encastrement**, bridle joint; **— en équerre**, diagonal joint; **— étanche à l'eau**, water tight joint; **— étanche à l'huile**, oil seal; **— étanche à la vapeur**, steam tight joint; **— d'étanchéité**, air seal; **— de feutre**, felt joint, felt packing; **— flexible**, flexible coupling; **— à fourreau**, expanding joint; **— à francs bords**, butt joint, flush joint, jump joint, straight joint; **— à genou**, ball and socket joint; **— à gorge**, drip joint; **— à goujon (charp.)**, joggle joint; **— des grains**, grain boundary; **— hydraulique**, water seal; **— hydraulique d'étanchéité**, sealing water gland; **— à labyrinthe**, dummy, labyrinth packing, labyrinth seal; **— à manchon**, joint with socket and nozzle, sleeve joint; **— maté**, calking seam; **— au minium**, minium joint, red lead joint; **— mobile**, bango connection; **— montant**, abutting joint; **— de Oldham**, Oldham joint; **— en onglet**, diagonal joint; **— de palier**, bearing seals; **— au papier**, paper joint; **— de planches**, commissure; **— plastique**, plastic seal; **— plat**, abutting joint, butt joint; **— plein**, blank flange, blind flange; **— à pont**, bridge joint; **— à pression d'huile**, oil pressure joint; **— à**

queue d'aronde, dovetail joint; — **à raccord**, supple connection; — **à recouvrement**, lap joint; — **rigide**, stiff joint; — **rivé**, riveted joint; — **à rotule**, ball and socket joint; — **à la rouille**, rust joint; — **en sifflet**, scarfing joint; — **à soufflet**, bellows joint; — **sphérique**, ball joint, cup and ball joint, socket joint; — **au suif**, tallow joint; — **à double tenon**, feathered joint; — **tournant**, rotating seal, revolving or rotary joint; — **universel**, Hooke or Hooke's joint, universal joint; — **à vis**, screw coupling, screw joint; **garnir un** —, to pack; **refaire un** —, to rejoint.

Jointif, Joining; jump jointed; **enroulé** —, butt wound.

Jointoiement, Jointing; **matériau de** —, jointing material.

Jointure, Junction, joint, knuckle, — **en T**, elbow joint.

Jonction, Junction, juncture, junctor, forjoining; bonding; **bande de** —, junction plate, strip plate; **boîte de** —, junction box, sealing box, splice box, connector box; **boîte de** — **coudée**, bend connector; **collerette de** —, flanged seam; **cornière de** —, gusset, gusset plate; **pièce de** — (ch. de fer), splicing ear; **pince de** — (ch. de fer), splicing ear; **tourteaux de** —, couplers; **tuyau de** —, joint pipe; — **bout à bout**, butment; — **fond-paroi**, head to shell junction; — **de planches**, commissure.

Joue, Cheek, flange, web; — **de croisement**, check rail; — **de gradin**, step grade side bearer; — **de poulie**, block cheek; —s **de manivelle**, crank cheeks.

Joug, Yoke; — **de porte-balai**, brush rocker.

Joule (unité de travail), Joule; **effet** —, joule effect.

Jour, Day; **au** — (mines), above ground; **traction de** —, surface traction; —s **de planche** (N.) lay days.

Journalier, Charman.

Journalier (adj.), Daily; **consommation** —**ère**, daily consumption.

Jumelage, to Couple.

Jumelé, Accoupled, coupled, twin; **carburateur** —, duplex carburetor; **cylindres** —s, twin cylinders; **filtres** —s, twin strainer; **flotteurs** —s, twin floats; **pneus** —s, twin tyres; **poteaux** —s, coupled poles, twin poles; **radiateurs** —s, twin radiators.

Jumeler, to Couple.

Jumelle, Bearer; cheeks (tour, etc.); **vapeur à hélices** —s, twin screw steamer; —s **d'un banc de tour**, sides, shears of a lathe; — **de pavement**, cheek stone; — **de ressort**, spring shackle; **double** — **de ressort**, spring stirrup.

Jumelles (opt.), Binoculars, field glasses; — **périscopiques**, periscopic binoculars; — **prismatiques**, prismatic binoculars.

Jupe de piston, Piston skirt.

Jute, Jute; **fibre de** —, jute fiber; **fil de** —, jute yarn; **sac en** —, jute bag; — **saturé** (câbles élec.), saturated jute.

K

Kaire, Coir rope.
Kallirotron (T. S. F.), Kallirotron.
Kaolin, Kaolin, China clay.
Kapok, Kapok.
Karri (bois), Karri.
échelle Kelvin, Kelvin scale; échelle de température en degrés centigrades absolus; ajouter 273° C à la température en degrés C ordinaires.
Kenotron, Kenetron or Kenotron.
Kerogène, Kerogen.
Kerosène, Kerosene.

Kilocycle, Kilocycle.
Kilovolt, Kilovolt, kV.
Kinescope, Kinescope.
Klauber le minerai, to Cull the ore.
Klydonographe, Klydonographe.
Klystron, Klystron.
Krypton, Krypton; lampe au —, krypton lamp.
Kymograph, Kymographe.
Kérosène ou Kérosine, Kerosene, kerozene, kerosine, lamp oil; — **d'aviation**, aviation kerosene.

L

Laboratoire, Lab (abréviation); laboratory; — d'essais, testing laboratory; — de recherches, research laboratory.

Labyrinthe, Labyrinth; joint en —, labyrinth packing, dummy, labyrinth seal.

Laçage, Lacing.

Lacer, to Lace.

Lacet, Lace, braid, tape.

Lâche, Loose, slack; accouplement — (T. S. F.), loose coupling; fil —, slack wire.

Lâchez-tout, Let go.

Lactate, Lactate; — n alcoylé, lactate n alkyl.

Lactique, Lactic; acide —, lactic acid; ester —, lactic esther.

séries **Lacunaires** (math.), Gap series

Lagre, Flattening stone.

Lainages, Wool stuffs.

Laine, Wool; à longue —, long woolled; de —, en —, woollen; cardage de la —, wool combing; cardeur de —, wool comber; lavage de la —, wool scouring; peignage de la —, wool combing; peigneuse à —, wool combing machine; presse à faire les balles de —, dumping press; — d'acier, steel wool; — isolante, insulating wool; — de nickel, nickel wool; — de scories, silicate wool.

Laineux, Woolly.

Laisse de basse mer, Low water mark.

Laisse de haute mer, High water mark.

Laisser-passer, Transire.

Lait de chaux, Lime wash, lime white, cream of white.

Laiterol, Front plate.

Laitier, Slag, cinder, cinders, clinker; iron dross; bec de rigole à —, cinder notch; brique de —, slag brick; ciment de —, slag cement; laine de —, slag wool; plaque à —, front plate; procédé du double —, double slagging; revêtement en — (h. f.), slag facing; trou d'écoulement du — (h. f.), cinder hole; tuyère à —, cinder notch; — basique, basic slag; — de four à puddler, floss; — de haut fourneau, blast furnace slag; enlever le —, to slag off.

Laiton, Brass, latten; de —, brazen; fil de —, brass wire; fonderie de —, brass foundry; saumon de —, brass block; — naval, naval brass; recouvrir de —, to brass.

Laitonnage, Brass plating.

Lambourde, Ashlering; sleeper.

Lambris, Wainscot (bois); lining, panelling (marbre); roof, ceiling (plafond); skirting.

Lambrissage, Wainscoting.

Lambrisser, to Wainscot.

Lame, Plate, foil, bar, cutter, blade, leaf, slip, tong, web; à — d'acier, steel bladed; à — d'argent, silver bladed; à deux —s, two bladed; affûteuse de —s, saw blade grinder; chaudière à —s, sheet flue boiler; machine à affûter les —s, saw blade grinder; porte —, cutter head; porte —s elliptique, drunken cutter; ressort à —s, hoop spring; ressort à —s étagées, step spring; scie à plusieurs —s, multiple saw; scierie à — circulaire, circular saw mill; scierie à — sans fin, band saw mill;

LAM — 272 — **LAM**

trépan à —s, drag bit; **trusquin à** —, cutting gauge; — **d'eau (chaud.)**, water space; — **de bulldozer**, bulldozer moldboard; — **de ciseau**, shear blade; — **de collecteur**, commutator bar; — **de cuivre**, slip of copper; — **maîtresse**, main plate; — (outil de chauffe), fire slice; — **de plaine**, platinum foil or sheet; —**s radiales** (élec.), commutator segments; — **de ressort**, spring leaf, spring plate; — **de scie**, blade, web of a saw; — **vibrante**, vibrating reed.

Lamellaire, Foliated, laminated; **plaque** —, laminated plate.

Lamelle, Scale, lamination.

Lamellé, lamelleux, Foliated, bladed.

Laminage, Lamination, rolling, flattening; **battitures de** —, fins; **brut de** —, as rolled; **écailles de** —, mill scales; **outil à rabattre par** —, rolling in tool; **paille de** —, chip; — **à chaud**, hot rolling; — **à froid**, cold rolling, tempering.

Laminaire, Laminar, laminary, bladed; **cavitation** —, sheet cavitation; **écoulement** —, laminar flow; **profil** —, laminar profile, laminar flow section; **régime** —, laminary regime.

Laminé, Laminated, flattened, rolled; **acier** —, laminated steel; **fer** —, laminated iron, drawn out iron; **matières plastiques** —**es**, laminated plastics; **plomb** —, sheet lead; **produits** —**s**, laminates; **silicones** —**s**, silicone laminates; **tôle** —, roller sheet iron; **zinc** —, sheet zinc; — **à chaud**, hot rolled, hot reduced; — **à froid**, cold rolled, cold reduced.

Laminer, to Laminate, to draw, to flatten, to roll; **machine à** — **les filets de vis**, thread rolling machine; — **les semelles**, to roll slabs.

ouvrier Lamineur, Billeting man.

Laminoir, Roller, roll, rolling machine, rolling mill, mill; **boîte de sûreté de** —, breaker, breaking piece of a rolling mill; **cage de** —, mill stand; **cylindres de** —, mill rolls, laminating rollers; **cylindres en acier durci pour** —**s**, chilled iron rolls; **train de** —, roll line, roll train; **trèfle de cylindre de** —, roll pod; — **à barres**, billeting roll, — **à billes**, ball train; — **duo**, two high mill; — **ébaucheur**, blooming rolling mill, puddle mill; — **étireur**, flatter; — **à fers marchands**, merchant mill; — **à fil machine**, rod mill; — **à froid**, cold rolling mill, temper mill; — **à loupes**, ball train; — **perceur**, piercing mill; — **à poutrelles**, girder rolling mill; — **à profiler**, structure mill; — **quarto**, four high mill; — **à rails**, rail rolling mill; — ; **renversement**, reversing mill, — **réversible**, reversing mill; — **à roues**, disc mill; — **à tôle**, plate mill; — **à tôles fines**, strip mill; — **trio**, three high mill; — **à trois cylindres superposés**, (train trio), three high rolling mill.

pétrole Lampant, Lamp oil, kerosene, paraffin oil, petroleum oil.

Lampe, Lamp, tube; **boîtier de** —, lamp house; **culot de** —, lamp base; **douille de** —, lamp socket; — **à accumulateur**, accumulator lamp; — **à arc**, arc lamp — **à arc en dérivation**, shunt wound arc lamp; — **à arc à flamme**, flame arc lamp; — **à arc en vase clos**, enclosed arc lamp; — **à argon**, argon lamp; — **de n bougies**, n candle lamp; — **à braser**, brasing lamp; — **de cadran**, dial lamp; — **capillaire**, capillary lamp; — **Carcel**, Carcel's lamp; — **à décharge**, discharge lamp; — **dure** (T. S. F.), hard valve; — **éclair**, flash tube; — **à éclairage indirect**, indirect light lamp; — à éclairs, flash or flashing lamp; — à écran, screen valve; — électrique, electric lamp; — à trois électrodes, three electrode valve; — émettrice, transmitting valve; — à enveloppe de quartz, quartz lamp; — à filament métallique, metal filament lamp; — de fin de conversation, clearing lamp; — fluorescente, fluorescent lamp; — pleine de gaz, gas filled lamp; — à incandescence, incandescent lamp; — au krypton, krypton lamp; — luminescente, luminescent lamp; — mètre, tube tester; — miniature, midget valve; — molle (contenant peu de gaz), soft lamp; — au néon, neon lamp; — à pétrole, petroleum lamp; — photochimique, photochemical lamp; — portative, portable lamp; — à projecteur, projector lamp; — de protection, guard lamp; — de puissance, de sortie (T. S. F.), output valve, power valve; — à rayons cathodiques, cathode ray lamp; — à rayons ultraviolets, ultraviolet, ray lamp; — à redressement (T. S. F.), rectifier or rectifying valve; — de signalisation, signal lamp; — à souder, soldering lamp, blow torch; — de sûreté, safety lamp; — témoin, indicator lamp, pilot lamp, warning lamp; — à vapeur de mercure, mercury lamp; — à vapeur de mercure à arc court, short arc mercury lamp; — à vapeur de mercure au cadmium, cadmium mercury lamp; — à vapeur de mercure à haute pression, high pressure mercury lamp; — à vapeur de sodium, sodium vapour lamp; — à vide parfait (T. S. F.), hard valve.

Lampiste, Lamp trimmer.

Lampisterie, Lamp locker.

Lance, Lance, nozzle; slide bar (outil de chauffe); — bombe, bomb propping gear; — flammes, flame thrower; — fusées, rocket launcher; — neige (tromblon), flake lance.

Lancement, Launch, launching, heaving; starting (moteur); air de — (Diesel), starting air; appareil de —, launching apparatus, launcher; appareil de — à vis sans fin, worm barring gear; cale de —, slipway; clef de — (N.), shore dog; moteur de —, starting motor; plateforme de —, launching platform; poste de —, launching post; rampe de —, launching stand; réservoir d'air de —, starting air vessel; servo-moteur de —, barring engine; soupape de —, starting valve; firing valve (torpilles); tuyautage d'air de —, starting air piping; vibreur de —, magnet booster coil; viseur de —, bombsight; — par catapulte, catapult take off.

Lancer, to Launch; to start; — un moteur, to start an engine; — un navire, to launch a ship.

Langue, Tongue; pic à — de bœuf, miner pick; — de carpe, bott chisel, hewing chisel, tongued chisel.

Languette, Tongue, slide rail (ch. de fer.), feather tongue; assemblage à rainure et —, groove and tongue joint; — à rainure, feather tongue; — de tuyère, nozzle flap; — d'union, dowel.

Lanière, Lace; — pour attache, belt lace.

Lanterne, Lantern, barrel; lamp (auto); roue à —, lantern wheel; — à acétylène, acetylene lamp; — arrière, tail light, back lamp; — avant, front lamp; — d'entretoisement, distance piece; — à billes, ball cage; — de gouvernail, pintle score; — à noyau, core barrel; — de soupape, valve box; — de stationnement, parking light.

Lanterneau, Monitor.

LAT — 274 — **LEN**

meule **Lapidaire**, Stone grinder.

Lapis-lazuli, Azure stone.

Laquage, Lacquering.

Laque, Lac, lacquer; **gomme** —, gum lac; — **en bâtons**, stick lac; —**s cellulosiques**, cellulose lacquers; — **en feuilles**, thin shellac; — **en grains**, seed lac.

Laquer, to Lacquer; to dope (auto).

Largable, Detachable, droppable, jettisonable, releasable; **porte** —, jettison door; **réservoir** —, slip, droppable or detachable tank; **train** —, releasable undercarriage.

Larget, Sheet bar, sheet billet.

Largeur, Breadth; — **de bande**, band width; — **de la coupe**, width of cutting; — **de culasse**, width of yoke; — **des dents**, tooth width; — **d'encoche**, width of slot; — **au fort** (c. n.), extreme breadth, main breadth, moulded breadth; — **hors membres** (c. n.), moulded breadth; — **des raies**, line breadth; — **de voie**, wheel track.

Larmier, Drip.

Lasseret, Auger; — **tournant**, turning auger.

Latent, Latent; **charge** —**e**, bound charge; **chaleur** —**e**, latent heat; **électricité** —**e**, bound electricity; **image** —**e**, latent image; **racines** —**es** (math.), latent roots.

Latéral, Lateral, side, sideways; **bordé** — (c. n.), side plating; **bouclier** — (mot. élec.), end shield; **carlingue** —**e**, side or sister keelson; **dépouille** —**e**, side clearance; **enroulement** —, lateral winding; **équilibrage** —, lateral trim; **feux** —**aux**, side lights; **jeu** —, side play; **pente** —**e**, side sloping; **soufflage** —, side blow; **tourelle** —**e** (N.), wing turret.

Latex, Latex.

Latitude, Latitude; **correcteur de** —, latitude corrector.

Lattage, Trussing.

Latte, Lath, batten, batten end, scantling; — **d'enveloppe** (cylindre), lag or lagging; — **de navire**, truss; — **de nervure**, rib flange.

Latté, Lathed, trussed.

Latter, to Lath, to truss.

Lattis, Lathing, lattice.

Lavage, Washing, bucking, buddling, elutriation, flushing; **cabine de** —, washing booth; **étain de** —, stream tin; **fourche de** —, filtering board for buddling; **table de** —, buddling dish; — **des minerais**, bucking, buddling, washing of ores.

Lave, Lava; — **acide**, acid lava; — **alcaline**, alkaline lava.

Laver, to Wash, to clean; — **le minerai au crible**, to dilute ore; — **le minerai sur tables à toiles**, to dolly.

Laveur, Buddler, cleaner, scrubber, washer; **flacon** —, washing bottle; — **d'air**, air washer; — **cyclone**, cyclone washer.

Lavis, Wash, washing; **dessin au** —, wash or washed drawing; **fait au** —, washed in.

Lecture, Reading; — **directe**, direct reading.

Légal, Legal, lawful; **poids** —, standard weight; **Ohm** —, **volt** —, Congress ohm, Congress volt.

Lège (N.), Light; **flottaison** —, light waterline.

Léger, Light; **ultra** —, ultralight.

Lemniscate, Lemniscate.

Lent, Slow; **combustion** —**e**, slow combustion; **poudre** —**e**, slow burning powder.

Lenticulaire, Lenticular, lentiform, lens shaped, lentishaped.

Lentiforme, Lentishaped, lens shaped.

Lentille, Lens; valve leaf; **foyer d'une —**, focus of a lens; **— achromatique**, achromatic lens; **— annulaire**, annular lens; **— biconcave**, double concave lens, biconcave lens; **— biconvexe**, biconvex, double convex lens, biconvex lens; **— de champ**, field lens; **— convergente**, condensing or converging lens; **— dioptrique**, dioptric lens; **— divergente**, dispersing or diverging lens; **— à échelons**, step lens, Fresnel lens; **— électronique**, electronic lens; **— électrostatique**, electrostatic lens; **— à gradins**, corrugated lens; **— magnétique**, magnetic lens; **— oculaire**, eye lens; **— d'un pendule**, bob; **— plan concave**, plano concave lens; **— plan convexe**, plano convex lens; **— de projection**, projection lens; **— télescopique**, telescopic lens.

Lessivage, Scouring, leaching, washing, flushing; **— à l'ammoniaque**, ammonia leaching.

Lessiver, to Scour.

Lest, Ballast; **sac de —**, sand bag, ballast bag; **— liquide**, water ballast; **— permanent**, kentledge; **— de stabilité**, stiffening.

Lestage, Ballast; **plaque de —**, ballast plate; **— hydraulique**, water ballast.

Lester, to Ballast, to stiffen.

Lettre, Letter, bill; **— d'avis**, letter of advice; **— de change**, bill of exchange; **— de change acceptée**, accepted bill of exchange; **— de crédit**, letter of credit; **— de mer** (N.), certificate of registry; **— recommandée**, registered letter; **— de voiture**, bill of lading, way bill.

Levage, Lifting, hoisting; **appareaux de —**, lifting tackle; **appareils de —**, hoisting machinery, lifters, lifting appliances; **appareil de — par le vide**, vacuum lifter; **câble de —**, hoisting rope, hoist cable; **crochet de —**, hoist hook; **électro-aimant de —**, lifting magnet; **engin de —**, lifting gear; **machine de —**, hoisting engine; **moteur de —**, hoisting motor; **palan de —**, lifting tackle; **points de —**, jacking points; **puissance de —**, hoisting power; **tambour de —**, hoist drum; **treuil de —**, hoist winch; **vitesse de —**, hoist speed.

Lève-soupape, Valve lifter.

Levé (voir **Lever**).

Levé (adj.), Lifted, raised; **dessin à main —e**, free hand drawing.

Levée, Levee; bank; heave; lift; knob; **arbre de —**, cog shaft; **couple de —** (c. n.), principal frame; **pont à —**, draw bridge; **— d'un gazomètre**, stroke of a gasometer; **— de soupape**, valve lift; **— télescopique**, telescopic lift; **— de terre**, embankment, causeway, earth bank.

Lever ou Levé (de plans), Location, surveying, land surveying; **— cadastral**, cadastral survey; **— de détail**, detailed survey; **— photogrammétrique**, photogrammetric survey.

Lever, to Lift.

Levier, Level, arm, handle, pinch bar; **assemblage de —s mobiles sous différents angles**, toggle joint; **bras de —**, lever arm, leverage; **rapport des bras de —**, leverage; **cisaille à —**, hand lever shearing machine; **frein à —**, lever brake; **perçoir à —**, lever drill; **presse à —s**, toggle press; **soupape à —**, lever valve; **système à —s articulés**, toggle system; **système à n —s articulés**, n toggle; **— d'alimentation**, feed arm; **— d'amenage rapide**, quick traverse lever; **— d'armement**, cocking lever; **— d'avance** (mach.-outil), feed lever; **— d'avance à l'allumage**, sparking lever, timing lever; — **de blocage**, blocking lever; — **à bouterolle**, lever dolly; — **de changement des vitesses**, change speed lever, lever gear shift; — **commandant l'avance de la table** (mach.-outil), lever for table feed; — **de commande**, control arm, control lever; — **de commande de profondeur** (aviat.), joy stick; — **de commutateur**, change over lever; — **compensateur**, compensating lever; — **compensateur à équerre**, bell crank equaliser; — **à contrepoids**, balance or counterweight lever; — **coudé**, angle lever, bent lever, elbow lever, knee lever, joint lever; — **de cric**, jack handle; — **de déclenchement**, trip lever; — **d'embrayage**, clutch lever, coupling lever, engaging lever, gear lever, operating lever; — **d'enclenche, d'encoche**, gab lever; — **de frein**, brake lever; — **de frein à main**, hand brake lever; — **du harnais d'engrenages**, change gears handle; — **de manœuvre**, hand lever, switch lever; — **de mise en marche**, starting lever, distributing lever (mach. à vapeur); — **porte-tas**, dolly bar; — **de pompe**, pump brake; — **de réglage**, adjustment lever; — **de relevage**, link lever; — **de renversement, de marche**, reversing lever, reversing arm, reversing link, back gear shaft handle; — **de soulèvement** (soupape de sûreté), easing lever; — **à vis**, screw lever; — **des vitesses**, shift lever; — **commandant l'avance de la table** (mach.-outil), lever for table feed.

Lévitation, Levitation; — **magnétique**, magnetic levitation.

Lèvre, Lip; **à** —, lipped.

Lézarde, Chink.

Liaison, Link, linkage, fastening, connection, coupling, bonding, bond (chim.), strengthening piece (c. n.); **à —s multiples**, multilinked; **de** —, bridging; **énergie de** —, binding or bound energy; **poutre de** — (aviat.), tail boom; — **aérienne**, air liaison; — **aromatique**, aromatic bond; — **de coordinence**, coordination link; — **élastique**, flexible coupling; — **électrique de sécurité**, static bonding; — **oxygénée**, oxygen bridging; — **peptidique**, peptide linkage.

Liaisons (construction), Bindings.

Liant, Binder; — **à noyaux**, core binder.

Libage, Rugged ashlar.

Liberté (cyl.), Clearance.

Libre, Free, natural, clear, loose; **ballon** —, free balloon; **chute** —, free fall; **cristaux** —**s**, incoherent crystals; **échappement** —, detached escapement; free exhaust; **grille** —, free grid; **hauteur** —, available or maximum height; **ligne** —, clear line; **onde** —, free wave; **oscillation** —, free oscillation; **tirage** —, natural draught; **à suspension** —, freely suspended.

Licence, License or licence.

Licencié, Patent lessee.

Lie, Dregs, lees, draff.

Lié, Linked, bound, tied.

Liège, Cork; **chêne** —, cork tree; **flotteur en** —, cork float; — **aggloméré**, agglomerated cork; — **pulvérulent**, corticene.

Lien, Tie, band, link.

Lier, to Link, to bind, to tie, to fasten.

Lieu géométrique, Locus.

Lieue, League.

Ligature, Ligature, binding; **fil de** —, binding wire.

Lignage, Lining.

Ligne, Line, road (ch. de fer); **avion de** —, air liner; **cargo de** —, cargo liner; **en** —, in line; **flèche de la** —, sag of the line; **ouvrier de** —, lineman;

pertes en —, line losses; tire —s, drawing pen; — d'abonnement, subscriber's line; — adiabatique, adiabat; — aérienne, air line; — d'arbres, line of shafts, line of shafting; — artificielle, artificial line; — bloquée, blocked line; — de charge (N.), load line; — coaxiale, coaxial or concentric line; — de couplage, tie line; — de couronne, addendum line; — de dérivation, branch line; — de distribution, distribution line; — d'eau (N.), floating line, water line; — d'eau du navire en charge, load water line; — d'eau du navire lège, light water line; — d'engrenage, pitch line; — de fermeture, abutment line; — à double fil, double wire line; — à simple fil, single wire line; — de flottaison, line of floating, level line; — de foi, datum line; — de force, power line, line of force; trajet des —s de force dans l'entrefer, air path; — de halage, tow line; —s d'égale intensité, isodynamic lines; — isocline, isoclinic line; — isogone, isogonic line; — isotherme, isothermal line; — libre, clear line; — milieu, middle line; — de mire, line of sight; — de mire stabilisée, stabilised line of sight; — de moindre résistance, line of least resistance; — de navigation, shipping line; — de Neumann, slip bands; — neutre, neutral line; — de niveau, contour line, level line; — de partage des eaux, dividing ridge; — pointillée, dotted line; — principale, main line, trunk line; — — pupinisée, loaded line; — de quille, centre line; — de raccordement, junction line; — rurale, rural line; — simple, single line; — souterraine, underground line; — télégraphique, telegraph line; — téléphonique, telephone line; — à haute tension, high voltage line; — de terre, ground line; — de tir, line of fire; — de visée, line of sight, sight line; — de visée stabilisée, stabilised line of sight; — à voie étroite, narrow gauge road; — à voie unique (ch. de fer), line with a single set of tracks, single track road; — à deux voies, line with two sets of track, double track.

Ligner, to Line.

Ligneux, Ligneous; tissu —, hard tissue.

asbeste Ligniforme, Rock wood.

Lignine, Lignin.

Lignite, Lignite, brown coal, fossil coal, soft brown coal.

Lignitique, Lignitic.

Limage, Filing; anneau de —, filing ring; disque de —, filing disc.

Limaille, Borings, filings, file dust; cohéreur à —, filings coherer; — d'acier, steel dust; — de fer, iron filings.

Limande, Parcelling.

Limander (un cordage), to Parcel.

Limbe, Limb, dial.

Lime, File; biseau d'une —, back chamfer of a file; coup de —, file stroke; dent de —, file tooth; enclume à —s, cutting block; machine à tailler les —s, file cutting machine; taillage de —s, file cutting; taille d'une —, cut of a file; tailleur de —s, file cutter; tas pour tailler les —s, anvil for cutting files; trait de —, file stroke; trempe des —s, file hardening; — d'aiguilles, needle file; — d'ajusteur, adjusting file; — angulaire, angular lime; — d'Allemagne, coarse tooth file; — à archet, bow file; — à arrondir, cabinet file, round off file, — bâtarde, bastard file; — bâtarde à bout conique et recourbé, bastard riffler; — à bouter, sharp file; — à bras, arm file; — à carreau, coachmaker's file, heavy square file; — **carrée**, square file; — **à charnières**, drill file, round edge joint file; — **à clef**, blade file; — **conique**, taper file, tarnishing file; — **de couteau**, knife file; — **de croisée**, cross bar file; — **demi-douce**, middle file, second cut file; — **demi-ronde**, half round file; — **à dossier**, hack file; — **à dossières**, curry comb file, feather edged file; — **douce**, fine toothed file, smooth file; — **à ébarber**, planchet file; — **d'ébéniste**, cabinet file; — **écouenne**, float cut file; — **à efflanquer**, thinning file; — **à égaler**, equalling or equalizing file; — **d'entrée**, thinning file; — **à fauteuil**, cabinet file; — **fendante**, blade file, key file, screwhead file; — **pour gardes de serrure**, warding file; — **grosse**, rough file; — **hexagonale taillée sur un seul côté**, lock file; — **d'horloger**, watch file; — **à mater**, tarnishing file; — **obtuse**, blunt file; — **à os**, bone file; — **ovale et pointue**, tumbler file; — **en forme de pain de sucre**, stave file; — **en paquet**, bundle file; — **parallèle**, blunt file, parallel file; — **à pignon**, pinion file, feather edge file, hack file; — **à pignon à bords creux**, hollow edge pinion file; — **à pilier**, pillar file, slot or slotting file; — **à pivots**, pivots file; — **à planer**, planing file; — **plate**, flat file; — **plate demi-ronde**, flat halfround file; **grande — plate**, cotter file; **petite — plate à champs ronds**, crochet file; — **pointue**, taper file; — **à potence**, potence file; — **pour queues d'aronde**, cant file, dovetail file; — **pour queues d'aronde dont les côtés forment un angle de** 108°, five canted file, lightning file; — **pour queues d'aronde ...angle de** 120°, six canted file; — **en queue de rat**, rat tail file; — **rectangulaire**, equalling file; — **ronde**, round file; — **à roue de rencontre**, balance wheel file; — **à scie**, mill saw file; — **demi-ronde à scie**, frame saw file; — **couteau pour scies**, gin saw file; — **pour les scies à dents de loup ou en biseau**, guletting file; — **sourde**, circular saw file, dead file, noiseless file; — **à première taille**, overcut file; — **à taille croisée**, cross cut file; — **à taille double**, double cut file, up cut file; — **à taille irrégulière**, increment cut file; — **à taille simple**, single cut file; — **demi-ronde à taille simple**, pitsaw file; — **non taillée sur un de ses côtés au moins**, safe edge file; — **tournante**, disc file, turning file; — **triangulaire**, triangular file; — **plate, triangulaire**, banking file; — **en voûte**, curved file; **dégraisser une —**, to clean a file; **empâter une —**, to choke up a file; **enlever à la**, to file lengthwise; **passer la — sur**, to file over; **tailler une —**, to cut a file.

Limé, Filed.

Limer, to File; **machine à —**, filing disc; — **en travers**, to file across.

Limeur, Filer; **étau —**, filing machine, filing vice.

Limitateur, Limitator; — **de courant**, current limitator.

Limite, Limit, boundary; **angle —**, limit angle; **condition aux —s**, boundary condition; **couche —**, boundary layer; **cycle —**, limit cycle; — **des allongements proportionnels**, yield point; — **d'élasticité**, limit of elasticity, elastic point; — **élastique**, yield strength, yielding; — **d'endurance**, endurance limit; — **de flexion**, bending limit; — **de fusion**, fusion boundary; — **de proportionnalité**, proportional limit, yield point; — **de rupture**, breaking down limit, breaking point.

Limité, Limited; **à responsabilité —e**, limited (L. T. D.).

Limiter, to Limit.
Limiteur, Limiter, limitator; **circuit —,** limiter circuit; **— d'efforts,** stress limiting bar;
Limonine, Limonin.
Limonite, Bog iron ore.
Limousine, Limousine.
Lin, Flax; **de —,** flaxen; **fil de —,** flax yarn; **huile de —,** linseed oil; **huile de — naturelle,** raw linseed oil; **machine à couper le —,** flax breaker; **manufacture de —,** flax mill; **marteau à briser le —,** bott hammer.
Linçoir, Chimney trimmer, cross rafter, assembling piece.
Linéaire, Lineal, linear; **amplification —,** linear amplification; **dessin —,** lineal drawing; **détection —,** linear detection; **dilatation —,** linear expansion; **distorsion —,** linear distorsion; **formes —,** linear forms; **non —,** non linear; **caractéristique non —,** non linear characteristics; **redressement —,** linear rectification; **rendre —,** to linearize.
Linéarisation, Linearization.
Linéarisé, Linearized.
Linéarité, Linearity; **non —,** non linearity.
Lingot, Ingot; **cuivre en —s,** copper ingots; **expédition des —s,** ingot run; **— d'acier fondu,** blank.
Lingotage, Ingoting.
Lingotière, Chill; ingot mould, casting mould; **coulée en —,** pouring, teeming; **couler en —,** to pour, to teem.
Linguet, Click, detent, pawl, drop parol, winding parol; **accouplement à —,** parol coupling; **— d'une roue à rochet,** click of a ratchet wheel; **— de sûreté,** safety sear; **mettre les —s en place** (cabestan, etc.), to parol.
Linoleum, Linoleum.
Linotype, Linotype.
Linotypiste, Linotypist.

Linteau, Cap piece, head; **— de porte,** door head.
Liquation, Eliquation; **soumettre à la —,** to eliquate.
Liquéfacteur, Liquefier.
Liquéfaction, Liquefaction; **température de —,** liquefying temperature.
Liquéfiable, Liquefiable.
Liquéfié, Liquefied; **air —,** liquefied air; **gaz —,** liquefied gas.
Liquéfier, to Liquefy, to fluidize, to liquate.
Liqueur, Liquor; **— de décapage,** pickle liquor; **— de tannage,** tan liquor.
Liquidateur (faillite), Receiver.
Liquidation (Bourse), Settlement.
Liquide, Liquid; **chlore —,** liquid chlorine; **combustible —,** liquid fuel; **fonte —,** melt iron; **lest —,** water ballast; **rhéostat —,** liquid rheostat; **— à amalgamer,** amalgamating liquid; **— antigivre,** de-icing fluid; **— excitateur** (élec.), active or exciting liquid; **— de remplissage,** sealing liquid.
Liseré, Cording.
Lisse (adj.), Smooth, sleek, slick, plain; **âme —,** smooth bore; **canon —,** plain barrel; **enveloppe —** (pneu), square tread cover; **palier —,** plain bearing; **parois —s,** smooth walls.
Lisse (text.), Heddle.
Lisse (c. n.), Riband, rail, breadth line, stringer; **écartement des —s,** span; **— avant ou arrière,** harpings; **— des couples,** riband; **— de couronnement,** taffrail; **— de raccord,** frame joint; **— tablette,** armour shelf.
Lisser, to Smooth, to sleek, to polish; **équerre à —,** angle sleeker; **machine à —,** smoothing machine.
Lissoir, Sleek stone, polisher.
Liste, List, roll.

Listeau, Listel, fillet; batten; rim, little rail (c. n.).

Listel (arch.), Listel, list, fillet.

Liston (N.), Waist rail.

Lit, Bed, band; — **chaud**, hot bed; — **de coulée**, casting bed, pig bed; — **de filtration**, filter bed; — **de graviers**, gravel bed; — **de grillage**, roasting bed; — **de gueuses**, sow channel; — **de transfert**, transfer bed.

Liteau, Ledge.

Litharge, Litharge, pottern ore, lead monoxide.

Lithium, Lithium; **hydrure de** —, lithium hydride, **stéarate de** —, lithium stearate.

Lithochomie, Chromo-lithograph.

Lithographe, Lithographer; **imprimeur** —, lithographic printer.

Lithographie, Lithography; lithograph.

Lithographier, to Lithograph.

Lithosphère, Lithosphere.

Liures de couples (c. n.), Frame joint.

Livraison, Delivery; **après** —, after delivery.

Livre, Pound (voir **Tableaux**).

Livrer, to Deliver.

Livret, Log; — **de moteur**, engine log; — **d'ouvrier**, character, certificate book.

Lixiver, to Leach.

Lixiviation, Leaching, lixiviation.

Local, Local; **attraction** —**e** (élec.), local attraction.

Localisation, Localisation; — **superficielle**, skin effect.

Localiser, to Locate.

Locataire, Renter.

Location, Letting out (par le propriétaire); hiring, renting (par le locataire); hire money (prix;) **donner en** —, to rent out.

Locomobile, Portable engine; **chaudière** —, portable boiler; **grue** —, travelling crane.

Locomotive, Locomotive, engine; **cadre-châssis, longeron d'une** —, frame of a locomotive; **rotonde pour** —**s**, circular shed; — **à adhérence**, adhesion engine; — **Diesel électrique**, Diesel electric locomotive; — **de manœuvre** switch locomotive, shunting engine; — **de mine**, mine locomotive; — **à moteurs à courant alternatif**, a. c. motor locomotive; — **à moteurs à courant continu**, d. c. motor locomotive; — **à redresseurs**, rectifier locomotive; — **de renfort**, bank engine; — **à quatre, six roues couplées**, four, six wheeled engine; — **tender**, tank engine; — **tender avec châssis de caisse à eau**, walk tank engine; — **de triage**, shunting engine; — **à turbine à gaz**, gas turbine locomotive; — **à turbine à vapeur**, steam turbine locomotive; **chauffer la** —, to stoke the engine.

Locotracteur, Locotractor; — **électrique**, electric locotractor; — **de mine**, mine locomotive.

Logarithme, Logarithm; **caractéristique d'un** —, characteristic of a logarithm; — **hyperbolique**, hyperbolic logarithm; — **naturel**, natural logarithm (l. n.); — **népérien**, neperian or Napier's logarithm; — **ordinaire**, Brigg's or common logarithm.

Logarithmique, Logarithmic; **courbe** —, logarithmic curve; **décrément** —, logarithmic decrement; **graphique** —, logarithmic diagram; **moyenne** —, logarithmic means.

Logé, Bedded, housed.

Logement, Bedding, housing, hole; — **de butée**, thrust housing; — **d'une clavette**, key hole; — **des fils** (dans les encoches), bedding of wires; — **des tourillons**, trunnion hole.

Loger, to House.

systèmes Logiques, Logical systems.

Longeron, Longeron, frame member, longitudinal runner, side frame, side girder, spar, sole bar; horn, plate (c. n.); **âme de** —, spar web; **faux** —, false spar; **mono** —, monospar; **semelle de** —, spar boom, spar flange; **— arrière,** rear spar; **— avant,** front spar; **— caisson,** box spar; **— creux,** hollow spar; **— de locomotive,** frame or plate of a locomotive; **— principal,** main spar.

Loi, Law.

Longitudinal, Longitudinal, lengthwise; **armature —e,** longitudinal reinforcement; **axe** —, lengthwise or longitudinal axis; **chariot** —, lengthwise carriage; **cloison —e,** longitudinal bulkhead; **coupe —e,** longitudinal section; **nervure —e,** longitudinal rib; **projection —e** (c. n.), sheer plan; **ressort** —, axial spring; **section —e,** longitudinal section; **stabilité —e,** longitudinal stability.

Longrine, Beam, girder; **table inférieure d'une** —, bottom flange; **— à chapeau,** capping.

Longue-vue, Glass, spy glass.

Longueur, Length; **changement de** —, alteration in length; **dans le sens de la** —, lengthways, lengthwise; **— de la course** (du piston, etc.), length of the stroke; **— de déchirure,** ripping length; **— entre perpendiculaires** (N.), length between perpendiculars; **— hors tout,** overall length; **— induite** (élec.), active length; **— d'onde,** wavelength; **— d'onde critique d'un filtre,** cut off wave length; **— d'onde fondamentale,** fundamental wave length; **— totale,** overall length; **— de tournage,** turning length.

Lopin, Slab, billet, bloom, fagot, faggot.

Loquet, Latch, locket, catch, latch key; **clef à** —, check key; **— à ressort,** jack latch.

Loqueteau, Falling latch.

Losange, Lozenge, rhomb: feather edged file; **cannelure en** —, diamond pass; **clou à** —, diamond nail; **en** —, diamond.

Loué, Hired, rented, let.

Louer, to Hire, to rent; to let; **à** —, for hire; **maison à** —, house to let.

Loup (ouvrage mal fait), Botch, fault, defect, mistake.

Loup, Cross bar, devil; nail nipper, shackle crow (arrache-clous).

Loupe (bois), Excrescence, knob.

Loupe (métal.), Ball, bloom, lump; **formation des —s,** balling up; **four à —s,** bloomery furnace; **foyer à —s,** block furnace, bloomery furnace; **laminoir à —s,** ball train.

Loupe (opt.), Lens, magnifying glass, magnifier.

Loupeux, Knobby, wenny.

Lourd, Heavy; **artillerie —e,** heavy ordnance; **bombardier** —, heavy bomber; **eau —e,** heavy water; **hydrogène** —, heavy hydrogen; **portée en** —, carrying capacity; **tonnage en** —,' gross tonnage.

Louve, Devil's claw.

Lover (un filin), to Coil down.

Loyer, Rent; **prendre à** —, to rent.

Loxodromie, Loxodromics.

Loxodromique, Loxodromic, loxodromic line.

Lubrifiant, Lubricant.

Lubrificateur, Impermeator.

Lubrifié, Lubricated.

Lubrifier, to Lubricate.

Luette, Filament clip.

Lumen, Lumen; **intensité lumineuse en —s,** lumen output; **—s par watt,** lumens per watt (l/W).

Lumière, Light; **année —**, light gear; **diffusion de la —**, light scattering; **polarisation de la —**, light polarisation; **— artificielle**, artificial light; **— blanche**, white light; **— incidente**, incident light; **— monochromatique**, monochromatic light; **— noire**, black light; **éclairage en — noire**, black lighting; **— polarisée**, polarized light; **— solaire**, day light, sun light; **— visible**, visible light; **à —**, for hire.

Lumière (orifice), Port, bore, hole; **— auxiliaire**, additional port; **—s du cylindre**, cylinder ports; **— d'échappement**, exhaust port; **— de graissage**, oil hole; **— monochromatique**, monochromatic light; **— du rabot**, plane hole.

Luminaire, Luminaire.

Luminescence, Luminescence; **éclairage par —**, luminescence lighting; **— résiduelle**, after glow.

Luminescent, Luminescent; **décharge —e**, glow discharge; **écran —**, luminescent screen; **lampe —e**, luminescent lamp; **substances —es**, luminophors.

Lumineux, Luminous; **approche —use** (aviat.), approach lighting; **cadran —**, luminous dial; **décharge —use**, glow discharge; **flux —**, luminous flow; **lampe à décharge —use**, luminous lamp; **indicateur —**, light indicator; **intensité —use**, light output; **intensité —use en bougies**, candle power; **intensité —use en lumens**, lumen output; **onde —use**, light wave; **rampes —uses**, approach lights; **rayon —**, light ray; **rendement, —**, luminous efficiency; **signal —**, signal light; **source —use**, light source.

Luminosité, Luminosity; **courbe de —**, luminosity curve.

Lunette, Telescope, spyglass; extra poppet, arbor support, rest, steady rest, draw plate, gauge plate: **fusil à —**, scope sighted gun; **fourneau à —s**, furnace with two hearths; **poupée à —** (tour), collar plate; **— d'un banc à étirer**, gauge plate; **— à charpente**, curb plate; **— coudée**, bent telescope; **— d'épreuve**, essaying glass; **— fixe** (tour), steady rest; **— méridienne**, transit instrument; **— à suivre** (tour), follow rest; **— de tour**, cone plate, steady rest, steady of a lathe; **— de tour à bois**, stay bush.

Lunettes, Gogggles; **— de soudeur**, welding goggles.

Lusin (cordage), Housing, small stuff.

Lustrage, Glazing, glossing; **— d'une meule**, glazing of a wheel,

Lustré, Glossy.

Lustrer, to Glaze.

Lut, Lute, luting, putty.

Lutage, Luting.

Luté, Luted.

Luter, to Lute, to putty.

Lux, Lux.

Lyre (tour), Adjusting plate.

M

Macadam, Macadam, metal.

Macadamiser, to Metal.

Mâchefer, Slag, iron dross, iron scales, forge scales, cinder, clinker; **gâteau de —**, raw ball.

Mâché, Fritted, worn.

Mâcher, to Chaw, to gall, to wear, to burr; **— les filets d'une vis**, to burr up a screw.

Machine, Machine, engine; **accessoires de —**, engine fittings; **atelier des —s**, machine shop; **atelier de construction de —s**, machine works, engineering works; **balancier d'une —**, engine beam; **bâti d'une —**, frame or framing of an engine, machinery structure; **bâtiment des —s**, engine house; **bobiné à la —**, machine wound; **calcul par —**, machine computation; **carlingue d'une —**, engine bearers, engine sleepers; **chambre des —s**, engine room; **dépôt des —s**, engine house; **emboutissage à la —**, machine beading; **huile à —**, machinery oil; **panneau de la —**, engine hatch; **plateau d'une —**, machine table; **portées des arbres d'une —**, engine bearings; **pourvu de —s**, engined; **puits de la —**, engine shaft; **réchauffage d'une —**, warming up of an engine; **rivetage à la —**, machine riveting; **salle des —s**, machine floor; **table d'une —**, machine table; **train —**, rod mill; **train — continu**, continuous rod mill; **travail à la —**, machine work; **— à affûter**, sharpening machine, grinding machine; **— à affûter les forets**, drill grinding machine; **— à affûter les forets hélicoïdaux**, twist drill grinder; **— à affûter les fraises**, cutter grinding machine; **— à affûter les lames**, saw blade grinder **— à affûter les outils**, tool grinding machine; **— à agglomérer**, roaster; **—s agricoles**, agricultural machinery; **— à aléser**; boring machine; **— à aléser les bandages de roues**, tyre boring machine; **— à aléser les boîtes d'essieux**, axle box boring machine; **— à aléser les cylindres**, cylinder boring machine; **— à aléser horizontale**, horizontal boring machine; **— à aléser à montant fixe**, floor type boring machine; **— à aléser à montant mobile**, table type boring machine; **— à aléser les pistons**, piston boring machine; **— à aléser de précision**, precision boring machine; **— à aléser rigide**, rigid boring machine; **— à aléser universelle**, universal boring machine; **— à aléser verticale**, vertical boring machine; **— alternative**, reciprocating steam; **— à arracher les —s**, pile extractor; **— atmosphérique à simple effet**, atmospheric engine; **— auxiliaire**, auxiliary engine; **— à balancier**, beam engine, lever engine; **— à balanciers latéraux**, side lever engine; **— à battre**, threshing machine; **— à bielle directe**, direct acting engine; **— à bielle renversée**, back acting engine; **— à biseauter**, bevelling machine; **— à bobiner**, coil winding machine, winding machine; **— à bois**, wood machine; wood working machine; **— à border**, flanging machine; **— à border les bleus**, blue print lining machine; **— à tirer les bleus**, blue print printing machine; **— à boucher le trou**

de coulée, clay gun; — à boudiner, extruding machine; — à bouveter, flooring machine; — à brocher, broaching machine; — à brocher extérieurement, surface broaching machine; — à brocher intérieurement, internal broaching machine; — à brocher horizontale, horizontal broaching machine; — à brocher universelle, universal broaching machine; — à brocher verticale, vertical broaching machine; — à broyer, crushing mill, grinding machine; — à brunir, burnishing machine; — à calandrer, mangle; — à calculer, calculating machine, computing machine, computer; — à cambrer, cambering machine; — à canneler, fluting machine, grooving or groove cutting machine; — à centrer, centering machine, center drilling machine; — à cercler, hooping machine; — utilisant les chaleurs perdues, waste gas engine; — à chantourner, fret cutting machine; — à charger, charging machine; — à chasser les cercles de tonneaux, claw trussing machine; — de n chevaux, n HP engine; — à cingler, blooming machine, shingling machine; — à cintrer les tôles, plate bending machine; — à cintrer les tuyaux, pipe or tube bending machine; — à cisailler, shearing or cutting machine; — combinée, combined machine tool; — à composer, type setting machine; — compound, compound engine; — à concasser, crushing machine; — à condensation, condensing engine; — sans condensation, non condensing engine; — à congeler, freezing machine; — à coudre, sewing machine; — à couler, casting machine; — à couper les fers en U, channel bar cutting machine; — à couper les fers en Z, Z bar cutting machine; — à courber les bois, wood bending machine; — à creuser les rainures des tarauds, tap groove sharpening machine; — à creuser les tranchées, trencher, trench digging machine; — à damasser, figuring machine; — à damer, tamping machine; — à décortiquer, disbarking machine; — à découper, cutting machine; — à défibrer, wood grinding machine; — à défourner, coke pushing machine; — à dégauchir, surfacing machine; — à dérouler ou enrouler les câbles, cable winding machine; — à détalonner, relieving machine; — à détente, expanding or expansive engine; — sans détente, non expansive engine; — à développer les pellicules, film developing machine; — à dévider, reeling machine; — à dicter, dictating machine; — à diviser, dividing machine, indexing machine; — à diviser circulaire, circular dividing machine; — à diviser rectiligne, linear dividing machine; — à draguer, dredging machine; — à dresser, straightening machine; — dynamoélectrique, dynamoelectric machine; — à ébarber, trimming machine; — à écorcer, barking machine; — à écrire, typewriting machine, typewriter; — à double effet, double acting machine; — à simple effet, simple acting machine; — à égrener le coton, cotton gun; — électronique d'analogie, electron analog machine; — électrostatique, electrostatic machine; — élévatoire, lifting machine; — à emballer, à empaqueter, packing or packaging machine; — épandeuse, sprinkling machine; — d'épreuve, testing machine; — d'épuisement, pumping engine, draining engine, mine engine; — à équerrer, bevelling machine; — à équilibrer, balancing machine; — d'essai, test or testing machine, tester; — d'essai de fatigue, fatigue tester; — d'essai de sûreté, hardness testing machine; — à essorer, wringing machine; — à étamper, stamping machine; — évaporatoire, evaporator; — à triple, quadruple expansion, triple, quadruple expansion engine; — d'extraction, hoisting engine, winding engine; — à fabriquer les ressorts, spring machine; — à fabriquer les têtes de boulons, de clous, etc., heading machine; — à fabriquer les tuyaux, pipe machine; — à façonner, shaping machine, profiling machine; — à fendre, slitting machine; — à fileter (voir **Fileter**), screw cutting machine, threading machine, thread cutting machine, threader; — à fileter et à couper les tubes, pipe threading and cutting machine; — à forer (les canons), boring machine; — à forger, forging machine; — pour former les brides, flanger; — à fourreau, trunk engine; — à fraiser (voir **Fraiseuse**), milling machine; — à fraiser les cannelures, spline milling machine; — à fraiser les encoches, slot milling machine; — frigorifique, refrigerating machine; — à gainer les fils métalliques, wire covering machine; — à gaufrer, embossing machine; — à glace, ice machine; — à graver, engraving machine; — à guillocher, rose engine; — à hélices jumelles, twin screw engine; — horizontale, horizontal machine; — hydraulique, hydraulic engine; — à imprimer, printing machine; — à laver, washing machine, washer; — de levage, hoisting engine; — à limer, filing machine; — à lisser, smoothing machine; — à mandriner, chucking machine; — à n manivelles, n crank engine; — marine, marine engine; — à meuler, grinding machine, grinder; — à faire des mortaises, grooving or groove cutting machine; — à mortaiser, mortising machine, paring machine; slotting or slot drilling machine; — à mouler, moulding machine; — à mouler les gueuses, pig casting machine; — à mouler les noyaux, core moulding machine; — à moulurer, moulding machine; — multiple, multiple machine; — à nettoyer les montres, watch cleaning machine; — à noyauter, core making machine; — oscillante, oscillating engine; — outil, machine tool; — outil compliquée, engine tool; — d'oxycoupage, gas cutting machine; — à onduler, corrugating machine; — d'opération, single purpose machine; — à papier, paper or paper making machine; — à parer, trimming machine; — à peigner, combing machine; — à percer (voir **Perceuse**), drilling machine, boring machine, boring frame; — à percer d'applique, wall drilling machine; — à percer les chaudières, boiler shell drilling machine; — à percer à plusieurs forets, multiple drilling machine; — à percer les rails, rail drilling machine; — à percer revolver, turret head boring machine; **manchon porte-outil d'une** — à percer, boring wheel; table; **plateau d'une** — à percer, drilling machine table; — à peser, weighing machine; — à pilon, inverted cylinder engine, overhead cylinder engine; — à piston, piston engine, reciprocating engine; — à planer, flattening machine, planing machine, straightening machine; — à planer les roues, wheel grinder; — à plier, bending machine; — pneumatique, pneumatic machine, air pump; — à poinçonner, punching machine; — à poinçonner et à cisailler, punching and shearing machine; — à poinçonner et à river, punching and riveting machine; — à pointer, jig borer, jig boring machine; — à polir, polishing machine; — à deux porte-outils, duplex machine; — à prédire les marées, tide predictor; — à projeter le sable, sand slinger; — à puiser l'eau, scooping machine; — de grande production, high production machine; — à profiler, profiling machine; — de grande puissance, high power machine; — à rabattre, flanging machine; — à raboter (voir **Raboteuse**), planing machine, planer; — à raboter les arêtes des tôles, plate edge planing machine; — à rainer, key way cutting machine, key seater; — à rayer les canons, grooving or groove cutting machine, rifling bench; — à rectifier, grinding machine, grinder; — à rectifier les cylindres, cylinder grinding machine; — à rectifier intérieurement, internal grinding machine; — à rectifier les surfaces planes, surface grinding machine; — universelle à rectifier cylindrique, universal cylindrical grinding machine; — à refouler, extruding machine; — de remblayage, black filling machine; — à reproduire, copying machine; — à reproduire les bleus, blue print copying machine; — à retordre, doubling machine; — à rétreindre, swager; — à river, riveting machine; — pneumatique à river, pneumatic riveting machine; — à roder, lapping machine; — à roder les cylindres, cylinder lappoing machine; — rotative, rotary engine; — à rubaner, tape winding machine, taping machine; — à scier, sawing machine; — à sonder, sounding machine; — soufflante, blast engine, blow or blowing engine; — à surfacer, surfacing machine; — à tailler, cutting machine; — à tailler les dents, tooth cutting machine; — à tailler les écrous, nut shaping machine; — à tailler les engrenages (droits, hélicoïdaux), (spur, spiral) gear cutting machine; — à tailler les limes, file cutting machine; — à tailler et à diviser les roues d'engrenage, wheel cutting and dividing machine; — à tailler les vis sans fin, worm cutting machine; — à tailler les roues de vis sans fin, worm wheel cutting machine; — à tarauder, bolt screwing machine, tapping machine; — à tarière, auger twister; — à tartiner, pasting machine; — à tasser le sable, ramming machine; — à enlever les tenons, tenoning machine; — à faire les tenons, dovetailing machine; — terrestre, land engine; — thermique, heat engine; — à toronner, cable stranding machine; — à tourillonner, axle lathe; — à tourner les tourillons trunnion machine; — à transfert, transfer machine; à tresser, plaiting machine, stranding machine; — à tronçonner, cutting off machine, cutter; — à tronçonner à la meule, abrasive cutter; — à essayer les tubes, tube tester; — à fabriquer les tubes, tube machine, tube frame; — à turbines, turbine engine; — à usiner les hélices, propeller milling machine; — à vapeur, steam engine; — à vapeur à simple effet, single acting steam engine; — à vapeur à double effet, double acting steam engine; — à vapeurs combinées, two vapour engine; — à vider les châssis, tapper; faire — en arrière, to back the engine; mettre la — en avant, to head the engine; ralentir l'allure de la —, to slack the engine; renverser l'allure d'une —, to reverse the engine; stopper la —, to stop the engine.

Machinerie, Machinery, engine building.

Machiniste, Machinist, engine driver, engineman; — d'extraction (mines), brakeman.

Machmètre, Machmeter.

Mâchoire, Jaw, chap, chaw, chop, chuck; **broyeur à —s**, jaw crusher; **calibre à —s**, gap gauge; **concasseur à —s**, alligator crusher, jaw crusher; **crochet à —s**, chap hook; **écrou à —s**, clasp nut; **mandrin à —s**, jaw chuck; **— d'étau**, vice jaws; **— de frein**, brake jaw; **— de serrage**, chuck jaw; **—s à tordre les câbles**, splicing clamps.

Mâchurer, to Chaw.

Maclage (cristaux), Twinning; **— électrique**, electrical twinning; **— optique**, optical twinning.

Macle, Chastolite.

Maçon, Mason, bricklayer; **maître —**, master builder.

Maçonnage, Masonry.

Maçonner, to Build, to do the masonry of.

Maçonnerie, Masonry, stone work, **— par assises**, coursed work; **— en briques**, brick work; **— en moellons**, ashlar work.

Macrographie, Macrograph.

Macrographique, Macrographic.

Macromolécule, Macromolecule.

Macromoléculaire, Macromolecular.

Macrophotographie, Macrophotograph.

Macroscopique, Macroscopic.

Macroségrégation, Macrosegregation.

Macrostructure, Macrostructure.

Madrépore, Madrépore.

Madrier, Thick board, chess, lumber, flooring plank, plank.

Maerl, Marl.

Magasin, Shop, store, storehouse, warehouse; magazine; **en —**, in store, in stock, in hand; **garde —**, storekeeper; **marchandises en —**, stock, stocks; **— à papier** (télég.), tape drawer; **— de *n* plaques** (photo), *n* plate magazine; **— à poudre**, powder magazine.

Magasinage, Warehousing; **droit de —**, warehouse rent.

Magasinier, Storekeeper, warehouseman.

Magnésie, Magnesia, talc earth; **sulfate de —**, Epsom salt.

Magnésien, Magnesitic.

Magnésite, Magnesite.

Magnésium, Magnesium; **alliage de —**, magnesium alloy; **chlorure de —**, magnesium chloride; **éclair au —**, magnesium flash; **ruban de —**, magnesium ribbon.

Magnétique, Magnetic, magnetical; **acier —**, magnetic steel; **amortissement —**, magnetic damping; **amplificateur —**, magnetic amplifier; **analyse —**, magnetic analysis; **cadre —**, magnetic frame; **champ —**, magnetic field, G field; **circuit —**, magnetic circuit; **contacteur —**, magnetic contactor; **déclinaison —**, magnetic variation; **déperdition —**, magnetic decay; **détecteur —**, magnetic detector; **dispersion —**, magnetic leakage; **écran —**, magnetic shield; **embrayage —**, magnetic clutch; **fer —**, magnetic iron; **feuillet —**, magnetic strate; **focalisation —**, magnetic focusing; **freinage —**, magnetic braking; **mandrin —**, magnetic chuck; **méridien —**, magnetic meridian; **métal —**, magnetic metal; **mine —**, magnetic mine; **moment —**, magnetic moment; **non —**, diamagnetic; **perte —**, magnetic loss; **pôle —**, magnetic pole; **relais —**, magnetic relay; **ruban —**, magnetic tape; **saturation —**, magnetic saturation; **séparateur —**, magnetic separator; **soufflage —**, magnetic blow out; **susceptibilité —**, magnetic susceptibility; **tôle —**, magnetic sheet.

Magnétiquement, Magnetically.

Magnétisant, Magnetizing; **puissance** —e, magnetising power; **ampère-tour** —, magnetising ampere turn.

Magnétisation, Magnetisation, magnetization.

Magnétisé, Magnetised, magnetized.

Magnétiser, to Magnetise, to magnetize.

Magnétisme, Magnetism; — **nucléaire,** nuclear magnetism; — **rémanent,** residual magnetism; — **résiduel,** residual magnetism; — **terrestre,** terrestrial magnetism.

Magnétite, Magnetite; — **titanifère,** titaniferous magnetite.

Magnéto, Magneto; **allumage par** —, magneto ignition; **avance de la** —, magneto advance or lead; **bride de la** —, magneto strap; **charbon de** —, magneto brush; **double** —, dual magneto; **griffe de** —, magneto coupling; **plaque d'attache de** —, magneto pad; — **d'appel,** calling magneto; — **à avance automatique,** automatic lead magneto; — **à avance fixe,** fixed lead magneto; — **à avance variable,** adjustable lead machine; — **à induit fixe,** stationary armature magneto; — **à induit tournant,** revolving armature magneto; — **à rupture,** make and break magneto; — **à basse, haute tension,** low high tension magneto; — **à volet tournant,** shuttle type magneto.

Magnétographe, Magnetograph.

Magnétomètre, Magnetometer.

Magnétométrie, Magnetometry.

Magnétomoteur, Magnetomotive.

force Magnétomotrice, Magnetomotive force (M. M. E.).

Magnéton (unité de moment magnétique), Magneton.

Magnétooptique, Magnetooptical.

Magnétorésistance. Magnetoresistance.

Magnétoscopie, Magnetic power inspecting, magnetic testing.

essai Magnétoscopique, Magnetic testing.

Magnétostriction, Magnetostriction; **microphone à** —, magnetostriction microphone; **transducteur à** —, magnetostriction transducer.

Magnétron, Magnetron; — **à anode fendue,** split anode magnetron; — **à cavité, à résonateur,** cavity magnetron; — **à résonateurs multiples,** multicavity type magnetron.

Magnifère, Magniferous.

Maigre, Lean, thin; **argile** —, green clay; **charbon** —, dry burning coal, free ash coal · **houille** —, close burning coal; **minerai** —, lean ore.

Maille, Bay, mesh; link; stitch; frame space, frame spacing, timber room (c. n.); **à** —**s,** meshed; **à** —**s étroites,** narrow meshed; **à** —**s fines,** fine meshed; **à larges** —**s,** wide meshed; — **de tisserand,** stitch.

Maillé, Trellised, mailed, meshed.

Maillechort, German silver, packfong, nickel silver.

Mailler, to Shackle.

Maillet, Mallet, mall, beater, beetle; **ouvrage au** —, chased work; **repousser au** —, to chase with the mallet; — **en bois,** wooden hammer; — **à emboutir,** chasing hammer.

Mailleter (avec des clous), to Clout.

Mailloche, Driving mallet, beetle; — **à fourrer,** serving mallet.

Mailloir, Beating stone.

Maillon, Shackle, chain iron, link; **chaîne de** —**s,** sprocket chain.

Main, Hand; **à** —, manually; **commande à** —, hand operated;

en —, in hand; la première —, the finishing hand; avance (d'un outil) à la —, hand feed; ciseau à —, hand chisel; commandé à la —, hand operated; cric à —, hand jack; dessin à — levée, free hand drawing; fait à la —, hand made; fraiseuse à —, hand milling machine; hie à —, earth rammer; interrupteur à —, hand switch; marteau à —, flogging hammer; outil à —, hand tool; perceuse à —, hand drill; presse à —, adjustable clamp; rivetage à la —, hand riveting; scie à —, hand saw; tour à —, hand lathe; travail à —, hand windlass; volant à —, hand wheel; volant à — d'avancement, hand feed wheel; — d'arrêt, catch; — arrière (auto), rear spring bracket; — avant, front spring bracket; — courante, hand rail; — de fer, hanging clamp, cramp iron, hand hold; — levée, withdrawal; — d'œuvre, labour, workmanship; donner un coup de —, to bear a hand.

Maître, Main; coupe au — (c. n.), beam section; — bau (c. n.), main breadth, main beam; — chevron, binding rafter; — couple (c. n.), midship frame, main bulkhead, maximum cross section; — de danse, calipers, callipers; — de forge, iron master; — ouvrier, captain.

Maîtresse arche, Chief arch, centre arch.

Maîtresse-poutre, Chief beam, bind beam, main girder.

lame Maîtresse, Main plate.

voûte Maîtresse, Centre arch, main vault.

Malachite, Malachite, mountain blue, green copper ore.

Malaxage, Softening, mixing, mulling; capacité de —, mixing capacity; — du béton, concrete mixing.

Malaxer, to Soften, to blunge, to mix.

Malaxeur, Blunger, kneading mill, mixer; — d'argile, clay tempering machine; — à action rapide, rapid action mixer; — à béton, concrete mixer; — à contre courant, counterflow mixer; — pour mortier, mortar mill.

Malaxeuse, Mixer, mulling machine.

Mâle, Male; bout —, spigot, spigot end; bouvet —, tonguing plane; chanvre —, male hemp; peigne —, male screw.

Maléimides (chim.), Maleimides.

Malléabilité, Malleability.

Malléable, Malleable, ductile; fer —, black iron; fonte —, malleable cast iron, annealed cast iron; fonte — (objets en), malleable castings.

Malonate, Malonate.

Malonique, Malonic; acide —, malonic acid; nitrile —, malonitrile.

Malthènes, Malthens.

Mancelle, Tug chain.

Manche, Handle, haft, helve; hose, hose pipe; shaft; stick (aviat.) effort sur le —, stick force; four à —, low blast furnace, cupola, flowing furnace; indicateur d'intensité de réaction de —, stick force indicator; — à air, streamer, stocking, wind sock; — d'aspiration, suction hose; — à balai (aviat.), joy stick, beer lever; — filtrante, filter bag; — flexible, flexible hose; — de hache, axe handle; — d'incendie, fire hose; — de marteau, hammer handle; — en toile, canvas hose; — à vent, air shaft, air funnel, air scoop.

Manchettes, Cuffs; — de scaphandrier, diver cuffs.

Manchon, Box, bush, bushing, gaiter, jacket, sleeve, casing, mantle (bec de gaz); **accouplement par —**, box coupling; **joint à —**, joint with socket and nozzle, sleeve joint; **— d'accouplement**, coupling box, dog clutch, sleeve, claw coupling sleeve; **— de broche**, spindle sleeve; **— de câble**, rope clamp; **— à cames**, cam bush; **— cannelé**, splined sleeve; **— en céramique**, ceramic tube; **— de connexion**, splicing sleeve; **— d'embrayage**, clutch tooth; **— d'extrémité de câble**, end sleeve; **— pour foret**, drill sleeve, drill socket; **— fourreau**, shaft sleeve; **— à friction**, box of a friction coupling; **— guide**, guide bush; **—s moléculaires**, molecular glands; **— à pans**, clutch box; **— porte-foret**, drill chuck; **— porte-outil d'une machine à percer**, boring wheel; **— de protection**, protector; **— de raccord**, connecting pipe; **— tournant**, rotating sleeve; **— de transmission**, transmission sleeve; **— de tuyau**, pipe muff; **— à vis**, screw coupling box.

Mandat-poste, Postal money order (P. O. O.).

Mandrin, Chuck, drift, core, core bar, mandrel, swedge; **mors d'un —**, jaw of a chuck; **plateau porte —**, dog plate, catch plate; **— d'abattage**, dolly, holding up hammer, riveting stock; **— à collier fendu**, split collet chuck; **— à colonne**, box mandrel; **— autocentreur**, self centering chuck; **— automatique**, automatic chuck; **— brisé**, elastic chuck; **— cannelé pour finissage**, toothed drift; **— creux**, socket chuck; **— creux pour boules**, ball turning chuck; **— pour le décolletage des petites pièces**, box chuck; **— élastique**, spring drift; **— excentrique, à excenter**, excentric chuck; **— extensible**, expanding mandrel; **— à fentes**, split chuck; **— de fixation**, clamping chuck; **— à foret**, drill chuck; **— de forge**, nipple; **— de fraisage**, milling arbor; **— à griffes**, claw chuck, dog chuck; **— à griffes indépendantes**, independent chuck; **— hélicoïdal**, spiral chuck; **— à mâchoires**, jaw chuck; **— magnétique**, magnetic chuck; **— à mordaches**, jaw chuck; **— à trois mors**, three jaw chuck; **— ordinaire**, plain chuck; **— à pointes**, chuck with holdfasts, fork chuck, prong chuck, spar chuck, strut chuck; **— porte-foret**, boring chuck; **— porte-fraise**, cutter arbor, cutter spindle; **— à ressort**, spring chuck, spring drift, spring expander; **— de serrage**, clamping chuck, chucker; **— à serrage instantané par levier**, lever chuck; **à sertir les tubes**, tube drift, tube expander; **— à spirale**, scroll chuck; **— pour tours**, lathe chuck; **— universel**, universal chuck, face plate; **— à vis**, bell chuck, screw chuck; **— à visser**, screw point chuck.

Mandrinage, Expanding, drifting, rolling; **essai de —**, expanding test.

Mandriner, to Chuck, to expand; **appareil à — les tubes**, tube expander; **broche à —**, broaching tool; **— machine à —**, chucking machine; **presse à —**, expanding machine or press; **tour à —**, chucking lathe.

Maneton, Crank pin, crank wrist, hub; **palier de —**, crank pin steps; **tour pour —s de vilebrequin**, crankpin turning machine.

Manette, Hand lever, handle, finger, throttle; spoke; **— d'allumage**, ignition control lever; **— d'avance (mach.-outil)**, feed handle; **— d'avance transversale**, handle for cross hand feed; **— de blocage**, clamping handle; **— d'embrayage d'avance**, handle for cross power

MAN — 291 — **MAN**

feed; — **des gaz,** gas lever, throttle lever, throttle handle; — **de support de porte-outil;** handle for top slide.

Manganèse, Manganese; **acier au —,** manganese steel; **bioxyde de —,** manganese dioxyde; **cuivre au —,** manganese copper; **minerai de —,** brown stone, manganese ore; **oxyde de —,** manganese oxide, black wad.

Manganeux, Manganic; **fluorure —,** manganous fluoride.

Manganique, Manganic; **oxyde —,** manganic oxide.

Manganite, Manganite, grey manganese ore.

Mangano-siliceux, Silicomanganese.

Maniabilité, Handling.

Maniement, Handling.

Manier, to Handle.

Manifeste (comm.), Manifest.

Manille, Manila, manilla, manilla line; chain joint, shackle; **boulon, clavette d'une —,** shackle key, shackle pin; **bras de —,** crank web; **oreille d'une —,** lugs of a shackle; **piton à —,** shackle bolt; **— à émerillon,** swivel joint.

Maniller, to Shackle, to set shackles to, to join with shackles.

Manipulateur, Manipulator, key.

Manipulation, Manipulation, handling.

Manipulex, to Manipulate.

Manivelle, Crank, handle; **accouplement de —,** crank connecting link, crank coupling; **arbre à —,** crank shaft, main shaft; **arbre à n —s,** n crank shaft; **palier de l'arbre à —,** crank shaft bracket; **axe à —,** crank or cranked axle; **bouton de —,** crank pin; **bras de —,** crank arm, crank web; **contre —,** cross shaft, return shaft; **corps de —,** crank arm; **coulisse de —,** crank guide, oscillating crank gear, slot and crank; **cric à —,** pin screw; **démarreur à —,** crank starting; **essieu coudé à —,** crank axle; **fosse de —,** crank pit; **joues de —,** crank cheeks; **machine à n —s,** n crank engine; **machine à raboter les —s,** crank planer; **menotte de —,** crank handle; **plateau —,** crank disc, disc crank, crank plate; **raboteuse à —s,** crank planer; **scie de —,** crank pin; **tourteau de —,** crank boss; **tringle de —,** crank rod; **transmission par —,** crank gear; **— en bout,** overhung crank; **— composée,** double crank; **— à coulisse,** slotted plane crank; **— de démarrage,** starting crank, starting handle; **— équilibrée,** balance crank; ball handle; **—s équilibrées,** opposite cranks; **— fictive,** ideal crank; **— de mise en marche** (auto), starting handle; **— de la sonde du mineur,** brace head; **— taraudée,** finger nut; **— de trépan,** cross handle; **— d'un vilebrequin** (outil), bow of a brace.

Manne, Coal basket, coal scuttle, corf.

Manodétendeur, Gas reducing valve.

Manœuvrabilité Maneuvrability, manœuvrability.

Manœuvrable, Manœuvrable.

Manœuvre, Manœuvre, handling; **de —,** actuating; **à l'abri des fausses —s,** fool proof; **appareil de —,** manœuvring gear; **levier de —,** switch lever, hand lever; **locomotive de —,** switch locomotive, switcher; **soupape de —,** manœuvring valve.

Manœuvre (cordage), Rope; **—s courantes,** running ropes; **—s dormantes,** standing ropes.

Manœuvre (ouvrier), Helper, labourer, common warkman.

Manœuvrer, to Manœuvre, to handle; **— le registre** (mach.), to throttle.

Manographe, Manograph, pressure gauge.

Manomètre, Manometer, gauge; — **à cadran**, dial manometer; — **à mercure**, mercury manometer; — **métallique**, metallic gauge or manometer; — **de pression d'admission**, boost gauge.

Manométrique, Manometric; **actinomètre** —, manometric actinometer.

Manoque (de fil), Hank.

Manteau, Mantle; **enroulement en** —, barrel winding; — **de la cheminée**, chimney head.

Mantisse (d'un logarithme), Mantissa.

Manufacture, Manufacture, firm.

Manufacturé, Manufactured; **produit** —, manufacture.

Manufacturer, to Manufacture.

Manutention, Handling; **grue de** — **du charbon**, coaling crane; — **du charbon**, coal handling; — **mécanique**, mechanical or mechanised handling.

Maquette, Model, mock up, rough model.

Marais salant, Salt marsh.

Marâtre (h. f.), Bracket rim, mantle, structure of a blast furnace.

Marbre, Marble; dressing plate, face plate; — **d'ajusteur**, bench, bench face plate; — **d'atelier**, face plate; — **d'une presse**, press stone; — **à tracer**, surface plate; — **en verre**, glass surface plate.

Marchand, Merchant, mercantile; **fer** —, merchant iron; **laminoir à fers** —**s**, merchant mill; **navire** —, merchant ship.

Marchander, to Bargain.

Marchandise, Merchandise.

Marchandises, Goods; **consignation de** —**s**, consignement of goods; **embarquement de** —**s**, shipping; **dépôt, hangar de** —; goods depot; **tarif des** —, goods rates; **train de** —, luggage train; **wagon de** —, fret car; **wagon de** — **découvert**, flat truck; — **de cubage, d'encombrement**, measure goods; — **en entrepôt**, goods in bond, bonded goods.

Marche, Operation, rate, run, running; stair; state (h. f.); **en** —, while running; **en** —, (h. f.), in blast; **en ordre de** —, in working order; **feuille de** — **d'un train**, time folder; **mise en** —, starting; **levier de mise en** —, starting lever, distributing lever (mach. à vapeur); **manivelle de mise en** — (auto.), starting handle, starting crank; **ordre de** —, running order; **remise en** —, restarting; **renversement de** —, change gear (tour), reversing gear; — **avant**, ahead motion; — **d'un chronomètre**, rate; — **en impulsion**, impulsion; — **en parallele**, parallel running; board, — **au ralenti**, — **à vide**, idling. idle running; **mettre en** —, to start, **remettre en** —, to restart; **renverser la** —, to reverse the engine.

Marchepied, Footboard, footstep, running board.

Marché, Contract, bargain, market, purchase; **cotation du** —, market quotations; — **au comptant**, ready money purchase; — **aux cotons**, cotton market; — **de gré à gré**, private market; — **aux valeurs**, stock market.

Marcher au ralenti, à vide, to Run idle.

Marée, Tide; **boule de** —, tide ball; **échelle de** —, tide gauge; **machine à prédire les** —**s**, tide predictor; **moulin à** —, tide mill; **port à** —, tidal port, tidal harbour.

Maréographe, maréomètre, Tide gauge.

Marge, Margin, permissible deviation; — **de sécurité**, safety margin.

MAR — 293 — **MAR**

Margelle, Bank, curb; — **de puits**, curb stone.

Marie-salope, Dirt or mud lighter, dredger barge.

Marin (adj.), Marine; **chaudière —e**, marine boiler; **diesel —**, marine diesel; **glue —e**, marine glue; **machine —e**, marine engine; **mille —**, nautical mile (voir **Mille**).

Marine, Navy; — **marchande, de commerce**, mercantile navy.

Maritime, Naval, maritime; **agence —**, shipping office; **assureur —**, underwriter; **chantier —**, shipbuilding yard; **courtier —**, shipbroker; **génie —**, naval engineering.

Marne, Marl, chalk; — **argileuse**, clay grit.

Marnière, Marlpit, clay pit.

Maroquin, Morocco leather.

Marouflé, Taped.

Marquage, Marking.

Marque, Mark, check, counter; **huile de —**, branded oil; — **déposée**, trade mark; — **d'immatriculation**, registration mark; — **repère**, fiducial mark.

Marqué, Branded, marked; — **à chaud**, branded.

Marquer, to Brand, to mark; **fer à —**, branding iron; **machine à —**, marking machine.

Marqueter, to Inlay.

Marqueterie, Inlaid work, marquetry; tessellation (marbre); **tour de —**, figuring lathe.

Marqueur, Marker; — **de balayage** (télévision), sweep marker.

Marquise (de locomotive), Cab.

Marron (jeton de présence), Counter.

Marsouin arrière (N.), Sternson.

Marsouin avant (N.), Stemson.

Marteau, Hammer; **broyeur à —**, hammer crusher; **emboutissage au —**, panel beating; **essai au —**, hammer testing; **forgé au —**, hammer forged; **grue à —**, hammer head crane; **interrupteur à —**, hammer break; **manche de —**, hammer handle; **panne de —**, edge, small end, pean, pane of a hammer; **table du —**, hammer face; — **à amortisseur**, dead stroke hammer; — **de charpentier**, framing hammer; — **à chute libre**, drop hammer; — **à cingler, shingle** hammer; — **à courroie de friction**, friction roll hammer; — **à créper le fer**, facing hammer; — **à devant**, fore hammer; — **d'eau**, water hammer; — **à emboutir**, chasing hammer; — **d'établi**, bench hammer; — **de forage**, borer's mallet; — **de forge**, forge hammer; — **de grosse forge**, power hammer; — **à frapper devant**, about sledge, sledge, sledge hammer; — **à goutte de suif**, ball faced hammer; — **à main**, flogging hammer, hand hammer; — **à deux mains**, sledge hammer, two handed hammer; — **mécanique**, drop hammer, drop weight; — **à briser le minerai**, bucking iron; — **à mortaiser**, framing chisel; — **à panne**, face hammer; — **à panne fendue**, claw hammer, clinch hammer, tack hammer; — **à panne plate**, hack hammer; — **perforateur**, drill hammer; — **pilon**, steam hammer, drop hammer, power hammer, stamper; **coup de — pilon avec introduction de la vapeur pendant la descente**, cushioned blow; **coup de — pilon sans introduction de la vapeur pendant la descente**, dead blow; **culart de — pilon**, bracket; **forger au — pilon**, to drop; — **à piquer le sel**, furring hammer; — **piqueur**, pick; — **à planche**, friction drop hammer, board drop hammer; — **à planir**, flatting hammer; — **à planer**, planishing hammer, planisher; — **pneumatique**, chipper, compressed air hammer, rock drill; — **à pointe**, pointed hammer; — **à ressort**, dead stroke hammer; — **à rivet**, rivetting hammer; — **de scheidage**, bucker; — **pour faire les scies**, dog head hammer; — **à soyer**, closing hammer; **repousser au** —, to chase with the mallet.

Martelage, Hammering, beating, peening.

Martelé, Hammered, beaten, tilted; **fer** —, hammered iron, tilted iron; **tôle** —**e**, hammered sheet iron; — **à froid**, cold beaten.

Marteler, to Hammer, to beat, to tilt, to peen.

Martensite, Martensite.

Martensitique, Martensitic; **acier** —, martensitic steel; **trempe différée** —, martempering.

Martinet, Tilt hammer, tilter, level hammer, stamper; **tas du** —, anvil and hammer; — **à deux mains**, two handed hammer.

Masque, Mask, shield; hood (canon, tourelle); **effet de** —, masking; — **à gaz**, gas mask; **cartouche filtrante d'un** — **gaz**, filter cartridge of a gas mask; — **à oxygène**, oxygen mask; — **protecteur**, face guard.

Masse, Mass, bulk, maul, beetle, block, sledge hammer, iron hammer, great bench hammer; earth, ground (auto); **contact à la** —, body contact; **dans la** —, through out; **demi** —, small bench hammer; **électrode de** —, mass electrode; **fil de** —, earth wire, ground wire; **module de** —, bulk modulus; **spectre de** —, mass spectrum; **spectromètre de** —, mass spectrometer; **spectrométrie de** —, mass spectrometry; — **de contact**, contact mass; — **critique**, critical mass; — **d'équilibrage**, balance or balancing mass; — **à frapper devant**, about sledge; — **moléculaire**, moll; — **pointue**, pin maul; — **polaire**, pole face; — **sous-critique**, sub-critical mass; — **tige**, casing.

Masselottage, Capping.

Masselotte, Cap, connecting piece, feed or feeding head, runner, discard head, dead head; **à** —, capped; **échantillon pour la** —, dead head modelling; — **de fonderie**, casting sprue.

Masset (métal), Ball or bell.

Massicot, Massicot, yellow lead; **fabriquer du** —, to dross.

Massif, Groundwork, solid wall; **exploitation par** —**s longs**, board and pillar work.

Massif (adj.), Massive, solid; **or** —, solid gold.

Mastic, Cement, lute, mastic putty; — **antirouille**, rust cement; — **de fer**, iron cement, iron rust; — **de limaille de fer**, rust putty; — **à spatule**, filling up putty.

Masticage, Luting.

Mastiquer, to Lute, to cement, to putty.

Mat, Matt, dead, dull, unpolished; **partie** —**e** (métallographie), dead spot; **papier** — (photo.), matt surface paper; **mettre au** —, to dig.

Mât, Mast, strut (aviat.); **à** n —**s**, n masted; **cheminée de** — **métallique**, mast hole; **collier de** —, mast necklace; **emplanture de** —, mast step; **grand** —, main mast; — **d'amarrage**, mooring mast; — **bipode**, bipod mast; — **de charge**, boom; — **de fortune**, jury mast; — **intérieur**, inner strut; — **de rechange**, spare mast; — **de traînée** (aviat.), drag strut; — **tripode**, tripod mast.

Matage, Calking, caulking, overlaying; **tranche de** —, caulking edge.

Mâtage, Masting.

Maté, Calked, or caulked, beaded; **couture —e,** calking seam; **joint —,** calking seam; **tranche —e,** calking edge.

Matelas, Cushion, mattress; **d'air,** air cushion, air space; **— d'eau,** water cushion.

Mater, to Calk, to caulk, to dull.

Mâter, to Mast; **grue à —,** masting crane.

Mâtereau, Spar, small mast.

Matériaux, Materials; **résistance des —,** mechanics or resistance of materials; **— d'addition,** fettling materials; **— calorifuges,** insulation materials; **— de construction,** building or engineering materials; **— de démolition,** rubbish; **— réfractaires,** refractory materials; **— de remplissage,** back filling materials; **— tendres,** soft materials.

Matériel, Equipment, material, stock, store, plant; fittings; **— électrique,** electrical equipment; **— d'entreprise,** contractor's equipment; **— d'exploitation,** working stock; **— pour recette,** banking equipment; **— de renflouage,** salvage plant.

Mathématique (adj.), Mathematical.

Mathématiques, Mathematics; **— appliquées,** applied or mixed mathematics; **— pures,** abstract mathematics.

Matière, Matter, material, stuff; **— active** (accus), active material, paste; **— active qui tombe,** dropping active material; **chute de — active,** scaling; **— brute,** staple; **— calorifuge,** heat insulator; **—s consommables,** consumable stores; **—s étrangères,** foreign materials; **—s isolantes,** insulating materials; **— métalloplastique,** copper asbestos material; **—s plastiques,** plastics; **—s plastiques acryliques,** acrylic plastics; **—s plastiques cellulosiques,** cellulosic plastics; **—s premières,** raw material, staples.

Matoir, Breaker iron, beading iron, blunt chisel, butt iron, calking or caulking iron, matting iron, calking tool.

Matras, Boiling bulb; bolt head.

Matriçage, Forming, press work; **— à chaud,** hot forming; **— à froid,** cold forming.

Matrice, Die, bed die, stamping die, former; matrix, print, stamp; mat (impr.); **acier à —,** die steel; **bloc pour —,** head block, die block; **calibre de la —,** hole on the die; **demi —,** half stamping die; **éjecteur de la —,** die pad; **porte —,** die holder; **— à anneau,** bed die; **— à border,** female die, die plate; **— à cuveler,** die plate; **— à épaulement ou fermée,** closed die; **— d'estampage,** stamping die; **— à façonner,** trimming die; **— de forgeage,** forging die; **— de forme,** forming die; **— inférieure,** bottom die; **— de pliage,** bending head; **— pour poterie,** dod; **— pour presse,** press die.

Matricer, to Die; **presse à —,** dieing or stamping press.

Matrices (math.), Matrices; **— commutantes,** commuting matrices; **— de permutation,** permutation matrices.

pièces Matricées, Drop forgings.

analyse Matricielle, Matrix analysis.

équation Matricielle, Matric equation.

Matte, Matte, metal; **four de grillage des —s,** metal calciner; **— brute,** coarse metal; **— concentrée (à 60 % de cuivre),** blue metal; **— de cuivre brut,** copper rust; **— fondue,** molten matte; **— serrée,** close metal; **— vésiculeuse,** pimple metal.

Mâture (atelier), Masthouse, mastyard.

Mâture (les mâts), The masts; **ponton** —, shear or sheer hulk.

Maugère, Scupper leather.

Maximum, Maximum, peak; **disjoncteur à** —,. maximum cut out; — **d'une courbe**, hump, peak of a curve.

Mazout, Masout; fuel oil, bunker oil; **chauffant au** —, oil fired.

Mécanicien, Mechanic (États-Unis), machinist, engineer; **constructeur** —, manufacturing engineer; **ingénieur** —, engineer; — **de garage**, garage mechanic; — **de train** (Etats-Unis), engineer.

Mécanique (adj.), Mechanical; **axe** —, mechanical axis; **balayage** —, mechanical scanning; **calculateur** —, mechanical computer; **a commande** —, mechanically operated; **constructions** —s, structural engineering, engineering work; **électro** —, electromechanical; **faucheuse** —, power mower; **haveuse** —, mechanical miner; **injection** — (Diesel), solid injection; **manutention** —, mechanical handling; **presse** —, mechanical press; **redresseur** —, mechanical rectifier; **rendement** —, mechanical efficiency; **rupteur** —, mechanical breaker; **scie ou scierie** —, sawing machine, power saw, mill saw.

Mécanique (science), Mechanics; engineering; — **céleste**, celestial mechanics; — **des fluides**, fluid mechanics; — **navale**, naval engineering; — **ondulatoire**, wave mechanics; — **de précision**, precision mechanics; — **quantique**, quantum mechanics; — **rationnelle**, abstract mechanics; — **des sols**, soil mechanics.

Mécaniquement, Mechanically.

Mécanisation, Mechanisation or mechanization.

Mécanisé, Mechanised or mechanized.

Mécanisme, Mechanism, machinery, device gear, operating gear; **ensemble des** —s, machinery; **servo-** —, servo-mechanism; — **à actions solidarisées**, interlocking gear; — **d'avance**, feed mechanism; — **de commande, de soupape**, valve actuator; — **de commutation**, switch gear; — **de déclenchement**, trip or tripping gear; — **de désembrayage** (mach.- outil), disconnecting gear; — **de détente**, expansion gear; — **de détente variable**, adjustable expansion gear; — **de direction** (auto.), steering gear; — **de distribution**, distribution gear, driving gear; — **de distribution par** —s, valve gear; — **d'excentrique**, excentric gear; — **d'impression**, printing mechanism; — **de mise en train**, gear for starting; — **de renversement de marche**, reversing gear, change gear (tour); — **communiquant le mouvement au tiroir**, slide valve gear.

Mèche, Auger, bit, drill, borer, heart; wick; fuse, match; **foret à** —, expansible, expanding borer; **fût et** — **de vilebrequin**, brace and tool; **graisseur à** —, wick lubricator; **guide** —, drill bushing; **porte** —, boring spindle, drill spindle; **vilebrequin et sa** —, brace and bit; — **américaine**, twist drill; — **anglaise**, centre bit; — **annulaire**, core borer; — **à bois**, auger, wood bit; — **de cabestan**, capstan spindle; — **de charbon** (lampe à arc), core; — **à cuiller**, nose bit; — **cylindrique creuse**, core bit; — **de foret**, bore bit; — **en gouge**, duck nose bit; — **de gouvernail**, rudder stock; — **hélicoïdale de bédane creux**, auger for hollow mortising chisel; — **pour percer une mortaise**, slotting drill; — **à pointe**, dowel bit; — **à trois pointes universelles**, expanding center bit; — **à saillies**, auger bit with

MEM — 297 — **MER**

advance cutter; — **à siphon,** syphon wick; — **en spirale,** twisted bit, twist drill; — **de tarière,** auger bit; — **anglaise à téton,** centre bit; — **à téton,** pin bit, pin drill; — **à une tranche,** single cutting drill; — **à deux tranches,** double cutting drill; — **de vilebrequin,** boring bit, brace bit.

Médian (adj.), Middle line; **arête —e** (turbine), dividing edge; **plan —,** centre plane; **section —e,** mid section.

Médiane, Middle line.

Médullaire, Medullary; **rayon —,** medullary ray, spith ray.

Mégacycle, Megacycle (Mc).

Mégadyne, Megadyne.

Megohmmètre, Megger.

Mégomite, Megomit.

Mélange, Blending, mixture, mixing; **température de —,** mixture temperature; — **anti-gel,** antifreezing mixture; — **bitumineux,** bituminous mixture; — **calorifuge,** ganister or gannister; — **détonant,** explosive mixture; — **gazeux,** gaseous mixture; — **maigre,** lean mixture; — **réfrigérant,** freezing mixture.

non **Mélangeable,** Immiscible.

Mélanger, to Blend, to mingle, to mix; **cuve à —,** mixing trough; — **les minerais et les fondants,** to mix the ores and fluxes.

Mélangeur, Mixer, mixing drum.

valve **Mélangeuse,** Blending valve.

Mélasses, Molasses; — **de cannes,** cane molasses.

Mélèze, Larch, larch tree.

Mélinite, Melinite.

Membrane, Membrane, diaphragm, film; **pompe à —,** diaphragm pump.

Membre (N.), Rib.

Membrure, Member, board, booms, chord, rib (N.); **hors —** (c. n.), moulded; **rivet de —,** frame rivet; **table de —,** boom sheet; — **en fer,** iron rib.

roue **Menante,** Driving, leading or engaging wheel.

Ménisque, Meniscus; — **convergent,** converging, convex concavo lens; — **divergent,** divergent, diverging, concavo convex lens.

Menotte, Connecting link, drag link, handle; — **de manivelle,** crank handle; — **de ressort,** spring clip; — **du tiroir,** valve link.

Mensuel, Monthly; **moyenne —le,** monthly average.

Mentonnet, Cam, ear, iron stud, key hook, wiper; **clavette à —,** catch key, headed key.

Mentonnière, Cheek strap; — **d'une clavette,** nose key.

Menu (charbon), Mean coal, pea coal, slack coal, small.

Menu (adj.), Mean, small; **coke —,** coke dross; **houille —e,** small coal; **—s des ouvrages,** minor constructions; **broyer —,** to beat small.

Méplat, Flat.

Menuiserie, Joinery.

Menuisier, Joiner.

Méplat, Half flat, flat bar; **bande —e,** strip conductor; **fer —,** flat iron.

Mer, Sea; **haute —, pleine —,** high water.

Mercaptan, Mercaptan.

Mercerisation, Mercerization.

Mercure, Mercury, quick silver; **à —,** mercurial; **bain de —,** mercury pool; **cathode de —** mercury cathode; **chloramidure de —,** amidochloride of mercury; **chlorure de —,** mercuric chloride; **collecteur à —,** mercury slip ring; **contact à —,** mercury contact; **fulminate de**

—, fulminate of mercury; **interrupteur à —**, mercury or mercury jet interrupter, dipper interruptor, mercury switch; **lampe à vapeur de —**, mercury discharge lamp, mercury vapour lamp; **lampe à vapeur de — à arc court**, short arc mercury lamp; **manomètre à —**, mercurial manometer; **minerai de —**, mercury ore; **niveau à —**, mercurial level; **oxyde de —**, oxide of mercury; **protosulfure de —**, aethiops mineral; **redresseur à vapeur de —**, mercury arc rectifier, mercury vapour rectifier; **vapeur de —**, mercury vapour.

Mercureux, Mercurous; **oxyde —**, mercurous oxide; **sulfate —**, mercury sulphate.

Mercurique, Mercuric; **oxyde —**, mercuric oxide.

roche Mère, Source rock.

vis Mère (tour), Leading screw.

Méridien, Meridian; **géographique**, geographic meridian; **— magnétique**, magnetic meridian; **— de Paris**, meridian of Paris.

Merlin (mar.), Marline, small staff; **garnir de —**, to marl.

Merlin, Axe, merlin; **contre —**, felling axe.

Merliner, to Marl.

champ Mésique, Meson field.

Méson, Meson; **— léger**, mu meson; **— lourd**, pi meson; **— négatif**, negative meson; **— neutre**, neutral meson; **— positif**, positive meson; **— pseudoscalaire**, pseudoscalar meson; **— scalaire**, scalar meson.

Mésothorium, Mesothorium.

Mesurage, Measurement, measuring, gauging.

Mesure, Measure, mete, metering, mete yard; **appareil de —**, measuring apparatus, meter; **appareil de — de la fluidité**, fluidity meter; **cadran de —**, metering dial; **compas de —**, dividers; **instrument de —**, measuring instrument; **tube de —**, measuring tube; **— à distance**, telemetering.

Mesuré, Measured, gauged; **pompe à débit —**, measure pump.

Mesurer, to Measure, to mete, to gauge; **— à la chaîne**, to chain; **— à distance**, to telemeter; **— au pied à coulisse**, to caliper.

Mesureur, Meter; **— de couple**, torque meter.

Métabolique, Metabolic.

Métabolisme, Metabolism.

Métacentre, Metacenter.

Métacentrique, Metacentric; **hauteur —**, metacentric height.

Méthacrylate, Methacrylate; **— polyméthylique**, polymethyl methacrylate.

Méthacrylique, Methacrylic; **acide —**, methacrylic acid.

Méthadone, Methadon.

Métal (voir aussi **Métaux**), Metal; **coulée de — en fusion**, tapping; **résidus de —**, drain metal; **rognures de —**, chippings; **scorie de —**, dross; **— alcalinoterreux**, alkaline earth metal; **— Amirauté** (utilisé pour les tubes de condenseur), Admiralty metal; **— anglais**, Britannia metal; **— antifriction**, antifriction metal, Babbit's metal; **— antimagnétique**, antimagnetic metal; **— d'apport**, filler metal; **— de base**, base metal; **— blanc**, Britannia metal, white metal; **— pour coussinets**, bearing metal, box metal, bush metal; **— delta**, delta metal; **— déployé**, expanded metal; **— fritté**, powdered metal, sintered metal; **— léger**, light metal; **— magnétique**, magnetic metal; **— non ferreux**, non ferrous metal; **- perforé**, perforated metal; **— à haute résistance**, high duty metal; **— thermonégatif**, thermonegative metal; **— tréfilé**, extruded metal.

Métallifère, Metalliferous.

Métallique, Metal; **aussière** —, wire rope; **bac** —, metal container; **bagues** —s, packing rings; **en cellule** —, metal clad; **charpente** —, bay work; **complexe** —, metallic complex; **entièrement** —, all metal; **éponge** —, metallic sponge; **estacade** —, sheet piling; **filament** —, metal filament; **fuselage** —, metal body; **garniture** —, metallic packing; **hélice** — (avion), metal airscrew; **manomètre** —, metallic manometer; **nervure** —, metal rib; **oxyde** —, metal oxide; **particules** —s, metal particles; **plomb** —, metallic lead; **poudre** —, metal powder; **recouvrement** —, metal covering; **roue** —, metallic wheel; **scorie** —, metal slag; **toile** —, metallic wire cloth, metal gauze, gauze wire; **toron** —, wire strand.

Métallisation, Metal spray, metal spraying, metallizing, bonding.

Métallisé, Metallized; **toile** —e, metallized fabric.

pistolet Métalliseur, Metal spray gun.

Métallographie, Metallography.

Métallographique, Metallographic.

matière Métallo-plastique, Copper asbestos material.

Métalloïde, Metalloid.

Métallurgie, Metallurgy; **électro** —, electrometallurgy; **— des poudres,** powder metallurgy; **— sous vide,** vacuum metallurgy.

Métallurgique, Metallurgie, metallurgical; **équilibres** —s, metallurgical equilibra.

Métallurgiste, Metallurgist; **ouvrier** —, metal worker.

Métaphosphate, Metaphosphate.

Métastable, Metastable.

Métaux, Metals; **adoucissement des** —, softening of metals; **burin pour** —, chipping chisel; **scie à** —, metal saw, metal cutting saw; **spectroscopie des** —, metal spectroscopy; **— alcalinoterreux,** alkaline earth metals; **— alcalins,** alkaline metals; **— autres que le fer,** non ferrous metals; **— céramiques,** ceramic metals, cermets; **— de construction,** structural metals.

Météorologie, Meteorology.

Météorologie, Meteorological; **prévisions** —s, weather forcasts.

Météorologiste, Meteorologist.

Méthane, Methane; —s **substitués,** substituted methanes.

Méthode, Method; **— de la bosse** (mét.), hump method; **— colorimétrique,** colorimetric method; **— empirique,** rule of thumb method; **— d'inertie,** coasting method; **— des moindres carrés,** least square method; **— des ombres,** shadow method; **— spectrographique,** spectrographic method; **— de substitution,** substitution method; substrate; **— du zéro,** zero method, balanced or balance method, null method.

Méthyle, Methyl; **bromure de** —, methyl bromide; **elaïdate de** —, methyl elaidate; **isocyanure de** —, methyl isocyanide; **sulfure de** —, methyl sulfide.

Méthylique, Methylic; **alcool** —, methyl alcohol, methyle alcohol; **ester** —, methylester.

Métier, Handicraft, craft, trade; loom, frame; **huile pour** —s, loom oil; **sur le** —, on the anvil, in hand; **— à broder,** embroidery frame; **— à chevilles,** tenter spin; **— à filer,** spinning gin; **— mécanique,** power loom; **— sans navette,** shuttleless loom; **— à tapisserie,** carpet loom; **— à tisser,** loom, weaving gin.

Métis, Short.

Mètre, Meter; **bànde des** n —s (T. S. F.), n meter band; **débit** —, flow meter, flux indicator; **flux** —, flux meter, flux indi-

Métrer, to Measure.

Métrique, Metric, metrical; **chambre —,** metrical camera; **échelle —,** meter scale; **micro —,** micrometric; **onde —,** metric wave; **pas —,** metrical pitch; **système —,** metric system; **tonne —,** metric ton; **voie —,** metric gauge.

Mettre à feu, to Blow in.

Mettre bas les feux, To put out the fires.

Mettre hors feu, to Blow down, off, out.

Mettre à la terre, to Earth, to ground.

Mettre au zéro, to Adjust to zero.

Meulage, Grinding, honing; **surépaisseur pour le —,** grinding allowance; **— sans centre,** centreless or centerless grinding; **— conique,** taper grinding; **— cylindrique,** cylindrical grinding; **— à l'eau,** wet grinding; **— de forme,** form grinding; **— inférieur,** internal grinding; **— à sec,** dry grinding; **— de surfaces planes,** plane surface grinding.

Meule, Wheel, grinder, grinding wheel; **appareil pour rectifier les —s,** wheel dresser, wheel truer; **arbre porte —,** wheel spindle; **broyeur à —s verticales,** edge mill, edge runner; **chariot porte —** (mach. à rectifier), wheel slide; **décrasse —,** wheel dresser; **dégrossissage à la —,** rough grinding; **dressage de la —,** truing of the wheel; **dureté d'une —,** grade of a wheel; **encrassement de la —,** loading of the wheel; **face, tranche d'une —,** face of a wheel; **grade d'une —,** grade of a wheel; **grain d'une —,** grit of a stone; **lustrage d'une —,** glazing of a wheel; **outil à rhabiller les —s,** wheel dressing tool; **paliers de l'arbre de la —,** wheel spindle bearings; **poulie de l'arbre porte —,** wheel spindle pulley; **protège —,** wheel guard; **usure de la —,** wear of the wheel; **— abrasive,** abrasive wheel; **— à aiguiser,** grindstone; **— assiette,** dished wheel; **— boisseau,** cup wheel; **— au carborundum,** carborundum wheel; **— à charbon de bois,** charcoal kiln; **— au corindon,** corindon wheel; **— courante,** edge runner; **— en crystolon,** crystolon wheel; **— en cuvette,** cup wheel; **— de dessus,** runner; **— diamantée,** diamond wheel; **— dormante,** bed stone; **— dure,** hard wheel; **— d'émeri,** emery wheel; **— à finissage,** file wheel; **— en grès,** sandstone wheel; **— lapidaire,** stone cutter, stone grinder; **— à meules,** rolling crusher; **— de moulin,** mill stone; **— périphérique,** circular wheel; **— plate,** plain wheel, straight grinding wheel; **— à tronçonner,** cut off wheel; **— verticale,** edge runner; **— vitrifiée,** vitrified wheel; **la — coupe franchement,** the wheel cuts freely; **finir à la —,** to finish by grinding; **rhabiller une —,** to dress, to true a wheel.

Meulé, Ground; **acier —,** ground steel; **— à l'eau,** wet ground; **— à sec,** dry ground.

Meuler, to Grind; **machine à —,** grinder, grinding machine; **— à l'eau,** to grind wet; **— à sec,** to grind dry.

Meulière, Mill stone quarry; **pierre —,** mill stone; **couche de pierre —,** mill stone grit.

Mi-course, Mid course, mid stroke.

Mi-doux (acier), Half mild.

Mica, Mica; **condensateur au —,** mica capacitor; **écailles de —** mica flakes; **feuille de —,** mica foil; **plaque de —**, mica sheet; **rondelle de —**, mica washer; **ruban de —**, mica tape.

Micanite, Micanite.

Micellaire, Micellar; **charge —**, micellar charge.

Micelles, Micelles; **— lamellaires**, lamellar micelles; **— de savon**, soap micelles.

Micro, Micro; **— ampère**, microampere; **— analyse**, microanalysis; **— analyseur**, microanalyser; **— analytique**, microanalytic; **— calorimètre**, microcalorimeter; **— chimie**, microchemistry; **— constituant**, microconstituent; **— distillation**, microdistillation; **— dosage**, microestimation, microdetermination; **— dureté**, microhardness; **essai de — dureté**, microhardness test; **— empreinte**, microindent; **appareil à — empreintes**, microindenter; **— farad**, microfarad; **— filtration**, microfiltration; **— gel**, microgel; **— gradhie**, micrograph; **— graphie électronique**, electron micrograph; **— henry**, microhenry; **— henrys**, microhenries; **— interféromètre**, microinter-ferometer; **— interrupteur**, microswitch; **— mètre à étincelles**, spark micrometer; **— mètre pneumatique**, pneumatic micrometer; **— métrique**, micrometric; **broche — métrique**, micrometric spindle; **graduation — métrique**, micrometric scale; **jauge — métrique**, micrometer inside; **vis — métrique**, micrometer screw, tangent screw; **— onde**, microwave; **— perçage**, microdrilling; **— pesée**, microweighing; **— phone**, microphone, mike; **— phone à bobine mobile**, moving coil microphone; **— phone à charbon**, carbon dust microphone; **— phone à contact**, contact microphone; **— phone à cristal**, crystal microphone; **— phone à diagramme en forme de cœur**, cardioid microphone; **— phone différentiel**, differential microphone; **— phone à fil chaud**, hot wire microphone; **— phone à flamme**, flame microphone; **— phone à grenaille**, granular or granulated carbon microphone; **— phone à magnétostriction**, magnetostriction microphone; **— phone piézoélectrique**, piezoelectric microphone; **— pesée**, microweighing; **— photogrammétrie**, microphotogrammetry; **— photomètre**, microphotometer; **— radiographie**, microradiography; **— scope**, microscope; **objectif de — scope**, microscope objective; **— scope binoculaire**, binocular microscope; **— scope à clignotement**, blink microscope; **— scope électronique**, electron microscope; **— scope de lecture**, reading microseope; **— scope à rayons X**, X rays microscope; **— scopie**, microscopy; **— scopie par contraste de phase**, phase contrast microscopy; **— scopie électronique**, electron microscopy; **— scopique**, microscopic; **— seconde**, microsecond; **— sillon**, microgroove; **— structure**, microstructure; **— synthèse**, microsynthesis.

Micron, Micron.

Migration (chimic), Migration.

Milieu, Medium.

Milieu (adj.), Middle; **ligne —**, middle line.

Mille, Mile, statute mile (1809,3140 m); **— géométrique**, measured mile; **— marin**, geographical mile, marine mile, nautical mile (voir Tableaux); **— payant**, operating mile.

Milliampère, Milliampere.

Milliampèremètre, Milliamperemeter; **— étalon**, standard milliamperemeter.

Millibar, Millibar.

Millième de pouce, Mil.

Millilambert, Millilambert (mL).

Millilitre, Milliliter.

Millimètre, Millimeter; — **carré**, square millimeter.

Millimicro, Billionth.

Millimicron, Millimicron.

Million, Million.

Millionième, Millionth.

Millivoltmètre, Millivoltmeter; — **étalon**, standard millivoltmeter.

Milliwattmètre, Milliwattmeter.

Mince, Thin; **tôle —**, thinned plate; sheet.

Mine, Mine, digging, pit; blasthole; **antenne de —**, mine horn, mine firing pin; **barre à —**, mine crow, borer, jumper bar, percussion borer; **berline de —**, mine tub, mine car; **culbuteur de berline de —**, mine car tippler; **boisage d'une —**, timbering of a mine; **carreau de la —**, mine head; **chapelet de —s**, string of mines; **concession de—**, claim; **crapaud de —**, mine anchorage; **détecteur de —**, mine detector; **dragueur de —s**, mine sweeper; **exploitation des —s**, mining; **fleuret de —**, mine drill; **fourneau de —**, mine chamber, mine hole; **inspecteur des —s**, colliery mine viewer; **locotracteur de —**, mine locomotive; **moteur de —**, mine motor; **mouillage de —s**, mine laying; **mouilleur de —s**, mine layer, mine laying ship; **avion mouilleur de —s**, mine laying plane; **orin de —**, mine buoy rope; **outillage des —s**, mining machinery; **poudre de —**, blast or blasting powder; **puits de —**, mine shaft; **travail dans les —s**, mining; **trou de —**, blast hole, drill hole; **charger un trou de —**, to tamp a hole; **glaisage d'un trou de —**, claying; **véhicule de —**, mine vehicle; **— ancrée**, anchored mine; **— à ciel ouvert**, open pit mine; **— de contact**, contact mine; **— dérivante**, floating mine; **— de fer**, iron mine; **— flottante**, floating mine; **— de houille**, colliery mine, coal mine; **— improductive**, duffer; **— magnétique**, magnetic mine; **— métallique**, metallic mine; **— d'or**, gold mine; **— en plastique**, plastic mine; **— de plomb**, lead mine; **— sous-marine**, submarine mine; **bourrer une —**, to tamp a blasthole; **entamer une —**, to beat ore; **exploiter une —**, to work a mine; **faire sauter une —**, to spring a mine.

Miné, Mined.

Miner, to Mine, to dig, to excavate; to abrade.

Minerai, Ore; **agglomération des —s**, ore sintering; **broyage des —s**, ore crushing, ore spalling; **concasseur de —**, buck; **enrichissement des —s par l'air**, dry concentration; **essai de —s**, ore assaying; **four à fondre le —**, ore furnace; **gangue de —**, brood; **grillage des —s**, burning of ores; **indice de —**, true; **lavage des —s**, bucking, buddling, washing of ores; **installation de lavage des —s**, stream works; **lot de —s**, dole; **marteau à briser le —**, bucking iron; **préparation mécanique des —s**, ore dressing; **procédé au —**, ore process; **saut de —**, elbow; **triage des —s**, buckling, buddling of ores; **— d'alluvion**, diluvial ore; **— d'argent**, silver ore; **— à bocard**, stamp rock; **— brut**, raw ore; **— à ciel ouvert**, open pit mine; **— de cuivre**, copper ore; **— d'étain**, tin ore; **— d'étain concentré**, block tin; **— existant loin de la roche d'origine**, float ore; **— de fer**, iron ore; **— pour fonte malléable**, annealing ore; **— globulaire**, ball vein; **— en grains**, beans and nuts ore; **— maigre**, lean ore; **— en morceaux**, lump ore; **— natif**, ground ore; **— d'or**, gold ore; **— oxygéné**, oxidised ore; **— pauvre**, low grade ore; **— de plomb**, lead ore; **— de première qualité**, best work ore; **— riche**, bucking ore, best work ore; **— de**

triage, bucking ore; — de zinc, zinc ore; **bocarder le —,** to stamp ore; **broyer les —s,** to crush ores; **extraire le —,** to dig ore; **fondre le —,** to smelt ore; **griller le —,** to roast ore; **klauber le —,** to cull ore; **laver le —,** to buddle ore, to wash ore; **laver des —s au berceau,** to craddle ores; **mélanger les —s et les fondants,** to mix the ores and fluxes; **séparer les —s,** to buck ores.

Minéral, Mineral; **acide —,** mineral acid; **charbon —,** mineral carbon; **chimie —e,** inorganic chemistry; **coton —,** slag wool; **eaux —es,** mineral waters; **huile —e,** mineral oil; **laine —e,** mineral wool; **sel —,** mineral salt.

Minéralite, Mineralite.

Minéralisation, Mineralisation.

Minéraliser, to Mineralize.

Minéralogie, Mineralogy.

Minéralogiste, Mineralogist.

Mineur, Miner, mine digger, collier; **auge de —,** standing buddle; **ciseau de —,** cross mouthed chisel; **outils de —, miner tools, miner implements; tablier de —,** breech leather; **trépan —,** earth borer.

Minier, Mining; **district —,** mining district; **installation —ère,** mine plant; **société d'exploitation —ère,** mining company.

fonction Minimale, Minimal function.

Minimum, Minimum; **disjoncteur à —,** minimum cut out, minimum load circuit breaker; **réduire à un —,** to minimise.

Minium, Minium, red lead; **joint au —,** minium joint.

Ministère du Commerce, Board of Trade.

Minoterie, Flour mill.

Minotier, Flour miller.

Minute, Minute.

Mire, Staff, sight; **ligne de —,** line of sight; **— de nivellement,** levelling staff.

Miroir, Mirror; **couteau de support du — (essai des métaux),** mirror knife edge; **— concave,** concave mirror; **— convexe,** convex mirror; **— courbe,** curved mirror; **— parabolique,** parabolic mirror; **— plat,** flat mirror.

Miscible, Miscible.

Mise, Band (forge); **— en balles,** pressing; **— en chantier (N.),** laying of the keel, laying down; **— en circuit,** switching on; **— hors circuit (h. f.),** switching off; **— en court-circuit,** bridging; **— en court-circuit des électrodes (bougie),** spark plug bridging; **— aux dimensions,** sizing; **— en drapeau (aviat.),** feathering; **— à l'eau (N.),** launching; **— à feu,** blow in; firing; **appareil de — à feu,** firing device; **raté de — de feu,** missfire; **retard de — de feu,** hangfire; **— de fonds,** share of capital; **— en forme,** contour forming; **— en forme par étirage sur gabarit,** stratch wrap forming; **— en marche,** starting; **— en marche à l'air comprimé,** starting by means of compressed air; **levier de — en marche,** starting lever; **manivelle de — en marche,** starting crank; **— en œuvre,** working; **— en paquets,** piling; **— en phase,** phasing; **— en place,** setting; **— en place des aubes,** blading; **— en place des chaudières,** setting of boilers; **— au point,** focusing or focussing; **bouton de — au point,** focusing button (photo.); **— sous pression,** pressurizing; **— à prix,** upset price; **— rapportée,** tip; **brasage des —s rapportées,** tipping; **— en route,** starting up; **— sous tension,** tensioning; **— à la terre,** earth connection, earthing, grounding; **borne de — à la terre,** earth terminal; **ligne de — à**

Mitraille (métal.), Scrap metal.

Mitraillette, Submachinegun.

Mitrailleuse, Machinegun; **balle de —**, machinegun ballet; **bande de —**, machinegun belt; **canon de —**, machine gun barrel; **— à refroidissement par eau**, water cooled machine gun.

la terre, earthing wire; **système de — à la terre**, earthing system; **— en train**, starting, starting gear; **arbre de — en train**, starting shaft; **volant de — en train**, reversing or starting wheel.

Mitre, Cowl; **— de cheminée**, chimney cap, chimney shaft, chimney top.

Mixage, Mixing.

Mixte (bois et fer) (N.), Composite.

Mixte, Mixed, combined, compound; **enroulement —**, series parallel winding; **groupement —** (élec.), multiple series connection.

Mobile, Moveable, moving, portable, shifting, travelling; **aiguille —**, tongue rail; **aube —**, rotating blade; **bride —**, moveable flange; **compresseur —**, portable compressor; **essieu —**, sliding axle; **grille —**, moveable grate, travelling grate; **noyau —**, moving core; **pièces —s**, working parts; **poulie —**, moveable pulley, live pulley; **poupée —** (tour), sliding puppet, shifting head; **rail —**, moveable rail, pointer rail, switch rail.

Mobilité, Mobility.

Modal, Modal; **logique —e**, modal logic.

Modelage, Modelling, pattern making.

Modèle, Model, mock up, pattern; **atelier des —s**, model loft; **— à l'échelle**, scale model.

Modeler, to Model, to frame.

Modeleur, Modeler, pattern maker.

Modérabilité (d'un frein), Moderability.

Modérateur, Moderator.

Modernisation, Modernization.

Modulaire, Modular; **déterminant —**, modular determinant.

Modulateur, Modulator; **— à réactance**, reactance modulator.

Modulation, Modulation; **bobine de —** (haut-parleur), bucking coil; **double —**, double or dual modulation; **électrode de —**, modulating electrode; **— par absorption**, absorption modulation; **— d'amplitude**, amplitude modulation; **— de brillance**, brilliance modulation; **— à courant constant**, constant current modulation; **— de fréquence**, frequency modulation; **émetteur à — de fréquence**, frequency modulation transmitter; **— sur la grille**, grid modulation; **— en intensité**, intensity modulation; **— par nombre d'impulsions**, pulse code modulation; **— en série**, series modulation.

Module, Modul, modulus; **— de compression**, bulk modulus; **— d'élasticité**, modul or modulus of elasticity; **— de masse**, bulk modulus; **— de Young**, Young's modulus.

Modulé, Modulated; **impulsion —e**, modulated impulse; **onde —e**, modulated wave, m. w.; **— en amplitude**, amplitude modulated; **— en fréquence**, frequency modulated.

Moduler, to Modulate.

Modulomètre, Modulometer.

Moellon, Ashlar, rubble, stone, quarry stone; **maçonnerie en —s**, ashlar stone.

Moellonaille, Small ashlar.

Mofettes, Black damp.

Moine (mines), Monk.

Moine (outil), Pin maul.

Moine (tôles), Blister, bulging.

Moiré, Tabby; — **métallique**, crystal tin.

Moise, Bracing, brace, couple, tie; **cheville de** —, clamp nail.

Moiser, to Brace.

Molave (bois), Molave.

Môle, Mole, pier.

Moléculaire, Molecular; **criblage** —, molecular sieving; **distillation** —, molecular distillation; **écoulement** —, molecule flow; **manchons** —**s**, molecular glands; **masse** —, mol; **poids** —, molecular weight; **pompe** —, molecular pump; **sous** —, submolecular; **structure** —, molecular structure.

Molécule, Molecule; **modèles de** —**s**, molecular models; — **diatomique**, diatomic molecule; — **gramme**, mole, gram molecule.

Moleté, Milled, knurled; **bord** —, milled edge.

Moleter, to Mill, to knurl; **outil à** —, knurling tool.

Molette, Brayer; grindstone; loper, roller, wheel; **appareil à** —, inker, ink writer; **clef à** —, adjusting or shifting spanner; **évite** —, track limit switch; **palier à** —**s**, roller bearing; — **à dresser**, dresser cutter; — **d'extraction**, head sheave; — **imprimante**, marking wheel.

composante Molle, Soft component.

lampe Molle (lampe contenant peu de gaz), Soft valve.

Molybdate, Molybdate.

Molybdénate, Molybdenate.

Molybdène, Molybdenum; **acier au** —, molybdenum acid; **bisulfure de** —, molyldenum disulphide.

Molybdénite, Molybdenite.

Molybdique, Molybdic; **acide** —, molybdic acid.

Moment, Moment, momentum; — **dipolaire**, dipole moment; — **fléchissant**, bending moment, B. M.; — **d'inertie**, moment of inertia; — **magnétique**, magnetic moment; — **quadrupolaire**, quadrupole moment; — **redresseur**, righting moment; — **de torsion**, twisting moment.

Monceau, Dump.

Monel (alliage nickel-cuivre), Monel.

Monitor (N.), Monitor.

Monnaie, Coin; mint; **frappe de la** —, coining; **frapper de la** —, to coin; **papier** —, paper money, paper credit.

Monnayage, Coining, coinage; — **au balancier**, coining by the engine; **balanciers pour** —, coining machinery.

Monnayer, to Coin, to mint.

Mono, Mono; — **anodique**, single anode; — **atomique**, monoatomic; — **auriculaire**, mono aural; — **bloc**, monobloc, one piece, solid, solid forged; — **chlorique**, monochloric; — **chlorure**, monochloride; — **chloracétique**, monochloroacetic; — **chromateur**, monochromator; — **chromatique**, monochromatic; **lumière** — **chromatique**, monochromatic light; — **chromure**, monochromide; — **clinal**, monoclinal; — **clinique**, monoclinic; — **coque**, monocoque, shell type; **semi-coque**, semi monocoque; — **couche**, monolayer; — **cyclique**, monocyclic; — **énergétique**, monoenergetic; — **longeron**, monospar; — **mère**, monomer; **état** — **mère**, monomeric state; — **phasé**, single phase; **compteur** — **phasé**, single phase meter; **génératrice** — **phasée**, single phase generator; **moteur** — **phasé**, single phase motor; **transformateur** — **phasé**, single phase transformer; — **phote**, monophote; — **plan**, monoplane; — **pole**, monopole; — **rail**, monorail; — **scope**, monoscope, phasmajector; — **soupape**, monovalve; — **tone**,

Monotone; **applications — tones**, monotone mappings; **fonction — tone**, monotonic function; **— tron**, monotron; **— xyde**, monoxide.

Montage, Assembly, connection (élec.), erection, fitting, fitting up, fixing, lay out, mounting; fixture, jig; wiring (T.S.F.); **en —**, under erection; **en cours de —**, being assembled; **atelier de —**, erecting shop, assembling shop, assembly hall; **bande de —**, fit strip; **chaîne de —**, assembly or production line; **douille de —**, socket of the spindle; **gabarit de —**, assembly jig or jigging; **hall de —**, erecting bay; **rivet de —**, binding rivet; **— anti-vibrations**, anti-vibrating mounting; **— des aubes** (turb.), attaching blades; **— à la chaîne**, production line up, continuous assembly; **— en dessus**, overhung mounting; **— direct**, direct coupled wiring; **— en étoile** (élec.), star or wye connection, Y connection; **— à griffes**, colleting; **— indirect**, inductively coupled wiring; **— du moteur**, engine assembly; **— en parallèle**, parallel connection; **— sur place**, erection at the plant; **— en polygone**, mesh or ring connection; **— en série**, mass assembly; series connection (élec.); **— en triangle** (élec.), delta connection; **— en usine**, assembly in the works.

Montant, Bearer, upright, post, column, strut, stanchion (mar.), standard; amount, total; **à double —**, double column, double upright; **course du —** (aléseuse), travel of shaft; **— creux**, hollow strut; **— d'échelle**, ladder beam; **— extrême** (charp. métall.), end post; **— latéral**, side standard; **— de poutre de liaison** (aviat.), tail boom strut.

Montant (adj.), Ascending; **colonne —e**, ascending pipe, ascension pipe; **course —e**, upward stroke.

Monte-charge, Hoist, elevator, freight elevator; **— pour bateaux**, ship's elevator; **— à benne trémie**, bucket hoist; **— électrique**, electric hoist; **— incliné**, inclined hoist; **— pneumatique**, pneumatic hoist; **— de quai**, shore elevator.

Monte-courroie, Belt slipper, belt shifter.

Monté, Fitted, erected, assembled; **— sur roulement à billes**, ball bearing mounting; **— en usine**, factory assembled.

Montée, Ascent, climb, rise; **essai de —** (aviat.), climbing test; **indicateur de —**, climb indicator; **vitesse de —** (aviat.), climbing speed; **— en chandelle** (aviat.), zooming.

Monter, to Erect, to fit, to assemble, to attach; **— en chandelle** (aviat.), to zoom; **— la pièce entre pointes**, to place the work between centers; **— la pièce sur le tour**, to place the work in the lathe; **— un pneu**, to fit a tyre.

Monteur, ouvrier Monteur, Engine fitter, fitter, erecting machinist, adjuster, assembler; **chef —**, boss mechanic.

Montmorillonite, Montmorillonite.

Montre, Watch; **cylindre de —**, barrel of a watch; **dans le sens des aiguilles d'une —**, clockwise; **dans le sens inverse des aiguilles d'une —**, counterwise; **machine à nettoyer les —s**, watch cleaning machine; **platine d'une —**, plate of a watch; **ressort de —**, watch spring; **— cylindre**, cylinder wash; **— marine**, chronometer; **—s pyrométriques**, melting cones; **— à secondes**, second hand watch.

Monture, Mounting, mount, frame; **scie à —**, frame saw.

Moque, Heart.

Moraillon, Nab.

Mordache, Gripping jaw, jaw, grip, bench clamp, clip chamfer clamp, clamp, dog head; **mandrin à —s**, jaw chuck; **—s d'étau**, vice clamps; **—s en plomb**, lead vice grips.

Mordant, Mordicant.

Mordre, to Nip.

Mordu, Nipped.

Morfil, Edge, chipped edge, wire edge.

Morra (bois), Morra.

Mors, Jaw, bit chap, chop, chuck, clamp, clutch; **à** *n* **—,** *n* jawed; **largeur de —,** length of jaws; **mandrin à trois —,** three jaws chuck; **ouverture de —,** opening of jaws; **— d'un plateau de tour,** chuck jaw; **— d'une tenaille,** bit of the tongs.

Morse, Morse; **cône —** (mach.-outil), morse taper.

Mort (adj.), Dead; **bout —,** unused turn, dead turn; **espace —,** dead space; **œuvres —es** (N.), upper works, dead works; **point —,** dead centre, dead point, dead; **point — inférieur**, bottom dead; **point — supérieur**, top dead; **être à un point —,** to be on a dead point; **position au point —,** dead center position; **temps —,** dead time, insensitive time; **terrain —,** dead ground; **tour —,** round time.

Mortaisage, Slotting; **— circulaire**, circular slotting; **— longitudinal**, longitudinal slotting; **— transversal**, transverse slotting.

Mortaise, Mortise, channel, cutter hole, key hole, key seat, slot, scope, peg hole, key way; **assemblage à tenon et —,** grooving and feathering joint; **assemblé à —,** mortised; **ciseau à —s**, burr chisel; **côtés d'une —,** butment cheeks.

Mortaisé, Mortised, slotted.

Mortaiser, to Mortise, to chop, to cut grooves, to slot; **ciseau à —,** mortise or mortising chisel; **machine à —,** mortising machine, grooving or groove cutting machine, slotting or slot drilling machine, paring machine, slotter; **table d'une machine à —,** mortising machine table; **marteau à —,** framing chisel.

Mortaiseuse, Mortising machine, slotting machine; **— horizontale**, horizontal slotting machine; **— raineuse**, keyway slotting machine; **— à tête inclinable**, inclinable head slotter.

Mortier, Mortar, grout, slurry; **bombe de —,** mortar bomb; **malaxeur pour —,** mortar mill; **— aérien**, air mortar; **— à fusées**, rocket mortar; **— de ciment**, cement mortar; **— pour le broyage des minerais**, dolly.

Mosaïque, Mosaic.

condensateur Mosciki, Mosciki condenser.

Moteur, Engine, motor (elec.); **à —s Diesel**, Diesel engined; **à — à pistons**, piston engined; **à deux —s**, twin engined; **à** *n* **—s,** *n* engine, *n* engined, *n* motored; **à un —,** single engined; **actionné par —,** motor operated; **alésage d'un —,** cylinder bore; **arbre —,** engine shaft, axle shaft; **bâti de —,** engine framing; **berceau de —,** engine bed, engine craddle, chain mounting; **bi —,** twin engine, twin engined; **capot de —** (aviat.), engine cow or cowling; **carlingue d'un —,** engine bearers, engine sleepers; **carter de —,** engine case; **commandé par —, à commande par —,** motor driven, motor operated; **compteur —,** motor meter; **cylindre —,** master engine, master cylinder, power engine; **débit d'un —,** motor output; **démarrage d'un —,** motor starting; **essence pour —,** motor gasoline, motor spirit;

essieu —, power axle; **grippage d'un —**, binding of an engine; **groupe de —s**, motor set; **hexa —**, six engine, six engined; **mise en marche d'un —**, motor starting; **montage du —**, engine assembly; **panne de —**, engine failure; **poids —**, driving weight; **portées des arbres du —**, engine bearings; **quadri —**, four engine, four engined; **ressort —**, driving spring, main spring; **servo —**, servomotor, steering engine (N.); **tête —**, motor head; **travail —**, mechanical works; — **à ailettes**, flange cooled motor; — **du type allégé**, light type motor; — **amovible**, out board motor; — **anti-déflagrant**, antigrisouteux, explosion proof motor; — **à l'arrière**, rear end engine; avec — **à l'arrière**, rear engined; — **d'ascenseur**, elevator motor, lift motor; — **asynchrone**, asynchronous motor; — **asynchrone à bagues collectrices**, slip ring induction motor; — **asynchrone avec induit en court-circuit**, asynchronous motor with short circuited rotor; — **auxiliaire**, auxiliary motor; — **à l'avant**, front engine; avec — **à l'avant**, front engined; — **d'aviation**, aeromotor; — **d'avion**, aircraft engine, aero engine; — **d'azimut** (compas gyroscopique), azimuth motor; — **avec bague en court-circuit**, shaded pole motor; — **de balayage**, scavenging engine; — **à basse tension**, low tension or low voltage motor; — **à cage d'écureuil**, squirrel cage motor; — **calé**, dead or stalled motor; — **à capacité**, capacitor motor; — **de n chevaux**, n HP motor, n HP engine; — **à collecteur**, commutator motor; — **à double collecteur**, double commutator motor; — **à combustion interne**, internal combustion engine; — **de commande**, driving motor; — **compound**, compound motor; — **à conduction** (d'Atkinson), conductive or conduction motor; — **à corps lisse**, smooth motor; — **coupé**, engine off; — **à courant alternatif**, alternating current motor, a. c. motor; — **à courant continu**, continuous or direct current motor, d. c. motor; — **à crosse**, crosshead engine; — **cuirassé**, enclosed motor, iron clad motor; — **à n cylindres**, n cylinder engine; — **à cylindres en ligne**, in line engine; — **à cylindres opposés**, opposed cylinder engine; — **de démarrage**, starting motor; — **demi-fermé**, semi enclosed motor; — **démultiplié**, geared engine; — **dérivation**, shunt or shunt wound motor; — **Diesel**, Diesel engine, Diesel oil engine; — **de dirigeable**, airship engine; — **à double effet**, double acting engine; — **à simple effet**, single acting engine; — **électrique**, electric motor; — **à engrenages**, geared motor; — **avec enroulement auxiliaire en court-circuit**, shaded pole motor; — **équilibré**, balanced engine; — **en étoile**, radial engine, radial or radial type motor, star shape motor; — **d'essai**, standard engine; — **à essence**, gasoline engine, petrol engine; — **en éventail**, fan shape engine; — **à explosion**, explosion engine; — **extérieur**, outboard engine; — **fermé**, enclosed motor; — **fermé ventilé**, enclosed ventilated motor; — **fixe**, fixed or stationary motor (or engine); — **fusée**, rocket motor, pulse jet engine; — **à gaz**, gas engine; **soufflante à** — **à gaz**, gas engine blower; — **à gaz de haut fourneau**, blast furnace gas engine; — **à gaz de houille**, coal gas engine; — **à gaz pauvre**, producer gas engine; — **générateur**, motor generator; — **d'un groupe**, group motor; — **avec hélice en prise directe**, direct or straight drive engine; — **hermétique**, totally enclosed motor; — **à hystérésis**, hysteresis motor; — **d'induction**, induction motor; — **d'induction à enroulement auxiliaire de démarrage, split face motor; — d'induction monophasé, single phase induction motor; — d'induction à plusieurs cages, multiple cage induction motor; — d'induction à rotor bobiné, wound rotor induction motor; — à injection, injection engine; — intérieur, inboard engine; — de lancement, starting motor; — à large gamme de vitesses, wide speed range motor; — de levage, hoist or hoisting motor; — de machine à coudre, sewing machine motor; — marin, marine engine; — pour mesure de temps, timing engine or motor; — de métier à tisser, loom motor; — monocylindrique, single cylinder engine; — monophasé, single phase or monophase motor; — monosoupape, monovalve engine; — à nervures, rib or flanged motor; — à nervures ventilées, ventilated rib motor; — d'orientation, slewing motor; — ouvert, open type motor; — à pétrole, oil engine; — à pistons opposés, opposed piston engine; — pour polissage, polishing engine; — polyphasé, polyphase or multiphase motor; — de propulsion, propelling or propulsion engine; — pyromagnétique, pyromagnetic engine; — rapide, high speed engine; — à réaction, reaction engine, jet engine; — à réduction, gear or geared engine; —s réduits, throttled back engines; — à refroidissement par air, air cooled engine; — à refroidissement par eau, water cooled engine; — de réglage, regulating engine; — à répulsion, repulsion motor; — à répulsion-induction, repulsion induction motor; — réversible, reversible motor; — rotatif, rotary engine; — à rotor bobiné, wound rotor motor; — série, series or series wound motor; — série compensé, compensated series motor; — de soufflante, blowing engine; — à soupapes, valve motor; — à soupapes en tête, valve in head engine, overhead valve engine; — sans soupapes, valveless engine, sleeve valve engine; — suralimenté, supercharged engine; — non suralimenté, unsupercharged engine; — surcomprimé, surcompressed engine, high compression engine; — synchrone, synchronous motor, rotary capacitor; — à n temps, n cycle or n stroke engine; — à deux temps à double effet, two cycle double acting engine; — à haute tension, high tension or high voltage motor; — thermique, heat engine; — de traction, traction motor; — de tramway, tramcar or tramway motor; — triphasé, three phase motor; — turbo-compound, turbo-compound engine; — type marin, marine motor, ship's motor; — en V, V shape engine, V engine; — en V inversé, inverted V engine; — vertical, upright or vertical engine; — à vitesse constante, constant speed motor; — à faible vitesse, slow speed motor; — à grande vitesse, high speed motor; — à vitesse réglable, adjustable speed motor; — à vitesse variable, variable or varying speed motor; — en W, arrow engine; couper le —, to cut the engine; — décalaminer un —, to decarbonize an engine; faire démarrer un —, to crank, to start an engine; réduire les —s, to throttle back the engines; stopper les —s, to stop the engines.

Moteur (adj.), Driving, motive, live; **essieu** —, driving or drive axle, live axle; **tambour** —, chain drum.

Motocyclette, Motocycle.

Moto-planeur, Motor glider.

Moto-pompe, Motor pump.

Motorisé, Motorised, motorized, motor driven.

Motrice, Driving, working; **bielle —**, main rod; **course —**, working stroke, power stroke; **force —**, leading or motive power; **générateur de force —**, prime mover; **roue —**, driving wheel, working wheel.

Mou, Slack, slackness; **— dans un cordage**, slack of a rope.

Mouche (pour canon de fusil), Auger.

Mouchette, Round plane.

Mouchoir (c. n.), Bracket, hood.

Moudre, to Mill, to grind.

Mouflage, Reeving.

Moufle, Block; muffle, hoisting block pulley block; **chape de — inférieure**, bottom block; **fourneau à —**, muffle furnace; **treuil à —**, capstan winch; **— du bas**, lower block; **— du haut**, upper block.

poulie Mouflée, Block and pulley.

Moufler, to Reeve.

Mouillage, Wetting.

Mouillage (N.), Mooring.

Mouillage de mines, Mine laying.

Mouillé, Wet; **thermomètre à boule —e**, wet bulb thermometer.

Mouilleur (d'ancre), Tumbler.

Mouilleur de filets (N.), Net vessel.

Mouilleur de mines (N.), Mine layer; **avion —**, mine laying plane.

Moulabilité, Castability.

Moulable, Castable.

Moulage, Moulding, molding (U. S.), casting; **châssis de —**, moulding box; **châssis inférieur de —**, drag; **fonte de —**, foundry pig; **fosse de —**, foundry pit; **sable de —**, moulding sand; **table de —**, moulding table; **— plastique**, plastic replica; **— de précision**, precision casting; **— en argile**, loam moulding; **— en carapace**, shell moulding; **— en châssis**, moulding between flasks, flask moulding; **— en cire perdue**, lost wax casting; **— en coquille**, moulding in iron moulds, chilled work, die casting; **— à découvert**, open sand moulding; **— par extrusion, par refoulage**, extrusion moulding; **— par injection**, injection moulding; **— mécanique**, die casting; **— en plâtre**, plaster cast; **— sous pression**, compression or pressure moulding; **— en sable**, sand casting; **— en sable sec**, moulding in dry sand; **— en sable vert**, moulding in green sand.

Moule, Mould, mold (États-Unis), casting, plasm, print mold, cup pan, pattern, form; **en —**, in a mould; **fait au —**, moulded; **action de saupoudrer les —s**, mould blackening; **évent d'un —**, air hole of a mould; **fosse pour les —s**, mould hole; **noyau d'un —**, hollow of a mould; **perce-moule**, boring chisel; **— en argile**, loam mould; **— pour béton**, concrete form; **— pour les gueuses**, pig bed; **— à gueusets**, casting bed; **— métallique de moulage sous pression**, pressure die casting mould; **— en plâtre**, plaster mould; **— rotatif**, rotary caster; **— en sable vert**, mould of green sand; **— métallique de moulage sous pression**, pressure die casting mould; **saupoudrer un —**, to face a mould.

Moulé, Moulded, molded (États-Unis), cast; **acier —**, cast steel; **béton —**, cast concrete; **— en coquille**, die cast; **— en coquille sous pression**, pressure die cast; **— par fusion**, heat cast.

Mouler, to Mould, to mold (Etats-Unis); to malleate; **châssis à —**, moulding box; **machine à —**, moulding machine; **machine à — les gueuses**, pig casting machine; **machine à — les**

noyaux, core moulding machine; **sable à —,** moulding sand; **terre à —,** moulding loam, moulding earth; **— les creux,** to assemble the moulds.

Mouleur, Moulder; **batte du —,** moulder rammer; **épinglette du —,** moulder venting wire.

Moulin, Mill; **écluse de —,** mill dam; **meule de —,** mill stone; **— à amalgamer,** amalgamating mill; **— à argile,** clay mill; **— à bitord** (mar.), spun yard mill; **— à eau,** water mill; **— à farine,** corn mill; **— à pilons,** beetling engine; **— à vapeur,** steam mill.

Moulinage, Silk throwing, pit eye.

Mouliner (de la soie), to Throw.

Moulinet, Drum, coining press, flatting mill; **anémomètre à —,** windmill anemometer; **en —** (aviat.), wind milling; **— dynamométrique Renard,** air friction dynamometer; **— régulateur,** air vane, air wing.

Moulineur, Silk thrower; bankman.

Moulu, Ground; **non —,** unground.

Moulure, Covering bead, moulding, cornice; **bille à —s,** creasing die; **rabot à —,** cornice plane; **— du haut,** upper block.

Moulurer, to Mould; **fer à —,** moulding cutter; **machine à —,** moulding machine; **presse à —,** moulding press.

Mousse, Foam; **extincteur à —,** foam extinguisher, foam sprayer; **formation de —,** foaminess; **— de platine,** platinum sponge.

Mousseux, Foaming; **acier —,** rimmed or rimming steel.

Moût, Must; **préparation des —s,** must preparation.

Mouton, Drop weight, monkey, ram, rammer gin, stamp, beetle, ram engine, pile driver; **— à chute libre,** drop hammer, drop press, drop stamp; **— de cloche,** bell supporter, bell beam; **— à estamper,** drop work; **— à planche,** board drop stamp.

Mouvement, Motion, movement; **pièces de transmission d'un —,** bobs; **renvoi de —,** countershaft; **soupape à — conduit,** geared valve; **— accéléré,** accelerated motion; **— alternatif,** reciprocating engine; **— angulaire,** angular motion; **— de bascule,** tipping motion; **— brownien,** brownian movement; **— à changement de vitesse,** catch motion; **— circulaire,** rotatory movement; **— commandé,** constrained movement; **— descendant,** down stroke; **— d'horlogerie,** clock work, chronometric movement; **— diurne,** diurnal motion; **— louvoyant,** taking motion; **— de montée et de descente,** up and down stroke; **— oscillatoire,** oscillatory motion; **— pendulaire,** pendulum-like motion; **— de rappel,** back motion; **— rectiligne,** rectilinear motion; **— réel,** true motion; **— satellite,** planet gear, sun and planet wheel; **— sinusoïdal,** sinusoidal wave; **— de sonnette,** elbow joint lever, angle bob; **— de terre,** earth work; **— tourbillonnaire,** vortex movement; **— uniformément accéléré,** uniformly accelerated motion; **— uniformément retardé,** uniformly retarded motion; **— uniformément varié,** uniformly variable motion; **— de va et vient,** alternate motion, to and fro motion, seesaw motion; **mettre en —,** to set in motion.

Moyen (adj.), Average (a. v. g.), mean; **artillerie —ne,** medium artillery; **chute —ne,** average head; **échantillon —,** average sample; **plan —,** middle plane; **temps —,** mean time; **tension —ne,** mean voltage; **tirant d'eau —,** mean draught; **vitesse —ne,** average or mean speed; **—ne fréquence,** intermediate frequency; —ne logarithmique, logarithmic means; —ne pression, mean pressure.

Moyenne, Average, mean; erreur —ne, mean error; racine de la —ne, root mean square; — arithmétique, arithmetic mean; — proportionnelle, proportional mean.

Moyeu, Boss, hub, box, nave; assemblage de —x, boss joint; flasque de —, hub flange; frette de —, nave hoop; — de cabestan, drum head; — d'hélice, screw boss, screw hob, propeller hub; — d'une roue, box, hub, stock of a wheel; runner boss; — traversant, continuous boss, solid boss; — de turbine, turbine boss; — du volant, boss of the flywheel.

Multicellulaire, Multicellular, multicell; pompe — à n étages, n stage pump; poutre caisson —, multicell bow beam.

Multigénérateur, Multigenerator.

Multiplace (avion), Multiseater plane.

Multiréacteur, Multi engine jet, multijet.

Multi tubulaire, Multitubular.

à Multivoies, Multiway.

Multiple, Multiple, manifold; à liaisons —s, multilinked; à outils —s, multitool; antenne —, multiple antenna; commutateur —, multiple switch; conducteur —, bundle conductor; enroulement —, multiplex winding; outil —, gang tool; réception —, multiple reception; télégraphie —, multiplex telegraphy; tête —, multiple head.

Multiplicateur, Multiplier, multiplicator; phototube —, multiplier phototube; — d'électrons, electron or photomultiplier.

Multiplication, Multiplication.

Multiplié par, Times.

Multipolaire, Multipolar.

Multitubulaire, Multitubular.

Multivalent, Many valued.

Multivecteur, Multivector.

Multivibrateur, Multivibrator.

Muni de, Equipped with.

Munitions, Munitions, ammunition; caisse à —, ammunition box.

Mur, Wall; foot wall (mine); les gros —s, the main walls; — acoustique, acoustic wall; — en aile, wing wall; — berge, retaining wall; — de chute, retaining wall, lift wall; — de clôture, fence wall, enclosing wall; — de face, front wall; — de quai, quay wall; — de refend, bearing wall, partition wall; — du son, sound barrier; — de soutènement, barrier, breast wall retaining wall; — de sûreté (mines), barrier; — suspendu, suspended wall; — de torchis, clay wall.

Murage, Bricking in, walling.

Muraille, Wall; side (N.); navire à — droite, wall sided ship.

Mural, Mural, goujon —, wall dowel; grue —e, wall crane; perceuse —e, wall drilling machine; piton — à scellement, wall eye.

Mûrier, Mulberry.

Murtin, Dry wall.

Musical, Musical; étincelle —, singing spark; fréquence —e, audio frequency (a. f.).

Musoir, Pier head.

Mutateur, Mutator, inverter.

Mutuel, Mutual; conductance —elle, mutual conductance; induction —elle, mutual induction.

Myoglobine, Myoglobin.

N

Nacelle, Nacelle, pod; basket; suspension de —, nacelle rigging; — de dirigeable, gondola; — escamotable, retractable nacelle; — intérieure, inboard nacelle; — moteur, jet pod; — pour incinération (chim.), boat; — profilée, streamlined nacelle.

Nadiral, Nadiral.

Naissance de voûte, Springing of a vault.

Nantissement, Mortgage; créancier sur —, mortgagee; débiter sur —, mortgager.

Naphtalène ou **naphtaline,** Naphtaline.

Naphtazarine, Naphtazarine.

Naphte, Naphta.

Naphtène, Naphtene.

Naphténique, Naphtenic; acide —, naphtenic acid.

Naphtol, Naphtol; teinture au —, naphtol dyeing.

Naphtyle, Naphtyl.

Narra (bois), Narra.

Natif, Native; — cuivre, nature or native copper, barrel copper; fer —, native iron; minerai —, ground ore.

Naturel, Natural; aimant —, lodestone, loadstone; caoutchouc —, natural rubber; gaz —, natural gas; logarithme —, natural logarithm; longueur d'onde —lle, natural wavelength; résonance —lle, natural resonance; tirage —, natural draught.

Nautique, Nautical.

Naval, Naval; architecte —, naval architect; architecture —e, ship building; aviation —e, naval aviation; chantier de constructions —es, shipyard; mécanique —e, naval engineering.

Navette, Rape (plante); shuttle (text.); navette; huile de —, rape oil, seed oil; métier sans —, shuttleless loom; service de —s (aviat.), navette service; — de modeleur, flute; — de tisserand, weaver's shuttle.

Navigabilité (avions), Airworthiness; certificat de —, certificate of airworthiness.

Navigable, Navigable; passe —, navigable channel.

Navigation, Navigation, shipping; de —, navigational; compagnie de — à vapeur, steamship navigation company; instruments de —, navigational instruments; ligne de —, shipping line; système de —, navigator; — aérienne, aerial navigation; — à l'estime, navigation by dead reckoning; — loxodromique, loxodromic navigation; — orthodromique, orthodromic navigation.

Navire, Ship, vessel; carène d'un —, bottom of a ship; chargement d'un —, lading or lastage of a ship; constructeur de —s, shipbuilder, shipwright; construction de —s, shipbuilding; dimensions d'un —, measurements of a ship; fournisseur de —s, ship chandler; gabarit d'un —, mould of a ship; hanche d'un —, quarter of a ship; lancement, mise à l'eau d'un —, launching of a ship; mise en chantier d'un —, laying down of a ship; vaigrage d'un —, lining of a ship; — en bois, wooden vessel; — chargé, laden ship; — à n

cheminées, n stacker; — **citerne,** tank vessel; — **de commerce,** merchant ship trader; — **composite,** composite vessel; — **en fer,** iron vessel; — **de guerre,** battleship; — **jumeau,** sister ship; — **marchand,** merchant ship, trader; — **à parque,** web frame vessel; — **à un, deux, trois ponts,** one, two, three decked vessel; — **de sauvetage,** salvage vessel; — **transport,** storeship; **désarmer un** —, to lay up a ship.

Nécessaire, Outfit; — **de réparations,** repair outfit.

Négatif, Negative; **accélération** —**ive,** negative acceleration, deacceleration; **borne** —**ive,** negative terminal; **charge** —**ive,** negative rake; **plaque** —**ive,** negative plate; **pôle** —, negative pole; **surface** —**ive** (diagr.), negative area.

Négation, Negation.

acide Néoabiétique, Neoabietic acid.

Néocorps (math.), Neofield.

Néodyme, Neodymium.

Néon, Neon; **enseigne au** —, neon sign; **lampe au** —, neon lamp; **tube au** —, neon tube.

Néphoscope, Nephoscope.

Neptunium, Neptunium.

Nervure, Rib, groin, feather, web; flange, ledge, ridge, stringer, **âme de** —, web of a rib; **de** —, rib nose; **cornière** —, boom angle; **latte de** —, rib flange; **moteur à** —**s,** flanged motor; **plafond à** —**s,** grooved ceiling; **plaque à** —**s** (accus), ribbed plate; **renforcé par des** —**s,** stringer reinforced; **surface à** —**s,** ribbed surface; **voûte à** —**s,** fan vault; — **de bord d'attaque,** nose rib; — **clouée,** tacked rib; — **collée,** glued rib; — **creuse,** hollow rib; — **évidée,** cutaway rib; — **d'extrémité,** rained or ridged end; — **de bord de fuite,** trailing end rib; — **longitudinale,** longitudinal rib; — **métallique,** metal rib; — **pleine,** solid rib; — **renforcée,** strengthened rib; — **de renforcement,** stiffening rib reinforcing web; — **transversale,** transversal rib; —**s ventilées,** ventilated ribs.

Nervuré, Webbed.

Net, Nett, net; **poids** —, net or nett weight; **recettes** —**tes,** net earnings; **tonnage** —, register tonnage, net tonnage.

Netteté (opt.), Sharpness.

Nettoyage, Cleaning, cleansing, scouring, scraping; **à** — **automatique,** self cleaning; **bouchon de** —, mud plug; **dispositif de** — cleaning device; — **des cardes,** card clothing; — **par jet de liquide,** liquid blasting; — **par sablage,** grid blasting.

Nettoyé, Cleaned, cleansed; **chaudière** —**e,** picked boiler.

Nettoyer, to Clean, to cleanse, to dress, to scour, to scrape; — **une chaudière,** to pick a boiler; — **par trempage,** to dip.

Neutralisation, Neutralisation, neutralization; **dispositif de** — neutralizer.

Neutralisé, Neutralised.

Neutraliser, to Neutralise.

Neutralité, Neutrality; adiaphory.

Neutre, Neutral; **axe** —, neutral axis; **conducteur** —, neutral wire; **côté** —, neutral end; **fibre** —, neutral fibre, **fil** —, equalizing conductor; **huile** —, neutral oil; **ligne** —, neutral line; **point** —, neutral point, star point; **sel** —, neutral salt; **teinte** —, neutral tint; — **à la terre,** grounded neutral; — **isolé,** insulated neutral.

Neutretto, Neutretto.

Neutron, Neutron; **absorbeur de** —**s,** neutron absorber; **détecteur à** —**s,** neutron detector; **diffusion des** —**s,** neutron scat-

NIT — 315 — **NIV**

tering; — **différé**, delayed neutron; — **lent**, slow neutron; — **rapide**, fast neutron; — **thermique**, thermal neutron.

Newtonien, Newtonian.

Nez, Nose, nosepiece; **rayon de —** (aviat.), nose radius; — **de la broche** (mach. outil), spindle nose; — **de la tuyère à scorie**, cone of slay.

Niche, Recess.

Nickel, Nickel; **acier au —**, nickel steel; **oxyde de —**, nickelic or nickel oxide; **sulfure de —**, nickel sulphide; — **chrome**, nickel chromium, chrome nickel, nichrome.

Nickelage, Nickel plating, nickelling; **bain de —**, nickel bath.

Nickelé, Nickelplated.

Nickeler, to Nickel, to nickelplate.

Nickeline, Nickeline.

Nicotinamide, Nicotinamide.

acide Nicotinique, Nicotinic acid.

Nid d'abeilles, Honeycomb; **en —**, honeycombed; **radiateur —**, honeycomb radiator.

Nielle, Chimb.

Nigrite (variété d'asphalte), Nigrite.

Nigromètre, Nigrometer.

Nille (d'outil), Loose handle.

Nilpotent (math.), Nilpotent; **groupe —**, nilpotent group; **semi —**, semi-nilpotent; **idéeaux semi —s**, nilpotent ideals.

Nimonique, Nimonic.

Niobium, Niobium.

Nitramines, Nitroamines.

Nitrate, Nitrate; **sous —**, basic nitrate; — **d'ammonium**, ammonium nitrate; — **d'argent**, silver nitrate; — **de cellulose**, cellulose nitrate; — **d'éthyle**, ethyl nitrate; — **de sodium**, sodium nitrate.

Nitration, Nitration.

Nitre, Nitre.

Nitré, Nitrated; **composés —**, nitrocompounds.

Nitrer, to Nitrate.

Nitreux, Nitrous; **oxyde —**, nitrous oxide.

Nitrière, Nitre bed, nitre works.

Nitrifier, to Nitrify.

Nitrification, Nitrification.

Nitrique, Nitric; **acide —**, nitric acid.

Nitro, Nitro; — **cellulose**, nitrocellulose; — **benzène**, nitrobenzene; — **cellulose**, nitrocellulose; — **glycérine**, nitroglycerine; — **lyse**, nitrolysis; — **mètre**, nitrometer; — **paraffine**, nitroparaffin; **composés —sés** (composés), nitrosocompounds; — **syle**, nitrosyl; **chlorure de — syle**, nitrosyl chloride; — **toluène**, nitrotoluene.

Nitruration, Nitruration; — **par ammoniaque activé**, chapmanizing.

Nitrure, Nitride. — **de bore**, boron nitride;

Nitruré, Nitrided, nitrogen hardened; **broche —ée**, nitrided spindle.

Nitryle, Nitroxyl.

Niveau, Level, mete stick; **à — automatique**, self levelling; **au — de**, even with, flush with; **de —**, aflat; **canal de —**, dead canal; **clinomètre de —**, water level; **contrôleur de —**, level controller; **flacon de —**, levelling bottle; **indicateur de —**, level indicator, sight glass, water glass (chaud.); **passage à —**, level crossing, railway crossing, grade crossing (Etats-Unis); **pot de — constant**, float chamber; **robinet de —**, level cock; **tube de —**, gauge glass, water gauge (chaud.); — **à bulle d'air**, air or spirit level; — **à bulle d'air dont la partie supérieure seule est en verre**, box level; — **de charge** (h. f.), stockline; —

constant, constant level; — **de contrainte**, stress level; — **de l'eau**, water level; — **à flotteur**, float gauge; — **gyroscopique**, gyroscopic level; — **d'huile**, oil level; — **d'intensité sonore**, loudness or sound level; — **à lunette**, dumpy level; — **à mercure**, mercurial level; — **mètre**, level meter; — **à plomb**, plumb level; — **de référence**, reference level; — **sphérique**, spherical level; — **télescopique**, dumpy level; **mettre de —**, to make flush, to make even; **refaire le —** normal (chaud.), to adjust the water level.

Niveler, to Level, to true, to plain; — **une machine**, to true an engine.

Nivelette, Boning rod.

Nivellement, Leveling or levelling; **mire pour —**, levelling staff.

Niveleuse, Grader, road grader, skimmer; **godet de —**, scoop skimmer; **pelle —**, skimming shovel.

Nodulaire, Nodular; **fonte —**, nodular iron; **graphite —**, nodular graphite; **fonte à graphite —**, nodular graphite cast iron.

Nodulation, Pelletization.

Nodulisé, Pelletized.

Noduliser, to Pelletize.

Nœud, Node, nodal point; knot, knar (bois); hitch; snub; **navire de 25 —s**, a 25 knotter; — **de bois**, timber hitch; — **de cordier**, ropemaker's hitch; — **coulant**, noose, loop, runner; — **d'intensité**, current node; — **marin**, knot (1852,3 m/h); — **plat**, flat knot, reef knot; — **simple**, overhand knot; — **en tête d'alouette**, lark's head knot; — **de tisserand**, weaver's knot.

Noir, Black; **chambre —e**, dark room; **filin —**, tarred rope; **fonte —e**, black pig; — **d'acétylène**, acetylene black; — **animal**, abaiser, bone black; — **de carbone**, carbon black; — **de charbon**, coal black; — **de fumée**, backing, lamp black; **pinceau à — de fumée**, dusty brush; — **d'ivoire, abaiser**, ivory black; — **de platine**, spongy platinum; — **de soudeur**, plumber's soil; — **tunnel**, tunnel black.

Noircir, to Blacken.

Noircissement, Blackening; — **de l'ampoule**, bulb blackening.

Noisetier, Hazel tree.

Noix, Nut; **brou de —**, walnut water; **huile de —**, oil nut; **cric à —**, chain jack; — **d'alésage**, boring head; — **de galle**, gall nut; — **de robinet**, plug of a cock; — **de tour**, spring chuck.

Nombre, Number; — **entier**, whole number; — **impair**, odd number; —**s intuitionnistes**, intuitionistic numbers; — **de Mach**, Mach number; —**s normaux ou nombres Renard**, preferred numbers; — **pair**, even number; — **premier**, prime number; — **rationnel**, rational number.

Nominal, Nominal, rated; **action —e**, nominal or registered share; **cheval —**, nominal horse power (n. h. p.); **pression —e**, rated pressure; **puissance —e**, nominal horse power, normal output, rated power; **valeur —e** (comm.), face value.

Nomogramme, Nomograph, nomogram.

Nomographie, Nomography.

Non, Non; — **conducteur**, non conductive; — **électrolyte**, non electrolyte; — **équilibré**, unpoised; — **ferreux**, non ferrous; — **homogène**, non homogeneous; — **inductif**, non inductive; — **inflammable**, non inflamable; — **non inflammabilité**, non inflammability; — **miscible**, non mis cible; — **poreux**, non porous; — **retour**, non return; — **à la terre**, ungrounded; — **volatile**, nou volatile.

Nord, North; **pôle —**, north pole.

Noria, Bucket chain, elevator, conveyor; **chapelet de —**, rosary.

Normal, Normal, rated, standard; **allure —e**, steady working; **voie —e**, standard gauge track.

Normalisation, Normalising, or normalizing, standardisation standardization; **four de —**, normalizing furnace.

Normaliser, to Normalize, to standardize.

Normé, Normed; **anneau —** (math.), normed ring.

Notification, Notice, notification.

Noue, Channel.

Noué, Lashed, knit.

Nouer, to Lash, to knit.

Noueux, Knotty, knarled, nodous.

Noulet, Gutter; **— intérieur**, eave lead.

Nourrice, Auxiliary tank, feeder, collector tank.

Nourrissage des cristaux, Accretion of crystals.

Nourrissage d'un filament, Flashing of a filament.

Noyage, Flooding; **soupape de —**, flooding valve; **vanne de —**, flood cock; **— en pluie**, sprinkler system.

Noyau, Nucleous (plureil Nuclei), core (fond.), shank, ring (chim.), rumpf; **arbre à —**, core spindle; **atelier à —x**, core moulding shop; **cage à —x**, core frame; **cuisson des —x**, core baking; **échantillon de —**, core model; **fermeture du —** (chim.), ring closure; **liant à —x**, core binder; **logement du —**, core print; **machine à mouler les —x**, core moulding machine; **ouverture du —** (chim.), ring opening; **pertes dans le —**, core losses; **pince à —**, core fork; **portée du —**, core mark, core print; **rainure du —**, core groove; **régulateur à — mobile**, moving core regulator; **sable à —**, core sand; **sans —**, coreless; **soufflage de —x**, core blowing; **tige de —**, core iron; **tour à —x**, core frame, core lathe, founder's lathe; **transformateur à —**, core transformer; **transformateur à — de fer**, iron core transformer; **transformateur à — fermé**, closed core transformer; **transformateur à — ouvert**, open core transformer; **trousse à —**, core strickle, core template or templet; **ventilation du —**, core ventilation; **— aromatique**, aromatic ring; **—x atomiques**, atomic nuclei; **— carré**, angular core; **— coudé**, curved core; **— de fer**, iron core; **— en fils**, wire core; **— d'induit**, armature core; **— mobile**, moving core; **— d'un moule**, core or hollow of a mould; **— polaire**, pole core; **— en terre**, loam core; **— thiazolinique**, thiazoline ring; **— en tôles**, iron plate core; **— toroïdal**, toroidal core; **— de tuyau**, tubular core; **fondre un —**, to cast upon a core.

Noyauter, to Make the cores; **machine à —**, coremaking machine.

ouvrier Noyauteur, Core maker.

Noyé, Countersunk, drowned, embedded, imbedded; sunk **rivet —**, flush rivet; **vis —e**, sunk screw; **tubes d'eau —s**, drowned tubes; **— dans du béton**, concrete embedded, sunk in concrete, concreted.

Noyer, Nut tree, walnut tree.

Noyer, to Drown, to embed.

à Nu, Bare.

Nucléaire, Nuclear; **chimie —**, nuclear chemistry; **combustible —**, nuclear fuel; **désintégration —**, nuclear disintegration; **émul-**

sion —, nuclear emulsion; **énergie** —, nuclear power or energy; **fission** —, nuclear fission; **induction** —, nuclear induction; **magnétisme**, nuclear magnetism; **physique** —, nuclear physics; **réaction** —, nuclear reaction; **recul** —, nuclear recoil; **résonance** —, nuclear resonance; **spin** —, nuclear spin.

Nucléation, Nucleation.

Nucléon, Nucleon.

Nuisible, Noxious; **espace** —, noxious space, dead space.

Nul, Null.

Numérateur, Numerator.

Numéro, Number; — **de série**, serial number.

Numéroter, to Number.

Nylon, Nylon; — **caoutchouté**, rubberized nylon.

O

Objectif, Object glass, objective, lens; **couvercle d' —,** cap of a lens; **double —,** double lens; **monture d' —,** lens tube; **obturateur d' —,** lens shutter; **ouverture d' —,** lens aperture; **télé—,** teleobjective; **— cinématographique,** cinematographic lens; **— de microscope,** microscopic objective; **— photographique,** camera lens; **— de projection,** projection lens; **— rectilinéaire grand angle,** wide angle object lens; **— de redressement,** rectifying lens; **— simple,** single lens; **— traité,** coated objective.

Objet, Objet; **—s d'attache,** fixtures.

Obligataire, Bond holder.

Obligation, Bond, share.

Oblique, Oblique, bevel way, skew, slanting; **coupe —,** bevel; **courbe — (c. n.),** dagger knee; **croisement —,** diamonds crossing; **essieu à corps — (ch. de fer),** oblique crank; **palier —,** angle pedestal bearing; **tranchant —,** side cutting edge.

Obliquement, Obliquely, diagonally, slantwise.

Obliquité, Obliqueness, obliquity; **— d'arête,** cutting edge rake.

Observation, Observation; **ballon d' —,** observation balloon, kite balloon; **chambre d' —,** observation chamber.

Obstruction, Obstruction, clog, disuse, gag.

Obstruer, to Obstruct, to gag.

Obturateur, Obturator, shield, shutter, valve leaf; **bouchon —,** plug; **déclenchement de l' —,** shutter release; **— à anneau,** cup obturator; **— antipoussières,** dust shield; **— de fentes d'aile,** spoiler; **— d'objectif,** lens shutter; **— de pulsomètre,** clapper valve; **— de vanne,** valve leaf; **— à volet,** flap shutter.

Obturation, Obturation, seal, sealing; **bride d' —,** blank flange, blind flange.

Obturer, to Obturate, to seal.

Obtus, Blunt, obtuse; **à angles —,** blunt edged; **angle —,** obtuse angle; **lime —e,** blunt file.

Obus, Shell; cone, plug; **culot d' —,** shell base; **presse à ceinturer les —,** banding press; **— éclairant,** star shell; **— fumigène,** smoke shell; **— de valve,** valve cone, valve plug.

Obusier, Howitzer.

Occlus, Occluded, entrapped; **gaz —,** entrapped or occluded gas.

Occultation, Occultation.

Océanographie, Oceanography.

Océanographique, Oceanographic.

Octane, Octane; **essence à indice d' — élevé,** high octane number; **indice d' —,** octane number.

Octode, Octode.

Octogonal, Octogonal, eight angled.

Octogone, Octogon.

droits d'Octroi, Town dues.

Octupolaire, Octupole.

Octylène, Octylene.

Oculaire, Ocular, eye glass; **champ de l' —,** ocular field; **lentille —,** eye lens.

Odographe, Odograph.

Œil, Eye, hole; **boulon à —, eye bolt; bouterolle à —,** cup shaped die; **— de la hache,** axe hole.

Œilleton (hausse à), Peepsight.

Œstrogènes, Oestrogens, estrogens.

Œuf, Egg; **en —,** egg shaped; **isolateur à —,** egg insulator.

Œuvres mortes, Upper works, dead works.

Œuvres vives (N.), Quick works.

Offre (vente aux enchères), Bid.

Ogivage, Bottling.

Ogival, Ogive pointed.

Ogive, Ogee, ogive; **en —,** ogive pointed; **— surbaissée,** drop arch.

Ogivé, Nosed.

Ogiver, to Nose; **presse à —,** nosing press.

Ohm, Ohm.

Ohmique, Ohmic; **résistance —,** ohmic resistance.

Ohmmètre, Ohmmeter; **volt —,** voltohmmeter.

joint de Oldham, Oldham coupling.

Oléagineux, Oleaginous.

Oléfines, Olefins; **teneur en —,** olefinic content.

Oléfinique, Olefinic.

Oléique, Oleic; **acide —,** oleic acid.

Oléomètre, Oleometer.

Oléo-pneumatique, Oleopneumatic.

Oléo-résineux, Oleoresinous.

fer Oligiste, Oligist or oligistic iron.

huile d'Olive, Olive oil.

Olivier, Olive tree.

roche d'Olivine, Olivine rock.

Ombre, Shade, shadow; **— portée,** cast shadow.

Omnidirectionnel, Omnidirectional.

Onctueux, Oily, onctuous.

Onctuosité, Onctuousness, oiliness.

Onde, Wave; **analyseur d' —,** wave analyser; **atténuation des —,** wave attenuation; **commutateur de longueurs d'onde,** wave change or wave changing switch; **détecteur d'onde,** wave detector; **fonction d' —,** wave function; **forme d' —,** wave form; **front d' —,** wave front; **à double gamme d' —s,** dual wave; **générateur d' —s,** wave maker; **grandes —s,** long waves; **guide d' —,** wave guide; **longueur d' —,** wave length; **micro —s,** microwaves; **réflexion des —,** reflection of waves; **toutes —s** (récepteur), all wave (receiver); **train d' —s,** wave train; **—s amorties,** damped waves; **— centimétrique,** microwave; **— de choc,** shock wave; **— de compensation** (T. S.F.), compensation wave; **—s de couplage,** coupling waves; **—s courtes,** short waves; **—s décimétriques,** decimetric waves; **— élastique,** elastic wave; **—s entretenues,** continuous, sustained or undamped waves; **—s équilibrées,** balanced waves; **—s d'expansion,** expansion waves; **— gravitationnelle,** gravitational wave; **— de gravité,** gravity wave; **— guidée,** guided wave; **— hertzienne,** hertzian wave; **— métrique,** metric wave; **— modulée,** modulated wave; **—s moyennes,** intermediate waves; **— périodique,** periodic wave; **— permanente,** permanent wave; **— plane,** plane wave; **— porteuse,** carrier wave; **— de pression,** pressure wave; **— de propagation,** pressure wave; **— de radar,** radar wave; **— radiale,** radial wave; **— radioélectrique,** radio wave; **— de retour** (T.S.F.), compensation wave; **— de sol,** ground wave; **— sonore,** sound wave; **—s sphérique,** spherical wave; **—s**

stationnaires, stationary wave; — **de surface**, surface wave; —**s symétriques**, symmetrical waves; — **transversale** (élec.), T.E. wave; — **troposphérique**, tropospheric wave; —**s ultracourtes**, ultra short waves; — **ultrasonore**, ultrasonic wave.

Ondemètre, Wavemeter, ondameter; — **à absorption**, absorption wavemeter; — **à cavité résonante**, cavity resonator wavemeter.

Ondographe, Ondograph.

Ondomètre, Ondometer.

Ondoscope, Ondoscope.

Ondulations (élec.), Ripples; **filtre éliminateur d' —**, ripple filter; **fréquence d' —**, ripple frequency; — **parasites dues aux encoches**, slot ripples.

Ondulatoire, Ondulatory; **courant —**, wave current, ondulatory current; **mécanique —**, wave mechanics.

Ondulé, Corrugated; **enroulement —**; wave winding; **foyer —**, corrugated furnace; **rail —**, fish bellied rail; **tôle —**, corrugated plate iron.

Onduler, to Corrugate; **machine à —**, corrugating machine.

Ongle, Nail.

Onglet, Mitre, mitre joint, fold; **à —**, mitred; **assemblage à —**, mitre clamp, mitre joint; **coupe d' —**, mitre cut; **guillaume à —**, bevel plane; **joint en —**, diagonal joint; **assembler à —** to mitre; **tailler à —**, to mitre.

Oolithe, Oolite.

Oolithique, Oolitic.

Opacimètre, Opacimeter.

Opale, Opal; **verre —**, bone glass.

feldspath Opaln, Changeable feldspar.

Opaque, Opaque.

Opérateur, Operator.

Opération, Operation, process; **cycle d' —s**, processing cycle; **machine d' —**, single purpose machine; —**s de forage**, wildcatting operations.

Opérationnel, Operational; **calcul —**, operational calculus.

Opératoire, Operating; **caractéristiques —s**, operating characteristics.

Opposés, Opposed; **moteur à pistons —**, opposed piston engine.

Option, Option; **avec —**, optionnally.

Optique (adj.), Optical; **angle —**, optical angle; **axe —**, optical axis; **banc d' —**, optical bench; **centre —**, optical center; **comparateur —**, optical comparator; **dilatomètre —**, optical dilatometer; **filtre —**, optical filter; **maclage —**, optical twinning; **pyromètre —**, optical pyrometer; **repérage —**, optical ranging; **signaux —s**, visual signals; **verre —**, optical glass.

Optique, Optics; — **électronique**, electron optics; — **des ions**, ion optics.

Or, Gold; **en —**, golden; **feuille d' —**, golf leaf; **mine d'or**, gold mine; **poudre d' —**, gold powder; — **massif**, solid gold.

Oranger, Orange tree.

Orbitale, Orbital; — **moléculaire**, molecular orbital.

Orbite, Orbit; — **circulaire**, circular orbit; —**s électroniques**, electronic orbits; — **moléculaire**, molecular orbit.

Orbitique, Orbital.

Ordinaire, Plain; **logarithmes —s**, Brigg's or common logarithms; **mandrin —**, plain chuck.

Ordon, Hammer mill.

Ordonnée, Ordinate.

Ordre, Order; **billet à —**, promissory note; **chèque à —**, cheque to order; **en — de marche**, in working order.

Oreille, Ear, bracket, lug, tab, cotter plate; **écrou à —s butterfly nut**, ear nut, finger nut, lug nut thumb nut, wing nut; **raccord à —s**, lug union; **—s de l'ancre**, blades or palms of the anchor; **—s d'un châssis de moulage**, lips of a pair of boxes; **— de chaudière**, boiler bracket, boiler lug; **—s d'une manille**, lugs of a shackle.

Organeau, Ring.

Organique, Organic; **acide —**, organic acid; **catalyseur —**, organic catalyst; **chimie —**, organic chemistry; **colloïde —**, organic colloid; **composés —s**, organic compounds; **dépôt —**, organic deposit; **ester —**, organic ester; **film —**, organic film; **réactif —**, organic reagent; **résines —s**, organic resins; **soufre —**, organic sulphur.

Organisation, Management, organisation, planning; **— de l'exécution**, planning; **— de la production**, production management.

composés Organosiliciques, Organosilicon compounds.

grain d'Orge, Point tool.

Orientable, Adjustable; **essieu —**, flexible axle; **faisceau —**, rotary beam; **pales —s**, adjustable blades; **— sous tous les angles**, fully castoring.

Orientation, Orientation; **moteur d' —**, slewing motor; **roue d' —**, directing wheel; **préférentielle**, preferred orientation.

Orienté, Oriented; **acier à grains —s**, oriented steel.

Orienter, to Orientate.

Orifice, Aperture, hole, port, mouth, nozzle, opening, orifice; **à double —**, double posted; **gicleur à —s multiples**, multiple opening jet; **robinet à deux —s**, double value cock; **— d'admission**, intake port; **— d'amorçage**, priming opening; **— de coulée** (h. f.), discharge aperture; **—s du cylindre**, cylinder ports; **— de décharge**, discharge nozzle; **— de décrassage**, clinker hole; **— de défournement**, discharging hole; **— de dégagement d'air**, riser; **— d'échappement**, exhaust port; **— d'émission**, eduction port, waste steam port; **— d'extraction**, bleed port; **à — en forme de cloche**, bell mouthed; **— à l'introduction**, line steam port, steam way; **— de sortie**, steam exhaustion port; **— de soutirage**, bleed port; **— de tréfilage**, draught hole; **— de vidange**, exit drain; **— de vidange d'huile**, oil drain.

Origine, Origin; **certificat d' —**, certificate of origin.

Orin, Buoy rope; **— de mine**, mine buoy rope.

Orioscope, Orioscope.

Orlon, Orlon.

Orme, Elm, elm tree.

Ornière, Rut; **rail à —**, tram rail.

Orpailleur, Chimmer.

Orthinoscope, Orthicon.

Ortho, Ortho; **— barique**, orthobaric; **— chromatique**, orthochromatic; **— chromatisme**, orthochromatism; **— dromique**, orthodromic; **route — dromique** (aviat.), circle route; **— gonal**, orthogonal; **séries — gonales**, orthogonal series; **— gonalité**, orthogonality; **— normal**, orthonormal; **— rombique**, orthorombic.

Os, Bone.

Oscillant, Oscillatory, rocking, tilting, oscillating, wavelike; **arbre —**, rocking shaft; **bras —**, oscillating arm; **cadre —**,

Osc — 323 — **Out**

swing frame; **champ** —, swinging field; **circuit** —, oscillatory circuit; **couloir** —, shaking shoot; **décharge** —e, oscillating discharge; **four** —, tilting or rocking furnace; **machine** —e, oscillating engine; **plateau** —, swash plate; **tête** —e, tilting head.

Oscillateur, Oscillator; — **adiabatique,** adiabatic oscillator; — **annulaire,** ring oscillator; — **de balayage,** sweep oscillator; — **à basse fréquence,** audio oscillator; — **cathodique,** cathode ray oscillator; — **à cristal,** crystal oscillator; — **fermé,** closed oscillator; — **d'Hertz,** hertzian oscillator; — **à impulsions,** pulse oscillator; — **linéaire,** linear oscillator; — **ouvert,** open oscillator; — **piézoélectrique,** piezoelectric oscillator; — **au quartz,** quartz oscillator; — **à rayons cathodiques,** cathode ray oscillator; — **à relaxation,** relaxation oscillator.

Oscillation, Oscillation, beat, swing, swing, swinging; —**s amorties,** damped or quenched oscillations; — **fondamentale,** fundamental oscillation; —**s forcées,** forced oscillations; —**s libres,** free oscillations; —**s parasites,** parasitic oscillations.

Oscillatoire, Oscillatory; **mouvement** —, oscillatory motion.

lampe Oscillatrice, Oscillator.

Osciller, to Oscillate, to rock; — **régulièrement,** to wobble.

Oscillogramme, Oscillogram.

Oscillographe, Oscillograph; — **de contrôle,** monitor oscillograph; — **magnétique,** magnetic oscillograph; — **à rayons cathodiques,** cathode ray oscillograph.

Oscillographic, Oscillography.

Oscillographique, Oscillographic; **essai** —, oscillographic test; **enregistrement** —, oscillographic recording.

Oscilloscope, Oscilloscope; — **basse fréquence,** low frequency oscilloscope; — **à rayons cathodiques,** cathode ray oscilloscope; — **à projection,** projection oscilloscope; **écran d'** —, oscilloscope screen.

Osmium, Osmium.

anhydride Osmique, Osmium tetroxide.

Osmose, Osmose, osmosis; — **électrique,** electrical osmosis.

Osmotique, Osmotic; **pression** —, osmotic pressure.

Osométrie, Osometry.

Ossature, Framework.

Ouate, Cotton wool.

Ourdin, to Warp.

Ourdissage, Warping.

Ourdissoir, Beaming machine; — **serre-fil,** self stopping beaming machine.

Outil, Tool, implement; **à** —**s multiples,** multitool; **acier à** —**s,** tool steel; **affûtage de l'** —, sharpening of the tool; **affûteuse à** —**s,** tool grinding machine; **armoire à** —**s,** tool crib; **avance d'un** —, feed motion of a tool; **chariot de porte** —, cross tool carriage; **clef à** —**s,** tool wrench; **fil d'un** —, edge of a tool; **machine** —, machine tool; **panier à** —**s,** flag basket; **porte** —, drill spindle (perceuse), tool box, headstock, tool carrier, tool holder, tool post; **porte** — **à charnière,** hinged tool holder; **queue d'un** —, fang or shank of a tool; **râtelier à** —**s,** tool rack; **refroidissement de l'** —, cooling of the tool; **relèvement automatique de l'** —, self acting lift of the tool; **soie d'un** —, fang of a tool; **taillant d'** —, cutting point of a tool; **talon d'un** —, heel of a tool; **tranchant d'un** —, cutting edge of a tool; **trousse à** —**s,** tool kit; — **actionné par explosif,** powder actuated tool; — **à aléser,** boring tool; — **articulé,** articulated tool; — de boulonnerie, bolt making tool; — de brochage, broaching tool; —s au carbure, carbide tools; — à centrer, centering punch; — à chambrer, recessing tool; — d'un chariot de tour, slide rest tool; —s de chaudronnerie, boiler making tools; —s de chauffe (ringards etc.) stoking tools; — de choc, vibrating tool; — de compactage, compacting tool; — de côté, side tool; — à dégrossir, roughing tool; — diamanté, diamond tool; — d'ébarbage, cleansing tool; — à fileter, screw cutting tool; — à fileter extérieurement, outside screw tool; — à fileter intérieurement, inside screw tool; — de finissage, finishing tool; — de forge, smith's tool; — de forme, forming tool; — à gorge, lip or lipper tool; — d'une machine à raboter, cutter of a planing machine; — à main, hand tool; —s de mineur, miner implements, miner tools; — à moleter, knurling tool; — à moteur, power tool; — multiple, gang tool; — d'occasion, second hand tool; — à pastille de carbure, carbide tool; — de perçage, boring tool, borer, drill; — pivotant, fly cutter; — pneumatique, pneumatic tool, air tool; — portatif, portable tool; — à profiler, prifiling tool; — à rabattre par laminage, rolling in tool; — à raboter les rainures, key way cutter; — de rasage, shaving tool; — à rhabiller les —s, wheel dressing tool; — à saigner, cutting off tool, parting tool; — de tour, lathe tool, back tool, turning tool; — tranchant, cutting tool; — à tronçonner, cutting off tool; affûter des —s, to grind, to set, to sharpen tools; bloquer, serrer l' —, to clamp the tool; fixer l' —, to fix the tool; mettre au point, régler l' —, to set up the tool.

Outillage, Gear, tooling; atelier d' —, tool room; frais d' —, tooling up expenses; petit —, kit; atelier de petit —, millwright work; tour d' —, tool room lathe; travaux d' —, tool job; trousse à —, tool kit; — des mines, mining machinery.

Outilleur, Tool maker.

Ouvert, Open; carrosserie —e, open body; circuit —, open circuit; cycle —, open cycle; élément —, open cell.

Ouverture, Opening, aperture, gap, port; à —s multiples, multiple aperture; — de coulée (h. f.), discharge aperture; — d'objectif, lens aperture.

Ouvrage, Working, work, job, piece of work; gros —s, massive construction; menus —s, minor construction; vieux —s (mines), old mass; — d'art, constructive works; —s de génie civil, civil engineer works; — à gradins, sloping coffin; — mal fait, botch; — en pierres, masonry.

Ouvré, Wrought.

Ouvrier, Hand, workman, worker, operative, craftsman; chef —, foreman, overman; — en bois, wood worker; — chauffeur, stoker mechanic; — coketier, coker; — de filature, mill hand; — lamineur, billeting man.

Ouvrier (adj.), Working; cheville —ère, main bolt, main pin; la classe —ère, the working classes; la question —ère, the labour question.

Ouvrir, to Open; — le circuit, to open, to break the circuit.

Ovale, Oval, oval shaped, oviform, eggy shaped; dispositif pour tourner —, oval turning device; — de tiroir, oval slide valve diagram.

Ovalisation, Ovalisation, running out of true.

Ovalisé, Out of true, out of round, worn oval; **cylindre —**, out of round cylinder.

s'Ovaliser, to Wear oval.

Ovoïde, Egg coal, egg shaped (adj.).

acide Oxalacétique, Oxalacetic acid.

Oxalique, Oxalic; **acide —**, oxalic acid.

Oxazoline, Oxazolin.

élément Oxhydrique, Oxy-hydrogen cell.

Oxotropique, Oxotropic.

Oxyacétylène, Oxyacetylene.

chalumeau Oxyacétylénique, Oxyacetylene blowpipe, flame or torch.

soudure Oxyacétylénique, Oxyacetylene welding.

Oxyarc, Oxyarc; **découpage —**, oxyare cutting.

Oxybitume, Oxybitumen.

Oxybromure, Oxybromide; **— de plomb**, lead oxybromide.

Oxychlorure, Oxychloride.

Oxycoupage, Oxycutting, flame, gas or torch cutting; **machine d' —**, gas cutting machine; **— au paquet**, stack oxycutting.

chalumeau Oxycoupeur, Cutting torch.

Oxydant, Oxidising; **scorie —e**, oxide slag.

Oxydase, Oxidase.

Oxydation, Oxidising, oxidation; **colonne d' —**, oxidising tower; **indice d' —**, oxidation number; **inhibiteur d' —**, oxidation inhibitor; **potentiel d' —**, oxidation potential; **tour d' —**, oxidising tower; **— anodique**, anodic oxidation; **— couplée**, coupled oxidation.

Oxyde, Oxide; **briseur d' —**, scale breaker; **cathode à —**, oxide coated cathode; **pellicule d' —**, oxide film, skin casting; **à pellicule d' —**, oxide coated; **parafoudre à pellicule d' —**, oxide film arrester; **per — de fer**, ferric oxide; **prot — de fer**, ferrous oxide; **— barique**, baric oxide; **— de calcium**, oxide of calcium; **— de carbone**, carbonic oxide, carbon monoxide; **— de césium**, cesium oxide; **— de cobalt**, cobalt oxide; **— de cuivre**, copper oxide; **redresseur à — de cuivre**, copper oxide rectifier; **— cuivreux**, red oxide of copper, cuprous or cupreous oxide; **— cuivrique**, cupric oxide; **— d'étain**, oxide of tin; **— ferreux**, ferric oxide, red·oxide of iron; **— de fluor**, oxygen fluoride; **— hydrique**, hydric oxide; **— de manganèse**, manganese oxide, black wad; **— manganeux**, manganeseous oxide; **— manganique**, manganic oxide; **— mercureux**, mercurous oxide; **— mercurique**, mercuric oxide; **— métallique**, metal oxide; **— de nickel**, nickelic or nickel oxide; **— d'or**, oxide of gold; **— oxydé**, oxidized copper; **— de plomb**, lead oxide; **— de potassium**, potassic or potassium oxide; **— de sodium**, sodic oxide; **— stanneux**, stannous oxide; **— stannique**, bi — d'étain, tin oxide, stannic oxide; **— tungstique**, tungstic acid; **— de zinc**, zinc oxide.

Oxydé, Oxidised, oxidated; **— anodiquement**, anodised, anodized.

Oxyder, to Oxidise.

Oxydes, Oxides; forge scales.

Oxydimétrie, Oxidimetry.

Oxydoréduction, Oxidoreduction.

chalumeau Oxydrique, Oxyhydrogen blow pipe.

élément Oxydrique, Oxyhydrogen cell.

Oxygénation, Oxygenation.

Oxygène, Oxygen; **bombe à —,** oxygen bomb; **doseur d' —,** oxygen tester; **enrichi en —,** oxygen enriched; **inhalateur d' —,** oxygen breathing apparatus; **masque à —,** oxygen mask; **transport d' —** (élec.), migration of oxygen; **— atomique,** atomic oxygen; **— dissous,** dissolved oxygen; **— liquide,** liquid oxygen; **— moléculaire,** molecular oxygen.

Oxygené, Oxygenated; **liaison —e,** oxygen bridging; **minerai —,** oxidised ore; **sel —,** oxysalt.

Oxygéner, to Oxygenate.

Oxysel, Oxysalt.

Oxysulfate, Oxisulphate; **— de plomb,** lead oxisulphate.

Oxysulfure, Sulfoxide.

Ozokérite, Ozokerite.

Ozone, Ozone; **— atmosphérique,** ozone generator; **— atmosphérique,** atmospheric ozone.

Ozonide, Ozonide.

Ozoniser, to Ozonize.

Ozoniseur, Ozonizer.

Ozonolyse, Ozonolysis.

P

P-adique, P adic.

P-valent, P valent.

Paille, Air hole, blister, cleft, flaw; **— de laminage,** chip.

Pailleux, Flawy; **fer —,** flawy iron.

Pailles, Hammer slags.

Paillet, Mat.

Pair, Even.

Paire, Pair.

Palan, Block, pulley block, purchase, tackle; **— à chaîne,** chain tackle; **— à croc,** luff tackle, hook tackle; **— différentiel,** differential block, differential tackle; **— de barre,** (N), relieving tackle; **— de charge,** garnet; **— de levage,** lifting tackle; **— à fouet,** tail, jigger; **— de rechange,** relieving tackle; **— de retenue,** retaining tackle; **— à deux roues perpendiculaires,** duplex purchase; **— à vis,** worm block.

Pale, Blade; **à deux, trois —s,** two, three bladed; **à n —s,** n bladed; **angle de calage des —s,** blade tilt; **bi —s,** two bladed; **bout de —,** blade tip; **embase de —,** blade pin; **pied de —, pied de — d'hélice,** blade root; **tri —,** three bladed; **— d'hélice,** screw blade, propeller blade; **— s de rotor,** rotor blades, rotor vanes; **— de roue,** float or paddle of a wheel; **remonter les —s,** to reef the paddles.

Palée, Pilework, timberwork, pile trestle.

Palette, Bat, blade, flap, pallet, planer (moulage); **— d'amortissement,** damper wing; **— à forer,** bore frame.

Pallétisation, Palletization.

Palier, Bearing, pedestal bearing, bearing block, pedestal, fulcrum, pillow, pillow block; **chapeau de —,** bearing cap, binder; **boulon de chapeau de —,** bearing bolt, keep bolt; **charge de —,** bearing stress; **chevalet de —,** bearing pedestal; **contre —** (mach. outil), arbor support; **coussinet de —,** journal rest; **joints de —,** bearing seals; **plateau à —,** bearing bracket; **— antifrictionné,** babitted or babited bearing; **— de l'arbre coudé,** crank shaft bearing; **— de l'arbre de la meule,** wheel spindle bearing; **— articulé,** swivel bearing; **— de butée,** footstop bearing; thrust bearing, thrust block; **— de butée à cannelures,** collar thrust bearing; **— d'une came,** top of a cam; **— à collets,** inside bearing, collared bearing, neck journal bearing, **— à console,** wall hanger bearing, wall bearing; **— à console, à colonnes,** post hanger bearing; **— élastique,** flexible bearing; **— étanche,** stuffing box bearing; **— à étrier,** clamped axlebox; **— extérieur,** tail bearing; **— fermé,** bush bearing, solid journal bearing; **— fluide,** fluid bearing; **— frontal,** end bearing; **— intérieur,** inside bearing; **— intermédiaire,** line shaft bearing, centre bearing (turbine); **— lisse,** plain bearing; journal bearing; **— oblique,** angle pedestal bearing; **— ordinaire,** pedestal bearing, pillow block; **— en plusieurs pièces,** split bearing; **— en porte à faux,** overhung bearing; **— à rotule,** self aligning bearing, Seller's

Palissandre, Palisander, rosewood.

Palladium, Palladium.

Pallétisation, Palletization.

huile de **Palme**, Palm oil.

Palmer, Wire gauge.

Palmier, Palm tree.

Palonnier, Crossbar, rudder; **pédales du —**, rudder pedals; — **du gouvernail de direction**, rudder bar.

Palpeur, Feeler, finder, follower, tracer lever; — **électrique**, electric feeler.

Palplanche, Axletree, pile plank, sheet pile; **rideau de —s**, sheet piling; — **de digue**, dam beam.

Palplanches, Timber lining.

Pan, Breadth, side; **écrou à six —s**, hexagonal nut; **équerre à six —s**, hexagonal square; **fer six —s**, hexagon or hexagonal bar iron; **manchon à —s**, clutch box; **tête à six —s**, hexagon head; **à six —s**, hexagonal, six sided; — **à coupe**, cantwise; — **abattu**, chamfer edge, chamfer; — **coupé**, cant; — **de voûte**, civary.

Panchromatique, Panchromatic; **émulsion —**, panchromatic film.

Panier, Basket; — **d'extraction**, corf.

Panne, Small end, edge, pean, pan, pane; — **fendue**, claw; **marteau à — fendue**, claw hammer; **pince à — fendue**, claw wrench; — **de marteau**, hammer edge, hammer face, hammer pane; — **de rabot**, plane basil.

Panne (de machine), Breakdown, failure, outage, trouble; **recherche des —s**, trouble shooting; **tomber en —**, to break down, to fail.

Panneau, Panel or paunnel, hatch, hatchway (N.); à x —x, pannelled; à —e de chêne, oak pannelled; **cadre de —**, pannel frame; **toile de —** (N.), hatchway screen; — **absorbant** (acoust.), absorbing pannel; — **de cale**, hatch cover; — **chauffant**, heating panel; — **de commande**, control board; — **de construction**, structural board; — **de déchirure**, ripping pannel; — **d'écoutille**, lid of a hatchway; — **insonore**, acoustic panel; — **de la machine**, engine hatch; — **plein**, — **de mer**, close hatch; — **pliant**, folding panel; — **de visite**, inspection pannel; — **vitré**, glass pannel; **diviser par —x**, **faire à —x**, to pannel.

Panoramique, Panoramic; **goniomètre —**, panoramic goniomoter.

Pantographe, Pantograph.

Paperasse, Red tapism.

Papetier, Paper manufacturer.

Papeterie, Paper mill; **bois de —**, pulp wood.

Papier, Paper; **câble isolé au —**, paper insulated cable; **condensateur au —**, paper condenser; **dévidoir de —**, paper reel, paper pool; **disque en —**, paper disk; **fabricant de —**, paper maker, paper manufacturer; **fabrication du —**, paper making; **fabrique de —**, paper mill; **feuille de — à dessin**, drawing sheet; **isolé au —**, paper insulated; **joint au —**, paper joint; **machine à —**, paper or paper making machine; **magasin à —** (télégraphe), tape drawer; **rondelle en —**, paper disk; **ruban en —**, paper tape; — **absorbant**, absorbent paper; — **d'argent**, silver paper; — **au bromure**, bromide paper; — **buvard**, blotting paper; — **calque**, flax paper, tracing paper; — **à dessin**, drawing paper, drafting paper; — **d'emballage**, packing paper, casing paper; — d'émeri, emery paper; — d'étain, tin foil; — au ferroprussiate, blue print paper; — filtre, filter paper; — glacé, glazed paper; — goudronné, brown paper; — gris, cap leather; — huile, cartridge paper; — imprégné, impregnated paper; — d'impression, printing paper; — maché, paper pulp; — mat, matt surface paper; — monnaie, paper money; — ondulé, corrugated paper; — peint, stained paper; — photographique, photographic paper; — quadrillé, squared paper; — aux sels d'argent, silver paper; épreuve sur — aux sels d'argent, silver print; — sensible, bromide paper; — de soie, cambric paper, tissue paper; — timbré, stamped paper; — tournesol, litmus paper; — vergé, laid paper; — de verre, sand paper.

Papillon, Butterfly, butterfly throttle, shutter, throttle valve; bec —, bat's wing burner; — de détente, expansion damper, cut off valve; — d'étranglement, choke butterfly; — de tirage, revolving damper, swivel damper.

Paquebot, Liner; packet boat.

Paquet, Bundle, parcel, package; fagot or faggot, pile, stack; découpage en —, stack cutting; ferrailles en —, compressed bundles; mise en —s, piling; oxycoupage au —, stack oxycutting; trempe au —, case hardening; — de composition, packet of type.

Parabole, Parabola.

Parabolique, Parabolic, parabolical; antenne —, parabolic antenna; capot —, parabolic spinner; diaphragme —, curvilinear cone, paracurve; miroir —, metal parabola, parabolic mirror, rayage, —, parabolic rifling.

Paracentrique, Paracentric; clef —, paracentric key.

Parachute, Parachute, air chute, chute; ceinture de —, parachute harness; corde de déchirure de —, parachute release cord; culotte de —, parachute canopy; fusée à —, parachute flare; sac de —, parachute pack; descente en —, bail out; suspentes de —, parachute rigging lines; — de bout d'aile, wing tip parachute; — à descente retardée, timed descent parachute; — dorsal, back type parachute; — de freinage, drag parachute; sauter en —, to parachute, to bail out.

Parachutiste, Parachutist.

Paraelliptique, Paraelliptic; réflecteur —, paraelliptic reflector.

Paraffine, Paraffin; cire de —, paraffin wax; écailles de —, paraffin scales; huile de —, paraffin oil.

Paraffinique, Paraffinic; combustible —, paraffinique fuel; hydrocarbures —s, paraffinic hydrocarbons.

Parafoudre, Lightning arrester, arrester; — à air raréfié, vacuum lightning arrester; — électrolytique, electrolytic arrester; — à expulsion, expulsion arrester; — à pellicule d'oxyde, oxide film arrester; — à rouleaux, roller arrester.

Parage, Paring, dressing, trimming, smoothing.

Parahydrogène, Parahydrogen.

Paraclose (N.), Limber board, limber plate.

Parallaxe, Parallax or parallaxe.

Parallèle, Parallel; association en —, joining up in parallel; associé en —, joined up in parallel; couplage en —, parallel connection; couplé en —, parallel connected, abreast connection; étau —, parallel vie; fonctionnement en —, parallel operation; **lime —,** parallel file; **marche en —,** parallel running; **monté en —,** connected in parallel; **mise en —,** paralleling, banking; **résonance —,** parallel resonance; **tour —,** parallel lathe, engine lathe, slide or sliding lathe; **être — à,** to run parallel; **mettre en —** (élec.), to parallel, to bank, to join up in parallel.

Parallèlement, Parallelly.

Parallélisme, Parallelism.

Parallélogramme, Parallelogram, parallel gear; **arbre du —,** parallel motion shaft; **bielles du —,** parallel bars, motion siderods; **guides du —,** back links, motion links; **tige du —,** parallel bar, parallel rod, bar of the parallelogramme; **— de watt,** parallel motion.

Parallélépipède, Parallelopidede.

Parallélépipédique, Parallelopipedic.

Paramagnétique, Paramagnétique; **anisotropie —,** paramagnetic asinotropie; **sel —,** paramagnetic salt; **susceptibilité —,** paramagnetic susceptibility.

Paramètre, Parameter; **— de réseau,** lattice parameter.

Paramétrique, Parametric.

Parapet, Breastwork, railing.

antenne en Parapluie, Umbrella aerial.

Parasites (T.S.F.), Parisitic signals, X's, statics atmospherics, strays, sturbs, clicks.

Parasite (adj.), Parasitic; **courants —s,** stray currents; **oscillations —s,** parasitic oscillations.

Parasoleil, Lens hood.

Paratonnerre, Lightning arrester, lighting conductor; **tige de —,** lightning rod.

Paravanes (mar.), Paravanes.

Paravent, Blind wall.

Paraxial, Paraxial.

Parc, Yard, storage yard; **— à charbon,** coal depot, coal store.

Parchemin, Parchment; **— végétal,** vegetable parchment.

Parclose, Cushion frame.

Pare-brise (auto), Wind screen, wind shield; **— bombé,** bubble wind shield; **— résistant aux balles,** bullet resistant wind shield.

Pare-choc, Bumper; **— avant,** front bumper; **— arrière,** rear bumper.

pont Pare-éclats (N.), Splinter deck.

tôles Pare-éclats (N.), Splinter plates.

Pare-étincelles, Spark arrester, spark catcher; bonnet (locomotive).

Pare-feu, Fireproof; **cloison —,** fireproof bulkhead, screen or wall.

Pare-flammes, Flame arrester, flame trap.

Pare-soleil, Sun shade.

Parement, Facing, face; **brique de —,** facing brick.

Parer, to Pare, to dress, to trim, to smooth; **châsse à —,** flattener, set hammer, planisher; **machine à —,** trimming machine; **— les pièces en fonte,** to dress, to trim castings.

haut-Parleur, Speaker, loud speaker.

Paroi, Wall; **double —, double casing; fausse —,** outer casing; **à —s minces,** thin walled; **— de décrassage,** monkey wall; **— lisse,** smooth wall; **— en plomb,** lead wall.

Paroir, Parer, cleaner.

Parpaing, Sill, bonder, concrete block; **pierre de —,** binding stone.

Parque (c. n.), Web frame; **navire à —,** web frame vessel.

Parquet, Floor, flooring; — **de chauffe,** fire flooring, foot plate (locomot.), stoking floor.

Part (profit), Lay; à la —, by the lay.

Part, Share; — **de fondateur,** founder's share.

Partage, Partage; **chromatographie de** —, partition chromatography.

champ Particulaire, Patch field.

effet Particulaire, Patch effect.

Particule, Particle; **accélérateur à** —**s,** particle accelerator; —**s alpha,** alpha particles; —**s colloïdales,** colloidal particles; —**s magnétiques,** magnetic particles; —**s métalliques,** metal particles.

Partie, Party; **charte** —, charter party, charter pass.

Partiel, Partial; **admission** —**lle,** partial admission; **saturation** —**lle,** partial saturation; **trempe** —**lle,** differential or local hardening.

Partition, Partition; **fonction de** —, partition function.

Parvoline, Alkali of tar.

Pas, Pitch, spacing, thread; (hélice) à — **anglais,** Witworth pitch; à — **constant,** constant pitch (airscrew); à — **à droite,** right handed pitch (R.H.); à — **à gauche,** left handed pitch (L. H.); **appareil à retomber dans le** — (mach. à fileter), equipment for pitching up thread; **changement de** —, pitch change; **dispositif de changement de** —, controlling mechanism; **dispositif des** — **rapides,** coarse pitches device; **grand** —, coarse pitch, high pitch; **petit** —, fine pitch, low pitch; **verrouillage du** —, pitch lock; — **des aubes,** blade pitch, blade spacing; — **d'une chaîne,** chain pitch; — **constant,** constant pitch; — **croissant** (hélice), expanding pitch; — **cyclique,** cyclic pitch; — **des dents,** tooth pitch; — **fixe,** fixed pitch; — **de l'hélice,** airscrew pitch; — **métrique,** metric pitch; — **nul** (aviat.), flat pitch; **des pôles,** pole pitch; — **progressif,** forward pitch; — **des rayures,** twist; — **réversible,** reverse pitch; **hélice à** — **réversible,** reverse pitch propeller; — **d'une scie,** pitch of a saw; — **variable,** variable or controllable pitch; — **de vis,** screw pitch, screw thread; — **Witworth,** Witworth pitch.

Passage, Passage, passageway, crossing; outlet; — **de barre** (mach. outil), bar capacity, bar way; — **à niveau,** level or grade crossing, railway crossing; — **à niveau non gardé,** unattended level crossing; — **souterrain,** drift way; — **supérieur,** overhead crossing.

Passavant (N.), Gangway.

Passavant, Permit.

Passé, Pass, channel, cut, cutting; **dernière** —, finishing cut; **première** —, roughing out cut; **profondeur de** —, cutting depth; — **bande** (élec.), band pass; filter; — **de barre** (mach. outil), bar way; — **bas** (filtre), low pass; — **de dégrossissage,** roughing pass, pony roughing, roughing cut; — **de finissage,** finishing pass, finishing cut; — **forte,** heavy cut; — **haut** (filtre), high pass; — **lacet,** bodkin; —**s multiples,** multiple passes; — **d'outil,** cut of a trol.

Passe-avant Voir **Passavant**

Passe-partout, Master key, latch key.

Passerelle, Bridge, foot bridge, gangway.

Passif, Passive.

Passivation, Passivation.

Passivité, Passivity.

Passoire, Strainer, draining dish.

Pasteurisation, Pasteurizer.

Pasteurisation, Pasteurization.

Pasteuriser, to Pasteurize.

Pastille, Pellet, tip; — **de carbure,** carbide tip; **à — de carbure,** carbide tipped; **outil à — de carbure,** carbide tool; — **d'outil,** tool tip.

Patarasse (mar.), Reemer, reeming iron.

Patarasser, to Reem.

Pâte, Paste; **colle de —,** flour paste; — **antigivre,** de-icing paste; — **de matière active,** active paste; — **phosphorée,** phosphor composition.

Patenôtre, Bucket elevator.

Pâteux, Pasty.

Patin, Pad, block, guide block, guide rod, friction shoe, shoe, skate, skid or under carriage skid (aviat.), slipper; **dessous de —,** slipper; **rail à —,** flange rail, foot rail; **semelle à —,** clumb sole; — **articulé,** articulated shoe; pivoted slipper; — **de crosse,** crosshead slipper; — **escamotable,** retractable skid; — **d'essieu,** axle slipper; — **d'extrémité d'aile,** wing tip skid; — **de frein,** brake shoe; — **oscillant,** oscillating pad; — **de proue** (aviat.), nose skid; — **pulsant,** pulsing shoe; — **de rail,** rail foot; — **de ressort,** spring bracket.

Patinage (des roues, etc.), Skidding, slipping.

Patiner, to Skid, to slip.

Patouillet, Dolly.

Patrouilleur (N.), Patrol vessel.

Patte, Foot, claw, clutch, lug, paw; — **d'ancrage,** boss for foundation bolt, anchor bushing; — **d'ancre,** anchor palm; **—s d'araignée,** grease channels, cruciform grooves, oil tracks, oil tackles, oil grooves; — **d'attache,** binding iron; — **à charnière,** flap hinge; — **d'éjection,** ejector lug; — **d'un étau,** clamp of a vice; — **d'oie,** bridle, dolphin, goose foot; — **d'un rayon de roue,** foot of a spoke. — **de retenue,** guard lug.

Pauvre (minerai), Lean, low grade.

Pavage, Pavement, paving, pitching.

Pavé, Paving, paving stone, pavement; — **de bois,** paving block.

Pavement, Pavement; **jumelle de —,** cheek stone.

Paver, to Pave; **machine à —,** paver, paving machine.

Pavillon, Pavilion; — **démontable,** portable pavilion.

Pavois (mar.), Bullwark.

Paye, Payment; pay; **feuille de —,** pay roll.

Payement, Payment.

Payer, to Pay.

Péage, Toll.

Pechblende, Black blend, pitchblende.

Pédale, Pedal; **frein à —,** foot brake; **interrupteur à —,** tumbler switch; **scie à —,** foot saw; — **d'accélérateur,** accelerator pedal, throttle pedal, foot throttle; — **de calage,** lock bar; — **de débrayage,** clutch pedal; — **de frein,** brake pedal; — **du palonnier,** rudder pedals.

Peignage, Combing; — **de la laine,** wool combing.

Peigne (outil de tour), Back tool, chaser, comb, screw tool; **fileter au —,** to chase; **vis à —,** comb screw; — **pour le chanvre,** hatchel; — **femelle,** inside chaser, inside screw tool, internal screw cutting tool; — **à fileter,** chasing tool; — **de filière,** cutting die; — **mâle,** outside chaser, outside screw tool, male chaser, external screw cutting tool; — **pour tisserand,** weaver's comb.

Peigner, to Comb.

Peigné, Worsted, combed; **tissu —,** worsted fabric.

Peigneur, Doffer.

Peigneuse, Combing machine.

Peindre, to Paint.

Peint, Painted; **— en blanc,** white painted.

Peintre, Painter.

Peinture, Paint; painting; **atelier de —,** paint house; **huile à —,** paint oil; **pigment pour —,** paint extender, paint pigment; **solvant pour —,** paint thinner; **— à l'aluminium,** aluminium paint; **— de carène,** ship bottom paint; **— à la céruse,** white lead paint; **— à l'eau,** water paint; **— en détrempe,** distemper painting; **— fluorescente,** fluorescent paint; **— de fond,** ground coat; **— à l'huile,** oil paint; **— au radium,** luminous paint.

Pelle, Shovel, scoop; **— automatique,** bucket grab; **— à charbon,** coal shovel; **— électrique,** electric shovel; **— d'excavateur,** dipper; **— à feu,** fire shovel; **— à four,** ovenpeel; **— à irrigation,** dutch scoop; **— mécanique,** power or mechanical shovel; **— à moteur Diesel,** Diesel shovel; **— niveleuse,** skimming shovel; **— rétrocaveuse,** back digger, back digging shovel; **— de tranchée,** trench hoe; **— à vapeur,** dredging machine, steam shovel.

Pelletage, Shovelling.

Pelleter, to Shovel.

Pelletisation, Pelletization.

effet Pelliculaire (élec.), Skin effect.

Pellicule, Film skin; **bobine de —s,** film cartridge, film spool; **machine à développer les —s,** film developing machine; **rouleau de —s,** film reel; **— d'oxyde,** oxide film, casting skin; **parafoudre à — d'oxyde,** oxide film arrester; **à — d'oxyde,** oxide coated; **— résistive,** resistive film.

Peluche, Plush, shag.

Pendage (mines), Course, dip, hade; **— vertical,** edge seam.

Pendant (adj.), Hanging; **bielle —e** (mach. à balancier), side rod.

Pendulaire, Pendulum like; **mouvement —,** pendulum like motion.

Pendule, Pendulum, clock; **appui à —,** swing bearing; **lentille d'un —,** bob of a pendulum; **scie à —,** pendulum saw; **— électrique,** electric clock; **— de pointage,** control clock; **d'un régulateur,** centrifugal head.

Pène, Bolt; **serrure à un —,** dead lock; **serrure à deux —s,** lock with two bolts; **— d'une serrure,** bolt of a lock.

Pénétrateur, Impressor.

Pénétration, Penetration.

Pénétromètre, Penetrometer, qualimeter; **— à cône,** cone penetrometer.

Péniche, Barge.

Pennon, Dog vane.

Pentalène, Pentalene.

Pentane, Pentane.

système Pentaphasé, Five phase system.

Pentatron, Pentatron.

Pente, Slope, sloping, gradient, incline, slip; **en —,** slanting, sloping; **angle de —,** angle of slope; **contre —,** ascending slope; **enregistreur de —,** dip meter; **forte —,** high gradient; **indicateur de —,** clinometer; **— d'affûtage,** grinding slope; **— vers l'arrière,** back slope; **— de dégagement du copeau,** clip clearance; **— latérale,** side slope; **— négative** (mach. outil), negative rake.

Penthiazolines, Penthiazolines.

Pentode, Pentode.

Pentographe, Pentograph.

Penture, Binding, iron brace, hinge, butt hinge; — **de gouvernail,** rudder band, rudder brace.

Pépite, Nugget, prill.

Peptide, Peptide.

acide Peptidique, Peptide acid.

liaison Peptidique, Peptide linkage.

Peptonisation, Peptonisation.

Perçage, Boring, drilling; **broche de —,** drilling spindle; **capacité de —,** hole capacity, drill capacity; **essai de —,** drift test, drill test; **outils de —,** boring tools, drills; **tête de —,** drilling head.

Percale, Cotton cambric.

en Perce (barrique), Abroach.

Perce-courroie, Belt punch.

Perce-moule (fond.), Boring chisel, wall chisel.

Percé, Drilled, bored, holed, punctured.

Percer, to Drill, to bore, to hole, to puncture; **bascule à —,** drilling frame; **cliquet à —,** ratchet drill; **machine à —** (voir Perceuse), boring engine, boring frame, drill press; **outil à —,** boring tool.

Perceuse, Drilling machine, driller; **disque de —,** drill plate; **— d'applique,** wall drilling machine; **— automatique,** automatic drilling machine; **— à broches alignées,** straight line driller, horizontal crossrail drilling machine; **— à broches multiples,** multiple spindle drilling machine; **— à percer les chaudières,** boiler shell drilling machine; **— à colonne,** column or pillar drilling machine, upright drilling press; **— à grande course,** deep hole drilling machine; **— électrique,** electric drilling machine; **— à plusieurs forets,** multiple drilling machine; **— horizontale,** horizontal drilling machine; **— à main,** hand drill, hand drilling machine; **— à montant,** pillar drilling machine; **— multiple,** multiple drilling machine, gang drill, multispindle driller; **murale,** wall drilling machine; **— pneumatique,** pneumatic drilling machine; **— portative,** portable driller; **— de précision,** precision driller; **— radiale,** radial drilling machine; **— radiale murale,** radial wall drilling machine; **— à percer les rails,** rail drilling machine; **— rapide,** high speed driller; **— rigid,** rigid drilling machine, heavy duty drilling machine; **— sensitive,** sensitive driller; **— à percer les trous profonds,** deep hole drilling machine; **— taraudeuse,** drilling and tapping machine; **— transportable à main,** drilling jig; **— de traverses,** sleeper driller; **— universelle,** universal drilling machine; **— verticale,** upright driller, vertical drilling machine.

Perchage (mét.), Poling.

Perche, Rod, pole; **— de contact,** contact pole; **— de prise de courant,** trolley arm.

Perchlorate, Perchlorate; **— cérique,** ceric perchloraté.

Perchlorique, Perchloric; **acide —,** perchloric acid.

Perçoir, Bit, gimlet, driller; **— à couronne,** square bit; **— à levier,** lever drill; **— à rochet,** ratchet brace, ratchet drill, lever drill.

Percussion, Percussion; **amorce à —,** percussion priming; **forage par —,** churn or percussion; or percussive drilling; **fusée à —,** percussion fuse.

Percutage, Percussion; ditching (aviat.); **essai de — au sol,** ditching drill.

Percuté, Fired; **amorce —e,** fired cap.

Percuter, to Strike. to fire.

Percuteur, Hammer, firing pin, striker.

Perdu (fût), On trip.

Perfectionné, Improved.

Perfectionnement, Improvement.

Perforateur, Perforator, casing gun, drill; **marteau —,** drill hammer; **— à air comprimé,** compressed air drill.

Perforation, Perforation, boring, piercing; **essai de —** (élec.), breakdown test; **— des fiches,** card punching; **— par fusion,** fusion piercing.

Perforatrice, Drill, rock drill.

Perforé, Perforated, punched; **cartes —es,** punched cards; **tôle —e,** perforated sheet.

Perforer, to Perforate.

Périclase, Periclase; **cristal de —,** periclase crystal.

Péridot ferrugineux, Chrysolite iron.

Périkon, Perikon.

Périmètre, Perimeter.

Période, Period, cycle; **moteur à n —s,** n cycle motor; **— d'admission,** admission period; **— propre,** natural period; **— de travail,** cycle of action.

Périodique, Periodic, cyclic; **courant —,** periodic current; **erreur —,** cyclic error.

Périphérie, Periphery.

Périphérique, Peripheral or Peripheric.

Périscope, Periscope; **— électronique,** electronic periscope.

Periscopique, Periscopic; **jumelles —s,** periscopic binoculars; **sextant —,** periscopic sextant.

Perle, Pearl, bead; **essai à la —,** bead test.

Perlite, Perlite.

Perlitique, Perlitic; **acier —,** perlitic steel.

Permanent, Permanent, steady; **aimant —,** permanent magnet, p. m; **allongement —,** permanent extension; **déformation —e,** permanent set; **régime —,** steady state.

Permanganate, Permanganate; **— de potassium,** potassium permanganate.

Permatron, Permatron.

Perméabilité, Permeability; **acier à haute —,** high permeability steel.

Perméable, Permeable.

Permanganate, Permanganate; **— de potassium,** potassium permangante.

Permis, Permit; license; **— de circulation,** free order; **— de réimportation,** bill of sight.

Permutateur, Changer, changing switch; **commutateur —,** double throw switch, throw over switch.

Permutation, Permutation; **matrices de —,** permutation matrices.

Permutatrice, Commutator rectifier.

Permuter, to Change over.

Peroxycarbonique, Peroxycarbonic; **acide —,** peroxycarbonic acid.

Peroxyde, Peroxide; **boue de —** (accus), peroxide sediment; **couche de —** (accus), peroxide layer; **— d'acétyle,** acetyl peroxide; **— d'azote,** nitrogen peroxide; **— butylique,** butyl peroxide; **— diéthylique,** diethylene peroxide; **— de fer,** ferric oxide; **— de plomb,** lead feroxide.

Perpendiculaire, Perpendicular; **entre —s** (c. n.), between perpendiculars; **— à,** normal to; **abaisser une —,** to let fall a perpendicular.

acide Perrhénique, Perrhenic acid.

Persiennes, Venetian shutters; **cloisonnement en —,** louvred wall.

Personnel, Staff; **directeur du —,** director of the staff; **— navigant** (aviat.), operating crew; **— non navigant,** ground crew.

Perspectif, Perspective; **faisceau —,** perspective beam; **plan —,** perspective plan.

Perspective, Perspective, cut away drawing; **en —,** in perspective.

Perte de charge totale, Total head, duct loss, resistance head.

Perte de vitesse (aviat.), Pancake, stall; **se mettre en —,** to stall.

Pertes, Losses, fault (élec.), wastage; **acier à faibles —,** low loss steel; **cherche — de courant,** leakage detector; **courants de —,** leak currents; **détecteur de — sur les câbles,** cable fault tester; **indicateur de —,** loss meter; **indicateur de — à la terre,** ground detector, ground indicator, groundometer; **mesure des — à la terre,** ground testing; **sans —,** lossless; **— dans les aubes** (turb.), blade losses; **— de charge,** head losses, duct losses; **— dans le cuivre,** copper losses; **— par effet corona,** corona losses; **— par entraînement,** carryover; **— dans le fer,** iron losses; **— par frottement,** friction losses; **— par hystérésis,** hysteresis losses; **— en ligne,** line losses; **— magnétiques,** magnetic losses; **— dans le noyau** (élect.), core losses; **— dans les pièces polaires,** pole shoe losses; **— à la terre,** ground losses; **— par tourbillon** (turbine), eddy losses; **— totales,** core or watt losses; **— à nide,** idle losses; **— en watts,** watt losses.

Pertuis, Aperture, hole, outlet; **— de fond,** bottom outlet.

Pervibrateur, Pervibrator.

Pervibré, Pervibrated.

Pervibrer, to Pervibrate.

Pesage, Weighing.

Pesanteur, Gravity; **accélération de la —,** acceleration due to gravity; **lois de la —,** law of gravitation.

Pèse-acides, Acid densimeter.

Pèse-sel, Salt gauge.

Pesée, Weighing, weigh; **faire une —,** to weigh.

Peser, to Weigh; **machine à —,** weighing machine.

Peseur, Weigher.

Peson, Weighing machine, auncel weight, steel yard.

Pétard, Petard, detonating signal (ch. de fer); **trou de —,** blast hole; **— pour chemins de fer,** detonating signal.

Pétardement, Blasting.

Pétrochimique, Petrochemical.

Pétrographie, Petrology.

Pétrole, Petroleum, rock oil, oil; **caisse à —,** oil tank; **chauffé au —,** fired with oil; **éther de —,** petroleum ether; **huile de —,** petroleum oil; **lampe à —,** petroleum lamp; **puits de —,** petroleum well; **ravitaillement en —,** oil supply; **— brut,** crude oil, crude petroleum; **— lampant,** lamp oil, burning oil, petroleum oil.

Pétrolier (N.), Tanker, oiler, tank vessel.

port Pétrolier, Oil port.

Pétrolifère, Oil bearing; **sable —,** oil sand.

Pétrolines, Petrolens.

Peuplier, Poplar, poplar tree; **— anguleux, de Caroline,** Carolina poplar; **— blanc,** white poplar, able; **— du Canada,** cotton wood; **— franc,** black

poplar; — **noir,** black poplar; — **pyramidal, d'Italie,** Lombardy poplar, pine poplar.

Phare, Lighthouse, flare light; headlamp, headlight (auto); — **d'aérodrome,** aerodrome beacon; — **autogénérateur,** headlamp with combined generator; — **à éclats,** blinker; — **à faisceau carré,** square beam beacon; — **à faisceau circulaire,** circular beam beacon; — **au néon,** neon beacon.

Phase, Phase; stage; **angle de** —, phase angle; **avance de** —, phase lead; **avanceur de** —, advancer; **décalage de** —, phase shift, shifting or displacement; **déviation de** —, phase deviation; **distorsion de** —, phase distortion; **en** —, co-phasal, in step; **enroulement à** —**s,** phase winding; **fil de** —, phase wire; **indicateur de** —, phase indicator; **inversion de** —**s,** phase reversal; **jonction des** —**s,** interlinking of phases; **mise en** —, phasing; **point de jonction des** —**s,** interlinking point, star point; **résistance de** —, phase resistance; **retard de** —, phase lag, retardation of phase; **système à** —**s reliées entre elles,** interlinked system; **système à** —**s non reliées entre elles,** non interlinked system; — **sigma, sigma spheroïde;** — **sigma;** spheroid sigma; — **voltmètre,** phase voltmeter.

Phasemètre, Phasemeter; —**électronique,** electronic phasemeter.

Phtalocyanures, Phtalocyanides.

acide Phénique, Carbolic acid.

Phénol, Phenol; **réactif au** —, phenol reagent.

Phénolique, Phenolic; **plastique** —, phenolic plastic.

Phénomènes de décharge, Surge phenomena.

Phényle, Phenyl.

sulfure Phénylique, Phenyl sulfide.

Phone, Phone.

Phonique, Phonic; **émetteur** —, phone transmitter; **isolation** —, sound insulation; **roue** —, phonic wheel.

Phonographe, Phonograph; **aiguille de** —, phonograph stylus.

disque, enregistrement Phonographique, Phonograph record, phonograph disk or disc.

Phonolithe, Clinkstone.

Phonomètre, Phonometer.

Phorèse, Phoresis.

Phosphate, Phosphate; — **amorphe,** amorphous phosphate; — **trisodique,** phosphate trisodium.

Phosphatation, Phosphatation, phosphate coating; — **superficielle,** surface phosphatation.

Phosphate, Phosphate; — **trisodique,** trisodium phosphate.

Phosphatique, Phosphatic; **ester,** —, phosphate ester.

Phosphite, Phosphite; — **dialcoylique,** dialkyl phosphite.

Phosphore, Phosphor, phosphorous.

Phosphoré, Phosphorated; **hydrogène** —, hydrogen phosphide; **pâte** —**e,** phosphor composition.

Phosphorescence, Phosphorescence;

Phosphorescent, Phosphorescent; **substances** —**es,** phosphors; **tungstates** —**s,** tungstate phosphors.

Phosphoreux, Phosphorous; **bronze** —, phosphor bronze; **cuivre** —, phosphor copper; **fonte** —**use,** phosphorous pig iron.

Phosphorisé, Phosphorized.

Phosphure, Phosphide.

Phosphuré, Phosphuret.

Photo, Photo; — **amplificateur,** photomultiplier; — **calque,** blue print, blue printing; — **cathode,** photocathode; — **condensation,** photocondensation; — **conducteur,** photoconductive; **cellule — conductrice,** photoconductive cell; — **conductivité,** photoconductivity; — **courant,** photocurrent; — **désintégration,** photodesintegration; —**élasticité,** photoelasticity; — **élastique,** photoelastic; — **électrique,** photoelectric; **cellule — électrique,** photoelectric cell, phototube, photoswitch, photocell; **cellule — électrique à couche d'arrêt,** barrier layer photo cell; **comparateur — électrique,** photoelectric comparator; **contrôle — électrique,** photoelectric control; — **fluorographique,** photofluorographic; — **goniomètre,** photogoniometer; — **grammétrique,** photogrammetric; **esquisse — grammétrique,** photogrammetric sketch; **levé — grammétrique,** ground photographic survey; — **graphe,** photograph; — **graphie,** photography, photograph; — **graphie aérienne,** aerial photography or survey; — **graphie en couleurs,** colour photography; — **graphique,** photographic; **éclair — graphique,** flash light; **émulsion — graphique,** photographic emulsion; **enregistrement — graphique,** photographic recording; **objectif — graphique,** photographic lens; **triangulation — graphique,** photographic triangulation; — **graveur,** photograver; — **gravure,** engraving by photography, photogravure, photoengraving; — **lyse,** photolysis; — **mètre,** photometer; — **mètre Bunsen,** Bunsen or grease spot photometer; — **mètre à éclats,** flicker photometer; — **mètre électronique,** electronic photometer; — **mètre enregistreur,** recording photometer; — **mètre à exploration automatique,** automatic scanning photometer; — **mètre photoélectrique,** photoelectric meter; — **mètre à sphère,** sphere photometer; — **métrie,** photometrie; — **métrique,** photometric; **sphère métrique,** photometric sphere; — **micrographie,** photomicrography; — **micrographique,** photomicrographic; — **multiplicateur,** photomultiplier; — **nucléaire,** photonuclear; — **réaction,** photoreaction; — **sensibilisé,** photosensibilized; — **sensible,** photosensitive; — **sphère,** photosphere; — **stéréoscopique,** stereoscopic photography; —**stroboscopique,** stroboscopic photography; — **synthèse,** photosynthesis; — **télégraphie,** phototelegraphy; — **tube,** phototube; — **tube contenant un peu de gaz,** soft phototube; — **tube multiplicateur,** multiplier phototube; — **typographie,** block process.

Phtaléine, Phtalein.

Phtalique, Phtalic; **acide —,** phtalic acid.

Phtioïque, Phtioic.

Physicien, Physicist.

Physique, Physics; **chimie —,** physical chemistry; — **appliquée,** applied physics; — **nucléaire,** nuclear physics.

Pic, Hack, pick axe, pick; — **à langue de bœuf,** miner pick; — **à tranche,** pick axe.

Pick-up, Pick-up; **circuit du —,** pick up circuit.

Picoche, Chipping hammer, furring hammer, scaling hammer.

Picrate, Picrate.

Picrique, Picric; **acide —,** picric acid.

Pièce, Piece, part; **dégraissage en —** (textile), piece scouring; **en plusieurs —s,** built up; —

PIE — 339 — **PIE**

d'angle, elbow; — d'assemblage, bound timber; — s d'auto, automobile parts; — de calage, rail clip; — de canon, piece of ordnance; — centrale, centre piece; — collée, patch; —s embouties, stampings; —s embouties pour carrosserie, body stampings; — d'entretoisement, connecting piece; —s estampées, stampings; —s de forge, forgings; — de machine, piece or part of a machine; —s matricées, drop forgings; —s moulées, castings; — polaire, pole tip; — rapportée, insert, patch; —s de rechange, duplicates, spare parts, replacement parts; —s soudées, weldings; — de tourelle, turret gun; —s de transmission d'un mouvement bobs.

Pied, Foot (voir **Mesures**); heel; stand; root; à commande au —, foot operated; cercle de —, foot line, dedendum line; clapet de — (condenseur), foot valve; étau à —, standing vice; frein au —, foot brake; garde — (rail), foot guard; longueur du — (engrenages), dedendum; repose —, foot rest, tonne — (mesure de travail), foot ton; — de biche, spike bar, miner pinch or pinching bar; — de bielle, foot of a connecting rod; articulation de — de bielle, cross head pin bearing; axe de — de bielle, gudgeon pin, wrist pin; tourillon de — de bielle, crosshead pin; — bougie, foot candle; — carré, square foot; — à coulisse, calipers scale, micrometer gauge, sliding gauge, slide or sliding caliper, caliper square, vernier caliper; mesurer au — à coulisse, to caliper; — d'un couple (c. n.), heel of a frame; — cube, cubic foot, cu. ft.; — droit, pilaster; —s par minute, feet per minute; — d'un mur, footing of a wall; — de pale, blade root.

Pied droit, Pilaster.

Piédestal, Carriage, pedestal, base; — de cheminée, chimney base.

Pierraille, Pebbles, broken stones; petite —, chippings.

Pierre, Stone; assise de —, course of stone; ballast en —s cassées, crushed stone ballast; casse —s, stone breaker; chaine de — (maçon), chain course; ciseau à —, stone chisel; éclat de —, stone chip; ouvrage en —s, masonry; rodage à la —, honing; — à aiguiser, whestone, grinding stone, hone; — angulaire, corner post, headstone; — d'attente, — d'arrachement, toothing stone; — à bâtir, building stone; — de bordure, coping stone; — à brunir, agate burnisher; — calcaire, limestone; — concassée, ballast stone, broken stone; — à couteaux, bath brick; — à étendre, flattening stone; — à feu, fire stone; — filtrante, drip stone, filter or filtering stone; — de fondation, foundation stone; — à huile, hone, oil stone; — meulière, mill stone; — de parpaing, binding stone; — plate, flat stone; — pouce, pumice stone; — à poncer, colour stone; — réfractaire, fire stone; — à repasser, whetstone, oil stone; — de revêtement, floor stone; — de rustine, filling stone; — de taille, broad stone, filler, cut stone, building stone, free stone, ashlar; — de taille taillée, dressed ashlar; — taillée, hewn stone; — de touche, touchstone; — de tuf, alluvial stone; poser la première —, to lay the foundation stone.

Pierreux, Stony.

Piètement, Mounting, seating.

Pieu, Pile, stake; appareil à enfoncer les —x, pile driver; battage de —x, pile sinking; sabots de —x, pile shoes; —

Pile, à disque, disc pile; battre, enfoncer des —x, to drive piles; protéger avec des —x, to stake.

Piézo-diélectrique, Piezodielectric.

Piézo-électrique, Piezoelectric; axe —, piezoelectric axis; effet —, piezoelectric effect; indicateur —, piezoelectric indicator; microphone —, piezoelectric microphone; oscillateur —, piezoelectric oscillator; résonateur —, piezoelectric resonator; transducteur —, piezoelectric transducer.

Piezoïde, Piezoid.

Pige, Feeler gauge, measuring rod.

Pigment, Pigment; — pour peintures, paint extender, paint pigment.

Pignon, Pinion; arrache —, gear withdrawer; avance par — et crémaillère, rack and pinion feed; graisse pour —s, pinion grease; lime à —, feather edge; — d'angle, bevel pinion; — baladeur, shifting pinion; — de chaîne, sprocket wheel; — de commande de l'arbre à cames, cam shaft pinion, driving union; — conique, bevel pinion; — d'entraînement, driving or driver pinion; — à double denture, double toothed pinion; — de distribution, valve gear pinion; — droit, spur pinion; — satellite, differential pinion; — de première vitesse, first speed pinion; — de seconde vitesse, second speed pinion.

Pilastre, Pilaster, pier.

Pile, Pile, battery, cell; pier; stack; batterie de —s, primary battery; élément d'une —, cell of a battery; irradiation par —, pile irradiation; — atomique, atomic pile; — au bichromate de potasse, bichromate cell; — de bois, stack of wood; — à écoulement, circulation battery, flowing battery; — étalon, standard cell; — d'inflammation, firing battery; — à un seul liquide, single fluid cell; — au peroxyde de manganèse aggloméré, agglomerate cell; — à plusieurs circuits, banked battery; — de pont, bridge pier; bec de — de pont, cutwater; — à réaction en chaîne, chain reaction pile; — sèche, dry cell, dry battery; batterie de —s sèches, dry battery; — secondaire, polarisation battery; — voltaïque, voltaic cell; — weston, weston cell.

Pilier, Pillar; exploitation par —s (mines), pillar system.

Pilon, Beater, crushing machine, stamp rammer; machine à —, inverted vertical engine; machine à —, inverted cylinder engine; marteau —, stamper; moulin à —s, beetling engine.

Pilonnage, Beating, ramming.

Pilonner, to Beat, to ram.

Pilot (voir **Pilotis**); — de remplage, filling pile.

Pilotage, Piloting, pilotage; appareil de — gyroscopique, gyroscopic pilot; appareil d'entraînement au —, flight simulator.

Pilote, Pilot; brevet de —, pilot's certificate, pilot licence or license; câble —, pilot cable; étincelle —, pilot spark; fil —, pilot wire; injection —, pilot injection; poste du —, pilot seat; usine —, pilot plant; — automatique, automatic pilot; — d'essai, test pilot.

Pilotis, Pile; barrage sur —, pile weir; fondation sur —, foundation on piles; frettes des —, pile rings; machine à arracher les —, pile extractor; pont sur —, pile bridge; — de remplage, filling pile; — à vis, screw pile.

Pin, Pine, pine tree; huile de — pine oil; — blanc du Canada, white pine; — d'Huon, Huon pine; — rouge, red pine.

Pinasse, Pinnace.

Pince, Toe, claw, clip, collet, crow bar, gripper, pincers, tongs; **talon d'une —,** heel of a crow bar; **— d'aiguillage,** eccentric clamp; **— à balais,** brush box; **— à barres,** bar collets; **— à cintrer les tubes,** bending pliers; **— de la contrepointe,** tailstock collet; **— de croisement,** crossing clamp; **— élastique,** spring collet; **— d'essayeur,** essayer's tongs; **— fendue,** split collet; **— de forgeron,** clip tongs; **— hollandaise,** devil's claw; **— de jonction** (ch. de fer), splicing ear; **— à noyaux,** core fork; **— à panne fendue,** crow bar, claw wrench; **— à pied de biche,** claw ended crow bar; **— à ressort,** spring clamp, spring clip; **— de serrage,** chucker; **— à vis,** screw clamp.

Pinces, Dogs, holding collet; pincers, pliers or plyers, nippers, tongs, fire tongs; **— américaines,** collet chuck; **— à cintrer,** bending pliers; **— à clous,** nail nippers; **— coupantes,** hypers, cutting nippers, cutting pliers; **— en étages,** step collets; **— de forgeron,** clip tongs; **— à gaz,** gas pliers; **— plates,** straight pincers; **— à rivet,** rivet pliers; **— rondes,** round pliers.

Pinceau, Brush, pencil; **coup de —,** stroke of a brush.

Pincettes, Tongs, fire tongs, nippers, pincers.

Pinnule, Cross staff, vane.

Pioche, Pick axe, pick, hack, mattoch; **— à bourrer,** beater pick.

Piocher, to Dig.

Piocheuse-défonceuse, Scarifying machine, scarifier, road breaker.

Pipe, Pipe; **— d'échappement,** stub pipe.

Pipette, Pipette.

Pipette, Pipette, dripping tube, drop meter.

Piquage (chaud.), Chipping. pitting.

Pique, Pike; **— feu,** slice bar.

Piqué (adj.), Pitted; **profondément —,** deeply pitted.

Piqué (aviat.), Dive; **angle de —,** dive angle; **bombardement en —,** dive bombing; **bombardier en —,** dive bomber; **frein de —,** dive brake; **virage en —,** dive turn; **vol —,** diving flight, pitching; **volets de —,** dive flaps; **— moteurs réduits,** throttled dive; **— en spirale,** spiral dive.

Piquer (aviat.), to Dive, to dart.

Piquer, to Pick, to prick; **action de — le sel,** pricking; **marteau à —,** chipping hammer; **marteau à — le sel,** pick, prick, scaling prick; **— une chaudière,** to pick a boiler.

se Piquer, to Pit.

Piquet, Peg, stake, pole, picket.

Piqueur (mines), Hewer, pikeman.

marteau Piqueur, Pneumatic pick.

Piqûre, Bite, pit, pitting; **— de chaudière,** boiler pit; **— de ver,** worm hole.

Pisé, Pise, clay mortar; **— damé,** puddled clay.

Pissette (chim.), Washing bottle.

Piste d'atterrissage (aviat.), Landing strip.

Piste de décollage (aviat.), Runway; **axe central de la —,** runway centreline; **carte de —,** runway chart; **feux de —,** runway lights; **— bétonnée,** concrete runway; **— en bitume,** bitumen runway; **— en service,** active runway; **— tangentielle,** tangential runway.

Pistolet, Pistol, gun trigger nozzle; **— de dessinateur,** mould, curve; **— de distribution,** trigger gun, trigger nozzle; — **graisseur**, grease gun; — **métalliseur**, spraying gun; — **à vapeur**, steam gun.

Piston, Piston; **anneau tendeur de** —, piston curl; **atténuateur à** —, piston attenuator; **axe de** —, piston pin; **claquement du** —, piston slap; **corps de** —, piston body; **coup de** —, piston stroke; **couronne de** —, piston cover, packing plate; **course du** —, piston stroke, piston travel; **crosse de** —, piston crosshead; **dessous de** —, piston bottom; **dessus de** —, piston cover, piston head; **extrémité de** —, piston end; **fond de** —, piston chunk, piston crown; **foyer à** —, ram stoker; **garnitures de** —, piston packing, piston rings; **jupe de** —, piston shirt; **machine à** —, piston engine; **machine soufflante à** —, cylinder blowing engine; **à moteurs à** —, piston engined; **moteur à** —**s opposés**, opposed piston engine; **refroidissement des** —**s**, piston cooling; **segment de** —, piston ring; **encoche de segment de** —, piston ring slot; **tête de** —, piston head, piston crown; **tige de** —, piston rod; **glissière, guide de la tige de** —, piston rod guide; **presse-étoupe de la tige de** —, piston rod collars; **tête de tige de** —, piston rod cap; **vérin à** —, piston jack; — **d'accumulateur**, accumulator piston; — **de blocage**, lock piston; — **compensateur**, balance piston; — **cylindrique**, piston valve; — **d'équilibrage**, balance or dummy piston; — **fermé**, box piston; — **hydrostatique**, hydrostatical piston, hydrostatic disc; — **libre**, free piston; —**s opposés**, opposed pistons; — **plat**, disc piston; — **plongeur**, plunger ram; — **plongeur à fourreau**, trunk plunger; **clapet à** — **plongeur**, plunger valve; — **de presse hydraulique**, hydraulic ram; — **de rappel**, draw back piston; **garnir un** —, to pack a piston.

Pithomètre, Cask gauge.

Piston, Ring bolt, eyelet, ring hook; — **à manille**, shackle bolt; — **mural, à scellement**, wall eye; — **à tige taraudée**, eye screw.

Pivot, Pivot, pin, centre pin, spindle; **grue à** —, pivoting crane; **huile pour** —**s**, spindle oil; **lime à** —**s**, pivot file; — **d'arrêt**, detent pin; — **du compas**, centre pin of the compass; — **de direction**, steering swivel; — **d'une grue**, pin of a crane; — **de porte-balai**, brush pillar; — **sphérique**, ball gudgeon.

Pivotant, Pivoting; **étau** —, swivel vice; **grue** —**e**, slewing crane; **outil** —, fly cutter; **plateau** —, swiveling base.

Pivoter, to Pivot.

Pivotement, Pivoting, slewing.

Placage, Facing, plating, veneering; **feuille de** —, veneer; **scie de** —, veneer cutting machine, veneering saw.

Place, Place; **bi** —, two place; **mono** —, single place; **sur** —, in place; **montage sur** —, assembly in place.

Placement, Investment.

Plafond, Ceiling; **essai de** — (aviat.), ceiling test; **hauteur de** — (aviat.), ceiling height; **renvoi de** —, overhead transmission; **télémètre de** — (aviat.), ceilometer; — **à caissons**, coffered ceiling; — **de menuisier**, boarded ceiling; — **à nervures**, grooved ceiling; — **pratique**, service ceiling (aviat.).

Plafonnier (auto), Ceiling lamp.

Plage, Range; band; — **d'étalement**, scatter band; — **de fonctionnement**, operating range.

Plan, Plane (surface géométrique); design, drawing, plan, tracing; **angle d'incidence des —s (montée),** angle of elevation of planes; **angle d'incidence des —s (descente),** angle of inclination of planes; **forme en —,** plan form; **gros —** close up; **levé de —,** surveying, survey; **tracé d'un —,** planning; **vue en —,** plan view; **— d'arrimage,** tier; **— de base,** base plane; **— central,** centre section, central plane; **— de clivage,** plane of cleavage; **— côté,** dimension drawing; **— de dérive,** fin stabiliser; **— d'eau** (hydraul.), reservoir; **— d'exécution,** lay out; **— extrême,** outward plane; **— fixe** (aviat.), tail plane; **— fixe à incidence variable,** adjustable tail plane; **— fixe surélevé,** high set tail plane; **— fixe en V,** butterfly tail plane; **angle de calage du — fixe,** tail setting angle; **réglage du — fixe,** tail setting; **— focal,** focal plane; **— des formes** (c.n.), sheer draught; **— de gauchissement** (aviat.), wing flap; **— de glissement,** slip plane; **— de gouverne compensé,** balanced surface; **— horizontal** (c.n.), floor plan; **— à incidence variable,** adjustable tail plane; **— incliné,** inclinated or inclined plane, incline; **— inférieur,** lower plane; **— des lisses planes** (c. n.), plan of the diagonals; **— médian,** centre plane; **— moyen,** middle plane; **— perspectif,** perspective plane; **— de polarisation,** plane of polarization; **— de pose,** setting plane; **— de pose d'une chaudière,** boiler setting; **— de pose du cylindre,** cylinder bed; **— primitif,** pitch plane; **— de rotation,** plane of spin; **— stabilisateur** (aviat.), stabiliser fin; **— de stratification,** bedding plane; **— supérieur,** upper plane; **— sustentateur,** supporting plane; **dessiner le — de,** to plan; **lever le —,** to survey.

Plan (adj.), Plane; **angle —,** plane angle; **face —e,** plane face; **onde —e,** plane wave.

Planage, Planishing, smoothing.

Planant, Gliding; **bombe —e,** gliding bomb.

Planche, Board, plank; **jours de —,** lay days; **marteau à —,** board drop hammer; **— de bord,** dashboard; **— à dessin,** drawing board; **— à étayer,** back deal; **— de sapin,** deal, deal board.

Planchéiage, Flooring, boarding.

Planchéier, to Plank.

Plancher, Floor, floor board, flooring; **— amovible,** blind floor; **— conducteur,** conducting floor; **— de travail** (pétr.), derrick floor.

Plane, Plane, chisel, cutting tool, draw or drawing knife, draw shave, drawing shave; **— du tourneur sur bois,** chisel bevelled on both sides.

Plané, Gliding; **angle de —,** gliding angle; **vol —,** gliding flight; **descente en vol —,** gliding fall; **trajectoire de descente en vol —,** glide slope.

Plané (adj.), Planed, trimmed, flattened, levelled.

Planéité, Evenness, flatness.

Planer, to Plane, to face, to flatten, to level, to trim, to shave, to smooth; **ciseau à —,** turning chisel; **fer à —,** broad chisel; **lime à —,** planing file; **machine à —,** straightening machine, flattening machine; planing machine, planer ; **machine à — les roues,** wheel grinder; **marteau à —,** planisher, planishing hammer; **tas à —,** polishing block, straightening block, planishing stake.

Planétaire, Planetary; **engrenages —s,** planetary gears; **réducteur à —s planétaires,** planet reduction gearing; **système —,** planetary system; **transmission —,** planetary transmission.

Planète, Planet.

Planeur, Planisher.

Planeur (aviat.), Glider, sail plane.

Planeuse, Planer; **— routière,** road planer (Voir aussi **machine à Planer**).

Planification, Planning.

Planifier, to Plan.

Planimétrage, Plotting.

Planimétrique, Planimetric, planimetrical.

Planir, to Flatten; **marteau à —,** flatting hammer.

Planisphère, Planisphere.

Planissage, Planishing, smoothing.

Planoir, Battledore.

Plaque, Plate; **appareil à —s,** plate camera; **batterie de —,** plate battery, B battery; **caractéristique de —,** plate characteristic; **circuit de —** (T.S.F.), plate circuit; **conductance de —,** plate conductance; **contre —,** back plate; **courant de —** (T.S.F.), plate current; **électrode à —,** plate electrode; **ensemble des —s** (accus), set of plates; **gonflement des —s,** buckling of plates; **impédance de —,** plate impedance; **surface des —s** (accus), plate surface; **tension de —,** plate voltage; **— d'accumulateur,** accumulator plate; **— à âme** (élec.), core plate; **— d'ancrage,** anchoring plate; **— d'attache de magnéto,** magneto pad; **— à augets,** trough plate; **— autogène, de formation autogène** (accus), solid plate; **— de blindage,** armour or armor plate, armour plating; **— de cadran,** dial plate; **— à cadres** (accus) frame plate; **— de choc,** buffer plate; **— de constructeur,** name plate; **— de contre-vent** (h.f.), baffle plate; **— de coulée,** casting slab; **— de dégagement** (banc de scie circulaire), delivering plate; **— de distributeur,** distributor disc; **— à dresser,** dressing plate; **— d'écoulement du laitier** (h. f.), back of the blast furnace; **— d'éjection,** stripping plate; **— empâtée,** pasted plate; **— de fixation,** bridge plate; **— fixe** (condensateur), stator plate; **— de fond,** end plate; **— de fondation,** base plate, bed piece, bed plate, bottom plate, foundation plate, sole plate, lobe plate; **— frottante** (de tiroir), sliding plate, sliding face; **— de garde** (ch. de fer), axle box guide, axle guard, horn block, horn plate, guard plate, rub plate; **— à grille,** grid plate; **— d'immatriculation** (auto), back number plate; **— d'immersion** (élec.), dipping plate; **— impressionnée,** exposed plate; **— de lestage,** ballast plate; **— de jaumière** (c. n.), horseshoe plate; **— de jonction,** connecting plate; **— à laitier,** front plate; **— de laiton,** brass plate; **— lamellaire,** laminated plate; **— de mica,** mica sheet; **— négative,** negative plate; **— à nervures,** ribbed plate; **— photographique,** photographic plate; **— Planté,** Planté plate; **— de plomb,** lead plate; **— positive,** positive plate; **— de pression,** pressure plate; **— de pulvérisation,** atomizing disc; **— de rechange,** spare plate; **— de recouvrement,** covering plate, junction plate; **— réglementaire** (auto), regulation number plate; **— de rustine,** back plate; **— de serrage,** bridge plate; **— à souder,** welding plate; **— support,** supporting plate; **— de surhaussement** (ch. de fer), bearing strip; **— de tampon,** bumper plate; **— tartinée,** pasted plate; — **de terre,** earth plate, ground plate; — **de tête,** end plate; tube plate, tube head (chaud.); — **de tête de la boîte à feu,** end firebox plate; — **de tête des tubes,** flue plate, flue sheet; — **tournante de grue,** curb ring; — **d'un tube à vide,** plate or sheath of a vacuum tube; — **de tuyère** (forge), back of a hearth; — **de verre,** glass plate; — **de verrouillage,** locking plate; — **vibrante** (téléphone), vibrating diaphragm; — **vierge** (photo), unexposed plate; — **de zinc,** zinc plate; **tartiner; empâter les —s** (accus), to paste plates.

Plaqué, Clad, plated, metal plated, veneered; **en —,** plated; **acier —,** clad steel; **contre—,** ply, plywood; **contre — à deux, trois épaisseurs,** two, three plywood; **âme en contre —,** ply web; **fuselage de contre —,** plywood fuselage; **recouvrement en contre —,** plywood covering.

Plaqueminier (Bois), Persimmon.

Plaquer, to Metal plate, to veneer.

Plaquette, Strip.

Plastimètre, Plastimeter.

Plasticité, Plasticity.

Plastifiant, Plasticizer.

Plastification, Plasticization.

Plastifié, Plasticized.

Plastifier, to Plasticize.

Plastique, Plastic; **déformation —,** plastic deformation; **écoulement —,** plastic flow; **flambage —,** plastic buckling; **joint —,** plastic seal; **matières —s,** plastics; **matières —s acryliques,** acrylic plastics; **matières —s cellulosiques,** cellulosic plastics; **matière — moulée,** moulded plastic; **matières —s stratifiées,** laminate plastics; **matières —s vinyliques,** vinyl plastics; **moulage —,** plastic replica; **stabilité —,** plastic stability. — **phénolique,** phenolic plastic.

Plat (adj.), Flat, **à —,** aflat; **à sommet plat,** flat topped; **à tête —e,** flat headed; **éclisse —e,** shallow fishplate; **fer —,** flat iron; **piston —,** disc piston; **produits —s,** flats; **ressort —,** flat spring; **ruban —,** strip; — **bord** (N.), covering board, gunwale.

Plat, Flat bar.

Platane, Plane tree.

Plateau, Scale (balance); tray; disc, plate; turn plate (ch. de fer), chuck; **accouplement à —x,** disc coupling, flange coupling, plate coupling; **embrayage à —x,** plate clutch; **tour à —,** chuck lathe, facing lathe, flywheel lathe, surface lathe; **transmission par —x à friction,** disc friction wheels; — **à barbotage,** bubble tray; — **circulaire,** circular plate; — **combiné,** combination chuck; — **couvercle,** — **supérieur du cylindre,** cylinder cover; — **directeur,** guide blade disc; — **diviseur,** index plate; — **excentrique,** eccentric disc or disk, eccentric sheave; — **de fixage orientable,** monitor chuck; — **fraiseur,** cutter head; — **de garniture,** packing plate; — **indicateur des avances** (mach.-outil), feed index plate; — **magnétique,** magnetic chuck; — **manivelle,** crank disc, crank plate; — **oscillant,** swash plate; — **pivotant,** swivelling base; — **plein,** solid disc; — **à pointe tournante,** center chuck; — **porte-mandrin,** catch plate, dog plate; — **d'une raboteuse,** platen of a planer; — **à surface,** surfacing plate; — **à toc,** driver or driving plate; — **conduisant le toc,** driving chuck; — **de tour,** driver chuck; — **universel,** universal chuck.

Plate-forme, Platform, flooring; flat car; — **d'atterrissage,** landing platform; — **de bogie,** bogie truck; — **de chargement,**

PLI — 346 — **PLO**

loading platform; — **à culbuter**, dead fall; — **d'une écluse**, apron of a lock; — **de lancement**, launching platform; — **de tir**, gun platform.

Platine, Platinum, platine; lock (arme à feu); screw plate (fusil); pillar plate (montre); **creuset en** —, platinum crucible; **feuille de** —, platinum foil, platinum sheet; **fil de** —, platinum wire; **mousse de** —, platinum sponge; **noir de** —, spongy platinum; — **d'une montre**, plate of a watch; — **de rail**, bearing plate.

contacts Platinés, Platinum points, breaker points.

vis Platinées (auto), Platinum tipped screws.

Platino-bromure, Platino-bromide.

Plâtrage, Plastering, plaster work.

Plâtre, Plaster, gypsum; **moulage en** —, plaster cast; — **de Paris**, plaster of Paris.

Plâtré, Plastered.

Plâtrer, to Plaster.

Plâtrier, Plasterer.

Plâtrière, Plaster quarry, gypsum quarry; plaster kiln.

Plein, Full, solid; **arbre** —, solid shaft; **bandage** —, solid tyre; **essieu** —, core axle; **joint** —, blank or blind flange; **plateau** —, solid disc; **roue** —**e**, solid wheel; **trop** —, overflow, overshoot; **bouchon de trop** —, overflow plug; **tuyau de trop** —, overflow pipe, waste pipe; —**e admission**, full boost; —**e charge**, full load; **couler** —, to cast solid.

Pli, Fold; **à** —**s**, folded; **filtre à** —**s**, folded filter.

Pliant, Folding; **capote** —**e** (auto), folding hood.

Pliage, Folding, deflection; **essai de** —, bending test; **essai de** — **alternatif**, back or alternating bending test; **matrice de** —, bending head; **tension de** —, bending stress; — **alternatif**, alternating bending.

Plié, Bent, folded.

Plier, to Bend, to fold, to deflect; **machine à** —, cramp folding machine; bending machine; **presse à** —, folding press; — **à 90°**, to bend through 90°.

Plieuse, Folder, folding machine.

Plinthe, Plint, skirt, skirting, base board; — **rayonnante**, radiant base board.

Pliodynatron, Pliodynatron.

Pliotron, Pliotron.

Plissé, Folded.

Plissement, Fold, folding.

Ploie-ressort, Spring chape.

Plomb, Lead; plumb, plummet; bob; **accumulateur au** —, lead accumulator; **acétate de** —, lead acetate; **âme de** —, lead core; **arsénate de** —, lead arsenate; **barrette de** — (accus), lead connecting trip; **barrette de** — **extrême** (accus), end connecting trip; **batterie au** —, lead battery; **bouchon en** —, lead plug; **bromure de** —, lead bromide; **câble sous** —, leaded cable; **carcasse en** —, lead grid; **chambre de** —, lead chamber; **combustible au** —, lead fuel; **de** —, leaden; **disque de** —, lead disc; **encrassement par le** —, lead fouling; **feuille de** —, lead foil, lead sheet; **fil à** —, plumb bob, plumb line; **fonderie de** —, lead works; **gaine de** —, lead cover; **sous gaine de** —, lead covered; **garni de** —, lead coated; **grenaille de** —, lead shot; **grille en** —, lead grid; **indium au** —, lead indium; **ions de** —, lead ions; **mine de** —, lead mine; **minerai de** —, lead ore; **mordaches en** —, lead vice grips; **niveau à** —, lead level; **oxyde de** —, lead oxide; **oxybromure de** —, lead oxybromide; **oxysulfate de —**, lead oxysulphate; **papier de —**, lead foil; **paroi en —**, lead wall; **peroxyde de —**, lead peroxide; **plaque de —**, lead plate; **pont de connexion en —** (accus), lead connector; **protosulfure de —**, lead sulphide; **rondelle en —**, lead washer; **sans —**, unleaded, non leaded; **saumon de —**, lead pig; **sel de —**, lead salt; **sous —**, lead covered; **câble sous —**, lead covered cable; **sulfure de —**, lead glance; **vernis de —**, lead glaze; **verre de —**, lead glass; **— antimonieux**, antimonial lead, hard lead, reguline lead; **— doux**, soft lead; **— dur, durci**, hard lead; **— pour emplombage**, assay lead; **— étamé**, tinned lead; **— en feuilles**, sheet lead; **— de fil à plomb**, plummet, bob; **— filé**, lead wire; **— fondu**, molten lead; **— fusible**, fuse, safety fuse; **—s de garantie**, leads; **— laminé**, rolled lead, sheet lead; **— métallique**, metallic lead; **— pulvérulent**, lead dust; **— en saumons**, pig lead; **— de sonde**, plumb bob; **— spathique**, black lead ore; **— spongieux**, spongy lead; **— sulfuré**, lead sulphide; **— tétraéthyle**, tetraethylene lead; **— de trépan**, drill plate; **garnir de —**, to lead.

Plombage, Sealing; lead work, leading.

Plombagine, Black lead, plumbago.

Plombé, Leaded, lead coated.

Plomber, to Lead, to plumb, to beat (the earth).

Plomberie, Plumbing, lead work.

Plombier, Plumber; **batte de —**, lead dresser; **noir de —**, plumber's soil; **soudure de —**, lead solder.

Plombifère, Lead bearing.

essai au Plombite, Doctor test.

traitement au Plombite, Doctor treating, sweetening.

Plongeant, Dipping; **réfractomètre —**, dipping refractometer.

Plongée, Dive; dip (four à réverbère); **avance en —** (mach. outil), downwards feed, infeed, plunge feed; **barre de —** (sousmarin), diving plane, diving rudder, hydroplane; **barre de — avant**, fore diving plane; **barre de — arrière**, after diving plane.

Plongement (mines), Dip, drip, pitch; **— brusque d'une couche**, down cast dyke.

Plonger, to Plunge, to dip, to dive.

Plongeur, Plunger, diver; **cloche à —**, diving bell; **piston —**, plunger piston, pump ram; **pompe à piston —**, plunger piston pump, plunging lift; **tube —**, dipping tube; **tuyau — de barillet** (gaz), dip pipe.

Plot, Contact plug, step; **— de démarrage**, resistance step.

Plume, Pen; **porte —**, pen holder; **porte — réservoir**, fountain pen.

Plutonium, Plutonium.

Pneu, Tyre or tire, cover (voir **Pneumatique**); **talon d'un —**, beading of a tyre; **— ballon**, balloon tyre; **— conducteur**, conductive tyre; **—s jumelés**, twin tyres; **— lisse**, square tread cover; **— métallisé**, conductive tyre; **— à talons**, cover with beaded edges, beaded edge tyre; **— à tringles**, wire guarded cover, wired tyre; **monter un —**, to fit a tyre.

Pneumatique, Pneumatic, inflatable (adj.); tyre, cover; **amortisseur —**, pneumatic shock absorber, air dash pot; **bandage —**, pneumatic tyre; **bande de roulement d'un —**, tyre tread; **burin —**, chipper; **calibre —**, air gauge; **commande —**, air operation; à commande —, air actuated; éclatement de —, tyre burst; éjecteur —, pneumatic ejector; extracteur —, air lift; injection —, pneumatic injection; marteau —, compressed air hammer; micromètre —, pneumatic micrometer; monte-charge —, pneumatic hoist; outil —, pneumatic tool, air tool; perceuse —, pneumatic drilling machine; pression des —s, tyre pressure; relais —, pneumatic relay; remblayage —, pneumatic stowing; rivetage —, pneumatic riveting; serrage —, pneumatic clamping; talon d'enveloppe de —, tyre flange; transmetteur —, pneumatic transmitter; usure des —s, tyre wear.

Pneumercator, Pneumercator.

Poche, Pocket; — d'air, air trap; — pour anode, anode bag; — de coulée, ladle; casting ladle — à fonte, hot metal ladle; fourche de — de coulée, ladle carrier; — de minerai, crevice.

Poêle, Stove.

Poids, Weight; barrage —, gravity dam; contre —, counter weight; — adhésif, adhesive weight; — atomique, atomic weight, at-wt; — brut, gross weight; — compensé, compensated weight; — produisant l'écrasement, crushing weight; — d'équilibrage, balance weight; — moléculaire, molecular weight; — mort, dead weight; — moteur, driving weight; — net, net or nett weight; — spécifique, specific weight; — total, standard weight, all up weight; — total (cargaison d'un N.), gross weight; — à vide, dry weight, empty weight.

Poignée, Grasp, haft, handle, hold, fastening.

Poinçon (fût), Puncheon.

Poinçon, Bodkin, borer, brad awl, broach post, chisel, chasing chisel, drift, gad, punch; stamp (monnaie), die stamp; contre —, counter punch; — à découper, hollow punch; — emboutisseur, plunger die; — à main, brad punch; — de réception, acceptance stamp; — à river, riveting punch; — à vis, screw punch; percer au —, to punch.

Poinçonnage, Punching, piercing; coinage (monnaie); essai de —, drift test.

Poinçonné, Punched; tôles —es, punchings.

Poinçonner, to Punch, to pierce; machine à —, punching machine, cutting press; machine à — et à cisailler, punching and shearing machine; machine à — et à river, punching and riveting machine.

Poinçonneuse, Punching machine, cutting press; cisailleuse — ou — à cisailles, punching and shearing machine; — hydraulique, hydraulic punch, hydraulic punching machine; — à main, punching bar.

Point, Point; soudure par —s, spot welding, tack welding; — anodique, anode spot; — d'application, application point, working point, bearance; — d'appui, fulcrum, hip; —s cardinaux, cardinal points; —s colinéaires, collinear points; — de combustion, fire point, burning point; — de concours, converging point; — de congélation, freezing point (F.P.), pour point; — conséquent, consequent point; — coté, spot height; — critique, critical point; — de Curie, Curie point, magnetic transition temperature; — directeur, guide point; — d'ébullition, boiling point; à bas — d'ébullition, low boiling point; — d'éclair, flashing point, flash point; — d'émergence (pétr.),

POI — 349 — **POI**

seep; — **d'engrènement,** meshing point; — **d'entrée** (d'une came), first point of contact; — **d'extraction de vapeur,** bleed point; — **final** (d'un combustible), end point; — **de fluage,** flow point, pour point; —**defusion,** melting point; — **géodésique,** triangulation point, trig station; — **de goutte,** drop point; —**s homologues,** homologous points; — **d'ignition,** burning point; — **d'incidence,** incidence point; — **d'inflammation,** flashing point; — **d'inflexion,** point of inflexion; — **de jonction des phases,** interlinking point; — **mort,** dead point, centre; **contact au — mort,** dead contact; — **mort haut, T.D.C.;** — **mort inférieur, B.D.C.;** —**s morts supérieur et inférieur,** top and bottom dead centres; — **neutre,** neutral point, star point; — **de nuage d'une huile,** cloud point; — **de rebroussement,** stationary point, node, point of retrogression; — **de rosée,** dew point; — **de rupture,** breaking point; — **de sectionnement,** sectionalizing point; — **de sortie** (d'une came), last point of contact; — **de vaporisation,** vaporating point; — **à la verticale,** plumb point; **mettre au —,** to focus.

Pointage (art.); Elevation, pointing, training tally; **angle de — négatif,** angle of depression; **angle de — positif,** angle of elevation; **vis de — en hauteur,** elevating screw; **volant de —,** training wheel; — **de marchandises,** tally.

Pointage, Control; **pendule de —,** control clock.

Pointe, Point, brad, head, prong, spike, sprig, tack, tip; **à —,** pointed, spiked; **à — aiguë,** keen edged; **à — en cuivre,** copper pointed; **balle à — arrondie,** round nose or round capped; **bullet; en —,** tapering, pointed; **armé de —s,** spiky; **chasse —s,** driver; **contre — d'un tour,** back centre or dead centre of a lathe; **douille de la contre —,** back centre socket; **support de la contre —,** back stay; **distance entre —s,** distance between centres; **écartement des —s d'une bougie,** plug gap; **mandrin à —,** spur chuck, chuck with holdfasts, fork chuck, prong chuck, strut chuck; **marteau à —,** pointed hammer; **sans —,** centerless; **meulage sans —,** centerless grinding; **tour à—s,** centre lathe; **tour de 5 pouces de hauteur de —,** 5 in. center lathe; — **de cœur** (rail), core piece; — **de la contre-poupée,** loose headstock centre; —**s déplaçables,** centres with endlong movement; — **d'électrode** (soudure), welding tip, electrode tip; — **de la poupée fixe d'un tour,** line centre of a lathe; — **de la poupée mobile,** pin of the moveable puppet; — **à rabaisser,** edge tool; — **rapportée,** detachable pit; — **sèche d'un compas,** needle point; — **d'un tour,** broach, centre, centre stack, spindle of a lathe; — **fixe d'un tour,** dead centre or dead spindle of a lathe; — **tournante,** running centre; — **à tracer,** drop or draw point, cutting point, pointer borer, marking awl, scribe; **monter la pièce entre —s,** to place the work between centres.

Pointe, Peak; **tension de —,** peak voltage; **voltmètre de —,** peak voltmeter; — **de charge,** load peak; — **de courant,** current surge; **à l'épreuve des —s de courant,** surge proof; — **de démarrage,** inrush peak.

Pointeau, Centre point, centre punch; needle; cone; pen; **coup de —,** centre mark, centre dab, centre pop; **robinet à —,** needle valve; **robinet à vis —,** point screw valve; **vanne —,** pin valve, needle valve; — de carburateur, carburettor needle; — conique, conical pen; — de flotteur, float needle; — de soupape, valve cone.

Pointer, to Centre; to elevate; to tally; aiguille à —, dotting needle; machine à —, jig borer, jig boring machine; machine à — type fraiseuse, jig mill; machine à — type perceuse, jig drill; machine à — type rectifieuse, jig grinder; — un canon, to elevate a gun.

Pointerolle, Miner pinching tool.

Pointeur (de marchandises), Tallyman.

Pointillé, Dotted (adj.); stippling; fait au —, stipple; ligne —e, dotted line; roue à —, dotting line; tire-ligne à —, dotting pen.

Pointiller, to Stipple, to punctuate.

Pointu, Pointed, sharp, picked.

Poirier, Pear tree.

Poise, Poise.

Poitrine, Hearth, breast (h. f.); roue hydraulique de —, breast water wheel; — d'enclume, anvil pillar; — ouverte, open hearth; haut fourneau à — ouverte, blast furnace with open hearth.

Poix, Pitch; — à réparage, clobber.

Polaire, Polar; auto —, self polar; bi —, two pole; cornes —s, pole tips; coordonnées —s, polar coordinates; couronne —, pole crown; diagramme —, polar diagram; dispersion —, pole leakage; épanouissement —, pole shoe, pole face, projecting pole piece; masse —, pole face; noyau —, pole core; pièce —, pole shoe; pole tip; pertes dans les pièces —s, pole shoe losses; tri —, three pole; uni —, single pole, one pole.

Polarimètre, Polarimeter.

Polarisabilité, Polarisability.

Polarisable, Polarisable or polarizable.

Polarisant, Polarizing.

Polarisateur, Polarizing; courant —, polarizing current.

Polarisation, Polarisation, polarization; angle de —, polarizing angle; bobine de —, bias coil; courant de —, polarization current; erreur de —, polarization error; inversion de —, reversal of polarization; plan de —, plane of polarization; circulaire, circular polarization; — des électrodes, galvanic polarization, polarization of the electrodes; — elliptique, elliptical polarization; — de la lumière, light polarization; — verticale, vertical polarization; — du vide, vacuum polarization.

Polariscope, Polariscope.

Polarisé, Polarised, polarized, biased; lumière —e, polarised light; relais —, polarized relay; — elliptiquement, elliptically polarized; — horizontalement, horizontally polarized.

Polariser, to Polarise, to polarize, to bias.

Polarité, Polarity; inverseur de —, polarity reversing switch; inversion de —, polarity reversal; — inversée, reversed or reverse polarity.

Polarographe, Polarograph; — enregistreur, recording polarograph.

Polarographie, Polarography.

Polarographique, Polarographic; analyse —, polarographic analysis; dosage —, polarographic determination or estimation; réduction —, polarographic analysis.

Polaroïde, Polaroid.

Pôle, Pole; distance des —s, pole pitch; écartement des —s, pole spacing; génératrice à —s dentés, claw field generator; **pas des —s**, pole pitch; **—s d'un aimant**, poles of a magnet; **—s alternés**, staggered poles, alternate polarity poles; **— auxiliaire, de commutation**, commutating pole; **—s conséquents**, consequent poles; **—s à fourrure**, bushed poles; **— inducteur**, field pole; **— magnétique**, magnetic pole; **— négatif**, negative pole, zinc pole; **—s de même nom**, like poles, similar poles; **— de nom contraire**, opposite poles; **— nord**, north pole; **—s à polarité alternée**, alternate polarity poles; **— positif**, positive pole; **— radial**, radial pole; **génératrice à —s radiaux**, radial pole generator; **— saillant**, salient pole; **alternateur à —s saillants**, salient pole alternator.

Poli, Polish, finish; **— satiné**, satin finish; **— spéculaire**, mirror polish.

Poli (adj.), Polished, bright; **— à la main**, hand polished.

Police (assurances), Policy; **— d'assurance aller et retour** (N.), round policy.

Polir, to Polish, to brighten, to buff, to smooth; **fer à —**, broad chisel; **huile à —**, polishing oil; **machine à —**, polishing machine; **poudre à —**, polishing powder.

Polissage, Polishing, buffing, finishing, glazing, grinding, lap finish; **disque de —**, polishing wheel; **— par attaque à l'acide**, etching polishing; **— électrolytique**, electrolytic or electro polishing; **— à l'émeri**, emery polishing; **— à la meule**, wheel grinding.

Polisseur, Polishing; **disque —**, polishing disc.

Polissoir, Emery stick, polisher, polishing iron, polishing bit.

Poly, Poly; **— amide**, polyamide; **— anodique**, polyanode; **redresseur — anodique**, polyanode rectifier; **— atomique**, polyatomic; **— butylique**, polybutylic; **acrylate — butylique**, poly butil acrylate; **— chromatique**, polychromatic; **— condensation**, polycondensation; **— cristallin**, polycrystalline; **— cyclique**, polycyclic; **— èdre**, solid angle, polyhedron; **— électrolytes**, polyelectrolytes; **— ène**, polyene; **— ester**, polyester; **— éthylène**, polyethylene; **— fonctionnel**, polyfunctional; **— gone**, polygon; butt (art.); **— gone d'expériences**, proving ground, proving yard; **montage en — gone**, mesh or ring connection; **— mercaptals**, polymercaptals; **— mercaptols**, polymercaptols; **— mères**, polymers; **—s acryloïdes**, acryloid polymers; **hauts — mères**, high polymers; **— mériques**, polymeric; **éthers — mériques**, polymeric ethers; **— mérisation**, polymerisation; **— mérisation vinylique**, vinyl polymerisation; **— mérisé**, polymerised; **éthylène — mérisé**, polythene, polymerised ethylene; **— mériser**, to polymerise; **— mesureur**, multipurpose tester; **— morphique**, multicurrent; **— morphisme**, polymorphism; **— nôme**, polynomial; **— nucléaire**, polynuclear; **composés — nucléaires**, polynuclear compounds; **— oléfines**, polyolefins; **— phasé**, polyphase, multiphase; **courant — phasé**, polyphase current; **générateur — phasé**, polyphase generator; **transformateur — phasé**, polyphase transformer; **— phote**, polyphote; **— styrolène**, polystyrene; **— thène**, polythene; **disque de — thène**, polythene disc; **— vinylique**, polyvinyl; **alcool — vinylique**, polyvinyl alcohol; **chlorure — vinylique**, polyvinylic chloride.

Pompabilité, Pumpability.

Pompage, Pumping, hunting, surging (élec.); **chevalet de —**, pump jack; **station de** —, pump or pumping station; **pneumatique**, air pumping; **assécher par** —, to pump out.

Pompe, Pump; **âme de la** —, pump bore, pump box; **brimbale, bringuebale de la** —, pump brake, pump rocking level; **chapelle de** —, clack box of a pump; **corps de** —, pump barrel, pump body, pump case, pump chamber, working barrel of a pump; **crépine de** —, pump strainer; **cuir pour** —, pump leather; **fusil à** —, pump gun; **levier d'une** —, pump brake; **raccord de** —, pump connection; **régulateur de** —, pump governor; **roue de la** —, pump impeller; — **à acide**, acid pump; — **à action directe**, donkey pump; — **à ailettes**, vane pump; — **à air**, air pump; **clapet de** — **à air**, air pump valve, blow valve; **cloche de** — **à air**, air pump bell; — **à air humide**, wet air pump; — **à air sec**, dry air pump; — **alimentaire**, feed or feeding pump; — **d'alimentation**, supply pump; — **alternative**, reciprocating pump; — **d'amorçage**, priming pump; — **à amorçage automatique**, self priming pump; — **d'arrosage** (mach.-outil), coolant pump, suds pump; — **aspirante**, aspiring or lifting pump; — **aspirante et foulante**, lift and force pump, sucking pump; — **d'assèchement**, bilge pump; — **d'assiette** (sous-marin), trimming pump; — **de balayage** (Diesel), scavenging pump; — **à béton**, concrete pump; — **à bras**, hand pump; — **de cale**, bilge pump; — **centrifuge**, centrifugal pump; — **à chaleur**, heat pump; — **à chapelet**, chain pump; — **de circulation**, circulating or circulation pump; **clapet de décharge des** —**s de circulation**, circulation outlet valve; — **à combustible**, fuel pump; — **de compression**, air compressing pump; — **de condenseur**, wet air pump, condensate pump; — **à débit mesuré**, metering pump; — **de dénoyage**, unwatering pump; — **différentielle**, differential pump; — **de diffusion**, diffusion pump; — **à eau**, water pump; — **de circulation d'eau**, water circulating pump; — **à eau de condensation**, condensate pump; — **à l'eau-méthanol**, water methanol pump; — **à n corps, n throw pump**; — **à double effet**, double acting pump; — **à simple effet**, single acting pump; — **élévatoire**, lifting pump, lift pump; — **élévatoire inférieure** (mines), bucket lift; — **engorgée**, chocked pump, foul pump; — **à engrenages**, gear pump; — **pour épreuves de chaudières**, boiler prover; — **d'épuisement**, drainage pump, exhaust pump, sinking pump, pumping engine; — **à essence**, fuel pump, gazoline pump, petrol pump; — **d'exhaure**, exhaust pump; — **d'extraction**, extraction pump, brine pump; — **filtrante**, filter pump; — **pour forer les puits**, borehole pump; — **foulante**, force or forcing pump; — **franche**, free pump; — **de gavage**, boost pump; — **à huile**, oil pump; — **à huile de graissage**, lubricating oil pump; — **hydraulique**, hydraulic pump; — **à incendie**, fire engine, fire pump; — **d'injection**, injecting pump, jet pump; — **pour liquides corrosifs**, corrosive liquids pump; — **à main**, hand pump; — **à membrane**, diaphragm pump; — **à moteur**, engine driven pump; — **multicellulaire, à n étages**, n stage pump; — **nourrice**, booster pump; — **à palette coulissante**, sliding vane pump; — **à piston**, reciprocating pump; — **à double piston**, double piston pump; — **à piston plongeur**, plunger pump, plunger lift; — **à plu-**

Pon — 353 — **PON**

sieurs pistons, multiplunger pump; — **à plongeur simple**, single plunger pump; — **à double pouvoir**, double pump; — **de régulation**, governor pump — **à saccades**, jerk pump; — **rotative**, rotary pump; — **de suralimentation**, boost or booster pressure; — **de surcompression**, booster pump; — **à turbine**, turbine pump; — **à vapeur**, steam pump; — **de vidange**, exhauster; — **à vide**, vacuum pump; — **à vis**, screw pump; **amorcer la** —, to fetch, to prime the pump; **désamorcer une** —, to dry up a pump; **franchir la** —, to free the pump.

Pompé, Pumped; **ignitron** —, pumped ignitron.

Pomper, to Pump, to fork (mines).

Pompier, Fireman.

Ponçage, Flatting, rubbing down; **bande de** —, sander belt; **disque de** —, sander disc.

Ponce, Pounce (dessin); pumice (pierre); **pierre** —, pumice stone.

Ponceau, Culvert.

Poncer, to Sand, to smooth; **courroie à** —, sand belt; **outil à** —, sander; **pierre à** —, colour stone; **vernis à** —, rubbing varnish.

Poncet, Cam.

Ponctuel, Punctual; **électrode** — **le**, point electrode.

Pont, Bridge; deck (N.); **à** n —**s travelling crane**; (navire), n decked; **à deux, trois** —**s** (navire), two, three deck (vessel); **en** —, bridged; **réseau en** —, bridged network; **baux du** —, deck beams; **bordé de** —, deck plate, deck plating; **caissons de fondation pour** —**s**, bridge foundation cylinders; **couplage en** —, bridge connection; **culée de** —, bridge abutment or butment, wring wall of a bridge; **espace entre les piliers d'un** —, span of a bridge; **joint à** —, bridge joint; **palée de** —, pile trestle, pile work; **tablier d'un** —, floor of a bridge; **tête de** —, bridge front, end girder; — **abri (N.)**, shelter deck; — **à affalage rapide**, quick lowering travelling crane; — **arrière (auto)**, back axle, line axle, rear axle, axle housing; — **basculant**, lift bridge, draw bridge; — **de bateaux**, bridge of boats, pontoon bridge; — **de capacitance**, capacitance bridge; — **de chauffe**, fire bridge; —**s et chaussées**, roads and bridges; road surveying department; — **à curseur**, meter bridge; — **démouleur**, stripper; — **d'encoche**, slot bridge; — **d'envol**, flight deck; — **fixe**, stationary bridge; — **de fréquence**, frequency bridge; — **d'impédance**, impedance bridge; — **d'induction**, inductance bridge; — **levis**, draw bridge; — **magnétique**, permeability bridge; — **de pierre**, stone bridge; — **sur pilotis**, pile bridge; — **à poutres pleines**, beam bridge; — **principal**, main deck; — **de radeaux**, bridge on rafts; — **roulant**, overhead rack, travelling crane, traveller, crane bridge; **chariot de** — **roulant**, crane trolley, crane crab; — **roulant aérien**, overhead travelling crane, traveller on overhead track; — **de serrage**, bridge clamp; — **strippeur**, stripping machine, stripper; — **suspendu**, hanging bridge, suspension bridge; — **tournant**, revolving bridge, draw bridge, swing bridge; — **transbordeur**, transfer bridge, aerial ferry; — **volant**, fly bridge, flying ferry; — **de Wheastone**, Wheastone bridge.

Ponton, Pontoon, hulk; — **à charbon**, coal hulk; — **grue**, floating crane, pontoon crane,

POR — 354 — **POR**

floating derrick; — **mâture,** shear or sheer hulk.

Porcelaine, Porcelain, China, China ware; — **émaillée,** enamelled porcelain.

Pore, Pore; **pression dans les —s,** pore pressure.

Poreux, Porous; **béton —,** porous concrete; **non —,** non porous; **vase —,** porous cell, clay cell.

Porion (mines), Overman.

Porosité, Porosity.

Porphyre, Porphyry.

Porque (c. n.), Rider, web frame.

Port, Port, harbour; **aéro —,** airport; **avant —,** outer harbour; **capitaine de —,** harbour master; **droits de —,** port charges; **— d'armement,** port of registry; **— de commerce,** commercial harbour; **— d'échouage,** tidal harbour; **— extérieur,** outer harbour; **— franc,** free port; **— de guerre,** naval port; **— intérieur,** inner harbour; **— en lourd,** dead weight; **— à marée,** tidal port; **— de mer,** naval port; **—s de la métropole,** home ports; **— (en poids) d'un navire,** burden; **— de pêche,** fishing harbour; **— pétrolier,** oil port; **— de refuge,** refuge harbour.

Portage, Bearing, journal; **défaut de — des balais** (élec.), faulty bearing of the brushes.

Portance (aviat.), Lift; **perte de —,** wing drop.

Portant (d'une roue, d'un rail, etc.), Tread.

Portant (charp.), Supporter, upright.

Portant (adj.), Carrying, bearing, supporting; **surface —e,** carrying area; **force —e (aimant),** carrying capacity, carrying force, lifting power, holding power; **surface —e,** lifting surface, supporting plane; **disposition des surfaces —es,** arrangement of planes; **surface —e rigide,** rigid supporting plane.

Portatif, Portable; **forge —ve,** portable forge; **instrument —,** portable instrument.

Porte, Door, gate; **châssis de —,** door case; **contact de —,** door push; **fermeture de —,** door latch; **fiche de —,** door hinge; **interrupteur de —,** door contact switch; **jambe de —,** door post; **linteau de —,** door head; **— d'accès,** access door; **— d'aérage,** trap door; **— d'amont (écluse),** crown gate, head gate, upstream gate; **— autoclave,** sludge door; **— aval,** downstream gate; **— à un battant,** single swing door; **— busquée,** mitre gate; **— de cendrier,** pit door; **— coulissante,** slide gate; **— d'écluse,** lock gate, sluice gate; **— étanche,** watertight gate; **— de fourneau,** furnace door; **— de foyer,** coaling door, fire door; **— glissante,** sliding door; **— largable,** jettison door; **— levante,** lifting gate; **— de vidange,** cleaning door; **— de visite,** inspection door, access door.

Porte-aubes, Blade ring.

Porte-avions, Aircraft carrier, carrier.

Porte-balai, Brush holder; **pivot de — balai,** brush pillar.

Porte-blocs (chaland), Block carrier barge.

Porte-bombes, Bomb carrier.

Porte-broche, Broach holder.

Porte-charbon, Carbon body, carbon holder.

Porte-creuset, Crucible shank.

Porte-électrode, Electrode holder.

Porte à faux, Overhang.

en Porte à faux, Cantilever, overhanging, overhung, projecting; **aile —,** cantilever wing;

palier —, overhung bearing; **volant —,** overhung flywheel; **être —** to overhang.

Porte-filière, Die holder.

Porte-filtre, Filter holder.

Porte-flan, Blank holder.

Porte-foret, Boring bar, boring spindle, cutter head; **manchon —,** drill chuck; **— révolver,** revolving cutter head.

Porte-fraise, Cutter arbor; **mandrin —,** cutter spindle.

Porte-garnitures, Gland housing.

Porte-fusible, Fuse holder.

arbre Porte-hélice, Propeller shaft.

Porte-lame, Cutter head, blade holder; **chariot —,** blade holder carriage; **— elliptique,** drunken cutter.

Porte-matrice, Die holder.

Porte-mèche, Drill spindle, boring spindle.

Porte-meule (arbre), Grinding spindle, wheel arbor; **chariot —,** wheel slide.

Porte-objectif, Lens holder, lens mount.

Porte-oculaire, Eye tube.

Porte-outil, Tool holder, tool box, tool carrier, tool post, cutter block, headstack; **chariot —,** tool holder carriage, sliding tool carriage, tool slide; **chariot — transversal,** cross tool carriage; **coulisseau — (tour),** bed slide; **support de —,** tool rest; **— à charnière,** hinged tool holder; **— à forme d'alésoir,** boring cutter block; **— pivotant,** flying cutter.

Porte-sabot, Brake head.

Porte-scie, Blade holder; **chariot —,** saw carriage.

chariot Porte-tourelle, Turret slide.

Porte-voix, Speaking tube.

Portée, Bearing, collar, fulcrum, journal; range, span (lignes télégr.); **— de l'arbre de couche (N.),** main bearing; **— à cannelures à collets,** collared bearing; **— du cylindre,** working surface of cylinder; **— du noyau,** core mark, core print; **— du palier de butée,** thrust bearing; **refaire les —s,** to rebed.

Porteur, Bearer; **au —,** to the bearer; **câble —,** lift wire; **chèque au —,** cheque or check to bearer; **courant —,** carrier current; **essieu —,** bearing or supporting axle; **flasque — (mot. à gaz),** guide cheek; **— à clapet (N.),** hopper, hopper punt, hopper barge.

barre Porteuse, Stress bar.

fréquence Porteuse, Carrier frequency.

onde Porteuse (T.S.F.), Carrier wave; **— multiple,** multiple carrier wave; **— unique,** single carrier wave.

Portique, Crane, gantry frame. gantry, portal; **grue —,** frame crane, gantry crane, portal crane; **— de butée,** portal frame; **— de freinage,** braking gantry; **— sur piliers,** bridge crane.

Pose, Exposure (photo.); laying, fixing; **plan de — d'une chaudière,** boiler setting; **plan de — du cylindre,** cylinder bed; **temps de —,** exposure; **— de câbles,** cable laying **— sur gabarit,** jigging.

Positif, Positive; **borne —ive,** positive terminal; **charge —ive,** vitreous charge, positive charge; **cratère —,** positive crater; **électricité —ive,** positive electricity; **électrode —ive,** positive electrode; **modulation —ive,** positive modulation; **pôle —,** positive pole; **rayons —s,** positive rays.

Position, Position; **— d'attente,** standby position; **— au point mort,** dead center position.

Positionnement, Positioning, framing; **montage de —,** positioner.

Positon, Positon.

Posomètre, Exposure meter.

Postal, Postal; **tarifs — aux,** postal rates.

Postcombustion, Afterburning; **dispositif de —,** afterburner.

Poste, Post office, post, mail; post station; shift; **mandat —,** post office order (P.O.O.); **— arrière,** rear cockpit; **— de chargement,** loading station; **— de commande,** actuator, control cubicle; **— de distribution,** service station; **— d'écoute,** listening post; **— émetteur-récepteur portatif,** walkie-talkie; **— d'émission,** sending station; **— à essence,** gasoline or gas station; **— de jour,** day shift; **— de nuit,** night shift; **— de pilotage** (avion), pilot's cockpit; **— de radiogoniométrie,** direction finding station, D.F. station; **— de réception,** receiving station; **— de soudure,** welding plant; **— de travail,** shift.

Pot, Pot; **— de carde** (text.), sliver; **— de cémentation,** annealing box; **— d'échappement,** exhaust box, exhaust pot, exhaust tank; **— de niveau constant** (carbur.), float chamber.

Potasse, Potash, potassium hydroxide; **bichromate de —,** bichromate of potash; **carbonate de —,** vegetable alkali; **lessive de —,** potash hydrate; **sulfate de —,** potassium sulphate; **— caustique,** caustic potash.

Potassium, Potassium; **bichromate de —,** potassium bichromate or dichromate; **bromure de —,** potassium bromide; **cyanure de —,** potassium cyanide; **iodure de —,** potassium iodide; **oxyde de —,** potassic or potassium oxide.

Poteau, Pole, post, standard; **interrupteur de —,** pillar or pole switch; **— en bois,** wood pole; **— cornier,** corner post; **—x couplés,** A pole, twin posts; **— indicateur,** sign post; **—x jumelés,** coupled poles, twin posts; **— télégraphique,** telegraph post.

Potée d'émeri, Lapidary's emery, emery dust, putty.

Potence, Potence, beam, jib; small anvil; wall drill, drilling frame, spider; **enclume à —,** anvil with one arm; **en forme de —,** shaped like a T; **— à forer,** boring frame; **— à percer,** boring frame; **— à pignons,** angle brace; **— d'une grue,** beam of a crane.

Potentiel, Potential; **chute de —,** fall of potential, potential drop; **différence de —,** potential difference, difference of potential P.D.; **égalisateur de —,** potential equalizer; **énergie — elle,** potential energy; **fonction — elle,** potential function; **gradient de —,** potential gradient; **prise de —,** potential tap; **transformateur de —,** potential transformer; **ventre de —,** loop of potential; **— absolu,** absolute potential; **— d'allumage,** firing potential; **— d'arc,** striking potential; **— d'arrêt,** stopping potential; **— de charge,** charging potential; **— de désionisation,** deionization potential; **— d'équilibre,** equilibrium potential; **— d'excitation,** exciting potential; **— d'extinction,** extinction potential; **— de grille,** grid bias; **— d'ionisation,** ionizing potential; **— d'oxydation,** oxidation potential; **— de terre,** earth or ground potential; **— zéro,** zero potential.

Potentiomètre, Potentiometer, volume control (T.S.F.).

rhéostat Potentiométrique, Potentiometer type rheostat.

Poterie, Earthen ware, pottery.

Pouce (mesure de longueur, voir **Tableaux**), Inch; de n —s

POU — 357 — **POU**

(canon), *n* incher; — **carré,** square inch; — **cube,** cubic inch, cu. in.

Poudre, Powder; **abattage à la —,** blasting; **borax en —,** powdered borax; **bugalet à —,** powder hoy; **coton —,** gun cotton; **coton — comprimé,** compressed gun cotton; **en —,** powdered; **fondant en —,** powdered flux; **métallurgie des —s,** powder metallurgy; **tarière à —,** charger; **tirage à la —,** exploding; **— abrasive,** grinding powder; **— d'acier,** steel powder; **—s d'acier alliées,** prealloyed steel powders; **— pour le blanchiment,** detergent powder or salt; **— à canon,** cannon powder, gun powder; **— cémentatoire,** cementing powder; **— à égriser,** abradant; **— d'émeri,** emery dust; **— de fer,** iron powder; **— fine,** fine grained powder; **— fulminante,** detonating powder; **— sans fumée,** smokeless powder; **— à la nitroglycérine,** nitroglycerine powder; **— à grains cylindriques,** pellet powder; **— à grains fins,** fine grained powder; **— à gros grains,** coarse grained powder, pebble powder; **— lente,** slow burning powder; **— métallique,** metal powder; **— de mine,** blast or blasting powder; **— noire,** black powder; **— à la nitrocellulose,** nitrocellulose powder; **— d'or,** gold dust; **— à polir,** polishing powder; **— à souder,** brazing powder, welding powder; **— de talc,** talcum powder.

Poudrerie, Gunpowder mill.

Poudrière, Powder depot, powder magazine, gun powder mill.

Poulie, Block, pulley; **caisse d'une —,** shell of a pulley; **carter de —,** pulley housing; **clan d'une —,** channel of a pulley; **flasque de —,** pulley block; **gorge d'une —,** score or slot of a pulley; **joue d'une —,** cheek of a block; **porte —,** pulley brace; **réa de —,** block sheave; **tour à —,** pulley lathe; **— à câbles,** rope pulley; **— à chaîne,** chain sheave, chain wheel; **— de commande,** driving pulley; **— de commande de ventilateur,** fan driving pulley; **— cône,** cone pulley; **— cône à quatre gradins,** four stepped cone pulley; **— coupée,** snatch block; **— pour courroie,** band pulley; **— à croc,** hook block; **— à empreinte,** chain pulley, pitched pulley; **— d'entraînement,** driving pulley; **— étagée ou à cônes étagés,** cone pulley, stepped pulley; **— d'extraction,** winder; **— fixe,** fixed, fast or dead pulley; **— folle,** loose pulley; **— à gorge,** clip pulley, grooved pulley; **— à gradins,** cone pulley, step cones; **— à *n* gradins,** *n* stepped pulley; **— guide,** idle or guide pulley; **— Kœpe,** Koepe winder, Koepe pulley; **— mobile,** live or moveable pulley; **— mouflée,** block and pulley; **— à *n* réas,** *n* sheaved block; **— de renvoi,** guide pulley, snatch block; **— de retour,** quarter block, end pulley; **— à talon,** shoulder block; **— tendeur,** idler pulley; **— triple,** threehole block; **— vierge,** sister block; **— à violon,** fiddle block; **— volant,** fly pulley: **passer un cordage dans une —,** to reeve.

Pouliérie, Block machine.

Poulieur, Block maker.

Poupée, Puppet, headstock, head; **contre —,** tailstock; **pointe de la contre —,** loose headstock centre; **pointe de la — fixe,** puppet centre, live centre, square centre; **pointe de la — mobile (tour),** back or dead centre; **— de cabestan,** capstan head; **— diviseur,** dividing head, indexing head; **— fixe d'un tour,** headstock, centre stock, centre puppet of a lathe; **— de guindeau,** warping end; **— à lunette,** collar plate, extra poppet; — **mobile,** loose headstock, sliding puppet, shifting head; — **porte-broche,** spindle head; — **porte-meule** (rectifieuse), headwheel, wheel head; — **porte-pièce,** work head; headstock; — **de tour,** head, poppet, puppet, poppet head of a lathe; **fixer la contre —,** to clamp the tailstock.

Pourcentage, Percentage.

vide Poussé, High void, high vacuum.

Poussée, Pushing, pressure, thrust, creep (sol); **axe de —,** thrust line; **bielle de —,** thrust rod; **centre de —,** thrust center; **centre de — moyen,** mean aerodynamic centre; **clapet de contrôle de —,** check thrust valve; **— au décollage,** take off thrust; **— statique,** static thrust; **— d'une voûte,** drift of a vault.

Pousser, to Push; **— les feux,** to push back the fires, to urge the fires.

Poussier, Fly ash, clinker; **— de charbon,** coal dust, culm; **— de coke,** braize.

Poussière, Dust; **à l'abri des —s,** dust proof; **cache —,** dust cover; **capteur de —s,** dust catcher; **collecteur de —s,** dust collector; **obturateur anti —s,** dust shield; **pare —s,** dust guard; **— de fer,** iron dust; **—s de limage,** filing dust.

Poussoir, Rod, push rod, ram, striker, tappet; **bouton —,** push button; **galet de —,** tappet roller; **jeu des —s,** tappet clearance; **tige —,** push rod; **— d'appel d'essence,** tickler; **— de décollage,** disengaging rod; **— de soupape,** valve lifter, valve tappet; **galet de — de soupape,** valve tappet roller.

Poutrage, Beaming, girdering.

Poutre, Baulk, beam, girder; **bi — (aviat.),** twin beam; **maîtresse —,** chief beam, bind beam, principal beam; **montant de — de liaison (aviat.),** tail boom strut; **racinal de —,** corbel piece; **— à larges ailes,** wide flange beam; **— à âme pleine,** plate girder, web girder; **— d'ancrage,** buck stay; **— armée,** strengthened or fished beam, trussed beam; **— articulée,** hinged girder, articulated girder; **— d'assemblage,** built beam; **— en bois à âme métallique,** flitch girder; **— (en) caisson,** box beam; **— caisson multicellulaire,** multicell box beam; **— en console,** overhung girder, cantilever girder; **— en crémaillère,** indented beam; **— éclissée,** fishing beam; **— encastrée,** restrained beam; **— en encorbellement,** overhung girder, cantilever girder; **— feuillée en treillis,** grooved beam; **— de force,** corbel tree; **— à larges ailes,** wide flange beam; **— de liaison (aviat.),** tail boom; **— maîtresse,** chief beam, girder; **— profilée,** structural beam; **— renforcée,** trussed girder; **— de roulement,** runway girder; **— transversale,** cross beam; **— traversière,** bridging piece, bridging beam; **— en treillis,** lattice or latticed girder; **— en U,** strut bracing.

Poutrelle, Small beam, joist; **console sur —,** angle course beam; **laminoir à —s,** girder mill.

Pouvoir, Power, capacity; **— absorbant,** absorbing or absorbent power; **— adhérent,** adhesive power; **— agglutinant,** caking capacity; **— d'arrêt,** stopping power; **— ascensionnel,** lift; **— calorifique,** calorific power, calorific value; **— de coupure,** interrupting capacity; **— couvrant** (peint.), hiding power; **— de dépôt,** throwing power; **— diffusant,** diffusing power; **— éclairant,** illuminating power; **— émissif,** emissive or radiating power; **— isolant,**

insulating power; — **de résolution**, resolving power; — **de rupture**, interrupting or rupturing capacity; **haut — de rupture**, high rupturing capacity (h.r.c.).

Pratique, Practice; application; pratique (comm.); **libre —, pratique; théorie et —**, theory and application; **donner libre — à**, to admit to pratique.

Pratique (adj.), Practical.

Préalable, Preliminary; **charge —**, pre-load.

Préamplificateur, Preamplifier.

Précalculé, Precomputed.

Préceinte (N.), Wale.

Précession, Precession.

Préchargé, Preloaded.

Précharger, to Preload.

Préchauffage, Preheating.

Préchauffé, Preheated.

Préchauffer, to Preheat.

Préchauffeur, Preheater.

Préchauffage, Preheating; **four de —**, preheating furnace.

Précipitation, Precipitator; **— électrostatique**, electrostatic precipitator.

Précipitation, Precipitation, deposition; **indice de —**, precipitation number; **— de carbure**, carbide precipitation; **— chimique**, chemical precipitation; **— différentielle**, differential precipitation; **— électrique**, electrical precipitation.

Précipité, Precipitate, deposit.

Précipité (adj.), Precipitated.

Précipiter, to Precipitate.

Précipitron, Precipitron.

Précis, Accurate.

Précision, Precision, accuracy; **alésage de —**, precesion boring; **ampèremètre de —**, standard amperemeter; **balance de —**, analytical balance; **décolletage de —**, precision turning; **instrument de —**, precision instrument; **mécanique de —**, precision mechanics; **moulage de —**, precision casting; **travaux de —**, precision jobs; **voltmètre de —**, standard voltmeter.

Préconcassage, Coarse crushing.

Préconduction, Preconduction; **courant de —**, preconduction current.

Précontraint, Prestressed; **béton —**, prestressed concrete.

Précontrainte, Prestressing.

Précraquage (pétr.), Primary cracking.

Préfabrication, Prefabrication.

Préfabriqué, Prefab.

Préfabriqué (adj.), Prefabricated; **éléments —s**, sub assemblies.

Préfabriquer, to Prefabricate.

Préfaçonnage, Preforming.

Préfaçonné, Preformed.

Préfaçonner, to Preform.

calotte Préfocale, Pre focus cap.

Prélart, Tarpaulin.

Prélevé, Bled.

Prélèvement, Bleeding, tapping; **— d'air**, air bleeding.

Prélever, to Bleed.

Prématuré, Premature; **allumage —**, pre-ignition; **mise de feu —ée**, premature fire.

Premier, First; **nombre —**, prime number; **— secours**, first aid; **—ère vitesse**, first speed.

Prémoulé, Precast; **béton —**, precast concrete.

Prémouler, to Precast.

Préparateur, Assistant; **cylindre —**, preparing roll.

Préparation, Planning, preparation, processing; **atelier de — mécanique**, dressing floor; **— de la charge** (h. f.), burden

PRE — 360 — **PRE**

dressing; — **mécanique des minerais**, ore dressing; — **du vol**, flight planning.

Préparer, to Prepare.

Prérégler, to Predetermine.

Présélecteur, Preselector; — **hydraulique**, hydraulic preselector.

Présélectif, Preselective; **changement de vitesses** —, preselective gear change.

Préservatif, Antifouling; **enduit** —, antifouling composition.

Préservé, Preserved.

Préserver, to Preserve.

Président, Chairman.

Présonorisation, Prescoring.

Pressage, Pressing; — **à chaud**, hot pressing.

Presse, Press, pressing machine; clamp (menuis.), cramp; **amorcage a la** — press roughing; **berceau de** —, press carriage; **calage à la** —, pressed on fit; **chapiteau supérieur de** —, crosshead of a press; **châssis** —, printing frame; **embouti à la** —, pressed; **marbre d'une** —, press stone; **sommier d'une** —, header of a press; **sous** —, in the press; **travail à la** —, pressing; — **à agglomérer**, briqueting press; — **à arcade**, enclosed type press, housing type press; — **à faire les balles de laine**, dumping press; — **à bandages**, tyre press; — **à bâti en col de cygne**, gap frame press, gap type press, open front press;—**à bielle et manivelle**, toggle press;—**à faire les boulons**, boltmaker press; — **à bras**, hand press; — **à caler**, arbor press; — **à caler les roues**, wheel press; — **à casser**, breaking press; — **à ceinturer les obus**, banding press; — **à cingler**, crocodile press; — **à cintrer**, bending press; — **à cintrer les rails**, jack crow; — **à coin**, wedge press; — **à copier**, copying press; — **à coton**, cotton press; — **à découper**, punch or punching press; — **à dresser**, straightening press; — **à faire les écrous**, nutmaker press; — **à double effet**, double acting press; — **à simple effet**, single action press; — **à emballer**, baling press; — **à emballer le coton**, cotton press; — **à emboutir**, deep drawing press, stamp press; — **à emboutir les cuirs**, cap leather press; — **à empaqueter**, beater press; — **à empreintes** (imprim.), moulding press; — **à encocher**, notching press; — **à estamper**, dieing press, stamping press, drop forging press; — **d'établi**, bench press; — **à étirer**, stretching press; — **étoupe**, stuffing box; **chapeau de** — **étoupe**, gland of a stuffing box; **écrou de** — **étoupe**, gland nut; — **étoupe de cémentation** (pétr.), cement retainer; — **à excentrique**, eccentric press, cam press; — **à extrusion**, extruding press; —**s de filage**, wire drawing dies; — **à forger**, forging press; — **à frapper la monnaie**, coining press; — **à friction**, friction (screw) press; — **à gabarier**, forming press; — **à genouillère**, toggle press; — **hydraulique**, Brahmah's press, hydraulic press; **piston de** — **hydraulique**, hydraulic ram; — **hydrostatique**, hydrostatic press; — **d'imprimerie**, printing press; — **inclinable**, inclinable press; — **à levier**, lever press; — **à main**, hand press, clamp, adjustable clamp, cramp frame; — **à mandriner**, expanding press; — **à matricer**, dieing press, stamping press; — **mécanique**, engine press, power press, mechanical press; — **à moulurer**, moulding press; — **multiple**, transfer type press; — **à ogiver**, nosing press; — **à pédale, à pied**, foot press, foot operated press; — **à percer**, piercing press; — **à platine**, platen press; — **à plier et former**, folding and forming press; — **plieuse**, bending press; — **à poinçonner**, punch press, punching press; — **à poinçons multiples**, multipunch press; — **rapide**, fly press; — **à redresser**, straightening press; — **à refouler, à renfler**, extruding press; — **à rétreindre**, upsetting press; — **à river**, riveting press; — **rotative**, rotary press; — **roulante**, working press; — **à rouleau**, rolling press; — **à sertir**, crimping press; — **à tourelle revolver**, turret press; — **à tréfiler**, extruding or drawing press; — **typographique**, printing press; — **verticale à emballer**, baling press; — **à vis**, screw press; **travailler à la** —, to press.

Presse-étoupe, Stuffing box, packing box, packer; **action de garnir un** —, packing; **bague de** —, packing washer; **boulon de** —, gland bolt, packing bolt; **garniture d'un** —, packing of a stuffing box, gland packing; **grain de** —, packing washer; **tuyau à** —, gland expansion joint; — **compensateur**, expansion stuffing box; — **de la tige de piston**, piston rod collars.

Presse-garnitures, Packing block.

Pressé, Pressed.

Presser, to Press, to squeeze.

Pression, Pressure; **alimentation sous** —, force or forced feed; **basse** —, low pressure; **bouton à** —, press stud; **canalisation sous** —, pressure piping; **centre de** —, pressure centre; **cloison de** —, pressure bulkhead; **contre** —, back pressure, counter pressure, negative pressure; **contrôleur de** —, pressure controller; **diagramme des** —**s sur le piston**, piston pressure-time diagram; **égalisateur de** —, pressure equalizer; **étrier de** —, binding clip; **filtration sous** —, pressure filtration; **forage sous** —, pressure drilling; **graissage sous** —, force feed lubrication; **haute** —, high pressure; **indicateur de** —, pressure indicator; **jauge de** —, pressure gauge; **mise sous** —, pressurization; **moyenne** —, mean pressure; **onde de** —, pressure wave; **régulateur de** —, pressure regulator; **réservoir sous** —, pressure feed tank, pressure vessel; **roue à haute** — (turb.), high pressure disc; **soufflage sous** —, pressure blowing; **sous** — (cabine), pressurized, pressure locked; **sous** — (graissage), forced; **transformateur de** —, pressure transformer; **vapeur à basse, à haute** —, low, high pressure steam; **vis de** —, pressure transformer; — **absolue**, absolute pressure, actual pressure; — **d'admission**, throttle pressure; — **atmosphérique**, atmospheric pressure; — **barométrique**, barometric pressure; — **de bas en haut**, upward pressure; — **de compensation**, equalising pressure; — **critique**, critical pressure; — **de déviation**, deflection pressure; — **dynamique**, Pitot pressure; — **effective**, active pressure; — **à l'échappement**, exhaust pressure; — **effective**, actual pressure, effective pressure, active pressure; — **d'emmanchement**, assembling pressure; — **exagérée**, undue pressure; — **d'extraction**, extraction pressure; — **de haut en bas**, downward pressure; — **hydraulique**, hydraulic pressure; — **hydrostatique**, hydrostatic pressure; — **instantanée**, instantaneous pressure; — **intérieure**, internal pressure; — **nominale**, rated pressure; — **osmotique**, osmotic pressure; — **de régime**, working pressure; — **de saturation**, saturation process; — **statique**, static pressure; — **de suralimentation**, boost pressure; — **totale**, total pressure, over all pressure, top

PRI — 362 — **PRI**

pressure; — **unitaire**, unit pressure; — **de vapeur**, steam or vapour pressure; **avoir de la** —, to have steam up; **on a de la** —, the steam is up; **on 'na pas de** —, the steam is down; **mettre sous** —, to pressurize; **tenir sous** —, to keep up steam.

Pressurisation, Pressurization; — **d'air**, air pressurization.

Pressurisé, Pressurized, pressure locked; **réservoir de combustible** —, pressurized fuel tank.

Pressuriser, to Pressurize.

Prêt, Loan; — **sur marchandises**, repondentia; **faire un** —, to make a loan.

Préventif, Preventive.

Prévisions, Estimates; forecasts (temps).

Primage, Primage.

Primaire, Primary; **arbre** —, primary shaft; **bobine** —, primary coil; **circuit** —, primary circuit; **concassage** —, primary crushing; **couleurs** —**s**, primary colours; **courant** —, primary current; **élément** —, primary cell; **enroulement** —, primary winding.

Prime, Premium; — **d'assurance**, premium of insurance.

cercle Primitif (came), Base circle, pitch circle.

Principal, Principal, chief; **cale** —**e**, main hold; **canalisation** —**e**, main line; **carlingue** —**e** (c. n.), main keelson; **circuit** —, chief circuit; **compas** —, master compass; **gicleur** —, main jet; **interrupteur** —, main switch; **ligne** —**e**, main trunk line; **quille** —**e**, main keel; **veine** —**e**, champion lode.

Prise, Connection, tap, tapping, tapping point; collector, catcher, drive (auto); grip, hold, engagment; intake, inlet; setting; **à** — **lente**, slow setting, slow hardening; **à** — **rapide**, quick setting, quickly hardening, quickly taking; **appareil de** — **de vues**, camera; **appareil de** — **de vues automatique**, automatic camera; **appareil électronique de** — **de vues**, electronic camera; **commutateur** —, changeur de —**s**, tap changer; **commutateur de** —**s en charge**, load tap changer; **en** —, engaged, in mesh; **en** — **directe**, direct connected; — **d'air**, air inlet, air intake, air scoop, air vent; — **à archet**, bow collector; — **centrale**, centre tap; — **de courant**, adaptor, connector, jack, plug, power supply, socket; **perche de** — **de courant**, trolley arm; — **directe**, direct connection, direct drive, straight drive; top gear, top drive (auto); **moteur avec hélice en** — **directe**, straight drive engine; — **d'air**, air scoop; — **d'eau**, hydrant, fire plug, water inlet, water intake, tapping point, flooding valve (N.), sea valve (N.); — **de force**, power take off; — **de gaz**, gas catcher, gas exit pipe (h. f.); — **lente**, slow setting; — **rapide**, quick setting; — **de réglage**, adjusting tap; — **de réglage de transformateur**, transformer tap; — **de terre**, ground or earth connection, ground clamp; — **de vapeur**, steam drawing off; throttle valve, steam control valve; **faire** —, to bind.

Prismatique, Prismatic; **antenne** —, prismatic antenna, cage aerial; **glissières** —**s**, prismatic slides; **jumelles** —**s**, prism or prismatic binoculars.

Prisme, Prism; **astrolabe à** —, prism astrolab; **jumelles à** —, prism binoculars; — **de dispersion**, analyser; — **réfléchissant**, reflecting prism; — **à réflexion totale**, total reflection prism; — **réfringent**, refracting prism; — **tournant**, rotating prism.

Prisonnier, Drop bolt, set bolt, set pin stud bolt, tap rivet.

Prix, Price, cost; **barème de —,** price list; **mise à —,** upset price; **— d'achat,** first cost, purchase cost; **— courant,** price list; **— coûtant,** cost price; **— de détail,** retail price; **— fixe,** set price; **— à forfait,** contract price; **— fort,** full price; **— de gros,** wholesale price; **— de revient,** cost price, prime cost.

Probabilité, Probability; **courbe de —s,** probability curve.

Probable, Probable; **erreur —,** probable error.

Probographe, Probograph.

Procédé, Process, method; **— de battage au câble (pétr.),** spudding; **— d'entaillage,** drifting method; **— de fabrication,** manufacturing process; **— de fonçage par congélation,** freezing process; **— à injection,** waterflush system; **— du double laitier,** double slagging; **— au minerai,** ore process; **— aux riblons,** scraps process; **— par succion (pétr.),** swabbing; **— de traitement en vert,** sap steam process; **— par voie sèche,** dry process.

Procès, Action.

Procès-verbaux, Proceedings, records, transactions.

Processus, Process; **— de désintégration,** decay process.

Productif, Productive.

Production, Production, generation, output (mines); **capacité de —,** productive capacity; **contingent de —,** allowable production; **tour de —,** production lathe; **— d'automobiles,** automotive production; **— d'énergie,** power production; **— en série,** quantity production; **— en grandes, moyennes, petites séries,** mass, medium, small or small lot production; **— de vapeur,** steam making, steam generation.

Productivité, Productivity.

Produit, Product, produce; **demi —s,** semi finished products; **sous —,** by product; **— d'apport (soudure),** fill, filler material; **—s céramiques,** ceramic products; **—s chimiques,** chemicals; **usine de —s chimiques,** chemical works; **— dérivé,** by product, derived product; **— détergent,** cleansing compound; **—s de la fission,** fission products; **—s laminés,** laminates; **—s plats,** flats; **—s résiduels,** waste disposal; **—s de solvatation,** solvates.

Profil, Profile, contour, section, shape; **résistance de — (aviat.),** profile drag; **— d'aile,** wing camber, wing curve, wing section, aerofoil section; **— d'aubes,** blade section; **— conjugué,** conjugate profile; **— curviligne,** curved profile; **— laminaire,** laminar flow section, laminar profile; **— de pale d'hélice,** airscrew blade section; **— Zorès,** zore profile.

Profilage, Shaping, profile turning, streamlining; **appareil de —,** turning device, trueing device.

Profilé, Angle bar, extrusion, section; **cornières et —s,** angular sections; **fer —,** sectional iron, special iron; **train à —s,** structural mill; **— en bronze,** brass section.

Profilé (adj.), Profiled, adapted, shaped, streamlined; **brique —ée,** shaped brick; **fraise —ée,** profile cutter; **nacelle —ée,** streamlined nacelle; **poutre —ée,** structural beam.

Profiler, to Profile, to adapt, to shape; **fraise à —,** profile cutter; **machine à —,** profiling machine; **tour à —,** forming lathe.

Profileur, Truer.

Profilomètre, Profilometer; — **électronique,** electronic profilometer.

Profit, Profit, return; **—s et pertes,** profit and loss; **— net,** clear profit.

Profond, Deep; **emboutissage —,** deep drawing; **trempe —e,** thorough hardening.

Profondeur, Depth; **butée de —,** depth stop; **commande de —** (aviat.), elevator control; **enregistreur de —,** depth recorder; **gouvernail de —** (aviat.), elevator, flipper; **jauge de —,** depth gauge; **— de l'aile,** wing chord; **— de coupe,** depth of wing; **— d'encoche,** depth of slot; **— de foyer,** depth of focus; **— moyenne** (aviat.), mean length of chord; **— de passe,** cutting depth; **— d'un profil d'aile,** length of chord; **— radiale,** radial depth.

Progressif, Progressive, stepless, **démarrage —,** stepless starting; **pas —** (élec.), forward pitch.

Progression, Progression; **— arithmétique,** arithmetical progression; **— géométrique,** geometrical progression.

Projecteur, Projector, search light; **éclairage par —s,** floodlighting; **lampe à —,** projector lamp; **— stéréoscopique,** stereoprojector; **— de télévision,** television projector.

Projectile, Projectile, missile, shot; **— radioguidé,** radioguided missile; **— téléguidé,** guided missile.

Projection, Projection, plan, view; lug; **angle de —** (art.), angle of departure; **appareil de —,** projector; **cabine de —,** projection room; **écran de —,** projection screen; **lentille de —,** projection lens; **oscilloscope à —,** projection oscilloscope; **— centrale,** central projection; **— d'eau,** water splash; **à l'abri des —s d'eau,** splash proof; **— d'eau** (mach.), priming; **— horizontale,** dip view; half breadth plan (c. n.); **— longitudinale** (c. n.), sheer plan; **— de Mercator,** Mercator's lamp; **— de télévision,** television projection;— **transversale** (c. n.), body plan.

Projet, Design, designing, draft, drawing, plan, scheme, sketch; **avant —,** draft scheme; **dessin de —,** preliminary drawing.

Projecter, to Design, to plan.

Proline, Proline.

Prolongation analytique, Analytic continuation.

Prolongements, Extension pieces.

Promoteur (chim.), Promoter.

Propagation, Propagation; **constante de —,** propagation constant; **onde de —,** pressure wave; **rapport de —,** propagation or transfer factor or ratio; **vitesse de —,** propagation velocity.

Propane, Propane.

acide Propionique, Propionic acid.

Proportion, Proportion, content, rate; **— harmonique,** harmonical proportion.

limite de Proportionnalité, Proportional limit, limit of proportionnality; yield point.

Proportionnel, Proportional; **droit —,** ad valorem duty; **moyenne —elle,** proportional mean.

calculs Propositionnels, Sentencial calculi.

Propre, Natural; **fréquence —,** natural frequency; **période —,** natural period; **résonance —,** natural resonancy.

Propriété, Property; **—s chimiques,** chimical properties.

Propulsé, Propulsed, propelled, powered; **auto —,** self propelled; **— par,** powered; **— par fusée,** rocket powered; **— par réaction,** jet powered.

Propulser, to Propulse, to propel.

Propulseur, Propeller.

Propulsif, Driving, propulsive; **charge —ive,** propelling charge; **énergie —ive,** propulsive energy; **hélice —ive,** driving airscrew, pusher, pusher propeller.

Propulsion, Propulsion; **à — autonome,** self driving; **de —,** propelling; **double —,** dual drive; **moteur de —,** propelling engine; **turbine de —,** propulsion turbine; **— atomique,** atomic propulsion; **à — atomique,** atomic powered; **— par fusée,** rocket propulsion; **— des navires,** marine propulsion; **— à réaction,** jet propulsion.

Propyle, Propyl.

Propylène, Propylene; **oxyde de —,** propylene oxide.

alcool Propylique, Propyl alcohol.

Prospecter, to Survey.

Prospection, Surveying, prospecting, wildcat, wildcatting; **— aéromagnétique,** aeromagnetic surveying; **— géophysique,** geophysical prospecting.

Protecteur, Protector, guard; inhibitor; protecting (adj.); **auto —,** self protecting; **masque —,** face guard; **relais —,** protective relay; **tube —,** protective tube; **—dynamique,** dynamic inhibitor; **— de réseau,** network protector; **— de scie,** saw guard.

Protection, Protection; **appareil de —,** safety device; **auto —,** self protection; **de —,** protective, protecting; **bague de —,** chafing ring; **bobine de — (élec.),** choke coil; **coffret de —,** protecting case; **éclateur de —,** protective gap; **lampes de —,** guard lamps; **manchon de —,** protector; **résistance de —,** protective resistance; **tube de —,** shield tube; **— contre avions,** aircraft protection; **— par blindage,** armour protection; **— cathodique,** cathode protection; **—dynamique,** dynamic inhibiting; **— sous-marine,** underwater protection.

Protectrice, Protecting, protective; **atmosphère —,** protective atmosphere; **chape —,** protecting cap.

Protège-meule, Wheel guard.

Protégé, Protected; **contacts —s,** housed contacts, protected contacts.

fibre Protéidique, Protein fibre.

Protéine, Protein.

Protobitume, Protobitumen.

Proton, Proton; **accélérateur de —s,** proton accelerator; **faisceau de —s,** proton beam; **microscope à —s,** proton microscope; **— de recul,** recoil proton.

Prototype, Prototype; **avion —,** prototype aircraft.

Protoxyde, Protoxide; **— d'azote,** nitrous oxide, nitrogen protoxide; **— de fer,** ferrous oxide.

Proue, Stem, prow, head, nose; **patin de — (aviat.),** nose skid.

Provoqué, Stimulated; **désintégration —e,** stimulated decay.

Prussiate, Prussiate; **— de potasse,** prussiate of potash.

Prussique, Prussic; **acide —,** prussic acid.

Pseudoscalaire, Pseudoscalar; **champ —,** pseudoscalar field; **méson —,** pseudoscalar meson.

Pseudohalogénure, Pseudohalide.

Pseudovectoriel, Pseudovector; **champ —,** pseudovector field.

Psychromètre, Psychrometer.

Psychrométrie, Psychrometry.

Psychrométrique, Psychrometric.

acide Ptéroïque, Pteroicacid.

Publicité, Advertisement, advertizing; **appareil de — lumineuse**, electric display apparatus; **faire de la —**, to advertise.

Puddlage, Puddling.

Puddlé, Puddled; **acier —**, puddled steel; **fer —**, puddled iron.

Puddler, to Puddle; **four à —**, puddling furnace; **scorie des fours à —**, puddling slag.

Puddleur, Puddler; **— mécanique**, puddling machine.

Puisard, Cess pool, drain pit, draining well, sink hole, standage (mines), sump, sump tank.

Puisoir, Dipper.

Puissance, Power, output, rating; **à toute —**, full power; **essai à toute —**, full power trial; **excédent de —**, excess power; **explosif à haute —**, high explosive; **facteur de —**, power factor, p. f.; **de faible —**, low rated, low powered; **de forte —**, high rated, high powered; **lampe de —**, power valve, output valve; **machine de grande —**, high power machine; **transformateur de —**, power transformer; **— absorbée**, input power; **active**, active power; **— ascensionnelle**, lifting power; **— apparente**, apparent power; **— calorifique**, calorific power; **— débitée**, output power; **— au décollage** (aviat.), take off output; **— disponible**, available rating; **— à l'entrée**, input power; **— de feu**, fire power; **— fiscale**, taxable horse power; **— fournie**, output power; **— au frein**, brake horse power; **— indiquée**, indicated horse power; **— inductive spécifique**, specific inductive power; **— instantanée**, instantaneous power; **— de levage**, hoisting power; **— magnétisante**, magnetizing power; **— maximum au sol** (aviat.), maximum boost horse power; **— nominale**, nominal horse power; normal power, rated power; **— nominale en vol**, rated horse power; **— reçue**, input power; **— de retenue** (mandrin magnétique), holding power; **— au sol**, sea level horse power; **— à la sortie**, output power; **— thermique**, thermic power; **— de traction**, hauling power; **— utile**, effective power, output power; **— volumique** (élec.), specific power; **— en watts**, wattage; **élever (un nombre) à une —**, to involve.

Puits, Well, shaft, pit; **avant —**, fore shaft; **boisage d'un —**, frame of a shaft; **chevalement de — de mine**, pit head frame; **fond de —**, discharging trough; **forage, fonçage d'un —**, shaft sinking; **glaisement des —s**, coffering; **treuil à foncer les —s**, borer's winch; **— d'aérage**, downcast, air pit, air shaft, staple; **— artésien**, artesian or pressure well; **— auxiliaire**, jackhead pit; **— aux chaînes**, cable locker; **— étranglé**, bottle necked well; **— d'extraction**, drawing shaft, working pit; **— de forage**, wildcat well; **— intérieur** (mines), blind shaft; **— de mine**, mine shaft; **— ordinaire**, draw shaft; **— perdu**, dead well; **— de perte**, absorbing well; **— de pétrole**, oil well; **— profond**, deep well; **— de réchauffage**, soaking pit; **— secondaire**, by pit; **— de sortie d'air** (mines), return shaft; **— de transformateur**, transformer pit.

Pulpation, Pulping.

Pulpe, Pulp; **moulin à —**, pulp mill; **— de bois**, wood pulp.

Pulsant, Pulsating, pulsing; **champ —**, pulsating field; **circuit —**, pulsing circuit; **patin —**, pulsing shoe.

Pulsations, Pulsations, pulses, flickers; **amortisseur de —**,

pulse or pulsation damper; — **sonores**, sound pulsations or pulses; — **synchronisantes**, synchronizing pulses.

Pulsatoire, Pulsating; **charge —**, pulsating load; **courant —**, pulsating current; **tension —**, pulsating voltmeter.

circuit Pulsé, Pulse network.

Pulsomètre, Clapper; **obturateur de —**, clapper valve.

Pulsoréacteur, Pulsojet.

Pulvérin, Aigremore; fine powder, mealed powder.

Pulvérisateur, Atomiser, pulverizer, desintegrator, dropper, dropping tube, sprayer; — **centrifuge**, centrifugal atomiser; — **à fente**, slot atomiser; — **à tubes concentriques**, tubular atomiser; — **à tuyère**, nozzle atomiser.

Pulvérisation, Atomization, mealing, pulverization, spray atomisation, atomizing; **buse de —**, spray nozzle; **carburateur à —**, spray carburettor; **chambre de —**, spraying chamber; **eau de —**, spray water; **laveur à —**, spray washer; **plaque de —**, atomizing disc; — **d'eau**, water spray; — **de métal**, metal spraying; — **par rotation**, swirl atomizing; — **de vapeur**, steam atomizing.

Pulvérisé, Pulverized or pulverised, atomised; **charbon —**, pulverized or powdered coal.

Pulvériser, to Pulverise, to pulverize, to atomize, to meal.

Pulvériseur, Pulveriser, pulverizer, atomiser.

Pulvérulent, Dusty, pulverulent; **plomb —**, lead dust.

Pupille, Pupil; — **d'entrée**, entrance pupil; — **de sortie**, exit pupil.

Pupinisé (élec.), Loaded; **ligne —e**, loaded line.

Pupiniser, to Load.

Pupitre, Desk; — **de commande, de contrôle**, control desk.

Pur, Pure; **cuivre —**, pure copper.

Purge, Blow through; bleeding; drain; draining; **réfrigérant des —s**, drain cooler; **robinet de —**, blow through cock, drain cock, bleeder; **soupape de —**, drain valve; **tuyau de —**, blow through pipe, drain pipe, drip pipe; **vis de —**, bleeding screw; — **d'air**, air drain, air escape; — **du cylindre**, draining the cylinder; cylinder drain; — **du réchauffeur**, heater drain; **—s d'un sous-marin**, vents of a submarine.

Purgé, Blown through, drained; — **d'air**, de-aerated.

Purger (chaudière), to Blow down, off, out, through; to drain, to bleed, to trap; — **d'air**, to de-aerate; — **(d'air) les tuyauteries**, to bleed the lines; — **une chaudière**, to blow down a boiler.

Purgeur, Purger, drainer, draining device, separator, trap; **robinet —**, bleeder, waste cock, drain cock; — **continu**, drip tap; — **à flotteur**, float trap; — **d'humidité**, moisture separator; — **thermostatique**, thermostatic trap; — **de vapeur**, steam separator; — **de vapeur à cuve inversée**, inverted bucket steam trap.

Purification, Purification, depuration; — **par lavage ou décantation**, elutriation.

Purifié, Purified.

Purifier, to Purify, to depurate.

Purine, Purine.

Pylône, Tower.

Pyramidal, Pyramidal.

Pyramide, Pyramid.

Pyrargirite, Dark red silver ore.

Pyridine, Pyridine.

séries Pyridiques, Pyridine series.

Pyrimidine, Pyrimidine.

Pyrites, Pyrites; — **calcinées**, pyritic calcines; — **de cuivre**, copper pyrites; — **de fer**, iron pyrites, fire stones, sulphur ore.

Pyritique, Pyritic.

Pyrobitume, Pyrobitumen.

Pyrogallique, Pyrogallic; **acide —**, pyrogallic acid.

Pyrogallol, Pyrogallol.

Pyrolyse, Pyrolisis.

Pyrolytique, Pyrolytic.

Pyromètre, Pyrometer; — **électronique**, electronic pyrometer; — **à immersion**, immersion pyrometer; — **optique**, optical pyrometer; — **photoélectrique**, photoelectric pyrometer.

Pyrométrique, Pyrometric; **câble —**, pyrometer cable; **contrôle —**, pyrometric control; **montres —s**, melting cones.

Pyrolyse, Pyrolisis.

Pyromètre, Pyrometer; — **à plaque de verre coloré**, chromopyrometer.

Pyrosensible, Pyrosensitive.

Pyrotechnie, Pyrotechnics.

Pyrotechnique, Pyrotechnic.

Pyrrothite, Pyrrothite; — **artificielle**, artifical pyrrothite.

points Pythagoriciens (math.), Pythagorean points.

Q

Quadrangle, Quadrangle.

Quadrangulaire, Quadrangular; **cannelure —** (laminoir), diamond pass.

Quadrant, Quadrant; **électromètre à —s**, quadrant electrometer.

Quadrantal, Quadrantal; **erreur —e**, quadrantal error.

Quadratique, Quadratic; **formes —s**, quadratic forms.

Quadrature, Quadrature, squaring; **composante en —**, quadrature component.

Quadrilatéral, Quadrilateral.

Quadrilatère, Quadrangle.

Quadrillage, Checker, checker work, grid.

Quadrillé, Checkered, chequered, cross-lined, squared; **papier —**, squared paper.

Quadrique, Quadric; **surface —**, quadric surface.

Quadriréacteur, Four jet engine, four jet.

Quadruple, Quadruple, fourfold; **rivetage —**, quadruple riveting.

Quadrupolaire, Quadrupole.

Quai, Quay, wharf; platform; **à —**, alongside the quay; **droit de —**, quayage, wharfage, wharf duty; **garde —**, wharf; **mur de —**, quay wall; **— de débarquement**, landing stage; **— de gare**, station platform.

Qualifié, Skilled.

Qualitatif, Qualitative; **analyse —ive**, qualitative analysis.

Qualité, Quality, grade; **mauvaise —**, low grade; **— supérieure**, best quality; **— d'un travail**, workmanship.

Quanta, Quanta; **— de lumière**, light quanta.

Quantifié, Quantized; **espace —**, quantized space.

Quantique, Quantum; **mécanique —**, quantum mechanics; **nombres —s**, quantum numbers; **théorie —**, quantum theory.

Quantitatif, Quantitative; **analyse —ive**, quantitative analysis; **dosage —**, quantitative calibration.

Quantité, Quantity; **association en —**, joining up in series; **monter en —** (élec.), to join in quantity; **—s positives**, affirmative quantities.

Quarantaine, Quart, quarter.

Quart, Quart; **de — de cercle**, quadrantal.

Quartier, Quarter; **sciage sur —s**, quarter sawing.

Quartique, Quartic; **surface —**, quartic surface.

Quartz, Quartz; **ampoule en —**, quartz bulb; **cristal de —**, quartz cristal; **fibre de —**, quartz fiber; **lampe à enveloppe de —**, quartz lamp; **oscillateur au —**, quartz oscillator; **résonateur au —**, quartz resonator; **vibrateur au —**, quartz vibrator; **— agate**, eye stone; **— brut**, raw quartz; **— fondu fused quartz**; **— radié**, cross course spar.

Quasi-groupes (math.), Quasi groups.

Quaternaire, Quaternary; **alliage —**, quaternary alloy; **sel —**, quaternary salt.

Quenouille (mét.), Stopper.

Quête de l'étambot (N.), Rake.

Queue, Tail (aviat.), shank, fang; lug; tailings; **avion sans —**, tailless aeroplane; **étau à —**, tail vice; **glissage sur la —**, tail slide; **roulette de —** (aviat.), tail wheel; **roulette de — orientable**, steerable tail wheel; **surface de —**, tail area, tail surface; **tas à —**, anvil stake; **— d'aniline**, aniline tailings; **— d'aronde**, dovetail; swallow tail, culver tail; **à — d'aronde**, dovetailed, joggled; **assemblage à — d'aronde**, dovetailing, joggling; **bouvet, rabot à — d'aronde**, dovetail plané; **entaille à — d'aronde**, dovetail jag; **joint à — d'aronde**, dovetail joint; **scie pour couper les —s d'aronde**, dovetail saw; **— conductrice**, current carrying lug; **— conique**, taper shank; **— droite** (outil), straight shank; **— d'un foret**, shank of a borer; **— du mercure**, tail of mercury; **— à mi-bois**, secret dovetailing; **— d'un outil**, fang or shank of a tool; **— de rat**, rat tail file, round file; **— traversante**, ordinary dovetailing.

Quille, Keel; **angle de —**, dead rise; **fausse —**, false keel, center keel; **ligne de —**, centre line; **rivet de —**, keel rivet; **— d'angle**, angle keel; **— d'échouage**, docking keel; **— inférieure**, lower keel; **— principale**, main keel; **— de roulis**, bilge keel; **— supérieure**, upper keel.

Quinazoline, Quinazoline.

Quincailler, Ironmonger.

Quincaillerie, Hardware; ironmongery.

Quinconce, Quincunx; **en —**, staggered; **rivetage en —**, zigzag riveting.

Quinol, Quinol.

Quinoléine, Quinoline.

dérivés Quinoléiques, Quinoline derivatives.

Quinoxalines, Quinoxalines.

Quintal, Quintal.

Quittance, Receipt, discharge.

Quotidien, Quotidian, daily.

Quotient, Quotient.

R

Rabattement, Flapping, lowering; à —, hinged; cheminée à —, hinged funnel; couvercle à —, hinged cover.

Rabattre, to Beat down, to lower, to press down, to rebate; machine à —, flanging machine; outil à — par laminage, rolling in tool; — un bord, to crease; — le fond, to brim an end.

Rabattu, Lowered, pressed down, flanged; à bords —s, flapped; couture —e, flanged seam.

Râble, Fire rake, balling rake, balling tool, colrake, rabble.

Râblure (c. n.), Rabbet; — de la cale, rabbet of the keel.

Rabot, Plane, fay; basile d'un —, angle of inflection of a plane; épaulement d'un —, fence of a plane; fer de —, plane iron; fer double de —, back iron of a plane; fût de —, plane stock; lumière du —, plane hole; panne de —, plane basil; — d'atelier, bench plane; — à balustre, capping plane; — à boudin, bead plane; — à corniche, cornice plane; — à écorner, cornice plane, edge plane; — d'établi, cooper's jointer; — à gorge, fluting plane; — à moulure, cornice plane; — à queue d'aronde, dovetail plane; — à rainures, band plane; — à rainurer, banding plane.

Rabotage, Planing; dresser par —, to plane off; travail de —, planing work; — circulaire, circular planing; — intérieur, internal planing; — vertical, vertical planing.

Raboté, Planed.

Raboter, to Plane; machine à —, planer, planing machine (voir **Raboteuse**); outil d'une machine à —, cutter of a planing machine; machine à — les aiguilles de chemin de fer, switch tong planer; machine à — les arêtes des tôles, plate edge planing machine; machine à — en ébauche, roughing planer; machine à — les manivelles, crank planing machine.

Raboteuse, Planer, planing machine; fraiseuse —, slabbing miller; — à bois, buzz planer, wood planer; — latérale, side planing machine; — à manivelles, crank planing machine; — mobile, portable planer; — à un montant, openside planer; — à deux montants, double housing planer.

Raccord, Junction, connection, connecting pipe, adapter, connector, pipe fitting, union, union joint; boîte de —, service box; écrou à —, capping; lisses de —s (c. n.), frame joint; — à bride, flanged elbow; — coudé, angle pipe, union elbow; — à oreilles, lug union; — trois pièces, union; — rapide, quick union; — de réduction, pipe reducer; — en T, union T; — de tuyau, bend of a pipe; — à vis, joint screw, union nut joint.

Raccordement, Joining, junction, flushing, interlinking, levelling; boîte de —, connecting box; courbe de —, junction curve; fiche de —, connection plug; gaine de —, connecting conduit; tubulure de —, connecting branch, adapter; voie de —, junction path; — aile-fuselage, wing fillet.

Raccorder, to Join, to unite, to connect, to reconcile; — **les angles par des courbes** (ch. de fer), to adjust angles by curves; — **deux courbes**, to reconcile two curves.

Racémisation, Racemization.

Rachat (d'une concession), Redemption.

Racheter, to Redeem.

Racine, Root; — **carrée**, square root; — **cubique**, cubic root, cube root; — **de la moyenne des carrés**, root mean square; —**s latentes**, latent roots.

Râcle d'essuyage (imprim.), Scraper blade.

Râcler, to Scrape.

Râcleur, Scraper; **segment** —, scraper ring.

Râclette, Scraper; **convoyeur à** —**s**, flight feeder.

Râcleuse ou Râcloir, Scraper; **benne** —, scraper; — **sur câbles**, cable way scraper.

Radar, Radar; **antenne de** —, radar antenna; **balise de** —, radar beacon; **calotte de** —, radome; **commandé par** —, radar operated; **écho de** —, radar echo; **écran de** —, radar screen or scope; **guidage par** —, radar tracking; **onde de** —, radar wave; **phare** —, radar beacon, racon; **sondeur** —, radar scanner; — **arrière**, bow radar; — **avant**, stern radar; — **de guidage**, tracking radar.

Radeau, Raft, dinghy, float; — **d'échouage**, beaching gear; — **pneumatique**, inflatable dinghy.

Rader (du marbre), to Divide.

Radial, Radial; **avance** —**e**, radial feed; **champ** —, radial field; **composante** —, radial component; **feeder** —, radial feeder; **flux** —, radial flow; **lames** —**es** (élec.), commutator segments; **onde** —, radial wave; **perceuse** —**e**, radial drilling machine; **pôles** —**aux**, radial poles; **profondeur** —**e**, radial depth; **rais** —, radial spoke; **usure** —**e**, radial wear.

Radian, Radian.

Radiant (adj.), Radiating, radiant; **chaleur** —**e**, radiating or radiant heat; **surface** —**e**, radiating surface.

Radiateur, Radiator; **bouchon de** —, radiator cap; **calandre de** —, radiator case; radiator frame; **volet de** —, radiator shutter; — **dans l'aile**, wing radiator; — **à ailettes**, flanged radiator, gilled or grilled radiator, ribbed radiator; — **cloisonné**, sectional radiator; — **entartré**, furred radiator; — **frontal**, front radiator; —**s jumelés**, twin radiator; — **nid d'abeilles**, honeycomb radiator; — **surélevé**, overhead radiator; — **à tubes plats**, flat tube radiator; — **tubulaire**, tubular radiator.

Radiation, Radiation; — **cosmique**, cosmic radiation; — **parasite**, parasitic radiation; — **thermique**, thermal radiation.

Radical, Radical; **radicaux méthyles**, methyl radicals.

Radier, Apron, bed, bottom, floor, invert, raft; — **en béton**, concrete apron.

Radio, Radio; — **actif**, radioactive; **désintégration** — **active**, radioactive desintegration; **traceur** — **actif**, radioactive tracer; — **activité superficielle**, artificial radioactivity; — **balises de guidage**, radio range marker beacons; — **compas**, wireless compass, director finder; — **diffusion**, broadcasting; **émetteur de** — **diffusion**, broadcast transmitter; **station de** — **diffusion**, broadcasting station; — **diffusion multiple**, multiplex broadcasting; — **fréquence**, radiofrequency; — **goniomètre**, radiogoniometer; — **goniométrie**, direction finding (D. F.); **poste de** — **goniométrie**, direction finding station, D. F. sta

RAI — 373 — **RAI**

tion; — **gramme**, radiogram; — **graphie**, radiography; — **guidage**, radioguidance; —**guidé**, radioguided; **bombe — guidée**, radioguided bomb; **projectile — guidé**, radioguided missile; — **mètre**, radiometer; — **nuclide**, radionuclide; — **phare**, radiophare, radiobeacon, radiorange station; — **phare d'atterrissage**, approach radiobeacon; — **sonde**, radiosonde, radioballoon; — **thérapie**, radiotherapy; — **thermie**, radiothermy; — **diffuser**, to broadcast.

Radium, Radium.

Radon, Radon.

Radoub, Graving; **bassin, forme de —**, graving dock.

Radouber (N.), to Grave, to refit, to repair.

Raffinage, Refining; — **de l'huile**, oil refining.

Raffiné, Refined, treated; **fer —**, refined iron.

Raffiner, to Refine.

Raffinerie, Refinery; — **de pétrole**, oil refinery; — **de sucre**, sugar refinery.

Raffineur, Refiner.

Rafistoler, to Bungle.

Rafraichissage (bandage, etc.), Returning.

Raide, Steep, stiff, tight, taut (mar.); **front —** (élec.), steep or abrupt front.

Raideur, Stiffness, tightness.

Raidir, to Stiffen, to tighten.

Raidissement, Stiffening; — **interne** (aviat.), integral stiffening.

Raidisseur, Stiffener, strengthener, stringer; **cadre —**, stiffening frame; — **en aluminium**, aluminium stiffener.

Raie, Line; — **d'absorption**, absorption line; — **spectrale**, spectral or spectrum line.

Rail, Rail; **appareil à cintrer les —s**, rail bender; **champignon de —**, rail head; **contre —**, guard rail; **corps d'un —**, stem, centre rib of a rail; **coussinet de —**, rail chair; **crampon de —**, dog mail, dog spike of a rail; **double —**, two headed rail; **écartement des —s**, rail gauge; **fer en barres pour —s**, rail iron; **frein sur —**, rail brake; **goupille de joint de —s**, channel pin; **laminoir à —s**, rail mill; **machine, presse à cintrer les rails**, rail bender, rail bending machine, jack crow; **monté sur —**, rail track mounted; **patin de —**, rail foot; **presse à dresser les —s**, rail press; **selle ou semelle de —**, bearing plate, chair, lower flange of a rail; **tige d'un —**, stem, centre rib of a rail; **troisième —**, third rail; — **à aiguille**, sliding rail; — **Barlow**, saddle rail; — **Brunel**, bridge rail, gauge rail; — **de calage**, lock bar; — **à champignon**, bridge rail; — **à champignon unique**, single headed rail; — **courbe**, curve rail; — **à double bourrelet**, H rail; — **à double champignon**, bull head rail, double rail, double headed rail; — **éclisse**, easing rail; —**s d'évitement**, crossing rails; — **à gorge**, grooved rail; — **gras**, slippery track; —**s de guidage**, guide rails; — **mobile**, moveable rail, pointer rail, switch rail; — **ondulé, à ventre de poisson**, fish bellied rail; — **à ornière**, tram rail; — **à patin** (Vignole), flange rail, foot rail; — **plat**, flat headed rail; — **prismatique**, parallel rail; — **à rebord**, edge rail; — **de roulement**, crane head; — **saillant**, edge rail; — **en U**, bridge rail; — **Vignole**, T rail; **poser des —s**, to fix rails.

Raineau, Brace.

Rainer, to cut grooves; **fraise à —**, grooving cutter; **machine à —**, key way cutting machine, key seater, slot drilling machine.

Rainette, Edging knife.

fraise Raineuse, Slot cutter.

mortaiseuse Raineuse, Key way slotting machine.

Rainurage, Slotting.

Rainure, Slot, groove, faucet, flute, channel groove, notch, rabbet; **enveloppe à —s**, grooved cover; **fraise pour —s**, slot cutter; **languette à —**, joint or feather tong; **machine à fraiser les —s**, key way milling machine; **outil à raboter les —s**, key way cutter; **rabot à —**, band plane; **— pour chasse clavette**, drift hole; **— de dudgeonnage**, channel groove; **— de joint**, joint chase; **— du noyau**, core groove; **— de segment de piston**, piston ring groove or slot, ring and; **— en T**, T or tee slot; **— le tuyau**, core recess of a tube; **—s en V**, V grooves; **faire tailler des —s**, to cut groove, to rabbet.

Rainuré, Slotted.

Rainurer, to Slot; **fraise à —**, slotting cutter; **fraiseuse à —**, key seating machine; **rabot à —**, banding plane.

chalumeau Rainureur, Gouging torch.

Rais, Arm, spoke; **— radial**, radial spoke; **— d'une roue**, arm of a wheel; **— tangentiel**, tangential spoke.

Raison (math.), Ratio, proportion.

Ralenti (adj.), Throttled down.

Ralenti, Idling, slow speed, slow motion, slow running; **gicleur de —**, slow running or slow speed jet; **marche au —**, idling; **vis de réglage du —**, throttle regulating screw; **tourner au —**, to clock over, to idle, to tick over.

Ralentir (mach.), to Slacken speed, to slacken, to slow, to throttle down.

Rallingue, Bolt rope.

Rallonge, Extension, lengthening piece.

Ramonage, Chimney sweeping; **— des tubes**, brushing out the tubes; **— à la vapeur**, steam sweeping.

Ramoner, to Sweep; **— une cheminée**, to sweep a chimney; **— les tubes**, to brush out the tubes.

Ramoneur (inst.), Go devil.

Rampe, Flight of stairs; balusters, grade, incline, ramp bannisters, rail, railings; hand rail; slope, acclivity; gradient, incline; **— d'atterrissage**, rampe lumineuse, landing or approach lights; **— de came**, cam profile; **— d'enraillement**, rerailing ramp; **— de lancement**, launching stand;

Rance (chantier pour canons), Skid.

Ranchet, Stanchion.

Rang, Row, range, rank, tier; **rivetage à deux —s**, **à trois —s**, **à quatre —s**, double, triple, quadruple riveting.

Rangée, Bank, bench, file, lay, line, row, rank, tier; **— de rivets**, row of rivets.

Râpe, File, rasp, grater; **— à bois**, grater file.

Râpe, Rasp, grater.

Raphia, Raffia.

Rapide, Fast, quick; **à action —**, quick acting; **à prise —**, quick setting, quickly taking; **acier à coupe —**, **acier —**, high speed steel, quick cutting steel, rapid steel; **charge —**, quick charge.

Rappel, Arrears; back motion, draw back; **couple de —**, restoring torque; **dispositif de —** (ch. de fer), controlling mechanism; **force de** —, restoring force; **mouvement de** —, back motion; **piston de** —, draw back piston; **ressort de** —, release spring, reset spring; return spring; **vis de** —, adjusting srew, counter nut.

Rapport, Ratio; income; — **d'amplification**, magnification ratio; — **de brillance**, brightness ratio; — **de court-circuit**, short circuit ratio (S. C. R.); — **de 2 à 1, 2 to 1 ratio**; — **d'engrenages de 7 à 1**, gearing of 7 to 1; — **de l'envergure à la profondeur** (aviat.), aspect ratio; — **de finesse**, fineness ratio; — **de longueur-largeur** (aviat.), length-beam ratio; — **de la poussée à la traînée** (aviat.), lift drag ratio; — **de propagation**, propagation or transfer ratio; — **de réduction**, drive ratio; — **stoïchométrique**, stoichiometric value; — **de surcompression**, supercharging ratio.

Rapporté, Built up, detachable, shrunk on, inserted; **collet** —, shrunk on collar; **dent** —**e**, inserted tooth; **mise** —**e**, carbide tip; **brasage des mises** —**es**, tipping; **pièce** —**e**, insert.

Rapporter (un levé), to Plot.

Rapporter (une pièce), to Insert.

Rapporteur, Protractor; — **d'atelier**, bevel protractor; — **des lapidaires**, cadrans.

Ras (mar.), Float, landing stage, punt, raft.

Rasage, Shaving; **outil de** —, shaving tool.

Rasant, Grazing; skimming; **incidence** —**e**, grazing incidence; **rayon** —, skimming ray.

Rasse, Coal basket.

Raté, Missfire; — **d'allumage**, spark failure; **avoir un** —, to misfire.

Râteau, Rake.

Râtelier, Rack; — **d'emmagasinage**, storage rack; — **à outils**, tool rack.

Rationalisation, Scientific management.

Rationalisé, Rationalized.

Rationnel, Rational; **mécanique** —**le**, abstract mechanics; **nombre** —, rational number.

Rattrapage de jeu, Antibacklash, adjustment, taking up the slack; **à** —, adjustable, adjustable for take up.

Rattraper (le mou, le jeu, etc.), to Take up the slack.

Ravitaillement, Supply, fuelling; — **sous l'aile**, underwing fuelling; — **sur l'aile**, overwing fuelling; — **en combustible**, refuelling; — **en pétrole**, oil supply.

Ravitailler en combustible, to Fuel.

Ravitailleur, Tender (N.); fueller; — **d'aviation**, aircraft tender.

Rayage, Scoring, smearing; rifling; — **d'un cylindre**, scoring of a cylinder; — **d'un fusil**, rifling of a gun, — **parabolique**, parabolic rifling.

Rayé, Banded, scored, striped, streaked; rifled; **âme** —**e**, rifled bore; **canon** —, rifled gun; **cylindre** —, scored cylinder; **étoffe** —**e**, striped stuff; **fusil** —, rifle.

Rayer, to Stripe, to streak; to scratch, to score; to rifle; **machine à** —, rifling bench; — **un canon**, to rifle a gun.

Rayon, Radius (pluriel radii); arm, spoke; ray; beam; shelf; — **actinique**, actinic ray; — **d'action**, radius of action, action range, cruising radius; — **d'action par vent nul** (aviat.), still air range; **à grand** — **d'action**, long range; — **béta**, beta ray; **spectromètre à** —**s béta**, beta ray spectrometer; — **cathodique**, cathode ray; — **cosmique**, cosmic ray; —s delta, delta rays; — dur, harsh ray; — d'excentricité, radius or throw of the eccentric; — de la flèche, boom swing; —s gamma, gamma rays; — de giration, turning radius, radius of gyration; — incident, incident ray; —s infrarouges, infrared rays; analyseur à —s infrarouges, infrared analyser; — lumineux, light ray; — médullaire, medullary ray; — mou, soft ray; —s portatifs, positive rays, canal rays; — réfracté, refracted ray; — rasant, skimming or tangent ray; — d'une roue, arm, spoke of a wheel; —s ultraviolets, ultra-violet rays; — de virage, turning radius; lampe à —s ultraviolets, ultra-violet ray lamp; —s X, X rays; microscope à —s X, X ray microscope.

Rayonnant, Radiating, radiant; chaleur —e, radiant heat; plinthe —e, radiant base board; tubes —s, radiant tubes.

Rayonne, Rayon.

Rayonnement, Radiancy, radiation; chauffage par —, radiant heating; diagramme de — (antenne), antenna pattern; écran contre le —, radiation shield; — cosmique, cosmic radiation; — infrarouge, infrared radiation; — solaire, solar radiation.

Rayonner, to Radiate, to irradiate.

Rayure, Streak, stripe; furrow, groove; cutting; scratch, score; ripling, streak; dureté à la —, scratch hardness; ligne de —, scrach line; pas des —s, twist; — d'un canon, rifling or groove of a gun.

Réa, Sheave; caliorne à deux, trois, quatre —s, twofold, threefold, fourfold purchase.

Réactance, Reactance; bobine de —, choking coil, reactor; modulateur à —, reactance modulator; — de dispersion, de fuite, stray reactance; — d'induit, armature reactance; — de soudage, welding reactance.

Réacteur, Reactor, jet engine, jet; carburant pour —s, jet fuel; à l'épreuve des —s, jet resistant; multi —, multijet; pulso —, pulse jet; turbo —, turbo jet; — nucléaire, nuclear reactor; — saturable, saturable reactor. — thermique, thermal reactor.

Réactif, Reagent, etchent, indicator; fiole à —, reagent bottle; — métallo-organique, metallo-organic reagent; — organique, organic reagent; — au phénol, phenol reagent.

Réactif (adj,) (voir aussi **Réactive**), Reactive; courant —, reactive current; papier —, reactive paper.

Réaction, Reaction, reactance; feed back; retroaction, regeneration (T. S. F.); feel; à —, reacting; à propulsion par —, jet powered, jet propelled; aubages à —, reaction bladings; avion à —, jet plane, reaction plane, jet powered plane; avion de transport à —, jet transport; bombardier à —, jet bomber; bombe à —, reaction or jet bomb; chambre de —, reaction chamber; chasseur à —, jet fighter; contre —, inverse or negative feedback; couplage à — (T. S. F.), back or feed back coupling; étage à — (turbine), reaction stage; flux de —, reaction flux; hélicoptère à —, jet helicopter; moteur à —, jet engine; souffle des moteurs à —, jet blast; propulsion par —, jet propulsion; turbine à —, turbine, jet turbine; vitesse de —, reaction rate; — de l'air, air reaction; — en chaîne, chain reaction; — de dispersion, stray reactance; — d'induit, armature reactance or reaction; — intégrale, integral reaction; — inverse, degenerative or inverse feed back; — **nucléaire**, nuclear reaction; — **proportionnelle**, proportional feel; — **pure**, pure jet; —**s secondaires**, secondary reactions; — **stabilisée**, stabilised feed back; —**s surabondantes** (méthode des), redundant reactions; — **thermonucléaire**, thermonuclear reaction.

Réactivation, Reactivation.

Réactive, Reactive; **charge —**, reactive load; **chute —**, reactive drop; **composante —**, reactive component; **énergie —**, reactive energy; **puissance —**, reactive power.

Réactivité, Reactivity.

Réaffûtage, Regrinding.

Réaffûter, to Regrind.

Réalésage, Reboring.

Réalésé, Rebored; **cylindre —**, rebored cylinder.

Réaliser, to Rebore; **— un cylindre**, to rebore a cylinder.

Réalignage, Relining.

Réaligné, Relined.

Réallumage, Restrike, reignition (arc); relighting.

Réallumer, to Restrike, to reignite (arc); to relight.

Réamorçage, Restarting.

Réamorcer, to Restart.

Réarmement, Reclosing.

Réarmer, to Reclose.

Rebobinage, Rewinding.

Rebobiné, Rewound.

Rebobiner, to Rewind.

Reboisement, Reafforestation, replantation.

Reboiser, to Afforest.

Rebondir, to Rebound; **— à l'atterrissage** (aviat.), to balloon off.

Rebondissement, Rebounding, rebound.

Rebord, Ledge, edge, brim, flange, lip; **à —s**, brimmed; **rail à —**, edge rail; **— guide** (rail), guiding edge; **— de rail**, bearing plate, edge of a rail.

Rebouchage (mines), Back filling.

Rebroussement, Backing; **à n —s**, n cusped; **point de —**, cusp, node, stationary point.

Rebut, Refuse, rubbish, reject; **bois de —**, refuse wood; **papier de —**, waste paper.

Rebuté, Rejected.

Rebuter, to Discard, to reject.

Recâblage, Rewound.

Recâbler, to Rewind.

Recalescence, Recalescence.

Recalibrer, to Resize.

Recalibreur, Resizer.

Recarburation, Carbon restoration.

Récépissé, Receipt, check.

Récepteur, Receiver; ear piece; receiving (adj.), — **à encre**, ink writer; — **imprimeur à encre**, ink writer, inker; — **à pointe sèche**, telegraphic embosser; — **téléphonique**, telephone receiver; — **de télévision**, television receiver; — **universel**, a. c. d. c. receiver.

Réception, Acceptance, reception; — (imprim.) delivery; **antenne de —**, receiving antenna; **receiving aerial**; **appareil de —**, receiving apparatus; **condensateur de —**, receiving capacitor; **poinçon de —**, acceptance stamp; **vol de —**, acceptance flight; — **par battements** (méthode hétérodyne) (T. S. F.), beat reception; — **sur cadre**, loop reception; — **d'une chaudière**, boiler acceptance; — **directe**, direct coupled reception; — **dirigée**, directional receiving; — **double**, dual reception; — **hétérodyne**, heterodyne reception; — **indirecte**, inductively coupled reception; — **à paquets**, collecting delivery; — **stéréophonique**, stereophonic reception.

Réceptrice, Receiving; **antenne —,** receiving antenna.

Recette, Acceptance; banking, bank level; bank (mines); **essai de —,** acceptance test; **— d'accrochage,** pit eye.

Recettes, Earnings, proceeds, revenue, revenues; **— d'exploitation,** operating revenues; **— nettes,** net earnings.

Receveur, Bankman (mines).

Rechange, Spare; **pièces de —,** spare parts, replacement parts, duplicates, spares; **roue de —,** spare wheel.

Rechappage, Recapping.

Rechappé, Recapped.

Rechapper, to Recap.

Rechargé, Built up, deposited, reloaded; **— électrolytiquement,** electro-deposited.

Rechargement, Consolidation; depositing; hard facing; refilling; reloading; relading; reshipment.

Recharger, to Refill; to reload; to deposit; to line; to build up.

Réchauffage, Heating, warming, warming up; **four de —,** heating furnace; **puits de —,** soaking pit; **système sans —,** cold jet system; **— du combustible,** fuel heating; **— d'une machine,** warming up of an engine.

Réchauffé, Heated.

Réchauffer, to Heat, to warm, to warm up; **four à —,** balling furnace, reheating furnace, welding furnace; **four à — les barres,** bar heating furnace; **foyer à —,** fore hearth; **— un moteur,** to warm up an engine.

Réchauffeur, Heater; **— d'air,** air heater; **— d'eau d'alimentation,** feed heater, feed water heater; **— à combustion,** combustion heater; **— à plateaux,** baffle feed heater; **— de vapeur,** steam heater.

Recherche, Research; **centre de —s,** research department; **— des défauts,** trouble shooting.

Récipient, Container, receiver.

Réciproque, Reciprocal; **engrenage —,** reciprocal gear; **impédance —,** reciprocal impedance; **polaire —,** reciprocal polar; **réseaux —s,** reciprocal gratings.

Recirculation, Recycling.

Recommandé, Registered.

Reconstruction, Rebuilding.

Reconstruire, to Rebuild, to reconstruct.

Recoupe, Re-cutting.

Recouper, to Re-cut.

Recouvert, Covered over, surfaced; **— de goudron,** tar surfaced; **— de vert-de-gris,** aeruginous.

Recouvrement, Breadth, cover, covering, lap, lapping, overlap (tiroir); **à —,** lapped or lap jointed; **assemblage à —,** concealed dovetailing; **bande de —,** butt plate, butt strap, junction plate; **hauteur de —,** breadth of lap; **joint à —,** covering joint; **plaque de —,** cover plate; **soudé à —,** lap welded; **soudure à —,** jump or lap welding; **tôle de —,** covering plate; **— d'un carneau,** arching of a flue; **— en contre-plaqué,** plywood covering; **— d'échappement,** exhaust lap; **— à l'évacuation** (tiroir), eduction overlap; **— intérieur du tiroir,** exhaust lap; **— à l'introduction** (tiroir), steam overlap; **— métallique,** metal covering; **— d'un tiroir,** cover lap of a slide valve; **— de deux tôles,** breadth; **souder à —,** to lap weld.

Recouvrir, to Cover; to overlap (joint à recouvrement).

Recristallisation, Recrystallisation.

Rectangulaire, Rectangular; **alésoir —,** angle drift; **cannelure**

—, box pass; **courbe** — (c. n.), square knee; **section** —, box section.

Rectification, Calibration, grinding, rectification; **appareil de** —, rectifying or grinding apparatus; grinder; **appareil de** — **intérieure**, internal grinder; **tour de** — (pétr.), stripping tower.

Rectifié, Ground, calibrated, rectified.

Rectifier, to Grind, to grind true; to calibrate; to strip (pétr.); **appareil pour** — **les meules**, emery wheels truer, grindstone dresser; **machine à** — (voir aussi **Rectifieuse**), grinder; **machine à** — **les arbres à cames**, camshaft grinding machine; **machine à** — **les arbres cannelés**, spline shaft grinding machine; **machine à** — **les aubes de turbines**, turbine blade grinder; **machine à** — **les broches**, broach grinding machine; **machine à** — **les cylindres de laminoirs**, roll grinder; **machine à** — **les engrenages**, gear grinding machine; **machine à** — **les essieux**, axle grinding machine; **machine à** — **les filetages intérieurs**, internal thread grinding machine; **machine à** — **les fraises**, cutter grinder, hob grinder; **machine à** — **les intérieurs**, internal grinding machine; **machine à** — **les lames de cisailles**, shear blade grinder; **machine à** — **les lames de scie**, saw blade grinder; **machine à** — **les ressorts**, spring grinding machine; **machine à** — **les segments de pistons**, piston ring grinder; **machine à** — **les soupapes**, valve grinding machine; **machine à** — **les surfaces cylindriques**, cylindrical grinding machine; **machine à** — **les surfaces planes**, surface grinding machine; **machine à** — **les tarauds**, tap grinder, tap sharpening machine; **machine à** — **les tôles**, sheet metal grinder; **machine à** — **universelle**, universal grinding machine; **machine à** — **les vilbrequins**, crankshaft grinding machine; **machine à** — **les vis sans fin**, worm grinder.

Rectifieuse (voir **Machine à rectifier**), Grinder, grinding machine; — **automatique**, automatic grinder; — **à broche horizontale**, horizontal spindle grinding machine; — **à broche (ou tête) oscillante**, swinging head grinder; — **à copier**, contour grinder, profiling or profile grinder; — **cylindrique**, cylindrical grinder; — **d'établi**, bench grinder, bench grinding machine; — **d'outillage**, toolroom grinding machine; — **plane**, flat surface grinder; — **portative**, portable grinder; — **de précision**, fine grinding machine; — **à profiler**, profile or profiling grinder; — **simple**, plain grinding machine; — **universelle**, universal grinding machine.

Rectiligne, Rectilineal, rectilinear; **mouvement** —, rectilinear motion.

Rectilinéaire, Rectilinear (adj.); — **grand angle**, wide angle object lens.

Rectoblique, Rectoblique.

Reçu, Receipt.

Recuire, to Anneal; **four à** — (métal.), annealing furnace; **four à** — (verrerie), cooling furnace.

Recuit, Annealing, post heat; **couleur de** —, annealing colour; **crevasse**, **crique de** —, fire crack; **huile de** —, tempering oil; — **isotherme**, isothermal annealing.

Recuit (adj.), Annealed; **acier** —, annealed steel.

Recul, Recoil, kick; slip; **sans** —, recoilless; **canon sans** —, recoilless gun; **course sans** —, dead stroke; **fusil sans** —, recoilless rifle; — **de l'hélice**, airscrew slip; — **nucléaire**, nuclear recoil.

Reculer (arme à feu), to Kick, to recoil.

Récupérateur, Recuperator, checker; **inversion des —s**, open hearth reversal; **— d'huile**, oil extractor; **— tubulaire**, tubular recuperator.

Récupération, Recuperation, recovery, reclamation; **chaudière de —**, top boiler, waste heat boiler; **condenseur à —**, regenerative condenser; **four à —**, recuperative furnace, continuous furnace; **four à — de sous-produits**, by product coke oven; **freinage à —**, regenerative braking; **— du benzol**, benzol recovery; **— des sous-produits**, by product recovery.

Récurrence, Recurrence.

Récurrent, Recurrent; **décharge —e**, recurrent surge.

Récursive, Recursive; **fonction —**, recursive function.

Recyclage (pétr.), Recycling, returning.

Recyclé, Recycled, returned; **fines — ees**, returned fines.

Recycler, to Recycle, to return.

Redan, Bend, cheek, skew back, step.

Redevance, Rent, dues, royalty.

Redressage, Straightening; **banc de —**, dressing bench.

Redressé, Straightened; commutated, rectified (élec.); **courant —**, rectified current.

Redressement, Straightening; righting; commutation, rectification (élec.); **moment de —**, righting moment; **objectif de —**, rectifying lens; **— en demi-longueur d'onde**, half wave rectification; **— linéaire**, linear rectification.

Redresser, to Straighten, to true up; to commutate, to rectify.

se Redresser (aviat.), to Flatten out.

Redresseur, Rectifier, diode (élec.); straightener; **lampe —use**, rectifier valve, rectifying valve; **moment —**, bending moment; **tube —**, rectifier tube; **— de courant**, current current rectiyer; **— à cristal**, crystal diode, crystal rectifier; **— à disques**, disc rectifier; **— d'excitation**, exciting rectifier; **—s de filets d'air (soufflerie)**, wind tunnel straighteners; **— à ignitrons**, ignitron rectifier; **— à jets de mercure**, jet chain commutator; **— mécanique**, mechanical rectifier; **— métallique**, metal rectifier; **— monoanodique**, single anode rectifier; **— à oxyde de cuivre**, copper oxide rectifier; **— polyanodique**, polyanode rectifier; **— sec**, dry rectifier; **— au sélénium**, selenium rectifier; **— à semi-conducteur**, semi conductor rectifier; **— thermoionique**, thermoionic rectifier; **— à tube à vide**, vacuum tube rectifier; **— à vapeur de mercure**, mercury vapour are rectifier.

Réducteur, Reducer, reducing or reduction gear; battery or cell switch (élec.); **moteur à —**, gear motor; **— epicycloïdal**, epicyclic reduction gear; **— à trains planétaires**, planet reduction gear; **— à vis sans fin**, worm gear reducer; **— de vitesse**, speed reduction gear.

Réducteur (adj.), Reducing; **agent —**, reducing agent; **engrenage —**, reducing gear; **gaz —**, reducing gas; **transformateur —**, reducing transformer.

Réductible, Reductible.

Réduction, Reduction; **appareil de — au zéro**, return to zero gear; **coefficient de —**, reduction factor; **double —**, double reduction; **douille de —**, reducing sleeve; **échelle de —**, scale of reduction; **feu de —**, reducing flame; **four de —**, scaling furnace; **genou de —**, angle reducer, reducing elbow; **oxydo —**, oxidoreduction; **— directe**, direct reduction; — **électrolytique**, electro reduction; — **polarographique**, polarographic reduction.

Réductive, Reductive; **atmosphère —**, reductive atmosphere; **cyclisation —**, reductive cyclisation.

Réduire, to Reduce, to deoxidate; — **par ébullition**, to boil down; — **une équation**, to reduce an equation; — **les moteurs**, to throttle down (back) the engines.

Réduit, Reduced, throttled back or down (moteurs); **à échelle —e**, on a reduced scale.

Réel, Actual; **température —le**, actual combustion temperature.

Ré-émission, Re-radiation.

Ré-emploi, Re-use.

Réenclenché, Reclosed.

Réenclenchement, Reclosing, reclosure, reset, resetting; **dispositif de —**, recloser; — **automatique**, automatic reset; — **à main**, manual resetting.

Réenregistrement, Re-recording.

Reétirage, Redrawing; — **inverse**, reverse redrawing.

Réexpédier, to Reforward.

Réexpédition, Reforwarding.

Refaire (un joint), to Rejoint.

Réfection, Remaking, revamping.

Refend (maçonnerie), Furrows.

Refend (menuiserie), Clippings.

bois de Refend, Quartered timber, cleft timber.

mur de Refend, Bearing wall, parition wall.

Refendre, to Cleave; **scie à —**, pit saw, pit frame saw, ripping or rip saw, slitting saw.

Référence, Datum, reference.

Refermeture, Reclosing; **dispositif de —**, recloser.

Réfléchir (lumière), to Reflect.

Réfléchissant, Reflective.

Réflecteur, Reflector; **revêtement —**, reflector coating; — **de lampe**, lamp reflecting shade; — **paraelliptique**, paraelliptic reflector.

Reflet, Glare; d'une huile, bloom or cast of an oil.

Réflexion, Reflection; **altimètre à —**, reflection altimeter; **angle de —**, glancing angle; **cercle de —**, reflecting circle; **diagramme par —**, reflection diagram; **éblouissement par —**, reflected glare; **facteur de —**, reflecting factor, reflectance; **galvanomètre à —**, mirror galvanometer; **spectromètre par —**, reflecting spectrometer; — **anormale**, sporadic reflection; — **sélective**, selective reflection; — **spéculaire**, regular or specular reflection.

Reflux, Reflux; **rapport de —**, reflux ratio.

Refocalisation, Refocusing.

Refocalisé, Refocused.

Refocaliser, to Refocus.

Refondre, to Melt down; to remould, to remodel; to refit.

Refondu, Refitted.

Refonte, Recasting, refit, remoulding; extensive or thorough repairs; recoinage (monnaie).

Réformation (pétr.), Reformation, reforming; **four de —**, reformation furnace.

Refoulage, Extrusion, heading; — **vers l'arrière** (en sens opposé du poinçon), backward extrusion; — **vers l'avant** (dans le sens d'avancement du poinçon), forward extrusion; — **à chaud**, hot extrusion; — **à froid**, cold extrusion, cold heading.

Refoulement, Delivery, discharge, flowing back; **clapet de —**, delivery valve, clack, flap, pressure valve, pressure clack; **conduite de —**, delivery pipe; **hauteur de —**, discharge head, delivery head; **pression de —**, discharge pressure; **soupape de —**, delivery valve, outlet valve; **tuyau de —**, force pipe; **tuyère de —**, discharge cone; **— du compresseur**, supercharger delivery.

Refouler, to Bump out, to clench (rivet), to deliver (pompe), to drive home, to extrude, to ram (canon), to upset; **presse à —**, extrusion press, upsetting press; **— un boulon**, to start a bolt.

Refouloir, Beater, rammer, drift, jumper har, jumper.

Réfractaire, Fire proof, heat resistant or resisting, refractory; **acier —**, heat resistant steel; **argile —**, fire clay, flint clay; **boue —**, gannister mud; **brique —**, fire proof brick, kiln brick, fire brick; **cornue —**, refractory retort, hearth brick, fire lum; **matières —s**, refractories, refractory materials; **pierre —**, fire stone; **revêtement —**, refractory lining; **à revêtement —**, refractory lined; **sable —**, gannister or ganister; **terre —**; fire clay; **tuile —**, fire tile.

Réfracté, Refracted, broken; **rayon —**, broken or refracted ray.

Réfracter, to Refract, to break.

Réfraction, Refraction; **à —**, refracting; **double —**, double refraction; **indice de —**, index of refraction, refractive index; **— atmospherique**, atmospheric refraction; **— ionique**, ionic refraction.

Réfractivité, Refractivity.

Réfractomètre, Refractometer; **— plongeant**, dipping refractometer.

Réfrangililité, Refrangibility; **aberration de —**, newtonian aberration.

Réfrangible, Refrangible.

Réfrigérant, Cooler, cooling plant, refrigerator; cooling (adj.); **appareil —**, cooling machinery, refrigerator; **fluide —**, coolant; **mélange —**, freezing or cooling mixture; **— d'air**, air cooler; **— d'huile**, oil cooler; **— intermédiaire**, intercooler; **— des purges**, drain cooler; **— à ruissellement**, trickling or dripping cooling plant.

Réfrigération, Cooling, refrigeration; **compresseur de —**, refrigeration or refrigerating compressor; **tours de —**, cooling towers; **— par absorption**, absorption refrigerator; **— par vaporisation**, vaporization cooler.

Réfrigéré, Cooled, chilled.

Réfrigérer, to Cool.

Réfringent, Refracting, refractive, diffracting; **bi —**, double refracting; **prisme —**, refracting prism.

Refroidi, Cooled; **anode —e**, cooled anode; **— par l'air**, air cooled; **— par l'eau**, water cooled; **— par l'huile**, oil cooled; **— par l'hydrogène**, hydrogen cooled.

Refroidir, to Cool, to chill.

Refroidissement, Cooling, chilling, chill; **ailette de —**, cooling fin, cooling vane; **auto —**, self cooling; **eau de —**, cooling water; **arrivée d'eau de —**, cooling water inlet; **groupe de —**, cooling unit; **serpentin de —**, cooling coil; **surface de —**, cooling surface; **turbine de —**, cooling turbine; **vitesse de —**, cooling rate; **— par air**, air cooling; **à — par air**, air cooled; **— par circulation d'air forcé**, forced air cooling; **— par circulation d'huile forcée**, forced oil cooling; **par eau**, water cooling; **à — par eau**, water cooled; **— forcé**, forced cooling; **— par l'huile**, oil cooling; **à — par huile**, oil cooled; **— par l'hydrogène**, hydrogen cooling; **— par jaquette d'eau**, water jacket cooling; **— de l'outil**, tool cooling; **— des pistons**, piston cooling;

— **par rayonnement**, radiational cooling; — **dû au vent**, wind chill.

Refroidisseur, Cooling tower, cooler; — **réchauffeur** (auto), coolant-heater.

Refroidissoir (métal.), Cooling bed.

à Refus, Home; **visser** —, to screw home.

eau Régale, Acqua Regia.

Régaleuse de fondations, Subgrader.

Regard, Trou de regard, Draft hole, draw box.

Regard, Eye, eye hole, eye piece, inspection cover; **trou de** —, eye hole; — **de graissage**, oil visor.

Regarni (frein), Reshoed.

Regarnir (les coussinets), to Line up, to reline, to rebabitt, to refill the brasses.

Regarnir (les freins), to Reshoe.

Regarnir (un presse-étoupes), to Repack.

Regarnis (coussinets), Refilled, rebabitted, relined.

Regarnis (freins), Reshoed.

Regarnis (presse-étoupes), Repacked.

Régénérabilité (accus), Recuperative ability.

Régénérateur, Checker, regenerator; **empilages de** — (métal.), checker work; — **d'air**, air regenerator.

Régénération, Regeneration, reclamation, reconditioning; feed back (T. S. F.); **chambre de** —, checker chamber; **élément à** —, regenerative cell; **four à** —, regenerative furnace; — **acoustique**, acoustic feedback; — **d'huile**, oil reclamation, oil reconditioning, oil rehabilitation.

Régénéré, Reclaimed; **caoutchouc** —, reclaimed rubber.

Régénérer, to Reclaim.

Régime, Rate, state, regime; **à faible** —, low rate; **à fort** —, high rate; **tension de** —, working voltage; **variations de** —, load variations; **vitesse de** —, working speed, rating speed; — **de charge**, charge or charging, rate; — **de charge en 10 heures**, 10 hour rate; — **de fin de charge**, finishing rate; — **laminaire**, laminary regime; — **permanent**, steady state.

Registre, Register, shutter, throttle, damper, flap door; **logement du** —, damper pit; — **de cendrier**, ash pit; — **de cheminée**, damper, draught, plate, register of a chimney; — **de vapeur**, steam valve; — **de ventouse**, draught regulating wheel; — **vertical**, sliding damper, steam reducing valve, shut off valve.

Réglable, Adjustable; **avance** —, adjustable lead; **butée** —, adjustable load; **coussinets** —s, adjustable bearings; **résistance** —, adjustable resistor.

Réglage, Adjusting, adjustment, control, controlling; **de** —, adjusting, regulating, rated; **arbre de** —, regulating shaft; **boulon de** —, adjusting bolt; **cône de** —, adjusting cone; **dispositif de** —, adjusting device; **disque de** —, regulating disc; **double** —, double control; **écrou de** —, adjusting nut; **encoche de** —, adjustment notch; **levier de** —, adjustment lever; **manette de** —, adjustment lever; **moteur de** —, regulating motor; **repère de** —, adjusting line, adjusting point; **transformateur de** —, regulating transformer; **vis de** —, adjusting screw; — **de cap** (aviat.), course setting; — **de la charge d'un haut-fourneau**, burdening; — **du débit**, flow control; — **de l'excitation**, field control; — **en hauteur**, height adjustment; — **précis**, fine adjustment; — **de sou-**

papes, valve setting, valve timing; — **de temps**, timing; — **de la tension**, voltage adjustment, voltage regulation; — **de la tonalité**, tone control.

Règle, Rule, ruler; — **d'analyse**, analysing rule; — **à calcul**, calculator; calculating rule, slide or sliding rule; — **de cumul**, cumulative rule; — **à diviser**, sliding gauge; — **flexible**, flexible curve; — **pour mesurer le retrait des modèles** (fond.), contraction rule; — **de trois**, rule of three; — **vibrante**, vibrating beam.

Règlement, Rules, regulations; — **de comptes**, settlement; — **de facture**, settlement, settling, adjustment.

Régler, to Adjust, to control, to regulate, to set; — **l'allumage**, to adjust the ignition; — **un chronomètre**, to rate, to regulate a chronometer; — **un compas** (mar.), to adjust a compass; — **l'outil**, to set up the tool.

Réglette, Rule; — **d'encoche**, slot wedge.

Régleur, Adjuster.

Régulage, White metalling.

Régulateur, Regulator, controller, governor, float gauge (chaud.), regulating mechanism; **auto** —, self regulating (adj.); **commande du** —, governor drive; **moulinet** —, air wing, air vane; **oscillations du** —, governor dancing; — **à action rapide**, quick action regulator; — **actuateur**, governor actuator; — **à air**, air regulator; — **d'alimentation d'une chaudière**, boiler regulating valve; — **automatique d'alimentation**, automatic feed regulator; — **d'arrivée d'eau**, water inlet valve; — **barométrique**, barostat control; — **à boules**, ball governor; — **de combustion**, combustion regulator; — **de débit**, flow governor, flow regulator; — **de débit de gaz**, gas governor; — **d'eau d'alimentation**, feed water regulator; — **à différence de pression**, differential pressure regulator; — **d'échappement**, blast pipe flap; — **étanche du circuit d'alimentation**, closed feed controller; — **à flotteur**, float gauge; — **à force centrifuge**, conical pendulum; — **de fréquence**, frequency regulator; — **d'immersion** (torpilles), diving gear; — **d'induction**, induction regulator; — **d'intensité constante**, constant current regulator; — **à leviers d'équerre**, bell crank governor; — **à noyau mobile**, moving core regulator; — **à orifice**, orifice governor; — **à piston**, piston actuated governor; — **de pompe**, pump governor; — **de pression**, pressure regulator, pressure regulating valve; — **à relais d'huile**, oil relay governor; — **rotatif**, rotating regulator; — **de surpression**, excess pressure regulator; — **de tension**, voltage regulator; — **de tirage**, draught regulator; — **de turbine hydraulique**, water turbine governor; — **de vitesse**, speed governor.

Régulation, Regulation, governing; **courbe de** — (tiroirs), regulating curve; **pompe de** —, governor pump; **système de** —, regulating system; — **de débit**, flow governor.

Régulatrice, Regulating; **vanne** —, regulating valve; **vis** —, check screw.

Régule, Regulus, white metal; assay grain; — **d'antimoine**, regulus of antimony.

Régulé, Babbitted, babbited.

Réguler, to Babbitt, to babbit.

Rehaver une bure (mines), to Clean and widen a shaft.

Réinjection, Cycling.

Rejet, Heave.

Rejettement (mines), Burst.

Relais, Relay; — **à action lente,** slow acting relay; — **à action rapide,** quick acting relay; — **d'appel,** call relay; — **à boîte,** box relay; — **de capacitance,** capacitance relay; — **à contact de mercure,** mercury contact relay; — **à courant alternatif,** a. c. relay; — **pour courant en retour,** reverse current relay; — **de court-circuitage,** shorting relay; — **de déclenchement,** tripping relay; — **différé,** time delay relay; — **différentiel,** differential relay; — **directionnel,** directionnal relay; — **à enclenchement différé,** time limit relay; — **de fermeture,** closing relay; — **frappeur,** sounding relay; — **de fréquence,** frequency relay; — **graduel,** step by step relay; — **d'inertie,** inertia relay; — **intégrateur,** totalizing relay; — **d'intensité,** current relay; — **à maximum d'intensité,** overload relay; — **à minimum de tension,** undervoltage relay; — **miniature, relais nain,** miniature relay, midget relay; — **phonique,** box sounding relay; — **pneumatique,** pneumatic relay; — **protecteur,** protective relay; — **de proximité,** proximity relay; — **de réenclenchement,** reclosing relay; — **à retour de courant,** inverse power relay; — **sensible,** sensitive relay; — **de surintensité,** overcurrent relay; — **synchronisant,** synchronizing relay; — **de télécommande,** remote control relay; — **thermique,** thermal relay; — **tournant,** rotating relay.

Relaminage, Rerolling.

Relatif, Relative; **vent** —, relative wind; **vitesse** —**ive,** relative speed.

Relations, Relations; — **de fermeture** (math.), closure relations.

Relativiste, Relativistic.

Relativité, Relativity.

Relaxaticn, Relaxation; **méthodes de** —, relaxation methods; **oscillateur à** —, relaxation oscillator; — **des efforts,** stress relaxation; — **plastique,** plastic relaxation.

Relaoxmètre, Relaxometer.

Relayage, Relaying.

Relayé, Relayed.

Relayer, to Relay.

Relevage, Lifting up, lifting; **arbre de** — (ch. de fer), reverse or tumbling shaft; **barre de** —, reversing rod; **bielle de** —, suspension bar, link lever, weigh bar; — **automatique,** automatic lifting.

Relève, Spell.

Relevé (adj.), Raised; retracted (train d'atterrissage).

Relevé, Bill, abstract, account, return, statement; survey; — **géologique,** geological survey; —**s officiels,** official returns; **faire le** — **de,** to draw up an account of.

Relèvement, Raising again; bearing (mar.); — **automatique (de l'outil),** self acting lift.

Relever (une équipe), to Spell.

Relever, to Raise, to lift up, to set up, to retract (aviat.); — **l'ancre,** to weight the auchor; — **le train d'atterrissage,** to retract the undercarriage.

Relié, Bound.

Relier, to Bind.

Relieur, Binder, book binder.

Réluctance spécifique, Reluctivity.

Rémanence, Remanence, retentivity.

Rémanent, Remanent, residual; **magnétisme** —, residual magnetism.

Remblai, Fill, filling up; earth worth, embankment, bank, earth bank, mound; **terre à** —, fill earth.

Remblayage, Filling up, back filling, gobbing, stowing (mines); **machine de —,** back filling machine; **matériaux de —,** back filling materials; **tuyau de —,** slurry pipe, stowing pipe; **— pneumatique,** pneumatic stowing.

Remblayer, to Fill up, to embank.

Remblayeur, Cogger.

Remblayeuse, Back filler, back filling machine.

Rembourré, Padded.

Remboursable (obligations, etc.), Redeemable.

Remboursement, Rèimbursement, repayment; **contre —,** cash on delivery.

Remettre en état, to Recondition.

Remettre en marche, to Restart.

Remettre au zéro, to Reset.

Remise en état, Recondition, reconditioning.

Remise au zéro, Reset; **— automatique,** automatic reset; **— à la main,** hand reset.

Remodulé, Remodulated.

Remoduler, to Remodulate.

Remonter (une machine), to Put together, to refit.

Remonter (une pendule), to Wind up.

Remontoir, Winder.

Remorquage, Towage, haulage, hauling; **droits de —,** towage fees.

Remorque (mar.), Tow line, tow rope, warp; **arceau de —,** tow rail; **câble de —,** tow line, touring cable, warping line; **chape de —,** tow shackle.

Remorque, Trailer; **camion avec —,** lorry trailer; **citerne —,** tank trailer; **— à deux roues,** semi trailer; **— à déversement par le fond,** drop bucket trailer.

Remorqué, Towed, hauled.

Remorquer, to Tow.

Remorqueur, Tug boat, tow boat (rare).

Remous, Backwash, bump, eddy, eddying, wash; **espace de —** (turbine), eddy space; **— de l'hélice** (aviat.), airscrew wash.

Rempli, Filled, refilled.

Remplir, to Fill, to refill.

Remplissage, Filling, refilling, flooding, stuffing; fuelling; **bouchon de —,** filler cap, filler plug; **colonne à —,** packed column; **indicateur de —,** full level indicator; **pression de —,** fuelling pressure; **station de —,** fueller, fuelling station; **— de grillage,** grid filling; **— sous pression,** pressure fuelling; **— du réservoir,** refuelling.

Renard, Cant hook, devil's claw, dog, piping (hydr.), lump (métal.); **— pour hâler le bois,** dog iron.

Renardière, German fining forge.

Rendement, Efficiency, output, yield, availability; **— de l'aile,** wing efficiency; **— de combustion,** combustion efficiency; **— électrique,** electric efficiency; **— garanti,** guaranted efficiency; **— global,** overall efficiency; **— de l'hélice,** propeller efficiency; **— industriel,** overall efficiency; **— lumineux,** luminous efficiency; **— mécanique,** mechanical efficiency; **— mesuré,** measured efficiency; **— thermique,** heat efficiency; **— volumétrique,** volumetric efficiency, volumetric yield.

Renflement, Boss, bulging, swelling.

Renfler, to Upset, to swell; **presse à —,** upsetting press.

Renflouage, Setting afloat again, salvage; **caisson de —,** float case; **installation, matériel de —,** salvage plant.

Renflouer, to Set afloat again, to get afloat, to raise.

Renforçateur, Emphasiser.

Renforcé, Stiffened, doubled, strengthened, trussed; **nervure —e**, strengthened rib; **poutre —e**, trussed beam.

Renforcement, Stiffening, reinforcement, strengthening, doubling; **collerette de —**, reinforcing collar; **jante de —**, reinforcement tube; **nervure de —**, stiffening rib; **tube de —**, reinforcement tube; **— par fers cornières**, angle ring stiffening.

Renforcer, to Stiffen, to reinforce, to strengthen, to truss.

Renforceur, Stiffener, strengthener; **— de chute**, fall or head increaser; **— de débit**, discharge accelerator.

Renformir un mur, to Dub out a wall.

Renfort, Reinforcement, doubling, lining; **de —**, reinforcing; **armature de —**, additionnal reinforcement; **collerette de —**, strengthening ring, reinforcing collar; **entretoises de —**, stiffening girders; **locomotive de —**, bank engine; **nervure de —**, reinforcing web, stiffening rib, ribbing; **— de cheminée**, chimney stiffener.

Reniflard, Air valve, breather, breather pipe, snifting valve, blow valve, blow through valve, relief valve, snift or snifting valve.

Rénové, Serviced; **bougie —e**, serviced plug.

Rentrant, Retractable.

Rentré (train d'atterrissage), Retracted.

Rentrée (N.), Tumbling or tumble home; **avoir de la —**, to tumble home.

Rentrée (train d'atterrissage), Retraction.

Rentrer (train d'atterrissage), to Retract.

Renversé, Inverted, reversed; overthrown; **arc —**, counter arch; **cône —**, inverted cone; **cornière —e**, reversed angle iron; **courant —**, commutated current; **voûte —e**, counter vault; **— de courant**, reverse current.

Renversement, Tipping, overturning, reverse; **de —**, reversing; **arbre de — de marche**, reversing shaft; **levier de — de marche**, reversing lever or link; **mécanisme de — de marche**, change gear, reversing gear; **mouvement de —**, tipping motion; **wagon à —**, dump or dumping car; **— de marche par courroie**, belt reverse.

Renverser, to Invert, to reverse; **— la vapeur, la marche**, to reverse the engine.

Renvidage, Copping.

Renvoi, Return; adjournment, postponement; dismissal, discharge; **arbre de —**, countershaft; **balancier de —** (ch. de fer), rocker; **chaises de —**, countershaft suspension arms; **roue de —**, castor wheel; **— à courroie**, belt gearing, countershaft; **— de mouvement**, countershaft; **— du mouvement d'un excentrique**, eccentric rod gear; **— de plafond**, overhead transmission.

Répalleuse (fours à coke), Leveller.

Réparateur, Repairer.

Réparation, Repair, mending; **atelier de —s**, repair or repairing shop; **base de —s**, repair base; **en —**, under repair; **fosse de —s**, repairing fit; **nécessaire —s**, repair outfit; **—s importantes**, extensive or thorough repairs; **—s légères**, slight repairs.

Réparer, to Repair, to make good, to mend.

Réparti, Distributed; **inductance —e**, distributed inductance.

Répartir, to Distribute.

Répartiteur, Dispatcher; **poste central —,** load dispatcher.

Répartition, Repartition, distribution, dispatching (élec.); **coffret de —,** distribution box; **service de — (élec.),** dispatching; **— de brillance,** brightness distribution; **— du champ,** field distribution; **— de la charge,** distribution of load, of charge; **— du flux,** distribution of flux.

Repassage, Whetting, sharpening.

Repasser (une lame), to Strap, to sharpen, to whet; **pierre à —,** whetstone.

Repérage, Ranging; **— optique automatique,** optical automatic ranging; **— (imp.rim.),** register; **dispositif de —,** registering device.

Repère, Mark, bench mark, counter, dash, adjusting line, adjusting point, regulating line, regulating mark; **— d'un robinet,** score of a cock.

Repérer, to Locate.

Répétiteur, Repeater; **cercle —,** repeating circle; **compas —** (compas gyroscopique), repeater compass.

Répétition, Repeating.

Repiquer (une meule), to Edge.

Répondant, Vouchee.

Répondre de (se rendre garant de), to Vouch.

Réponse (élec.), Response; **— courbe de —,** response curve; **dispositif à — rapide,** quick response device; **— à bande uniforme de fréquences,** flat top response; **— maximum,** maximum or peak response; **— rapide,** quick response; **— transitoire,** transient response.

Repos, Stand still; rest; **fréquence de —,** resting frequency.

Reposé, Killed; **acier —,** killed steel.

Repoussage, Chasing, spinning; **— à la flamme,** flame spinning; **— des métaux,** metal spinning; **— au tour,** spinning.

Repoussé, Embossed; **or —,** embossed gold.

Repousser, to Emboss, to drive in, to chase; **tour à —,** burnishing lathe; **— au maillet,** to chase with the mallet.

Repoussoir, Driving bolt, wedge driver.

Reprendre (moteur), to Pick up.

Représentant, Representative.

Reprise (moteur), Pick up.

Reprise, Second operation; **tour de —,** second operation lathe; **— en sous-œuvre,** underpinning; **— en tas,** rehandling.

Reproducteur, Reproducing or copying attachment, reproducer; **— à came,** cam reproducer.

Reproduction, Reproduction, forming; **— électrolytique,** electro forming; **— sonore,** sound reproduction.

Reproduire, to Copy, to duplicate, to reproduct; **dispositif à —,** tracer attachment; **fraiseuse à —,** contour miller, copying milling machine; **fraiseuse à —** (dite à gauche), left hand copying machine; **machine à —,** copying machine; **machine à — les plans,** blue print copying machine; **tour à —,** copying lathe.

Répulsif, Repelling; **force -ive,** repelling power.

Répulsion, Repulsion; **démarrage en —,** repulsion start; **effort de —,** repulsion stress; **moteur à —,** repulsion motor; **moteur à — induction,** repulsion induction motor.

Réquisition, Requisition.

Réseau, Net, network, grating, grid; lattice; **constantes d'un —,** constants or parameters of a network; **impédance de —,** network impedance; **paramètre de**

—, lattice parameter; **points du —,** lattice points; **tension du —,** main supply voltage; **— aérien,** overhead network; **— d'antennes,** aerial network; **— de chemins de fer,** railway network; **— cristallin,** crystalline lattice; **— de découplage,** decoupling network; **— de diffraction,** diffraction grating; **— de diffraction circulaire,** circular grating; **— de diffraction radial,** radial grating; **— de distribution,** distributing or distribution network; **— en échelle,** ladder network; **— linéaire,** linear network; **— réciproques,** reciprocal gratings, reciprocal lattices; **— spin,** spin lattice; **— souterrain,** underground lattice.

Réserve, Reserve; reservation; **combustible de —,** reserve fuel; **de —,** spare; **en —,** in store; **sous —,** under reserve.

Réservoir, Tank, holder, reservoir, vessel, head, well, cistern; **avion —,** tanker plane; **capacité des —s,** tankage volume; **vanne de —,** reservoir gate; **— d'aile,** wing tank; **— de bout d'aile,** wing tip tank; **— d'air,** air vessel, air chamber, air drum, air flask, air holder, air reservoir; **— d'arrosage,** suds tank; **— blindé,** bullet proof tank; **— à bouchage automatique** (aviat.), self sealing tank; **— de centrage** (aviat.), trim tank; **— en charge,** gravity feed tank; **— de combustible,** fuel tank; **— de combustible pressurisé,** pressurized fuel tank; **— d'eau,** water tank; **— d'eau chaude,** hot water well, hotwell; **— d'essence,** petrol tank, gasoline or gas tank; **— galvanisé,** galvanized tank; **— d'huile,** oil reservoir, oil tank; **— largable,** slip tank, detachable or droppable tank; **— à pression,** pressure vessel; **— sous pression,** pressure feed tank; **— de combustible pressurisé,** pressurized fuel tank; **— principal,** main tank; **— de secours,** reserve tank; **— thermométrique,** thermometer well; **— de vapeur,** steam chamber, steam drum.

Résidu, Residue, residuum, foot, refuse, waste; **—s,** tailings; **—s consistants,** road oil; **— de première distillation,** topped crude.

Résidus, Waste disposal.

Résiduel, Residual, retained; **austénite —le,** residual austenite; **champ —,** residual field; **charge —le,** residual charge; **compression —le,** residual compression; **énergie —le,** residual energy; **erreur —le,** residual error; **excitation —le,** residual excitation; **gaz —,** residual gas; **incandescence —le,** apter glow; **induction —le,** residual induction; **ionisation —le,** residual ionisation; **magnétisme —,** residual magnetism; **produits —s,** waste disposal; **tension —le,** residual stress.

Résiliation (d'un marché), cancellation.

Résilié, Cancellated.

Résilience, Resilience, resiliency, brittle failure, impact value; **essai de —,** impact test.

Résilier, to Cancel.

Résine, Resin, rosin; **à agglomérant de —,** resin bonded; **de —,** resinoid; **— acrylique,** acrylic resin; **— fondue,** cast resin; **— organique,** organic resin; **— solide,** hard resin; **— synthétique,** synthetic resin; **— vinylique,** vinyl resin.

Résineux, Resinous; **canaux —,** resin canals; **charge —use,** resinous charge.

Résinyle, Resin oil.

Résistance, Resistance; resistor (élec.); strength; **à haute —,** high duty; **barre de —** (béton armé), carrying rod; **bobine de —,** resistance coil; **boîte de —s,**

résistance box; **bronze à haute —,** high tension bronze; **coefficient de —,** resistance coefficient; **couplage par —,** resistance coupling; **freinage sur —s,** resistance or rheostatic braking; **ligne de moindre —,** line of least resistance; **soudure par —,** resistance welding; **— à l'abrasion,** abrasion resistance; **— de l'air,** air resistance; **— d'antenne,** antenne resistance; **— apparente,** apparent resistance; **— à l'avancement,** head resistance; **— aux balles,** bullet resistance; **— de calibrage,** calibrating resistance; **— de cathode,** cathode bias; **— de charge,** charge resistance, charging resistor; **— de chauffage,** filament resistance; **— aux chocs,** impact strength, shock resistance; **— chutrice,** limiting resistance; **— de circuit dérivé,** shunt resistance; **— au cisaillement,** shear or shearing strength; **— de compensation,** compensating resistance, ballast resistance; **— de composante,** component resistance; **— composée,** combined resistance; **— à la compression,** compression or compressive strength; **— de contact,** contact resistance; **— à la corrosion,** corrosion resistance; **— à la coupe,** cutting resistance; **— de découplage,** decoupling resistance; **— de démarrage,** starting resistance; **— de l'eau,** water resistance; **— à l'effet d'entaille,** notch toughness; **— effective,** effective resistance; **— électrolytique,** electrolytic resistance; **— d'équilibrage,** ballast or compensating resistance; **— équivalente,** equivalent resistance; **— d'étalonnage,** calibrating resistance; **— extérieure,** external resistance; **— à la fatigue,** endurance limit, fatigue strength; **— à la flexion,** bending strength; **— au fluage,** creep strength; **— au frottement,** friction resistance; **— en graphite,** graphite resistance; **— inductive,** inductive resistance; **— non inductive,** non inductive resistance; **— intérieure,** internal resistance; **— d'isolement,** insulation resistance; **— des matériaux,** mechanics or resistance of materials; **— ohmique,** ohmic resistance; **— de phase,** phase resistance; **— de profil** (aviat.), profile drag; **— de protection,** protective resistance; **— réglable,** adjustable resistance; **— régulatrice de tension,** bleeder resistance; **— résultante,** resultant resistance; **— de rupture,** rupture strength; **— au serrage,** binding strength; **— souple,** flexible resistor; **— spécifique,** specific resistance; **— statique,** static strength; **— de terre,** ground resistance; **— totale,** total resistance; **— à la traction,** tensile strength, strength; **— à l'usure,** wear resistance; **— variable,** adjustable or tapped resistance.

Résistant, Resistant, resisting, opposing; **couple —,** opposing torque; **effort —,** drag load; **— aux acides,** autacid; **— aux balles,** bullet resistant or resisting; **— à la chaleur,** heat resistant; **— à la corrosion,** non corrodible, chemical resistant, corrosion resistant or resisting; **— à l'usure,** wear resistant.

Résistif, Resistive.

Résistivité, Resistivity.

Re-solution, Resolution.

Resnatron, Resnatron.

Résolution, Resolution; **dispositif de —,** resolver; **pouvoir de —,** resolving power.

Résonance, Resonance; **cellule à —,** resonance cell; **conditions de —,** resonance conditions; **courbe de —,** resonance curve; **ferro —,** ferro resonance; **filtre à —,** resonant filter; **fréquence de —,** resonance frequency; **pont à —,** resonance bridge; —

ferromagnétique, ferromagnetic resonance; — **ionique,** ionic resonance; — **naturelle,** natural or periodic resonance; — **nucléaire,** nuclear resonance; — **parallèle,** parallel resonance; — **propre,** natural resonance; — **série,** series resonance; — **sous-harmonique,** subharmonic resonance; — **subsynchrone,** subsynchronous resonance.

Résonant, Resonant, resonating; **cavité —e,** resonant cavity; **circuit —,** resonant circuit, acceptor circuit; **circuit — parallèle,** parallel resonant circuit, tank circuit.

Résonateur, Resonator; **— à cavité,** cavity resonator; **premier — à cavité,** buncher resonator; **— d'Hertz,** Hertzian resonator; **— piézoélectrique,** piezoelectric resonator.

Respirateur, Breather.

Ressaut (arch.), Projection.

Resserrage, Retightening.

Resserré, Shrunk, retightened.

Resserrer, to Tighten, to retight; **— une clavette,** to tighten up a cotter.

Ressort, Spring; **acier à —,** spring steel; **actionné par —,** spring actuated; **appui à —,** bearer spring, spring support; **bague de —,** spring collet; **barillet de —,** spring drum; **branche d'un —,** leaf of a spring; **bride de —,** spring bridle, spring buckle, spring stirrup; **chargé par —,** spring loaded; **clavette à —,** spring cotter, spring key; **cliquet à —,** catch spring; **compas à —,** spring caliper; **contre —,** counter spring; **douille de —,** spring box; **électrodynamomètre à —,** spring direct reading ampere balance; **émerillon à —s** (pétr.), spring swivel; **fil à —,** spring wire; **flèche d'un —,** camber of a spring; **godet de —,** spring cap; **grand —,** main spring; **interrupteur à —,** spring switch; **jumelle de —,** spring shackle, spring stirrup; **lame de —,** spring leaf, spring plate; **loquet à —,** jack lash; **machine à fabriquer les —s,** spring coiling machine; **mandrin à —,** spring chuck, spring expander; **marteau à —,** dead stroke hammer; **patin de —,** spring bracket; **pince à —,** spring clamp, spring clip; **ploie —,** spring chape; **rondelle à —,** spring washer; **support de —,** spring bracket; **suspension à —s,** springing; **verrou à —,** spring bolt; **— en acier,** steel spring; **— alimentaire,** feeding vessel; **— amortisseur,** damping spring; **— antagoniste,** antagonistic spring; **— en arc,** bow spring; **— d'arrêt,** tumbler spring; **— arrière,** rear spring; **— avant,** front spring; **— Belleville,** disc spring; **— à boudin,** spiral spring, helical spring; **— en C,** cee spring; **— cantilever,** cantilever spring; **— demi-cantilever,** semi cantilever spring; **— à coches,** catch spring; **— compensateur,** equaliser spring; **— de compression,** compression spring, split spring; **— de connexion,** connecting spring; **— de détente,** sear spring; **— d'éjecteur,** ejector spring; **elliptique,** elliptical spring; **— d'embrayage,** clutch spring; **— à feuilles,** hoop spring; **— à feuilles étagées,** carriage spring, step spring; **— de flexion,** flexion spring; **— de gâchette,** trigger spring; **— de garniture,** band spring; **— hélicoïdal,** helical spring; **— à lames,** leaf or hoop spring; **— à lames étagées,** step spring; **— longitudinal,** axial spring; **— de montre,** watch spring; **— moteur,** driving spring, actuating spring, main spring; **— oscillant,** joggle spring; **— plat,** flat spring; **— en porte à faux,** cantilever spring; **— de pression,** compressing spring, split spring; — de rappel, opposing spring, release spring, reset spring return spring; — de soupape, valve spring; — spiral, coil spring, spiral spring, hair spring; — spirale plat, flat spiral spring; — à spirales, volute spring; — de suspension, bearing spring, suspension spring; — de tampon, buffer spring; — de traction, drag spring, draw spring; — de trembleur, contact breaker spring; détendre un —, to relax a spring.

Ressource (aviat.), Pull out.

Ressuage (mét.), Liquation, eliquation, roasting, sweating; four de —, smelting furnace, liquation hearth; huile de —, foots oil.

Ressuant, Fizzing; blanc —, fizzing heat; chaude —e, white flame, white heat.

Ressuer (mét.), to Eliquate, to roast, to liquate; four à —, capelling furnace.

Restituer, to Plot.

mécanisme Restitueur, Plotting gear.

Restitution, Plotting; appareil de —, plotting machine; canevas de —, plotting skeleton.

Résultante, Resultant.

Resurchauffe, Resuperheat, reheat.

Resurchauffer, to Resuperheat to reheat.

Resurchauffeur, Resuperheater.

Retailler, to Cut again; — une lime, to cut again a file.

Retard, Delay, lag, retardation; fusée à —, delay action fuse; lignes à —, delay lines; — à l'allumage, retarded ignition, retarding spark; — du courant, retardation of current; — de phase, phase lag.

Retardateur, Retarder, dashpot, restrainer (photo); — de vitesse de tirage, draught retarder.

Retardé, Delayed, restrained.

Retardement, Delay, time delay; bombe à —, delayed action bomb.

Retarder, to Delay, to restrain.

Retassure, Drawhole, pinhole, piping, shrink hole, shrinkage cavity.

Reteindre, to Redye.

Reteinture, Redyeing.

Retenue, Reservoir; backing up, guy; barrage de —, impounding dam; barre de — transversale, cross anchor; boulon de —, check lock, lock bolt, retaining bolt; chaîne de —, backstay; clapet de —, non return valve, check valve; coin de —, slip; clapet de — d'alimentation, supply check valve; goupille de —, check pin; palan de —, retaining tackle; soupape de —, back pressure valve, check valve; vanne de —, crest gate.

Réticulaire, Reticular; distance —, interplanar spacing; intervalle —, lattice spacing.

Réticule, Gross wire, reticle, spider wire.

Retordage, Twisting; atelier de —, twisting shop; banc de —, twister.

Retordeuse, Uptwister.

Retordoir, Doubling machine.

Retouche (photo), Retouching; — par colorants, dye retouching.

Retoucher, to Retouch.

Retoucheur d'écarts d'alignement (T. S. F.), Padding.

Retour, Return; bielle en —, return connecting rod; boîte de —, header box; choc en —, back shock, back stroke, return shock; clapet de non —, non return valve; courant de —, after current, return current; décharge en —, back discharge; fil de —, return wire; poulie de —, end pulley, quarter block; tuyau de —, return pipe; vitesse de — (mach. outil), return speed;

— **d'allumage**, back fire; — **d'arc**, arc back; — **de flamme**, back firing, back flame, return flame, burning back, back fire; **chaudière à — de flamme**, return flame boiler; — **par la terre**, earth return, ground circuit; — **rapide** (mach. outil), quick return.

Rétractable, Retractable.

Rétracté, Retracted.

Retrait, Diminution, shrink, skrinkage, shrink back; **calage, emmanchement par —**, shrink fit.

Rétreindre, to Burnish; to swage, to reduce; **machine à —**, swager, reducing machine; **presse à —**, reducing press.

Rétreinte, Burnishing.

Rétroviseur (auto), Rear view mirror.

Retremper, to Retemper.

Rétrocaveuse, Pull shovel.

Rétrograde, Retrograde.

Rétroviseur, Rear view mirror.

Reutilisable, Re-usable.

Révélateur, Developer, development bath.

Revendication d'un brevet, Claim.

Revendre, to Resell.

faire Revenir, to Temper.

four à Revenir, Drawback furnace.

Revenu, Draw, drawback, drawing, tempering; **four de —**, drawback furnace; **fragilité de —**, temper brittleness.

Revenu (adj.), Tempered; **acier —**, tempered steel.

Réverbération, Reverberation.

Réverbère, Cap; reflector (miroir); **à —**, reverbatory; **four à —**, flaming furnace, reverbatory furnace, draught or air furnace; — **d'un four**, cap of a furnace.

Réverbéromètre, Reverberometer; — **à relaxation**, relaxation reverberometer.

Revers, Back, parados, reverse.

Réversible, Reversible; **cliquet —**, reversible claw, throw over claw; **cycle —**, reversible cycle; **élément —**, reversible cell; **hélice —**, reversible propeller; **moteur —**, reversible motor; **pas —**, reverse pitch; **hélice à pas —**, reverse pitch propeller.

Revêtement, Casing, clothing, covering, encasement, lagging, face, facing, lining, felting, skin, shell, skinning, revetment, paving, surfacing; — **en béton**, concrete lining; — **cathodique**, cathode coating; — **de céramique**, ceramic coating; **à — de césium**, cesium coated; — **d'une chaudière**, packing of a boiler; — **en contreplaqué**, ply wood skinning; — **du cylindre**, lining of the cylinder; — **extérieur d'un haut-fourneau**, outer shell of a blast furnace; — **en laitier**, slag face; — **mince**, thin skin; — **réfractaire**, refractory lining; — **routier**, road paving.

Revêtir, to Case, to cover, to line, to felt, to plate.

Révisé, Overhauled.

Réviser, to Overhaul.

Révision (d'un moteur), Overhaul, overhauling.

corps de Révolution, Body of revolution.

Rhabillage (de meules), Wheel cutting, wheel dressing, wheel trueing.

Rhabiller, to Dress, to true; — **une meule**, to true a wheel.

Rhénium, Rhenium.

Rhéologique, Rheological.

Rhéostat, Rheostat; **à —**, rheostatic; **contrôle par —**, rheostatic control; — **de champ**, field rheostat; — **de changement de vitesse**, speed changing rheostat; — **de charge**, charge rheostat; — **de chauffage**, filament rheostat; — **de démarrage**, starting rheostat; — **li-**

quide, liquid rheostat; — **potentiométrique**, potentiometer type rheostat.
Rhéostatique, Rheostatic.
Rhéotron, Rheotron.
Rhodium, Rhodium.
Rhodonite, Rhodonite.
Rhombique, Rhombic; **antenne** —, rhombic antenna.
Rhomboédrique, Rhomboédral.
Riblons, Scrap iron; **fer de** —, fagotted iron; **procédé aux** —, scrap process; — **de fer**, iron scrap.
huile de Ricin, Castor oil.
Rideau, Curtain; **en** —, fan shaped; — **de palplanches**, piling sheet.
Ridelle, Side rack, cock wagon.
Rides (du bois), Ripple marks.
Ridoir, Turnbuckle, screw chain.
Riffle (rainure pour retenir l'or), Riffle.
Riflard (menuiserie), Jack plane.
Rifloir, Bow file.
Rigide, Rigid; **banc** —, rigid bed; **charpente** —, rigid frame; **dirigeable** —, rigid airship; **essieu** —, fixed axle; **joint** —, stiff joint; **semi** —, semi rigid; **ballon semi** —, semi rigid balloon.
Rigidité, Rigidity, strength, steadiness, stiffness; — **de culasse**, stiffness of yoke; — **diélectrique**, dielectric or disruptive strength, breakdown strength.
Rigole, Adit, drain, gutter, gut, trench, channel, culvert; **bec de** — **à laitier**, cinder notch; **cubilot à** —, rapid cupola; **four à** —, gutter furnace; — **couverte**, box drain.
Rinçage, Rinsing, washing, flushing; **cuve de** —, rinsing vat.
Rincé, Rinsed, washed, flushed.
Rincer, to Rinse, to wash, to flush.

Ringard, Ash scraper, ash rake, coal poker, cinder hook, crow bar, tapping bar, pricker, poker, stirrer.
Ringarder, to Poke.
Ripage, Shifting.
Ripe, Chip.
Riper, to Shift.
Risques, Hazards, risks; — **d'incendie**, fire hazards.
Ristourne, Rebate, discount.
Rivé, Riveted; **joint** —, riveted joint.
River, to Clinch, to rivet; **machine à** —, riveting or rivetting machine; **machine pneumatique à** —, pneumatic riveting machine; **machine à** — **à trois têtes**, three head riveting machine; **marteau à** —, rivetting hammer, riveting tool; **pinces à** —, riveting tongs, riveting pliers, riveting clamps; **poinçon à** —, rivetting punch.
Rivet, Rivet; **bouterolle à** —**s**, rivet stamp; **chasse** —**s**, riveting punch; **diamètre d'un** —, diameter of a rivet; **écartement des** —**s**, pitch spacing of rivets; **forge, four à** —**s**, rivet forge, rivet hearth; **machine à faire les** —**s**, rivet making machine; **pince à** —**s**, rivet plyers or pliers, riveting clamps, riveting tongs; **sans** —**s**, rivetless; **à simple rang de** —**s**, single riveted; **tarière à** —, rivet auger; **tête de** —, rivet head; **tête de** — **hémisphérique**, cup head; **tige de** —, rivet shank, rivet shaft; **trou de** —, rivet hole; **trou de** — **poinçonné**, punched hole rivet; — **de bordé extérieur**, shell rivet; — **bouterollé**, shaped headed rivet; — **de l'étambot**, sternpost rivet; — **de l'étrave**, stem rivet; — **de gouvernail**, rudder rivet; — **de membrure**, frame rivet; — **de montage**, binding rivet; — **à nerf**, rivet of fibrous iron; — **noyé**, flush rivet; — **posé**

d'avance, dummy rivet; — **de quille,** keel rivet; — **à tête affleurée,** flush head rivet; — **à tête bombée,** snap headed rivet; — **à tête conique,** conical head rivet; — **à tête fraisée,** countersunk rivet; — **à tête perdue,** flush rivet or flush head; — **à tête plate,** pan headed rivet; — **à tête ronde,** round head rivet; — **à trou conique,** taper bore rivet; abattre un —, to clinch a rivet; chasser un —, to knock out a rivet; enlever un — par forage, to drill out a rivet; former la tête d'un —, to jog a rivet head; poser un —, to drive a rivet.

Rivetage, Riveting or rivetting; vérin de —, screw dolly; — **des abouts,** butt riveting; — **en chaîne,** chain riveting; — **conique,** conical riveting; — **à couvre-joint double,** double covering plate riveting; — **à couvre-joint simple,** single butt plate riveting; — **double, à deux rangs,** double riveting; — **étanche,** watertight riveting; — **fraisé,** countersunk riveting; — **à froid,** cold riveting; — **hydraulique,** hydraulic riveting; — **du joint,** butt riveting; — **des joints longitudinaux,** edge riveting; — **à la machine,** machine riveting; — **à la main,** hand riveting; — **à point de diamant,** conical riveting; — **pneumatique,** pneumatic riveting; — **quadruple,** quadruple riveting; — **en quinconce,** zig-zag riveting; — **à un rang,** simple riveting; — **à deux rangs,** double riveting; — **à trois rangs,** treble riveting; — **à quatre rangs,** quadruple riveting; — **simple,** single riveting; — **à tête plate,** pan riveting.

Riveuse ou Riveteuse, Riveting or rivetting machine.

Rivoir, Dolly, bench hammer, riveting or rivetting hammer.

Rivure, Riveting or rivetting; clinched head of a rivet; **contre** —, rivet plate; **rosette de** —, rivet plate; — **à chaîne ou parallèle,** chain riveting.

Robinet, Cock, tap, valve; **boisseau de** —, valve box, casing, hollow, shell of a cock; **repère d'un** —, score of a cock; — **d'admission,** inlet tap; — **d'arrêt,** stop cock; — **à boisseau coulissant,** lift plug valve; — **à boisseau tournant,** rotary plug valve; — **coincé contre son boisseau,** jammed cock; — **de décompression,** relief cock, pet cock; — **de désaération,** air escape valve; — **d'extinction de feu,** fire plug; — **d'extraction,** blow off cock, blow down valve; — **à flotteur,** ball cock; — **de graissage,** oil cock; — **graisseur,** grease cock, tallow cock; — **d'incendie,** fire plug; — **indicateur,** gauge tap; — **d'injection,** injection cock; — **jauge,** gauge cock, water gauge, gauge tap; — **à pointeau,** needle valve; — **de purge,** drain cock, blow off cock, blow down valve, blow through valve; — **purgeur,** bleeder, waste cock; — **réchauffeur,** warming valve; — **de sûreté,** safety cock, safety tap; — **valve,** gate valve; — **de vidange,** drain or draining cock, flush valve, sludge cock (chaud.); — **à vis pointeau,** point screw valve; — **à deux voies,** two way cock.

Robinettier, Brass smith.

Rocs aéoliens, Aeolian rocks.

Rocaille, Rock works.

Roche, Rock; alun de —, rock alun; brise —s, rock breaker; cristal de —, mountain crystal, rock crystal; — de base, sous-jacente, bed rock; — magasin, reservoir; — mère, source rock.

Rocher, Rock.

Rocher (ferblanterie), bo Sprinkle.

Rochet, Ratchet, drop pawl; fût à —, ratchet drill; — levier à —, ratchet lever; perçoir à —, ratchet brace, lever drill, ratchet drill; roue à —, curb wheel, ratchet wheel, clinch.

Rodage, Grinding, honing, lapping, rubbing; bedding, wearing in; breaking in (auto); huile pour —, running in oil; — d'un balai (élec.), bedding of a brush; — à l'émeri, glazing; — d'un moteur, running in of an engine; — à la pierre, honing; — de soupapes, grinding in valves, valve regrinding.

Rodé, Ground, abraded, lapped.

Roder, to Grind, to regrind, to abrade, to lap, to reseat, to rub; to break in (auto); machine à — les cylindres, cylinder lapping machine; — un moteur, to run in an engine; — une soupape, to reseat a valve.

Rodoir, Polishing cash, emery stick, grinder, grinding tool, hone, lapper, lap stick.

Rogner, to Cut, to cut off, to emarginate, to pare.

Rognures, Borings, chip pieces, chippings, clippings, parings.

Roisse (mines), Board gate, course.

Rôle, List; — d'équipage, crew list; — de paye, pay roll.

Romaine, Auncel weight, steelyard.

Rompu (adj.), Broken; banc — (tour), bed with gap, gap bed.

Rompu (d'un tour), Gap (of a lathe); diamètre admis dans le —, swing over bed.

Rond, Round; à tête —e, round headed; chasse —e, top fuller; demi —, half round; faux —, out of centre; fer —, round iron; tête —e, cheese head, round head.

Rondelle, Washer, pad, disk or disc, ring; coupe —s, washer cut; — en amiante, asbestos washer; — de butée, thrust washer; — en caoutchouc, rubber washer; — de cisaillement, shearing washer; — à crochet, drag washer; — de cuir, leather washer; — d'épaulement d'essieu, body washer; — d'équilibrage, balancing washer; — frein, lock washer; — Grover, Grover washer, spring washer; — métallique, metal washer; — en papier, paper dish; — en plomb, lead plug; — à ressort, spring washer.

Rongé, Eaten.

Ronger, to Regnave, to begnaw, to corrode, to gall, to gnaw.

Roquette (voir **Fusée**), Rocket, rocket projectile (R. P.).

Rosace, Rose, rose window; — isolante, wall block.

Rosette, Cake; — de rivure, rivet plate.

Rotatif, Rotating, rotary, revolving, whirling; bras —, whirling arm; contra —, contra-rotating; convertisseur —, rotary converter; crible —, revolving screen; filière —ive, rotary screwing chuck; four —, rotary kiln; machine —ive, rotary engine; tambour —, rotating drum.

Rotation, Rotation, slewing, swinging; de —, rotational, rotatory; absorption de —, rotational absorption; centre de —, centre of rotation; champ de — (d'une grue), slewing area; durée des —s, turn round time; frein de —, swinging brake; isomérie de —, rotational isomerism; mouvement de —, rotatory motion; plan de —, plane of spin; pulvérisation par —, swirl atomizing; spectre de —, rotational spectrum; tête de — (pétr.), swivel; viscosimètre à —, rotational viscosimeter; vitesse de —, rotational speed; — gênée, hindered rotation; — magnétooptique, magneto-optical rotation; — spécifique, specific rotation.

Rotationnel, Rotational; dispersion —lle, rotational dispersion.

Rotative, Rotary press; — à deux, trois, quatre groupes, two, three, four unit rotary press; —héliographique, gravure rotary press; — labeur, general purpose (or general printing) rotary press; — légère, light rotary press; — typographique, letterpress rotary press.

Rotin, Cane.

Rotonde pour locomotives, Circular shed.

Rotor, Rotor, impeller, spool; à deux —s, two rotor, two spool; aubage de —, rotor blade or blading; dent de —, rotor tooth; entretoise de —, rotor spacer; pales de —, rotor blades or vanes; roue de —, rotor disc; — aubé, bladed rotor; — bobiné, wound rotor; — du compresseur, supercharger impeller; — en court-circuit, short circuited rotor; — lisse, smooth rotor; —s en tandem (hélicoptère), tandem rotors.

enroulement Rotorique, Rotor winding.

pertes Rotoriques, Rotor losses.

Rotule, Whirbone, cap bone, knee cap, ball joint, ball and socket joint; appui à —, tilting or swivel bearing; axe à —, knuckle pin; boîte à —, ball joint housing; cardan à —, universal bone joint; demi-coussinet de —, spherical cup; ferme sur —s, hinged vault; joint à —, joint with ball, ball and socket joint; palier à —, swivel bearing; — inférieure, abutment, impost.

Rouable, Coal poker, balling rake, fire rake, ovenrake, rake; passer le — sur, to rake.

Rouage, Wheel work, wheels; movement (of a clock)

Roue, Wheel, impeller, runner; à deux, quatre —s, two, four wheeled; blocage des —s, wheel locking; cercle de couronne, cercle extérieur d'une —, dentée, addendum circle; chapeau de —, wheel cap; chariot à —s, dolly; croisillon de —, spider; démonte —s, wheel wrench; empreinte de —, wheel sprocket; esse d'une —, wheel lock; essieu d'une —, axlepin of a wheel; fenderie de —s, wheel cutting; flasque de —, wheel flange; frein sur les quatre —s, four wheels brake; fusée de — (aviat.), wheel axle goupille d'une —, wheel lock; induit à —, wheel armature; jambe de — (aviat.), wheel strut; jante d'une —, felloe or rim of a wheel; laminoir à —s, disc mill; machine à fendre les —s, wheel cutting machine; machine à planer les —s, wheel grinder; machine à tailler et à diviser les —s d'engrenages, wheel cutting and dividing machine; moyeu d'une —, box, stock, hub of a wheel, runner boss; presse à caler les —s, wheel press; rais, rayon d'une —, arm, spoke of a wheel; rebord, saillie d'une —, flange of a wheel; tracteur sur —s, wheel type tractor; traction sur les quatre —s, four wheel drive; — à action (turbine), impulse wheel; — à adhérence, adhesion wheel; — d'angle, bevel, mitre or conical wheel; — arrière (auto), rear wheel; — d'atterrissage, landing — à aubes, centrifugal blade, wheel; float water wheel, paddle wheel; — à augets, bucket, chest or cellular wheel; — avant (auto), front wheel; — avant (aviat.), nose wheel; chariot de la — avant, nose wheel dolly; — à cames, sprocket wheel; — à chaîne, chain sheave, chain wheel; — de chariot, copy wheel; — à chevrons, double helical wheel; — en cœur, heart wheel; — de commande, de contrôle, control wheel; — du compresseur, compressor impeller; — conductrice, leading wheel; — conique, angular or bevel wheel; — à contact, contact wheel; — correctrice (télég.), correcting wheel; — en couteau, knife wheel; — en cuir vert, rawhide wheel; — à déclic, cog or cogged wheel; — démontable, detachable wheel; — dentée, cog, cogged, spar or toothed wheel; — à dents de côté, crown or face wheel; — directrice, guide wheel; — à disque, disc or plate wheel; —s doubles, dual wheels; — droite, spur wheel; — d'échappement, escapement wheel; — d'émeri, emery cutter, emery grinder; — à empreinte, sprocket wheel; — épicycloïdale, epicycloidal wheel; —s escamotables, retractable wheels; — à deux étages de vitesse (turbine), two row velocity wheel; — étoilée, star wheel; — excentrique, eccentric wheel; — folle, idle wheel; — à friction, friction wheel; — à gorge, groove wheel; — hydraulique, water wheel, bucket engine; générateur à — hydraulique, water wheel generator; — hydraulique de côté, breast water wheel; — hydraulique par derrière, high breast wheel; — hydraulique en dessous, flutter wheel, undershot wheel; — hydraulique en dessus, overshot wheel; — hydraulique de poitrine, backshot wheel, breast water wheel; — hyperbolique, skew wheel; — intérieure, annular wheel; — intermédiaire, intermediate wheel; —s jumelées, dual wheels; — Kaplan, Kaplan runner; — à lanterne, lantern wheel; — libre, free wheel; marche en — libre, free wheeling; — menante, engaging wheel, leading wheel; — menée, led wheel; — motrice, driving wheel, working wheel; — à palettes, flashing or flash wheel; — Pelton, Pelton runner; — pivotante, castoring wheel; — phonique, phonic wheel; — pleine, solid wheel; — à polir, cloth wheel; — de la pompe, pump impeller; —s porteuses trailing wheels; — à haute pression (turbine), high pressure disc; — de première vitesse, first speed wheel; — de queue (aviat.), tail wheel; — de queue orientable, steerable tail wheel; — à rayons métalliques, wire wheel; — à réas, sprocket wheel; — de rechange, spare wheel; — non réciproque, single wheel; — de renforcement, strengthening felloe; — de renvoi, castor wheel; à rochet, ratchet, clinch, crown or rack wheel; linguet d'une — à rochet, click of a ratchet wheel; — satellite, mangle wheel, sun and planet wheel; — de scie à ruban, band wheel; — de secours, spare wheel; — striée, screw, worm or spiral wheel; — tonique, tuning wheel; — traceuse, tracer wheel; — type basse chute (T. S. F.), low head runner; — type haute chute, high head runner, propeller turbine runner; — à vent, fan wheel, wind wheel; — de vis sans fin, worm wheel; — voilée, buckled wheel; bander une —, to shoe a wheel; caler une —, to wedge a wheel.

Rouet, Sheave, drum; — d'antenne, antenna drum.

Rouge, Red; chaude au — cerise (forge), cherry red heat; chauffé au —, red hot; cuivre —, red copper; hématite —, red iron ore, red hematite; — d'Angleterre, polishing red, colcothar, english red; — d'aniline, azaleine; — ardent, fiercy red; — blanc, bright red; — cerise, glowing red, cherry red; — cerise clair, bright cherry red; — mat, dull red; — orange vif, bright orange red; — sombre, dark red; — vif, full red.

Rouille, Rust; **anti —,** rust preventive; **capsule de —,** rust cap; **joint à la —,** rust joint; **mangé par la —,** rust eaten.

Rouillé, Rusted.

Rouiller, se Rouiller, to Rust.

Rouir (le chanvre), to Steep, to ret (hemp).

Rouissage, Retting.

Roulage, Rolling, run; **— au sol** (aviat.), taxiing; **— au sol à l'arrivée,** taxiing in; **— au sol au départ,** taxiingout.

Roulant, Rolling; **matériel —** (ch. de fer), rolling stock.

Rouleau, Roll, rollex, cylinder; tumbler; **butée à —,** thrust roller; **chaîne à —x,** block chain, roller chain; **couronne à —x,** roller cage; **grille à —,** cylinder gate; **palier à —x,** roller bearing; **parafoudre à —x,** roller arrester; **presse à —,** rolling press; riveting press; **roulement à —x,** rollex bearing; **— en bois,** skid; **— de cabestan,** tumbler; **— compresseur,** compactor, compressor roller, road roller; **— compresseur sur pneus,** rubber tyred roller; **—x concasseurs,** crushing rollers; **—conique,** taper roller; **— d'entraînement,** drive roller bearing; **— de friction,** friction roller; **— de papier à dessin,** draw block; **— de pellicules,** film reel; **— pied de mouton,** sheep's foot roller; **—x ripeurs,** castors; **— de tension,** expanding roller.

Roulement, Bearing; **bande de —,** tread; **à large bande de —,** wide treaded; **banc d'essai pour —s,** bearing rige; **cercle de —** (engrenage), base circle, generating circle, tread circle; **chemin de —,** raceway; **frottement de —,** rolling friction; **gorge de —,** ball bearing race; **poutre de —,** runway girder; **rail de —,** crane rail; **surface de —,** tread; **— à aiguilles,** needle bearing; **— à billes,** ball bearing; **cage de — à billes,** ball bearing race; **huile pour —s à billes,** ball bearing oil; **monté sur — à billes,** ball bearing mounted; **— à billes à contact angulaire,** angular contact ball bearing; **—s sans frottement,** frictionless bearings; **— à rouleaux coniques,** taper, or tapered roller bearing.

Rouler, to Roll; **— sur le sol** (aviat.), to taxi.

Rouletage, Rolling; **— à froid,** cold rolling.

Roulette, Roller, caster; **— avant** (aviat.), wheel nose gear; **— de queue,** tail gear; **— de trolley,** trolley wheel.

Rouleur (mines), Barrow man, hurrier.

Roulis, Roll; **angle de —,** angle of roll; **anti —,** anti rolling; **citerne anti —,** anti rolling tank; **tôle de —,** wash plate.

Rousture, Woolding.

Rousturer, to Woold.

Route, Road, route; **essai sur —,** road run, road test; **— empierrée,** metalled road. **— orthodromique** (aviat.), circle route.

transport Routier, Road transport.

fer Rouverin, Burned iron, red short iron.

Ruban, Ribbon, riband, strap, tape, binding hoop; **accouplement à —,** band coupling; **enregistreur à —,** tape recorder; **fer en —s,** strap iron; **frein à —,** band brake, strap brake; **ouvrier en —s,** ribbon weaver; **scie à —,** band saw, annular saw, belt saw, endless saw, strap saw; **— en acier,** steel tape; **— adhésif,** adhesive tape; **— de coton ou de fil,** tape; **— émerisé,** emery tape; **— de frein,** brake strap; **— isolant,** insulating tape; **— magnétique,** magnetic tape; **— en papier,** paper tape; **— plat,** strip; **— plastique,** plastic tape;

— à râcloirs, scraping belt; — de soie, silk ribbon; — de toile huilée, varnished cambric tape.

Rubanerie, Ribbon weaving.

Rubaneuse, Tape winding machine, taping machine.

Rubanné, Taped; fonte —e, band pig.

Rubidium, Rubidium.

Ruche, Beehive; four à —, beehive oven.

Rugomètre, Rugometer.

Rugueux, Harsh.

condenseur à Ruissellement, Evaporative condenser.

Rupinisation, Rupining.

Rupteur, Breaker, contact breaker, make and break mechanism, ruptor; — **mécanique,** mechanical breaker.

Rupture, Break, breakage, breaking, breaking elongation, rupture, rupturing; allongement de —, elongation at rupture; arc de —, interruption arc; avertisseur de — de fil, wire break alarm; capacité de —, interruption capacity; charge de —, breaking load, breaking weight, ultimate strength; contrôleur de — de fil, wire breakage lock; courant de —, break induced current; effort de —, breaking stress; étincelle de —, break or rupture spark; interrupteur à — brusque, snap switch; limite de —, breaking point; limite de — à la traction, ultimate tensile strength; pouvoir de —, interrupting or rupturing capacity; à haut pouvoir de —, high rupturing capacity (h. r. c.); résistance à la —, breaking or rupturing strength; tension de —, rupturing strength; — d'arc, arc rupturing; capacité de — d'arc, arc rupturing capacity; — d'aubes, bucket failure; — brusque, slow break; — par fatigue, fatigue failure; — lente, slow break; — simple, single break.

Rural, Rural; charge —e, rural load; ligne —e, rural line.

Rustine (h. f.), Back plate, backstone, hearthstone.

Ruthénium, Ruthenium.

Rutile, Rutile, titanium dioxide; électrode en —, rutile electrode.

S

Sabien (bois), Sabien.

Sable, Sand; appareil à jet de —, sand blast machine; boîte à —, sand box; centrifugé en —, sand spun; coulage en — sec, dry sand casting; décapage au —, sand blasting; décapé au —, sand blasted; machine à projeter le —, sand slinger; moulage en —, sand casting; — en sable sec, dry sand moulding; moulage en — vert, green sand casting; papier de —, sand paper; passé au jet de —, sand blasted; trou de —, sand hole; — argileux, loam sand; — aurifère, gold sand; — à béton, concrete sand; — étuvé, dry sand; — fin de moulage, facing sand; — de fonderie, foundry sand; — de laitier, artificial sand; — de mer, sea sand; — micacé, fake; — à mouler, moulding sand; — mouvant, drift sand; — à noyaux, core sand; — pétrolifère, oil sand; — réfractaire, ganister or gannister; — siliceux, silica sand; — vert, green sand; passé au jet de —, sandblasted; passer au jet de —, to sandblast.

Sablage, Sanding.

Sablé, Sanded.

Sabler, to Sand.

Sableuse, Sand spraying machine.

Sablier, Sand blower, sander, sand glass.

Sablière (de locomotive), Sand box.

Sablière, Sand pit.

Sablonneux, Sandy.

Sablonnière, Sand pit, ballast pit.

Sabord, Port hole, port; — de charge, lading hole, raft port.

Sabot, Shoe, sabot; skid (roue); block (frein); ferrure de —, brake angle plate; frein à —, block brake; porte —, brake head; — de balai, brush clamp; — de cimentation à tourbillon (pétr.), whirler shoe; — de frein, brake block; — de frottement, friction shoe; — de guidage, guide shoe; — de moyeu, socket; — de pieu, pile shoe; — de roue, wheel skid, wheel shoe, wheel drag; — à vis, anchor.

Sabotage, Sabotage.

Saboter des traverses, to Adze.

Sac, Sack, bag; mis en —, bagged; — à ciment, cement bag; — de lest, ballast bag, sand bag; — de parachute, parachute pack; mettre en —, to bag.

Safran, Crocus; — d'antimoine, crocus of antimony; — de gouvernail, main piece of a rudder.

Saigner, to Cut off, to part; outil à —, cutting off tool, parting tool.

Saillant, Projection.

Saillant (adj.), Salient, projecting; pôle —, salient pole; alternateur à pôles —s, salient pole alternator.

Saillie, Projection, bulge, cam, flange, hub, jut, lug, spigot or spiggot; — d'une dent, addendum of a tooth; — de meule, damsel.

Sain, Sound.

Saisie, Embargo; execution, seizure; — arrêt, attachment.

Saisine (mar.), Lashing, seizing.

Saisir, to Seize, to distrain; to lash, to secure (mar.); — **une ancre**, to secure an anchor.

Salade d'ailettes (turb.), Blade stripping.

Salaires, Wages.

marais Salant, Salt marsh, brine pond.

eau Salée, Salt water, brine water.

Salin, Saline; **brouillard** —, salt spray; **dépôt** —, saline deposit; **fondant** —, salt flux.

Saline, Salt pan, salt pit, salt works.

Salinomètre, Brine gauge.

Salle, Room, loft, hall; — **des arbres**, shaft floor; — **de dessin**, drafting room; — **des gabarits**, mould loft; — **des machines**, machine floor.

Salpêtre, Saltpeter.

Salpêtrière, Saltpeter works.

Salure, Saltness.

Salve, Salvo.

Samarium, Samarium.

Sandaraque, Sandarach.

Sangle (mar.), Mat.

Sanguine, Blood stone, red chalk, sanguine.

bois de Santal, Sandal wood.

Sape, Excavation.

Saper, to Excavate, to mine, to undermine, to hew.

Saphir, Sapphire.

Sapin, Fir, fir tree, spruce; **bois de** —, deal wood, fir wood; **planche en** —, deal board; — **blanc**, silver fir tree; — **résineux**, pitch tree.

Sapine, Fir joist.

Saponification, Saponification; **indice de** —, saponification number.

Saponifié, Saponified.

Saponifier, to Saponify, to saponificate.

Sas, Sieve (crible), cribble, bolter, chamber, lock (écluse), van.

Satellite, Satellite; **mouvement** —, sun and planet wheel; **pignon** —, spider gear; **roue** —, mangle wheel.

Satin, Satin.

Satinage du papier, Paper hot pressing.

Satiné, Hot pressed, rolled; **bois** —, satin wood; **papier** —, hot pressed paper; **poli** —, satin finish.

Satiner, to Roll, to glaze; to hot-press.

Satinet, Satin cloth.

Satinette, Satinette.

Saturable, Saturable; **noyau** —, saturable core; **réacteur ou self** —, saturable reactor.

Saturant, Saturating; **auto** —, self-saturating.

Saturateur, Saturator.

Saturation, Saturation; **auto** —, self saturation; **courant de** —, saturation current; **courbe de** —, saturation curve; **pression de** —, saturation pressure; **valeur de** —, saturation value; — **adiabatique**, adiabatic saturation; — **des dents** (élec.), tooth saturation; — **du filament**, temperature saturation; — **magnétique**, magnetic saturation; — **partielle**, partial saturation; **aimanter à** —, to magnetise to saturation.

Saturé, Saturated; **jute** — (câbles électr.), saturated jute; **vapeur** —ée, saturated steam.

Saturer, to Saturate.

Saumon, Block, runner, pig; **étain en** —s, block tin; **fer en** —s, pig iron; **plomb en** —s, pig lead; — **de fonte**, iron pig; — **de laiton**, brass block.

Saupoudrage, Powdering, facing; — **des moules**, blackening.

Saupoudrer, to Face, to powder, to sprinkle.

Saut de couche (mines), Burst.

Sauter, faire Sauter, to Blow up, to explode.

Sauterelle, Angle bevel, bevel, bevel square, shifting square, sliding square; loader, unloader; — à godets, bucket unloader.

Sauteuse, Fret sawing machine.

Sauver, to Salve.

Sauvetage, Salvage, rescue; appareil de —, rescue apparatus; bouée de —, life preserver; canot de —, life boat; contrat de —, salvage agreement; navire de —, salvage vessel; sociétés de —, salvage association.

Savate (N.), Bilge block, sole.

Savon, Soap; — flottant, floating soap; — mou, filled soap; — silicaté, flint soap; — transparent, transparent soap.

Scalaire, Scalar; champ —, scalar field; fonction —, scalar function; méson —, scalar meson; quantité —, scalar quantity.

Scandium, Scandium.

Scaphandre, Diving apparatus.

Scaphandrier, Diver; bavette, bottes plombées, collier, habit, manchettes, plaque d'épaule, plaque de poitrine de —, bib, leaden shoes, collar, dress, cuffs, shoulder plate, breast plate of a diver.

Scarificateur, Scarificator.

Scellé, Sealed; ignitron —, sealed ignitron.

Scellement, Sealing; boulon de —, expansion bolt, fish bolt, fang bolt, stone bolt; console à —, bridge bracket; vis de —, concrete screw.

Sceller, to Bed, to seal.

Scheidage, Bucking; marteau de —, bucker; plaque pour le —, bucking plate.

Scheider, to Buck, to spall.

Schéma, Diagram; — des connexions, wire diagram.

Schématique, Schematic, diagrammatic, diagrammatical; vue —, diagrammatic view.

Schiste, Schist, shale, slate; huile de —, shale oil; — alunifère, alum slate, alum shale; — argileux, clay shale, clay slate; — bitumineux, oil shale.

Schisteux, Schistous, slaty; houille —euse, slate coal, foliated slate.

Sciage, Sawing; bloc de —, saw block; — sur mailles, quarter sawing; — sur quartier, quarter sawing; — en travers, cross sawing.

Scie, Saw, sawing machine; affûteuse pour —s, saw sharpener; appareil à écraser les dents d'une —, saw swage shaper; appareil protecteur de —, saw guard; chariot porte —, saw carriage; châssis de —, saw frame, saw body; dent de —, saw tooth, saw jag; affûtage des dents de —, saw sharpening, saw gumming; écrasement des dents d'une —, teeth swaging of a saw; lame de —, saw blade; machine à affûter les —s, saw sharpening machine; marteau pour faire les —s, dog head hammer; porte —, blade holder; trait de —, saw cut, saw notch, saw jerk; — alternative à métaux, hack saw; — annulaire, crow saw; — à araser, tenon saw; — à arc, à archet, bow saw; — à chantourner, bow saw, chain saw, turning saw, inlaying saw, piercing saw, sweep saw; — à charnière, hinge saw; — à châssis, frame saw; — à chaud, hot sawing machine; — circulaire, circular saw, crow saw, disc saw; — circulaire en biseau, bevelled circular saw; — à couteau, compass saw; — à crémaillère, rack saw; — cylindrique, annular saw, drum saw; — **à débiter,** studs saw, turn saw; — **à découper,** piercing saw, jig saw; — **à dents articulées,** chain saw; — **à disque de friction,** friction disc saw; — **à dossière,** back saw; — **à douves,** barren saw; — **à échancrer,** sweep saw; — **à écorner,** edge saw; — **égohine,** broken space saw, fine hand saw, pad saw; — **d'entrée,** compass saw; — **à froid,** cold sawing machine; — **à grumes à cadre,** log frame saw; — **à guichet,** compass saw, keyhole saw, lock saw, ripsaw; — **de long,** cross cut saw, drag saw, long saw, ripsaw, two handed saw, pit saw, whip saw; — **à main,** arm saw, carcass saw, hand saw, pad saw; — **à main montée,** german hand saw; — **à manche,** chest saw; — **mécanique,** saw engine, mill saw, sawing machine, power saw; — **à métaux,** metal saw, metal cutting saw; — **à monture,** frame saw; — **à mouvement alternatif,** hack sawing machine; — **passe-partout,** compass saw, crosscut saw; — **à pédale,** foot saw; — **à pendule,** pendulum saw; — **de placage,** veneering saw; — **à plusieurs lames,** multiple saw; — **à poteaux,** studs saw; — **pour couper les queues d'aronde,** dovetail saw; — **à refendre,** pit saw, pit frame saw, ripsaw, slitting saw; — **renforcée,** back saw; — **à ruban,** annular saw, band saw, belt saw, strap saw, ribbon saw, endless saw; — **sans fin,** endless saw; — **à tenon,** little span saw; — **à tourner,** turning saw; — **de travers,** cross cut saw; — **à tronçonner,** cross cut saw; — **à voleur,** compass saw, keyhole saw.

Scié, Sawed.

Scier, to Saw; **châssis à —,** slab miller; **machine à —,** sawing machine; **machine à — et à tronçonner,** sawing and cutting off machine; — **le bois contre le fil,** to cross cut wood.

Scierie, Saw mill, saw yard; — **à cylindres,** saw mill with rollers; — **à lame circulaire,** circular saw mill; — **verticale alternative,** fret saw, jig saw.

Scieur de long, Sawyer; **chevalets de —,** saw pit frames.

Scintillation, Scintillation; **compteur à —s,** scintillation counter; **cristal à —,** scintillator; **détecteur à —s,** scintillation detector.

Scintillement, Scintillation, flickers.

Scission, Cleavage; — **alcaline,** alkaline cleavage.

Sciure, Saw dust.

Scléroscope, Sleroscope.

Scorie, Scoria, cinders, clinker, dross; **grille à —s,** dumping grate; **laine de —,** silicate cotton; **trou d'évacuation des —s** (cubilot), breast hole; **—s d'affinage,** fining slag, refinery cinders; **—s d'enclume,** anvil cinders; **—s de fer,** iron cinders; **—s de bas foyer,** finery cinders; **—s grillées,** roaster slag; — **oxydante,** oxide slag.

Scorificateur, Scorifier.

Scorification, Slagging.

Scotopique, Scotopic; **visibilité —,** scotopic visibility.

Scraper, Scraper; **tracteur avec —** motor scraper; — **à commande par câble,** cable drive scraper; — **à remorque,** wagon scraper; — **rotatif,** rotary scraper.

Sculpté, Carved.

Sculpter, to Carve; — **un pneu,** to carve a tyre.

Sculpture, Carving; carved work; **—s d'un navire,** mouldings of a ship; — **d'un pneu,** carvings of a tyre.

Seau, Bucket, kibble, pail, scuttle; — **à charbon,** coal scuttle; —

à escarbilles, ash bucket, clinker scuttle; — **pliant,** collapsible bucket.

Sec, Dry; **à —** (puisard de mine), in fork; **affûtage à —,** dry sharpening; **cale sèche, dry dock; épuration à —,** dry cleaning; **forage à —,** dry drilling; **glace sèche,** dry ice; **pile sèche,** dry pile; **voie sèche,** dry method; **évaporer à —,** to evaporate to dryness.

Sécante, Secant.

Séchage, Seasoning, dehumidification, drying; **— à l'air,** air drying; **— au four,** kiln drying; **— des noyaux,** core drying.

Séché, Dried, seasoned; **bois —,** seasoned wood.

Sécher, to Dry, to season; **four à — le bois,** dry kiln; **four à — le bois à projection d'eau,** water spray dry kiln; **four à — le bois à réglage d'humidité,** humidity regulated dry kiln; **panier à —,** drying basket, drying kettle; **— du bois,** to season wood.

Sécheur, Drier, dryer; **tube —,** drying tube; **— centrifuge,** centrifugal drier; **— de vapeur,** steam drier, water catcher, water trap.

Séchoir, Dehumidifier.

Secondaire, Secondary; **arbre —,** secondary shaft; **bobine —,** secondary coil; **circuit —,** secondary circuit; **concassage —,** secondary crushing; **courant —,** secondary current; **décharge —,** secondary discharge; **dureté —,** red or secondary hardness; **enroulement —,** secondary winding; **fermentation —,** after fermentation; **pile —,** polarisation battery; **puits —,** by pit; **réactions —s,** secondary reactions; **trempe —,** temper hardening.

Seconde, Second.

Secouer, to Jog, to shake.

Secours, Emergency; **de —,** standbi ou standby; **batterie de —,** standby battery; **éclairage de —,** emergency lighting; **frein de —,** emergency brake; **installation de —,** standby plant; **pneu de —,** emergency tyre; **roue de —,** emergency wheel, spare wheel.

Secousse, Jerk, heaving, jog, joggle, jolt, shock; **cible à —s,** jigging or shaking sieve; **dame à —s,** vibrating tamper; **tamis à —s,** vibrating screen; **— électrique,** electric shock.

Secteur, Sector, quadrant; **coulisseau d'un —,** link block; **en forme de —,** sectoral; **guide du —,** quadrant guide; **— denté,** toothed quadrant, curved rack; **— glissant,** slide sweep; **— gradué,** graduated sector.

Secteur (élect.), Main line, electric mains.

Section, Section; **bobine à —s,** section wounded coil; **— d'aile,** wing curve; **— arrière,** aft section; **— centrale,** centre section; **— en gradins,** stepped area; **hors bordé** (c. n.), outer section; **— longitudinale,** longitudinal section; **— médiane,** mid section; **— sur membre** (c. n.), inner section; **— rectangulaire,** box section; **— semi-annulaire,** cannular section; **— transversale,** cross section.

Sectionné, Divided into sections; disconnected (élec.).

Sectionnel, Sectional; **chaudière —le,** sectional boiler.

Sectionnement, Sectionalizing; **interrupteur de —,** section switch; **interrupteur à — automatique,** mechanically controlled switch; **point de —,** sectionalizing point.

Sectionner, to Sectionalise, to sectionalyse; to disconnect (élec.).

Sectionneur, Disconnecting switch; sectionaliser.

Séculaire, Secular; **équation —**, secular equation.

Sécurité, Safety, security; **biellette de —**, breaking link; **boulon de —**, security bolt; **butée de —**, safety stop; **clapet de —**, rupture diaphragm; **coefficient de —**, safety factor; **dispositif de —**, safety device; **goupille de —**, safety pin; **harnais de —**, safety harness; **marge de —**, safety margin; **transformateur de —**, safety **— automatique**, built in safety; transformer; **verre de —**, safety glass; **— aérienne**, flight safety; **— de fonctionnement**, reliability, dependability; **— en service**, dependability; **munir d'une —**, to safety.

Sédiment, Sediment, deposit, draff, foot.

Sédimentation, Sedimentation, settling.

Segment, Segment, ring, bar; **accouplement à —s**, spring ring coupling; **collage des —s**, ring sticking; **embrayage par —**, expanding clutch; **gommage des —s**, ring sticking; **encoche, rainure de —**, ring slot, ring land; **vanne —**, segment sluice, sector gate; **vanne — à flotteur**, sector gate with float; **vanne — à volet**, sector gate with flap; **— fendu**, cut ring; **— de frein**, brake shoe; **— de frette**, clamping segment; **— de piston**, piston ring; **encoche de — de piston**, piston ring slot; **— râcleur**, oil wiper, oil control ring.

Ségrégation, Segregation.

Séismique, Seismic; **sondage —**, seismic sounding.

Séismographe, Seismograph.

Séismologie, Seismology.

Sel, Salt; **bain de —**, salt bath; **esprit de —**, soldering salt; **mine de —**, salt mine; **pèse —**, salt gauge; **trou de — (chaud.)**, mud hole; **— ammoniac**, ammonia salt; **— d'argent**, silver salt; **— cuivrique**, cupric salt; **— gemme**, rock salt; **— de Glauber**, Glauber's salt; **— hydrolisé**, hydrolyzed salt; **— hydroxylé**, hydroxysalt; **— minéral**, mineral salt; **— neutre**, neutral salt; **— d'oseille**, sorrel salt; **— de plomb**, lead salt; **— quaternaire**, quaternary salt; **— soluble**, soluble salt.

Sélecteur, Selector, switch; **clapet —**, selector valve; **commutateur —**, selector switch; **— automatique**, automatic selector; **— de cap**, heading selector; **— à curseur**, slide selector; **— à trois positions**, three position switch.

Sélectif, Selective; **absorption —ive**, selective absorption; **réflexion —ive**, selective reflection.

Sélénieux, Selenious; **acide —**, selenious acid.

Sélénium, Selenium; **redresseur au —**, selenium rectifier; **— artificiel**, artificial selenium.

Séléniure, Selenide; **— artificiel**, artificial selenide; **— d'indium**, indium selenide.

Self, Self; **bobine de —**, induction coil, choke coil, reactor; **— d'antenne**, lengthening coil; **— hétérodyne**, self heterodyne; **— induction**, self induction; **bobine de — induction**, voir **Bobine de self**.

Selle, Saddle, base plate, bed plate tie plate; **— d'arrêt (ch. de fer)**, fishing base plate; **— de rail**, bearing plate, bed plate, chair plate of a rail.

Sellette, Stool; **— d'affût**, bolster.

Semelle, Bottom, base plate, block; carriage, footing, sleeper (charp.) saddle, sole, shoe, sill plate, slab slipper; **— en béton**, concrete slab; **— de la contrepoupée du chariot**, bottom slide; **— d'un coussinet (ch. de fer)**, foot of a chair; **— de dérive**

(N.), sliding keel; — **d'enclume,** anvil block; — **de frottement,** friction shoe; — **de longeron,** spar flange, spar boom; — **à patin,** clumb sole; — **principale** (pétr.), main sill; — **de rabot,** face of a plane; — **de rail,** bearing plate, chair, lower flange of a rail; **laminer les —s,** to roll slabs.

Semences, Tacks.

Semi, Semi; — **circulaire,** semi circular; — **conducteur,** semi conductor; **redresseur à — conducteur,** semi conductor rectifier; — **conducteur d'oxydation,** semi-oxidation conductor; — **conducteur de réduction,** semi-reduction conductor; — **conduction,** semi conduction; — **continu,** semi continuous; — **elliptique,** semi elliptic; — **monocoque,** semi-monocoque; — **remorque,** semi trailer; — **rigid,** semi-rigide; — **soudé,** semi welded.

Sensibilisé, Sensitized; **gélatine —e,** sensitized gelatine.

Sensibiliser, to Sensitize.

Sensibilité, Sensitivity; — **dynamique** (phototube), dynamic sensitivity.

Sensible, Sensitive, responsive; **élément —,** sensing unit; **élément —** (compas gyrosc.), sensitive element; **émulsion —,** sensitive emulsion; **papier —,** sensitive or sensitized paper; **relais —,** responsive relay; **thermo —,** thermosensitive.

Sensitif, Sensitive; **avance —ive** (mach. outil), sensitive feed; **perceuse —ive,** sensitive drilling machine.

Séparateur, Separator, arrester, catchpot, spacer, trap; **amplificateur —,** buffer amplifier; — **d'air,** air trap, air separator; — **d'amplitude,** amplitude separator; — **à chicanes,** baffle separator; — **par choc,** baffle separator; — **cyclone,** cyclone separator; — **d'eau,** water separator; — **électrostatique,** electrostatic separator; — **d'escarbilles,** fly ash arrester; — **de fréquences,** frequency separator; — **de gaz,** gas trap; — **d'huile,** oil separator; — **huile-eau,** oil water separator; — **magnétique,** magnetic separator; — **de signaux,** clipper, amplitude or synchronising separator; — **synchronisant,** synchronising separator; — **de vapeur,** steam separator.

Séparation, Separation; **cloison de —,** distance piece; **surface de —,** separation or separating surface; — **isotopique,** isotopic shift.

Séparé, Separate; **excitation —ée,** separate excitation.

Septum, Septum.

Séquence, Sequence; — **négative,** negative sequence; — **positive,** positive sequence.

Séquoia, Welingtonian tree.

Séran, Flax comb, hemp comb.

Sérançage, Flax dressing.

Sérançoir, Hatchel.

Sergent, Cooper's dog, dog, cramp frame.

Série, Series; **en —,** in series; **association en —s,** joining up in series; **circuit —,** series circuit; **condensateur —,** series capacitor; **connexion —,** series connection; **couplage en —,** series connection; **couplé en —,** series connected; **développements en —,** series developments, series expansions; **dynamo —,** series dynamo; **enroulement —,** series coil or winding; **enroulement —s parallèles,** series parallel winding; **excitation en —,** series excitation; **excité en —,** series wound; **fabrication en grandes —s,** mass production; **modulation —,** series modulation; **montage en —,** mass assembly; **moteur —,** series motor, series wound motor;

moteur — compensé, compensated series motor; **numéro de —,** serial number; **production en —,** quantity production; **transformateur en —,** series transformer; **usinage en —,** in line machining; **— aromatique,** aromatic series; **— de Fourier,** Fourier's series; **— d'interpolation,** interpolation series; **—s lacunaires,** gap series; **—s mixtes, multiples,** series parallel; **—s temporelles,** time series; **—s terpéniques,** terpen series; **construire en —,** to standardise; **fabriquer en —,** to mass produce.

Sérine, Serine.

Seringue, Squirt, syringe; **injecter avec une —,** to squirt.

Serpe, Bill hook.

Serpentin, Coil, helix, serpentine, worm; **— de chauffage,** heating coil; **—s plats,** pancake coils; **— de refroidissement,** cooling coil; **— à vapeur,** steam coil.

Serpette, Pruning knife.

Serrage, Blocking, clamping, pressing, tightening; **agrafe de —,** coupling clip; **bande de —,** clamping strap; **bride de —,** clip; **clavette de —,** tightening key, wedge key; **coin de —,** wedge key; **cône de —,** clamp cone; **dispositif de —,** clamping device; **disque de —,** packing ring; **griffe de —,** dog hook; **mâchoire de —,** chuck jaw; **mandrin, pince de —,** chucker, holding collet; **plaque de —,** bridge plate; **pont de —,** bridge clamp, cross over cleat; **taquet de —,** terminal clamp; **vis de —,** attachment screw, clamping screw; **— pneumatique,** pneumatic clamping; **— rapide,** quick clamping.

Serre, Casting press.

Serre-barre (mach.-outil), Bar tightener.

Serre-bauquière (c. n.), Beam clamp.

Serre-câble, Cable clip, drilling clamp.

Serre-fil, Binding screw, wire clamp; **borne —,** terminal connector.

Serre-flan, Blank holder.

Serre-joint, Clamp, cramp, cramp frame, adjustable clamp, jointing cramp, screw clamp, wring bolt.

Serre-tôle, Hold down pad.

Serre-tube, Chain tong.

Serré, Tight, clamped; **accouplement —** (T.S.F.), tight coupling; **non —,** loose; **— à fond,** clamped tight, clamped home.

Serrement (mines), Dam.

Serrer, to Block, to clamp, to gripe, to clamp, to tighten; **— une clavette,** to drive in a cotter; **à bloc, à fond,** to block hard, to bolt up dead; **— l'outil,** to clamp the tool.

Serrure, Lock; **interrupteur à —,** lock up switch; **pène d'une —,** bolt of a lock; **— à bascule,** basquili lock; **— à palastre,** case lock, cash box lock; **— à un seul pène,** dead lock; **— à pompe,** Bramah's lock; **— à secret,** dial lock; **— de sûreté,** safety lock; **— à deux tours,** twice turning lock.

Serrurerie, Locksmith's work; ironmongery.

Serruriex, Locksmith.

Serti, Crimped, expanded, seated.

Sertir, to Crimp, to seat, to expand; to set, to mount; **mandrin à — les tubes,** tube expander; **pince à —,** crimper; **presse à —,** crimping press.

Sertissage, Crimping.

Sertissure, Setting, mounting.

Servante d'établi, Bench vice.

Service, Service, department; **en —,** in operation; **interruption de —** (élec.), trip out; **tension de —,** operating voltage; **—**

des achats, purchase department; **—s intérieurs,** domestic services; **— de la comptabilité,** account department; **— de contrôle,** supervision service; **— d'expédition,** despatch department; **— technique,** engineering department; **entrer en —** (N.), to be commissioned.

Servitudes de bord (avion), Anxiliary services.

Servo, Servo; **— accéléromètre,** servoaccelerometer; **— commande,** power operated control; **— mécanisme,** servomechanism; **— moteur,** servomotor; steering engine (N.). **— moteur de direction,** rudder servomotor; **— moteur de profondeur,** elevator servomotor.

Sesquiterpènes, Sesquiterpenes.

Seuil, Sill; threshold; **fréquence de —,** threshold frequency; **— auditif,** auditory or audiometric threshold; **— différentiel,** increment threshold; **— d'écluse,** lock sill.

Sève, Sap; **sans —,** sapless.

Sextant, Sextant; **— à bulle,** bubble sextant; **— périscopique,** periscopic sextant.

Shérardisation, Sherardizing.

Shérardisé, Sherardized.

Shérardiser, to Sherardize.

Shunt, Shunt; **— d'un galvanomètre,** galvanometer shunt; **— universel,** Ayrton shunt, universal shunt.

Shunté, Shunted; **bobine de self —e;** shunted reactor.

Shunter, to Shunt.

Siccatif, Siccative, drier; **huile —ive,** siccative oil, drying oil; **vernis —,** quick drying varnish.

Siège, Seat; **à deux —s** (biplace), two seater; **à double —** (soupape), double seated; **à un seul —** (monoplace), single seater; **emplacement des —s** (aviat.), seating space; **— arrière,** back seat; **— avant,** front seat; **— blindé,** armoured seat; **— canon,** cannon seat; **— catapulté,** catapult seat; **— de clapet,** clack seat **—; d'une clavette,** keyway, keyseat; **— conique,** bevel or conical seat; **— éjectable** (aviat.), cannon seat, ejection seat; **— orienté vers l'arrière,** backward facing seat; **— de soupape,** valve seat or seating; **s'appliquer sur son —,** to seat.

arc Sifflant, Hissing arc.

Sifflet, Whistle; **assemblage en —,** scarfing joint, skew scarf; **— d'alarme,** alarm whistle; **— à vapeur,** steam whistle; **tailler en —,** to snape away.

Sigma, phase Sigma, Sigma; **phase — sphéroïde,** spheroid sigma.

Signal, Signal; **générateur de — aux,** signal generator; **— amorti** (T.S.F.), spark signal; **— d'appel,** call signal; **— d'attente,** waiting signal; **— de détresse,** assistance signal; **— à fréquence acoustique,** audio signal; **— lumineux,** light signal; **— minute,** time base signal; **— optique,** visual signal; **— sonore,** sound signal.

Signalisation, Signalisation, signalling; **appareils de — lumineuse,** beacon signs; **bombe de —,** signalling bomb; **carnet de —,** signal log; **lampe de —,** signal lamp; **— électrique,** electric signalling; **— sous-marine,** underwater signalling.

Silanes, Silanes; **— alcoyléniques,** alkenyl silanes.

Silence, Silence; **zone de —** (T.S.F.), skip zone.

Silencieux, Silencer, exhaust silencer, exhaust box, exhaust muffler, exhaust snubber, exhaust tank, sound deadener; **collecteur des —,** silencer manifold.

Silencieux (adj.), Silent; **fonctionnement** —, silent operation; **rendre** —, to silence.

Silex, Flint, silex.

Silicagel, Silicagel.

Silicate, Silicate; — **cristallin**, cristalline silicate; — **de zinc**, zinc silicate.

Silice, Silica, kieselguhr; **gel de** —, silica gel; **microgel de** —, silica microgel; — **vitreuse**, vitreosil.

Siliceux, Siliceous; **mangano** —, silico manganese; **sable** —, silica sand.

Silicique, Silicic; **acide** —, silicic acid; **ester** —, silicic ester.

Silicium, Silicon; **acier au** —, silicon steel; **ferro** —, ferro silicon.

Silicone, Silicone; **caoutchouc de** —, silicone rubber; **isolé au** —, silicone insulated; **vernis au** —, silicone varnish; —**s laminés**, silicone laminates.

Sillage, Wake, track, slipstream.

Silo, Bin, silo; — **pour ciment en vrac**, bulk cement plant.

Simbleau, Carpenter's line.

Simili-cuir, Leather cloth.

Similitude, Similitude; **centre de** —, direct centre; — **physique**, physical similarity.

Simple, Single, plain; **à** — **effet**, single effect; **corps** —, elementary body; **écart** —, plain scarf; **fraiseuse** —, plain milling machine; **ligne** —, single line, single wire line; **objectif** —, single lens; **voie** —, single track.

Simulateur de vol (Aviat.), Flight simulator.

Singulet, Singulet.

Sinoménine, Sinomenine.

Sinus, Sine; **boussole des** —, sine galvanometer.

Sinusoïdal, Sinusoidal; **champ** —, sinusoidal field; **mouvement** —, sinusoidal movement; **onde** —**e**, sinusoidal wave; **quasi** —, nearly sinusoidal.

Sinusoïde, Sinusoidal curve.

Siphon, Syphon, seal box; spigot or spiggot, trap; **coulage en** —, casting with the vent; **enregistreur à** —, syphon recorder; **galerie à** —, blind level; **mêche à** —, syphon wick; — **à acide**, acid syphon; — **de dépôt**, gulley syphon; — **renversé**, dip pipe.

Sisal, Sisal.

angle de Site, Sight angle.

Sirène, Siren.

Skip, Skip, skip hoist.

Socle, Base, body, footing, socket; — **de cheminée**, chimney base; — **d'enclume**, anvil block; — **d'un moteur**, engine base.

Sodium, Sodium; **bicarbonate de** —, sodium bicarbonate; **bichromate de** —, sodium bichromate; **bromate de** —, sodium bromate; **carbonate de** —, sodium carbonate; **chlorate de** —, sodium chlorate; **chlorure de** —, sodium chloride; **fluorure de** —, sodium floride; **lampe à vapeur de** —, sodium vapour lamp.

Soie, Silk; hub, fang; **de** —, silk, of silk; **bonneterie de** —, silk hose; **à simple couche de** —, single silk covered; **à double couche de** —, double silk covered; **dévidoir de** —, silk reel; **filature de** —, silk mill, silk spinning; **à guipage de** —, silk covered; **moulinage de** —, silk throwing; **moulineur de** —, silk thrower; **tout en** —, all silk; — **d'accouplement**, drag bolt; — **caoutchoutée**, rubberized silk; — **de manivelle**, crank pin, crank wrist; — **d'outil**, tool fang.

Soierie, Silk; silk goods; silk room, silk warehouse.

Sol, Ground; **amélioration du —**, land reclaiming; **drainage du —**, land drainage; **effet de —** (aviat.), cushioning effect; **prise de —** (aviat.), landing approach; **télégraphie par le —**, ground telegraphy; **vitesse au —**, ground speed.

Solaire, Solar; **chaleur —**, solar heat; **huile —**, solar oil; **lumière —**, day light; **rayonnement —**, solar radiation; **système —**, solar system.

Solarimètre, Solarimeter.

Solde, Balance.

Sole, Hearth, bed plate, bottom, dead plate, sole; **carreau de sous —** (four à coke), bottom flue; **four à —**, open hearth furnace; **— de foyer, de fourneau**, dead plate of a furnace; **— tournante**, rotary hearth.

Solénoïde, Solenoid; **frein à —**, solenoid brake; **soupape à commande par —**, solenoid valve; **— d'effacement**, withdrawal solenoid; **— de freinage**, brake solenoid; **— d'injection**, primer solenoid.

Solidaire de, Integral with.

Solide, Solid; **combustible —**, solid fuel; **injection —** (Diesel), solid injection.

Solidification, Solidification; **retard à la —**, undercooling.

Solidifier, to Solidify, to freeze.

Solivage, Girderage, girdering.

Solive, Small, beam, joist, binding joint spar; **— armée**, trussed joist; **— à douves**, codling; **— de tête**, head beam.

Soliveau, Small joist, bridging joist.

Solubilisation, Solubilisation.

Solubilité, Solubility; **— à chaud**, hot solubility; **— à froid**, cold solubility.

Soluble, Soluble; **sel —**, soluble salt; **— à chaud**, hot soluble; **— à froid**, cold soluble.

Soluté, Solute.

Solution, Solution; **— aqueuse**, aqueous solution; **— benzénique**, benzen solution; **— d'électrolyte**, electrolytic solution; **— itérative** (math.), iterative solution; **— tampon**, buffer solution.

Solvant, Solvent; **extraction par —**, solvent extraction; **sans —**, solventless; **vernis sans —**, solvenless varnish; **— aromatique**, aromatic solvent; **— du caoutchouc**, rubber solvent; **— chloré**, chlorine solvant; **— pour peinture**, paint thinner; **— oxygéné**, oxygenated solvent.

Solvatation, Solvatation; **produit de —**, solvate.

Solvation, Solvation.

Sommabilité, Summability; **facteur de —**, summability factor;

Sommable, Summable; **fonction —**, summable function.

Sommation, Summation.

Somme, Sum.

Sommet, Top; **angle au —** (pas de vis), thread angle; **à — plat**, flat topped; **— d'une courbe**, apex of a curve.

Sommier, Bearing bar, bar frame breast summer, girder, header, cross girder; discharger; entablature; **— d'une chaudière**, bar frame of a boiler; **— de grille**, grate bar bearer; **— d'une presse**, header or pallet of a press; **— de voûte**, springer.

Son, Sound; **amortissement du —**, sound deadening; **détection par le —**, sound detection; **mur du —**, sound barrier; **sondage par le —**, sonic depth finding; **ultra —s**, ultrasonics; **détection par ultra —s**, ultrasonic detection; **générateur d'ultra —s**, ultrasonic generator; **sondage aux ultra —s**, ultrasonic sounding; **vitesse du —**, sonic speed; **— musical**, musical sound.

Sondage, Sounding (mar.); boring, drilling, logging, probing; **couronne de —,** core bit, core drill; **curette de —,** dray twist; **échantillon de —,** bore sample; **farine de —,** bore dust; **tour de —,** derrick; **treuil de —,** draw works; **— à la corde,** funicular boring; **— d'injection** (pétr.), intake well; **— de prospection,** wildcat, wildcatting; **— par le son,** sonic depth finding; **appareil à — par le son,** sonic depth finder; **— par tiges rigides,** boring by rods; **— aux ultra-sons,** ultrasonic sounding.

Sonde (mar.), Lead, sounding lead, sounding machine.

Sonde, Earth boring auger, gauge rod, ground auger, bore, sounding borer, probe; **arrache —,** bore catch; **ballon —,** registering balloon; **circuit à —,** probe circuit; **corps de —,** drill shaft; **droc à —,** crow's foot; **tête de —,** brace head, casing head; **tige de —,** bore rod, gauge rod; **train de —,** drill pipe string; **trou de —,** bore hole; **— à clapet,** self emptying borer; **— de prise d'échantillon,** sampling probe; **— à tarière,** miner's auger.

ballon-Sonde, Sounding balloon.

circuit à Sonde, Probe circuit.

radio-Sonde, Radiosonde.

Sonder, to Sound, to probe.

Sondeur, Sounding machine; **— par écho,** echo sounding recorder; **— radar,** radar scanner; **— à ultra-sons,** supersonic sounding machine.

Sondeuse, Drill; **— à grenaille d'acier,** adamantine drill.

Sonique, Sonic; **altimètre —,** sonic altimeter; **ondes —s,** sonic waves, sound waves; **sous —,** subsonic; **super —,** supersonic; **ultra —,** ultrasonic.

Sonnerie, Bell; **fil de —,** bell wire; **— d'essai,** testing bell.

Sonnette, Bell; gin, pile driver; ram engine, ram, stamp; **charpente de —,** pile frame; **mouvement de —,** elbow joint lever; **— à bras,** hand pile driver; **— mécanique,** mechanical pile driver.

Sonomètre, Audiometer.

Sonore, Audio, sonorous, sounding, ringing; **bouée —,** sonobuoy; **films —s,** sound motion pictures; **niveau d'intensité —,** sound level; **ondes —s,** sound waves; **partie —** (en télévision), aural signal; **appareil transmetteur de la partie —,** aural transmetter; **pulsations —s,** sound pulses; **sensation —,** loudness.

Sonorisation, Scoring.

Sorbier, Sorb tree.

Sorbite, Sorbite.

Sorbitique, Sorbitic.

Sorti (train d'atterrissage), Extended.

Sortie, Exit, outlet, release; **bord de —** (avion), trailing edge; **côté de la —** (laminoir, etc.), exit side; **gaz de —,** exit gas; **tubulure de —,** outlet piping; **tuyau de —,** tail pipe; **— aval,** downstream heading; **— d'eau,** water outlet; **— d'huile,** oil release.

Sortir (train d'atterrissage), to Extend.

Soubassement, Base, basement.

Souche, Stump, stock, stem, log; **registre à —,** checkbook, register with counter foil; **— d'arbre,** stump of a tree; **— de cheminée,** chimney neck, chimney stack; **— de registre,** counter foil of a register.

Soudabilité, Welding quality.

Soudable, Weldable; **acier —,** weldable steel.

Soudage (voir aussi **Soudure**), Soldering, welding; **assemblage par —,** metal joining; **atelier de —,** weldery; **machine de**

—, welding machine; **machine de — au gaz**, gas welding machine; **réactance de —**, welding reactance; **tension de —**, weld stress; **tête de —**, welding head; **— à l'aluminothermie**, thermit welding; **— à l'arc**, arc welding; **— à l'arc sous argon**, argonare welding; **— à l'arc en atmosphère d'hélium**, helium shielded arc welding; **— à l'arc immergé**, submerged arc welding; **— à l'arc avec protection par gaz inerte**, inert gas shielded arc welding; **— argonarc**, argonarc welding, argon shielded arc welding; **— en bout**, butt welding; **— au chalumeau**, blowpipe welding; **— continu**, seam welding; **— à courant continu**, direct current welding; **— à courant alternatif**, alternating current welding; **— par courant pulsé**, pulsation welding; **— par décharge de condensateur**, capacitor discharge welding, stored energy welding; **— sous l'eau**, underwater welding; **— électrique**, electric welding; **— à l'étain**, tin soldering; **— par étincelage**, spark welding; **— par étincelles**, flash welding; **— à froid**, cold welding; **— sans fusion**, non fusion welding; **— à haute fréquence**, high frequency welding; **— à la molette**, seam welding; **— oxyacétylénique**, oxyacetylene welding; **— par percussion**, percussion welding; **— à radiofréquence**, radiofrequency welding; **— par résistance**, resistance welding.

Soude, Soda, sodium hydroxide; **bicarbonate de —**, baking soda; **carbonate de —**, mineral alkali; **charrée de —**, alkali waste; **hyposulfite de —**, soda hyposulphite; **lessive de —**, soda hydrate; **— caustique**, caustic soda.

Soudé, Welded, soldered; **acier —**, weld iron; **blindage —**, welded casing; **borne —e**, welded terminal; **châssis —**, welded frame; **construction —e**, welded structure; **entièrement —**, wholly welded, all welded; **fer —**, welded iron, weld iron; **pièce —e**, weld, welding; **semi —**, semi welded; **— bout à bout**, butt welded; **— par fusion**, fusion welded; **— à recouvrement**, lap welded.

Souder, to Weld, to solder; **cuiller à —**, soldering ladle; **fer à —**, soldering bit, soldering iron, soldering tool, copper bit; **lampe à —**, soldering lamp, blow torch; **machine à —**, welder, welding machine; **machine à — à arc**, arc welding machine; **machine à — à plusieurs électrodes**, multi-electrode arc welding; **machine à — par points**, spot welding machine; **machine à — par résistance**, resistance welding machine; **machine à — par rapprochement**, butt welding machine; **plaque à —**, welding plate; **poudre à —**, welding powder; **— à recouvrement**, to lap weld.

Soudeur, Welder; **chalumeau —**, welding blowpipe; **lunettes de —**, welding goggles; **noir de —**, plumber's soil.

Soudobrasage ou soudobrasure, Bronzeweld, bronzewelding.

Soudière, Soda works, alkali works.

Soudure (voir aussi **Soudage**), Welding, weld, solder, soldering; **contrôle des —s**, inspection of welds; weld checking; **cordon de —**, weld beald, weld seam; **décapage avant —**, preweld cleaning; **électrode de —**, welding electrode; **groupe de —**, welding group, welding set; **paillon ou paillette de —**, link of solder; **poste de —**, welding plant; **sans —**, seamless; **tube sans —**, seamless tube; **étiré sans —**, seamless drawn; **transformateur de —**, welding transformer; **— en angle**, fillet weld; **— arasée**,

Soudure: flush welding; — à l'arc, arc welding; — autogène, autogenous welding; — en barre, rod solder; — bout à bout, butt weld; — au chalumeau, blowpipe welding; — composite, composite weld; — électrique, electric welding; — d'étain, tin solder; — forte, hard solder, hard soldering; — à haute fréquence, high frequency welding; — par fusion, fusion welding; — sans fusion, non fusion welding; — à la molette, seam welding; — oxyacétylénique, oxyacetylene welding; — par percussion, percussion welding; — de plombier, lead solder; — par points, spot welding, tack welding; — par courant pulsé, pulsation welding; — par points à courant pulsé, pulsation spot welding; — profonde, deep welding; — à radiofréquence, radiofrequency welding; — à recouvrement, jump weld, lap weld, lap welding; — par résistance, resistance welding; — tendre, soft solder; — en tête (maillon de chaîne), end lap weld; — à la thermit, thermit welding.

Soufflage, Blast, blow off or blow out (étincelles), blowing, sheathing (N.); **bobine de — d'étincelles**, spark blow off coil, blow out coil; — **du cubilot**, cupola blast; — **latéral**, side blow, side blowing; **à — latéral**, side blown; — **magnétique**, magnetic blow out; — **de noyaux**, core blowing; — **sous pression**, pressure blowing; — **à pression réduite**, slow blowing; — **du verre**, glass blowing.

Soufflante, machine soufflante, Blast engine, blower, blowing engine; **turbo —**, turbo blower; — **de balayage** (diesel), scavenging blower; — **à moteur à gaz**, gas engine blower.

Souffle, Blast; jitter (magnétron); — **des moteurs à réaction**, jet blast.

Soufflé, Blown.

Souffler, to Blow; to sheathe (N.).

Soufflerie, Blowing machine, blowing engine, fan; — **de haut fourneau**, blast furnace blowing engine.

Soufflerie (aviat.), Wind tunnel; **aubages directeurs d'une —**, wind tunnel cascades, wind tunnel guide vanes; **diffuseur de —**, wind tunnel nozzle; **redresseurs de filets d'air d'une —**, wind tunnel straighteners; **ventilateur de —**, wind tunnel fan; — **aérodynamique pour avions supersoniques**, supersonic wind tunnel; — **en circuit fermé**, return circuit wind tunnel; — **pour essais en vol libre**, free flight wind tunnel; — **à rafales, type intermittent**, blow down wind tunnel intermittent wind tunnel; — **supersonique**, supersonic wind tunnel; — **transonique**, transonic wind tunnel; — **à veine étanche**, closed throat wind tunnel; — **à veine guidée**, closed jet wind tunnel; — **à veine libre**, open jet wind tunnel.

Soufflet, Bellows; **à —s**, expanding; **âme du —**, valve of bellows; **joint à —**, bellows joint; **têtière de —**, bellows head; **valve de —**, clicker hole; — **à chaînette**, chain blowing apparatus.

Souffleur, Blower, extinguisher; — **centrifuge**, centrifugal blower; — **d'étincelles**, spark extinguisher; — **de suie**, soot blower.

Soufflure, Air hole, air cell, blister, blow hole, blown hole, crack, casting hole, flaw, honeycomb, honeycombing, air bubble (verre); **détecteur de —**, crack detector; **repérage des —s**, crack detection.

Soufrage, Sulphuration.

Soufre, Sulphur, sulfur; **blanchiment au —** (text.), sulphuration;

SOU — 415 — **SOU**

— **en bâtons, en canons**, roll or stick sulphur; — **granulé**, drop sulphur; — **inorganique**, inorganic sulphur; — **de mine**, native sulphur; — **organique**, organic sulphur; — **sublimé**, flowers of sulphur; — **tenace**, sticking sulphur.

Soufrer, to Sulphurate.

Soufrière, Sulphur mine.

Soufroir, Sulphurator.

Soulagement, Easing; **éclisse de —**, easing fishplate.

Soulèvement, Lift, lifting; **levier de —** (soupape de sûreté), easing lever; **— de la table** (raboteuse), tipping of the table.

Soulever, to Lift, to raise.

Soumission, Bid, tender; — **cachetée**, sealed bid, sealed tender.

Soumissionnaire, Bidder, tenderer.

Soumissionner, to Bid, to tender.

Soupape, Valve; **boîte à —s**, distributing valve chest, valve chest, valve pocket; **bouchon de visite des —s**, valve cap; **cache —**, valve cover; **chapeau de —**, valve bonnet, valve head; **chapelle de —**, valve chest, valve chamber, valve case, valve box; **chapelle de — d'admission**, inlet valve chest; **charge d'une —**, load, weight on a valve; **collage de —**, valve sticking; **corbeille de —**, valve cage; **cuvette de —**, valve cup; **démonte —**, valve extractor; **distribution par —s**, valve motion; **fausse —**, dummy valve; **guide de —**, valve bush, valve guide, valve feather; **huile pour —s**, valve oil; **indicateur de fermeture d'une —**, valve positioner; **lanterne de —**, valve box; **lève —**, valve lifter; **machine à rectifier les —s**, valve grinding machine; **mécanisme de commande de —**, valve actuator, valve operator, valve operating mechanism; **mécanisme de distribution par —s**, valve gear; **moteur à —s**, valve engine; **moteur sans —**, valveless engine; **partie conique de la —**, valve cone; **pointeau de —**, valve cone; **poussoir de —**, valve lifter, valve tappet; **galet de poussoir de —**, valve tappet roller; **réglage des —s**, valve timing; **régularisation des —s**, valve setting; **ressort de —**, valve spring; **robinet de —**, valve cock; **robinet —**, screw down valve; **rodage de —**, valve grinding, valve regrinding; **sans —**, valveless; **siège de —**, valve seat or seating; **tige de —**, valve spindle, valve stem; **guide de tige de —**, valve stem guide; **tube à —**, valve tube; **— d'admission**, admission valve, induction valve, inlet valve; **— d'alimentation** feed valve; **— d'alimentation principale**, main feed valve; **— d'arrêt** (de vapeur), check valve, non return valve, stop valve, shut off valve; **— d'aspiration**, suction valve, intake valve; **— atmosphérique**, air valve, atmospheric valve, vacuum valve; **— automotrice**, self acting or self closing valve; **— d'avertissement**, sentinel valve; **— de balayage**, scavenger or scavenging valve; **— à bascule**, balance or tipping valve; **— à boulet**, ball valve, globe valve, spherical valve; **— à champignon renversé**, bell shaped valve; **— à chapeau**, crown valve; **— à charge directe**, dead weight valve; **— à charnière**, hanging valve; **— circulaire, en champignon**, mushroom valve; **— à clapet**, clack or flap valve, disc valve; **— à cloche**, cup valve, bell shaped valve, crown valve; **— collée sur son siège**, jammed valve; **— à combustible** (Diesel), fuel valve; **— de commande**, control valve; **— à commande électrique**, electrically operated valve; — **à commande mécanique,** mechanically operated valve; — **conique,** conical or mitre valve; — **à coquille,** potlid valve; — **à coude,** corner valve; — **de décharge,** delivery or discharge valve; — **de détente,** expansion valve; — **à disque,** disc valve; — **d'échappement,** exhaust valve; — **d'émission,** eduction valve, outlet valve; — **d'engorgement,** choke coil; — **d'équerre,** angle valve; — **équilibrée,** balance valve, cornish valve, equilibrated valve; — **d'essai,** test valve; — **d'étranglement,** throttle valve; — **d'évacuation d'air,** air release valve, exhaust valve; — **de fermeture,** shut down or shut off valve; — **à flotteur,** float operated valve, float valve; — **à gaz,** gas valve, gas vent; — **glissante,** sliding valve; — **à guide,** spindle valve; — **hydraulique,** hydraulic clack; — **d'injection,** injection valve; — **Kingston,** Kingston valve; — **de lancement (Diesel),** starting valve; — **de lancement (torpilles),** firing valve; — **de levée,** lift valve; — **à levée variable,** variable lift valve; — **à levier,** lever valve; — **de manœuvre,** manœuvring valve; — **à mouvement conduit,** geared valve; — **à mouvement libre,** ungeared valve; — **à mouvement à vis,** screw down valve; — **de non-retour,** non return valve; — **de noyage (N.),** flooding valve; — **à double orifice,** double ported valve; — **à ouverture variable,** variable orifice valve; — **à papillon,** butterfly valve; — **de piston,** bucket valve; — **à plateau,** disc valve; — **d'aspiration des pompes de circulation,** circulating inlet valve; — **de décharge des pompes de circulation,** circulating outlet valve; — **de prise d'air,** air inlet valve; — **de prise de vapeur,** throttle valve; — **de purge,** drain valve, blow through valve, snift or snifting valve; — **de refoulement,** delivery valve, outlet valve; — **régulatrice,** governing valve; — **de rentrée d'air,** snift or snifting valve; — **renversée,** drop valve; — **de respiration (d'un réservoir),** vent valve; — **de retenue,** back pressure valve, check valve; — **de retenue à boulet,** ball check valve; — **de non-retour,** non return valve; — **réversible,** reversible valve; — **de sectionnement,** isolating valve; — **à double siège,** double seated valve; — **à commande par solénoïde,** solenoid valve; — **à soulèvement,** lifting valve; — **sphérique,** ball valve, globe valve, spherical valve; — **de sûreté,** safety valve, alarm valve, relief valve; **charge de la** — **de sûreté,** load of the safety valve; — **de sûreté du cylindre,** cylinder escape or safety valve; — **de sûreté interne,** internal safety valve; — **de sûreté à levier,** lever safety valve; — **en tête,** head valve; **moteur à** —**s en tête,** valve in head engine; — **tournante,** turning valve; — **de trop plein,** overflow or escape valve; — **de vidage ou de vidange,** flush or flushing valve; — **à trois voies,** cross valve; — **voilée,** warped valve; — **wagon,** gate valve; **bloquer une** —, to hold a valve; **décharger, soulager une** —, to balance a valve; **décoller une** —, to unseat, to unstick a valve; **roder une** —, to reseat a valve.

Soupeau, Colter beam.

Souple, Flexible; **ballon** —, flexible balloon; **câble** —, flexible cable; **dirigeable** —, non rigid airship; **tuyautage** —, flexible tubing.

Souplesse, Flexibility.

Source, Source; — **froide,** heat sink; — **lumineuse,** light source.

Souricière à clapet (pétr.), Mouse trap.

Sous, Sub, under; — **cavage**, undercutting; — **charge**, underloading, understressing; — **compoundé**, under compounded; — **couche**, sub grade; — **creuset** (h. f.), fore hearth; — **ensemble**, subassembly; — **excitation**, underexcitation; — **excité**, underexcited; — **exposition**, underexposure; — **harmonique**, sub harmonic; **résonance** — **harmonique**, sub harmonic resonance; — **marin**, submarine, underwater; **brise-rocs** — **marin**, underwater rock breaker; **bombe** — **marine**, depth charge; **câble**—**marin**, submarine cable; **chambre d'observation** — **marine**, submarine observation chamber; **chasseur de** — **marins**, submarine chaser; **détection** — **marine**, submarine detection; **mine** — **marine**, submarine mine; **onde sonore** — **marine**, submarine sound wave; — **marin atomique**, atomic submarine; — **multiple**, submultiple; — **sol**, sub grade; — **sonique**, subsonic; **diffuseur** — **sonique**, subsonic diffuser; — **station**, substation; — **station de distribution**, distribution or distributing substation; — **mobile**, portable substation; **transformateur de** — **station**, substation transformer; — **traire**, to substract; — **traitant**, subcontractor; — **traité**, subcontracted; — **caver**, to undercut; — **traiter**, to subcontract.

Soute, Bunker, compartment, magazine; **volume des** —**s**, bunker capacity; — **à bagages**, freight or cargo compartment, luggage room; — **à bombes** (aviat.), bomb bay; — **à charbon**, coal bunker, coal closet; — **à munitions**, ammunition dump; — **à poudre**, powder magazine; — **transversale**, cross bunker; **faire le plein des** —**s**, to bunker.

Soutènement, Support, retaining, prop; **arche de** —, relieving arch; **mur de** —, breast wall, retaining wall; — **provisoire**, forepoling; — **des terres**, earth retaining.

Souterrain, Underground, subway, vault, cave.

Souterrain (adj.), Subway, subterranean, underground; **câble** —, underground cable; **galerie** —**e**, adit; **ligne** —**e**, underground line; **passage** —, subway crossing passage; **réseau** —, underground network; **usine** —**e**, underground factory.

Soutien (voir **Support**).

Soutier, Trimmer, coal trimmer, coal man.

Soutirage, Bleeding, draw off, drawing off; **point de** — (de vapeur), bleeding point; **vapeur de** —, bled steam.

Soutiré, Bled.

Soutirer, to Bleed, to draw off.

tas à Soyer, Creasing tool.

Sparadrap, Cere cloth.

Spardeck (N.), Spardeck; **navire à** —, spardeck vessel.

Spath, Spar; — **cubique**, cube spar; — **fluor**, fluor spar, fluorite.

Spathique, Spathic; **fer** —, spathic iron; **plomb** —, black lead ore.

Spatial, Spatial; **groupes** —**aux**, space groups.

Spatule, Spatula, spud, dog tail (fond); **mastic à** —, filling up putty.

Spécialisé, Specialized.

Spécialiste, Specialist, expert.

Spécifications, Specifications, ratings.

Spécifié, Rated.

Spécifique, Specific; **capacité** —, specific capacity; **chaleur** —, specific heat, sp. ht.; **poids** —, specific weight; **résistance** —, **specific** resistance; **rotation** —, specific rotation.

Spécimen, Specimen.

Spectral, Spectral; **analyse** —**e,** spectrum analysis, spectral essay; **bande** —**e,** spectral band; **raies** —**es,** spectral or spectrum lines; **source** —**e,** spectral source.

Spectre, Spectrum; **analyseur de** —, spectrum analyser; — **d'absorption,** absorption spectrum; — **d'absorption de rotation,** rotational absorption spectrum; — **de bruit,** noise spectrum; — **continu,** continuous spectrum; — **d'émission,** emission spectrum; — **d'énergie,** energy spectrum; — **de masse,** mass spectrum; — **de rotation,** rotational spectrum; — **solaire,** solar spectrum; — **ultrahertzien,** microwave spectrum; — **visible,** visible spectrum; — **de vibrations,** vibrational spectrum.

Spectres, Spectra.

Spectro, Spectro; — **chimie,** spectrochemistry; — **chimique,** spectrochemical; —**graphe,** spectrograph; — **graphe sous vide,** vacuum spectrograph; — **graphie,** spectrography; — **graphique,** spectrografic; **analyse** — **graphique,** spectrographic analysis, mass spectrography; **méthode** — **graphique,** spectrographic method; — **mètre,** spectrometer; — **mètre compteur,** counter spectrometer; — **mètre de masse,** mass spectrometer; — **mètre à rayons béta,** beta ray spectrometer; — **mètre par réflexion,** reflecting spectrometer; — **métrie,** spectrometry; — **métrie de masse,** mass spectrometry; — **photomètre,** spectrophotometer; — **photométrie,** spectrophotometry; — **photométrie d'absorption,** absorption spectrophotometry; — **photométrie de flamme,** flame spectrophotometry; — **radiomètre,** spectroradiometer; — **scope,** spectroscope; — **scopie,** spectroscopy; — **scopie des métaux,** metal spectroscopy; — **scopique,** spectroscopic; **analyse** — **scopique,** spectroscopic analysis; — **scopiquement,** spectroscopically.

Spéculaire, Specular; **fer** —, specular iron; **fini** —, mirror finish; **pierre** —, specular stone; **poli** —, mirror polish; **réflexion** —, regular or specular reflection.

Sphère, Sphere; — **photométrique,** photometric sphere.

Sphéricité, Sphericity; **aberration de** —, spherical aberration.

Sphérique, Spherical; **ballon** —, spherical balloon; **flotteur** —, ball float; **fraise** —, spherical cutter; **harmoniques** —**s,** spherical harmonics; **joint** —, cup and ball joint; **niveau** —, spherical level; **pivot** —, ball gudgeon; **tourillon** —, ball journal; **trigonométrie** —, spherical trigonometry.

Sphéroïdisation, Spherodizing.

Sphéroïdite, Spheroidite.

Spin, Spin; — **nucléaire,** nuclear spin.

Spinelle, Spinel.

Spinthéromètre, Spintherometer.

Spiral (de montre), Hair spring.

ressort Spiral, Coiled spring, spiral spring.

Spirale, Spiral, scroll; **en** —, spirally; **en** — **d'Archimède,** Archimedes spiral; **alésoir en** —, spiral fluted reamer; **bâche en** —, spiral casing; **descente en** —, spinning dive; **enroulé en** —, spirally wound; **enroulement en** —, spring winding, spiral winding; **huche en** —, spiral casing; **mandrin à** —, scroll chuck; **mèche en** —, twisted bit, twist drill; **piqué en** — (aviat.), spiral dive; **ressort** —, spiral spring, volute

**spring, hair spring; volute —, scroll case; descendre en — (aviat.), to spirale down.

Spire, Coil, convolution, turn.

Spongieux, Spongy; **fer —,** sponge iron; **plomb —,** spongy lead.

Spontané, Spontaneous; **allumage —,** spontaneous ignition; **combustion —e,** spontaneous combustion; **décharge —e,** self discharge.

Stabilisateur, Stabilizer, stabiliser, tail plane, sponson (hydravion); **appareil —,** stabilizer fin; **circuit —,** stabilizer circuit; **plan —,** stabilizer plane, tail plane; **— gyroscopique,** gyroscopic stabiliser; **— de tension,** voltage stabilizer.

Stabilisation, Stabilizing, stabilising; **traitement de —,** aging; **— gyroscopique,** gyrostabilisation.

Stabilisé, Stabilized, stabilised; **acier —,** stabilised steel; **eau —e** (traitée contre les dépôts), stabilised water; **ligne de visée —e,** stabilised line of sight.

Stabiliser, to Stabilize, to stabilise.

Stabilité, Stability; **courbe de —,** stability curve; **lest de —** (N.), stiffening; **— de combustion,** combustion stability; **— directionnelle,** directional stability; **— élastique,** elastic stability; **— de fréquence,** frequency stability; **— latérale,** lateral stability; **— longitudinale,** longitudinal stability; **— plastique,** plastic stability; **— transversale,** transversal stability.

Stable, Steady; **régime —,** steady state.

Standardisation, Standardisation, standardization.

Standardiser, to Standardise, to standardize.

Stanneux, Stannous; **oxyde —,** stannous oxide.

Stannifère, Tin bearing; **gîte —,** tin deposit.

Stannique, Stannic; **oxyde —,** stannic oxide.

Stannite, Bell metal ore.

Starter, Starter; **— à luminescence,** glow starter; **— luminescent thermique,** watch dog starter; **— thermique,** thermal starter.

Station, Station, plant; **sous —,** substation; **sous — mobile,** portable substation; **— élévatoire,** pumping station; **— d'émission,** transmission or transmitting station; **— génératrice,** generating station; **— intermédiaire,** way station; **— en plein air, extérieure,** outdoor station, outdoor plant; **— de pompage,** pump or pumping station; **— de radiodiffusion,** broadcasting station; **— de sauvetage,** live boat station; **— de service,** utility station.

Stationnaire, Stationary, steady; **ondes —,** stationary waves.

Stationnement, Standing, parking; **compteur de —,** parking meter.

Statique, Statics.

Statique (adj.), Static; **capacité —,** static capacity; **charge —,** dead load, static load, gravity head, position head; **chute —,** static head; **condensateur,** static condenser; **électricité —,** static electricity; **équilibre —,** static balance; **essai —,** static test; **excitateur —,** static exciter; **induction,** static induction; **poussée —,** static thrust; **pression —,** static pressure; **résistance —,** static strength.

Statiquement, Statically.

Statistique, Statistic; statistical (adj.); **données —s,** statistical data.

Stator, Stator; **bâti du —,** stator frame; **bobinage du —,** stator winding; **champ de dispersion**

du —, stator stray field; **encoche du —,** stator slot; **enroulement du —,** stator winding; **impédance du —,** stator impedance.

Statoréacteur, Statoreactor, ram jet engine, ram jet; **hélicoptère à —s,** ram jet helicopter; **— à marche continue,** continuous ram jet; **— à marche intermittente,** intermittent ram jet.

enroulement Statorique, Stator winding.

Statoscope, Statoscope.

Stéarate, Stearate; **de lithium,** lithium stearate; **— de sodium,** sodium stearate.

Stéarique, Stearic; **acide —,** stearic acid.

Stellite, Stellite; **garni de —,** stellited.

Sténographie, Short hand.

Sténographier, to Write short hand.

Stéphanite, Brittle silver ore.

Stéréochimie, Stereochemistry.

Stéréochimique, Stereochemical.

Stéréocomparateur, Stereocomparator.

Stéréophonique, Stereophonic; **réception —,** stereophonic reception.

Stéréoscopie, Stereoscopy.

Stéréoscopique, Stereoscopic; **altimètre —,** stereoscopic height finder; **images —s,** stereoscopic pictures; **photographie —,** stereoscopic photography; **projecteur —,** stereo projector; **télémètre —,** stereoscopic rangefinder; **vision —,** stereoscopic vision.

Stéréotomie, Stereotomy.

Stéréotopographe, Stereotopograph.

Stériles, Barren; brood (cuivre et étain).

Stériliser, to Sterilize.

Stérique, Steric; **effet —,** steric effect; **tension —,** steric strain.

Stéroïdes, Steroids.

Stéthoscope, Stethoscope; **— industriel,** industrial stethoscope.

Stimuli, Stimuli; **— sonores,** sound stimuli.

Stipulation, Provision, stipulation, clause.

Stockage, Storage; **citerne de —,** storage tank; **cuve de —,** fuelling tank; **— en vrac,** bulk storage.

Stocker, to Store.

Stoichiométrie, Stoichemistry.

Stoïchiométrique, Stoichiometric; **rapport —,** stoichiometric value.

Stoppage, Stoppage.

Stopper, to Stop; **— les machines,** to stop the engines.

Strapontin, Bracket seat, folding seat, flap seat.

Stratification, Stratification; **plan de —,** bedding plane.

Stratifié, Stratified, laminated.

Stratosphère, Stratosphere.

Stratovision, Stratovision.

Striation, Striation.

Striction, Necking, striction, reduction of area; **magnéto —,** magnetostriction.

Strie, Stria, serration.

Strié, Channeled, checquered; **tôle —e,** chequered plate.

Strippage, Stripping; **force de —,** stripping force.

Stroboscope, Stroboscope; **—électronique,** electronic stroboscope.

Stroboscopique, Stroboscopic; **essais —s,** stroboscopic tests; **photographie —,** stroboscopic photography; **tachymètre —,** stroboscopic tachometer.

Strontium, Strontium; **sulfure de —,** strontium sulphide.

Structural, Structural; **durcissement —,** age or precipitation hardening.

Structure, Structure; **de —**, structural; **essai de —**, structural test; **— cristalline**, cristalline structure; **— moléculaire**, molecular structure.

Stuc, Stucco.

Style, Stylus; **— enregistreur**, cutting stylus.

Styles, Styli.

Styrolène, Styrene.

chaude Suante, Sparkling heat.

Sublimation, Exaltation, sublimation; **— fractionnée**, fractional sublimation.

Sublimé, Sublimate; **— corrosif**, corrosive sublimate.

Sublimer, to Sublimate.

Suage, Bleeding.

Submerger, to Submerge.

Subsonique, Subsonic; **diffuseur —**, subsonic diffuser; **hélice —**, subsonic propeller.

Substances, Substances; **— abrasives**, abrasives.

Substituants, Substituents; **— acides**, acid substituents.

Substitués, Substituted; **méthanes —**, substituted methanes.

Substitution, Substitution; **appareil de —** (moteur à huile), change over mechanism; **méthode de —**, substitution method.

Substrat, Substrate.

Substratosphérique, Substratospheric.

Subsynchrone, Subsynchronous.

Suburbain, Suburban; **centrale —e**, suburban plant.

Succédané, Substitute.

Successif, Successive; **approximations —ives**, successive approximations.

Succion, Suction; **fente de —**, suction slot; **procédé par —** (pétr.), swabbing.

Succursale, Branch office, branch bank.

Suçeuse, **drague Suçeuse**, Suction dredger, hopper dredger-

Sucre, Sugar; **broyeur à —**, sugar grinder.

Suie, Soot; **souffleur de —**, soot blower.

Suif, Tallow; **goutte de —**, snap point, snap headed rivet; **marteau à goutte de —**, ball faced hammer; **joint au —**, tallow joint; **— végétal**, vegetable tallow.

Suiffé, Tallowed.

Suiffer, to Tallow.

Suintement, Dripping, oozing, leakage, seepage.

Suinter, Do drip, to ooze, to ooze out, to leak.

Suite (math.), Series, sequence; **—s divergentes**, divergent sequences.

doigt à Suivre, Copy spindle.

Sulfacétique, Sulphacetic.

Sulfamides, Sulfonamides.

Sulfamylique, Sulphamylic.

Sulfatage, **Sulfatation**, Sulphation, sulphating.

Sulfate, Sulphate; **— d'ammoniaque**, ammonium sulphate; **— de calcium**, calcium sulphate; **— de cuivre**, copper sulphate, blue stone, blue copperas, blue vitriol; **— de fer**, green copperas, green vitriol; **— de magnésie**, Epsom salt; **— mercureux**, mercury sulphate; **— de potasse**, potassium sulphate; **— de soude**, sulphate of soda; **— de zinc**, white copperas, zinc sulphate.

Sulfaté, Sulphated.

Sulfater, to Sulphate.

Sulfite, Sulphite; **— de sodium**, sodium sulphite.

Sulfoacide, Sulfacide.

Sulfobase, Sulphur base, sulfobase.

Sulfocyanate, Sulphocyanate.

Sulfocyanique, Sulphocyanic.

Sulfocyanure, Sulphocyanide; — **d'ammonium,** ammonium sulphocyanide.

Sulfonate, Sulphonate.

Sulfonation, Sulphonation.

Sulfone, Sulfone, sulphone.

Sulfonique, Sulfonic, sulphonic; **acide —,** sulfonic acid.

Sulfuration, Sulphuration.

Sulfure, Sulphide or sulfide, glance; — **de bismuth,** bismuth glance; — **de cadmium,** cadmium sulphide; — **de cuivre,** copper sulphide; — **de méthyle,** metyl sulphide; — **de nickel,** nickel sulphide; — **phénilique,** phenil sulphide; — **de sodium,** sodium sulphide; — **de zinc,** zinc sulphide.

Sulfuré, Sulphurated; **composés —s,** sulphur compounds; **cuivre —,** copper glance; **hydrogène —,** sulphurated hydrogen, hydrogen sulphide; **plomb —,** lead sulphide.

Sulfurer, to Sulphurate.

Sulfureux, Sulphureous, sulphurous; **acide —,** sulphurous acid, sulphur dioxide; **anhydride —,** sulphur dioxide.

Sulfurique, Sulphuric; **acide —,** sulphuric acid; **acide — dilué,** dilute sulphuric acid; **acide — fumant,** fuming sulphuric acid; **éther —,** sulphuric ether.

Sulfuryl, Sulfuryl.

Sulfhydrate, Sulphydrate.

Sulfhydrique, Sulphydric; **acide —,** hydrogen sulphide.

Super, Super; — **audible,** superaudible; — **carburant,** premium petrol, supergasoline; — **charge,** overpoling; — **critique,** supercritical; — **ficie, area;** — **ficiel,** superficial; **impédance — ficielle,** superficial impedance; **localisation — ficielle** (effet Kelvin), skin effect; **tension — ficielle,** surface tension; **trempe — ficielle,** superficial hardening, surface or contour hardening; — **finition,** superfinition; — **hétérodyne,** superheterodyne, superhet; — **phosphate,** superphosphate; — **posé,** superimposed, superposed; **carlingue — posée,** rider keelson; **chaudière — posée,** top boiler; **turbine — posée,** superposed turbine; — **réaction** (T.S.F.), superregeneration; — **saturation,** supersaturation; — **saturé,** supersaturated; — **sonique,** supersonic; **aubage — sonique,** supersonic blading; **avion — sonique,** supersonic plane; **diffuseur — sonique,** supersonic diffuseur; **écoulement — sonique,** supersonic flow; **vitesse — sonique,** supersonic speed; — **viser,** to supervise.

Superficie, Superficiel, etc... Voir **Super.**

Supérieur, Upper; **aile —e,** upper wing; **courbure —e,** upper camber; **étampe —e,** top die; **plan —,** upper plane; **quille —e,** upper keel.

Superviser, to Supervise.

Supplémentaire, Supplementary; **feux —s,** additional lights; **heures —s,** after hours, overtime.

Support, Support, bearer, bearing, bearing block, base, carriage, hammock, mounting, bracket, pedestal, standard, stand, strut, prop, rest, socket; **bague —,** ring carrier; **cylindre —,** backing up roll, back up roller; **de —,** supporting; **plaque —,** supporting plate; **tôle de** (c. n.), girder plate; **tôle de — central,** centre girder plate; **tôle de — latéral,** wing or side girder plate; — **d'aile,** wing mounting, wing support; — **d'angle, d'équerre,** alley arm; — **d'arbre propulseur,** propeller strut; — **d'archet,** bow base; — **de barre,** bar support; — **de bobine,** coil form; — **de canon,** gun mounting; — **du chariot,** socket of the rest; — **de cornue**, retort stand; — **à couteau**, bearing blade, fulcrum blade; — **de cylindre**, cylinder foot; — **éclipsable**, swing aside bracket; — **élastique**, elastic support; — **d'essieu**, axle bearing, journal bearing; — **de fourche**, fork carriage or support; — **de grille**, bar frame; — **de lampe** (T.S.F.), tube socket; — **d'outil à main**, hand tool rest; — **de patin**, shoe holder; — **du porte-outil** (tour), tool rest; — **de ressort**, spring bracket; — **en cas de rupture d'essieu**, axle sleeve; — **de la table** (mach. outil), supporting table arm; — **d'un tour**, rest of a lathe; — **de turboréacteur**, jet pedestal.

Suppresseur de bruits d'aiguille, Scratch suppressor.

Supprimeur de bruit, Noise suppressor.

Supraconducteur, Supraconductor or supraconducting.

Supraconductibilité, Supraconductivity.

Supralinéaire, Superlinear.

Surabondant, Redundant; **réactions —es** (méthode des), redundant reactions.

Suraffiné, Overrefined.

Suralimentation, Supercharging, pressure charging, boost, boosting; **compresseur de —**, supercharger; **pompe de —**, boost pump; **pression de —**, boost pressure; **soufflante de —**, supercharger.

Suralimenté, Supercharged, pressure charged; **moteur —**, supercharged engine.

Suralimenter, to Supercharge.

Surbaissé, Depressed; **aile —e**, low wing; **arc —**, depressed arch; **ogive —e**, drop arch.

Surbau (c. n.), Coaming, glacis plate, ledge.

Surcharge, Overload, overloading, overcharge, overcharging; overstressing; **capacité de —**, overload capacity; **indicateur de —**, overload indicator; **flottaison en —** (N.), deep load line.

Surchargé, Overladen (N.), overloaded.

Surcharger, to Overload, to overcharge.

Surchauffe, Superheat; **calorimètre à —**, superheating calorimeter.

Surchauffé, Superheated, overheated; **vapeur —e**, superheated steam.

Surchauffer, to Superheat.

Surchauffeur, Superheater; — **à convection**, convection superheater; — **à rayonnement**, radiant superheater; — **de vapeur**, steam superheater.

Surcompensation, Overall balance.

Surcompoundé, Hypercompounded.

Surcompressé, Supercharged, surcompressed, boosted.

Surcompression, Boosting, boost, supercharging, surcompression; **pompe de —**, booster pump; **rapport de —**, supercharging ratio.

Surélevé, Overhead, raised; **aile —e**, highwing; **radiateur —**, overhead radiator.

Surélever, to Raise.

Surépaisseur, Allowance; — **pour le meulage**, grinding allowance; — **pour l'usinage**, allowance for machining.

Surestaries, Lay days, demurrage; **contre —**, despatch.

Sûreté, Safety; **barre de — d'attelage**, safety coupling rod; **boîte de —** (laminoir), breaker, breaking piece; **butée de —**, safety dog; **cran de —**, safety catch; **dispositif de —**, safety device; **interrupteur de —**, safety switch; **lampe de —**, safety lamp; **linguet de —**, safety

SUR — 424 — **SUR**

sear; **robinet de** —, safety cock, safety tap; **serre de** —, safety lock; **soupape de** —, safety valve; **soupape de** — **du cylindre**, cylinder safety valve; **soupape de** — **du surchauffeur**, superheater safety valve; **verrou de** —, safety latch.

Surexcitation, Overexcitation.

Surexcité, Overexcited.

Surexposition (photo), Over-exposure.

Surfaçage, Facing, surfacing; **chariot de** —, surfacing carriage; — **à la fraise,** face milling.

Surface, Area, surface; **action de** —, surface action; **condensateur à** —, surface condenser; **défaut de** —, surface defect; **fini de** —, surface finish; **machine à condensation par** —, surface condensing engine; **traitement de** —, surfacing, surface treatment; **trempé à la** —, case hardened; **unité de** —, unit area; **vitesse en** — (s. m.), surface speed; — **en acres,** acreage; — **alaire,** lift or wing surface; — **d'appui,** bearing face; — **d'appui d'un palier,** area of bearing; — **de chauffe,** fire surface, flue surface, heating surface; — **de choc** (carneau), deflecting plate; — **circonférentielle,** circumferential surface; — **de discontinuité,** boundary layer; — **équipotentielle,** equipotential surface; — **évaporatoire,** evaporating surface; — **d'extrados** (aviat.), wing top surface; — **frontale,** frontal area; — **gauche** (ailette à), twisted, vortex, warped (blade); — **de grille,** grate area, grate surface, bar surface; — **balayée par l'hélice,** airscrew disc area; — **inactive de grille,** dead grate area; — **négative** (diagramme), dificiency area; — **du plan arrière,** rear surface; — **plane,** plane surface; — **de plaques** (accus), plate surface; — **portante,** lifting area carrying area; — **positive** (diagramme), excess area; — **quadrique,** quadric surface; — **quartique,** quartic surface; — **de queue** (aviat.), tail area; — **de séparation,** separating surface; — **totale d'un avion,** wetted surface; — **utile** (mach. outil), work surface; — **de voilure,** sail surface, sail area.

Suroxygénation, Hyperoxygenation.

Suroxygéné, Overoxygenated.

Surplomb, Jut; **en** —, out of the perpendicular, overhanging; **toit en** —, overhanging roof.

Surplomber, to Overhang, to hang over.

Surpresseur, Booster; — **centrifuge,** centrifugal booster.

Surpression, Boot, boosting, over pressure; **régulateur de** —, over pressure regulator.

air en Surpuissance, Ram air.

Sursaturation, Supersaturation.

Sursaturé, Supersatured.

Sursaturer, to Supersature.

Sursoufflage (convertisseur), After blow.

Surtension, Boosting voltage, overvoltage, surge; **essai de** —, surge testing; **protection contre les** —**s,** overvoltage protection; **relais de** —, overvoltage relay.

Surveillance, Supervision, inspection, superintendence; — **à distance,** remote supervision.

Surveillant, Overlooker, overseer, superintendent, surveyor.

Surveiller, to Overlook, to oversee, to superintend.

Survitesse, Overspeed; **déclencheur de** —, overspeed trip.

Survoltage, Boosting, boost; boosting voltage.

Survolter, to Boost, to step up.

Survolteur, Booster, step up transformer.

Susceptibilité, Susceptibility; — **magnétique,** magnetic susceptibility.

Suspendu, Hanging, suspended; **antenne —e,** trailing antenna; **arbre —,** overhead shaft; **mur —,** suspended wall; **pont —,** suspension bridge, hanging bridge.

Suspension, Suspension; springing; hammock; **à l'état de —,** entrained state; **appareil de —,** suspending device; **balancier de — (ch. de fer),** compensator; **barre de —,** suspension bar; **bielle de —,** suspension rod; **cercle de —,** gimbal ring; **chandelle de — (ch. de fer),** spring link; **isolateur de —,** suspension insulator; **ressort de —,** suspension spring, bearing spring; **— bifilaire,** bifilar suspension; **— à la cardan,** cardan suspension, gimbal or gimbals, gimbal frame; **— par couteaux,** knife edge suspension; **— équilibrée,** levered or balanced suspension; **— à fil,** wire suspension; **— de nacelle,** nacelle rigging; **— à ressorts,** springing; **— à roues avant indépendantes,** independent front wheel suspension.

Suspente, Guy, rigging line.

Sustentateur, Supporting; **plan —,** supporting plane.

Sustentation, Lift; **centre de —,** centre of lift; **coefficient de —,** lift coefficient; **force de —,** lifting power.

force Sustentatrice, Lifting or carrying power.

Sycomore, Sycamore.

Symboles, Symbols.

Symétrie, Symmetry; **à — axiale,** axially symmetric; **centre de —,** centre of symmetry.

Symétrique, Symmetrical, symmetric; **composante —,** symmetrical component; **enroulement —,** symmetrical winding.

Symétriquement, Symmetrically.

Symplésite, Symplesite.

Symplétique, Sympletic.

Synchrocyclotron, Synchrocyclotron.

Syncrodétecteurs, Selsines;

Synchrone, Synchronous; **auto —,** self synchronous; **compensateur —,** synchronous compensator; **éclateur —,** synchronous spark gap; **horloge —,** synchronous clock; **moteur —,** synchronous motor, rotary converter; **récepteur —,** synchro motor, selsyn motor; **transformateur —,** synchronous transformer; **transmetteur —,** synchro generator; **vitesse —,** synchronous speed.

Synchronisant, Synchronizing; **auto —,** self synchronizing; **pulsation —e,** synchronizing pulse; **relais —,** synchronizing relay; **séparateur —,** synchronizing separator; **signaux —s,** synchronizing signals.

Synchronisation, Synchronisation, synchronization.

Synchronisé, Synchronised, synchronized.

Synchroniser, to Synchronise, to synchronize.

Synchroniseur, Synchroniser, synchronizer.

Synchronisme, Synchronism.

Synchronoscope, Synchronoscope.

Synchrotron, Synchrotron.

Synclinal, Syncline.

Synthèse, Synthesis; **— catalytique,** catalytic process.

Synthétique, Synthetic; **ammoniaque —,** synthetic ammonia; **approche —,** synthetic approach; **cristal —,** synthetic or non gem crystal; **cristallographie —,** synthetic cristallography; **émail —,** synthetic enamel; **essence —,** synthetic petrol, synthetic gasoline; **fibres —s,** synthetics fibers; **inhibiteurs —s,** synthetic inhibitors; **produits —s,** synthetics; **résine —,** synthetic resin.

Synthétiseur, Synthetiser, synthetizer; **— harmonique,** harmonic synthetiser.

Syntonie, Syntonism, syntony.

Syntonisation, Syntonisation, tuning; **bobine de —,** syntonizing coil, tuning coil.

Syntoniser, to Syntonize, to tune.

Systématique, Systematic; **erreur —,** systematic error.

Système, System, array; **bloc —,** system block; **— d'allumage,** ignition system; **— d'antennes couplées,** antenna array; **— d'asservissement,** follow up system; **— biphasé,** two phase system; **— biphasé à phases reliées,** interlinked two phase system; **— biphasé à quatre conducteurs,** two phase four wire; **— de clapets,** valve or valving mechanism; **— de distribution à** n **fils,** n wire system; **— direct,** direct coupled system; **— à division de temps,** time shearing system; **— d'égouts,** sewage or sewerage; **— indirect,** inductively coupled system; **— à leviers articulés,** toggle system; **—s logiques,** logical systems; **— métrique,** metric system; **— monocyclique,** monocyclic system; **— nucléaire** (chim.), ring system; **— optique,** optical system; **— pentaphasé,** five phase system; **— planétaire,** planetary system; **— à polarisation,** bias system; **— polycyclique,** polycyclic system; **— polyphasé,** multiphase system, polyphase system; **— polyphasé équilibré,** balanced multiphase system; **— polyphasé non équilibré,** unbalanced multiphase system; **— polyphasé à phases séparées,** non interlinked polyphase system; **— de pulvérisation,** humidifying system; **— de régulation,** regulating system; **— solaire,** solar system; **— triphasé,** three phase system; **— d'unités absolues,** absolute system.

T

T (voir **Té**), Cross head; **barre en —**, T bar, T channel; **bielle latérale du grand —**, cross T, cross T butt; **équerre en —**, T square; **fer en —**, T iron, T bar; **fer double —**, T bar; **patin du —**, cross headblock; **pièce en forme de —**, T piece, tee piece; **rainure en —**, T slot, tee slot; **— à boudin**, T bulb; **— à brides**, flanged T; **— à charnière**, T hinge; **— du piston**, cylinder crosshead.

Table, Table; **avance de —**, table feed; **butées de renversement de la marche de la —**, stroke dog for reversing table movement; **commande de la —**, drive of table; **console de la —**, angle table; **course de la —**, stroke of table; **course de retour de la —**, return stroke table; **glissières de la —**, table slides; **largeur de la —**, table width; **longueur de la —**, table length; **manette de blocage de la —**, table clamping handle; **moteur de commande de la —**, table driving motor; **réglage de l'inclinaison de la —**, table dipping adjustment; **soulèvement de la —**, tipping of the table; **support de la —**, supporting table arm; **vis d'échantillon de la —**, table elevating screw; **vitesse de la —**, speed of table; **— conique** (minerai), round buddle; **— de coulée**, tapping bed; **— du cylindre**, cylinder back plate, cylinder face; **— à dessin**, drawing table; **— dormante** (minerai), nicking buddle; **— de l'enclume**, anvil face, anvil plate; **— à encrer**, distributing table; **— de foyer**, coking plate; **— d'harmonie**, sounding board; **— de lavage** (minerai), buddling dish; **— laveuse à secousses**, percussion frame; **— à liaison rigide**, solid table; **— du marteau**, hammer face; **— de moulage**, moulding table; **— à mouvements croisés**, double cross motion table; **— pivotante**, rotary table; **— porte-pièce**, work table; **— en potence**, cross table; **— de rotation** (pétr.), rotary; **— à secousses**, bump, bumping or vibrating table; **— à toile inclinée**, framing table; **— transversale**, transversal table.

Tableau, Board; **— de bord**, instrument board, instrument panel; **— de branchement**, distributing board; **— de commande**, **de contrôle**, control board, switch board; **— de démarrage**, starting panel; **— de distribution** (élec.), switchboard; distribution board; **— de distribution des accus**, battery switch board; **— de distribution d'éclairage**, lighting switch board; **— de distribution de force motrice**, power switch board; **— horaire**, time table; **— indicateur**, indicator board; **— indicateur à volets**, drop indicator board.

Tablette, Shelf; **— pour fusibles**, fuse block; **— d'un mur**, coping stone; **— de pont** (c. n.), hook.

Tablier, Apron, dashboard, gate; **cornière de —** (ch. de fer), running board angle; **tour à —**, apron lathe; **— anti-dégrivreur**, de-icing boot; **— de chariot**, carriage apron; **— de mineur**, breech leather; **— d'un pont**, floor of a bridge; **— de tour**, lathe apron; **— de vanne**, sluice board.

Tabouret, Stool; — **isolant,** insulating stool.

Tache, Spot, speck, speckle, stain; — **cathodique,** cathode spot; — **centrale** (photo), flare.

Tachéométrique, Tacheometric; **tables —s,** tacheometric tables.

Tachygramme, Speed record.

Tachymètre, Tachometer, revolution indicator or counter; — **à boules** (d'un régulateur), balance head; — **à main,** hand tachometer; — **enregistreur,** registering tachometer; — **stroboscopique,** stroboscopic tachometer.

Taconite, Taconite.

Taillage, Cutting; — **de limes,** file cutting.

Taillanderie, Edge tools, edge tool making.

Taillandier, Edge tool maker.

Taillant (d'un outil), Cutting point, cutting edge, edge; **angle de —,** cutting angle; — **transversal,** cross side cutting edge.

Taille, Cut, cutting face; opening (mines); **angle de —,** cutting angle; **front de —s,** face; **première — (limes),** lower cut; **seconde —,** upper cut; — **bâtarde** (lime), bastard cup; — **croisée,** cross cut, double cut; — **douce,** smooth cut; copper plate (engraving), line engraving; **impression en — douce,** copper printing; — **d'une lime,** cut of a file; — **de la pierre,** stone cutting; — **simple,** float cut, single cut; **lime à — simple,** single cut file; — **superfine,** dead smooth cut; — **transversale** (mines), cross opening.

Taillé, Cut, edged; **pierre —e,** hewn stone; — **en biseau,** feather edged.

Tailler, to Cut, to hew, to flute; **contre —,** to counter cut; **machine à — les engrenages,** gear cutting machine, gear shaping machine, gear cutter, gear sha-per; **machine à — les vis sans fin,** worm cutting machine; — **en biseau,** to bevel; — **en cône,** to taper; — **une lime,** to cut a file.

Tailleur, Cutter; — **de limes,** file cutter; — **de pierres,** stone cutter.

Tain, Foil, tin foil, tin leaf.

Talc, Talc, talcum, french chalk; **poudre de —,** talc powder.

Taloches, Hawks; — **vibrantes,** vibrating hawks.

Talon, Heel; end piece; head, spur, root, counterfoil (registre); **barre à —,** claw bar; **courroie à —,** edge belt; **coussinet de —** (ch. de fer), heel chair; **pneu à —s,** flanged tyre; **poulie à —,** shoulder block; — **d'une aube,** root of a blade; — **d'un outil,** heel of a tool; — **d'un pneu,** beading, flange, beaded edge of a tyre; — **de la quille** (N.), keel skeg; — **de rail,** bearing plate, bearing rib of a rail; — **de suspension,** lug.

Talus, Slope, sloping, bank, enbankment.

Tamara (bois), Tamara.

Tambour, Barrel, cylinder, drum, paddle box, tumbler; **alimenté par —,** drum fed; **contrôleur à —,** drum controller; **induit à —,** drum armature; **machine à — ponceur,** drum sander; **turbine à —,** drum turbine; **vitesse du —,** drum speed; — **atmosphérique,** wind drum; — **basculant,** tilting drum; — **de câble,** cable drum; — **de cavage,** digging drum; — **conique,** conical drum; — **à contrepoids,** weight drum; — **à corde,** rope drum; — **cylindrique,** cylindrical drum; — **à décaper les tubes,** tambling drum; — **dérouleur,** paying out drum; — **d'émeri,** emery cylinder; — **d'enroulement,** hose reel; — **entraîné,** driven drum; — **entraîneur,** driving drum; — **de forage,** bull

Tan — 429 — **Taq**

wheel; — **de frein**, brake drum; — **à grains**, stepped drum; — **d'indicateur**, indicator barrel; — **moteur**, chain drum; **rotatif**, rotating drum; — **sécheur**, drying cylinder.

Tamis, Sieve, sifter, cribble, screen, strainer, van; — **de 100, 100** gauge mesh; — **à secousses**, vibrating screen; — **à tambour**, composition sieve; **passer au —**, to screen, to sieve.

Tamisaille (du gouvernail), Sweep.

Tamiser, to Sift.

Tampon, Stopper, pad, plug, bump (liège), bumper, dowel; **batterie —**, trickle battery, buffer battery; **calibre à —**, plug gauge; **plaque de —**, bumper plate; **ressort de —**, buffer spring; **vernis au —**, french polish; — **d'argile**, clay plug; — **à bouton**, knob dowel; — **cannelé**, fluted plug; — **de choc**, buffer, buffer head; **tige de — de choc**, rod of a buffer; — **de choc à ressort**, spring buffer; — **de coulée**, stopper; — **double**, double plug gauge; — **d'écubier**, hawse plug, hawse block; — **lisse**, plain plug gauge; — **taraudé**, screw plug; — **de tube de chaudière**, boiler tube plug; — **de tube de condenseur**, condenser tube plug; — **pour tubes**, tube plug; — **de vapeur**, vapour lock.

Tamponné (chimie), Buffered.

Tamponné, Plugged.

Tamponnement, Shock, hitting; plugging; **chapeau de —**, buffer cap; **essai de —**, buffer test.

Tamponnoir, Stone drill.

Tan, Tan, oak bark; **fosse à —**, binder pit, bloomer pit.

en Tandem, in Tandem.

Tangage, Pitching; **anti —**, anti-pitching.

Tangence, Tangence; **point de —**, point of contact.

Tangent, Tangent.

Tangente, Tangent; **boussole des —es**, tangent galvanometer; **vis —**, tangent screw.

Tangentiel, Tangential; **composante —le**, tangential component; **rais —**, tangential spoke.

Tanguer, to Pitch.

Tanin, Tannin.

Tannage, Tannage, tanning, alutation; **liqueur de —**, tan liquor; — **aux sels de chrome**, chrome tanning.

Tannant, Tanning; **extrait —**, tanning extract.

Tanné, Tawny, tan coloured.

Tanner, to Tan.

Tannerie, Tannery, tan yard.

Tanneur, Tanner.

Tannique, Tannic; **acide —**, tannic acid.

Tannomètre, Barkometer.

Tantalate, Tantalate.

Tantale, Tantalum; **carbure de —**, tantalum carbide.

Tape, Buckler, plug, bung.

Tapeur, Tapper.

Tapis, Carpet; **chargeur à — roulant**, carpet loader.

Tapisserie, Upholstery.

Tapissier, Upholsterer.

Tapure, Check, crack — **de trempe**, quench crack or cracking.

Taque, Plate; — **de contrevent**, blast plate; — **de fond**, bottom plate; — **de rustine**, back plate.

Taquerie, Angle fillet.

Taquet, Wedge catch, chock, cleat, dog, keep, lug, stop, striker, detent cam, cleat (mar.); — **d'arrêt**, grip block; **—s d'un châssis de moulage**, cotter plates; — **d'entraînement**, active catch; — **d'excentrique**, catch

Tappet; — **isolateur**, crossing cleat; — **de serrage**, terminal clamp.

Tarage, Taring.

Taraud, Tap; — **conique**, taper tap; — **à effacement**, collapsing tap; — **à expansion**, expanding tap; — **finisseur**, bottoming tap; — **de repêchage** (pétr.), fishing tap.

Taraudage, Tapping.

Taraudé, Tapped; **douille** —**e**, screw box; **tampon** —, screw plug.

Tarauder, to Tap, to cut screws; **dispositif à** —, tapping attachment; **machine à** —, bolt screwing machine, tapping machine; **outil à** —, inside screw cutting tool, tapping tool; — **à la filière**, to cut screws with a die; — **à la volée**, to chase, to cut screws by hand.

Taraudeuse, Tapping machine; **perceuse** —, drilling and tapping machine.

Tare, Tare; **flacon à** —, weighing bottle.

Tarer, to Tare.

Taret, Teredo, ship worm.

Targette, Flat bolt, sliding bolt, slip bolt.

Tarière, Auger, bit, bore, earth borer, pin drill; **machine à** —, auger twister; **mèche de** —, auger bit; **sonde à** —, miner's auger; **tige de** —, auger shank; — **à clapet**, sludger; — **conique**, taper auger; — **à cuiller**, shell auger; — **double**, double lipped auger; — **à expansion**, expanding or expansion auger; — **à filet**, clear bore screw auger; — **à filet simple**, single lipped screw auger; — **en gouge**, ducknose bit; — **en hélice**, twist drill; — **hélicoïdale**, screw auger, half twist bit; — **à jantière**, jaunt auger; — **mécanique**, power auger; — **à rivet**, rivet auger; — **simple**, single lip auger; — **torse**, long eye auger, twisted auger; — **à vis**, screw auger.

Tarif, Tariff, rate, fare; — **aller**, single fare; — **aller et retour**, return fare; — **conventionnel**, conventional rate; — **différentiel**, differential rate; —**s douaniers**, custom tariffs; — **ferroviaires**, railway rates; — **force**, power rate; — **à forfait**, bulk tariff; — **de marchandises**, goods rate; — **de nuit**, night rate; —**s postaux**, postal rates; —**s de transport**, freight rates.

Tarifs, Price list.

Tartinage, Pasting.

Tartiné, Pasted; **plaque** —**e**, pasted plate.

Tartiner, to Paste; **machine à** —, pasting machine; — **les plaques** (accus), to paste plates.

Tartineur, Paster.

Tartre (chaud.), Fur, scale.

Tartrique, Tartaric; **acide** —, tartaric acid.

Tas, Block, hand anvil, chasing stake, shock die holder, dolly, head cup; — **du cloutier**, nail stake; — **à dresser**, straightening block; — **à planer**, polishing block, straightening block, planishing stake; — **à queue**, anvil stake; — **à soyer**, creasing tool.

Tas, Heap; **en** —, heaped, in bulk in a heap; **grillage en** —, roasting in bulk; **mettre en** —, to heap up.

Tassage, Ramming.

Tasseau, Anvil stake, bracket, chasing stake, chock, cleat, dolly, ledge, lug, trussel; — **d'un moule**, lug of a mould.

Tassement, Sinking, settlement.

Tasser, to Press down, to ball, to heap up, to ram; **machine à** — **le sable**, ramming machine.

se Tasser, to Settle, to settle up.

Tautomérie, Tautomerism.

Taux, Rate, ratio, rating; — **de compression,** compression ratio; — **d'éblouissement,** glare rating; — **de vaporisation,** steam rate.

Taxe, Tax, duty, fee, rate; — **d'embarquement,** loading tax; — **téléphonique,** telephonic rate.

Té, Tee; square (voir aussi **T**); **coulisseau du —,** motion bars; — **à brides,** flanged tee; — **à charnière,** T hinge.

Technetium, Technetium.

Technique, Engineering, technique; **électro —,** electrical or electro engineering; — **de fabrication,** making practice; — **ferroviaire,** railway engineering; — **forestière,** forest engineering; — **du vide,** vacuum technique.

Technique (adj.), Technical; **applications —s,** engineering applications.

Technologie, Technology.

Teck, Teak.

Teflon, Teflon.

Teindre, to Dye, to stain; **machine à —,** dyeing machine.

Teint, Color, colour; dye, tincture; **bon —,** fast color; **faux —,** false color.

Teinte, Tint, tincture, tinge; — **plate,** uniform tint.

Teinté, Tinted.

Teinter, to Tint.

Teinture, Dye, dyeing; **bois de —,** dye wood; — **de litmus,** litmus solution; **usine de —,** dye house; — **au métal fondu,** molten metal dyeing; — **au naphtol,** naphtol dyeing; — **officinale,** mother tincture.

Teinturerie, Dye house, dye works.

Teinturier, Dyer, stainer.

Téléampèremètre, Teleammeter.

Téléautographe, Teleautograph.

Téléautographie, Teleautography.

Télécommande, Remote control; **relais de —,** remote control relay.

Télécommunication, Telecommunication.

Télédynamique, Teledynamic; **câble —,** fly rope.

Télégraphe, Telegraph; — **imprimeur,** printing telegraph.

Télégraphie, Telegraphy; — **diplex,** diplex telegraphy; — **duplex,** duplex telegraphy; — **sans fil,** wireless telegraphy; — **multiplex,** multiplex telegraphy; — **optique,** visual signalling; — **par le sol,** ground telegraphy.

Télégraphique, Telegraph, telegraphic; **câble —,** telegraph cable; **ligne —,** telegraph line.

Télégraphiste, Telegraphist.

Téléimprimeur, Teleprinter; — **à fréquence acoustique** (Angleterre), telex.

Télémesurage, Telemetering.

Télémesure, Telemetering.

Télémètre, Telemeter, rangefinder; **base d'un —,** base of a rangefinder; — **à coïncidence,** coincidence rangefinder or telemeter; — **électronique,** electronic telemeter; — **de plafond** (aviat.), ceilometer; — **stéréoscopique,** stereoscopic telemeter.

Télémétrie, Telemetry, rangefinding.

Télémoteur, Telemotor.

Téléobjectif, Teleobjective.

Téléphone, Telephone, phone; — **haut parleur,** loud speaking telephone.

Téléphonie, Telephony; — **par courants porteurs,** carrier telephony; — **sans fil,** wireless telephony.

Téléphonique, Telephone; telephonic; **appel —,** telephone or phone call, call; **cabine —,** call box; **câble —,** telephone cable; **écouteur —,** telephone receiver;

ligne —, telephone line; relais —, telephone relay; réseau — intérieur de bord (aviat.), intercom; taxes —s, telephone or phonic rates.

Téléphonographe, Telephonograph.

Téléphonométrie, Telephonometry.

Téléphoto, Telephoto.

Téléphotographie, Telephotography.

Télépointage, Director system.

Télépyromètre, Telepyrometer.

Télescope, Telescope; — électronique, electronic telescope; — équatorial, equatorial telescope.

Télescopique, Telescopic, telescoping; cheminée —, telescopic funnel; échelle —, telescopic ladder; gazomètre —, telescoping gas tank; lentille —, telescopic lens; levée —, telescopic lift; tube —, draw tube, telescopic tube; tuyau —, telescopic pipe; vis —, telescopic screw.

Télétype, Teletype, teleprinter; radio —, radioteleprinter.

Télévisé, Televised.

Téléviser, to Televise.

Télévision, Television, video, T. V.; antenne de —, television antenna; appareil de —, television set; caméra de —, television camera; émetteur de —, television transmitter; fréquence de —, video frequency; marqueur de balayage de —, television sweep marker; projecteur de —, television projector; projection de —, television projector; récepteur de —, television receiver; signaux de —, television signals; tube de —, television tube; tube de prise de vue en —, television pick up tube; — par avion-relais, stratovision; — en couleur, color television; — à basse définition, low definition television; — à haute définition, high definition television; — en salle, theater television.

Tellure, Tellurium.

corrosion Tellurique, Soil corrosion.

Témoin, Witness; échantillon —, check sample; fil —, pilot wire.

Température, Temperature; coefficient de —, temperature coefficient; compensé pour les variations de —, temperature compensated; échangeur de —, thermic exchanger; élévation de —, temperature rise; enregistreur de —, temperature recorder; essai de résistance aux changements brusques de —, spalling test; limiteur de —, temperature limiter; régulateur de —, temperature regulator; — absolue, absolute temperature; — d'air à l'admission, inlet air temperature; — ambiante, ambient temperature; — de chauffage, firing temperature; — d'ébullition, boiling heat — extérieure, outside temperature; — d'inflammation, flash point; — d'inflammation spontanée, spontaneous ignition temperature (S.I.T.); — de liquéfaction, liquefying temperature; — de mélange, mixture temperature.

Tempéré, Tempered.

séries Temporelles, Time series.

Temporisation, Delay, time delay.

Temps, Time; affrètement à —, time charter; compte —, timer; compteur de —, time meter; constante de —, time constant; fusée à —, time fuse; intégrateur dans le —, temporal integration; moteur à deux, quatre —, two, four cycle engine; two, four stroke engine; système à division de —, time shearing system; — d'établissement du courant, current building up time; — d'échappement, exhaust

TEN — 433 — **TEN**

stroke; — **mort**, dead time, idle time, insensible time; — **moyen**, mean time; — **résolvant**, resolving time.

Tenace, Sticking, tough; **carbone** —, sticking carbon; **soufre** —, sticking sulfur.

Ténacité, Tenacity, toughness, strength.

Tenailles, Pincers, pliers, nippers, tongs, clips, dogs; **excavateur à** —, grab dredger; **mors de** —, bit of tongs; — **à chanfrein**, bit pincers, chamfer clamps; — **continues**, drawing pliers; — **à creuset**, elbow tongs; — **à déclic**, devil's claw dogs; — **de forge**, smith's tongs; — **pour tubes**, pipe tongs.

Tendelet, Tilt.

Tender, Tender; **locomotive** —, tank engine.

Tendeur, Coupling bar (ch. de fer); clamp; stretcher, draw tongs, draw vice, stiffener, tension shackle, turn buckle, wire stretcher; **écrou** —, adjusting nut; **poulie** —, idler pulley; — **de chaîne**, chain adjuster, chain tightener; — **de courroie**, belt stretcher, belt idler, belt tightener; — **de fil aérien**, come along clamp; — **grenouille**, frog clamp; — **à vis**, straining screw.

Tendoir, Stretcher.

Tendre (adj.), Soft; **brasure** —, soft soldering; **matériaux** —**s**, soft materials.

Tendre, to Stretch, to stiffen, to tighten; **mâchoire à** —, nail claw.

Tendu, Tight, stiffened, taut, tightened.

Teneur, Amount, class, content, yield; **à forte, à haute** —, high content, high, highly; **à forte** — **en cobalt**, high cobalt content; **à forte** — **en soufre**, high sulphur; **à haute** — **en aromatiques**, highly aromatic; — **en**, ratio; — **en carbone des aciers à outils**, temper.

Tenon, Tenon, cog, feather, heel, peg, spline; **assemblage à** —, cogging; **joint à double** —, double tongued joint, leathered joint; **machine à enlever les** —**s**, tenoning machine; **machine à faire les** —**s**, dovetailing machine; **machine à fraiser les** —**s**, spindle moulder for dovetailing; **scie à** —**s**, tenon saw, little span saw; — **en about**, end tenon; — **oblique**, angle locking; — **à queue**, dovetail; **assembler à** —**s**, to tenon.

Tension, Tension, strain, stress; voltage; **à** —, tensile; **acier à haute** —, high tensile steel; **armature de** —, tension reinforcement; **basse** —, low tension, low voltage; **câble sans** —, live wire; **chute de** —, voltage drop; **circuit sous** —, live circuit; **corrosion sous** —, stress corrosion; **de** —, tensile; **élasticité de** —, tensile elasticity; **élimination des** —**s internes**, stress relieving; **haute** —, high tension; **circuit à haute** —, high tension circuit; **résonance de** —, pressure resonance; **rouleau de** —, expanding roller; **sous** —, live; **circuit sous** —, live circuit; **mise sous** —, tensioning, energizing; **stabilisateur de** —, voltage stabiliser; **transformateur de** —, tension or voltage transformer; — **d'amorçage**, ignition voltage; — **entre anode et cathode**, box voltage, acceleration voltage; — **de charge**, charging voltage; — **de chauffage**, filament voltage; — **de compensation**, equalizing pressure; — **de coulée**, casting stress; — **de courroie**, belt tension; — **critique**, critical pressure; — **de dispersion**, leakage or stray voltage; — **disruptive**, disruptive voltage; — **efficace**, R. M. S. voltage; — **en étoile**, star voltage; — **d'excitation**, exciting voltage; — **grille**, grid voltage; — **négative de grille**, C bias, grid bias; — **d'induit**, armature

Tension voltage; — **d'inducteur**, field voltage; — **interfaciale**, interfacial voltage; —**s internes**, internal stresses; — **périphérique**, hoop stress; — **de plaque**, plate voltage, Ep; — **de pointe**, crest or peak voltage; — **pulsatoire**, pulsating voltage; — **de régime**, working voltage; — **de régulation**, regulating voltage; — **au repos**, voltage on open circuit; — **du réseau**, main supply voltage; — **résiduelle**, residual stress; — **résultante**, resultant voltage; — **de rupture**, rupturing stress; — **secondaire**, secondary voltage; — **de service**, operating voltage; — **stérique**, steric strain; — **superficielle**, superficial tension; — **supplémentaire**, additional voltage; — **totale**, total voltage; — **de vapeur**, vapour pressure; **mettre sous** —, to energize; **réduire la** —, to step down the voltage.

Tensomètre (voir **Extensomètre**).

Tensoriel, Tensoriel; **analyse** —**elle**, tensorial analysis; **force** —**elle**, tensor force.

Tenue, Hold, retaining.

Térébenthine, Turpentine; **essence de** —, spirits of turpentine; **huile de** —, turpentine oil.

Terminale, Terminal; **impédance** —, terminal impedance.

Ternaire, Ternary; **alliage** —, ternary alloy.

Terne (métaux, couleurs), Dim.

Terpènes, Terpenes.

séries Terpéniques, Terpen series.

Terrain, Ground, soil; — **d'aviation**, air field; — **houiller**, coal formation, coal district; — **stérile** (mines), dead ground.

Terrassement, Earth work, earth digging, earth moving, embankment, digging; **gabarit, profil de** —, batter gauge; **matériel de** —, earth moving equipment; — **par bancs, en gradins**, bench digging.

Terrasser, to Earth.

Terrassier, Navvy (pluriel navvies), digger.

Terre, Earth, ground, soil; **barrage en** —, earth dam; **charbon de** —, pit coal; **circuit de retour par la** —, earth circuit; **contact de** — **parfait**, dead earth, dead ground; **fiche de** —, earth plug; **inducteur de** —, earth inductor; **levée de** —, earth bank; **ligne de** —, datum line, ground line; **mis à la** — (élec.), earthed, grounded; **mise à la** —, earthing, earth connection; **borne de mise à la** —, earth terminal; **non à la** —, ungrounded; **perte à la** —, earth leakage; **plaque de** —, earth plate; **potentiel de** —, earth potential; **résistance de** —, ground resistance; **retour par la** —, earth return, earth circuit; **soutènement des** —**s**, earth retaining; — **absorbante**, absorbent earth; — **d'apport**, earth work; — **artificielle**, counterpoise; — **battue**, claying; — **cuite**, baked clay; — **à foulon**, fulling clay; — **d'infusoires**, diatomite; — **de pipe**, Cologne clay, pipe clay; — **rare**, rare earth; **mettre à** —, to beach; **mettre à la** — (élec.), to put, to connect to earth, to earth.

Terrer, to Clay, to earth.

état magnétique Terrestre, Earth magnetic state.

courants Terrestres, Earth currents.

Terril, Barrow, burrow.

Têt à rôtir, Calcining test.

Tête, Head, end; **à** — **fraisée**, countersink headed, button headed; **à** — **plate**, flat headed, pan headed; **clou à** — **plate**, clout nail; **à** — **ronde**, round headed; **boîte de** —, head box; **boulon**

à —, head bolt; **cercle de —,** addendum circle; **clapet de —,** top clock, head valve, upper valve; **course de la —** (mach.-outil), stroke of head; **plaque de —** (chaud.), end plate; **sans —,** headless; **vis à —,** cap screw; **— d'accrochage,** head block; **— affleurée,** flush head; **— d'allumeur,** distributor head; **— articulée,** flexible head; **— de balancier,** beam end; **— de balayage,** scanning head; **— de bielle,** big end, top head, cross head of a connecting rod; **— de bielle à cage,** box end; **— de bielle avec chape,** butt end, gib and cotter end; **— de bielle en étrier,** box end; **— de boulon,** bolt head; **— de brûleur,** combustion head; **— de cabestan,** capstan head, drum head; **— au carbure,** carbide tip; **— de cémentation,** cementing head; **— de cheval** (tour), adjustment plate, quadrant, pick off gear system; **— de clou,** nail head; **— conique,** conical head, taper head; **— d'écluse,** lock bay; **— d'éruption** (pétr.), flow head, christmas tree; **— filière,** die head; **— de fraisage,** cutter or milling head; **— fraisée,** countersunk head; **— de lecture,** reading head; **— multiple,** multiple head; **— à six pans,** hexagon head; **— de perçage,** drilling head; **— de piston,** piston head; **— plate,** pan head, flat head; **— de pont,** bridge front, end girder; **— porte-fraise,** hole head, cutter head; **— de pose,** die head; **— de rivet,** rivet head; **— de rivet hémisphérique,** cup head; **— ronde,** cheese head, round head; **— de rotation d'injection** (pétr.), swivel; **— de sonde,** brace head, casing head; **— de soudage,** welding head; **— de tringle** (aiguillage), tang end; **— de tube,** header; **— d'une vis,** screw head.

Têtes (lavage des minerais), Heads.

Téton, Pin, tit; **clef à —,** fork spanner; **mèche à —,** centre bit, centre drill, pin drill; **— d'une mèche à aléser,** pin of a centre bit.

Tétrabromure, Tetrabromide; **— de carbone,** carbon tetrabromide.

Tétracétate, Tetracetate; **— de plomb,** lead tetracetate.

Tétrachlorure, Tetrachloride; **— de carbone,** carbon tetrachloride; **— de titane,** titanium tetrachloride.

Tétraéthyle, Tetraetyle; **plomb —,** tetraetyle lead.

Tétrafluorure, Tetrafluoride; **— de carbone,** carbon tetrafluoride.

Tétragonal, Tetragonal.

Tétrahédral, Tetrahedral.

Tétrahèdre, Tetrahedron.

Tétraoxysulfate, Tetraoxysulphate; **— de plomb,** lead tetraoxysulphate.

Tétrapolaire, Tetrapolar, four pole.

Tétrasubstitué, Tetrasubstituted.

Tétrode, Tetrode.

Textile, Textile; **fibre —,** textile fiber.

Thallium, Thallium; **de —,** thallous; **nitrate de —,** thallous nitrate.

Théodolite, Theodolite.

Théorème, Theorem; **— des binomes,** binomial theorem; **— de défaut,** gap theorem.

Théorie, Theory; **— et pratique,** theory and application; **— quantique,** quantum theory.

Théorique, Theoretical.

Thermal, Thermal.

Thermion, Thermion.

Thermique, Thermic, thermal; **accumulateur —,** thermal storage; **ampèremètre —,** hot wire amperemeter; **bilan —,** heat balance, thermal balance; **centrale —,** heat engine station, thermal plant; **conductance** —, thermal conductance; **conductivité** —, thermic or thermal conductivity, heat conductivity; **craquage** —, thermal cracking; **diffusion** —, thermic diffusion; **dilatation** —, thermic or thermal expansion; **durée** — (d'un isolant), thermic life; **dynamomètre**—, heat dynamometer; **énergie** —, heat energy; **flux** —, heat flow; **isolation** —, thermic or thermal insulation; **polymérisation** —, thermic polymerisation; **puissance** —, thermic power; **radiation** —, thermal radiation; **relais** —, thermic relay; **traitement** —, heat treatment; **vieillissement** — (d'un isolant), thermic aging; **voltmètre** —, hot wire voltmeter.

Thermiquement, Thermally.

Thermistor, Thermometre, thermistor; — **électrolytique**, electrolytic thermistor.

Thermite, Thermit, termit; **soudure à la** —, thermit welding.

Thermo, Thermo; — **ampèremètre**, thermoammeter; — **couple**, thermocouple, resistance thermometer; **fils de** — **couple**, thermocouple lead; — **couple à immersion**, immersion thermocouple; — **durcissable**, thermosetting; — **dynamique** (adj.), thermodynamical; — **dynamique**, thermodynamics; — **élasticité**, thermoelasticity; — **élastique**, thermoelastic; — **électricité**, thermoelectricity; — **électrique**, thermoelectric; **courant** — **électrique**, thermoelectric current; **effet** — **électrique**, thermoelectric effect; **élément** — **électrique**, thermoelectric couple; **pile** — **électrique**, thermopile; **tension** — **électrique**, thermoelectric electromotive force; — **électron**, thermoelectron; — **élément**, thermoelement; — **galvanomètre**, thermogalvanometer; — **graphe**, thermograph; — **ionique**, thermionic; **amplificateur** — **ionique**, thermionic amplifier; **courant** — **ionique**, thermionic current; **détecteur** — **ionique**, thermionic detector; **émission** — **ionique**, thermionic emission; **redresseur** — **ionique**, thermionic rectifier; **tube** — **ionique**, thermionic valve; **voltmètre** — **ionique**, thermionic voltmeter; — **jonction**, thermojunction; — **luminescence**, thermoluminescence, thermionic emission; — **magnétique**, thermomagnetic; — **mètre**, thermometer; **réservoir du** — **mètre**, thermometer bulb or well; **tige du** — **mètre**, thermometer stem; — **mètre à boule mouillée**, wet bulb thermometer; — **mètre à boule sèche**, dry bulb thermometer; — **mètre différentiel**, differential thermometer; — **mètre enregistreur**, recording thermometer; — **mètre à maxima**, maximum thermometer; — **mètre à minima**, minimum thermometer; — **mètre à maxima et minima**, maximum and minimum thermometer; — **mètre sans zéro**, suppressed zero thermometer; — **métrique**, thermometric; — **négatif**, thermonegative; **métal** — **négatif**, thermonegative metal; — **nucléaire**, thermonuclear; **réacteur** — **nucléaire**, thermonuclear reactor; **réactions** — **nucléaires**, thermonuclear reactions; — **optique**, thermooptical; — **phone**, thermophone, thermotelephone receiver; — **plastique** (adj.), thermoplastic; — **plastique**, thermoplastics; — **positif**, thermopositive; — **régulation**, thermostat control; — **relais**, thermorelay; — **sensible**, temperature sensitive; — **siphon**, thermosiphon; **circulation par** — **siphon**, thermosiphon circulation; — **stat**, thermostat; — **stat à dilatation différentielle**, differential expansion thermostat; — **stat à dilatation liquide**, liquid expansion thermostat; — **stat à dilatation métallique**, solid expansion thermostat; — **stat à ruban**, strip type thermostat; — **statique**, thermostatic; purgeur — **statique**, thermostatic trap; — **tropie**, thermotropy.

Thiazole, Thiazole.

Thiazoline, Thiazoline.

noyau Thiazolique, Thiazoline ring.

Thiocyanates, Thiocyanates.

acide Thiodiacétique, Thiodiacetic acid.

Thioéthers, Thioethers.

Thiofène, Thiophen.

Thiol, Thiol.

Thiourées, Thioureas.

Thixotropie, Thixotropy.

Thixotropique, Thixotropic.

Thorié, Thoriated; **filament —**, thoriated filament; **tungstène —**, thoriated tungsten.

Thorium, Thorium.

Thoron, Thoron.

Thulium, Thulium.

Thyonile, Thyonil.

Thyratron, Thyratron.

Thyroxine, Thyroxine.

Ticker (T. S. F.), Ticker or tikker.

Tiers-point, Three square file, third point, triangular file, saw file; — **à biseau**, cant file.

Tige, Rod, shank, stick; **contre —**, extended rod; **masse —**, casing; — **d'admission**, admission gear rod; — **à caractères**, type bar; — **de commande**, actuating rod, control bar; — **de commande des soupapes** (Diesel), digger; — **conique** (outil), taper shank; — **de contact**, copy spindle; — **d'éjection**, ejector pin; **d'entraînement**, — drag line; — **d'excentrique**, eccentric rod; — **de flotteur**, float needle; — **de forage**, drill pipe; — **graduée**, meter stick, index rod; — **d'une mèche, d'un foret**, shank of a borer; — **de mise à la terre** ground rod; — **de noyau**, core iron; — **de paratonnerre**, lightning rod; — **de piston**, piston rod; — **de pompe**, bucket rod; — **porte-foret**, cutter bar; — **poussoir push rod**; — **d'un rail, centre rib**, stem of a rail; — **du registre de vapeur**, main valve spindle; — **de rivet**, shaft, shank of a rivet; — **sensible**, feeler, probe; — **de sonde**, gauge rod; — **de soupape**, valve spindle, valve stem; — **de tampon de choc**, rod of a buffer; — **de tarière**, auger shank; — **de tiroir**, slide valve rod, spindle of the slide; — **de traction**, draw or drawing rod.

Tilleul, Lime tree.

Timbre, Stamp; boiler pressure (b. p.), working pressure; **droit de —**, stamp duty.

Timbré, Stamped; **papier —**, stamped paper.

Timon, Draft bar.

Timonerie de profondeur (aviat.), Elevator stick.

Tins (mar.), Angle blocks, chocks, heel blocks, stocks.

Tir, Firing; **angle de —**, firing angle; **angle de — négatif**, angle of depression; **angle de — positif**, angle of elevation; **conduite de —**, fire control; — **des explosifs**, short firing; — **rapide**, quick firing.

Tirage, Blast, blasting, draft or draught; **contact à —**, pull contact; **indicateur de —**, blast indicator, draught gauge; **papillon de —**, swivel damper, revolving damper; **régulateur de —**, draught regulator; **retardateur de vitesse de —**, draught retarder; **ventilateur pour — induit**, draught fan; — **par aspiration**, exhaust draft; — **de la cheminée**, chimney draught; — **forcé**, forced or artificial draught; — **induit**, exhaust

Tirant, Anchor, binder, brace, cramp, cramp iron, drawing rod, tie, tie beam, stay, stay bar, tie bolt, tension member, tie rod, truss rod; — **de chaudière**, boiler stay bar; — **d'eau**, draft or draught gauge; — **d'eau en charge**, load draught; — **d'eau en lège**, light draught; — **d'eau moyen**, mean draught; — **en fer**, iron tie; — **en fer rond**, brace rod; — **incliné**, angle tie; — **de plaque tubulaire**, belly stay; — **de Saint-André**, cross stay; — **transversal**, cross tie.

draft, induced draft; — **intensif**, sharp draught; — **(d'un journal)**, run; — **mécanique**, mechanical draught; — **naturel**, natural draught; — **à la poudre**, exploding.

Tire-bourrage, Packing worm.

Tire-filets, Fillet plane.

Tire-fond, Draw bolt, clamp, coach screw, eye bolt, screw spike; **clef à** —, box spanner.

Tirefonneuse, Sleeper screw.

Tire-ligne, Drawing pen; — **à pointillé**, dotting pen.

Tirer une épreuve, to Print (out, off) a negative.

Tirer de long (à la lime), to Draw file.

Tireuse (photo), Printing box; — **au jour**, daylight printer.

Tireuse de contretypes, Duplicating printer.

Tiroir (mach. à vapeur), Slide valve, valve, slide, steam distributor; **arbre du** —, valve shaft; **avance du** —, lead of the valve; **barrette, plaque frottante de** —, face, flanch, port bridge, sliding face, sliding plate of a slide valve; **boîte à** —, slide valve chest, slide box, valve case, valve casing; **cadre-guide du** —, bridle of the slide valve, valve buckle; **chemise du** —, valve case; **glissière, guide du** —, valve bar; **guide du** —, valve buckle; **menotte du** —, valve link; **orifices du** —, valve ports; **ovale de** —, oval slide valve diagram; **recouvrement du** —, lap of the slide; **retard du** —, lag of the valve; **tige de** —, slide valve rod, spindle of the valve; **tringle donnant le mouvement au** —, valve lever; — **d'admission**, supply valve; — **en coquille**, shell slide valve; — **cylindrique**, piston or cylindrical valve; — **en D**, D valve; — **en D court**, short D valve; — **en D long**, long D valve; — **de détente**, cutt off slide valve; — **d'émission**, eduction valve; — **équilibré**, balanced valve; — **à grilles**, grid iron valve; — **rotatif**, rotary valve; — **secondaire** (locomotive), easing valve; — **de soutirage** (pétr.), weir box.

Tison, Brand.

Tisonnier, Coal poker, crook, iron, hook; — **de forge**, smith's poker.

Tissage, Weaving.

Tissé, Woven; **amiante** —**e**, woven asbestos.

Tisser, to Weave, to twine; **métier à** —, loom.

Tisserand, Weaver.

Tissu, Tissue, fabric, texture; — **caoutchouté**, rubberized fabric; — **de coton**, cotton fabric; — **ligneux**, hard tissue; — **métallique**, gauge wire; — **peigné**, worsted fabric; — **poreux**, soft tissue; — **vasculaire**, soft tissue; — **de verre**, glass cloth.

Titanate, Titanate; — **de baryum**, barium titanate; — **de plomb**, lead titanate.

Titane, Titanium; **carbure de** —, titanium carbide; **hydrure de** —, titane hydride; **oxyde de** —, titane oxide; — **métallique**, metallic titanium.

Titanifère, Titaniferous; **magnétite** —, titaniferous magnetite.

Titrage, Titre, titration; — **ampérométrique,** amperometric titration; — **coulométrique,** coulometric titration; — **en retour,** back titration.

Titre, Titre; security; standard; — **d'une solution,** standard of a solution.

Titrer, to Titrate.

Titrimétrique, Titrimetric.

Titromètre, Titrometer; — **double,** dual titrometer.

Toc, Cam, catch, chuck, driver, dog, gab pin, peg, stop, projection, snug, tappet; **plateau à —,** driver or driving plate; — **d'entraînement,** clamp dog; — **d'excentrique,** eccentric stop; — **à étirer,** parallel carrier; — **feu,** coal pan.

Toile, Linen, linen cloth, cloth, canvas, fabric; **courroie en —,** canvas belt, fabric belt; **en grosse —,** of coarse linen; **en — fine,** of fine linen; **fuselage en —,** canvas body; — **à calquer,** writing cloth; — **caoutchoutée,** rubberized fabric; — **de chanvre,** — **grossière,** canvas; — **cirée,** oil cloth, enamel cloth; — **de coton,** cotton cloth; — **de coton gaufré,** embossed cloth; — **à dessin,** drafting cloth; — **écrue,** unbleached linen; — **d'emballage,** pack cloth; — **d'émeri,** emery canvas, emery cloth; — **huilée,** varnished cambric, oiled fabric, empire cloth; — **métallique,** wire gauze, wire cloth; — **métallisée,** metallized fabric; — **de panneau** (N.), hatchway screen; — **peinte,** printed calico; — **à sac,** sack cloth; — **à tamis,** bolting cloth; — **à voiles,** sail cloth.

Toiser (du bois), to Cord.

Toit, Roof; — **en appentis,** shed roof; — **cintré,** barrel roof; — **d'habitacle,** cockpit hood or roof; — **à deux pentes,** gable roof; — **en surplomb,** overhanging roof; — **en voûte,** shell roof.

Toiture, Roofing, roof; **carton goudronné pour —s,** felt roofing.

Tôle, Plate, sheet; **bande de —** (de fer), sheet iron strip; **calibre pour —s,** plate gauge; **cisailles à —s,** plate cutting machine, plate shears; **dureté des —s développée par le travail à froid,** plate temper; **équerre en —,** corner plate; **estampage des —s,** stamping sheets; **feuille de —,** iron plate; **laminoir à —,** plate rolling mill; **machine à cintrer, à plier les —s,** plate bending press, plate bending rolls, plate bender; **noyau en —s,** plate core; — **d'acier,** steel plate, steel sheet or sheet steel; — **en alliage léger,** light alloy sheet; — **à bord tombé,** flanged iron sheet; — **pour chaudières,** boiler plate; — **de ciel** (chaud.), crown plate; — **de coffre-fort,** safe plate; — **de couverture,** sheeting; — **emboutie,** dished plate; — **étamée,** tinned plate; — **de fer, plomb et étain,** terne plate; — **de fondation,** foundation or base plate; — **forte,** plate iron, heavy plate; — **de galbord** (c. n.), garboard plate; — **galvanisée,** galvanized sheet; — **gaufrée,** chequered plate; — **laminée,** rolled sheet iron; — **de liaison** (N.), tie plate; — **magnétique,** magnetic sheet; — **martelée,** hammered sheet iron; — **mince,** sheet iron, thinned plate; — **moyenne,** medium plate; — **ondulée,** corrugated sheet, corrugated iron plate, dished plate; **—s pare-éclats** (N.), splinter plates; — **perforée,** perforated sheet; — **à faibles pertes** (élec.), low loss sheet; — **plane,** flat sheet; — **poinçonnée,** punching; — **de recouvrement,** covering plate; — **de roulis,** wash plate; — **striée,** chequered plate; — **de support** (c. n.), girder plate; — **de support central,** centre girder plate; — **de support latéral,** wing or side girder plate; —

pour tubes, skelp; **— d'usure**, wear resisting plate; **— varangue (c. n.)**, floor plate.

Tolérance, Tolerance, allowance, permissible deviation, letting; **calibre de —**, limit gauge; **—s serrées**, close tolerances.

Tôlerie, atelier de Tôlerie, Plate shop, sheet metal shop.

Tombac (alliage de $1/8^e$ de zinc et $7/8^e$ de cuivre), bath metal, dutch brass; **— en feuille mince**, dutch foil.

Tombage (d'un bord), Creasing.

Tombant, Drooping; **caractéristique —e**, drooping characteristic.

Tomber un bord, to Crease, to edge.

Tombereau, Cart, tip barrow; tip cart; **— à bascule**, dump or dumping cart.

Tonalité, Tone; **réglage de la —**, tone control.

Tondeuse, Mowing machine, mower.

Tonnage, Tonnage, burden; **droits de —**, tonnage dues; **fort —**, heavy burden; **— brut**, gross tonnage; **— en lourd**, gross tonnage; **— enregistré**, register tonnage; **— net**, register tonnage, net tonnage; **— officiel**, registered tonnage.

Tonne, Ton; tun; **— métrique**, metric ton; **de n —s (N.)**, n tonner.

Tonneau, Cask, coop; ton; tun; roll, cartwheel (aviat.); **demi —**, (aviat.), half roll; **finition au —**, barrel tumbling; **machine à chasser les cercles de —x**, claw trussing machine; **petit —**, keg; **— d'amalgamation**, amalgamating barrel; **— d'arrosage**, water cart; **— d'encombrement (N.)**, measure ton; **— rapide** (aviat.), flick roll.

Tonnelet, Keg.

Tonnelier, Cooper, hooper; **colombe du —**, cooper's plane; **tire-fond du —**, cooper's turrel.

Tonnellerie, Cooperage; cooper's shed.

Tonture, Arch, camber; **— du pont**, sheers of the deck.

bases Töplériennes, Töplerian bases.

Topographe, Topographic draftman; **dessinateur —**, topographic.

Topographie, Topography, surveying; **instruments de —**, surveying instruments; **— aérienne**, air surveying; **— photographique**, photographic surveying.

Topographique, Topographic, topographical; **dessin —**, field sketching.

Topologie, Topology.

Topologique, Topological.

Tordre, to Wring, to twist, to twine; **mâchoires à — les câbles**, splicing clamps.

Tordu, Twisted; **courroie —e**, twisted belt.

Tore, Annulus.

Torique, Toroidal.

Toroïdal, Toroidal; **noyau —**, toroidal core.

Toron, Strand, twist; **à n —s**, n stranded; **à trois —s**, three stranded; **à quatre —s**, four stranded; **— métallique**, wire strand.

Toronner, to Strand; **machine à —**, stranding machine.

Torpille, Torpedo; **apparaux de —**, torpedo gear; **caisson pare —s**, blister; **cône de —s**, torpedo head; **filet pare —s**, torpedo net; **queue de —**, torpedo tail; **réchauffeur de —**, torpedo heater; **viseur lance —s**, torpedo sight; **tube lance —**, torpedo tube; **tube lance —, sous-marin**, submerged torpedo tube; **— acoustique**, acoustic torpedo; **— se dirigeant automatiquement**

sur le but, homing or target; torpedo; — **électrique**, electric torpedo; tracking torpedo; — **magnétique**, magnetic torpedo; — **sans sillage**, wakeless torpedo.

Torpilleur, Torpedoboat.

Torsade, Twist.

Torsion, Torsion; **de —**, torsional; **barre de —**, torsion bar; **dynamomètre de —**, torsion dynamometer; **effort de —**, torsional stress; **élasticité de —**, torsion or torsional elasticity; **fil de —**, torsion wire; **galvanomètre de —**, torsion galvanometer; **indicateurs de —**, torsion meters; **moment de —**, wristing moment, twisting moment; **sans —**, non spinning; **vibrations de —**, torsion vibrations.

Tortue (mar.), Turtle, wheel box; **pont en —**, turtle deck; **pont en carapace de —**, turtle back deck.

Total, Total, overall; **caractéristique —e**, lumped characteristic; **chute —e**, total head; **longueur —e**, overall length; **perte de charge —e**, total head.

Totalisant, Totalling.

Totalisateur, Totalizer; integrating, (adj.); **compteur —**, integrating counter or meter.

Totaliseur, Totalizer; cumulative (adj.); **— à impulsion**, impulse totalizer.

Totalisation, Integration.

Touage, Kedging, warpage, warping.

Touée, Towline, warp; scope (120 fathoms).

Touer, to Tow, to warp.

Touchau, Assaying piece.

Touche, Bar; touch; **aimantation par — séparée**, magnetisation by divided touch.

Toupie (aviat.), Propeller cap, spinner.

Toupillé, Spindled.

Toupiller, to Spindle.

Toupilleuse, Spindling machine.

Tour, Tower; **— d'absorption**, absorption tower; **— d'amarrage**, mooring tower; **— carrée**, square tower; **— de contrôle** (aviat.), control tower; **— de détente**, flash tower; **— d'extraction**, extraction tower; **— d'extraction à plateaux perforés**, sieve plate extraction tower; **— de fonçage**, boring tower; **— de fractionnement**, bubble tower, fractionating tower; **— d'oxydation**, oxidising or oxidation, tower; **— de réfrigération**, cooling tower; **— de sondage**, derrick; **— de striping**, stripping tower.

Tour, Turn, turning, revolution (rev.); **à deux —s** (serrure), twice turning; **ampère —**, ampere turn; **contre ampère —**, back ampere turn; **compte —s**, revolution counter; **compteur de —s**, counter, speed indicator; **n —s par minute**, n revolutions per minute (n r. p. m.); **n —s par heure**, n revolutions per hour (n r. p. hr); **marcher à 150 — par minute**, to run at 150 revolutions per minute.

Tour (mach. outil), Lathe, turning lathe; **banc de —**, lathe bed; **bâti de —**, lathe frame; **chariot de —**, lathe slide, lathe slide rest; **chariot transversal de —**, cross slide of a lathe; **outil d'un chariot de —**, slide rest tool; **contre-pointe d'un —**, back or dead centre of a lathe; **copeaux de —**, turnings; **ébauché de —**, rough turned; **filetage sur le —**, cutting thread on the lathe; **hauteur de pointes d'un —**, height of centres of a lathe; **jumelle d'un banc de —**, side of a lathe; **lunette de —**, steady, cone plate of a lathe; **mandrin, plateau de —**, lathe chuck, lathe carrier; **mors d'un —**, lathe chuck; **outils de —**, lathe tools, back tools, turning tools; **pointe d'un —**, centre of a lathe; **pointe fixe d'un —**, dead or fixed centre of a lathe; **poupée fixe**

d'un —, centre stock or centre puppet of a lathe; **poupée mobile d'un —**, sliding puppet; **pointe de la poupée fixe d'un —**, live centre of a lathe; **support d'un —**, rest of a lathe; **vis régulatrice d'un chariot de —**, regulator screw of the slide of a lathe; **— en l'air**, bar lathe, face lathe, facing lathe, chuck plate lathe; flywheel lathe, surface lathe; **— à aléser**, boring lathe, boring mill; **— pour arbres à cames**, camshaft lathe; **— pour arbres de transmission**, shafting lathe; **— à archet**, hand tool lathe, throw lathe; **— automatique**, automatic lathe; **— automatique à une broche**, single spindle automatic lathe; **— automatique à plusieurs broches**, multispindle automatic lathe; **— à banc court**, short bed lathe; **— à banc rompu**, gap lathe; **— pour bandage de roues**, tyre lathe; **— à barre**, bar lathe; **— à boulons**, stud lathe; **— à charioter**, slide or sliding lathe, non screw cutting lathe, turning lathe; **— à charioter et à fileter**, engine lathe; **— à charioter et à surfacer**, surfacer sliding and surfacing lathe; **— à copier**, copying lathe, forming lathe, profile turning lathe, contour turning lathe; **— à cylindres**, roll turning lathe; **— à cylindres, de laminoir**, roll turning lathe, lathe for machining mill rolls; **— à décolleter**, screw cutting lathe, cutting off lathe, brass finisher's lathe; **— à dépouiller**, relieving lathe; **— à détalonner**, relieving lathe; **— à écrouter les ronds**, roughing lathe; **— à essieux**, axle lathe, axle turning lathe; **atelier des —s à essieux**, axle turning shop; **— d'établi**, bench lathe; **— de fabrication**, manufacturing lathe; **— à fileter**, screw or thread cutting lathe, threading lathe; **— pour les fusées d'essieux**, axle turning lathe; **— à guillocher**, grinding lathe; **— à lingots**, ingot turning lathe; **— à main**, hand lathe; **— à mandrin**, chucking lathe; **— de marqueterie**, figuring lathe; **— monopoulie**, single pulley lathe; **— à noyaux**, core frame, core lathe, founder's lathe; **— d'opération**, operation lathe; **— à double outil**, duplex lathe; **— d'outillage**, toolroom lathe; **— d'outilleur**, tool maker lathe; **— à outils multiples**, multicut lathe, multitool lathe; **— parallèle**, centre lathe, engine lathe, parallel lathe, slide or sliding lathe; **— à plateau**, chuck lathe, facing lathe, surface lathe; **— à plateau vertical**, face lathe, facing lathe, flywheel lathe; **— à pointes**, centre or center lathe, centering lathe, pole lathe; **— à deux pointes**, double center lathe; **— de** n **pouces de hauteur de pointe**, n in. center lathe, n'' lathe; **— à poulie**, pulley lathe, belt driven lathe; **— à poulies étagées**, stepped pulley lathe; **— à poupée moteur**, motor driven headstock lathe; **— de précision**, precision lathe; **— de production**, production lathe; **— à profiler**, forming lathe; **— de grande puissance**, high power lathe; **— rapide**, high speed lathe; **— à repousser**, burnishing lathe, chasing lathe, spinning lathe; **— de reprise**, second operation lathe, finishing lathe; **— à reproduire**, copying lathe, forming lathe, profile turning lathe; **— revolver**, turret lathe, capstan lathe, monitor lathe; **— rigide**, rigid lathe, heavy duty lathe; **— à roder**, grinding lathe; **— à roues**, wheel turning lathe; **— semi-automatique**, semi automatic lathe; **— à surfacer**, surfacing lathe; **— à charioter et à surfacer**, sliding and surfacing lathe; **— à tablier**, apron lathe; **— à tourelle**, turret lathe; **— à tourillons**, trunnioning lathe; **— à tronçonner**, slicing lathe, cutting lathe; **— universel**, universal lathe; **— à**

verge, bar lathe; **— de verrier,** glass maker's lathe; **— vertical,** turning mill, boring and turning mill; **— vertical à un montant,** turning mill with one upright; **— vertical à deux montants,** turning mill with two uprights; **— à tourner les vilebrequins,** crankshaft lathe; **— à grande vitesse,** high speed lathe; **enlever la pièce du —,** to take the work out of the lathe; **monter la pièce sur le —,** to put the work in the lathe.

Tourbe, Peat, turf.

Tourbière, Bog, turf pit, peat bog.

Tourbillon, Vortex, whirl; swirl; Ericsson's screw; **injecteur à —,** swirl type atomizer; **— d'extrémité,** tip vortex; **— libre,** free vortex.

mouvement Tourbillonnaire, Vortex movement.

Tourelle, Turret; ferry post (mines); **chariot porte —,** turret slide; **course de la —** (mach. outil), turret travel; **pièce de —,** turret gun; **tour à —,** turret lathe; **vireur de —** (art.), turret turning gear; **— carrée,** square turret; **— hexagonale,** hexagon turret; **— latérale,** wing turret; **— de mitrailleuse,** machine gun turret; **— pivotante,** rotating gun turret; **— revolver,** capstan head.

Touret, Spinning wheel.

Tourie, Carboy.

Tourillon, Axle, gudgeon, bearing neck, neck, crankpin, journal, spindle; trunnion (canon); **embosse d'un —,** shoulder of a trunnion; **huile pour —s,** journal oil; **logement des —s,** trunnion hole; **porte —s,** trunnion bracket; **tour à —s,** trunnioning lathe; **— de l'arbre,** axle end; **—s du balancier,** beam gugdgeons, main pins; **— à cannelures,** collar journal; **— de crosse,** crosshead center; **— de cylindre,** roll neck; **— d'essieu,** axle journal, axle neck; **— frontal,** end journal; **— intermédiaire,** neck collar journal; **— de manivelle,** crank pin; **— de pied de bielle,** cross head; **— sphérique,** ball and socket joint, ball journal, ball gudgeon; **— de la traverse,** cross head pin.

Tourillonner, to Trunnion, to turn; **machine à —,** axle lathe.

Tourillonneuse, Turning machine; **— à vilebrequins,** crankpin turning machine.

avion de Tourisme, Touring plane.

Tourmaline, Tourmaline, shorl.

Tournage, Turning; **en —,** being turned; **longueur de —,** turning length; **— conique,** taper turning; **métaux, — des** metal turning.

Tournant, Turning, rotary, revolving; **amplificateur —,** rotating amplifier; **banc —,** whirling stand; **bâti —,** swivel bed; **champ —,** rotary or rotating field; **chariot —,** revolving rest; **compensateur —,** rotating compensator; **condensation —e,** rotary condensation; **éclateur —,** rotary spark gap; **feu —,** revolving light; **grille —e,** revolving plate; **joint —,** revolving joint; rotating seal; **lasseret —,** turning auger; **lime —e,** disc file; **plaque —e,** turnplate, turntable; **relais —,** rotating relay; **régulateur —,** rotating regulator; **sole —e,** rotary hearth; **volet —,** revolving sleeve.

Tourne-à-gauche, Breech wrench, brace head, screw tap, stocks, and dies, tap wrench.

Tourne-vis, Screw driver.

Tourné, Turned.

Tourner, to Turn; **dispositif à — cône,** taper turning device; **dispositif pour — ovale,** oval turning device; **scie à —,** turning saw; **— extérieurement,**

to turn out; — **entre pointes**, to turn between dead centres; — **round**, to run true.

Tournerie, Turning shop.

Tournesol, Litmus; **papier de —**, litmus paper; **teinture de —**, litmus solution.

Tourneur, Turner.

Tourniquet, Turnstile, turnspike, screw jack (menuiserie); drill rod; sash pulley (fenêtre).

Tournoir, Paring chisel.

Tournures, Borings.

Tourteau, Crank, coupler; **manivelle à —**, disc crank; — **d'excentrique**, eccentric pulley, disc pulley; — **de jonction**, coupler; — **d'une perceuse**, cutter block, cutter head; — **de manivelle**, crank boss, crank disc.

hors Tout, Overall; **diamètre —**, overall diameter; **longueur —**, overall length.

Tout venant (charbon), Pit coal, rough coal.

Toxicité, Toxicity.

Toxique, Toxic; **gaz —**, toxic gaz.

Traçage, Lofting, marking off.

Tracé, Tracing, design, designing, lay out, laying, lofted shaping; — **d'un plan**, planning.

Tracer, to Trace, to delineate, to draw, to loft, to plot; **marbre à —**, surface plate; **pointe à —**, pointer borer, cutting point, draw point, scribe; — **une courbe en fonction de**, to plot against; — **au crayon**, to draw in lead.

Traceur, Tracer; **chimie —use**, tracer chemistry; **étude par —s**, tracer study; **fusée —use**, tracer fuse; **roue —use**, racing or tracer wheler; — **à induction**, induction tracer; — **isotropique**, isotope tracer, isotopic tracer; — **radioactif**, radioactive tracer. — **de route** (aviat.), flight log.

Tracteur, Tractor; — **agricole**, agricultural or farm tractor; — **à chenilles**, caterpillar tractor; — **à quatre roues motrices**, four wheel drive tractor; — **sur roues**, wheel type tractor.

Traction, Traction, extension, drive; **de —**, tractive, tensile; **accumulateur de —**, traction accumulator; **axe de —**, thrust line; **broche de —**, drawing broach; **chaîne de —**, pull chain; **crochet de —**, draw hook; **déformation par —**, tensile deformation; **effort de —**, tractive stress, tension or tensile stress; **élasticité de —**, elasticity of elongation, tensile elasticity; **essai de —**, tensile test; **grande —**, heavy traction; **limite de rupture à la —**, ultimate tensile strength; **moteur de —**, traction motor; **puissance de —**, hauling power; **résistance à la —**, strength for extension, tensile strength; **ressort de —**, drag spring, draw spring; **tige de —**, draw rod; — **avant** (auto), front wheel drive; — **sur chenilles**, caterpillar traction; — **à courant alternatif**, alternating current traction; — **à courant continu**, direct current traction; — **électrique**, electric traction; — **de fond** (mines), underground traction; — **de jour**, surface traction; — **sur les quatre roues**, four wheel drive.

hélice Tractive, Tractor screw.

Trafic, Traffic; — **aérien**, air traffic.

Train, Train, chassis; — **d'atterrissage**, alighting gear, landing gear; **indicateur de relevage du — d'att.**, undercarriage indicator; **logement du — d'att.**, undercarriage well; **vérin de relevage du — d'att.**, undercarriage main jack; — **d'att. baissé**, wheels down; — **d'att. à bogies multiples**, multiwheel bogey undercarriage; — **d'att.**

TRA — 445 — **TRA**

à chenilles, track tread landing gear; — d'att. escamotable, retractable undercarriage; — d'att. à flotteurs, floatation landing gear; — d'att. largable, releasable undercarriage; — d'att. à large voie, large tread undercarriage; — d'att. rentrant, retractable undercarriage; — d'att. rentré, landing gear up; — d'att. rétractable, retractable landing gear; — d'att. rétractable latéralement, sideways retractable landing gear; — d'att. sorti, landing gear down; — d'att. tricycle, tricycle landing gear; — baladeur, sliding gear; — de bois flotté, raft; — de chenilles, crawler chain; — d'engrenages, gear train, gear of wheels; — de marchandises, freight train; — d'ondes, wave train; — à rapport variable, variable gear; — de sonde, drill pipe string; — de voyageurs, passenger train.

Train (métall.), Rolling mill, roll line, roll train; — à bandes, strip mill, sheet mill; — de bandes à froid, cold strip mill; — à billettes, billet mill; — à boucle, looping mill; — à brames, slabbing mill; — continu, continuous mill; — à cylindres d'appui multiples, cluster mill; — ébaucheur, roughing mill, billetting roll, cogging mill; — à feuillards, strip mill, — continu à feuillards, continuous strip mill; — machine, rod mill, rod rolling mill; — à profilés, structural mill; A — réversible, reversing mill; — tracté, tractor train; — trio, three high rolling mill.

Traînage, Trail, drag; angle de —, trail angle; — d'un moteur (accouplé à un autre), drag of an engine.

Traînance, Drag per unit of area.

Traînant, Trailing; chaîne —e, drag chain.

Traînard (mach. outil), Carriage, sliding saddle, slide.

Traînée (aviat.), Drag; câble de —, drag cable, drag wire, drift wire; coefficient de —, drag coefficient, C. D.; dispositif de réduction de la —, drag reducing device; mât de —, drag strut.

Trait, Dash (alphabet Morse); stroke, score, stand (pétr.); — de Jupiter (charp.), joggled and wedged scarf; — plein (dessin), dash line, solid line; — de plume, stroke or dash of a pen; — de repère, score; —de scie, kerf, saw cut, saw notch.

Traite (comm.), Draft.

Traité, Treated; non —, untreated; acier non —, untreated steel.

Traitement, Treatment, treating, process, processing; — à l'acide, acidizing; — à l'acide sulfurique, acid treatment; — alcalin, alcali treatment; — par la chaleur, heat treatment; — chimique, chemical processing; — par contact, contact treatment; — par le froid, deep freezing, subzero treatment; — de normalisation, normalizing; — au plombite (pétr.), sweetening, doctor treating; — par quantité extrêmement faible de matière, threshold treatment; — préalable, coaxing; — de resolution, re-solution treatment; — de stabilisation, aging; — de surface, surface treatment; — thermique, heat treatment; four de —s thermiques, heat treat oven; — en vert (des bois), sap stream process.

Traiter, to Treat, to process.

Trajectoire, Trajectory, path; — courbe, curved path.

Trame, Woof, frame, weft; à grande réserve de —, large woof capacity; — centrifugée, centrifugal weft.

Tramway, Tramcar, street car.

Tranchant, Sharp, cutting (adj.); edge, cutting edge; à deux —s

TRA — 446 — **TRA**

two edged, double cutting; **à un —**, single cutting; **angle de —**, angle of rake; **effort —**, shear stress; **instrument —**, edge tool; **outil —**, cutting tool, edge tool; **— de ciseau**, shear blade; **— émoussé**, blunt cutting edge; **— oblique**, side cutting edge; **— d'un outil**, cutting edge of a tool.

Tranche, Edge, slice.

Tranche (outil), Chisel, cold set chisel, anvil chisel, cold set, handle chisel, cutter; blacksmith's chisel; edge; **à —s dorées**, with gilt edges; **marteau à —**, chop hammer; **— à chaud**, chisel for hot metal, hot chisel; **— à froid**, chisel for cold metal, cold chisel; **— de matage**, caulking or calking edge; **— de la meule**, face of the wheel.

Tranchée, Trench, digging, open cut, cutting; **comblement de —s**, trench backfill; **machine à creuser les —s**, trencher, trenching machine; **pelle de —**, trench hoe; **— de niveau**, level cutting.

Trancher, to Chop, to slit.

Tranchet, Cutter, anvil chisel or paring knive (forge); **— à dégorger** (forge), bottom fuller.

Tranquilisation (de l'acier), Killing.

chambre de Tranquilisation, Surge chamber.

Transatlantique, Transatlantic liner.

Transatlantique (adj.), Transatlantic.

Transbordement, Transhipment, **grue de —**, transhipment crane.

Transborder, to Tranship.

Transbordeur, Traverser; **— à wagons**, wagon traverser.

Transcendante, Transcendant; **fonction —**, transcendant function,

Transcription, Transcription.

Transducteur, Transducer, transductor; **— électroacoustique**, electroacoustic transducer; **— à magnétostriction**, magnetostriction transducer; **— piézoélectrique**, piezoelectric transducer.

Transférer, to Assign.

Transfert, Assignment, assignation, transfer; **courbe de —**, transfer curve; **facteur de —**, transfer factor; **lit de —**, transfer bed; **machine à —** (mach.-outil), processing machine.

Transfiler, to Lace.

Transformable, Convertible; **avion —**, convertoplane.

Transformateur, Transformer, converter; **acier pour —s**, transformer steel; **auto —**, autotransformer; **bac de —**, transformer tank; **borne de —**, transformer clamp, transformer bushing, transformer terminal; **couplage de —**, transformer coupling; **couvercle de —**, transformer cover; **cuve de —**, transformer tank; **huile pour —**, transformer oil; **montage de —**, transformer coupling; **prise de réglage de —**, transformer tap; **puits de —**, transformer pit; **traversée de —**, transformer bushing; **— d'alimentation**, feeding or supply transformer; **— d'amortissement**, damping transformer; **— annulaire**, ring transformer; **— pour applications spéciales**, functional transformer; **— biphasé**, two phase transformer; **— à circuit magnétique fermé**, transformer with closed magnetic circuit; **— à circuit magnétique ouvert**, transformer with open magnetic circuit; **— à colonnes**, column transformer; **— à trois colonnes**, three column or three legged transformer; **— compensateur**, balancing transformer; **— compound**, compound transformer; **— de couplage**, coupling transformer; **—s couplés en parallèle**, transformers connected in parallel; — **cuirassé**, shell transformer; — **à cuve ajustée, à cuve en cloche**, form fit transformer; — **en dérivation**, shunt transformer; — **différentiel**, differential transformer; — **de distribution**, distribution transformer; — **d'éclairage**, lighting transformer; — **élévateur**, step up transformer; — **d'entrée**, input transformer; — **d'essai**, testing transformer; — **d'excitation**, exciter transformer; — **sans fer**, air core transformer; — **fixe**, stationary transformer; — **de fréquence**, frequency transformer; — **à basse fréquence**, low frequency transformer, frequency converter; — **à haute fréquence**, high frequency transformer; — **type hérisson**, hedgehog transformer; —**s hétéromorphiques**, transformers in which the kind of current is not changed; —**s homomorphiques**, transformers in which the kind of current is changed; — **dans l'huile**, oil transformer; — **d'impulsions**, pulse transformer; — **d'intensité**, current transformer; — **de liaison**, tie in transformer; — **mobile**, mobile transformer; — **monophasé**, single phase transformer; — **avec neutre à la terre**, grounded neutral transformer; — **à noyau**, core transformer; — **à noyau de fer**, iron core transformer; — **à noyau fermé**, closed core transformer; — **à noyau ouvert**, open core transformer; — **du type ouvert**, open type transformer; — **de phase**, phase transformer; — **de potentiel**, potential transformer; — **de pression**, pressure transformer; — **à prises variables**, tapped transformer; — **protégé par fusibles**, fused transformer; — **de puissance**, power transformer; — **réducteur**, step down transformer, reducing transformer; — **refroidi par l'air**, air cooled or dry type transformer; — **refroidi par l'huile**, oil cooled transformer; — **à refroidissement forcé**, forced cooled transformer; — **à refroidissement naturel**, self cooled transformer; — **de réglage**, regulating transformer; — **régulateur de charge**, load regulating transformer; — **de réseau**, network transformer; — **rural**, rural transformer; — **sans fer**, air core transformer; — **Scott**, Scott's transformer; — **de sécurité**, safety transformer; — **en série**, series transformer; — **en série parallèle**, multiple series transformer; — **shunt**, shunt transformer; — **pour sonnerie**, bell transformer; — **de sortie**, output transformer; — **de soudure**, welding transformer; — **de sous-station**, substation transformer; — **survolteur**, booster transformer; — **synchrone**, synchronous converter; — **de tension**, tension or voltage transformer; — **à basse tension**, low tension transformer; — **à haute tension**, high tension transformer; — **Tesla**, Tesla transformer; — **triphasé**, three phase transformer.

Transformation Transformation, processing, revamping; **rapport de —**, ratio of transformation; — **adiabatique**, adiabatic transformation.

Transformés, Transforms.

Transformer, to Transform, to process, to revamp.

Transistor, Transistor.

Transit, Forwarding, transit; **angle de —** (élec.), transit angle; **commissionnaire en —**, shipping broker; **droit de —**, transit duty; **en —**, in transit; **frais de —**, transit expenses.

Transitaire, Transit goods agent.

Transiter, to Pass in transit.

Transitoire, Transient; — **de retour**, restriking transient.

Transitoire (adj.), Transient; **courant —**, transient current; transient; **phénomène —**, transient; **réponse —**, transient response.

Translation, Translation; **frein de —**, travelling brake.

Translucide, Translucent.

Transmetteur, Transmitter; **appareil — de la partie sonore (télévision)**, aural transmitter; **— à arc (T. S. F.)**, arc transmitter; **— de fac-similés**, fac simile transmitter; **— d'ordres (N.)**, telegraph; **— pneumatique**, pneumatic transmitter; **— de position**, position transmitter.

Transmettre, to Transmit; **— à distance**, to telecast.

Transmission, Transmission, drive, driving, driving gear; linkage; **antenne de —**, transmission antenna; **appareil de —**, transmitting apparatus; **arbre de —**, transmitting shaft; **bande de —**, filter passband, transmission band; **bouton de —**, transmit button; **canal de —**, transmission channel; **carter de —**, gear box; **chaîne de —**, gearing chain; **circuit de —**, power circuit; **cordes de —**, driving ropes; **courroie de —**, driving belt, transmission belt; **dynamomètre de —**, belt dynamometer; **ligne de —**, transmission line; **manchon de —**, transmission sleeve; **mécanisme de —**, driving gear; **pignon de —**, transmission pinion or gear; **sous-station de —**, transmission substation; **— à angle**, angle drive; **— automatique**, automatic transmission; **— par chaîne**, chain drive, chain gear or gearing; **— de chaleur**, heat transmission; **— par courroie**, belting, belt driving; **— directe (T. S. F.)**, direct coupled transmission; **— dirigée**, directional transmission; **— par fils flexibles**, flexible wire mechanism; **— flexible**, flexible shaft; **— à friction**, friction drive; **— hydraulique**, fluid drive; **— indirecte (T. S. F.)**, inductively coupled transmission; **— par manivelle**, crank gear; **— mécanique**, mechanical transmission; **— planétaire**, planetary transmission; **— par plateaux à friction**, disc friction wheels.

Transmissiomètre, Transmissiometer.

Transmutation, Transmutation.

Transparence, Transparence.

Transparent, Transparent.

Transport, Transport, carriage; carrier; **avion de —**, transport plane, transport; **capacité de —**, carrying capacity; **frais de —**, freight charges; **moyens de —**, means of conveyance; **tarifs de —**, freight rates; **— par bande**, belt conveyance; **—s par chalands**, lighterage; **—s par eau**, water borne goods; **— par fer**, rail transport; **— de grains (N.)**, grain carrier; **— routier**, road transport.

Transportable, Transportable, portable.

Transporter, to Convey, to transport.

Transporteur, Conveyor, ropeway; carrier (catalyse); **chariot —**, travelling platform; **courroie —use**, conveyor belting; **élévateur —**, hoist conveyor; **godet de —**, conveyor bucket; **— aérien**, aerial transporter, aerial carrier, aerial ropeway; **— à courroie**, belt conveyor; **— d'hydravions**, seaplane carrier; **— à secousses**, shaker conveyor.

chaîne Transporteuse, Chain conveyor.

courroie Transporteuse, Conveyor belt.

vis Transporteuse, Conveyor spiral.

Transposition (chim.), Rearrangement; — **aniotropique**, aniotropic arrangement; — **benzidinique**, benzidine arrangement; — **moléculaire**, molecular arrangement.

Transsonique, Transonic; **soufflerie** —, transonic tunnel.

Transuranien, Transuranian.

Transversal, Transversal, cross wise, cross, traverse; **arbre** —, cross shaft; **armature** —**e**, transverse reinforcement; **avance** —**e**, traverse or cross feed; **axe** —, transversal axis; **chariot** — (tour), cross slide, cross wise carriage; **cisaillement** —, cross cutting; **cloison** —**e** (N.), cross bulkhead; **coupe** —**e**, cross section; **déplacement** —, cross shifting; **flux** —, cross flux; **galerie** —**e**, traverse gallery; **glissière** —**e**, cross rail; **onde électrique** —**e**, T. E. wave; **poutre** —**e**, cross beam; **section** —**e**, cross section; **stabilité** —**e** (N.), transversal stability; **taille** —**e** (mines), cross opening.

Transversalement, Thwartships (N.), spanwise (avion).

Trapèze, Trapezium.

Trapézoïdale, Trapezoidal; **courroie** —, trapezoidal belt.

Trapézoïde, Trapezoid.

Trappe, Flap door; — **des bombes** (aviat.), bomb door.

Travail, Work, job, processing; (Voir aussi **Travaux**) **cadence de** —, working rate; **course de** —, working stroke; **cylindre de** —, working cylinder; live roll; **hauteur de** —, working height; **période de** —, cycle of action; **poste de** —, shift; — **du bain** (métal.), reboil; — **à la journée**, day work; — **à la machine**, machine work; — **moteur**, mechanical work; — **aux pièces**, piece work; — **total**, whole effect; — **d'usinage**, cutting work; — **utile**, useful effect, effective power.

Travaillabilité, Workability.

Travailler, to Work, to distort (bois); — **à la pièce**, to work by the job.

Travaux, Works, working; labors; **entreprise de** — **publics**, contracting firm; **front des** — (mines), fore field; **vieux** — (mines), old man; — **d'outillage**, tooling jobs; — **de précision**, precision jobs; — **préparatoires** (mines), dead works; — **publics**, public works; — **de recherche**, exploratory works; — **de terrassement**, earth working; — **d'usinage**, machining works, machining operations.

Travée, Bay, bank, truss, span; — **de bombes** (aviat.), bomb bay; — **extérieure**, outer bay; — **intérieure**, inner bay.

Travers, Broadside, beam (N.); breadth; crossway (mines); **à** —, through; **couture en** —, transversal seam; **de** —, askew; **en** —, cross wise, across; **par le** —, abeam; — **banc**, cross working; — **tribord**, starboard beam; **scie de** —, cross cut saw; **limer en** —, to file across.

Traverse, Bearer, ear bed, beam, cross cut, cross head, cross member, cross piece, cross slide, cross tie, transom, tie, tie bar; splinter bar; rail bearer, rail, sleeper (ch. de fer); **guide de la** —, cross head guide; **patin de** —, cross head guide block; **perçeuse de** —**s**, sleeper driller; **tourillon de** —, crosshead pin; — **d'aiguillage**, head block; — **du cendrier**, clinker bar; — **de chemin de fer**, railway sleeper; — **frontale**, front beam; — **inférieure**, bottom rail; — **de rail**, rail bearer, rail sleeper; — **de tige de piston**, cross head beam.

Traversée, Crossing, cross over; bushing (élec.); **isolateur de** —,

TRE — 450 — **TRÉ**

bushing; — **oblique**, oblique crossing; — **de transformateur**, transformer bushing.

Traverser, to Cross.

poutre Traversière (N.), Cross tree, crossbit.

Traversine, Cross sleeper.

Trébuchet, Coin balance.

Tréfilage, Wire drawing, extrusion; **orifice de** —, draw hole.

Tréfilé, Extruded; **métal** —, extruded metal.

Tréfiler, to Wire draw, to draw, wire, to draw, to extrude; **barre à** —, drag bench.

Tréfilerie, Wire mill, wire drawing machine, drawing mill.

Trèfle de cylindre de laminoir, Roll pod.

accouplement à Trèfle, Wobbling coupling.

Treillage, Trellis, trellis work, lattice, lattice work; **à** —, trellised.

Treillager, to Trellis.

Treillis, Lattice, lattice work, trellis, trellis work, bay work arbor work; **à** —, trellised; **ferme à** —, bay work; **poutre en** —, grooved beam, lattice girder; — **en U**, diagonal bracing.

Trembleur, Trembler, buzzer; **bobine à** —, buzzer coil.

Trémie, Hopper, bin, bunker, retort; **wagon à** —, hopper car; — **à cendres**, ash hopper; — **de chargement**, bath hopper; — **à gravier**, gravel hopper; — **à sable**, sand hopper; — **en sous-sol**, earth hopper.

Trempabilité, Hardenability; **essai de** —, hardening test.

Trempant, Hardenable; **acier** —, hardenable steel; **acier peu** —, shallow hardening steel; **auto** —, air hardening, self hardening; **non** —, non hardenable; **peu** —, shallow hardening.

Trempe, Hardening, temper (de moins en moins employé), tempering, quench, quenching, cooling, dipping, dip; **aptitude à la**, —, hardenability; **bain de** —, tempering bath, quenching bath.; **bains de** —, quenching media; **couleur de** —, tempering colour; **essai de** — **par un bout**, end quench test; **huile de** —, quench oil, tempering oil; **tapure de** —, quench crack; — **à l'air**, air hardening, self hardening, air quenching; — **bainitique**, **isotherme**, **interrompue**, austempering; — **au chalumeau**, flame hardening; — **à chaud**, hot dip; — **glacée**, chilling; — **à l'huile**, oil hardening; — **par induction**, induction hardening; — **interrompue**, interrupted quench; — **interrompue** (fils), patenting; — **martensitique**, martempering; — **au paquet**, case hardening; — **partielle**, differential or local hardening; — **profonde**, thorough hardening; — **sans revenu**, toughening; — **secondaire**, temper hardening; — **superficielle**, surface hardening, contour hardening.

Trempé, Hardened, chilled, treated, tempered (de moins en moins employé), quenched; **acier** —, hardened steel; **fonte** —, chilled iron; — **au paquet**, case or face hardened; — **sec**, hardened right out.

Tremper, to Harden, to chill, to treat, to temper (de moins en moins employé), to quench, to dip.

Trépan, Ground auger, miner's auger, mining drill, drill, drill jar, earth boring auger, bit, reaming bit, bore bit, borer, boring chisel, cross mouthed chisel, rock bit; **débloqueur de** —, bit breaker; **foret à** —, upright drill; **jauge à** —, bit gauge; **manivelle de** —, cross handle; **plomb de** —, drill plate; **tranchant de** —, boring bit;

— creux, hollow drill; — à disque, disc bit; — à doigts multiples, multiple blade bit; — à effacement, collapsible bit; — à lames, drag bit; — mineur, earth borer; — pilote, pilot bit; — plein, solid drill; — queue de carpe, fishtail bit.

Trépannage, Trepanning.

Trépidation, Tremor, trepidation.

Trépied, Tripod; — à pied à coulisse, adjustable tripod.

Trésillon, Spanish windlass.

Tresse, Braid, coiling, plait, sennet or sennit (mar.), gasket (mach.), tress; à — métallique, metal braided; — d'amiante, asbestos cord; — carrée, square braid; — de chanvre, hemp coiling; — de coton, cotton fox; en —, in tress; — pour garniture, packing tow; — huilée, oil soaked gasket; — plate, flat braid; — ronde, round braid.

Tressé, Stranded, plaited, threaded, braided, weaved, knit; amiante —e, braided asbestos; câble —, threaded wire.

Tresser, to Braid, to strand, to plait, to twist, to weave; machine à —, plaiting machine, stranding machine.

Tréteau, Trestle, prop.

Treuil, Winch, windlass, whim; chariot —, hoisting trolley; petit —, crab, crab winch; de battage de pieux, pile sinking winch; — électrique, electric winch; — de grue, crane crab, crane winch;— à main, hand windlass, hand winch; — à moufle, capstan winch.

Trévise (cordage), Parbuckle.

Tréviser, to Parbuckle, to slue.

Triage, Sorting, picking; bucking; gare de —, retarder yard; locomotive de —, shunting engine; minerai de —, bucking ore; voie de —, distributing track; — du charbon, coal dressing; — par gravité, sorting by gravity; — des minerais, bucking of ores.

Triangle, Triangle; entretoisement à —s, arrow point bracing; étoile —, star delta; commutateur étoile —, star delta switch; montage en — (élec.), delta connection, mesh connection; — étoile, delta wye; — isocèle, isosceles triangle.

Triangulaire, Triangular; filet —, triangular thread.

Triangulation, Triangulation, survey; aéro —, aerotriangulation; — photographique, photographic triangulation; faire la —, to survey.

Triaxial, Triaxial.

Trias, Trias.

Triasique, Triasic.

Tribord (N.), Starboard.

Tribunal d'arbitrage, Court or board of referees.

Trichlorure, Trichloride; — d'iode, iodine trichloride.

Trichromatique, Trichromatic.

Triclinique, Triclinic.

Tricotage, Knitting.

Tricoter, to Knit; aiguille à —, knitting needle; machine à —, knitting machine.

Tricycle, Tricycle; train — (aviat.), tricycle undercarriage.

Tridimensionnel, Threedimensional.

Trier, to Cull, to sort.

Trieur ou **Trieuse,** Separator, sorter, wool gin.

acide **Trifluoroacétique,** Trifluoroacetic acid.

Trifluorure, Trifluoride.

Trigonométrie, Trigonometry.

Trigonométrique, Trigonometric, trigonometrical; fonction —, trigonometric function; réseau —, trigonometric survey.

Trillion, Trillion; en France et aux États-Unis, 1 trillion est un million de millions; en Grande-Bretagne un trillion est le cube du million.

Trimère, Trimer.

Trimétal, Trimetal.

Trimétallique, Trimetallic.

acide Triméthylacétique, Trimethylacetic acid.

Trimétrogon, Trimetrogon.

Tringle, Rod, batten.

Tringle (archit.); **pneumatique à —s**, wired tyre; **tête de —** (aiguill.), tang end; **— de manivelle**, crank rod.

Tringler (menuis.), to Chalkline.

Tringlerie, Linkage.

Trinitrate, Trinitrate.

Trinôme, Trinomial.

Triode, Triode.

Triphasé, Threephase; **courant —**, threephase current; **transformateur —**, threephase transformer.

Triplan, Threephane.

Triple, Triple, treble, threefold; **à — rang de rivets**, treble riveted; **— expansion**, triple expansion.

Triplet, Triplet.

Tripleur, Tripler; **— de fréquence**, frequency tripler.

Tripode, Tripod; **mât —**, tripod mast.

Tripolaire, Tripolar, three pole.

Trisection, Trisection; **— de l'angle**, angle trisection.

Trisectrice, Trisector.

Trisodique, Trisodium; **phosphate —**, trisodium phosphate.

Tristimulus (opt.), Tristimulus; **intégrateur de —**, tristimulus integrator.

Trisulfure, Trisulphide, trisulfide.

Tritérium, Tritium.

Triterpènes, Triterpenes.

Triton, Triton.

Tritium, Tritium.

Trituration, Attrition.

Trochoïdal, Trochoidal; **houle —e**, trochoidal wave.

Trochoïde, Trochoid.

Trochotron, Trochotron.

Trôlet, Trolley wheel.

Trolley, Trolley; **omnibus à —**, trolley bus; **perche de —**, trolley arm; **roulette de —**, trolley wheel.

fusil à Trombone, Pump gun, **graisseur à trombone**, Telescope lubricator.

Trommel, Trommel; **— cribleur**, revolving screen; **— débourbeur**, clearing trommel; **essai au —**, trommel test.

Trompe, Horn; **poire de —**, horn bulb.

Trompette (auto), Bear axle tube.

Tronc, Stump, trunk; shaft; **— de cône**, frustrum.

Tronchet, Block; **— d'enclume**, anvil block.

Tronçon, Stump, section; **— de cheminée**, chimney belt; **— de corps de chaudière**, shell belt.

Tronçonner, to Cut off, to slice; **appareil à — les tuyaux**, pipe cutter; **machine à —**, cutting off machine; **machine à — à la meule**, abrasive cutter; **outil à —**, cutting off tool; **scie à —**, cross cut saw; **tour à —**, slicing lathe.

Tronqué, Truncated; **aile —e**, stub wing; **cône —**, blunt cone, truncated cone.

Tronquer, to Truncate.

Troostite, Troostite.

Troposphère, Troposphere.

Trop-plein, Overflow, waste; **bouchon de —**, overflow plug; **soupape de —**, escape valve; **tuyau de —**, waste pipe.

Trottoir, Foot pavement, foot path; — **de chargement**, loading edge.

Trou, Hole, aperture, pit; — **alésé**, bored hole; — **d'allégement**, lightening hole; — **d'aspiration**, blast hole; — **borgne**, blind hole; — **de boulon**, bolt hole; — **de charge**, loading hole; — **conique**, taper hole; — **de coulée**, tap hole, discharge aperture, pouring gate; — **de coulée d'un moule**, gate of a mould; — **de crampon**, cramp hole, countersunk hole; — **de débourrage** (poinçonneuse), clearance hole; — **de défournement**, discharging hole; — **de dessablage**, core hole; — **d'écoulement du laitier** (h. f.), cinder hole; — **d'évacuation des scories** (cubilot), breast hole; — **de la filière**, drawing hole; — **foré**, bored hole; — **de graissage**, oil hole; — **d'homme**, man hole; — **de jaumière** (N.), rudder hole; — **de laiterol** (h. f.), slag hole; — **de laitier** (h. f.), dam stone; — **de mine**, blast hole, drill hole; **glaisage d'un — de mine**, claying; — **de nettoyage**, mud hole; — **percé**, bored hole; — **de regard**, draft or draught hole, sight hole, peep hole; — **de remplissage**, feed hole; — **de rivet**, rivet hole; — **de sable**, sand hole; — **de sel**, mud hole; — **de sonde**, bore hole; — **de vidange**, drain hole; — **de visite**, inspection hole, mud hole; **charger un — de mine**, to tamp a hole; **tirer un — de mine**, to shoot, to blast a hole.

Trousse, Truss, bundle, kit; — **à noyaux**, core templet or template; — **à outils**, tool kit; **mouler à la —**, to sweep.

Truelle, Trowel. — **à charger**, filling trowel.

Truité, Mottled, spotted; **fonte —e**, spotted iron.

Truquer (un échantillon), to Salt.

Trusquin, Gauge, carpenter's gauge, marking gauge, shifting gauge, surface gauge, scribe; — **d'ajusteur**, scribing block; — **à centrer**, centering gauge; — **à lame**, cutting gauge; — **de précision**, precision tracing instrument.

Trusquiner, to Draw.

Tubage, Tubing, casing; **tête de —**, braden head; — **conique**, tapered casing.

Tube, Tube; **appareil à mandriner les —s**, tube expander; **blindage de —** (T. S. F.), valve shield; **boîte à —s**, tube box; **canalisations sous —s**, conduit system; **clef à —s**, alligator wrench, wrench socket; **coupe —s**, casing knife, pipe cutter, tube cutter; **crochet à —s**, casing hook, socket wrench; **élévateur à —s**, casing elevator; **étau à —s**, tube vice; **machine à essayer les —s**, tube tester; **machine à fabriquer les —s**, tube frame; **mandrin à sertir les —s**, tube drift; **outil à emboutir les —s**, tube beader; **tampon pour —s**, tube plug; **tenailles pour —s**, pipe tongs; — **en acier**, steel tube; — **en aluminium**, aluminium tube; — **d'amorce**, priming tube; — **à anode refroidie**, cooled anode tube; — **d'aspiration**, draft or draught tube; — **bouilleur**, boiling tube; — **capillaire**, capillary tube; **électromètre à capillaire**, capillary electrometer; — **de cardan**, cardan tube; — **catalyseur**, catalysing tube; — **à cathode chaude**, hot cathode tube; — **cathodique**, cathode ray tube; — **carottier**, core barrel; — **de chaudière**, boiler tube; — **de ciel** (alambic), roof tube; — **compteur**, counter tube; — **de condenseur**, condenser tube; — **en cuivre**, copper tube; — **à décharge**, discharge tube; — **à décharge à cathode froide**, luminous tube; — **à décharge condensée**, flash discharge tube; — **à décharge à enveloppe métallique**, pool tube; — **de descente** (chaud. tubulaire), down comer; — **double**, duplex tube; — **à double grille**, double grid tube; — **d'eau** (chaud.), water tube; —**s d'eau noyés**, drowned tubes; — **à sept électrodes**, heptode tube; — **électronique**, electron tube; — **d'étambot**, stern tube; — **étiré**, drawn tube; — **évasé**, flared up tube; — **à facteur d'amplification élevé**, high mu tube; — **en fibre**, fiber tube; — **de flamme**, flame tube; — **flexible**, flexible tube; — **pour hautes fréquences**, acorn shaped tube, high frequency tube; — **de fumée** (chaud.), boiler tube, fire tube; —**s interchangeables**, interchangeable tubes; — **intérieur**, inside tube; — **de jaumière** (N.), rudder tube; — **lance-torpilles**, torpedo tube; — **au néon**, neon tube; — **de niveau**, gauge glass, water gauge; — **de Pitot**, Pitot tube; — **plongeur**, dipping tube; — **protecteur**, protective tube; — **de quartz**, quartz tube; — **de raccordement**, junction pipe; —**s rayonnants**, radiant tubes; — **à rayons cathodiques**, cathode ray tubes; — **sécheur**, drying tube; — **à sections en cascade**, cascade tube; — **de sortie**, output tube; — **soudé**, welded tube; — **sans soudure**, seamless tube, weldless tube; — **à soupape**, valve tube; — **télescopique**, draw or telescopic tube; — **de télévision**, television tube; — **tirant**, stay tube, distance tube; — **transmetteur d'ordres** (N.), armoured tube; — **en verre**, glass tube; — **à vide**, vacuum tube; **détecteur à — à vide**, vacuum tube detector; **redresseur à —s à vide**, vacuum tube rectifier.

Tuber, to Tube.

Tubulaire, Tubular; **châssis —**, tubular frame, tubular chassis; **chaudière —**, tubular boiler; **entretoise —**, distance tube; **évaporateur —**, tube evaporator; **faisceau —**, tube bundle; **grille —**, grate of tubes; **radiateur —**, tubular radiator; **récupérateur —**, tubular recuperator.

Tubulure, Tubinge, tube pipe manifold, muzzle, neck, nozzle; — **d'admission**, inlet pipe; — **du dôme**, stand pipe on dome; — **d'écoulement**, flow nipple; — **d'embranchement**, branch pipe; — **d'injection**, injection nozzle; — **de refoulement**, head piper; — **de sortie**, outlet piping; — **de trop plein**, branch nozzle.

Tuile, Tile; — **à border**, edging tile; — **de drainage**, drain tile; — **faîtière**, crest tile; — **plate**, flat tile; — **réfractaire**, fire tile; **couvrir de —s**, to tile.

Tuilerie, Tile kiln.

Tulie (de fusée d'obus), Socket.

Tulipier, Tulipwood.

Tungstate, Tungstate; —**s phosphorescents**, tungstate phosphors.

Tungstène, Tungsten; **acier au —**, tungsten steel; **carbure de —**, tungsten carbide; **filament de —**, tungsten filament.

oxyde Tungstique, Tungstic oxide.

Tunnel, Tunnel; **creusement de galeries de —**, tunnelling; **four —**, tunnel kiln; **pied droit de —**, tunnel abatment; — **de l'arbre** (mach.), tunnel shaft; — **de l'arbre porte-hélice**, shaft trunk; — **aérodynamique**, wind tunnel; — **à eau**, water tunnel; — **type intermittent à rafales**, intermittent wind tunnel.

Turbidimètre, Turbidimeter.

Turbine, Turbine; **ailettes de —**, turbine blader; **arbre de —**, turbine shaft or spindle; **enveloppe de —**, turbine case or casing; **machine à —s**, turbine engine; **moyeu de —**, turbine boss; **— d'action**, action turbine, impulse turbine; **— à action-réaction**, impulse reaction turbine; **— auxiliaire**, auxiliary turbine; **— axiale**, axial flow turbine; **— centripète**, turbine with inward radial flow; **— en circuit fermé**, closed cycle turbine; **— à combustion interne**, internal combustion engine; **— à condensation**, condensing turbine; **— à contrepression**, back pressure turbine, non condensing turbine; **— à contrepression et à extraction**, non condensing extraction turbine; **— à couronne conique**, conical turbine; **— de croisière**, cruising turbine; **— à disque**, disc turbine; **— à distribution partielle**, partial turbine, divided turbine; **— d'échappement**, exhaust driven turbine; **à — écoulement rapide**, blow down turbine; **— à plusieurs étages**, multi stage turbine; **— à un seul étage**, single stage turbine; **— d'extraction**, extraction turbine; **—à condensation et extraction**, condensing extraction turbine; **— à double extraction**, double extraction turbine; **— à extraction de vapeur**, top or topping turbine; **— à flux axial**, axial flow turbine; **— Francis**, Francis turbine; **— à gaz**, combustion or gas turbine; **ailette de — à gaz**, gas turbine blade; **— horizontale**, horizontal or horizontal shaft turbine; **— à huche**, pipe turbine; **— hydraulique**, hydraulic turbine, water turbine; **régulateur de — hydraulique**, water turbine governor; **roue mobile de — hydraulique**, water turbine runner; **— Kaplan**, Kaplan turbine; **— de marche avant**, ahead turbine; **— de marche arrière**, astern turbine; **— à basse pression**, low pressure turbine; **— à haute pression**, high pressure turbine; **— à pressions étagées**, pressure compounded turbine; **— de propulsion**, propulsion turbine; **— radiale**, radial turbine; **— à réaction**, pressure turbine, reaction turbine, jet turbine; **— de refroidissement**, cooling turbine; **— à resurchauffage**, reheating turbine; **— réversible**, reverse turbine; **— superposée**, superposed turbine; **— à tambour**, drum turbine; **— à vapeur**, steam turbine; **— à vapeur d'échappement**, exhaust steam turbine; **— à vapeur surchauffée**, reheat turbine; **— verticale**, vertical or vertical shaft turbine; **— à vitesses étagées**, velocity compounded turbine; **arrêter une —**, to shut down a turbine.

Turbo, Turbo; **— alternateur**, turboalternator; **— aspirateur de gaz**, turbogas aspirator; **— compound**, turbo-compound; **— compresseur**, turbocompressor, turbocharger; **— compresseur à gaz d'échappement**, exhaust turbocharger; **— cyclone**, turbocyclone; **— dynamo**, turbodynamo; **— générateur**, turbogenerator, turbine generator; **— interrupteur**, turbointerrupter, turbine interrupter; **— pompe**, turbopump; **avion commercial — propulsé**, turbo prop transport; **— propulseur**, turbo prop, propeller turbine; **— réacteur**, turbojet, turbojet engine; **— réacteur centrifuge**, centrifugal turbojet; **— réacteur à flux axial**, axial flow turbojet; **— réacteur à double flux à ventilateur auxiliaire**, ducted fan turbojet engine; **— soufflante**, turboblower.

Turbulence, Turbulence; **— isotropique**, isotropic turbulence.

Turbulent, Turbulent; **écoulement —**, turbulent flow.

Turc ou Turk, Screw dolly.

Turquoise, Turquoise.

Tuyau, Tube, pipe, main, funnel, shaft, duct; **appareil à tron-**

çonner les —s, pipe cutter; arrache —x, pipe dog; bout mâle d'un —, spigot end pipe; bride ou collet d'un —, joint or flange of a pipe; genouillère de —, elbow joint; machine à cintrer les —x, tube bending machine; machine à fabriquer les —x, pipe machine; manchon de —, muff of a pipe; noyau de —, tubular core; d'admission, induction pipe; — d'aérage, air pipe; — d'alimentation, feed or feeding pipe, delivery pipe; — d'amenée d'huile, oil supply pipe; — armé, armoured or armored pipe; — d'arrivée, d'admission, induction pipe, inlet pipe; — d'aspiration, admission pipe, sucking tube, suction pipe; — à bride, flanged pipe; — de cheminée, funnel, shaft, shank, flue of a chimney — cintré, angle pipe; — de communication, connecting pipe; — compensateur, expansing or expansion pipe; — de conduite, conduit pipe; — à cônes étagés, petticoat pipe; — coudé, elbow pipe, kneed pipe; — de décharge, delivery pipe, discharge pipe, down pipe, spout, by wash, waste pipe, waste water pipe; — de descente, down comer, down take; — de distribution, distributing pipe, delivery hose; — d'échappement, blast pipe, exhaust pipe, escape pipe, tail pipe; — à emboîtement, faucet pipe, socket pipe; — d'embranchement, branch pipe; — d'émission, delivery trap, eduction pipe; — extensible, expansion pipe; — d'évacuation, down take eduction pipe; — flexible, hose; — à gaz, gas pipe, gas main; — de graissage, oil pipe; — d'injection, injection pipe; — de jonction, joint pipe; — à noyau, core box; — de plomb, lead or leaden pipe; — plongeur de barillet (gaz), dip pipe; — de pompe à incendie, engine hose; — à presse-étoupe, gland joint pipe; — de purge, blow through pipe, drain pipe, drift pipe; — de refoulement, force pipe; — réfrigérant, cooling pipe; — de remblayage (mines), slurry or stowing pipe; — de remplissage, delivery hose; — sécheur, dry pipe; — de sortie, tail pipe; — de soufflet, nozzle; — surchauffeur, overheating pipe; — télescopique, telescopic pipe; — en tête, head pipe; — transversal, bridge pipe; — de trop plein, overflow pipe, waste pipe; — de vapeur, steam or steam feed pipe; — d'arrivée de vapeur, entrance steam pipe; — de sortie de vapeur, exit steam pipe; — vertical, down comer; — de vidange, blow out pipe; décolleter un —, to beat out a tube; emboutir un —, to beat out the ends of a tube.

Tuyautage, Piping; — d'air comprimé, compressed air piping; — d'air de lancement, starting piping; — d'huile, oil piping; — de lancement (Diesel), starting piping; — souple, flexible tubing.

Tuyauterie, Piping, tubing, manifold; branchement de —, branching; — d'échappement, exhaust manifold; — d'exhaure, dewatering pipe; — de mise à l'air libre, vent line; — de vapeur, steam piping.

Tuyère, Tuyere, blast pipe, cone; bellows pipe, nose pipe, nozzle, snout, tail pipe; angle d'inclinaison de la —, nozzle inclination; étranglement de la —, nozzle contraction; fixation des —s, fastening of nozzles; garniture de —, nozzle fittings; languette de —, nozzle flap; plaque de — (forge), back of a hearth; pulvérisateur à —, nozzle atomiser; — d'aspiration (injecteur), combining cone; — carrée, square nozzle; — circulaire, circular nozzle; — convergente, contracting nozzle; — divergente, diverging or expanding nozzle; — d'échappement, exhaust pipe, exhaust jet; — d'éjection, discharge nozzle; — à laitier, cinder notch; — de Laval, de Laval nozzle; — ronde, circular nozzle; — de sortie, outlet nozzle, final nozzel; — de sortie des gaz, jet outlet; — supersonique, supersonic nozzle.

Tympe, Tymp; voûte de la —, tymp vault.

Type, Type, standard; — **fermé** (élec.), closed type; — **demifermé**, semi enclosed type; — **ouvert**, open type; — **surplombant**, overhanging type.

Typographe, Type setter, typographer, type caster; **ouvrier** —, printer.

Typographie, Typography; printing office.

Typographique, Typographic; **presse** —, printing press; **rotative** —, rotary letter press.

Tyrosine, Tyrosine.

U

Uni, Uni; — **cité,** ubiqueness; — **cursal,** unicursal; — **directionnel,** unidirectionnal; — **filaire, unifilar;** — **forme,** uniform; **champ — forme,** uniform field; **vitesse — forme,** uniform velocity; — **latéral,** unilateral; — **polaire,** unipolar, single pole; — **valence,** univalency; — **versel,** universal; **clef — verselle,** universal screw wrench; **joint — versel,** universal joint; **mandrin — versel,** universal chuck.

Unir, to Joint.

barre en U, Channel bar, U channel.

éclisse en U, Channel fish plate, channel iron.

poutre en U, Strut bracing.

section en U, U section.

treillis en U, Diagonal bracing.

Ultra, Ultra; **spectre — hertzien,** microwave spectrum; — **haute fréquence,** ultra high frequency (U.H.F.); — **oscilloscope,** ultra oscilloscope; — **sons,** ultrasonics; **appareil à — sons,** ultrasonic gear; **détection par — sons,** ultrasonic detection; **faisceau d' — sons,** ultrasonic beam; **générateur d' — sons,** ultrasonic generator; **sondage aux — sons,** ultrasonic sounding; — **sonique,** ultrasonic, supersonic; **vibrations — soniques,** ultrasonic vibrations; — **violet,** ultraviolet; — **violet lointain,** vacuum ultraviolet; **rayons — violets,** ultraviolet rays.

Unitaire, Unit; **débit —,** flow rate; **pression —,** unit pressure.

Unité, Unit; — **absolue,** absolute unit; — **dérivée,** derived unit; — **électromagnétique,** electromagnetic unit; — **électrostatique,** electrostatic unit; — **fondamentale,** fundamental unit; — **de puissance, de travail,** etc., unit of power, of work, etc.; — **de quantité de chaleur,** british thermal unit (B.T.U.); — **de surface,** unit area.

Univalent, Univalent; **fonction —e,** univalent function.

Universel, Universel, all purpose; **joint —,** Hooke's or Hooke joint, universal joint.

Uranium, Uranium; **bombe à —,** uranium bomb.

à plusieurs Usages, Multiple purpose.

Usé, Worn, attrite, galled.

User, to Wear, to gall; — **par frottement,** to abrade.

Usinable, Machinable; **non —,** non machinable.

Usinage, Machining, working; **brut d' —,** as machined; **temps d' —,** machining time; **travaux d' —,** cutting works, machining operations; — **par étincelle,** spark working; — **en série,** in line machining.

Usine, Factory, works; **montage en —,** assembly in the works; **monté en —,** factory assembled; — **à ciment,** cement works, cement plant; — **d'étain,** tin works; — **à gaz,** gas works; — **pilote,** pilot plant; — **en plein air,** outdoor plant; — **de produits chimiques,** chimical works; — **souterraine,** underground factory.

Usiné, Machined; **complètement —,** finish machined, all machined.

Usure, Wear, galling, chafing or chaffing; **appareil de mesure d' — sous vide**, vacuum wear machine; **bague d' —**, chafing ring; **résistant à l' —**, wear resisting; **tôle d' —**, wear resisting plate; **— par frottement**, attrition; **— de la meule**, wear of the wheel; **— radiale**, radial wear.

Utile, Useful; **charge, poids —**, useful load, disposable load; **charge —** (hydraul.) productive head, operating head, working head; **puissance —**, effective power; **tension —**, useful voltage.

Utilisation, Utilization; **facteur d' —**, utilization factor.

V

V, Vee.

courroie en V, Vee or V belt.

cylindres en V, V type cylinders.

empennage en V, Butterfly tail fin.

moteur en V, V or V shape motor.

plan fixe en V, Butterfly tail fin.

type en V, V type.

Va et vient (mouvement de), Seesaw motion; push and pull.

Vacuummètre, Vacuum manometer.

Vaigrage (c. n.), Ceiling.

Vaigre (c. n.), Inner bottom, ceiling.

Valence, Valency; **angle de —**, valency angle; **électron de —**, peripheral electron, valence electron.

Valet d'établi, Clamp, cramp frame, dog.

Valeur, Value; **marché aux —s**, stock market; **— absolue**, absolute value; **— nominale**, face value.

plus Value, Plus value.

Valve, Valve; **bi —**, double valve; **bouchon de —**, valve hood; **boulon —**, bolt valve; **chapeau de —**, valve cap, valve bonnet; **obus de —**, valve plug, valve cone; **— à une alternance**, one way valve; **— à clapet**, flap valve; **— d'échappement d'air**, air escape valve; **— à trois électrodes**, three electrode valve; **— électronique**, electronic valve; **— à glissière**, slide valve; **— papillon**, butterfly valve; **— de soufflet**, clicker hole.

Van, Cribble.

Vanadate, Vanadate; **— de vanadium**, vanadic vanadate.

Vanadium, Vanadium; **acier au —**, vanadium steel.

Vanne, Valve, gate, shutter, sluice; **lentille ou obturateur de —**, valve leaf; **robinet —**, gate valve; **tablier de —**, sluice board; **—s d'un bateau poste**, valve sof a caisson; **—s de barrage**, barrage gate, sluice gate; **— de décharge**, bleeder valve; **— de dégravement**, bottom gate, undersluice gate; **— d'écluse**, sluice valve; **— de fond**, undersluice gate; **— papillon**, butterfly gate; **— pointeau**, pin valve, needle valve; **— à pointeau équilibré**, balanced needle valve; **— de prise d'eau**, gate for water intake, water inlet gate; **— de réglage**, regulator gate or valve; **— de réservoir**, reservoir gate; **— de retenue**, crest gate; **— segment**, sector gate, segment sluice; **— segment à flotteur**, sector gate with float; **— segment à volet**, sector gate with flap; **— sphérique**, spherical gate; **— de tête**, pressure shutter head valve; **— de tête de conduite forcée**, penstock head gate; **— de vidange**, drain valve; **— à vide**, vacuum lock; **— wagon**, gate valve, slide or sliding gate; **décoller une —**, to unseat, to unstick a valve.

Vantail, Door leaf.

Vapeur, Vapour, vapor (Etats-Unis); steam (vapeur d'eau); fume; **accumulateur de —**, steam accumulator; **admission de —**, steam admission; **appel de —**, steam demand; **bâtiment à —** (voir navire à **—**); **cabestan à**

—, steam capstan; **chambre de** —, steam dome; **chaudière à** —, steam boiler; **chauffage à la** —, steam heating; **cheminée de** —, steam jacket; **coffre à** —, steam chest, steam holder, steam room, steam chamber; **collecteur de** —, steam header; **compteur de** —, steam meter; **condensation de** —, steam condensation, vapour condensation; **contre** —, back vapour, reverse steam; **décatissage à la** —, damping by steam; **demande de** —, steam demand; **distillation à la** —, steam distillation; **dynamo à** —, steam dynamo; **économiseur de** —, steam saver; **écoulement de** —, steam discharge; **éjecteur à jet de** —, steam jet ejector; **étanche à la** —, steam tight; **étanchéité à la** —, steam tightness; **filtre à** —, steam strainer; **frein à** —, steam brake; **fuite de** —, steam leak on leakage; **générateur de** —, steam generator; **jet de** —, steam jet; **locomotive à** —, steam locomotive; **lumières d'admission et d'émission de** —, steam ports; **machine à** —, steam engine; **machine à** —s **combinées**, two vapour engine; **machine à** — **de levage**, hoisting engine; **matelas de** —, steam cushion; **navire à** —, steamer, steam boat, steam ship; **navire à** — **à hélices**, screw steamer; **navire à** — **à roues**, paddle steamer; **navire à** — **à turbine**, turbine steamer; **orifices d'admission et d'émission de** —, steam ports; **pistolet à** —, steamgun; **pompe à** —, steam pump; **pression de** —, vapour or steam pressure; **prise de** —, steam drawing off; **soupape de** —, **prise de** —, throttle valve; **producteur de** —, steamotive; **production de** —, steam making, steam production; **purgeur, séparateur de** —, steam separator, steam trap; **ramonage à la** —, steam sweeping; **registre de** —, shut off valve, throttle valve; **sécheur de** —, steam dryer or drier, water catcher, water trap; **séparateur de** —, steam separator; **soutirage de** —, steam drawing off, steam bleeding; **surchauffeur de** —, steam superheater; **tampon de** —, vapour lock; **treuil à** —, steam winch; **turbine à** —, steam turbine; **turbine à** — **d'échappement**, exhaust steam turbine; **tuyau de** —, steam pipe; **tuyau de conduite de la** —, steam feed pipe; **volume de** —, steam space, bulk of steam; —s **de brome**, bromine vapours; — **de chauffage**, heating steam; — **condensée**, condensed steam; — **d'eau**, aqueous vapour; — **d'échappement**, exhaust steam, dead steam; —s **d'échappement** exhaust fumes; —s **d'essence**, petrol vapours, gasoline vapours, gasoline or petrol fumes; — **d'extraction**, extraction steam; —s **d'huile**, oil fumes; — **humide**, wet steam; — **perdue**, dead steam; — **à basse pression**, low pressure steam; — **à haute pression**, high pressure steam; — **saturée**, saturated steam; — **sèche**, dry steam; — **de soutirage**, process steam, bled steam; — **surchauffée**, overheated or superheated steam; — **pour usages industriels**, process steam; **couper la** —, to shut off steam; **laisser échapper la** —, to let off steam.

Vaporisateur, appareil vaporisateur, Vaporiser, spraying machine.

Vaporisation, Vaporization; **appareil de** —, spraying machine; **désamorçage par** —, vapour or vapor lock; **essai de** —, steam trial; **puissance de** —, evaporative power; **réfrigération par** —, vaporization cooling; **taux de** —, steam rate.

Vaporiser, to Vaporize, to volatize, to evaporate.

Varangue (c. n), Floor, floor timber; **haute —**, deep floor; **tôle —**, floor plate.

Variable, Variable; **—s aléatoires**, random variables.

Variable (adj.), Variable, adjustable; **course —**, adjustable stroke; **détente —**, variable expansion; **pas —**, controllable pitch, variable pitch (V. P.); **vitesse —**, adjustable speed.

en Variante, Alternative.

Variateur, Variator.

Variation, Variation, alteration; **— de charge**, load variation, load alteration; **— de régime** (élec.), load variation.

Variomètre, Variometer; climb indicator (aviat.); **— d'antenne**, aerial variometer.

Varlet, Holdfast.

Varlope, Shooting plane, jack plane, jointer.

Vase, Vessel; cup; **— clos**, closed cup; **— ouvert**, open cup; **— à précipiter**, beaker.

Vase, Slime, mud, mire.

Vaseline, Vaseline.

Vecteur, Vector; **diagramme des —s**, vector diagram.

Vectoriel, Vectorial; **champ —**, vectorial field; **espace —**, vector space.

Vectoriellement, Vectorially.

Végétal, Vegetal; **couleurs —es**, vegetable colors; **goudron —**, vegetable, swedish or wood tar; **huile —e**, vegetable oil.

Véhicule, Vehicle; **— amphibie**, amphibious vehicle; **— à moteur**, motor vehicle.

Veine, Vein, course, feeder, layer, lode, seam bed; **mur d'une —**, cheek; **partie inférieure de la —**, deep bed; **— sans affleurement**, blind vein; **— d'air**, air stream; **— du bois**, grain of wood; **— de filon**, by vein; **— horizontale**, plat vein; **— principale**, champion lode.

Vélocimètre, Velocimeter.

tout Venant, Rough coal.

Vendeur, Salesman.

Vendre, to Sell; **à —**, for sale; **— aux enchères**, to auction, to sell by auction.

Vent, Wind, blast, blast air (h. f.), appareil à chauffer le **—** (h. f.), hot blast stove; **boîte à —** (h. f.), blast tank, blast box; **chaleur du —**, blast heat; **conduite de — principale** (h. f.), blast main pipe; **fourneau à —**, crucible furnace; **manche à —**, air shaft; **quantité de —**, blast capacity; **refroidissement dû au —**, wind chill; **— chaud**, hot blast, hot wind; **— de l'hélice**, airscrew draught, slip stream; **— nul**, still air; **donner le —** (h. f.), to blow.

Vente, Sale; **mis en —**, for sale; **— à crédit**, instalment system; **— aux enchères**, auction.

Venteau, Flood gate.

Ventilateur, Ventilator, fan; blast engine, blower; **aile de —**, fan blade; **ailette de —**, fan blade; **axe de —**, fan spindle; **courroie de —**, fan belt; **diffuseur de —**, volute chamber, delivery space; **poulie de commande de —**, fan driving pulley; **roue de —**, fan turbine; **— d'aérage, d'aération**; ventilation fan; ventilating blower; **— aspirant**, air exhauster; **— centrifuge**, screw fan, centrifugal fan; **— hélicoïde**, axial flow fan, helicoid or helicoidal fan, propeller fan; **— de soufflerie**, wind tunnel fan; **— à tirage forcé**, forced draft fan; **— à tirage induit**, induced or induced draft fan.

Ventilation, Ventilation, airing, airiness; **cheminée de —**, air vent; **gaines de —**, ventilation conduits; **groupe de —**, ventilation unit; **ouverture de —**, vent opening, venting opening; **— mécanique**, mechanical ven-

tilation; — **naturelle,** natural ventilation; — **de noyau** (élec.), core ventilation.

Ventilé, Ventilated; **encoches —es,** ventilated slots; **nervures —es,** ventilated ribs.

Ventiler, to Ventilate.

Ventouse, Air hole.

Ventre, Antinode, loop; — **d'intensité,** current loop; — **d'un haut fourneau,** belly, body; barrel of a blast furnace; — **de potentiel,** loop of potential.

Venturi, Venturi.

Vératramine, Veratramine.

Vératrine, Veratrine.

Verge, Rod, rule; **compas à —,** beam compasses; — **d'une ancre,** anchor shank, anchor shoe; — **de calibre,** caliper rule.

Vergue, Spreader; yard, boom.

Vérificateur, Verificator, tester gauge; **cylindre —,** barrel plug; — **d'alésage,** bore gauge; — **conique,** master taper gauge; — **de couple,** torque tester; — **d'injection,** injector tester.

Vérification, Check up, checking, checking up, verification.

Vérifier, to Test, to check.

Vérin, Screw jack, jack, jack screw; — **d'escamotage,** retracting jack; — **hydraulique,** hydraulic jack; — **à piston,** piston jack; — **pneumatique,** pneumatic ram; — **de rivetage,** screw dolly.

Vérine, Hook rope.

Vermeil, Silver gilt.

Vermoulu, Worm eaten.

Vernier, Vernier, sliding gauge.

Vernir, to Varnish.

Vernis, Varnish, glaze, lacquer; **imprégnation au —,** varnish impregnation; — **à l'ambre,** amber varnish; — **blanc,** transparent varnish; — **gras,** oil varnish; — **isolant,** insulating varnish; — **à poncer,** rubbing varnish; — **siccatif,** quick drying varnish; — **au silicone,** silicone varnish; — **sans solvant,** solventless varnish.

Vernisser (poterie), to Varnish.

Verre, Glass; **ampoule en —,** glass bulb, glass envelope; **cloche de —,** glass bell; **condensateur au verre,** glass condensor; **éclat de —,** glass chip; **fibre de —,** fiber glass; **marbre en —,** glass surface plate; **papier de —,** sand paper; **scellement en —,** glass seal; **souffleur de —,** glass blower; **tissu de —,** glass cloth; — **biseauté,** bevelled ou beveled glass; — **à boudines,** crown glass; — **de champ,** field lens; — **coloré,** coloured glass; — **craquelé,** frosted glass; — **dépoli,** frosted glass; — **étiré,** drawn glass; — **gradué,** measuring glass; — **incassable,** unbreakable glass; — **opale,** bone glass; — **optique,** optical glass; — **plan,** flat glass; — **en plats,** flashed glass; — **réfractaire,** heat resisting glass; — **résistant aux balles,** bullet resistant glass; — **de sécurité,** safety glass; — **soufflé,** blown glass; — **à vitres,** broad glass, window glass, plate glass.

Verrerie, Glass house, glass works; glass work, glass ware; **four de —,** glass furnace.

Verrier, Glass founder, glass maker.

Verrou, Bolt, lock, clasp, fastener, latch, latch key; **gâche d'un —,** bolt clasp; — **à courroie,** strap type fastener; — **de débrayage,** disengaging latch; — **d'entraînement,** catch bolt, driving pin; — **à queue,** bent lock, bent bolt; — **à ressort,** catch lock, spring bolt; — **de sûreté,** safety latch.

Verrouillage, verrouillement, Locking, latching, interlocking; **dispositif de —,** locking device; **plaque de —,** locking plate; —

de la direction, steering lock; **— du pas**, pitch lock.

Verrouiller, to Bolt, to lock.

Versement, Payment, deposit; **— partiel**, instalment.

Vert de gris, Aerugo; **recouvert de —**, aeruginous.

Verterelle, Clinch.

Vertical (adj.), Vertical, upright; **alésoir —**, upright boring mill; **arbre —**, vertical shaft; **axe —**, vertical axis; **composante —e**, vertical component; **course —e**, vertical travel; **cuirasse —e**, side armour; **cylindre —**, vertical cylinder; **gouvernail —**, vertical rudder; **moteur —**, upright engine; **pendage —**, edge seam; **polarisation —**, vertical polarisation.

Verticale, Vertical line; **point à la —**, plumb point.

Verticalement, Vertically.

Verticalité, Verticalness.

Viaduc, Over bridge, viaduct.

Vibord (c. n.), Waist.

Vibrant, Vibrating; **anti —**, anti-vibrating; **palier —**, vibrating bearing; **plaque —e (téléphone)**, vibrating diaphragm.

Vibrateur, Vibrator, buzzer; **— au quartz**, quartz vibrator.

Vibration, Vibration, jar, jarring; **de —**, vibrational; **amortisseur de —s**, vibration damper; **anti —**, anti-vibration; **montage anti —s**, anti-vibration mounting; **exempt de —s**, vibrationless; **fréquence de —s**, vibration frequency; **gyroscope à —s**, vibratory gyroscope; **spectre de —**, vibrational spectrum; **—forcées**, forced vibrations; **—s du fuselage**, buffetting; **irrégulières**, erratic vibrations; **—s régulières**, steady vibrations; **—s de torsion**, torsional vibrations; **—s ultra-soniques**, ultrasonic vibrations; **—s à une vitesse critique**, thrashes.

Vibrationnel, Vibrational.

Vibré, Vibrated; **béton —**, vibrated concrete.

Vibrer, to Vibrate, to jar.

Vibreur, Vibrator; **— de lancement**, magnet booster coil.

Vibrographe, Vibrograph.

Vibroscope, Vibroscope.

Vidage ou Vidange, Blow down, blow off, eduction; exhaustion, drain, draining; defueling; **bouchon de —**, blow off plug, drain plug; **galerie de —**, evacuation gallery; **huile de —**, drain oil; **orifice de — d'huile**, oil drain; **pompe de —**, exhauster; **porte de —**, cleaning door; **robinet, soupape de —**, flush or flushing valve, blow down valve, blow off cock, sludge cock, drain or draining cock; **trou de —**, drain hole; **— d'une barrique**, ullage; **—, du cylindre**, exhausting the cylinder; **— rapide**, quick draining; **en —**, ullaged.

Vidangé, Drained, blown down, exhausted.

Vidanger, to Blow down, to blow off, to defuel, to drain, to exhaust.

Vide, Vacuum; void; no load (élec.); **à vide**, loadless; **appareil de levage par le —**, vacuum lifter; **caractéristique à —**, no load characteristic; **casse —**, vacuum breaker; **charge à —**, zero load; **courant à —**, no load current; **démarrage à —**, loadless starting; **détecteur de fuite de —**, vacuum leak detector; **distillation sous —**, vacuum distillation; **enceinte à —**, vacuum envelope; **étanche au —**, vacuum proof, vacuum tight; **évaporateur à —**, vacuum evaporator; **évaporation sous —**, vacuum evaporation; **excitation à —**, no load excitation; **filtration par le —**, vacuum filtration; **filtre à —**, vacuum filter; **frein à —**, vacuum brake; **fusion sous —**, vacuum

VIL — 465 — **VIS**

fusion; **imprégnation sous** —, vacuum impregnation; **indicateur de** —, vacuum indicator, vacuum gauge, vacuum monitor; **lampe à** — (voir **tube à** —); **marche à** —, idling, idle running; **métallurgie sous** —, vacuum metallurgy; **nettoyage par le** —, vacuum cleaning; **pertes à** —, idle losses; **polarisation du** —, vacuum polarisation; **pompe à** —, vacuum pump, void pump; **purgeur à** —, vacuum trap; **spectrographe sous** —, vacuum spectrograph; **technique du** —, vacuum technique; **tube à** —, vacuum tube, vacuum valve, valve; **tube à** — **parfait**, hard valve; —**s d'arrimage**, broken stowage; — **parfait**, absolute vacuum; — **poussé**, **high vacuum**; — **vite**, blow down, blow off, jettison valve; **faire le** —, to evacuate, to exhaust; **marcher à** —, to run idle.

Vide (adj.), Empty; **poids à** —, empty weight; **récipients, wagons** —**s**, empties.

Vidé, Drained off, evacuated, exhausted.

Vider, to Drain off, to empty, to exhaust, to evacuate.

Vieillissement, Aging, seasoning; **durcissement par** —, age hardening; — **accéléré**, superaging; — **au repos**, shelf aging.

Vif, Sharp, quick; **angle** —, sharp angle; **arête** —**ve**, sharp edge, draft edge; **à arête** —**ve**, sharp edged; **chaux** —**ve**, quick lime; **genou** —, square elbow.

Vilebrequin, Brace, breast drill, drill box, drill brace, drill crank, drill stock, breast borer, bit brace, bit stock; crankshaft; **arbre à** —, crankshaft; **coussinet de** —, crankshaft bearing; **machine à rectifier les** —**s**, crankshaft grinding machine; **manivelle de** —, bow of a brace; **mèche de** —, boring bit; — **à manetons équilibrés**, counter balanced crankshaft; — **et mèche**, stock and bit, brace and bit.

Vinyle, Vinyl; **acétate de** —, vinyl acetate; **sulfure de** —, vinyl sulphide.

Vinylidène, Vinylidene.

Vinylique (adj.), Vinylic; **ethers** —**s**, vinyl ethers; **halogénure** —, vinyl halide; **plastiques** —**s**, vinyl plastics; **polymérisation** —, vinyl polymerisation; **résine** —, vinyl resin.

Virage (d'un réactif), Color reversion.

Virage, Curve; turn (aviat.); **rayon de** —, turning radius; — **à angle droit**, right angle turn; — **incliné**, banked turn; — **en piqué**, dive turn; — **sans moteur**, gliding turn.

Virer, to Heave, to heave away.

Virer (aviat.), to turn; — **à plat**, to overbank; — **trop incliné**, to underbank.

Vireur (mach.), turning gear, barring engine; — **de tourelle** (N.), turret turning gear.

Viriel, Virial; **coefficient du** —, virial coefficient.

Virole, Ring, bush, ferrule, pipe section; — **de condenseur**, condenser ferrule; — **d'extrémité** (chaud.), end ring, end course; —**s d'un fût**, corrugations of a drum.

Virtuel, Virtual; **foyer** —, virtual focus; **image** —**le**, virtual image.

Virure, Strake; — **de galbord**, garboard strake; — **d'hiloire** (N.), tie plate.

Vis, Screw; **accouplement à** —, screw coupling; **anneau à** —, eye screw; **assemblage à** —, screw coupling; **balancier à** —, screw press; **borne à** —, screw terminal, binding post; **bouchon à** —, screw cap; **calibre à** —, pitch gauge, screw caliper, screw gauge; **cheville à** —, screw pin; **clef à** —, screw key;

VIS — 466 — **VIS**

coins à —, screw dies; convoyeur à — sans fin, conveyor worm; engrenage à —, screw gearing; engrenage à — sans fin, screw and wheel, worm gearing; étrier à —, stirrup bolt; filet de —, screw thread, screw worm; filet de — renversé, reverse thread; filière simple à —, screw plate; foret à —, screw drill; foret à — d'Archimède, archimedian drill; jauge à —, screw gauge, screw caliper; joint à —, screw coupling, screw joint; levier à —, screw lever; machine à fileter les —, screw cutting machine; manchon à —, screw coupling box; mandrin à —, screw chuck, bell chuck; noyau de —, screw body; palan à —, worm block; partie non taraudée d'une —, blank part of a screw; pas de —, screw pitch; jauge pour pas de —, screw pitch gauge; pince à —, screw clamp, clamping screw; poinçon à —, screw punch; pompe à —, screw pump; presse à —, screw press; raccord à —, coupling screw, joint screw; support à —, screw block; tarière à —, screw auger; tendeur à —, coupling screw, straining screw; tête d'une —, screw head; — à anse, ear screw; — d'Archimède, screw conveyor, Archimedes screw; — d'arrêt, attachment screw, clamping screw, set screw; — d'attache, clamping screw; — à bois, screw nail, wood screw; — de butée, adjusting screw; — calante, foot or levelling screw; — à cannelure, cornice screw; — de commande de l'avance (tour), feed screw; — creuse, hollow screw; — culasse, breech screw; — de décharge, discharge or delivery screw; — différentielle, differential screw; — d'élévation, elevating screw; — d'équilibrage, balance screw; — à filet carré, screw with a square thread, flat threaded screw, square threaded screw; — à filet simple, single threaded screw; — à filet triangulaire, screw with a triangular thread, sharp screw; — à double filet, double threaded screw; — à plusieurs filets, multiplex thread screw; — sans fin, endless or perpetual screw; worm gear; conveyor worm; réducteur à — sans fin, worm gear reducer; — de fixation, fixing screw; — hydraulique, water screw; — hydraulique d'Archimède, Archimedes water screw; — mère (tour), lead or leading screw; filetage par — mère, threading with lead screw; — de mesure, metering screw; — micrométrique, micrometer or tangent screw; commandé par — micrométrique, micrometric screw actuated; — de mise au point (photo), focussing screw; — à pas à droite, right handed screw; — à pas à gauche, left handed screw; — à peigne, comb screw; — platinée (auto), platinum tipped screw; — de pointage (art.), elevating screw; — pointeau, point screw; robinet à — pointeau, point screw valve; — de pression, adjusting, binding, pinching, pressing, set or thumb screw; — de purge, blow off, blow down screw, bleed screw; — de rappel, adjusting, regulating or tangent screw; — de réglage, adjusting or clamping screw; — de réglage du ralenti, throthle regulating screw; — régulatrice (tour), lead screw, regulator or regulating screw, check screw; — régulatrice (de brûleur à gaz), check screw; — à ressort, spring screw; — de scellement, concrete screw; — de serrage, clamping or locking screw; — tangente, worm, tangent screw; engrenage à — tangente, worm and wheel; — télescopique, telescopic screw; — à tête, cap screw; — à tête fendue, spring screw; — à tête fraisée, bevel headed or button headed or countersunk head screw; — **à tête plate**, flat headed screw; — **à tête ronde**, round headed screw; — **sans tête**, grub screw; — **transporteuse**, conveyor spiral; **abîmer, mâcher les filets d'une —**, to burr up a screw; **desserrer une —**, to loosen a screw.

Viscoélasticité, Viscoelasticity.

Viscoélastique, Viscoelastic.

Viscose, Viscose.

Viscoplastique, Viscoplastic.

Viscosimètre, Viscosimeter, viscometer; — **à rotation**, rotational viscosimeter.

Viscosimétrie, Viscosimetry.

Viscosité, Viscosity; — **absolue**, absolute viscosity; — **cinématique**, cinematic viscosity; — **relative**, relative viscosity; — **spécifique**, specific viscosity.

Visée, Sighting; **appareil de —**, sights, sighting apparatus; **coupole de —**, sight or sighting blister; **grille de —**, antiaircraft sight; **instrument de —**, sighting instrument; **ligne de —**, sight line; **mise en —**, viewing.

Viseur, Sight; vane, finder, view finder; — **à calage de cap**, course setting bombsight; — **gyroscopique**, gyroscopic gunsight; — **de lancement** (aviat.), bombsight; — **lance-torpilles**, torpedo sight.

Visibilité, Visibility; **atterrissage sans —**, blind approach; **décollage sans —**, blind take off; **vol sans —**, blind flight; — **scotopique**, scotopic visibility.

Visible, Visible; **lumière —**, visible light; **spectre —**, visible spectrum.

Vision, Vision; — **stéréoscopique**, stereoscopic vision.

Visite, Survey; **trou de —**, sludge hole, eye hole.

Visqueux, Viscous; **amortissement —**, viscous damping.

champ Visuel, Field of vision

Vissé, Screwed.

Visser, to Screw, to screw down; — **à fond**, to screw home.

Visseuse, Screw driver.

Visuel, Visual; **champ —**, field of vision.

Vitesse, Speed, velocity, rate; **à grande vitesse**, fast running; **à toute —**, full speed, full steam; **en avant à toute —**, full speed ahead; **en arrière à toute —**, full speed astern; **à —s étagées** (turbine), velocity compounded; **boîte des —s**, gear box, speed box, gear case; **changement de —s**, change gear, change speed; gear shifht or shifting; **boîte de changement de —s**, speed gear box, wheel box; **levier de changement de —s**, change speed lever; **changement de —s à train baladeur**, slide block change gear; **changeur de —s**, speed variator; **contrôle de la —**, speed control; **correcteur de —**, speed corrector; **essai de —**, speed trial; **étage de —s**, velocity row; **gamme de —s**, speed range; **à large gamme de —s**, wide speed range; **indicateur de —**, speed indicator, speedometer; **levier des —s**, shift lever; **passage des —s**, speed shift or shifting; **perte de —** (aviat.), stalling; **première —**, first speed; **pignon de première —**, first speed pinion; **réducteur de —**, speed reducer; **régulateur de —**, speed regulator, speed governor; — **d'affalage**, lowering speed; — **angulaire**, angular velocity; — **d'approche**, approach speed; — **arrière**, reverse speed; — **ascensionnelle**, rate of climb; — **d'atterrissage**, landing speed; — **de balayage**, scanning speed; — **au choc**, velocity on impact; — **circonférentielle**, peripheral speed; — **de combustion**, combustion rate; — **constante**, constant speed; — **de coupe**, cutting speed; — **critique**, critical speed; — **de croisière**, cruising speed; — **de décollage**, taking up speed, unsticking speed; — **de décrochage** (aviat.), stalling speed; — **aux essais**, trial speed; — **initiale**, initial velocity, muzzle velocity; — **de levage**, hoisting speed; — **limite**, terminal velocity; — **de montée** (aviat.), climbing speed; — **moyenne**, average speed; — **en palier**, level speed; — **périphérique**, peripheral speed, tip speed; — **de piqué**, diving speed; — **en pointe**, peak speed; — **de ralenti**, idling speed; — **de rapprochement** (aviat.), closing speed; — **de régime**, rating speed; — **de réaction**, reaction rate; — **de refroidissement**, cooling rate; — **réglable**, adjustable speed; — **restante**, remaining velocity; — **de retour** (mach.-outil), return speed; — **de rotation**, rotational speed; — **de route**, sea speed; — **au sol**, ground speed; — **du son**, sonic speed; — **supersonique**, supersonic speed; — **synchrone**, synchronous speed; — **de translation**, translational speed; — **de travail**, working speed; — **uniforme**, uniform velocity; — **variable**, adjustable speed, varying speed; **diminuer de —**, to slacken speed, to slow; **mettre à toute —,** to put at full speed; **passer les —s**, to gear, to change gears, to throw into gears; **se mettre en perte de —**, to stall.

Vitrail, Stained glass.

Vitre, Pane of glass, glass.

Vitré, Glassed; **cabine —e**, glassed cabin; **porte —e**, glass door.

Vitrer, to Glaze, to glass.

Vitrerie, Glazier's work, glazing.

Vitreux, Glassy, vitreous; **silice —euse**, vitreosil.

Vitrifiable, Vitrifiable; **couleur —**, enamel color.

Vitrification, Vitrification.

Vitrifié, Vitrified; **émail —**, porcelain enamel; **porcelaine —e**, vitrified porcelain.

Vitrifier, to Vitrify.

Vitrine, Glass case, window.

Vitriol, Vitriol; — **blanc**, zinc sulphate; — **bleu**, blue stone, copper sulphate; — **vert**, iron sulphate.

Vivianite, Vivianite.

Vocal, Audio; **fréquence —e**, audio frequency.

Voie, Track, line; **à — unique**, single railed, single track; **à deux —s**, double track; **à deux —s** (robinet), two way, dual channel; **à double —**, double railed track; **changement de —**, shunting; **essai par — humide**, humid assay; **essai par — sèche**, dry assay; **largeur de —**, wheel track; **traverse de —**, railway tie sleeper; — **d'aérage**, airway; — **de chargement**, siding; — **de chemin de fer**, railway track; — **de croisement**, crossing loop; — **double**, double track, double line; — **d'eau**, leakage, leak, waterway; — **étroite**, narrow gauge track; — **de fond**, deep level; — **à grand écartement**, broad gauge; — **de garage**, side track, shunt line; — **en impasse**, blind track; — **large**, broad gauge track; — **métrique**, meter gauge; — **normale**, standard gauge; — **de raccordement**, connection track; — **de roulement du chariot**, crab track; — **d'une scie**, set of a saw; — **simple**, single track; — **suspendue**, runway; — **de triage**, distributing track; **aveugler une — d'eau**, to fodder, to stop a leak; **couvrir la —**, to interlock; **faire une — d'eau**, to spring a leak; **fermer la —**, to block the track.

Voile, Sail; **toile à —**, sail cloth.

Voilé, Out of truth.

Voilé, Buckled, out of truth, warped; **hélice —e,** out of truth airscrew; **roue —e,** buckled wheel; **soupape —e,** warped wheel.

se Voiler, to Jet out, to bow, to warp, to buckle, to distort.

Voilure, Wing or wings (avion); sails (N.); **surface de —,** sail area; wing area (avion); **— tournante,** rotary wing.

Voiture, Car, carriage, coach; **béquille de —,** devil; **lettre de —,** bill of lading; **— de course,** racing car; **— d'éclairage,** dynamo car; **— à** *n* **essieux,** *n* axle car; **— légère,** runabout; **— de livraison,** delivery van; **— d'occasion,** second hand car; **— de tourisme,** touring car.

Vol, Flight, flying; **analyseur de —,** flight analyser; **— essai en —,** flight test; **essayé en —,** flight tested; **premier —,** maiden flight; **simulateur de —,** flight simulator or stunt; **— acrobatique,** acrobatic flight; **— d'affrètement,** charter flying; **— aux hautes altitudes,** high altitude flight; **— asymétrique,** asymetric flight; **— aveugle,** blind flight, instrument flight; **— de croisière,** cruising flight; **— d'entraînement,** training flight; **— de nuit,** night flight; **— en palier,** level flight; **— en piqué,** diving flight, pitching; **— plané,** glide, gliding flight; **descendre en — plané,** to volplane down; **descente en — plané,** gliding fall; **— plané en spirale,** spiral glide; **— angle de prise de —,** ground angle; **— de réception,** receptance flight; **— de reconnaissance,** survey flight; **— sans escale,** non stop flight; **— seul,** solo flight; **— stationnaire,** hovering; **— sur le dos, —** inverted flight.

Volant, Handwheel; flywheel; **agrafage de —,** flywheel dowelling; **commandé par —,** flywheel action; **fraise à —,** fly cutter; **moyeu du —,** boss of the flywheel; **poulie du —,** fly pulley; **— actionnant la contre-poupée,** hand wheel for actuating headstock; **— commandant l'avance de la meule (mach. à rectifier),** handwheel for feeding grinding wheel; **— de commande,** control wheel; **— denté,** toothed flywheel; **— réglant la descente de la meule,** hand wheel for setting grinding wheel movement; **— de direction,** steering wheel; **— fendu,** split flywheel; **— à main,** hand wheel; **— de manœuvre du frein,** brake wheel; **— de mise en train,** reversing wheel; **— monté en porte-à-faux,** overhung flywheel; **— à poignées,** capstan wheel; **— de pointage,** training wheel; **— de renversement de marche de la table (mach.-outil),** hand wheel for reversing table movement.

Volant (adj.), Flying; **aile —e,** flying wing; **bombe —e,** flying bomb; **cisaille —e,** flying shear.

Volatile, Volatile; **alcali —,** volatile alkali, volakali; **huile —,** volatile oil.

Volatilisation, Volatilization; **— du zinc,** zinc volatilization.

Volatiliser, to Volatize.

Volatilité, Volatility.

Volatiliser, to Volatilize.

Volée, Jib; **— de grue,** crane beam, crane jib; **grue à — variable,** luffing crane; helmet crane.

en Volée (mach.-outil), Free belt.

Voler, to Fly; **— à l'aveugle,** to fly blind; **— contre le vent,** to fly into the wind.

Volet, Valve clack, valve clapper, valve flap; flap (aviat.); shutter, sleeve; **aile à —s,** slotted wing; **—s abaissés,** flaps deflected, down, lowered; **— articulé,** hinged flap; **—s d'atterrissage,** landing flaps; **— à bords de**

fuite doubles, double split flap; — de bout d'aile, slat; —s braqués, flaps down; — braqué à fond, full flap; — de capot, cooling gills, cowl flaps; — de centrage, trimming tab; — compensateur, trimming flap; — de coque, hydroflap; — de courbure (aviat.), wing clap, camber flap; — à fentes, slotted flap; — à double fente, double slotted flap; —s frein, brake flaps, speed reducing flaps; — hydrodynamique, under water flap; —s hypersustentateurs, high lift flaps; — d'intrados, lower flap, split flap; —s de piqué, dive flaps, landing flaps; —s rabattus, flaps deflected, down, lowered; —s de radiateur, radiator shutters; —s relevés, flaps retracted, up; — roulant, rolling shutter; — tournant, rotating shutter, revolving sleeve; magnéto à — tournant, shuttle type magneto.

Volets, Louvres.

Volige, Scantling, thin board, batten; construire en —, to batten.

Voligeage, Boarding.

Volt, Volt; électron —, electron volt; — légal, congress volt; — ohmmètre, volt ohmmeter.

Voltage, Voltage; bas —, low voltage; chute de —, voltage drop; haut —, high voltage; régulateur de —, voltage regulator; — d'accumulateur, accumulator voltage; — auxiliaire, auxiliary voltage; — de charge, charging voltage; — disruptif, disruptive voltage; — d'élément, cell voltage; — d'excitation, exciting voltage; — final, final voltage; — d'inducteur, field voltage; — d'induit, armature voltage; — initial, initial voltage; — maximum, maximum voltage; — minimum, minimum voltage; — moyen, average voltage; — entre phases reliées, interlinked voltage; — de pointe, surge voltage; — pulsatoire, pulsating voltage; — de régime, working voltage; — de régulation, regulating voltage; — au repos, voltage no open circuit; — résultant, resultant voltage; — secondaire, secondary voltage; — supplémentaire, additional voltage; — total, total voltage; — utile, useful voltage.

Voltaïque, Voltaic; élément —, voltaic cell; pile —, voltaic pile.

Voltmètre, Voltmeter; commutateur de —, voltmeter switch; milli —, millivoltmeter; phase —, phase voltmeter; — apériodique, dead beat voltmeter; — avertisseur, signal voltmeter; — à arrêt de l'aiguille, pointer stop voltmeter; — à courant alternatif, alternating current volt, meter; — à courant continu-direct current voltmeter; — de Cardew, Cardew's voltmeter; — à contact, contact voltmeter; — différentiel, differential voltmeter; — double, double voltmeter; — électromagnétique, electromagnetic voltmeter; — électronique, electronic voltmeter; — électrostatique, electrostatic voltmeter; — enregistreur, recording voltmeter; — de Ferraris, Ferraris voltmeter; — générateur, generator voltmeter; — à deux graduations, double scale voltmeter; — à haute fréquence, high frequency voltmeter; — à lampe, vacuum tube voltmeter; — multicellulaire, multicellular voltmeter; — de poche, pocket voltmeter; — de précision, standard voltmeter; — à ressort, spring voltmeter; — à basse tension, low tension voltmeter; — thermique, hot wire voltmeter; — thermoionique, thermoionic voltmeter.

Volume, Volume, space; contrôle de — automatique, automatic volume control (a. v. c.); contrôleur de — (T. S. F.), fader;

diagramme des pressions et des —s, P. V. diagram; **— d'admission,** admission space; **— de vapeur,** steam space.

Volumétrique, Volumetric; **analyse —,** volumetric analysis; **rendement —,** volume efficiency, volumetric yield.

Volumique, puissance —, specific power.

Volute, Volute; **à —s,** voluted; **œil de —,** central point of a volute; **— de l'avant** (N.), feather spray; **— spiral,** volute, case or casing.

Vorticité, Vorticity.

Voussette entre nervures, Prussian coping.

Voussoir, Voussoir, archstone, key stone; **arche à —,** voussoir arch.

Voussure, Curve, arch, slope, coving.

Voûte, Vault, arch, arch stone; counter (N.); **ancre en forme de —,** tie anchor; **barrage —,** arch dam; **barrage à —s multiples,** multiple arch dam; **bossage d'une —,** corbel; **brique à —s,** arch brick; **clef de —,** key or head stone, closer, crown; **couverture de la —,** arch lid; **maîtresse —,** main vault; **naissance de la —,** springing of a vault; **ouverture de —,** span of a vault; **plaque de —,** arch plate; **poussée d'une —,** drift of a vault; **sommier de —,** springer of a vault; **soutènement de la —,** up holding the arch; **toit en —,** shell roof; **— en berceau,** barrel vault; **— en briques,** brick arch; **— à nervures rayonnantes,** fan vault; **— en plein cintre,** full center arch, entire arch; **— renversée,** counter vault; **— de la tympe,** tymp arch.

Voûté (adj.), Arched, archlike; **passage —,** arched way, arch way.

Voûter, to Arch.

Vrac, Bulk; **en —,** in bulk, unpacked; **stockage en —,** bulk storage.

Vrille, Gimblet or gimlet, whimble, chairbit; **— à barrer,** bar whimble.

Vrille (aviat.), Spin, spinning; **— à plat,** flat spin; **se mettre en —,** to spin.

Vrillerie, Auger smithery.

Vrillier, Auger maker.

Vue, View, sight; **à —,** at sight; **levé à —,** eye sketch; **— aérienne,** aerial view; **— d'amont,** upstream view; **— arrière,** rear view; **— avant,** front view; **— en bout,** end view, end elevation; **— par côté,** side view; **— détaillée,** exploded view; **— extérieure,** outside view; **— de face,** front view, front elevation; **— en plan,** plan view; **— rapprochée,** close up; **— schématique,** diagrammatic view; **— à vol d'oiseau,** bird's eye view, eye view.

Vulcanisat, Vulcanizate, vulcanisate.

Vulcanisateur, Vulcaniser, vulcanizer.

Vulcanisation, Vulcanisation, vulcanizing.

Vulcanisé, Vulcanised, vulcanized; **caoutchouc —,** vulcanized indiarubber; **fibre —e,** vulcanized fiber.

Vulcaniser, to Vulcanise, to vulcanize.

W

cylindres en W, W cylinders.

Wagon, Waggon or wagon; truck; carriage, car, coach; **basculeur de —,** wagon dumper; **culbuteur de —s,** car dumper, wagon tilter; **dispositif d'attelage de —s,** wagon coupler; **transbordeur de —s,** wagon traverser; **— basculant,** dump car, tip wagon; **— à bogie,** bogie waggon; **— charbonnier,** colliery wagon; **— citerne,** tank car, tanker, rail tank; **— découvert,** flat truck; **— lit,** sleeping car; **— lourd,** heavy car; **— à marchandises,** freight car, flat truck; **— à plateforme,** basket car; **— à renversement,** dump or dumping car; **— restaurant,** dining car; **— à trémie,** hopper car.

Wagonnet, Truck.

Warrant, Warrant.

Watt, Watt; **— heure,** watthour; **— heure mètre,** watthour meter; **— heure mètre à induction,** induction watthour meter; **compteur de —s heure,** watthour meter; **— mètre,** wattmeter; **— mètre balance,** watt balance, watt meter balance; **— mètre électronique,** electronic wattmeter.

Watté, Active; **courant —,** active current.

Wobbulateur, Wobbulator.

Wranyle, Wranyl.

X

rayons X, X rays.
Xantophylle, Xantopyll.
Xénon, Xenon.

Xylène, Xylene.
Xylographie, Xylography.

Y

Yttrium, Yttrium.

Z

acier en Z, Z steel.

barre en Z, Z bar.

fer en Z, Z or Zed bar.

Zéro, Zero; appareil de réduction à —, set back device, device of return to zero; **contrôle du** —, zero point control; **indicateur de** —, null indicator; **interrupteur à** —, zero cut out, no load circuit breaker; **méthode du** —, zero method; **mise au** —, adjusting to zero; **remise à** —, reset, resetting; **remise à** — **automatique,** automatic reset or resetting; — **absolu,** absolute zero; — **des cartes,** low water standard; — **d'un vernier,** arrow; **mettre au** —, to adjust to zero.

Zinc, Zinc; crate (argot pour avion); **accumulateur au** —, zinc accumulator; **blanc de** —, zinc white; **chlorure de** —, zinc chloride; **crayon de** —, zinc rod; **cylindre de** —, zinc cylinder; **disque de** —, zinc disc; **feuilles de** —, zinc sheets; **fluorure de** —, zinc floride; **minerai de** —, zinc ore; **oxyde de** —, zinc oxide; **plaque de** —, zinc plate; **pôle** —, pôle négatif, zinc pole, negative pole; **rondelle en** —, zinc disc; **silicate de** —, zinc silicate; **sulfate de** —, zinc sulphate; **sulfure de** —, zinc sulphide; **tige de zinc,** zinc rod; — **amalgamé,** amalgamated zinc; — **du commerce,** spelter; — **en feuilles,** zinc sheets; — **laminé,** sheet zinc.

Zincite, Zincite.

Zingué, Zinc coated.

Zinguer, to Coat with zinc.

Zingueur, Zinc worker.

Zircone, Zirconia.

Zirconium, Zirconium; **bioxyde de** —, zirconium dioxide.

Zirconyle, Zirconyl.

Zone, Zone, area; **chauffage par** —**s,** zoning; — **d'approche,** approach area; — **d'attente,** holding area; — **d'atterrissage,** landing zone; — **de combustion,** combustion zone; — **de départ,** departure zone; — **franche,** free zone; — **de silence** (T. S. F.), skip zone.

profils Zorès, Zore profiles.